# ŒUVRES COMPLÈTES
# DE VOLTAIRE

TOME TRENTE-HUITIÈME

PARIS
LIBRAIRIE HACHETTE ET C$^{ie}$
79, BOULEVARD SAINT-GERMAIN, 79

À LA MÊME LIBRAIRIE

# ŒUVRES
## DES PRINCIPAUX ÉCRIVAINS FRANÇAIS
### VOLUMES IN-18 JÉSUS

On peut se procurer chaque volume de cette série relié en percaline gaufrée, sans être rogné, moyennant 50 cent.; en demi-reliure, dos en chagrin, tranches jaspées, moyennant 1 fr. 50 cent.; et avec tranches dorées, moyennant 2 fr. en sus du prix marqué.

#### 1re Série à 1 franc 25 c. le volume.

**Barthélemy** : *Voyage du jeune Anacharsis en Grèce dans le milieu du IVe siècle avant l'ère chrétienne*. 3 volumes.
— *Atlas* pour le Voyage du jeune Anacharsis, dressé par J.-D. Barbié du Bocage, revu par A.-D. Barbié du Bocage. In-8, 1 fr. 50 c.
**Boileau** : *Œuvres complètes*. 2 vol.
**Bossuet** : *Œuvres choisies*. 5 vol.
**Corneille** : *Œuvres complètes*. 7 vol.
**Fénelon** : *Œuvres choisies*. 4 vol.
**La Fontaine** : *Œuvres complètes*. 3 volumes.
**Marivaux** : *Œuvres choisies*. 2 vol.
**Molière** : *Œuvres complètes*. 3 vol.
**Montaigne** : *Essais*, précédés d'une lettre à M. Villemain sur l'éloge de Montaigne, par P. Christian. 2 vol.
**Montesquieu** : *Œuvres complètes*. 3 volumes.
**Pascal** : *Œuvres complètes*. 3 vol.
**Racine** : *Œuvres complètes*. 3 vol.
**Rousseau (J.-J.)** : *Œuvres complètes*. 13 volumes.
**Saint-Simon** (le duc de) : *Mémoires complets et authentiques sur le siècle de Louis XIV et la Régence*, collationnés sur le manuscrit original par M. Chéruel, et précédés d'une notice de M. Sainte-Beuve, de l'Académie française. 13 vol.
**Sedaine** : *Œuvres choisies*. 1 vol.
**Voltaire** : *Œuvres complètes*. 46 vol.

#### 2e Série à 3 francs 50 cent. le volume.

**Chateaubriand** : *Le Génie du Christianisme*. 1 vol.
— *Les Martyrs*; — *le Dernier des Abencerrages*. 1 vol.
— *Atala*; — *René*; — *les Natchez*. 1 vol.
**Fléchier** : *Mémoires sur les Grands-Jours d'Auvergne en 1665*, annotés par M. Chéruel et précédés d'une notice par M. Sainte-Beuve 1 vol.
**Malherbe** : *Œuvres poétiques*, réimprimées pour le texte sur la nouvelle édition des *Œuvres complètes de Malherbe*, publiées par M. Lud. Lalanne dans la Collection des GRANDS ÉCRIVAINS DE LA FRANCE. 1 vol.
**Sévigné** (Mme de) : *Lettres de Mme de Sévigné, de sa famille et de ses amis*, réimprimées pour le texte sur la nouvelle édition publiée par M. Monmerqué dans la Collection des GRANDS ÉCRIVAINS DE LA FRANCE. 8 vol.

COULOMMIERS. — TYPOGRAPHIE PAUL BRODARD.

ŒUVRES COMPLÈTES

DE VOLTAIRE

COULOMMIERS
Imprimerie PAUL BRODARD.

# ŒUVRES COMPLÈTES

# DE VOLTAIRE

TOME TRENTE-HUITIÈME

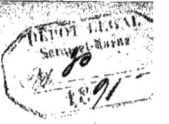

PARIS
LIBRAIRIE HACHETTE ET Cⁱᵉ
79, BOULEVARD SAINT-GERMAIN, 79

1891

# CORRESPONDANCE.

(SUITE.)

MMMXLIII. — A MADAME D'ÉPINAI.

9 juillet.

Ma belle philosophe, les plaisanteries ne finiront point. Les Comédiens italiens voulaient jouer l'*Écossaise*; les Français la revendiquent, et voilà la *Requête* du traducteur à *MM. les Parisiens*. Mais, raillerie à part, il faut que le prophète négociateur négocie l'admission de Diderot à l'Académie. Je crois le succès assuré. Quelle belle vengeance de Le Franc de Pompignan et de Joly de Fleury, et de Palissot *de Montenoi*, et de maître Aliboron, dit Fréron! J'ai besoin de savoir si le prophète a reçu mon paquet adressé au Palais-Royal[2].

*N. B.* Qu'il faut absolument mettre Diderot de l'Académie. Je viendrai en poste lui donner ma voix, si cela est nécessaire.

Je me mets à vos pieds, ma belle philosophe.

MMMXLIV. — A M. LE COMTE D'ARGENTAL.

11 juillet.

Mon divin ange, mettez Diderot de l'Académie; c'est le plus beaucoup que l'on puisse faire dans la partie que la raison joue contre le fanatisme et la sottise. Je vous promets de venir donner ma voix. Je vous embrasserai, et je repartirai pour ma douce retraite, après avoir signalé mon zèle en faveur de la bonne cause. J'ai les passions vives. Je me meurs d'envie de vous revoir, et je ne peux trouver un plus beau prétexte que celui de venir donner ma voix à Socrate, et des soufflets à Anitus.

Il me semble que Diderot doit compter sur la pluralité des suffrages; et si, après son élection, les Anitus et les Mélitus font quelques démarches contre lui auprès du roi, il sera très-aisé à Socrate de détruire leurs batteries, en désavouant ce qu'on lui impute, et en protestant qu'il est aussi bon chrétien que moi.

M. le duc de Choiseul dit que vous ne l'aimez plus, vous l'avez donc bien grondé. Imposez-lui pour pénitence de faire entrer Diderot à l'A-

2. Grimm, comme secrétaire des commandements du duc d'Orléans, y avait un appartement. (ÉD.)

cadémie. Il faudrait qu'il daignât en être lui-même, et introduire Diderot; ce serait Périclès qui mènerait Socrate.

Il me reste encore un *Russe*; je vous l'envoie. Mais pourquoi n'imprime-t-on pas à Paris ces choses honnêtes, tandis qu'on imprime des Fréronades et des Pompignades?

Voulez-vous avoir la bonté de donner l'incluse à l'ambassadeur de Francfort? Il est ambassadeur d'une fichue ville. Je le barrerai dans ses négociations, mais ce ne sera pas dans celle de faire recevoir Diderot chez les Quarante.

MMMXLV. — A M. DAMILAVILLE.
11 juillet.

La personne, monsieur, à qui vous avez écrit une lettre sans date, et à qui vous avez eu la bonté d'envoyer les pièces ci-jointes, a l'honneur de vous les renvoyer, comme vous le lui avez expressément recommandé. Elle pense absolument comme vous sur toutes les affaires dont vous lui parlez, excepté sur les louanges que vous lui donnez. La multitude des affaires du bureau et une assez mauvaise santé ne me permettent pas une lettre fort longue; on est très-sensible à votre politesse.

Trouvez bon qu'on supprime une signature inutile; il faut dérouter les curieux.

MMMXLVI. — A M. COLINI.
Au château de Tournay, 11 juillet.

Caro Colini, sapete bene che, in punto di dedicazioni, la brevità è la prima virtù. Mandatemela, e vene dirò il mio parere.

Mais voici une meilleure affaire. Notre ministère doit de l'argent à la ville de Francfort-sur-le-Mein. M. le duc de Choiseul me protège beaucoup; le roi est content de moi. Voici le moment de faire arrêt sur l'argent dû à Francfort. Envoyez-moi un petit écrit conçu en ces termes : « Je donne pouvoir à M. de Voltaire de répéter pour moi, devant qui il appartiendra, la somme de deux mille écus d'Empire, qui me furent pris à Francfort-sur-le-Mein, le 20 juin 1753, lorsque je fus arrêté par les soldats de ladite ville, conjointement avec M. de Voltaire et Mme Denis, contre le droit des gens. » Envoyez-moi cet écrit sur un petit carré de papier que je joindrai à ma requête. J'espère qu'enfin vos deux mille écus d'Empire vous seront rendus; cela vaudra une *dedicace*; *e vi auguro ogni felicità*.

MMMXLVII. — AU P. DE MENOUX.
11 juillet.

En vous remerciant du discours royal[1] et de vos quatre lignes.

Mettez-moi, je vous prie, aux pieds du roi *ad multos annos*.

Envoyez surtout beaucoup d'exemplaires en Turquie, ou chez les athées de la Chine; car, en France, je ne connais que des chrétiens.

1. *L'incrédulité combattue par le simple bon sens; essai philosophique par un roi*, qui fait partie des Œuvres du philosophe bienfaisant (Stanislas), était regardé par Voltaire, comme un ouvrage de la façon du P. Menoux. (ÉD.)

Il est vrai que, parmi ces chrétiens, on se mange le blanc des yeux pour la grâce efficace et versatile, pour Pasquier-Quesnel et Molina, pour des *billets de confession*. Priez le roi de Pologne d'écrire contre ces sottises, qui sont le fléau de la société; elles ne sont certainement bonnes ni pour ce monde ni pour l'autre.

Berthier est un fou et un opiniâtre, qui parle à tort et à travers de ce qu'il n'entend point. Pour le révérend père colonel de mon ami Candide, avouez qu'il vous a fait rire, et moi aussi. Et vous, qui parlez, vous seriez le révérend père colonel dans l'occasion, et je suis sûr que vous vous en tireriez bien, et que vous auriez très-bon air à la tête de deux mille hommes.

Je suis très-fâché que votre palais de Nanci soit si loin de mes châteaux, car je serais fort aise de vous voir; nous avons, l'un et l'autre, d'excellent vin de Bourgogne, nous le boirions au lieu de disputer.

Une dévote en colère disait à sa voisine : « Je te casserai la tête avec ma marmite. — Qu'as-tu dans ta marmite? dit l'autre. — Un bon chapon, répondit la dévote. — Eh bien! mangeons-le ensemble, » dit la bonne femme.

Voilà comme on en devrait user. Vous êtes tous de grands fous, moliniste, jansénistes, encyclopédistes. Il n'y a que mon cher Menoux de sage; il est à son aise, bien logé, et boit de bon vin. J'en fais autant; mais, étant plus libre que vous, je suis plus heureux. Il y a une tragédie anglaise qui commence par ces mots : *Mets de l'argent dans ta poche, et moque-toi du reste*. Cela n'est pas tragique; mais cela est fort sensé. Bonsoir. Ce monde-ci est une grande table où les gens d'esprit font bonne chère; les miettes sont pour les sots, et certainement vous êtes homme d'esprit. Je voudrais que vous m'aimassiez, car je vous aime.

MMMXLVIII. — A M. PALISSOT.

12 juillet.

Votre lettre est extrêmement plaisante, et pleine d'esprit, monsieur. Si vous aviez été aussi gai dans votre comédie des *Philosophes*, ils auraient dû aller eux-mêmes vous battre des mains; mais vous avez été sérieux, et voilà le mal.

Entendons-nous, s'il vous plaît; j'aime à rire, mais nous n'en sommes pas moins persécutés. Maître Abraham Chaumeix et maître Jean[1] Gauchat ont été cités dans le réquisitoire de maître Joly de Fleury; on nous a traités de perturbateurs du repos public, et, qui pis est, de mauvais chrétiens. Maître Le Franc de Pompignan m'a désigné très-injurieusement devant mes trente-huit confrères. On a dit à la reine et à Mgr le Dauphin que tous ceux qui ont travaillé à l'*Encyclopédie*, du nombre desquels j'ai l'honneur d'être, ont fait un pacte avec le diable. Maître Aliboron, dit Fréron, veut me faire aller à l'immortalité dans ses admirables feuilles, comme Boileau a éternisé Chapelain et Cotin. Oh! je suis assez bon chrétien pour leur pardonner dans le fond du cœur, mais non pas au bout de ma plume.

1. Il se nommait Gabriel Gauchat. (ÉD.)

Permettez que je vous dise très-naturellement et très-sérieusement que votre Préface, donnée séparément après votre pièce, est une accusation en forme contre mes amis, et peut-être contre moi. J'en avais déjà deux exemplaires avant que j'eusse reçu le vôtre; on m'avait indiqué les passages où vous vous étiez trompé; je les avais confrontés. En un mot, je suis très-fâché qu'on accuse mes amis et moi de n'être pas bons chrétiens; je tremble toujours qu'on ne brûle quelque philosophe sur un malentendu. Je suis comme Mlle de Lenclos, qui ne voulait pas qu'on appelât aucune femme p...... Je consens qu'on dise de moi que je suis un radoteur, un mauvais poëte, un plagiaire, un ignorant, mais je ne veux pas qu'on soupçonne ma foi. Mes curés rendent bon témoignage de moi; et je prie Dieu tous les jours pour l'âme de frère Berthier. Frère Menoux, qui aime passionnément le bon vin, et qui a beaucoup d'argent en poche, est obligé de me rendre justice. J'ai fait ma confession de foi au frère de la Tour; j'étais même assez bien auprès du défunt pape [1], qui avait beaucoup de bontés pour moi, parce qu'il était goguenard. Aussi, ayant pour moi tant de témoignages, et surtout celui de ma bonne conscience, je peux bien avoir quelque chose à craindre dans ce monde-ci, mais rien dans l'autre.

J'ai lu les vers du *Russe* sur les merveilles du siècle. Il y a une note qui vous regarde; on y dit que vous vous repentez d'avoir assommé ces pauvres philosophes qui ne vous disaient mot. Il est beau et bon de ne pas mourir dans l'impénitence finale; pardonnez à ce pauvre Russe qui veut absolument que vous ayez tort d'avoir insinué que mes chers philosophes enseignent à voler dans la poche. On prétend que c'est M. Fantin, curé de Versailles, qui volait ses pénitentes en couchant avec elles, et ses pénitents en les confessant. Di « veuille avoir son âme! » A l'égard de la vôtre, je voudrais qu'elle fût plus douce avec mes encyclopédistes, qu'elle me pardonnât toutes mes mauvaises plaisanteries, et qu'elle fût heureuse.

Je vous dirai ce que je viens d'écrire à frère Menoux. Il y avait une vieille dévote très-acariâtre qui disait à sa voisine : « Je te casserai la tête avec ma marmite. — Qu'as-tu dans ta marmite? dit la voisine. — Il y a un bon chapon gras, répondit la dévote. — Eh bien, mangeons-le ensemble, » dit l'autre. Je conseille aux encyclopédistes, jansénistes, molinistes, à vous tout le premier, et à moi, d'en faire autant.

Que reste-t-il à faire après qu'on s'est bien harpaillé? à mener une vie douce, tranquille, et à rire.

*P. S.* Voilà une f..... guerre, depuis le chien de discours de Le Franc jusqu'à *la Vision*.

Ma foi, juge et plaideurs, il faudrait tout lier
Racine, *les Plaideurs*, acte I, scène VII.

1. Benoît XIV, à qui Voltaire avait dédié *Mahomet*. (ÉD.)

**MMMXLIX.** — A MADAME LA MARQUISE DU DEFFAND.

(4 juillet.

Si vous aviez voulu, madame, avoir *le Pauvre diable*, *le Russe à Paris*, et autres drogues, vous m'auriez donné vos ordres; vous auriez du moins accusé la réception de mes paquets. Vous ne m'avez point répondu, et vous vous plaignez. J'ai mandé à votre ami que vous êtes assez comme les personnes de votre sexe, qui font des agaceries, et qui plantent là les gens après les avoir subjugués.

Il faut vous mettre un peu au fait de la guerre des rats et des grenouilles[1]; elle est plus furieuse que vous ne pensez. Le Franc de Pompignan (page 9) a voulu succéder à M. le président Hénault dans la charge de surintendant de la reine, et être encore sous-précepteur ou précepteur des enfants de France, ou mettre l'évêque son frère dans ce poste. Ce *Moïse* et cet *Aaron*, pour se rendre plus dignes des faveurs de la cour, ont fait ce beau discours à l'Académie, qui leur a valu les sifflets de tout Paris. Leur projet était d'armer le gouvernement contre tous ceux qu'ils accusaient d'être *philosophes*, de me faire exclure de l'Académie, de faire élire à ma place l'évêque du Puy, et de purifier ainsi le sanctuaire profané. Je n'en ai fait que rire, parce que, Dieu merci, je ris de tout. Je n'ai dit qu'un mot, et ce mot a fait éclore vingt brochures, parmi lesquelles il y en a quelques-unes de bonnes et beaucoup de mauvaises.

Pendant ce temps-là est arrivé le scandale de la comédie des *Philosophes*. Mme de Robecq a eu le malheur de protéger cette pièce, et de la faire jouer. Cette malheureuse démarche a empoisonné ses derniers jours. On m'a mandé que vous vous étiez jointe à elle; cette nouvelle m'a fort affligé. Si vous êtes coupable, avouez-le-moi, et je vous donnerai l'absolution.

Si vous voulez vous amuser, lisez *le Pauvre diable*, et *le Russe à Paris*. J'imagine que *le Russe* vous plaira davantage, parce qu'il est sur un ton plus noble.

Vous lisez les ordures de Fréron; c'est une preuve que vous aimez la lecture; mais cela prouve aussi que vous ne haïssez pas les combats des rats et des grenouilles.

Vous dites que la plupart des gens de lettres sont peu aimables, et vous avez raison. Il faut être homme du monde avant d'être homme de lettres; voilà le mérite du président Hénault. On ne devinerait pas qu'il a travaillé comme un bénédictin.

Vous me demandez comment il faut faire pour vous amuser; il faut venir chez moi, madame. On y joue des pièces nouvelles, on y rit des sottises de Paris, et Tronchin guérit les gens quand on a trop mangé. Mais vous vous donnerez bien de garde de venir sur les bords de mon lac; vous n'êtes pas encore assez philosophe, assez détachée, assez détrompée. Cependant vous avez un grand courage, puisque vous supportez votre état; mais j'ai peur que vous n'ayez pas le courage de supporter les gens et les choses qui vous ennuient.

1. Sujet de la *Batrachomyomachie*, poëme attribué à Homère. (Éd.)

Je vous plains, je vous aime, je vous respecte, et je me moque de l'*univers* à qui Pompignan parle

### MMML. — A MADAME D'ÉPINAI.

Aux Délices, 14 juillet.

Voici ma réponse, madame, à une lettre très-injuste adressée à notre cher docteur, et qu'il vient de m'envoyer. Je vous en fais tenir copie; comptez que c'est la loi et les prophètes.

Je sais mieux que personne ce qui se passe à Paris et à Versailles, au sujet des philosophes. Si on se divise, si on a de petites faiblesses, on est perdu; l'*infâme* et les infâmes triompheront. Les philosophes seraient-ils assez bêtes pour tomber dans le piége qu'on leur tend? Soyez le lien qui doit unir ces pauvres persécutés.

Jean-Jacques aurait pu servir dans la guerre; mais la tête lui a tourné absolument. Il vient de m'écrire une lettre dans laquelle il me dit que j'ai perdu *Genève*. En me parlant de M. Grimm, il l'appelle *un Allemand nommé Grimm*. Il dit que je suis cause qu'il sera jeté à la *voirie*, quand il mourra, tandis que moi je serai enterré honorablement.

Que voulez-vous que je vous dise, madame? il est déjà mort; mais recommandez aux vivants d'être dans la plus grande union.

Je me fais anathème pour l'amour des persécutés; mais il faut qu'ils soient plus adroits qu'ils ne sont : l'impertinence contre Mme de Robecq, la sottise de lui avoir envoyé *la Vision*, la barbarie de lui avoir appris qu'elle était frappée à mort, sont un coup terrible qu'on a bien de la peine à guérir; on le guérira pourtant, et je ne désespère de rien, si on veut s'entendre.

Je me mets à vos pieds, ma belle philosophe.

### MMMLI. — A M. LE COMTE D'ARGENTAL.

14 juillet.

Mon cher ange, ce pauvre Carré se recommande à vos bontés. Fréron s'oppose à la représentation de sa pièce, sous prétexte qu'on l'a, dit-il, appelé quelquefois *Frelon*. Quelle chicane! Ne sera-t-il permis qu'à l'illustre Palissot de jouer d'honnêtes gens?

Jérôme Carré croit que si sa *Requête à MM. les Parisiens* paraissait quelques jours avant l'*Ecossaise*, MM. les Parisiens seraient bien disposés en sa faveur.

Je reçois votre lettre du 9; je suis dans mon lit, entouré de cent paquets. On me presse pour le czar Pierre I$^{er}$; les philosophes me font enrager; ils ne savent pas ce qu'ils font, ils sont désunis. J'aimerais mieux avoir affaire à des filles de chœur d'Opéra qu'à des philosophes; elles entendraient mieux raison.

J'ai à peine le temps de vous dire, mon divin ange, que vous me faites enrager sur l'*Ecossaise*. Où est donc la difficulté de diviser en deux pièces le fond du théâtre, de pratiquer une porte dans une cloison qui avance de quatre ou cinq pieds? L'avant-scène est alors supposée tantôt le café, tantôt la chambre de Lindane; c'est ainsi qu'on en use dans tous les théâtres de l'Europe qui sont bien entendus. Le fond du théâtre représente plusieurs appartements; les acteurs sortent des uns et des autres, selon que le besoin l'exige; il n'y a à cela nulle difficulté.

Pourquoi avez-vous la cruauté de vouloir que Lindane ennuie le public de la manière dont elle a fait connaissance avec Murray? Ce Murray venait au café, ce coquin de Frelon, qui y vient aussi, y a bien vu Lindane; pourquoi milord Murray ne l'aurait-il pas vue? Ce sont ces petites misères, qu'on appelle en France bienséances, qui font languir la plupart de nos comédies. Voilà pourquoi on ne les peut jouer ni en Italie ni en Angleterre, où l'on veut beaucoup d'action, beaucoup d'intérêt, beaucoup d'allées et de venues, et point de préliminaires inutiles.

Mon cher ange, il est très-plaisant de jouer l'*Écossaise*; mais il faut absolument imprimer, deux ou trois jours auparavant, la *Requête* de ce pauvre Carré, traducteur de Hume. Je me mets à l'ombre de vos ailes.

MMMLII. — A M. SENAC DE MEILHAN.

16 juillet.

Vous m'écrivez, monsieur, comme l'Église ordonne qu'on fasse ses pâques, *à tout le moins une fois l'an*. Je voudrais que vous eussiez un peu plus de ferveur; mais aussi, quand vous vous y mettez, vous êtes charmant.

Je suis très-fâché que *** [1] se soit déclaré l'ennemi des philosophes; il ne faut pas se moquer des gens qu'on persécute; passe pour les gens heureux et insolents, c'est un grand soulagement de rire à leurs dépens.

On dit que Le Franc de Pompignan est heureux, qu'il est gros et gras, qu'il est très-riche, qu'il a une belle femme; mais il a été fort insolent, en parlant à ses confrères, et cela n'est pas bien. Je ne peux m'empêcher de savoir bon gré au cousin Vadé, et à M. Alethof, et même encore à un certain *frère de la Doctrine chrétienne*, d'avoir rabattu l'orgueil de ce président de Querci[2]. Ce n'est pas tout d'avoir fait la *Prière du déiste*,

Il faut encore être modeste.

Fi! que cela est vilain de se faire le délateur de ses confrères! Son frère l'évêque devait lui refuser l'absolution.

Moquez-vous de tous ces gens-là, et surtout de ceux qui vous ennuient. Faites mes compliments, je vous en prie, à monsieur votre père, et à monsieur votre frère[3], que j'ai vu dans un pays où certainement je ne le reverrai jamais. Vous trouverez les Délices un peu plus agréables qu'elles n'étaient, vous serez mieux logé, et nous tâcherons de vous faire les honneurs de la maison mieux que nous n'a-

1. Palissot. (ÉD.)
2. Le Franc de Pompignan était ancien premier président de la cour des aides de Montauban, ville de Querci. (ÉD.)
3. Nommé fermier général en 1761. (ÉD.)

rons jamais fait. J'ai bâti un château dans le pays de Gex, mais ce n'est pas avec la lyre d'Amphion; son secret est perdu. Je me suis ruiné pour avoir eu l'impertinence d'être architecte. Je crois mon château fort joli, parce qu'un auteur aime toujours ses ouvrages; mais il me paraîtra bien plus agréable, si jamais vous me faites l'honneur d'y venir.

J'admire l'impudence des ennemis de la philosophie, qui prétendent qu'il ne m'est pas permis de revenir à Paris. Il ne tient qu'à moi assurément d'y être, et d'y souper avec MM. Favart, Poinsinet, et Colardeau; mais je suis trop vieux. J'aime le repos, la campagne, la charrue, et le semoir.

### MMMLIII. — A M. HELVÉTIUS.

Au château de Tournay, 16 juillet.

J'ai reçu, mon cher philosophe, votre paquet de Voré[1], avec le même plaisir que ressentaient les premiers fidèles quand ils recevaient des nouvelles de leurs frères confesseurs et martyrs. Je suis toujours inconsolable que vous n'ayez pas imité le président de Montesquieu, qui se donna bien de garde de faire imprimer son ouvrage en France[2], et qui se réserva toujours le droit de le désavouer, en cas que les monstres de la bigoterie se soulevassent contre lui.

Je suis d'ailleurs convaincu que, en y corrigeant une trentaine de pages[3], on aurait émoussé les glaives du fanatisme, et le livre n'y aurait rien perdu. Je l'ai relu plusieurs fois avec la plus grande attention; j'y ai fait des notes. Si vous le vouliez, on en ferait une seconde édition, dans laquelle on confondrait les ennemis du bon sens.

Il faudrait que vous donnassiez la permission d'éclaircir certaines choses, et d'en supprimer d'autres. Maître Joly de Fleury n'aurait rien à répliquer si on lui coupait les deux mains, et si on lui faisait voir que ce sont ces deux mains[4] qui ont procuré aux hommes les idées de tous les arts; puisque, sans les deux mains, aucun art n'eût pu être exercé. La main droite de maître Joly de Fleury a écrit un réquisitoire qui pèche contre le sens commun, d'un bout à l'autre. Vous avez donné malheureusement prétexte à tous les ennemis de la philosophie, mais il faut partir d'où l'on est.

A votre place, je ne balancerais pas à vendre tout ce que j'ai en France; il y a de très-belles terres dans mon voisinage, et vous pourriez y cultiver en paix les arts que vous aimez.

Il est bien plaisant, ou plutôt bien impertinent et bien odieux, qu'on persécute dans les Gaules ceux qui n'ont pas dit la centième partie de ce qu'ont dit à Rome les Lucrèce, les Cicéron, les Pline, et tant d'autres grands hommes.

1. Château où Helvétius passait les deux tiers de l'année. (ÉD.)
2. La première édition de l'*Esprit des lois* avait été imprimée à Genève. (ÉD.)
3. Ceci se rapporte au livre d'Helvétius. Les *notes* que Voltaire y avait faites, sans doute à la marge, sont probablement à la bibliothèque impériale de Pétersbourg. (ÉD.)
4. Voy. *de l'Esprit*, discours I, chap. 1. (ÉD.)

Je vous prie instamment de m'envoyer tout votre poëme [1]; je vous en dirai mon avis, si vous le voulez, avec la sincérité d'un homme qui aime la vérité, les vers, et votre gloire.

C'est une chose fort triste que le succès de la pièce des *Philosophes*. Cette prétendue comédie est, en général, bien écrite, c'est son seul mérite; mais ce mérite est grand dans le temps où nous sommes. Les oppositions qu'on a voulu faire aux représentations n'ont fait qu'irriter la curiosité maligne du public; il fallait rester tranquille, et la pièce n'aurait pas été jouée trois fois; elle serait tombée dans le néant de l'oubli, qui engloutit tout ce qui n'est que bien écrit, et qui manque de ce sel sans lequel rien ne dure; mais les philosophes ne savent pas se conduire; *magis magnos clericos non sunt magis magnos sapientes*.

M. Palissot m'a envoyé sa pièce reliée en maroquin, et m'a comblé d'éloges injustes qui ne sont bons qu'à semer la zizanie entre les frères. Je lui ai répondu qu'à la vérité je croyais faire des vers aussi bien que MM. Dalembert, Diderot, et Buffon, que je croyais même savoir l'histoire aussi bien que M. d'Aubenton; mais que, dans tout le reste, je me croyais très-inférieur à tous ces messieurs et à vous. Je lui ai conseillé d'avouer qu'il avait eu tort d'insulter très-mal à propos les plus honnêtes gens du monde. Il ne suivra pas mon conseil, et il mourra dans l'impertinence finale.

Tâchez de vous procurer *le Pauvre diable*, *le Russe à Paris*, et l'*Épître* [2] d'un *frère de la Doctrine chrétienne*; ce sont des ouvrages très-édifiants; je crois que M. Saurin peut vous les faire tenir. On m'a dit que, dans *le Russe à Paris*, il y a une note importante qui vous regarde. Les auteurs de tous ces ouvrages ne paraissent pas trop craindre les persécuteurs fanatiques. Il faut savoir oser; la philosophie mérite bien qu'on ait du courage; il serait honteux qu'un philosophe n'en eût point, quand les enfants de nos manœuvres vont à la mort pour quatre sous par jour. Nous n'avons que deux jours à vivre, ce n'est pas la peine de les passer à ramper sous des coquins méprisables. Adieu, mon cher philosophe; ne comptez pour votre prochain que les gens qui pensent, et regardons le reste des hommes comme les loups, les renards et les cerfs qui habitent nos forêts. Je vous embrasse de tout mon cœur.

MMMLIV. — A M. LINANT.
18 juillet.

Il y a longtemps, monsieur, que je vous dois une réponse. Je me suis fort intéressé à Mlle Martin; mais il y a tant de gens à la foire qui s'appellent Martin, et j'ai reçu tant d'âneries de votre bonne ville de Paris, qu'il faut que vous me pardonniez de ne vous avoir pas répondu plus tôt.

On m'a envoyé les vers du *Russe*. Ils ne m'ont point paru mauvais

1. *Le Bonheur*. Il ne parut qu'en 1772, quelques mois après la mort de son auteur. (ÉD.)
2. *La Vanité*, satire. (ÉD.)

pour un homme natif d'Archangel; mais il me paraît qu'il ne connaît pas encore assez Paris. Il n'a pas dit la centième partie de ce qu'un homme un peu au fait aurait pu dire. D'ailleurs je crois qu'il se trompe sur des choses essentielles; il appelle M. l'abbé Trublet *diacre*, et tout le monde prétend qu'il n'est que dans les *moindres*. J'ai remarqué quelques bévues dans ce goût-là, mais il faut être poli avec les étrangers.

On dit que maître Joly de Fleury, avocat général, portant la parole, fera un beau réquisitoire contre *les Russes*, attendu que M. Alethof est mort dans le sein de l'Église grecque; mais on prétend que la chose n'aura pas de suite, parce qu'il ne faut pas déplaire à l'impératrice de toutes les Russies. Je vous prie de dire à votre pupille, de ma part, qu'il deviendra un homme très-aimable, et qu'il aura une bonne tête.

Je me jette à la tête de madame sa mère[1], pour qui j'ai le plus respectueux et le plus tendre attachement. J'ai l'honneur d'être, monsieur, de tout mon cœur, etc.

### MMMLV. — DE M. DALEMBERT.

A Paris, 18 juillet.

Vous me paraissez persuadé, mon cher et grand philosophe, que je me trompe dans les jugements que je porte de certaines personnes; je suis persuadé, moi, que vous vous trompez sur ces mêmes gens; il ne reste plus qu'à savoir qui de nous deux a raison; et vous m'avouerez du moins qu'il y a à parier pour celui qui voit les choses de près contre celui qui ne les voit que de cent lieues.

Quoi qu'il en soit, vous pouvez rendre un grand service à la philosophie, en intercédant auprès de M. de Choiseul pour le pauvre abbé Morellet. Il y a quinze jours que Mme de Robecq est morte, et il y a six semaines qu'il est à la Bastille[2]. Il me semble qu'il est assez puni.

J'aurais plus d'envie que vous de voir Diderot à l'Académie. Je sens tout le bien qui en résulterait pour la cause commune; mais cela est plus impossible que vous ne pouvez l'imaginer. Les personnes dont vous me parlez le serviraient peut-être, mais très-mollement, et les dévots crieraient et l'emporteraient. Mon cher philosophe, il n'y a plus d'autre parti à prendre que de pleurer sur les ruines de Jérusalem, à moins qu'on n'aime mieux en rire comme vous, et finir tous les soirs, en se couchant, par la phrase académique[3]; c'est là le plus sage parti.

Pour moi, j'attends la paix avec impatience, non pour me mettre au service de qui que ce soit (n'ayez pas peur que je fasse cette sottise), mais pour éloigner mes yeux de tout ce que je vois. Je vous embrasse.

### MMMLVI. — A M. THIERIOT.

18 juillet.

Notre cher correspondant, notre ancien ami, est prié de vouloir bien faire parvenir au sieur Corbi la lettre ci-jointe de Gabriel Cramer.

1. Mme de La Live d'Épinai. (ÉD.)
2. Morellet y était depuis le 11 juin. (ÉD.) — 3. *Je m'en f....* (Clogenson.)

Il paraît qu'il est de l'avantage des Cramer et des Corbi de s'entendre, et de faire conjointement une belle édition qui leur sera utile, au lieu d'en faire deux, et de s'exposer à en être pour leurs frais.

Si j'avais le noble orgueil de M. Le Franc de Pompignan, mon amour-propre trouverait son compte à voir deux libraires disputer à qui fera la plus belle édition de mes sottises en vers et en prose ; mais je ne veux pas hasarder de leur faire tort pour jouir du vain plaisir de de me voir orné de vignettes et de culs-de-lampe, avec une grande marge.

Je crois que vous pouvez, mon cher ami, concilier Cramer et Corbi ; il est bon de mettre la paix entre les libraires, puisqu'on ne peut la mettre entre les auteurs.

Il ne vient de Paris que des bêtises. Le Franc de Pompignan et Fréron se sont imaginé que je suis l'auteur des *Si* et des *Pourquoi*; et vous savez qu'ils se trompent. On s'imagine encore que l'auteur de *la Henriade* ne peut pas revenir voir Henri IV sur le Pont-Neuf, et rien n'est plus faux ; mais il préfère ses terres au Pont-Neuf, et à tous les ouvrages du Pont-Neuf, dont Paris est inondé.

Ayez la charité de dire à Protagoras[1] ce qui suit :

Protagoras fait ou laisse imprimer dans le *Journal encyclopédique* des fragments de l'Épître du roi de Prusse à Protagoras ; et il dit, dans sa lettre aux auteurs du journal, qu'il n'a jamais donné de copie de cette épître du *Salomon du Nord*. Cependant Protagoras avait envoyé copie des vers du *Salomon du Nord* à *Hippophile*-Bourgelat[2], à Lyon. Il est très-bon que les vers du *Salomon du Nord* soient connus, et qu'on voie combien un roi éclairé protége les sciences, quand maître Joly de Fleury les persécute avec autant de fureur que de mauvaise foi. Le roi de Prusse, qui m'a envoyé cette épître, ne manquera pas de croire que c'est moi qui l'ai fait courir dans le monde. Je ne l'ai pourtant lue à personne ; je ne vous en ai pas même envoyé un seul vers, à vous le grand confident ; je suis innocent, mais je veux bien me faire anathème pour Protagoras, pourvu que la bonne cause y gagne.

Je souhaite que Jean-Jacques Rousseau obtienne de Mme de Luxembourg la grâce de l'abbé Morellet ; mais on est persuadé que l'envoi de cette malheureuse *Vision* a avancé les jours de Mme la princesse de Robecq, en lui apprenant son danger, que ses amis lui cachaient. Cette cruelle affaire est venue après celle de Marmontel. On veut bien que nous autres barbouilleurs de papier nous nous donnions mutuellement cent ridicules, parce que c'est l'état du métier ; mais on ne veut pas que nous mêlions dans nos caquets les dames et les seigneurs de la cour, qui n'y ont que faire. La cour ne se soucie pas plus de Fréron et de Palissot que des chiens qui aboient dans la rue, ou de nous qui aboyons avec ces chiens. Tout cela est parfaitement égal aux yeux du roi, qui est, je crois, beaucoup plus occupé de ces chiens

1. M. Dalembert. (ÉD.)
2. Claude Bourgelat, avec lequel Voltaire fut en correspondance, était connu par ses *Éléments d'Hippiatrique*, publiés à Lyon, sa ville natale. (ÉD.)

d'Anglais, qui nous désolent, que des écrivains en prose et en vers de son royaume. Je voudrais que nous eussions cent vaisseaux de ligne, dussions-nous nous passer des Fréron et des Pompignan.

Vous vouliez la réponse à Charles Palissot; la voici. Vous la montrerez sans doute à Protagoras, qui en sera édifié; il verra que je me fais tout à tous, pour le bien commun.

J'avoue qu'on ne peut attaquer l'*infâme* tous les huit jours par des écrits raisonnés; mais on peut aller *per domos* semer le bon grain.

Je suis encore tout stupéfait qu'on puisse m'attribuer les *Quand*, les *Vadé*, les *Alethof*, etc. Quelle apparence, je vous prie, qu'au milieu des Alpes, quand on fait ses moissons, on aille songer à ces misères?

*Interim, ride, vale, et quondam veni.*

MMMLVII. — A M. LE MARQUIS ALBERGATI CAPACELLI.

Aux Délices, 21 juillet.

Carissimo signore, ella riceverà il Shaftesbury quando piacerà al cielo. Il libro è mandato a un valente mercadante di Ginevra. O Dio! rendimi la gioventù, ed io porterò tutti i miei libri inglesi al mio senatore.

Oui, la nature a raison quand elle dit que Carlo Goldoni l'a *peinte*; j'ai été cette fois-ci le secrétaire de la nature. Vraiment le grand peintre fera bien de l'honneur au petit secrétaire, s'il daigne mettre son nom quelque part. Il peut me compter au rang de ses plus passionnés partisans. Je serai très-honoré d'obtenir une petite place dans son catalogue.

Nous n'avons point encore ouvert notre théâtre, à cause des grandes chaleurs. Nous jouerons, comme Thespis, dans le temps des vendanges. Je lis actuellement *la Figlia ubbidiente*; elle m'enchante. Je veux la traduire; je ne jouerai pas mal *il Pantalone*.

Plus j'avance en âge, et plus je suis convaincu qu'il ne faut que s'amuser; et quel plus bel amusement que celui des Sophocle et des Ménandre?

Je me flatte que le cygne de Padoue, l'aimable Algarotti, est avec vous. Dieu vous rende heureux l'un et l'autre, autant que vous méritez de l'être! On s'égorge en Allemagne, on s'ennuie à Versailles, on ne s'occupe à Londres que des fonds publics; et, grâce à vous, monsieur, on se divertit à *Bologna la grassa*.

Il n'y a de sages que ceux qui se réjouissent; mais se réjouir avec esprit, *questo è divino*.

*I wish you good health, long life.* Vous devez avoir tout le reste par vous-même. *Your most humble obedient servant, Le Suisse.* V.

MMMLVIII. — A M. THIERIOT.

Aux Délices, 22 juillet.

Mon cher correspondant, *quid nuper erenit?* J'avais envoyé pour vous un gros paquet à M. de Villemorien, il y a environ huit jours; et M. de Villemorien m'écrit qu'il ne peut plus servir à la correspondance, et il me signifie cet arrêt sans me parler du paquet; et, comme je ne me souviens plus de la date, je ne sais s'il m'écrit avant ou après l'avoir reçu; et cela me fait de la peine; et c'est à vous à savoir si vous avez mon paquet, et à le demander si vous ne l'avez pas, et à me dire d'où vient ce changement extrême; et vous noterez que dans ce paquet était, entre autres, ma lettre au Palissot, laquelle vous voulez lire et faire lire; mais les notes du *Russe à Paris* en disent plus que cette lettre; et vous noterez encore qu'il y avait dans mon paquet un billet pour Protagoras.

On me mande de tous côtés que Le Franc est très-mal auprès de l'Académie et du public, qu'on rit avec *Vadé*, qu'on bénit *le Russe*, que le sermon sur la vanité plaît aux élus et aux réprouvés. Dieu soit béni, et qu'il ait la bonne cause en aide! Si on n'avait pas fait cette justice de Le Franc, tout récipiendaire à l'Académie se serait fait un mérite de déchirer les sages dans sa harangue. Je compte que M. Alethof a rendu service aux honnêtes gens.

On dit qu'on imprime un petit recueil[1] de toutes ces facéties. Hélas! sans le malheureux passage du prophète sur Mme la princesse de Robecq, on n'aurait entendu que des éclats de rire de Versailles à Paris.

Est-il vrai qu'on va jouer *l'Écossaise*? Que dira Fréron? Ce pauvre cher homme prétend, comme vous savez, qu'il a passé pour être aux galères, mais que c'était un faux bruit. Eh! mon ami, que ce bruit soit vrai ou faux, qu'est-ce que cela peut avoir de commun avec *l'Écossaise*?

MMMLIX. — A MADAME D'ÉPINAL.

24 juillet.

Si vous ne m'avez point répondu, madame, sur l'honneur que je veux que M. Diderot fasse à l'Académie, vous avez tort; si vous m'avez écrit, votre lettre est en chemin. En attendant qu'elle m'apprenne ce que je dois penser, je pense qu'il faut absolument que M. Diderot fasse ses visites quand il en sera temps; je pense qu'alors il faut qu'il déclare dans le public qu'il ne prétend point à la place, mais qu'il veut seulement préparer la bonne volonté des académiciens pour la première occasion. Il aura sûrement dix ou douze voix; et ce sera un triomphe d'autant plus grand, qu'il passera pour ne les avoir pas demandées; mais il pourra fort bien les avoir toutes, si, en allant voir les dévots, il les persuade de sa religion; ils croiront l'avoir converti, et ce sera lui qui triomphera d'eux. Il est très-vraisemblable qu'il sera protégé par Mme de Pompadour. En un mot, ou il entrera, ou il sa préparera l'entrée; et, dans l'un ou dans l'autre cas, il aura le public pour lui. Je souhaite, ma belle philosophe, que vous soyez de mon avis.

Je ne vous parle point de la ridicule idée qui a passé par la tête d'un seul homme, que le chef de l'*Encyclopédie* était désigné dans *le Pauvre diable*; cette sottise ne mérite pas qu'on y pense.

Je regarde comme un coup de partie la tentative de l'Académie. Est

---

1. Voltaire en avait fait la préface. (ÉD.)

il possible que tous les gens qui pensent ne se tiennent pas par la main, et qu'ils soient la victime des fripons et des sots?

Est-il vrai, madame, qu'on a pendu vingt-deux jésuites[1] à Lisbonne?

**MMLE.**[2] **A M. D'ALEMBERT.**

24 juillet.

Je vous demande pardon, mon très-cher philosophe; tout grand homme que vous êtes, c'est vous qui vous trompez, c'est vous qui êtes éloigné, et c'est moi qui suis réellement sur les lieux. Il y a plus d'un an que la personne[2] dont vous me parlez daigne m'écrire assez souvent avec beaucoup de bonté et un peu de confiance; je crois même avoir mérité l'une et l'autre par mon attachement, par ma conduite, et par quelques petits services que le hasard, qui fait tout, m'a mis à portée de rendre. Je suis sûr, autant qu'on peut l'être, que cette personne pense très-noblement; la manière dont elle en a usé envers Marmontel en est une preuve évidente. C'est peut-être avoir agi en trop grand seigneur que d'avoir protégé Palissot et sa pièce, sans considérer qu'en cela il faisait tort à des personnes très-estimables. C'est un malheur attaché à la grandeur de regarder les affaires des particuliers comme des querelles de chiens qui se mordent dans la rue.

Il avait donné à Palissot de quoi avoir du pain, parce que Palissot est le fils de son homme d'affaires; mais, ayant depuis connu l'homme, il m'a mandé ces propres mots (que je vous supplie pourtant de tenir secrets) : « On peut donner des coups de bâton à Palissot, je le trouverai fort bon. »

Il doit donc vous être moralement démontré (supposé qu'il y ait des démonstrations morales) que ce ministre, véritablement grand seigneur, aurait plus protégé les lettres que M. d'Argenson.

Je vous l'ai déjà dit, je vous le répète, six lignes très-imprudentes de *la Vision* ont tout gâté. On en a parlé au roi; il était déjà indigné contre la témérité attribuée à Marmontel d'avoir insulté M. le duc d'Aumont. L'outrage fait à Mme la princesse de Robecq a augmenté son indignation, et peut lui faire regarder les gens de lettres comme des hommes sans frein, qui ne respectent aucune bienséance.

Voilà, mon cher ami, l'exacte vérité. Je doute fort que Mme la duchesse de Luxembourg demande la grâce de l'abbé Morellet, lorsque la cendre de sa fille[3] est encore chaude; et quand elle la demanderait, elle ne l'obtiendrait peut-être pas plus que *la classe*[4] du parlement de Paris n'a obtenu le rappel des exilés de *la classe* de Besançon. Cependant il faut tout tenter; et si Jean-Jacques n'a pu disposer Mme de Luxembourg à parler fortement, j'écrirai fortement, moi chétif; les petits réussissent quelquefois en donnant de bonnes raisons; je saurai

---

1. La nouvelle était fausse. — Le jésuite Malagrida paya pour les autres, le 20 septembre 1761. (ÉD.)
2. Le duc de Choiseul. (ÉD.)
3. Sa belle-fille. (ÉD.)
4. Nom que commença à prendre, en 1756, l'association des parlements. (*Note de Clogenson.*)

du moins précisément ce qu'on peut espérer sur l'abbé Morellet; c'est un devoir de tout homme de lettres de faire ce qu'il pourra pour le servir.

L'admission de M. Diderot à l'Académie ne me paraît point du tout impossible; mais, si elle est impossible, il la faut tenter. Je regarde cette tentative, tout infructueuse qu'elle peut être, comme un coup essentiel. Je voudrais que, au temps de l'élection, il fît ses visites, non pas comme demandant la place précisément, mais comme espérant la première vacante, quand ses principes et sa conduite seront mieux connus. Je voudrais que dans ces visites il désarmât les dévots et ameutât les sages. Il dirait en public qu'il ne prétend rien; il aurait au moins une douzaine de voix, ce serait un triomphe préliminaire. Il y a plus; il se peut que Mme de Pompadour le soutienne, qu'elle s'en fasse un mérite et un honneur, qu'elle désabuse le roi sur son compte, et qu'elle se plaise à confondre une cabale qu'elle méprise.

Je suis encore assez impudent pour en écrire à Mme de Pompadour, si vous le jugez à propos; et elle est femme à me dire ce qu'elle peut et ce qu'elle veut.

C'est donc à vous, mon cher philosophe, à préparer les voies, à être le vrai protecteur de la philosophie. Mettez-vous deux ou trois académiciens ensemble; prenez la chose à cœur; si vous ne pouvez pas obtenir la majorité des voix, obtenez-en assez pour faire voir qu'un philosophe n'est point incapable d'être de l'Académie dont vous êtes. Il faudrait, après cela, le faire entrer dans celle des sciences.

Le cousin *Vadé*, le sieur *Aléthof*, le *Père de la Doctrine chrétienne*[1], n'ont rien à se reprocher; ils ont fait humainement tout ce qu'ils ont pu pour rendre les ennemis de la raison ridicules; c'est à vous à rendre la raison respectable. Tâchez, je vous en conjure, d'être de mon avis sur la démarche que je vous propose; vous la ferez avec prudence; elle ne peut faire aucun mal, et elle fera beaucoup de bien.

Serait-il possible que cinq ou six hommes de mérite qui s'entendront ne réussissent pas après les exemples que nous avons de douze faquins[2] qui ont réussi? Il me semble que le succès de cette affaire vous ferait un honneur infini. Adieu; je recommande surtout la charité aux frères, et l'union la plus grande; je vous estime comme le plus bel esprit de la France, et vous aime comme le plus aimable.

MMMLXI. — A M. LE COMTE D'ARGENTAL.

A Ferney, 25 juillet.

Mon cher ange saura d'abord que toute ma joie est finie. Nous sommes plus battus dans l'Inde qu'à Minden. Je tremble que Pondichéri ne soit flambé. Il y a trois ans que je crie : « Pondichéri, Pondichéri! » Ah! quelle sottise de se brouiller avec les Anglais pour un *ut et Annapolis*, sans avoir cent vaisseaux! Mon Dieu, qu'on a été bête! Mais est-

---

1. Noms sous lesquels Voltaire publia le *Pauvre diable*, le *Russe à Paris*, et la *Vanité*. (ÉD.)
2. Les douze apôtres. (ÉD.)

il vrai qu'on a un peu pendu vingt jésuites à Lisbonne? C'est quelque chose, mais cela ne rend point Pondichéri.

Pour me consoler, il faut que je vous parle d'un petit garçon de douze ans ; il s'appelle Bussi ; il est fils d'une comédienne ; il a de grands yeux noirs, joue joliment Clistorel¹, chante, a une jolie voix, est fait à peindre, est doux, poli, et bien élevé, et réduit, je crois, à l'aumône. Corbi n'a-t-il pas l'Opéra-Comique? Corbi n'est-il pas votre protégé? ne pourrais-je pas lui envoyer ce petit garçon? Il ferait une bonne emplette; daignerez-vous lui en parler?

Est-il vrai que vous vous êtes opposé à la réception de la petite Duranci? Pourquoi? Il me semble qu'on en peut faire une très-jolie laideron de soubrette.

Puisque je vous parle d'acteurs, je peux bien vous parler de pièce. Jouera-t-on *l'Écossaise*? Ne sera-ce point un crime de mettre Frelon sur le théâtre, après qu'il a été permis de jouer Diderot par son nom?

Je ne sais plus que devenir; je suis entre Socrate, l'*Écossaise*, *Médime*, *Tancrède*, et le *Droit du seigneur*. Vous avez réglé l'ordre du service, tous les plats sont prêts; mais on ne peut mettre en vers *Socrate*, à cause de la multiplicité des acteurs.

Un petit mot de l'abbé Morellet. Ne le protégez-vous pas? Ne parlez-vous pas pour lui à M. le duc de Choiseul? Mme la duchesse de Luxembourg ne s'est-elle pas jointe à vous? Et Diderot, pourquoi ne pas faire une bonne brigue pour le mettre de l'Académie? Quand il n'aurait pour lui que quelques voix, ce serait toujours une espérance pour la première occasion, ce serait un préliminaire; il n'aurait qu'à prévenir le public qu'il ne veut pas entrer cette fois, mais faire voir seulement qu'il est digne d'entrer. Eh! qui sait s'il n'entrera pas tout d'un coup, s'il ne fléchira pas les dévots dans ses visites! si Mme de Pompadour ne se fera pas un mérite de le protéger! si M. le duc de Choiseul ne se joindra pas à elle!

Mon divin ange, jouez ce tour à la superstition, rendez ce service à la raison; mettez Diderot de l'Académie; il n'y a que Spinosa que je puisse lui préférer.

Mille tendres respects aux anges.

MMMLXII. — A M. DUCLOS.

Je dois vous dire, monsieur, combien je suis touché des sentiments que vous m'avez témoignés dans votre lettre. J'ai jugé que vous souffrez comme moi des outrages faits à la littérature et à la philosophie, en plein théâtre et en pleine Académie. Je crois que la plus noble vengeance qu'on pût prendre de ces ennemis des mœurs et de la raison serait d'admettre dans l'Académie M. Diderot. Peut-être la chose n'est-elle pas aussi difficile qu'elle le paraît au premier coup d'œil. Je suis persuadé que, si vous en parliez à Mme de Pompadour, elle se ferait honneur de protéger un homme de mérite persécuté. Il pourrait désarmer les dévots dans ses visites, et encourager les sages. Je m'inté-

1. Dans *le Légataire universel* de Regnard. (ÉD.)

vasse à l'Académie comme si j'avais l'honneur d'assister à toutes ses séances. Il me paraît que nous avons besoin d'un homme tel que M. Diderot, et que, dans sa situation, il a besoin d'être membre de notre compagnie. Le pis aller serait d'avoir au moins plusieurs voix pour lui, et d'être comme désigné pour la première place vacante. Cette démarche serait honorable pour les lettres; elle ferait voir qu l'Académie ne juge point d'après de vaines satires et de fausses allégations. Enfin vous pouvez prendre avec M. Diderot et vos amis les mesures qui vous paraîtront convenables. Si vous approuvez mon ouverture, et si on a besoin d'une voix, je ferai volontiers le voyage, après quoi je retournerai à ma charrue et à mes moutons.

Je vous supplie de me dire ce que vous en pensez, et de compter sur l'estime sincère et l'inviolable attachement de votre, etc.

MMMLXIII. — A M. THIERIOT.

28 juillet.

Il n'y a que les anciens amis de bons; vous êtes un correspondant charmant.

Je n'entends pas l'énigme de M. de Villemorien. M. Le Normand me fait écrire qu'il est à mon service, et je profite de ses bontés. Il faut que les frères s'aident et soient aidés; il faut qu'ils s'entendent.

J'ai été joyeusement édifié de la pantalonnade hardie de Saint-Foix, qui veut dire tout ce qui lui plaira, et qu'on lui demande pardon. Voilà un brave homme; nous avons besoin d'un tel grenadier dans notre armée. Envoyez-moi, je vous prie, la sentence du lieutenant criminel.

J'attends avec impatience mon *Moses's Legation*. C'est dommage, à la vérité, de passer une partie de sa vie à détruire de vieux châteaux enchantés. Il vaudrait mieux établir des vérités que d'examiner des mensonges; mais où sont les vérités?

L'abbé *Mords-les*[2] est donc toujours dans son château[3] qui n'est point enchanté? Je suis affligé qu'il ait gâté notre tarte pour un œuf.

On disait qu'on avait pendu vingt-deux jésuites, et cela n'est pas vrai. On dit qu'un corps de nos troupes a été frotté; j'ai bien peur que cela ne soit trop vrai. On dit Daun battu; j'ai encore peur. On dit Pondichéri pris, et je tremble. Que faire à tout cela? cultiver ses terres. J'ai défriché un quart de lieue carrée; je suis digne des bontés de M. de Turbilly.

MMMLXIV. — A MADAME D'ÉPINAL.

*A la belle philosophe et à l'aimable Habacuc*[4].

28 juillet.

Non, il n'est point impossible que frère Diderot entre; et, si cela est impossible, il faut le rendre possible. Mme de Pompadour peut le protéger; et, si on veut, j'en écris et j'en fais parler à Mme de Pompa-

1. Mari de la Pompadour. (ÉD.)
2. Nom philosophique donné à l'abbé Morellet par Dalembert. (ÉD.)
3. La Bastille. (ÉD.)
4. Grimm, auteur du *Petit prophète de Boehmischbroda*. Habacuc est le huitième des *petits prophètes*. (ÉD.)

dour; elle est très-capable de cette belle action. Les dévots crieront; Frère Diderot peut les apaiser; tous les gens de lettres seront pour lui. Quoi! après avoir hasardé la Bastille avec courage, il n'aurait pas le courage d'essayer de confondre ses ennemis et les nôtres! quelle pusillanimité! Il faut faire une brigue, une ligue, remuer ciel et terre, vaincre, ou du moins jouir de l'honneur d'avoir combattu. C'est beaucoup, c'est tout d'entrer en lice quand les *infâmes* prétendent qu'on n'ose se montrer. Dans presque toutes les entreprises il ne faut que de la hardiesse. Quoi! de Saint-Foix aura le courage de traduire le *Journal chrétien* devant le lieutenant criminel, et l'auteur de l'*Encyclopédie* n'osera pas demander une place à l'Académie! Ma belle philosophe, inspirez votre courage aux frères, et que les frères triomphent.

On avait envoyé de Paris la note sur les *Remontrances* de Le Franc; on l'a mise comme on l'a reçue; on n'a jamais eu ces *Remontrances* sur les bords du lac.

Le Franc est bien fier d'avoir fait des *Remontrances*; mais on lui en fait aujourd'hui; cela le rend peut-être plus fier encore.

Il n'est donc pas vrai qu'on ait envoyé vingt-deux jésuites en paradis, du haut d'une échelle; mais serait-il vrai qu'un corps considérable eût été battu par les Hessois, Daun par *Luc*, Bussi par les Anglais, à Pondichéri? Cela est dur; mais si les *infâmes* sont battus, je me console. Mais je ne me console point d'être loin de ma belle philosophe et de mon cher Habacuc. Je la suis en idée dans ses beaux bois, au bord de sa rivière, et mon idée est toujours remplie d'elle.

MMMLXV. — A M. COLINI.

30 juillet.

*A vos talents qui vous rendent un juge éclairé.* Je crois que les talents ne rendent point *juge*, qu'ils ne rendent point une femme [1] un *juge*; que ce masculin et ce féminin font un mauvais effet. J'aimerais mieux : *à vos talents, à votre génie éclairé*; cela serait plus grammatical et aurait encore le mérite d'être plus correct. Le reste de l'épître dédicatoire est à merveille. Je suis étonné et enchanté, mon cher Toscan, que vous écriviez si bien dans notre langue.

L'aventure du corps de M. de Saint-Germain détruit [2] est bien désagréable; mais cela n'empêchera pas de présenter la requête. Je crois, autant qu'il m'en souvient, que votre cassette était dans votre valise. Il serait bon que vous rappelassiez votre mémoire, et que vous m'écrivissiez positivement où elle se trouvait, ce qu'elle contenait, et en quelles espèces était votre argent. Vous garderiez par devers vous un double de votre lettre. Je suivrai cette affaire avec chaleur.

1. L'électrice palatine. (Cl.)
2. La nouvelle de cette destruction était très-fausse, car le maréchal de Broglie, puissamment aidé par le comte de Saint-Germain (plus tard ministre de la guerre), avait battu, le 10 juillet, à Corbach, le prince héréditaire de Brunswick. (Cl.)

ANNÉE 1760.

**MMMLXVI.** — A MADAME LA COMTESSE DE LUTZELBOURG.

Aux Délices, 2 août.

On n'a pas plus tôt appris une bonne nouvelle[1], madame, que vingt mauvaises viennent l'effacer. Est-il vrai que la discorde[2] est dans notre armée, pour nous achever de peindre? On m'avait dit que la moitié de Dresde était réduite en cendres; heureusement il n'y a eu que les faubourgs de saccagés.

Où est monsieur votre fils; vous savez combien je m'intéresse à lui. Puissent nos sottises ne lui être pas funestes! J'ai encore l'espérance d'être chez vous à la fin de septembre. Je voudrais, madame, vous engager dans une infidélité. Je veux vous proposer de me faire avoir une copie du portrait de Mme de Pompadour. N'y aurait-il point quelque petit peintre à Strasbourg qui fût un copiste passable? Je serais charmé d'avoir dans ma petite galerie une belle femme qui vous aime, et qui fait autant de bien qu'on dit de mal d'elle. On parle de troupes envoyées contre le parlement de Normandie[3]; je les aimerais mieux contre le parlement d'Angleterre.

Portez-vous bien, madame; laissez le monde en proie à ses fureurs et à ses sottises. Que j'ai d'envie de venir causer avec vous!

**MMMLXVII.** — A M. LE COMTE DE SCHOWALOW.

Aux Délices, près Genève, 2 août.

Monsieur, à peine eus-je reçu la lettre agréable dont Votre Excellence m'a honoré par la voie de M. le comte de Kaiserling, que ma joie fut bien altérée par l'amertume d'une nouvelle de la Haye. Les frères Cramer, libraires, citoyens de Genève, à qui j'ai fait présent de *l'Histoire de Pierre le Grand*, m'apportèrent une gazette de la Haye, par laquelle j'appris qu'un libraire de la Haye, nommé Pierre de Hondt, met en vente cet ouvrage. Ce coup me fut d'autant plus sensible, que je n'ai point encore reçu les nouvelles instructions que Votre Excellence veut bien me donner. Me voilà donc exposé, monsieur, et vous surtout, à voir ce monument que vous éleviez paraître avant qu'il soit fini. Le public le verra avec les fautes que je n'ai pu encore corriger, et avec celles qu'un libraire de Hollande ne manque jamais de faire.

J'ai écrit incontinent à Son Excellence M. de Golowkin, votre ambassadeur à la Haye. Je lui ai expliqué l'affaire, les démarches de la cour de Vienne à Hambourg, l'intérêt que vous prenez à l'ouvrage, l'injuste et punissable procédé du libraire de Hondt, et je ne doute

---

1. Sans doute celle du combat de Corbach. (ÉD.)
2. Le comte de Saint-Germain, mécontent que le duc de Broglie l'eût à peine nommé dans son rapport au ministre, relativement au succès de la journée du 10 juillet 1760, venait de quitter l'armée française; et bientôt il prit du service en Danemark. (ÉD.)
3. Le maréchal de Luxembourg, père de la princesse de Robecq, se trouvait alors à Rouen, par ordre du roi, et une telle mission dans la capitale de cette province, dont il était gouverneur, rappelait celle qu'il y avait remplie contre la haute magistrature normande en 1756. (ÉD.)

pas que M. le comte de Golowkin n'ait le crédit d'arrêter, du moins pour quelque temps, les efforts de la rapine des libraires hollandais.

Mais, tandis que je prends ces précautions avec la Hollande, je suis bien plus en peine du côté de Genève. Les frères Cramer ont fait beaucoup de dépenses pour l'impression du livre; ils ne sont pas riches, ils tremblent de perdre le fruit de leurs avances; je ne peux les empêcher de débiter le livre qu'ils ont imprimé à leurs frais.

J'espère que le second volume n'essuiera pas les disgrâces que le premier a souffertes. Mon zèle ne se ralentira point; vous m'avez fait Russe, vous m'avez attaché à Pierre le Grand. Nous avons en France une comédie dans laquelle il y a une fille amoureuse d'Alexandre le Grand[1]; je ressemble à cette fille. Je me flatte que ma passion ne sera pas malheureuse, puisque c'est vous qui la protégez. J'attends avec empressement les nouveaux mémoires que Votre Excellence a la bonté de me destiner. Je les mettrai en œuvre dès qu'ils seront arrivés. Il est vrai que la paix serait un temps plus favorable pour faire lire ce livre dans l'Europe. Les esprits sont trop occupés de la guerre; mais il est à croire que nos victoires nous donneront bientôt cette paix nécessaire. Alors je prendrais ce temps pour venir vous faire ma cour dans Pétersbourg, si j'avais plus de santé, et moins d'années que je n'en ai. Les lettres dont vous m'honorez, sont la consolation la plus flatteuse que je puisse recevoir, et la seule qui puisse me dédommager.

Je serai jusqu'au dernier jour de ma vie, avec la plus respectueuse reconnaissance, et le plus inviolable attachement, etc. V.

MMMLXVIII. — DE M. D'ALEMBERT.

Paris, ce 3 août.

Il y a apparence, mon cher et grand philosophe, que celui de nous deux qui se trompe sur la personne en question se trompera longtemps; car nous ne paraissons disposés ni l'un ni l'autre à changer d'avis. Quoi qu'il en soit, je n'entends rien, je l'avoue, à cette nouvelle jurisprudence, qui permet à une femme de la cour de se mettre à la tête d'une cabale infâme contre des gens de lettres estimables, et qui ne permet pas aux gens de lettres outragés de donner un léger ridicule à la protectrice. Au surplus, l'abbé Morellet est enfin sorti de la Bastille, et sa détention n'aura point d'autres suites. M. Duclos (d'autres qui je suis d'ailleurs fort mal, mais avec qui je me réunirai s'il est nécessaire pour la bonne cause) me dit hier en confidence que vous lui aviez écrit au sujet de l'admission de Diderot à l'Académie. Nous convînmes des difficultés extrêmes et peut-être insurmontables de ce projet; il croit cependant qu'on pourrait le tenter, quoique, à dire vrai, j'en désespère. Je crois bien que Mme de Pompadour, et même M. de Choiseul, seront favorables; mais je doute que, tout puissants qu'ils sont, ils aient assez de crédit dans cette occasion. Vous entendrez de Genève crier les dévots de Paris et de Versailles, et ces dévots iront au roi

1. Dans la comédie des Pittonnières, par Desmarests, Mélisse, l'un des personnages, est amoureuse d'Alexandre le Grand. (ÉD.)

directement, et à coup sûr ils l'emporteront. Or je n'imagine pas qu'il faille tenter cette affaire, si elle ne doit point réussir.

*A quoi vous servirait ce zèle impétueux,*
*Qu'à charger vos amis d'un crime infructueux[1]?*

Au reste, l'élection ne se fera de trois ou quatre mois, et nous tâterons doucement le gué avant que de rien entreprendre. Je verrai Diderot, je reparlerai à Duclos, et nous nous concerterons avec vous, et je vous rendrai compte de la suite de nos démarches.

L'*Écossaise* a un succès prodigieux; j'en fais mon compliment à l'auteur. Hier, à la quatrième représentation, il y avait plus de monde qu'à la première. On dit que Fréron avait prouvé, il y a quinze jours, dans une feuille, que cette pièce ne devait pas réussir. Je ne l'ai point encore vue, et quand on m'en a demandé la raison, j'ai répondu que, « si un décrotteur m'avait insulté, et qu'il fût mis au carcan à ma porte, je ne me presserais pas de mettre la tête à la fenêtre. »

Quelqu'un me dit, le jour de la première représentation, que la pièce avait commencé fort tard : *C'est apparemment*, lui dis-je, que Fréron *était monté à l'hôtel de ville*[2].

Un conseiller de *la classe* du parlement de Paris, dont on n'a pu me dire le nom, disait avant la pièce que cela ne vaudrait rien, qu'il en avait lu l'extrait dans Fréron; on lui répondit qu'il allait voir quelque chose de meilleur, l'extrait de Fréron dans la pièce.

Ce n'est ni Bourgelat ni personne de ma connaissance qui a envoyé au *Journal encyclopédique* l'extrait de l'épître du roi de Prusse; c'est apparemment quelqu'un de ceux à qui je l'ai lue, et qui en aura retenu ces bribes. Au reste, les endroits outrecuidants ne se trouvent pas dans l'imprimé, et j'en suis fort aise.

Savez-vous que votre ami Palissot a eu une prise très-vive dans les foyers avec M. Séguier, qui avait pourtant fort protégé *les Philosophes*? Il trouvait (lui Palissot), que l'*Écossaise* était une chose atroce. A ce propos, je vous dirai que vos amis ne sont point contents de votre troisième lettre. Il ne faut point plaisanter avec de pareilles gens, surtout lorsqu'ils s'enferrent d'eux-mêmes, comme Palissot a fait dans ses dernières réponses. Adieu, mon cher philosophe.

MMMLXIX. — A M. LE COMTE D'ARGENTAL.

3 août.

Mon archange, que votre volonté soit faite sur le théâtre comme ailleurs! Je vois que votre règne est advenu, et que les méchants ont été confondus;

Et, pour vous souhaiter tous les *plaisirs* ensemble,
*Soit à jamais hué quiconque leur ressemble*[3]!

Si j'avais pu prévoir ce petit succès; si, en barbouillant l'*Écossaise*

1. Racine, *Bajazet*, acte II, scène III. (Éd.)
2. On y conduisait les condamnés qui, au moment de leur exécution, déclaraient avoir quelque révélation à faire. (Éd.)
3. Parodie des deux derniers vers de l'imprécation de Rodogune. (Éd.)

en moins de huit jours, j'avais imaginé qu'on dût me l'attribuer, et qu'elle pût être jouée, je l'aurais travaillée avec plus de soin, et j'aurais mieux cousu le cher Fréron à l'intrigue. Enfin je prends le succès en patience. J'oserais seulement désirer que Mme Alton parût à la fin du premier acte; on s'y attendait. Je vous supplie de lui faire rendre son droit.

Mme Scaliger va-t-elle au spectacle? a-t-elle vu la pièce de M. Hume? N'avez-vous pas grondé M. le duc de Choiseul de ce que *la Chevalerie*[1] traîne dans les rues, et de ce que l'abbé *Mords-les* est encore sédentaire[2]?

Il ne me paraît pas douteux à présent qu'il ne faille donner à *Tancrède* le pas sur *Médime*. On m'écrit que plusieurs fureteurs en ont des copies dans Paris; les commis des affaires étrangères, n'ayant rien à faire, l'auront copiée. Il faut, je crois, se presser. Je ne crois pas qu'il y ait un libraire au monde capable de donner sept louis à un inconnu; en tout cas, si Prault trouve grâce devant vos yeux, qu'il imprime *Tancrède*, après qu'il aura été applaudi ou sifflé. Vous êtes le maître de *Tancrède* et de moi, comme de raison.

J'ignore encore, *en vous faisant ces lignes*, si j'aurai le temps de vous envoyer par ce courrier les additions, retranchements, corrections, que j'ai faits à *la Chevalerie*; si ce n'est pas pour cette poste, ce sera pour la prochaine.

Savez-vous bien à quoi je m'occupe à présent? à bâtir une église à Ferney; je la dédierai aux anges. Envoyez-moi votre portrait et celui de Mme Scaliger, je les mettrai sur mon maître autel. Je veux qu'on sache que je bâtis une église, je veux que mons de Limoges le dise dans son discours à l'Académie, je veux qu'il me rende la justice que Le Franc de Pompignan m'a refusée. J'avoue que je ressemble fort aux dévots, qui font de bonnes œuvres, et qui conservent leurs infâmes passions.

Il entre un peu de haine contre *Luc* dans ma politique. Je vous avoue que, dans le fond du cœur, je pourrais bien penser comme vous; et, entre nous, il n'y a jamais eu rien de si ridicule que l'entreprise de notre guerre, si ce n'est la manière dont nous l'avons faite *sur la terre et sur l'onde*. Mais il faut partir d'où l'on est, et être le très-humble et très-obéissant serviteur des événements. Il arrive toujours quelque chose à quoi on ne s'attend point, et qui décide de la conduite des hommes. Il faudrait être bien hardi à présent pour avoir un système. Je me crois aujourd'hui le meilleur politique que vous ayez en France; car j'ai su me rendre très-heureux, et me moquer de tout. Il n'y a pas jusqu'au parlement de Dijon à qui je n'aie résisté en face; et je l'ai fait désister de ses prétentions, comme vous verrez par ma réponse ci-jointe à M. de Chauvelin[3]. Mon cher ange, je vous le répète, il ne me manque que de vous embrasser, mais cela me manque horriblement.

1. *Tancrède*, dont le duc avait laissé prendre copie. (ÉD.)
2. Morellet était sorti de la Bastille le 30 juillet à midi. (ÉD.)
3. L'intendant des finances. (ÉD.)

**MMMLXX. — A MADAME DE FONTAINE.**

Aux Délices, 4 août.

Avez-vous reçu, ma chère nièce, un paquet dans lequel il y avait un exemplaire de l'*Histoire du Czar*, avec un autre?

Vous venez de perdre votre oncle Montigni[1]; il faut bien s'accoutumer à perdre ses oncles, et que la loi de nature s'accomplisse; nous en sommes actuellement aux cousins. Daumart est condamné à mort par la *Tournelle* de Tronchin. Qui aurait cru que ce jeune homme de vingt ans passerait avant moi?

Je ne sais aujourd'hui aucune nouvelle. Le roi de Prusse m'a écrit en rentrant de Saxe; il me paraît de bien mauvaise humeur. Tout le monde désire une paix qu'il me paraît presque impossible de faire; vous savez que M. de Montmartel répond des fonds pour l'année prochaine. Le crédit est la base de tout, et ce crédit n'est qu'entre ses mains. Il fera, sans doute, des élèves qui auront son secret. La France a de grandes ressources, et elle en aura toujours, même malgré la perte de sa marine. Nous n'avions point de marine du temps de Henri IV, et cependant ce grand roi fut l'arbitre de l'Europe. On n'est occupé à Paris que de plaisirs et de murmures.

**MMMLXXI. — A M. LE COMTE D'ARGENTAL.**

6 août.

C'est pour vous dire, ô ange gardien! que *la Chevalerie* est lue à l'armée, tous les soirs, quand on n'a rien à faire; c'est pour vous dire qu'il y en a trente copies à Versailles et à Paris, et que je prétends que M. le duc de Choiseul répare, par ses bontés, le tort qu'il m'a fait.

Il n'y a donc pas à balancer, il n'y a donc pas de temps à perdre; il faut donc jouer, il faut donc hasarder les sifflets, sans tarder une minute. Par tous les saints, la fin de *Tancrède* est une claironnade terrible. Imaginez donc cette Melpomène désespérée, tendre, furieuse, mourante, se jetant sur son ami, se relevant en envoyant son père au diable, lui demandant pardon, expirant dans les convulsions de l'amour et de la fureur; je le dis, ce sera une claironnade triomphante.

Vous avez dû recevoir mon gros paquet par M. de Chauvelin.

Au reste, je désapprouve fort les tribunaux normands.

Ma foi, juge et plaideurs, il faudrait tout lier.
Racine, *les Plaideurs*, acte I, scène VIII.

Mon divin ange, il ne faudrait pas jouer *l'Écossaise* trois fois la semaine; c'est bien assez de siffler, deux fois en sept jours, l'ami Fréron.

Je pris le premier dimanche du mois pour le second, dans mon dernier paquet, je datai 10; j'en demande pardon à la chronologie.

1. Mignot de Montigni, père d'Étienne Mignot de Montigni, le membre de l'Académie des sciences. (ÉD.)

Dites-moi, je vous prie, ce qu'on fait de l'abbé Morellet.
Mille tendres respects aux anges.

## MMMLXXII. — A MADAME LA MARQUISE DU DEFFAND.

6 août.

Si la guerre contre les Anglais nous désespère, madame, celle des rats et des grenouilles est fort amusante. J'aime à voir les impertinents bernés et les méchants confondus. Il est assez plaisant d'envoyer du pied des Alpes à Paris des fusées volantes qui crèvent sur la tête des sots. Il est vrai qu'on n'a pas visé précisément aux plus absurdes et aux plus révoltants; mais patience, chacun aura son tour, et il se trouvera quelque bonne âme qui vengera l'univers, et le président Le Franc de Pompignan, et Fréron.

On ne parle que de remontrances; je vous avoue que je ne les aime pas dans ce temps-ci, et que je trouve très-impertinent, très-lâche, et très-absurde, qu'on veuille empêcher le gouvernement de se défendre contre les Anglais, qui se ruinent à nous assommer. La nation a été souvent plus malheureuse qu'elle ne l'est, mais elle n'a jamais été si plate.

Tâchez, madame, de rire, comme moi, de tant de pauvretés en tout genre. Il est vrai que, dans l'état où vous êtes, on ne rit guère; mais vous soutenez cet état, vous y êtes accoutumée, c'est pour vous une espèce nouvelle d'existence; votre âme peut en être devenue plus recueillie, plus forte, et vos idées plus lumineuses. Vous avez sans doute quelques excellents lecteurs auprès de vous; c'est une consolation continuelle; vous devez être entourée de ressources.

Nous avons dans Genève, à un demi-quart de lieue de chez moi, une femme de cent deux ans qui a trois enfants sourds et muets. Ils font conversation avec leur mère, du matin au soir, tantôt en remuant les lèvres, tantôt en remuant les doigts, jouent très-bien tous les jeux, savent toutes les aventures de la ville, et donnent des ridicules à leur prochain aussi bien que les plus grands babillards; ils entendent tout ce qu'on dit au remuement des lèvres; en un mot, ils sont fort bonne compagnie.

M. le président Hénault est-il toujours bien sourd? du moins il est sourd à mes yeux; mais je lui pardonne d'oublier tout le monde, puisqu'il est avec M. d'Argenson [1].

A propos, madame, digérez-vous? Je me suis aperçu, après bien des réflexions sur *le meilleur des mondes possibles*, et sur le petit nombre des élus, qu'on n'est véritablement malheureux que quand on ne digère point. Si vous digérez, vous êtes sauvée dans ce monde; vous vivrez longtemps et doucement, pourvu surtout que les boulets de canon du prince Ferdinand, et des flottes anglaises, n'emportent pas le poignet de votre payeur des rentes.

Je n'ai nul rogaton à vous envoyer, et je n'ai plus d'ailleurs d'adresses contre-signantes; tant on se plaît à réformer les abus! Je suis,

---

1. Le comte d'Argenson, toujours exilé à sa terre des Ormes. (Éd.)

de plus, occupé du czar Pierre, matelot, charpentier, législateur, surnommé le Grand. Ayant renoncé à Paris, je me suis enfui aux frontières de la Chine; mon esprit a plus voyagé que le corps de La Condamine. On dit que ce sourdaud veut être de l'Académie française; c'est apparemment pour ne pas nous entendre.

Heureux ceux qui vous entendent, madame! je sens vivement la perte de ce bonheur; je vous aime malgré votre goût pour les feuilles de Fréron. On dit que l'Écossaise, en automne, amène la chute des feuilles.

Mille tendres et sincères respects.

## MMMLXXIII. — A M. DAMILAVILLE.

A Ferney, 6 août.

Je suis extrêmement sensible, monsieur, à toutes les marques d'attention que vous voulez bien me donner. Je n'ai point vu mes lettres, que le sieur Palissot a jugé à propos d'imprimer; je doute fort qu'il ait conservé la pureté du texte. On dit aussi qu'on a imprimé un *factum* de Ramponeau, dans lequel on a tronqué plusieurs passages, et étrangement altéré le style de cet illustre cabaretier. Comme je suis tout à fait son serviteur, en qualité de bon Parisien, je suis fâché qu'on ait défiguré son ouvrage.

On me parle beaucoup de la comédie de l'*Écossaise*, traduite de l'anglais de M. Hume, prêtre écossais. On prétend que le sieur Fréron veut absolument se reconnaître dans cette pièce; mais comment peut-il penser qu'on ose dire du mal d'un homme comme lui, qui n'en a jamais dit de personne? Je n'ai point vu la *Requête* du sieur Carré, traducteur de l'*Écossaise*, contre le sieur Fréron; on dit qu'elle est très-honnête et très-mesurée.

J'ai oublié, monsieur, votre demeure; mais je suppose que ma réponse ne vous en sera pas moins remise. J'ai l'honneur d'être bien véritablement, monsieur, votre, etc.

V.

## MMMLXXIV. — A M. THIERIOT.

A Ferney, 8 août.

Vous ne me dites point qu'on a joué l'*Écossaise*, qu'il a paru une *Requête aux Parisiens*, de Jérôme Carré, traducteur de l'*Écossaise*; qu'on a imprimé une pièce de vers intitulée *le Russe à Paris* ; vous ne me dites rien de *Protagoras*, de l'abbé *Mords-les*, de l'évêque limousin qui va succéder, dans l'Académie, à *frère Jean des Entommeures* de Vauréal, et qui aura sa tape s'il *pompignantse*; en un mot, vous ne me dites rien du tout. Réveillez-vous, mon ancien ami, instruisez-moi. Paris est-il toujours bien fou? comment vont les *remontrances?* où en sont les guerres des grenouilles et des rats? que dit-on de *Luc?* que font le grand Fréron et le sublime Palissot? Pour moi, je mets tout aux pieds du crucifix. Je bâtis une église; ce ne sera pas Saint-Pierre de Rome; mais le Seigneur exauce partout les vœux des fidèles; il n'a pas besoin de colonnes de porphyre et de candélabres d'or. Oui, je bâtis une église; annoncez cette nouvelle consolante aux enfants d'Israël; que tous les saints s'en réjouissent. Les méchants diront sans doute que je bâtis cette église dans ma paroisse pour faire jeter à bas celle qui me cachait un beau paysage, et pour avoir une grande avenue; mais je laisse dire les impies, et je fais mon salut.

Je n'ai point vu la *Sœur du pot* [1]; mais on m'a envoyé un avis de parents assez plaisant pour faire interdire le sieur de Pompignan, au sujet de sa prose et de ses vers. Vous qui êtes au centre des belles choses, n'oubliez pas le saint solitaire de Ferney, et joignez vos prières aux miennes.

Vraiment, j'oubliais de vous demander s'il est vrai que Palissot ait été assez humble pour imprimer mes lettres, et s'il n'a pas altéré la pureté du texte. *Scribe. Vale.*

## MMMLXXV. — A M. DE MAIRAN.

A Tournay, 9 août.

Je vous remercie bien sensiblement, monsieur, d'une attention qui m'honore, et d'un souvenir qui augmente mon bonheur dans mes charmantes retraites. Il y a longtemps que je regarde vos *Lettres au P. Parrenin*, et ses réponses, comme des monuments bien précieux; mais n'allons pas plus loin, s'il vous plaît. J'aime passionnément Cicéron, parce qu'il doute; vos *Lettres au P. Parrenin* sont des doutes de Cicéron. Mais, quand M. de Guignes a voulu conjecturer après vous, il a rêvé très-creux. J'ai été obligé, en conscience, de me moquer de lui, sans le nommer pourtant, dans la préface de l'*Histoire de Pierre I<sup>er</sup>*. On imprimait cette histoire l'année passée, lorsqu'on m'envoya cette plaisanterie de M. de Guignes. Je vous avoue que j'éclatai de rire en voyant que le roi *Yu* était précisément le roi d'Égypte *Menès*, comme Platon était, chez Scarron, l'anagramme de *Chopine*, en changeant seulement *pla* en *cho*, et *ton* en *pine*. J'étais émerveillé qu'on fût si doctement absurde dans notre siècle. Je pris donc la liberté de dire dans ma préface : « Je sais que des philosophes d'un grand mérite ont cru voir quelque conformité entre ces peuples; mais on a trop abusé de leurs doutes, etc. »

Or ces philosophes d'un grand mérite, c'est vous, monsieur; et ceux qui abusent de vos doutes, ce sont les Guignes. Je lui en devais d'ailleurs à propos des Huns; car M. de Guignes se moque encore du monde avec son *Histoire des Huns*. J'ai vu des Huns, moi qui vous parle; j'ai eu chez moi des petits Huns, nés à trois cents lieues à l'est de Tobolskoi, qui ressemblaient, comme deux gouttes d'eau, à des *chiens de Boulogne*, et qui avaient beaucoup d'esprit. Ils parlaient français comme s'ils étaient nés à Paris, et je me consolais de nous voir battus de tous côtés, en voyant que notre langue triomphait dans la Sibérie. Cela est, par parenthèse, bien remarquable; jamais nous

---

1. C'était peut-être quelque facétie relative aux philosophes. On sait que la duchesse d'Aiguillon, à qui est adressée la lettre CCLXIII, était alors connue sous le nom de *Sœur du pot des philosophes*. Mme du Deffand, en écrivant à Voltaire le 23 juillet 1760, terminait ainsi sa lettre : « Qu'est-ce que c'est que la *Sœur du pot* dont tout le monde parle et que personne n'a vue? » (ED.)

n'avons écrit de si mauvais livres, et fait tant de sottises qu'aujourd'hui, et jamais notre langue n'a été si étendue dans le monde.

J'aurai l'honneur de vous soumettre incessamment le premier volume de l'*Histoire de l'empire de Russie sous Pierre le Grand*. Il commence par une description des provinces de la Russie, et l'on y verra des choses plus extraordinaires que les imaginations de M. de Guignes; mais ce n'est pas ma faute, je n'ai fait que dépouiller les archives de Pétersbourg et de Moscou, qu'on m'a envoyées. Je n'ai point voulu faire paraître ce volume, avant de l'exposer à la critique des savants d'Archangel et du Kamtschatka. Mon exemplaire a resté un an en Russie; on me le renvoie. On m'assure que je n'ai trompé personne en avançant que les Samoïèdes ont le mamelon d'un beau noir d'ébène, et qu'il y a encore des races d'hommes gris pommelé fort jolis. Ceux qui aiment la variété seront fort aises de cette découverte; on aime à voir la nature s'élargir. Nous étions autrefois trop resserrés; les curieux ne seront pas fâchés de voir ce que c'est qu'un empire de deux mille lieues. Mais, on a beau faire, Ramponeau, les comédies du boulevard, et Jean-Jacques mangeant sa laitue à quatre pattes [1], l'emporteront toujours sur les recherches philosophiques.

Je ne peux finir cette lettre, monsieur, sans vous dire un petit mot de vos Égyptiens. Je vous avoue que je crois les Indiens et les Chinois plus anciennement policés que les habitants de Mesraïm; ma raison est qu'un petit pays, très-étroit, inondé tous les ans, a dû être habité bien plus tard que le sol des Indes et de la Chine, beaucoup plus favorable à la culture et à la construction des villes; et, comme les pêchers nous viennent de Perse, je crois qu'une certaine espèce d'hommes, à peu près semblable à la nôtre, pourrait bien nous venir d'Asie. Si Sésostris a fait quelques conquêtes, à la bonne heure; mais les Égyptiens n'ont pas été taillés pour être conquérants. C'est, de tous les peuples de la terre, le plus mou, le plus lâche, le plus frivole, le plus sottement superstitieux. Quiconque s'est présenté pour lui donner les étrivières, l'a subjugué comme un troupeau de moutons. Cambyse, Alexandre, les successeurs d'Alexandre, César, Auguste, les califes, les Circassiens, les Turcs, n'ont eu qu'à se montrer en Égypte pour en être les maîtres. Apparemment que, du temps de Sésostris, ils étaient d'une autre pâte, ou que leurs voisins de Syrie et de Phénicie étaient encore plus méprisables qu'eux.

Pour moi, monsieur, je me suis voué aux Allobroges, et je m'en trouve bien; je jouis de la plus heureuse indépendance; je me moque quelquefois des Allobroges de Paris. Je vous aime, je vous estime, je vous révérerai jusqu'à ce que mon corps soit rendu aux éléments dont il est tiré.

MMMLXXVI. — A M. LE COMTE D'ARGENTAL.

10 août.

Je cherche ma dernière lettre à mon cher Palissot pour vous l'envoyer. Palissot est un brave homme; il imprime *Français, aurais, fe-*

---

1. *Les Philosophes*, acte III, scène IX. (ÉD.)

rois, par un a, et les encyclopédistes n'en ont pas tant fait. Ce drôle-là ne manque pas d'esprit, et a même quelque talent ; mais c'est un calomniateur que mon cher Palissot, un misérable, et j'ai l'honneur de l'en avertir assez gaiement, autant que je peux m'en souvenir. Ma dernière lettre à ce cher Palissot était toute chrétienne.

Je doute fort que M. de Malesherbes me rende d'importants services. Un folliculaire qui fait la feuille intitulée l'*Avant-Coureur*, nommé Jonval, demeurant quai de Conti, m'a mandé qu'on lui avait donné l'*Oracle des nouveaux philosophes* à annoncer. Vous savez ce que c'est que cet oracle ; pour moi j'en ignore l'auteur. Mon divin ange, vous me feriez plaisir de me faire connaître ce bon homme ; je lui dois, au moins, un remerciement. Ce Jonval l'annonçait donc, et en même temps le dénonçait aux honnêtes gens comme un plat libelle. Il prétend que son censeur, qu'il ne nomme pas, lui a rayé son annonce, et lui a dit : « Si vous tombez sur V., on vous en saura gré ; mais si vous voulez défendre V., on ne vous le permettra pas. » Or, mon cher ange, vous saurez que V. se moque de tout cela, qu'il rit tant qu'il peut, et que, s'il digérait, il rirait bien davantage. O ange ! V. baise le bout de vos ailes avec plus de dévotion que jamais.

### MMMLXXVII. — A M. DUCLOS.

11 août.

Je sais depuis longtemps, monsieur, que vous avez autant de noblesse dans le cœur que de justesse dans l'esprit ; vous m'en donnez aujourd'hui de nouvelles preuves. Je ne doute pas que vous ne veniez à bout d'introduire M. Diderot dans l'Académie française, si vous entreprenez cette affaire délicate ; je vois que vous la croyez nécessaire aux lettres et à la philosophie dans les circonstances présentes. Pour peu que M. Diderot vous seconde par quelques démarches sages et mesurées auprès de ceux qui pourraient lui nuire, vous réussirez auprès des personnes qui peuvent le servir. Vous êtes à portée, je crois, d'en parler à Mme de Pompadour ; et, quand une fois elle aura fait agréer au roi l'admission de M. Diderot, j'ose croire que personne ne sera assez hardi pour s'y opposer. Nous ne sommes plus au temps des théatins évêques de Mirepoix[1]. Il vous sera d'ailleurs aisé de voir sur combien de voix vous pouvez compter à l'Académie. Vous aurez l'honneur d'avoir fait cesser la persécution, d'avoir vengé la littérature, et d'avoir assuré le repos d'un des plus estimables hommes du monde, qui sans doute est votre ami. M. Dalembert me paraît disposé à faire tout ce que vous jugerez à propos pour le succès de cette entreprise. Je prends la liberté de vous exhorter tous deux à vous aimer[2] de tout votre cœur ; le temps est venu où tous les philosophes doivent être *frères*, sans quoi les fanatiques et les fripons les mangeront tous les uns après les autres.

Je suis entièrement à vos ordres pour le *Dictionnaire de l'Aca-*

1. Boyer. (ÉD.)
2. Dalembert, dans sa lettre du 3 août (voyez page 488), dit être fort mal avec Duclos. (ÉD.)

dernier¹; je vous remercie de l'honneur que vous voulez bien me faire, j'en serai peut-être bien indigne, car je suis un pauvre grammairien; mais je ferai de mon mieux pour mettre quelques pierres à l'édifice. Votre plan me paraît aussi bon que je trouve l'ancien plan sur lequel on a travaillé mauvais. On réduisait le dictionnaire aux termes de la conversation, et la plupart des arts étaient négligés. Il me semble aussi qu'on s'était fait une loi de ne point citer, mais un dictionnaire sans citation est un squelette.

Je suis un peu surpris de vous voir dans le secret de notre petite province de Gex, dont j'ai fait ma patrie; mais je ne le suis pas du service que vous voulez bien me rendre; j'en suis pénétré. Je crains fort de ne pouvoir obtenir de messieurs du domaine ce que j'aurais pu avoir aisément d'un prince du sang², comme engagiste; mais j'ai toujours pensé qu'il faut tenter toute affaire dont le succès peut faire beaucoup de plaisir, et dont le refus vous laisse dans l'état où vous êtes. J'aurai l'honneur de vous rendre compte de l'état des choses, dès que M¹ le comte de La Marche aura conclu avec Sa Majesté; et je vous avoue que j'aimerais mieux vous avoir l'obligation du succès qu'à tout autre. Cependant l'affaire de Diderot me tient encore plus à cœur que le pays de Gex. J'aime fort ce petit coin du monde; c'est, comme le paradis terrestre, un jardin entouré de montagnes; mais j'aime encore mieux l'honneur de la littérature. Je vous demande pardon de ne pas vous écrire de ma main. Je suis un peu malingre.

Encore un mot, je vous prie, malgré mon peu de forces. Il me vient dans la tête que le travail de votre dictionnaire devient la raison la plus plausible et la plus forte pour recevoir M. Diderot. Ne pourriez-vous pas représenter ou faire représenter combien un tel homme vous devient nécessaire pour la perfection d'un ouvrage nécessaire ? ne pourriez-vous pas, après avoir établi sourdement cette batterie, vous assembler sept ou huit élus, et faire une députation au roi pour lui demander M. Diderot comme le plus capable de concourir à votre entreprise ? M. le duc de Nivernais ne vous seconderait-il pas dans ce projet ? ne pourrait-il pas même se charger de porter avec vous la parole ? Les dévots diront que Diderot a fait un ouvrage de métaphysique qu'ils n'entendent point; il n'a qu'à répondre qu'il ne l'a pas fait, et qu'il est bon catholique. Il est si aisé d'être catholique.

Adieu, monsieur; comptez sur ma reconnaissance et mon attachement inviolable. Vous prendrez peut-être mes idées pour des rêves de malade; rectifiez-les, vous qui vous portez bien.

MMMLXXVIII. — À MADAME D'ÉPINAI.

Il faut qu'il entre, mon adorable philosophe; qu'il entre, qu'il entre, vous dis-je; *contrains-les d'entrer*³.

1. Au mois d'octobre suivant, Duclos chargea Voltaire de l'article ? pour ce *Dictionnaire*, dont la quatrième édition fut présentée au roi au commencement de 1762. (Éd.)
2. Le comte de La Marche, fils du prince de Conti. (Éd.)
3. Saint Luc, chap. XIV, verset 23, (Éd.)

## CORRESPONDANCE.

Notre cher *Habacuc*, du courage, je vous en prie. La chose vous paraît impossible; je vous ai déjà dit¹ que c'est une raison pour l'entreprendre. Nous réussirons; croyez-moi, ce sera un beau triomphe. Mais que Diderot nous aide, et qu'il n'aille pas s'amuser à griffonner du papier dans un temps où il doit agir. Il n'a qu'une chose à faire, mais il faut qu'il la fasse; c'est de chercher à séduire quelque illustre sot ou sotte, quelque fanatique, sans avoir d'autre but que de lui plaire. Il a trois mois pour adoucir les dévots; c'est plus qu'il ne faut. Qu'on l'introduise chez Mme..., ou Mme..., ou Mme..., lundi; qu'il prie Dieu avec elle mardi, qu'il couche avec elle mercredi; et puis il entrera à l'Académie tant qu'il voudra, et quand il voudra. Comptez qu'on est très-bien disposé à l'Académie. Je recommande surtout le secret. Que Diderot ait seulement une dévote dans sa manche ou ailleurs, et je réponds du succès. On s'est déjà ameuté sur mes pressantes sollicitations. Travaillez sous terre, tous tant que vous êtes. Ne perdez pas un moment; ne négligez rien. Vous porterez à *l'infâme* un coup mortel; et je vous donne ma parole d'honneur de venir à l'Académie le jour de l'élection. Je suis vieux; je veux mourir au lit d'honneur.

Ma belle philosophe, voici une autre histoire, une autre négociation. N'est-ce pas M. Faventines² qui a le département du domaine? M. d'Épinai ne peut-il pas, quand il rencontrera ce terrible Faventines au conseil des fermes, lui dire : « Monsieur, ne savez-vous rien de nouveau sur le pays de Gex? ne vous a-t-on rien dit touchant certains arrangements avec le roi? n'a-t-il rien transpiré? » Alors M. Faventines dira oui ou non; et de oui ou ce non, vos belles mains me l'écriront.

Mais qu'il entre, qu'il entre, qu'il entre à l'Académie. J'ai cela dans la tête, voyez-vous! Ma belle philosophe, je vous ai dans mon cœur; il est vieux, mon cœur, mais il rajeunit quand il pense à vous. Qu'il entre, vous dis-je; tel est mon avis; et qu'on ruine Carthage, disait Caton qui n'était pas si vieux que moi.

O belle philosophe! ô *Habacuc!* je vous salue en Belzébuth.

MMMLXXIX. — A M. THIERIOT.

Le 11 auguste; fi, que *août* est barbare.

À peine eus-je écrit à l'ancien ami pour avoir des nouvelles, que Dieu m'exauça, et je reçus sa lettre du 30 juillet, dans laquelle il me parlait de la libération de l'abbé *Mords-les*, et de l'*Écossaise*, et de *Catherine Vadé*, et d'*Alethof*, etc. M. d'Argental est celui qui a le plus contribué³ à nous rendre notre *Mords-les*. J'ai écrit tous les jours de poste, j'ai toujours été la mouche du coche; mais je bourdonne de si loin, qu'à peine m'entend-on.

Oui, j'ai mon Moïse complet. Il a fait *le Pentateuque* comme vous

---

1. Lettre MMMLXXIV à Mme d'Épinal et à *Habacuc*-Grimm. (ÉD.)
2. Fermier général, comme le mari de Mme d'Épinai. (ÉD.)
3. J. J. Rousseau y avait contribué aussi par la duchesse de Luxembourg. (ÉD.)

et moi; mais qu'importe? ce livre est cent fois plus amusant qu'Homère, et je le relis sans cesse avec un ébahissement nouveau.

Vous auriez bien dû cependant m'envoyer l'édition de mon commerce épistolaire avec le divin Palissot; je veux voir si le texte est pur.

Il se montra donc, ce cher Palissot! il exulte en public! il ne sait donc pas que sa pièce des *Philosophes est de frigidis!*

Mon ancien ami, il y a trois mois que je crève de rire, en me levant et en me couchant. C'est d'ailleurs un drôle de corps que notre ami Protagoras; il est têtu comme une mule, il est tout plein d'esprit, il a toutes sortes d'esprit; il est gai, il est charmant. Il n'ira point en Brandebourg, de par tous les diables, car *Luc* est aux abois; sa tentative sur Dresde n'est qu'un coup de désespéré. *Quomodo cecidisti de cœlo, Lucifer, qui mane oriebaris!*[1] O *Luc!* l'aurais-tu cru que je serais cent fois plus heureux que toi!

Mon ancien ami, il faut que nous nous revoyions, avant d'aller trouver Virgile et l'abbé Pellegrin dans l'autre monde.

Qu'est-ce que vous faites chez le médecin Baron? Venez aux Délices; elles sont plus riantes que la rue Culture-Sainte-Catherine.

*N. B.* Souvenez-vous que je me ruine à bâtir une église; je veux qu'Abraham Chaumeix et ses consorts en sèchent de douleur. Ils me verront enterrer dans le chœur, avec une auréole sur la tête; ils seront bien attrapés. *Interim, vivamus.*

*P. S.* Je viens de recevoir mes Lettres à Palissot, avec les réponses, au lieu des lettres de Palissot avec mes réponses: ce Palissot est un peu infidèle.

MMMLXXX. — A M. MARMONTEL, A PARIS.
13 auguste.

Nous avions été un peu alarmés, monsieur, de certaines terreurs paniques que MM. les directeurs de la poste avaient conçues; jamais crainte n'a été plus mal fondée. M. le duc de Choiseul et Mme de Pompadour connaissent la façon de penser de l'oncle et de la nièce; on peut tout nous envoyer sans risque; on sait que nous aimons le roi et l'État. Ce n'est pas chez nous que les Damiens ont entendu des discours séditieux; on ne prétend point chez nous que l'État doive périr faute de subsides; nous n'avons point de *convulsionnaires* dans nos terres. Je dessèche des marais, je bâtis une église, et je fais des vœux pour le roi. Nous défions tous les jansénistes et tous les molinistes d'être plus attachés à l'État que nous le sommes. Il est vrai que nous rions du matin au soir des Pompignan et des Fréron; mais, quoique Le Franc ait épousé la veuve d'un directeur des postes, il ne peut empêcher qu'on ne me donne, tous les ordinaires, une liste de ses ridicules. Vous pouvez m'écrire en toute sûreté; le roi ne trouve point mauvais que des amis s'écrivent que Fréron est un bas coquin, et Le Franc un impertinent. Les pauvretés de la littérature n'empêchent pas que M. le maréchal de Broglie ne soit dans Cassel

1. Isaïe, chap. XIV, verset 12. (ÉD.)

Abraham Chaumeix, Jean Gauchat, Martin Fréblet, ne m'empêcheront pas de donner un beau feu d'artifice à la fin de la campagne.

Mon cher ami, il faut que le roi sache que les philosophes lui sont plus attachés que les fanatiques et les hypocrites de son royaume; l'univers n'en saura rien; l'univers n'est fait que pour Pompignan. Je vous écris cette lettre en droiture, parce que M. Bouret ne m'a offert ses bons offices que pour de gros paquets. Mandez-nous, je vous prie, par qui l'on peut vous sauver dorénavant de l'impôt d'une lettre; dites-moi avec quelle noble fierté l'ami Fréron reçoit le fouet et la fleur de lis qu'on lui donne trois fois par semaine[2] à la Comédie; donnez-nous des nouvelles surtout de votre situation, de vos desseins, et de vos espérances; l'oncle et la nièce s'intéressent également à vous. Présentez mes respects, je vous prie, à Mme Geoffrin. Si vous voyez M. Duclos, dites-lui, je vous prie, combien je l'estime, et à quel point je lui suis attaché; mais surtout soyez bien persuadé que vous aurez toujours dans l'oncle et dans la nièce deux amis essentiels.

Est-il possible qu'il y ait encore quelqu'un qui reçoive Fréron chez lui? Ce chien, fessé dans la rue, peut-il trouver d'autre salle que celui qu'il s'est bâti avec ses feuilles? est-il vrai qu'il est brouillé avec Palissot, et que la discorde est dans le camp des ennemis? Contribuez de tout votre pouvoir à écraser les méchants et la méchanceté, les hypocrites et l'hypocrisie; ayez la charité de nous mander tout ce que vous saurez de ces garnements. Mais, comme il faut mêler l'agréable à l'utile, parlez-moi de Melpomène-Clairon. Que fait-elle? que dit-elle? que jouera-t-elle? lui a-t-on lu

. . . . . . d'une voix fausse, et grêle,
La triste drame écrit pour la Denêlé?
*Le Pauvre diable*, v. 135.

Quelque chose qu'elle joue, ce sera un beau tapage quand elle reparaîtra sur la scène. Adieu; si vous avez envie de faire quelque tragédie, venez la faire chez nous; c'est avec ses *frères* qu'il faut réciter son office.

Je vous embrasse de tout mon cœur.

MMMLXXXI. — A M. DALEMBERT.

A Ferney, 13 août.

Vous êtes assurément, mon divin Protagoras, un des plus salés philosophes que je connaisse; vous devriez bien honorer de quelques pincées de votre sel cette troupe de polissons hypocrites qui veut tantôt être sérieuse et tantôt plaisante, et qui n'est jamais que ridicule. Si on ne peut avoir l'aréopage de son côté, il faut avoir les rieurs, et il me paraît qu'ils sont pour nous.

Sans doute il faut se réunir avec Duclos, et même avec Mairan,

1. Ce prénom, comme celui de *Jean*, donné à Gauchat, est de l'invention de Voltaire. (ÉD.)
2. On jouait l'*Écossaise* trois fois par semaine. (ÉD.)

quoiqu'il se soit plaint autrefois amèrement d'être contrefait par vous en perfection; il faut qu'on puisse couvrir tous les philosophes d'un manteau; marchez, je vous en conjure, en bataillon serré. Je suis enivré de l'idée de mettre Diderot à l'Académie; ou je me trompe, ou vous avez une belle ouverture. L'Académie travaille à son *Dictionnaire*, et y fait entrer tous les termes des arts. On dira au roi qu'on ne peut achever ce dictionnaire sans Diderot; cela pourra exciter une petite guerre civile; et, à votre avis, la guerre civile n'est-elle pas fort amusante? Après avoir fait entrer Diderot, je prétends qu'on fasse entrer[1] l'abbé *Mords-les*. Il ne se passait pas de jour de poste que je n'écrivisse pour cet abbé, que je n'ai pas l'honneur de connaître; mais j'aime passionnément mes *frères* en Belzébuth. Je crois, entre nous, que M. d'Argental a fait déterminer le temps de sa captivité en Babylone, et qu'il a beaucoup plus servi que Jean-Jacques à délivrer notre *frère*.

J'ai lu mon *Commercium epistolicum*[2], que Charles Palissot a fait imprimer. Je ne sais pas si un bon chrétien comme lui, qui se respecte et qui observe toutes les bienséances, est en droit d'imprimer les lettres qu'on lui écrit. Il a poussé la délicatesse jusqu'à altérer le texte en plusieurs endroits; mais il en reste encore assez pour que le public ait quelques reproches à lui faire sur sa conduite et sur ses œuvres. Il me semble qu'il s'est fait son procès lui-même. Le pis de la chose c'est qu'il croit sa pièce bonne, parce qu'elle n'est pas absolument mal écrite; il ne sait pas encore qu'il faut être ou plaisant ou intéressant.

On m'a parlé d'une lettre au vieux *Stentor*-Astruc, qu'on dit qui fait crever de rire; j'espère que le fidèle Thieriot me l'enverra. Adieu, mon grand et charmant philosophe; quoique j'aie dit à Palissot que vous m'écrivez quelquefois *des lettres de Lacédémonien*, je voudrais que vous fussiez avec moi le plus diffus de tous les hommes.

Il faut que vous me fassiez un plaisir essentiel; je veux finir ma vie par le supplice que demandait Arlequin[3]; il voulait mourir de rire. Engagez l'ami Thieriot ou le prêtre de Baal, *Mords-les*, à me donner les éclaircissements suivants, que je demande.

Quelques anecdotes vraies sur Gauchat et Chaumeix; quels sont leurs ouvrages, le nom de leurs libraires; le catalogue des œuvres de l'évêque du Puy, Pompignan, en recommandant à l'ami Thieriot de m'envoyer la Réconciliation de la piété et de l'esprit; le nom de la maq...... nommée par l'archevêque[4] pour directrice de l'hôpital; le nom du magistrat qui a le plus protégé en dernier lieu les convulsionnaires; le nom du révérend père jésuite du collège de Louis le Grand qui passe pour aimer le plus tendrement *la jeunesse*. J'attends ces utiles mémoires pour mettre au net une *Dunciade*; cela m'amuse

---

1. Morellet ne fut reçu à l'Académie qu'en 1785. (ÉD.)
2. C'est une brochure intitulée : *Lettres de M. de Voltaire à M. Palissot, avec les réponses, à l'occasion de la comédie des Philosophes*. (ÉD.)
3. Dans *Arlequin empereur dans la lune*, comédie de Falouville. (ÉD.)
4. Christophe de Beaumont. (ÉD.)

plus que Pierre le Grand. J'aime mieux les ridicules que les héros. Le conte du Tonneau a fait plus de mal à l'Église romaine que Henri VIII.

*Luc* périra. C'est bien dommage que *Luc* ait voulu faire le roi; il ne devait faire que le philosophe.

Je viens de lire le passage d'un jacobin; le voici : « Le prêtre qui célèbre fait beaucoup plus que Dieu n'a fait ; car celui-ci travailla pendant sept jours à faire des ouvrages de boue; l'autre engendre Dieu même, la cause des causes, etc. » Ce passage est de frère Alain de La Roche, *in Tractatu de dignitate sacerdotum*. L'abbé *Mords-les* devrait bien déférer ce jacobin à nosseigneurs de *la classe* du parlement.

### MMMLXXXII. — A M. BAGIEU.

Aux Délices, 13 août.

Ma nièce est un gros cochon, comme sont, monsieur, la plupart de vos Parisiennes. Cela se lève à midi; la journée se passe sans qu'on sache comment; on n'a pas le temps d'écrire, et quand on veut écrire, on ne trouve ni papier, ni plume, ni encre; il faut m'en venir demander, et puis l'envie d'écrire passe. Sur dix femmes, il y en a neuf qui en usent ainsi. Pardonnez donc, monsieur, à Mme Denis son extrême paresse, elle ne vous en est pas moins attachée, et elle aimerait encore mieux vous le dire que vous l'écrire. Je lui sers de secrétaire; je suis exact, tout vieux et tout malingre que je suis. Il est bien juste que vous ayez un peu d'amitié pour moi, puisque M. Morand, votre confrère, en a tant pour mon grand persécuteur Fréron.

*Sæpe, premente Deo, fert Deus alter o-*
Ovid., eleg. II, v. 4.

J'ai eu bon nez d'achever ma vie d- ...aite; les Fréron, les Pompignan, les Abraham Chau- ivré sans doute au bras séculier. Quelle inhumanité d.. .me soupçonner d'être l'auteur de *l'Écossaise!*

Un grand théologien mahométan prétend que ... envoie quelquefois un ange chirurgien aux méchants qu'il veut rendre bons; cet ange vient avec un scalpel céleste, pendant le sommeil du scélérat, lui arrache le cœur fort proprement, en exprime le virus, et met un baume divin à la place. Je vous supplie de daigner faire cette opération à Fréron; mais vous aurez bien de la peine à tirer tout le virus.

Je me félicite plus que jamais de n'être pas témoin de toutes les pauvretés qui se font dans Paris; mais je regrette fort de ne point voir un homme de votre mérite. Comptez que c'est avec les sentiments les plus vifs que j'ai l'honneur d'être, etc.

### MMMLXXXIII. — A M. LE COMTE ALGAROTTI.

15 août.

*Caro*, vous voulez le *Pauvre diable; eccolo. Che fo io nel mio ritiro? Crepo di ridere; e che farò? riderò in sino alla morte.* C'est un bien qui m'est dû; car après tout, je l'ai bien acheté. J'ai vu le Skellendorf; il a dîné dans ma guinguette. Il a un jeune homme avec lui

ANNÉE 1760.

qui paraît avoir de l'esprit et des talents. J'attends votre chimiste, mais je vous dirai :

........... *attamen ipse veni*[1].

*Frà un mese vi manderò il Pietro*[2]; mais songez que vous m'avez promis vos *Lettres sur la Russie*[3]. Je veux au moins avoir le plaisir et l'honneur de vous citer dans le second tome; car vous n'aurez cette année que le premier. Cette histoire russe sera la dernière chose sérieuse que je ferai de ma vie; je bâtis actuellement une église; mais c'est que je trouve cela plaisant.

Tout mon chagrin est que vous n'ayez pas *la Pucelle*, la vraie *Pucelle*, très-différente du fatras qui court dans le monde sous mon nom. Quand je vous donnai le premier chant à Berlin, je n'étais point du tout plaisant; les temps sont changés; c'est à moi seul qu'il appartient de rire. Quand je dis seul, je parle de *Luc* et de *moi*, et non de vous et de moi.

Je crois, comme vous, que Machiavel aurait été un bon général d'armée, mais je n'aurais pas conseillé au général ennemi de dîner avec lui en temps de trêve.

Je ne sais pas encore si Breslau est pris; tout ce que je sais, c'est qu'il est fort doux de n'être pas dans ces quartiers-là, et qu'il serait plus doux d'être avec vous.

*L'amo, l'amerò sempre*. Votre *Secretario*[4] est un très-bon ouvrage.

MMMLXXXIV. — A STANISLAS[5], ROI DE POLOGNE,
DUC DE LORRAINE ET DE BAR.

Aux Délices, 15 auguste.

Sire, je n'ai jamais que des grâces à rendre à Votre Majesté. Je ne vous ai connu que par vos bienfaits, qui vous ont mérité votre beau titre. Vous instruisez le monde; vous l'embellissez, vous le soulagez, vous donnez des préceptes et des exemples. J'ai tâché de profiter de loin des uns et des autres autant que j'ai pu. Il faut que chacun dans sa chaumière fasse à proportion autant de bien que Votre Majesté en fait dans ses États; elle a bâti de belles églises royales; j'édifie des églises de village. Diogène remuait son tonneau, quand les Athéniens construisaient des flottes. Si vous soulagez mille malheureux, il faut que nous autres petits nous en soulagions dix. Le devoir des princes et des particuliers est de faire, chacun dans son état, tout le bien qu'il peut faire. Le dernier livre de Votre Majesté, que le cher frère Menoux m'a envoyé de votre part, est un nouveau service que Votre Majesté rend au genre humain. Si jamais il se trouve quelque athée dans le monde (ce que je ne crois pas), votre livre confondra l'horrible absur-

1. Ovide, *Héroïde I*, vers 2. (ÉD.)
2. L'*Histoire de l'empire de Russie sous Pierre le Grand*. (ÉD.)
3. *Saggio di Lettere sopra la Russia*. (ÉD.)
4. Algarotti est auteur d'un écrit intitulé : *Science militaire du Secrétaire florentin* (Machiavel). (ÉD.)
5. Le roi de Pologne fit une réponse *de sa main* à cette lettre; mais elle n'a pas été recueillie. (ÉD.)

dité de cet homme. Les philosophes de ce siècle ont heureusement prévenu les soins de Votre Majesté. Elle bénit Dieu sans doute de ce que, depuis Descartes et Newton, il ne s'est pas trouvé un seul athée en Europe. Votre Majesté réfute admirablement ceux qui croyaient autrefois que le hasard pouvait avoir contribué à la formation de ce monde; elle voit sans doute avec un plaisir extrême qu'il n'y a aucun philosophe de nos jours qui ne regarde le hasard comme un mot vide de sens. Plus la physique a fait de progrès, plus nous avons trouvé partout la main du Tout-Puissant.

Il n'y a point d'hommes plus pénétrés de respect pour la Divinité que les philosophes de nos jours. La philosophie ne s'en tient pas à une adoration stérile, elle influe sur les mœurs. Il n'y a point en France de meilleurs citoyens que les philosophes; ils aiment l'État et le monarque; ils sont soumis aux lois; ils donnent l'exemple de l'attachement et de l'obéissance. Ils condamnent et ils couvrent d'opprobres ces factions pédantesques et furieuses, également ennemies de l'autorité royale et du repos des sujets; il n'est aucun d'eux qui ne contribuât avec joie de la moitié de son revenu au soutien du royaume. Continuez, Sire, à les seconder de votre autorité et de votre éloquence; continuez à faire voir au monde que les hommes ne peuvent être heureux que quand les rois sont philosophes, et qu'ils ont beaucoup de sujets philosophes. Encouragez de votre voix puissante la voix de ces citoyens qui n'enseignent dans leurs écrits et dans leurs discours que l'amour de Dieu, du monarque, et de l'État; confondez ces hommes insensés livrés à la faction, ceux qui commencent à accuser d'athéisme quiconque n'est pas de leur avis sur des choses indifférentes.

Le docteur Lange dit que les jésuites sont athées, parce qu'ils ne trouvent point la cour de Pékin idolâtre. Le frère Hardouin, jésuite, dit que les Pascal, les Arnauld, les Nicole, sont athées, parce qu'ils n'étaient pas molinistes. Frère Berthier soupçonne d'athéisme l'auteur de l'*Histoire générale*, parce que l'auteur de cette histoire ne convient pas que des nestoriens, conduits par des nuées bleues, sont venus du pays de Tacin, dans le septième siècle, faire bâtir des églises nestoriennes à la Chine. Frère Berthier devrait savoir que des nuées bleues ne conduisent personne à Pékin, et qu'il ne faut pas mêler des *contes bleus* à nos vérités sacrées.

Un gentilhomme breton ayant fait, il y a quelques années, des recherches sur la ville de Paris, les auteurs d'un *Journal* qu'ils appellent *Chrétien*, comme si les autres journaux étaient faits par des Turcs, l'ont accusé d'irréligion, au sujet de la rue Tire-Boudin, et de la rue Trousse-Vache; et le Breton a été obligé de faire assigner ses accusateurs au Châtelet de Paris.

Les rois méprisent toutes ces petites querelles, ils font le bien général, tandis que leurs sujets, animés les uns contre les autres, font les maux particuliers. Un grand roi tel que vous, Sire, n'est ni janséniste, ni moliniste, ni antiencyclopédiste; il n'est d'aucune faction; il ne prend parti ni pour ni contre un dictionnaire; il rend la raison respectable, et toutes les factions ridicules; il tâche de rendre les jésuites utiles en Lorraine, quand ils sont chassés du Portugal; il donne douze mille livres de rente, une belle maison, une bonne cave à notre cher Menoux, afin qu'il fasse du bien; il sait que la vertu et la religion consistent dans les bonnes œuvres, et non pas dans les disputes; il se fait bénir, et les calomniateurs se font détester.

Je me souviendrai toujours, Sire, avec la plus tendre et la plus respectueuse reconnaissance, des jours heureux que j'ai passés dans vos palais; je me souviendrai que vous daigniez faire le charme de la société, comme vous faisiez la félicité de vos peuples; et que, si c'était un bonheur de dépendre de vous, c'en était un plus grand de vous approcher.

Je souhaite à Votre Majesté que votre vie, utile au monde, s'étende au delà des bornes ordinaires. Aureng-Zeb et Muley-Ismaël ont vécu l'un et l'autre au delà de cent cinq ans; si Dieu accorde de si longs jours à des princes infidèles, que ne fera-t-il point pour Stanislas *le Bienfaisant?* Je suis avec le plus profond respect, etc.

MMMLXXXV. — A M. LE COMTE DE TRESSAN.

Aux Délices, 15 août.

Voici deux Génevois aimables que je prends la liberté d'adresser à mon cher gouverneur, et que je voudrais bien accompagner. MM. Turrettin et Rilliet sont les seuls objets de mon envie; car je vous jure, mon très-cher gouverneur, que je n'envie nullement ni Pompignan ni même Fréron. Je ne voudrais être à la place que de ceux qui peuvent avoir le bonheur de vous voir et de vous entendre. Il me paraît que ce Fréron vous a un tant soit peu manqué de respect, dans une de ses *mal-semaines*. Il faut pardonner à un homme comme lui, enivré de sa gloire et de la faveur du public.

Mon cher Palissot est-il toujours favori de Sa Majesté Polonaise? comment trouvez-vous la conduite de ce personnage et celle de sa pièce? Notre cher frère Menoux m'a envoyé, de la part du roi de Pologne, *l'Incrédulité combattue par le simple...; essai par un roi;* essai auquel il paraît que cher frère Menoux a mis la dernière main. Il ne vous montrera pas la réponse que je lui ai faite; mais moi je vous montre ma lettre au roi de Pologne, et j'espère vous envoyer bientôt le premier volume de l'*Histoire* de Pierre I<sup>er</sup>. Vous savez que c'est un hommage que je vous dois; je n'oublierai jamais certain petit certificat dont vous m'avez honoré. Quoique je sois occupé actuellement à bâtir une église, je me sens encore très-mondain; l'envie de vous plaire l'emporte sur ma piété. J'espère que Dieu me pardonnera cette faiblesse, et qu'il ne me fera pas la grâce cruelle de m'en corriger. Je sais qu'il faut oublier le monde, mais j'ai mis dans mon marché que vous seriez excepté nommément. Plaignez-moi, monsieur, d'être si loin de vous, et de vieillir sans faire ma cour à ce que la France a de plus aimable. Mon tendre et respectueux attachement ne finira qu'avec ma vie.

### MMMLXXXVI. — A M. LE COMTE D'ARGENTAL.
17 auguste.

Mon divin ange, il faut que notre ami Fréron soit en colère, car il ne peut être plaisant. Je viens de voir le récit de la bataille où il a été si bien étrillé. Le pauvre homme est si blessé qu'il ne peut rire. Si vous pouvez, mon cher ange, nous rendre le premier acte tel qu'il est imprimé, vous ferez plaisir aux érudits, qui aiment qu'on ne retranche rien d'une traduction d'un ouvrage anglais. Il paraît que la petite guerre littéraire n'est pas prête à finir. Tant qu'il y aura des regardants, il y aura des combattants, et il n'y aura que la lassitude du public qui fera tomber les armes des mains.

Je crois que *Jérôme Carré*, *le Frère de la Doctrine chrétienne* et *Catherine Vadé* et consorts, ont rendu un très-grand service à une certaine partie de la nation qui n'est pas peu de chose. Si on avait laissé dire et faire les Pompignan, les Palissot, les Fréron, et même les maître Joly de Fleury, les philosophes auraient passé pour une troupe de gens sans honneur et sans raison. J'ai écrit une singulière lettre au roi Stanislas, en le remerciant du livre que frère Menoux a mis sous son nom; je l'enverrai à mon ange.

Venons au fait de *Tancrède*. Je crois qu'il faut bénir la Providence de ce qu'elle a permis que M. le duc de Choiseul n'ait pas regardé ce secret comme un secret d'État. Le spectacle en sera si frappant, la situation si neuve, le cinquième acte (j'entends les deux dernières scènes) si touchant, Mlle Clairon si supérieure, que vous en viendrez à votre honneur malgré Fréron.

Ici l'auteur s'embarrasse, parce qu'il a un peu de fièvre; ce n'est pas Fréron qui la lui donne. Il va faire mettre sur un papier séparé de petites annotations pour *la Chevalerie*.

### MMMLXXXVII. — A M. THIERIOT.
20 auguste.

Mon cher correspondant, je vous rends mille grâces de votre exactitude, de votre zèle pour la bonne cause, et de tous vos envois.

Le *Discours* imprimé à Athènes[1] est savant, adroit, ingénieux, à propos, et peut faire beaucoup de bien. Nommez l'auteur, afin que je le bénisse. On peut tirer parti de l'histoire d'Élie Catherin[2], né à Quimper-Corentin. Il est bon de faire connaître les scélérats. La philosophie ne peut que gagner à toute cette guerre. Le public voit d'un côté Palissot, Fréron, et Pompignan, à la tête de la religion, et de l'autre les hommes les plus éclairés qui respectent cette religion encore plus que les Fréron ne la déshonorent.

Je pense que vous êtes trop difficile de blâmer mes réponses à Palis-

---

1. *Discours sur la satire contre les philosophes représentée par une troupe qu'un poète philosophe fait vivre, et approuvée par un académicien qui a des philosophes pour collègues*; Athènes, chez le libraire antiphilosophique, 1760, in-12. L'auteur est l'abbé Coyer. (Éd.)

2. Si ce n'était les *Anecdotes sur Fréron* c'en était la première version ou tout au moins les matériaux. (Éd.)

sot. Songez qu'il a passé plusieurs jours chez moi, qu'il m'a été recommandé par ce qu'on appelle les puissances, et que je lui ai mandé : *Vous avez tort, et vous devez avoir des remords.*

Monnet et Corbi persistent donc toujours dans l'idée de m'imprimer? Mais comment se tireront-ils d'affaire pour l'*Histoire générale*, à laquelle j'ai ajouté dix chapitres, en ayant corrigé cinquante?

Continuez à combattre en faveur du bon goût et du sens commun. Exhortez sans cesse tous les philosophes à marcher les rangs serrés contre l'ennemi; ils seront les maîtres de la nation, s'ils s'entendent.

Le roi Stanislas m'a envoyé son livre, moitié de lui, moitié du jésuite Menoux. Voici ma réponse; voyez si elle est honnête, et si *Protagoras* en sera content.

*Et vale.*

MMMLXXXVIII. — A MADAME D'ÉPINAL.

20 auguste; août est trop barbare.

Adorable philosophe, vous saurez que le roi Stanislas m'a envoyé son ouvrage, ou plutôt celui de frère Menoux, intitulé *l'Incrédulité combattue par le simple bon sens.* Voici ma réponse. Si vous la trouvez sage, si elle ne vous paraît pas maladroite, si vous la trouvez utile à la bonne cause, vous avez des secrétaires.

J'ai lu le *Discours* imprimé à Athènes; les Socrates n'en doivent pas être mécontents. Quelle est la bonne âme qui a rendu ce service au public? L'ouvrage est plein d'érudition, d'honnêteté, d'esprit, et d'adresse.

Que les philosophes soient unis, et ils triompheront de tout.

Et qu'il entre, qu'il entre [1] !

Mille tendres obéissances à toute votre famille, et à tous vos amis.

MMMLXXXIX. — A M. L'ABBÉ PERNETTI, A LYON.

22 auguste.

Nos conventicules de Satan, proscrits par Jean-Jacques et par Gresset, ne recommenceront, mon cher ami, que quand M. le duc de Villars sera arrivé; je voudrais que votre archevêque pût y assister comme vous, je crois qu'il ne serait pas mécontent de Mme Denis. Il est bien ridicule qu'un primat des Gaules ne soit pas le maître d'avoir du plaisir. Autrefois les évêques allaient aux spectacles; ce sont ces faquins de calvinistes et de jansénistes qui, n'étant pas faits pour les plaisirs honnêtes, en ont privé ceux qui sont faits pour les goûter. Les pontifes d'Athènes et de Rome étaient juges des pièces tragiques, et sûrement n'en étaient pas meilleurs juges que votre adorable archevêque. Je suis très-fâché de n'être pas de son diocèse, j'irais le conjurer à deux genoux de venir bénir l'église que j'ai l'honneur de faire bâtir. Je vous offre, mon cher abbé, un autel et un théâtre; tous les deux sont à votre service.

Je vous demande en grâce de me dire si ce que vous me mandâtes,

1. Que Diderot entre à l'Académie française (ÉD.)

le 18 auguste, du parlement de Besançon, est encore vrai le 23 auguste. Est-il possible que ce parlement joue sérieusement la farce du *Médecin malgré lui?* et qu'il dise à la *classe* du parlement de Paris : *De quoi vous mêlez-vous?.... je veux qu'on me batte.* Si la chose est ainsi, il n'y a rien eu de si plaisant du temps de la Fronde; et si le ministère a trouvé le secret de donner ce ridicule aux parlements, le ministère est plus habile qu'eux. Je vous embrasse de tout mon cœur, vous et vos amis.

### MMMXC. — A M. P. Rousseau, a Bouillon.
27 auguste.

La personne à qui M. Rousseau écrit, touchant le petit ouvrage de Mlle *Vadé*, servira M. Rousseau dans toutes les occasions; mais cette personne ne lui a pas envoyé la petite pièce dont elle était en possession, dans l'intention de porter le moindre préjudice à Mlle *Vadé*. Il paraît au contraire que cette demoiselle devait s'attendre à quelques remercîments, attendu qu'elle a pris vivement le parti du *Journal encyclopédique* contre l'*Année littéraire*, ou *antilittéraire*.

Ce n'est pas un bon moyen de faire connaître un ouvrage que d'en dire du mal; et le petit ouvrage envoyé était très-connu, et on en a fait déjà trois éditions. Le mieux eût été de ne jamais prévenir le jugement du public, de ne point le choquer, et de ne point sacrifier son jugement et son intérêt à la crainte qu'on peut avoir de quelques misérables qui n'ont aucun crédit.

Si M. Rousseau est mécontent de l'endroit où il a transporté son île flottante[1] de Délos, on lui offre un château ou une maison isolée à l'abri de tous les flots; il y trouvera toutes sortes de secours, et de l'indépendance. Il y pourra transporter sa manufacture, et il fera encore mieux de se servir de la manufacture d'un négociant accrédité dans le voisinage, qui est tout près. Il pourrait tirer de très-grands avantages de ce parti, et n'aurait jamais rien à craindre.

### MMMXCI. — A M. le comte d'Argental.
28 auguste.

Mon cher ange, vous ne m'instruisez pas dans mes limbes de ce que vous faites dans votre ciel; pas un petit mot sur l'*Écossaise*, sur mon ami Fréron, sur mon cher Pompignan, qu'on dit être chez M. d'Argenson, aux Ormes, avec le président Hénault, qui va lui vendre sa charge de surintendant bel esprit de la reine, et qui, pour pot-de-vin, trouve son *Discours* et son *Mémoire* excellents.

Il faut que je vous dise que frère Menoux, jésuite, m'a envoyé une mauvaise déclamation de sa façon, intitulée *l'Incrédulité combattue par le simple bon sens*. Il a mis cet ouvrage sous le nom du roi Stanislas, pour lui donner du crédit; il me l'a adressé de la part de ce monarque, et voici la réponse que j'ai faite au monarque. Voyez si elle est sage, respectueuse, et adroite. Vous pourriez peut-être en amuser M. le duc de Choiseul, en qualité de Lorrain.

1. P. Rousseau s'était établi successivement à Liége, Bruxelles et Bouillon. (ÉD.)

On me mande, mon divin ange, que vous allez faire jouer ce *Tancrède*, qui est déjà presque aussi connu que *l'Écossaise*.

Mon vieux corps, mon vieux tronc a porté quelques fruits cette année, les uns doux, les autres un peu amers; mais ma séve est passée; je n'ai plus ni fruits ni feuilles. Il faut obéir à la nature, et ne la pas gourmander. Les sots et les fanatiques auront bon temps cet automne et l'hiver prochain; mais gare le printemps !

Est-il vrai que Gaussin se retire? qu'elle fait comme moi? qu'elle va en Berry être dame de château, et que, de plus, elle est mariée? Je suis bien aise qu'il y ait des châteaux pour les talents, pourvu que ce ne soient pas les châteaux de Vincennes et de la Bastille.

Une lettre venue de Prague annonce changement de fortune et défaite entière de Laudon[1]. Il faut toujours, en fait de nouvelles, attendre le sacrement de la confirmation. Mais, si la chose est vraie, je pense comme vous; la paix, la paix; oui, mais voudra-t-on bien nous la donner?

En attendant, amusez-vous avec *Tancrède*; mais qu'il ne soit pas sifflé. On joue *l'Écossaise* dans toutes les provinces; il serait triste de déchoir et de faire ce petit plaisir à Fréron et à Pompignan. Savez-vous bien, mon cher ange, que *Tancrède* est une affaire capitale?

Mille tendres respects aux anges.

### MMMXCII. — A M. DAMILAVILLE.

29 auguste

Je réponds, monsieur, à votre lettre du 12. Je vois avec plaisir l'intérêt que vous prenez à l'honneur des belles-lettres. Plus la place que vous occupez semblait devoir vous interdire le goût de la littérature, plus vous y avez de mérite. La publication de l'*Histoire de l'empire de Russie sous Pierre le Grand* est une nouvelle prématurée. Vous me feriez plaisir, monsieur, de me dire quel est ce M. Do*** dont vous n'achevez pas le nom; les Suisses comme moi ne sont pas au fait de l'histoire de Paris, et n'entendent pas à demi-mot. Je n'ai point encore vu l'imprimé qui a pour titre : *Requête de Jérôme Carré aux Parisiens*; vous me feriez plaisir de me l'envoyer; on dit qu'il est différent de celui qui courait en manuscrit. On m'a mandé qu'on jouait *l'Écossaise* à Lyon, à Bordeaux, et à Marseille, avec le même succès qu'à Paris. Je ne sais pas pourquoi le sieur Fréron s'est obstiné à se reconnaître dans le *Frelon* de M. Hume. Il est certain que ce n'est pas la faute de Jérôme Carré, qui n'est qu'un simple traducteur, et qui est l'innocence même. Il ignorait absolument qu'on eût jamais parlé d'envoyer le sieur Fréron aux galères; c'est le sieur Fréron lui-même qui a appris cette anecdote au public; il doit savoir ce qui en est.

En attendant, il est exécuté sur tous les théâtres de France; la punition est douce, s'il est coupable de toutes les choses dont on l'accuse. On m'a envoyé des mémoires sur sa vie, dont il y a, dit-on, plusieurs copies dans Paris. Il paraît, par ces mémoires, que cet

---

1. Ce général autrichien venait effectivement d'être battu (15 août), à Liegnitz, par Frédéric II. (Éd.)

homme appartient plus au Châtelet qu'au Parnasse. Au reste, je ne l'ai jamais vu, je n'ai lu que deux ou trois de ses misérables feuilles, qu'on oublie à mesure qu'on les lit.

Je m'occupe bien plus agréablement de vos lettres, et des sentiments que vous me témoignez, que des sottises de ce gredin. Comptez, monsieur, sur la vive sensibilité de votre, etc.

## MMMXCIII. — A M. Thieriot.

29 auguste.

Je crois que c'est vous, mon cher correspondant, qui m'avez envoyé un très-bon ouvrage sur la satire intitulée Comédie des *Philosophes*; mais, en général, on a pris Palissot trop sérieusement. Si ces pauvres philosophes avaient été plus tranquilles, si on avait laissé jouer la pièce de Palissot sans se plaindre, elle n'aurait pas eu trois représentations. Jérôme Carré a été plus madré; il ne s'est point plaint, et il a fait rire; il est comme l'amant de ma mie Babichon, qui

...Aimait tant à rire,
Que souvent tout seul
Il riait dans sa grange.

L'*Écossaise* a été jouée dans toutes les provinces avec autant de succès qu'à Paris, et le tranquille Jérôme ricane dans sa retraite. Il a des tracasseries avec des prêtres pour l'église qu'il fait bâtir; mais il s'en tirera, et il en rira, et il en écrira au pape, quoique Rezzonico ne soit pas si goguenard que Lambertini.

Jean-Jacques, à force d'être sérieux, est devenu fou; il écrivait à Jérôme, dans sa douleur amère : « Monsieur, vous serez enterré pompeusement, et je serai jeté à la *voirie*. » Pauvre Jean-Jacques ! voilà un grand mal d'être enterré comme un chien, quand on a vécu dans le tonneau de Diogène ! Ce véritable *pauvre diable* a voulu jouer un rôle difficile à soutenir; il est bien loin de rire. Envoyez-moi donc la lettre écrite à ce braillard d'Astruc.

On dit le roi de Prusse vainqueur en Silésie[1]; nous en saurons des nouvelles demain. Je détourne, autant que je peux, les yeux de toutes ces horreurs; il est plus doux de bâtir, de planter, et d'écrire. Écrivez-moi donc, et je vous écrirai tant que je pourrai. *Farewell, my friend.*

## MMMXCIV. — A M. le comte d'Argental.

1ᵉʳ septembre.

La charité étant une vertu angélique, un pauvre malade compte sur celle de ses divins anges. Vous croyez bien que ce n'est pas par mauvaise volonté que je n'ai pas fait à Tancrède et à ma chère Aménaïde tout ce que je voudrais leur faire. Mes anges n'imaginent pas quel est le fardeau d'un homme très-faible et un peu vieux, qui a quatre campagnes à gouverner à la fois, qui s'avise de bâtir un château et une église, qui ne peut suffire à une correspondance forcée, qui, pour l'achever de peindre, se trouve assez embarrassé avec l'em-

1. A Liegnitz, le 15 août. (Éd.)

pire de toutes les Russies. Il est fort doux d'être occupé, mais il est dur d'être surchargé; le corps en souffre, *Tancrède* aussi. J'implore la clémence de Mme Scaliger : je n'en peux plus. Des vers et moi ne peuvent se rencontrer ensemble d'ici à plus de trois mois. N'exigez rien de moi, mes divins anges, car je ne ferais que des sottises ; il me reste à peine assez de tête pour vous dire que s'il y a dans *Tancrède* la simplicité, la noblesse, l'intérêt, la nouveauté que vous y trouvez, cette pièce pourra être aussi bien reçue que *l'Écossaise*. Mlle Clairon pleure et fait pleurer, dites-vous : que demandez-vous de plus ? Il se trouvera quelques raisonneurs qui, après avoir pleuré, diront à souper que le courrier qui portait la lettre d'Aménaïde au camp des Maures devrait avoir parlé avant de mourir ; d'autres répondront qu'il devait se taire ; on demandera s'il y a assez de raisons pour condamner Aménaïde ; les gens de bonne volonté diront qu'il n'y en a que trop ; que son courrier allait au camp des Maures ; que Solamir avait osé la demander en mariage dans Syracuse ; que Solamir l'avait aimée à Constantinople. Il est encore très-naturel, et même indispensable, que Tancrède la croie coupable, puisque son père même avoue à Tancrède qu'il n'est que trop sûr du crime de sa fille. Toute l'intrigue est donc de la plus grande vraisemblance ; et ce serait une chose bien inutile et bien déplacée de faire parler un postillon qui ne doit point parler. Il me semble que quand on a pour soi la vraisemblance et l'intérêt, on peut risquer de jouer à ce jeu dangereux de cinq actes contre quinze cents personnes. Permettez-moi de vous dire, mon cher ange, qu'il faut que Lekain mette beaucoup de passion dans son rôle ; cette passion doit être noble, je l'avoue ; mais il faut que le désespoir perce toujours à travers cette noblesse.

Je souhaite que Brizard joue le bonhomme comme j'ai eu l'honneur de le jouer ; croyez que ma nièce et moi nous faisons pleurer les gens quand nous voulons.

Que vous me faites plaisir de me dire que vous ne pouvez souffrir cette familiarité plate que le bonhomme Sarrasin prenait quelquefois pour le naturel, cette façon misérable de réciter des vers comme on lit la gazette ! J'aimerais, je crois, encore mieux l'ampoulé, que je n'aime point.

Au reste, vous savez bien que vous êtes le maître absolu de vos bienfaits, ainsi que de la pièce et de l'auteur. Je vous ai envoyé, par le dernier ordinaire, mon édifiante lettre au roi Stanislas. Je chercherai ces *Dialogues* que vous voulez voir ; j'en ferai faire une copie ; tout est à vos ordres, comme de raison. Permettez-moi de vous remercier encore d'avoir vengé le public en donnant *l'Écossaise* ; vous avez décrédité ce malheureux Fréron dans Paris et dans les provinces, et il était nécessaire qu'il fût décrédité. Donnez la bataille de *Tancrède* quand il vous plaira, vous êtes un excellent général. Si M. Daun avait conduit ses troupes comme vous conduisez les vôtres, le roi de Prusse ne lui aurait pas dérobé tant de marches. Adieu, mon divin ange ; en voilà beaucoup pour un malingre qui n'en peut plus, mais qui adore ses anges.

## MMMXCV. — De M. D'ALEMBERT.

A Paris, 2 septembre.

Il y a un siècle, mon cher et grand philosophe, que je ne vous ai rien dit. Un grand diable d'ouvrage de géométrie, que je viens de mettre sous presse, en est la cause. Je profite du premier moment pour me renouveler dans votre souvenir.

La difficulté n'est pas de trouver dans l'Académie des voix pour Diderot, mais 1° de lui en trouver assez pour qu'il soit élu; 2° de lui sauver douze ou quinze boules noires qui l'excluraient pour jamais; 3° d'obtenir le consentement du roi. Il serait médiocrement soutenu à Versailles; chacun de nos candidats y a déjà ses protecteurs. Je sais que cela ferait une guerre civile; et je conviens avec vous que la guerre civile a son amusement et son mérite, mais il ne faut pas que Pompée y perde la vie.

J'ai dit à l'abbé *Mords-les* toutes les obligations qu'il vous a; et dès qu'il sera sédentaire à Paris, il se propose de vous en remercier. Il est pourtant un peu fâché de ce que dans vos lettres à Palissot vous appelez la *Vision* une f..... pièce, ou autant vaut. C'est pourtant cette f..... pièce qui a mis les rieurs de notre côté.

J'ai donné à Thieriot le peu d'anecdotes que je savais sur les différents personnages dont vous me parlez. J'y ajoute que Chaumeix a, dit-on, gagné la v..... à l'Opéra-Comique; que l'abbé Trublet prétend avoir fait autrefois beaucoup de conquêtes par le confessionnal, lorsqu'il était prêtre habitué à Saint-Malo. Il me dit un jour qu'en prêchant aux femmes de la ville, il avait fait tourner toutes les têtes; je lui répondis : *C'est peut-être de l'autre côté.*

L'*Écossaise* a été bravement et avec affluence jusqu'à la seizième représentation. On assure que les comédiens la reprendront cet hiver, et ils feront fort bien. J'ai lu le jour de la Saint-Louis, à l'Académie française, un morceau contre les mauvais poëtes, et en votre honneur. Je ne vous ai trouvé que deux défauts impardonnables, c'est d'être Français, et vivant. C'est par là que je finissais, et le public a battu des mains beaucoup moins pour moi que pour vous. J'ai aussi étrillé les *waip*[1], en passant. En un mot, cela a fort bien réussi. Adieu, mon cher et grand philosophe.

## MMMXCVI. — A M. DAMILAVILLE.

3 septembre.

Je vous envoie, monsieur, une lettre à cachet volant pour M. Diderot. Je crois que vous vous intéressez autant que lui à tout ce que mon cœur lui dit; vous pensez tous deux de la même façon. C'est un grand bonheur pour moi que je vous aie connus tous deux. Ce n'est, à la vérité, que par vos lettres; mais votre âme s'y peint, et elle enchante la mienne.

Je vis dans la retraite, mais je n'y ai pas un moment de loisir. Je dois quatre lettres à M. Thieriot; je ne lui écris qu'un petit billet, et

1. Frelons. (ÉD.)

je vous supplie, monsieur, de vouloir bien vous en charger. Je fais mes lettres courtes, pour ne pas trop enfler le paquet.

On m'envoie souvent de mauvais vers, de mauvaises brochures; vos lettres me consolent. Si vos occupations vous permettaient de me dire quelquefois des nouvelles de la littérature, et surtout de M. Diderot, ce serait une nouvelle obligation que je vous aurais.

Comptez, monsieur, que je sens jusqu'au fond du cœur le prix de l'amitié que vous voulez bien me témoigner.

Oserais-je vous supplier de faire parvenir, par la petite poste, cette lettre à Mme Bellot?

MMMXCVII. — A M. LE MARQUIS ALBERGATI CAPACELLI.

Aux Délices, 5 septembre.

Je suis dans mon lit depuis quinze jours, monsieur. Vieillesse et maladie sont deux fort sottes choses pour un homme qui aime comme moi le travail et le plaisir. Il est vrai que pour du plaisir, vous venez de m'en donner par votre traduction, et par votre bonne réponse à ce *Ca...*; mais je ne vous en donnerai guère, et j'ai bien peur que la tragédie des chevaliers [1] errants ne vous ennuie. Ce qui n'est point ennuyeux, c'est votre traduction de *Phèdre*; c'est le plus grand honneur qu'ait jamais reçu Racine.

Je remercie tendrement l'enfant de la nature, Goldoni; je remercie le signor Paradisi : mais c'est vous surtout, monsieur, que je remercie. Algarotti a donc quitté Machiavel pour faire l'amour? Il passe son temps entre les Muses et les dames, et fait fort bien. Si le cher Goldoni m'honore d'une de ses pièces, il me rendra la santé; il faut qu'il fasse cette bonne œuvre. Je fais répéter *Alzire* autour de mon lit, et nous allons ouvrir notre théâtre dès que je serai debout. Nous n'avons pas de sénateurs génevois qui jouent la comédie. Les pédants de Calvin n'approchent pas des *sénateurs de Bologne*; je n'ai pu corrompre encore que la jeunesse; je civilise autant que je peux les Allobroges. Les Génevois, avant que je fusse leur voisin, n'avaient pour divertissement que de mauvais sermons. Ils ne sont point nés pour les beaux-arts, comme messieurs de Bologne. Vous avez le génie et les saucissons; mais mes chers Génevois n'ont rien de tout cela.

Adieu, monsieur; je vous aime comme si je vous avais vu et entendu.

Recevez les respects de l'ermite .        V

MMMXCVIII. — A M. BORDES.

Aux Délices, 5 septembre.

Jérôme Carré est très-flatté, monsieur, de tout le bien que vous lui dites de M. Freeport et de l'Écossaise. Si vous voulez faire un petit pèlerinage vers le 18 septembre, vous trouverez à Tournay, sur un théâtre de marionnettes, deux ou trois acteurs qui valent bien ceux

---

1. *Tancrède.* (ÉD.)

de Lyon, et surtout une actrice qui ne cède, je crois, à aucune de Paris. Vous verrez si le népotisme m'aveugle. Je ne suis pas si bon père que bon oncle; j'abandonne mes enfants; mais je soutiens que ma nièce joue la comédie on ne peut pas mieux.

Il faut que vous me fassiez un petit plaisir. Un libraire, nommé Rigolet, a imprimé à Lyon une petite brochure dans laquelle l'auteur se moque également des prêtres de Juda et des prêtres de Baal : c'est toujours bien fait; plus on rend tous ces gens-là ridicules, plus on mérite du genre humain; mais l'ouvrage est médiocre, et j'en suis fâché. Ce n'est pas assez de *compiler, compiler*, et d'*écrire, d'écrire* en faveur des philosophes; tous ces ragoûts qu'on présente au public se gâtent en deux jours, s'ils ne sont pas salés. Ce qu'il y a d'assez désagréable, c'est que Rigolet s'est avisé d'intituler sa feuille : *Dialogues chrétiens*, par M. V...., imprimés à Genève.

Le second *Dialogue* désigne un prêtre de Genève, nommé Vernet, auquel on reproche une demi-douzaine de friponneries. Vous me rendriez un vrai service, si vous pouviez savoir de Rigolet d'où il tient ces *Dialogues si chrétiens*; j'ai un très-grand intérêt de le savoir. Si Rigolet vous confie son secret, soyez sûr que je ne vous compromettrai pas. S'il ne veut point vous le dire, il le dira peut-être au lieutenant de police, qui est votre ami. Je vous demande en grâce d'employer tout votre savoir-faire, tout votre esprit, toute votre amitié pour contenter ma louable curiosité. Je vous embrasse de tout mon cœur; Mme Denis vous en fait autant.

### MMMXCIX. — A M. LE COMTE D'ARGENTAL.

Septembre.

Mon divin ange, vous êtes le meilleur général de l'Europe. Il faut que vous ayez bien disposé vos troupes pour gagner cette bataille[1]; on dit que l'armée ennemie était considérable. *Débora*-Clairon a donc vaincu les ennemis des fidèles. On dit que Satan était dans l'amphithéâtre, sous la figure de Fréron, et qu'une larme d'une dame étant tombée sur le nez du malheureux, il fit psh, psh, comme si c'avait été de l'eau bénite.

Il est absolument nécessaire que la pièce s'imprime bientôt. Je soupçonne qu'il y en a déjà une édition furtive. Vous savez que j'avais ci-devant proposé à Mme la marquise[2] une dédicace; je ne peux honnêtement oublier ma parole; j'écris au protecteur M. le duc de Choiseul, protecteur que je vous dois, et je le prie de savoir de Mme la marquise si elle accepte l'épître. Vous connaissez le ton de mes dédicaces; elles sont un peu hardies, un peu philosophiques; je tâche de les faire instructives. Si on les veut de cette espèce, je suis prêt; sinon, point de dédicace.

Madame Scaligër, vous avez sans doute taillé et rogné; vous avez fait des vôtres. Si la pièce vaut quelque chose, ma foi, je le dois à vos crit.

1. La première représentation de *Tancrède*. (ÉD.)
2. La marquise de Pompadour. (ÉD.)

ques scaligériennes. Étiez-vous là, madame? Dites donc aux acteurs des deux premiers actes qu'ils ne soient pas si froids et si familiers.

Des longueurs, mon cher ange! c'est dans ma lettre de remercîment qu'il y aurait des longueurs, si j'avais un moment à moi. Comment pourrais-je finir? je vous dois tout. Je baise le bout de vos ailes avec des transports de reconnaissance.

On dit que la lettre au roi Stanislas a fait impression sur l'esprit de Mgr le Dauphin. Le roi de Pologne m'a remercié, de sa main, avec la plus grande bonté.

Nous venons de répéter *Tancrède* avec Mme Denis; je parie, et même contre vous, que Mlle Clairon ne joue pas si bien le quatrième acte.

*N. B.* Moi, père, je fais pleurer; que Brizard en fasse autant, je "en défie. Il ne peut tomber de ses yeux que de la neige.

### MMMC. — A M. DAMILAVILLE.

Aux Délices, 9 septembre.

Je suis, monsieur, plus touché que jamais de l'intérêt que vous voulez bien prendre à ce qui me regarde. Vous aimez les belles-lettres; je les ai cultivées jusqu'à l'âge de soixante-sept ans. Je donne mes pièces aux comédiens et aux libraires sans la moindre rétribution. Je mérite peut-être quelques bontés du public; je n'ai recueilli que des persécutions. Fréron et Pompignan m'ont poursuivi jusque dans ma retraite; ils m'ont forcé à être plaisant sur mes vieux jours, et j'en rougis.

Je vous prie, monsieur, d'avoir la bonté de vouloir bien envoyer par la petite poste cette lettre à M. Thieriot, qui n'est pas assez riche pour supporter souvent les frais de la poste des *frontières* à Paris; c'est d'ailleurs un homme qui aime les belles-lettres autant que vous. Je vous demande bien pardon.

### MMMCI. — A M. THIERIOT.

9 septembre.

Mon cher correspondant, vous me fournissez de bons reliefs pour la *Capilotade*[1]. Si j'ai santé et gaieté, la sauce sera bientôt faite. C'est rendre service à la nation que de rendre ridicules les persécuteurs des philosophes.

Je vous demande en grâce d'aller chez *Protagoras*, et de lui dire énergiquement qu'il est le plus brave homme du parti, le plus aimable, le plus selon mon cœur; mais je ne lui pardonnerai de ma vie s'il n'a la bonté de m'envoyer le discours qu'il a prononcé à l'Académie. Je lui jure par Confucius, par Shaftesbury, par Bolingbroke, qu'il ne sortira pas de mes mains.

*Si quid novi, scribe.*

1. Titre que Voltaire donnait au XVIII<sup>e</sup> chant de *la Pucelle.* (ÉD.)

MMMCII. — A MADAME LA MARQUISE DU DEFFAND.

Aux Délices, 12 septembre.

Vous êtes un grand et aimable enfant, madame; comment n'avez-vous pas senti que je pense comme vous? Mais songez que je suis d'un parti, et d'un parti persécuté, qui, tout persécuté qu'il est, a pourtant obtenu, à la fin, le plus grand avantage qu'on puisse avoir sur ses ennemis, celui de les rendre à la fois ridicules et odieux.

Vous sentez donc ce qu'on doit aux gens de son parti; M. le duc d'Orléans disait qu'il fallait avoir la foi des Bohêmes.

Je ne sais si vous avez vu une lettre de moi au roi de Pologne Stanislas; elle court le monde : c'est pour le remercier d'un livre qu'il a fait de moitié avec le cher frère Menoux, intitulé *l'Incrédulité combattue par le simple....* bon sens.

Si vous ne l'avez point, je vous l'enverrai, et je chercherai d'ailleurs, madame, tout ce qui pourra vous amuser; car c'est à l'amusement qu'il faut toujours revenir, et sans ce point-là l'existence serait à charge. C'est ce qui fait que les cartes emploient le loisir de la prétendue bonne compagnie, d'un bout de l'Europe à l'autre; c'est ce qui fait vendre tant de romans. On ne peut guère rester sérieusement avec soi-même. Si la nature ne nous avait faits un peu frivoles, nous serions très-malheureux; c'est parce qu'on est frivole que la plupart des gens ne se pendent pas.

Je vous adresserai, dans quelque temps, un exemplaire de l'*Histoire* de toutes les Russies. Il y a une préface à faire pouffer de rire, qui vous consolera de l'ennui du livre.

Adieu, madame; je suis malade; portez-vous bien. Soyez aussi gaie que votre état le permet, et ne boudez plus votre ancien ami, qui vous est tendrement attaché pour toujours.

MMMCIII. — A M. LE COMTE ALGAROTTI.

Septembre.

No, no, no, caro cigno di Padova, non ho ricevuto le *lettere sopra la Russia*, e me ne dolgo; car, si je les avais lues, j'en aurais parlé dans une très-facétieuse préface où je rends justice à ceux qui parlent bien de ce qu'ils ont vu, et où je me moque beaucoup de ceux qui parlent à tort et à travers de ce qu'ils n'ont point vu. Baste, ce sera pour l'antiphone du second volume; car vous saurez que, n'ayant point encore reçu les mémoires nécessaires pour le complément de l'ouvrage, je n'ai pas encore été plus loin que Pultava.

Orsù, bisogna sapere che vi sono due valenti banchieri a Milano, chiamati Bianchi e Balestrerio, e quegli rinomati banchieri sono li corrispondenti d'un valente mercante, o mercatante, di Ginevra, chiamato Le Fort, di quella famiglia di Le Fort, la quale ha dato alla Russia il gran consigliere del gran Pietro.

Le *lettere sopra la Russia* non si smarriranno quando saranno indirizzate dal Bianchi a un Le Fort. Prenez donc cette voie, caro cigno; godete la vostra bella patria. Je vais adresser incessamment à Venise le premier volume russe par le signor Bianchi. Je serais tenté d'y joindre le plan du petit château de Ferney, que je viens de faire bâtir moi tout seul. Les Allobroges me disent que j'ai attrapé le vrai goût d'Italie,

..............*sed non ego credulus illis.*
Virg., ecl. IX, v. 34.

Mais j'ai bâti aussi une tragédie à l'italienne, qu'on joue actuellement à Paris. La scène est en Sicile. C'est de la chevalerie, c'est du temps de l'arrivée des seigneurs normands à Naples, ou plutôt à Capoue. Il y est question d'un pape[1] qui est nommé sur le théâtre. Cependant les Français n'ont point ri, et les Françaises ont beaucoup pleuré.

Je tiens toujours mes bons Parisiens en haleine, de façon ou d'autre. J'amuse ma vieillesse, il n'y a guère de moments vides. Vous êtes, vous, dans la force de l'âge et du génie; je ne marche plus qu'avec des béquilles, et vous courez, et vous allez ferme, e le dame e le muse vi favoriscono a gara.

*Vive beatus;* have you read *Tristram Shandy?* This is a very unaccountable book, and an original one; they run mad about it in England.

Les philosophes triomphent à Paris. Nous avons écrasé leurs ennemis en les rendant ridicules.

*Vivez beatus,* vous dis-je.

MMMCIV. — TO LORD LYTTELTON[2].

At my castle of Tornex, in Burgundy.

I have read the ingenious *Dialogues of the Dead.* I find that I am an *exile,* and guilty of some excesses in writing. I am obliged (and perhaps for the honour of my country) to say I am not an exile, be-

1. Léon IV. (ÉD.)
2. Traduction, par M. Beuchot :

« De mon château de Tornex (Tournay) en Bourgogne.

« Milord, j'ai lu les ingénieux *Dialogues des morts;* j'y trouve que je suis exilé, et coupable de quelques excès dans mes écrits. Je suis obligé (peut-être pour l'honneur de ma nation) de dire que je ne suis point exilé, parce que je n'ai pas commis les fautes que l'auteur des *Dialogues* m'impute.

« Personne n'a plus élevé sa voix que moi en faveur des droits de l'humanité; et cependant je n'ai pas même excédé les bornes de cette vertu.

« Je ne suis point établi en Suisse, comme cet auteur se l'imagine. Je vis dans mes terres en France. La retraite convient à la vieillesse; elle convient encore plus quand on est dans ses possessions. Si j'ai une petite maison de campagne auprès de Genève, mes terres seigneuriales et mes châteaux sont en Bourgogne; et si mon roi a eu la bonté de confirmer les privilèges de mes terres, qui sont exemptes de tout impôt, j'en suis plus attaché à mon roi.

« Si j'étais exilé, je n'aurais pas obtenu de ma cour des passe-ports pour des seigneurs anglais. Le service que je leur ai rendu me donne droit à la justice que j'attends de l'illustre auteur.

« Quant à la religion, je pense, et j'espère qu'il pense comme moi, que Dieu n'est ni presbytérien, ni luthérien, ni de la basse Église, ni de la haute; mais que Dieu est le père de tous les hommes, le père de l'illustre auteur, et le mien.

« Je suis etc. »

cause I have not committed the excesses the author of the *Dialogues* imputes to me.

Nobody raised his voice higher than mine in favour of the rights of human kind, yet I have not exceeded even in that virtue.

I am not settled in Switzerland, as he believes. I live on my own lands in France; retreat is becoming to old age, and more becoming in one's own possessions. If I enjoy a little country-house near Geneva, my manors and my castles are in Burgundy; and if my king has been pleased to confirm the privileges of my lands, which are free from all tributes, I am the more indebted to my king.

If I were an *exile*, I should not have obtained, from my court, many a passport for English noblemen. The service I rendered to them entitles me to the justice I expect from the noble author.

As for religion, I think, and I hope he thinks with me, that God is neither a presbyterian, nor a lutheran, nor of the low church, nor of the high church, but God is the father of the noble author and mine.

I am, with respect, his most humble servant,

VOLTAIRE, *gentleman of the King's Chamber.*

## MMMCV. — A M. LE COMTE D'ARGENTAL.

17 septembre.

J'ai eu encore assez de tête pour dicter un dernier mémoire; mais je n'ai pas assez d'expressions pour dire à mes anges tout ce que je leur dois. J'avoue que Mme d'Argental m'étonne toujours; je ne crois pas qu'il y ait encore une dame dans Paris capable de faire ce qu'elle a fait. Ce n'est pas assez d'avoir beaucoup d'esprit et de goût, il faut se donner la peine de mettre toutes ses pensées par écrit, de s'étendre sur les défauts, d'y substituer des beautés; elle a tout fait. En vous remerciant, madame; vous êtes encore au-dessus de l'idée que j'avais de vous; j'ai été honteux de prendre moins d'intérêt que vous à *Tancrède*. Vous m'avez donné de l'ardeur. Il me semble qu'il y a plus de cent vers changés depuis la première représentation. Je ne crois pas *Tancrède* un excellent ouvrage; mais enfin, tel qu'il est, grâce à vos bontés, je crois qu'il peut passer. J'y ai fait ce que j'ai pu; il faut enfin finir, comme vous dites; peut-être affaiblirais-je la pièce en y retouchant encore.

Il y a une grande différence entre descendre de Pierre Corneille ou de Thomas. Je me sens bien moins d'entrailles pour le sang de Thomas que pour l'autre. Je n'en ai guère non plus pour la *Muse limonadière*, et j'aime beaucoup mieux lui donner une carafe de soixante livres que de lui écrire. Mais j'abuse trop, madame, de vos excessives bontés. Je n'ai qu'un chagrin dans ce monde, celui de ne pas être auprès de vous deux, et de ne vous remercier que de loin. Mais s'il vous plaît, comment fera-t-on pour imprimer ce pauvre *Tancrède?* comment recoudre sur son habit tous les lambeaux, tous les haillons que j'ai envoyés, et dont vous avez daigné vous charger? Il faudra donc que vous ayez encore l'endosse de faire transcrire sur la pièce toutes ces guenilles; cela me fait mourir de honte.

Cependant, que penser de Pondichéri, que les Anglais ont peut-être pris, et de la Martinique, qu'ils peuvent prendre? et comment avoir dorénavant du sucre, du café, et de la casse surtout? Est-il bien vrai que le cunctateur Daun ait bien battu l'infatigable Luc? Cet infatigable me mande pourtant qu'il est bien fatigué. On parle d'une bataille très-sanglante[1], et je n'en aurai de nouvelles sûres que quand la poste de France sera partie. Si *Luc* a perdu quinze mille hommes, comme on le dit, il est perdu lui-même; il ne lui restera bientôt que Magdebourg, qui ne tiendra pas longtemps; mais alors qu'arrivera-t-il? Je lui pardonnerai peut-être, s'il vient à Neuchâtel, et de Neuchâtel aux Délices; mais je ne pardonnerai jamais à Omer Joly de Fleury. Non, vous n'êtes point assez indignés de l'impertinent discours que ce pauvre homme prononça contre les philosophes[2], en parlement.

Comment trouvez-vous, s'il vous plaît, ma petite épître[3] pompadourienne? ne suis-je pas un grand politique? et cette politique n'est-elle pas très-*désinvolte*[4]? ne suis-je pas bien fier? est-ce là une *Triste* d'Ovide? ai-je l'air d'un *exilé*? ai-je la bassesse de demander des grâces? ne suis-je pas digne de votre amitié? Mille respects tous fort tendres.

MMMCIV. — A M. CLOS.

À Ferney, 17 septembre.

Les sentiments que vous avez la bonté de me témoigner, monsieur, me font un grand plaisir; ils partent d'un cœur pénétré qui aime les arts véritablement, et qui pardonne à mes défauts, en faveur de ces arts que j'ai toujours cultivés. Ils ont fait la consolation de ma vie; ils en font plus que jamais le charme, puisqu'ils m'attirent des témoignages si vrais de votre sensibilité. Il paraît que vous détestez les cabales infâmes des Fréron; on ne peut aimer les lettres sans haïr ceux qui les déshonorent; je suis très-flatté d'être estimé d'un homme qui m'inspire de l'estime. C'est avec ce sentiment que j'ai l'honneur d'être, monsieur, votre, etc.

MMMCVII. — A MADEMOISELLE CLAIRON

Aux Délices, 19 septembre.

Nous sommes trois que même ardeur excite,
Également à vous plaire empressés;
L'un vous égale, et l'autre vous imite;
Et le troisième, avec moins de mérite,
Est plus heureux, car vous l'embellissez.
Je vous dois tout; je devrais entreprendre
De célébrer vos talents, vos attraits;
Mais quoi! les vers ne me plaisent désormais
Que quand c'est vous qui les faites entendre.

1. C'était un faux bruit. (ÉD.)
2. Le réquisitoire du 23 janvier 1759, contre l'*Encyclopédie*. (ÉD.)
3. L'épître dédicatoire de *Tancrède*. (ÉD.)
4. Le mot italien *disinvolta* signifie *adroite*. (ÉD.)

Celui qui vous égale quelquefois, mademoiselle, c'est M. le duc de Villars, quand il daigne nous lire quelque morceau de tragédie; celle qui vous imita parfaitement hier, dans *Alzire*, c'est Mme Denis; et le vieil ermite que vous embellissez, vous vous doutez bien qui c'est.

Nous jouâmes hier *Alzire* devant M. le duc de Villars; mais nous devrions partir pour venir voir la divine Aménaïde. Si jamais les pays méridionaux de la France ont le bonheur de vous posséder quelque temps, nous tâcherons de nous trouver sur votre route, et de vous enlever. Nous avons un acteur haut de six pieds et un pouce, qui sera très-propre à ce coup de main. Nous vous supplierons de nous informer du chemin que vous prendrez; car, par la première loi de cette ancienne *chevalerie* que vous faites réussir à Paris, il est expressément qu'*aucun chevalier ne violera jamais une infante sans le consentement d'icelle*. Comptez que je suis navré de douleur de ne pouvoir jouer le premier rôle dans une telle aventure. Ne comptez pas moins sur l'admiration et le tendre attachement du *Claironien* et *Antifréronien*.

V.

Mme Denis et toute la troupe se mettent aux pieds de leur modèle.

MMMCVIII. — A MADAME LA COMTESSE D'ARGENTAL.

20 septembre.

Madame Scaliger, vous êtes divine. Vous nous avez donc secourus dans la guerre; vous avez payé de votre personne; vous avez pansé les blessés, et mis les morts au quartier; c'est à vous que la dédicace devrait appartenir.

Mes divins anges, nous jouâmes hier *Alzire*; nous allons rejouer *Tancrède*; nous sommes à l'abri des cabales, c'est beaucoup. Nos plaisirs sont purs. M. le duc de Villars, grand connaisseur, nous encourage. Notre théâtre commence à être en réputation. Brioché n'avait pas si bien réussi chez les Suisses. Envoyez-nous donc la pièce telle qu'on la joue à Paris. Vous donnez *l'Indiscret* [1]; la pièce n'est-elle pas un peu froide?

Le comique, écrit noblement
Fait bâiller ordinairement.

Si *Tancrède* avait un plein succès, il faudrait hardiment donner *la Femme qui a raison*; car, qu'elle ait raison ou non, elle est gaie, et la morale est bonne. Il y a beaucoup de coucherie, mais c'est en tout bien et en tout honneur.

Il faudrait que Mme de Pompadour fût une grande poule mouillée pour craindre ma fière dédicace. Pardon, divins anges, de mon laconisme. Il faut marier demain notre résident de France dans mon petit château de Ferney. Nous sommes occupés à imaginer une façon nouvelle de dire la messe, et je vais répéter deux rôles, Argire et Zopire. La tête me tournera, si je n'y prends garde.

Je baise le bout de vos ailes humblement.

1. Comédie de Voltaire. (É.)

## MMMCIX. — A MADAME D'ÉPINAL.

20 septembre.

Mille actions de grâces à ma belle philosophe. Nous marions demain Montperoux à Ferney, et nous avons imaginé une excellente façon de dire la messe. Nous jouâmes avant-hier *Alzire*, nous jouons demain *Tancrède*. Mme Denis est devenue Clairon. Le duc de Villars forme nos acteurs. Il nous est venu un philosophe très-aimable[1], qui a fait cent cinquante lieues pour venir se mettre au fait. Nous l'avons ferré à glace; il en ferrera d'autres quand il sera de retour. Ma chère philosophie, je vous recommande l'infâme; il faut lui fermer la porte des honnêtes gens, et la laisser dans la rue, où elle est fort bien. Ma chère philosophe, mille respects à tous vos amis. Ah! Épinai, pourquoi êtes-vous si loin des Délices?

## MMMCX. — A M. LE CHEVALIER DE R....X, A TOULOUSE.

Aux Délices, 20 septembre.

Monsieur, je ne me porte pas assez bien pour avoir autant d'esprit que vous. *Vous me prenez trop à votre avantage*, comme disait Waller à Saint-Évremont. Vous êtes bien bon de lire des choses dont je ne me souviens plus guère; mais vous avez trop d'esprit pour ne pas voir que la *Réception de M. de Montesquieu à l'Académie française*, pour s'être moqué d'elle, n'est qu'un trait plaisant, et rien de plus. Faites comme l'Académie, monsieur; entrez dans la plaisanterie, et surtout ne lisez jamais les discours de M. Mallet, à moins que vous n'ayez une insomnie.

Vous expliquez très-bien, monsieur, ce que M. de Montesquieu pouvait entendre par le mot *vertu* dans une république. Mais, si vous vous souvenez que les Hollandais ont mangé sur le gril le cœur des deux frères de Witt; si vous songez que les bons Suisses, nos voisins, ont vendu le duc Louis Sforce pour de l'argent comptant; si vous songez que le républicain Jean Calvin, ce digne théologien, après avoir écrit qu'il ne fallait persécuter personne, pas même ceux qui niaient la Trinité, fit brûler tout vif, et avec des fagots verts, un Espagnol[2] qui s'exprimait sur la Trinité autrement que lui; en vérité, monsieur, vous en conclurez qu'il n'y a pas plus de *vertu* dans les républiques que dans les monarchies. *Ubicumque calculum ponas, ibi naufragium invenies.* Comptez que le monde est un grand naufrage, et que la devise des hommes est : *Sauve qui peut!*

Je suis très-fâché d'avoir dit que Guillaume le Conquérant disposait de la vie et des biens de ses nouveaux sujets, comme un monarque de l'Orient; vous faites très-bien de me le reprocher. Je devais dire seulement qu'il abusait de sa victoire, comme on fait toujours en Orient et en Occident; car il est très-certain qu'aucun monarque du monde n'a le droit de s'amuser à voler et à tuer ses sujets, selon son *bon plaisir*.

1. Le marquis d'Argence. (ÉD.) — 2. Michel Servet. (ÉD.)

Nos pauvres historiens nous en ont trop fait accroire; et le plus mauvais service qu'on puisse rendre au genre humain est de dire, comme ils font, que les princes orientaux sont très-bien venus à couper toutes les têtes qui leur déplaisent. Il pourrait très-bien arriver que les princes occidentaux, et leurs confesseurs, s'imaginassent que cette belle prérogative est de *droit divin*. J'ai vu beaucoup de voyageurs qui ont parcouru l'Asie; tous levaient les épaules quand on leur parlait de ce prétendu despotisme indépendant de toutes les lois. Il est vrai que, dans les temps de trouble, les monarques et les ministres d'Orient sont aussi méchants que nos Louis XI et nos Alexandre VI; il est vrai que les hommes sont partout également portés à violer les lois, quand ils sont en colère; et que, du Japon jusqu'à l'Irlande, nous ne valons pas grand'chose. Il y a pourtant d'honnêtes gens; et la vertu, quand elle est éclairée, change en paradis l'enfer de ce monde.

Il paraît, par votre lettre, monsieur, que votre vertu est de ce genre, et que l'illustre président de Montesquieu aurait eu en vous un ami digne de lui.

Un homme dont les terres ne sont pas, je crois, éloignées de chez vous, est venu passer quelque temps dans ma retraite; c'est M. le marquis d'Argence. Il me fait éprouver qu'il n'y a rien de plus aimable qu'un homme vertueux qui a de l'esprit. Je voudrais être assez heureux pour que vous me fissiez le même honneur qu'il m'a fait.

J'ai celui d'être, avec la plus respectueuse estime, etc.

## MMMCXI. — A M. COLINI.

20 septembre.

J'ai été bien malade, mon cher Colini, et il faut, dans ma convalescence, me tuer pour le plaisir des autres. J'ai chez moi le duc de Villars avec grande compagnie; on joue la comédie. Ma très-mauvaise santé, et l'obligation de faire les honneurs de chez moi, m'ont mis dans l'impossibilité de faire le voyage. J'ai écrit à Son Altesse Électorale il y a environ quinze jours, et j'ai eu l'honneur de lui adresser un assez gros paquet, que j'ai confié à M. Defresnei de Strasbourg. Si le paquet n'a pas été rendu, ne manquez pas, je vous prie, d'en informer M. Defresnei. L'affaire que vous savez est entamée; j'espère qu'elle réussira, pour peu que nos armées aient du succès. Je vous embrasse de tout mon cœur. V.

## MMMCXII. — A M. LE COMTE DE SCHOWALOW.

Ferney, 21 septembre.

Monsieur, Votre Excellence a reçu sans doute la lettre de M. le comte de Golowkin. J'ai pris la liberté de lui adresser pour vous un petit ballot, contenant quelques exemplaires du premier volume de l'*Histoire de Pierre le Grand*. Votre Excellence en présentera un à Sa Majesté Impériale, si elle le juge à propos; je m'en remets en tout à ses bontés. J'ai amassé de mon côté des matériaux pour le second volume; ils viennent de M. le comte de Bassewitz, qui fut longtemps employé à Pétersbourg. Le gentilhomme que vous m'avez annoncé, qui devait me rendre de votre part de nouveaux mémoires, n'est point venu; je l'attends depuis près de deux mois.

Je ne peux m'empêcher de vous conter qu'on m'a remis des anecdotes bien étranges, et qui sont singulièrement romanesques. On prétend que la princesse, épouse du czarowitz, ne mourut point en Russie; qu'elle se fit passer pour morte; qu'on enterra une bûche qu'on mit dans sa bière; que la comtesse de Kœnigsmarck conduisit cette aventure incroyable; qu'elle se sauva avec un domestique de cette comtesse; que ce domestique passa pour son père; qu'elle vint à Paris; qu'elle s'embarqua pour l'Amérique; qu'un officier français, qui avait été à Pétersbourg, la reconnut en Amérique, et l'épousa; que cet officier se nommait d'Auban; qu'étant revenue d'Amérique, elle fut reconnue par le maréchal de Saxe; que le maréchal se crut obligé de découvrir cet étrange secret au roi de France; que le roi, quoique alors en guerre avec la reine de Hongrie, lui écrivit de sa main, pour l'instruire de la bizarre destinée de sa tante; que la reine de Hongrie écrivit à la princesse, en la priant de se séparer d'un mari trop au-dessous d'elle, et de venir à Vienne; mais que la princesse était déjà retournée en Amérique; qu'elle y resta jusqu'en 1757, temps auquel son mari mourut, et qu'enfin elle est actuellement à Bruxelles, où elle vit retirée, et subsiste d'une pension de vingt mille florins d'Allemagne, que lui fait la reine de Hongrie. Comment a-t-on le front d'inventer tant de circonstances et de détails? Ne se pourrait-il pas qu'une aventurière ait pris le nom de la princesse épouse du czarowitz ? Je vais écrire à Versailles pour savoir quel peut être le fondement d'une telle histoire, incroyable dans tous les points.

Je me flatte que notre *Histoire* de votre grand empereur sera plus vraie. Songez, monsieur, que je me suis établi votre secrétaire; dictez-moi du palais de l'impératrice, et j'écrirai.

M. de Soltikof passe sa vie à étudier. Il se dérobe quelquefois à son travail pour assister à nos jeux olympiques. Nous jouons des tragédies nouvelles sur mon petit théâtre de Tournay. Nous avons des acteurs et des actrices qui valent mieux que des comédiens de profession. Notre vie est plus agréable que celle qu'on mène actuellement en Silésie; on s'égorge, et nous nous réjouissons.

J'ignore toujours si vous avez reçu le gros ballot que j'adressai à M. de Kaiserling, et la caisse de Colladon. Il y a malheureusement bien loin d'ici à Pétersbourg. Je serai toute ma vie, avec le plus sincère et le plus inviolable dévouement, etc.

## MMMCXIII. — A M. DE CIDEVILLE.

22 septembre.

Mon ancien ami, il est bien doux que mes fruits d'hiver soient encore de votre goût; mais il est triste que nous ne les mangions pas ensemble. Vous voyez bien que ma table n'est pas toujours chargée de poires d'angoisse pour les Trublet, les Chaumeix, les Fréron, et les Le Franc de Pompignan. Je n'aime pas trop la guerre; je n'ai attaqué personne en ma vie; mais l'insolence de ceux qui osent persécuter la raison était trop forte. Si on n'avait pas couvert Le Franc d'opprobre, l'usage de déclamer contre les philosophes dans les discours de réception à l'Académie allait passer en loi, et nous allions passer par les armes toutes les années. Encore une fois, je n'aime point la guerre; mais quand on est obligé de la faire, il ne faut pas se battre mollement.

Comptez que cela n'a rien dérobé ni à mes occupations, ni à mes plaisirs, ni à ma gaieté. Je n'en fais pas moins bâtir un très-joli château et une petite église. Je joue même quelquefois le bonhomme de père avec Mme Denis; je joue passablement, et Mme Denis divinement. M. le duc de Villars, qui est chez moi, et qui s'entend à merveille au théâtre, est enchanté. Dieu m'a donné, à un quart de lieue des Délices, un château dont j'ai changé la grande salle en tripot de comédie. On peut y aller à pied; on y soupe. Le lendemain on va à Ferney, qui est une terre belle et bonne; et dans aucune de ces terres on n'entend point parler d'intendant. On est libre; on ne doit au roi que son cœur. Des philosophes viennent nous y voir de cent lieues, mais vous mettez votre philosophie à n'y point venir. Vous y verriez qu'à soixante et sept ans, avec une faible santé, on peut être mille fois plus heureux qu'à trente, et vous rendriez ce bonheur parfait.

Je ne sais si l'abbé du Resnel est aussi content de la vie que moi. Comment va sa santé? mais surtout donnez-nous des nouvelles de la vôtre; et songez qu'il y a, dans un petit pays riant et libre, deux cœurs qui sont à vous pour jamais.        V.

## MMMCXIV. — DE M. DALEMBERT.

Paris, 22 septembre.

Mon cher et illustre maître, je viens de remettre à l'ami Thieriot une copie de ma petite drôlerie, que vous me paraissez avoir envie de lire. Je souhaiterais qu'elle fût de votre goût, mais je désire encore plus vos conseils. Personne au monde n'en a de copie que vous, et je compte qu'elle ne sortira pas de vos mains.

Je fus avant-hier, pour la troisième fois, à Tancrède. Tout le monde y fond en larmes, à commencer par moi, et la critique commence à se taire. Laissez dire les Aliborons, et soyez sûr que cette pièce restera au théâtre. Mlle Clairon y est incomparable, et au-dessus de tout ce qu'elle a jamais été. En vérité elle mériterait bien de votre part quelque monument marqué de reconnaissance. Vous avez célébré Gaussin, qui ne la vaut pas; vous lui devez au moins une épître sur la déclamation, sur l'art du théâtre, sur ce que vous voudrez, en un mot; mais vous lui devez une statue pour la postérité. Vous saurez de plus qu'elle est philosophe; qu'elle a été la seule parmi ses camarades qui se soit déclarée ouvertement contre la pièce de Palissot; qu'elle a pris grande part au succès de l'Écossaise, quoiqu'elle n'y jouât pas; qu'enfin elle est digne, à tous égards, d'un petit souvenir de votre part, tant par ses talents que par sa manière de penser.

L'abbé d'Olivet, qui ne lit qu'Aristophane et Sophocle, alla voir votre pièce, il y a quelques jours, sur tout ce qu'il en entendait dire. Il prétend que depuis défunt Roscius, pour lequel Cicéron plaida, il n'y a point eu d'actrice pareille; elle fait tourner toutes les têtes, non pas dans le sens de l'abbé Trublet, mais du bon côté. J'écrivais ces jours-ci à son amant qu'elle finirait par me mettre à mal, et que,

*Si non pertæsum cunni penisque fuisset,*
*Huic uni forsan potui succumbere culpæ.*

Virg., Æn., lib. IV, v. 18

Je vous ai écrit, il y a quelques jours, pour vous recommander un homme d'esprit et de mérite, M. le chevalier de Maudave. Vous aurez bientôt une autre visite dont je vous préviens; c'est celle de M. Turgot, maître des requêtes, plein de philosophie, de lumières, et de connaissances, et fort de mes amis, qui veut aller vous voir en *bonne fortune;* je dis en *bonne fortune,* car, *propter metum Judæorum,* il ne faut pas qu'il s'en vante trop, ni vous non plus. Adieu, mon cher et grand philosophe.

MMMCXV. — A M. LE COMTE DE TRESSAN.

Au château de Ferney, 23 septembre.

Je vous fais mon mon compliment, comme mille autres, mon très-aimable gouverneur, et, je crois, plus sincèrement et plus tendrement que mille autres. Je défie les Menoux mêmes de s'intéresser plus à vous que moi. Vous voilà gouverneur de la Lorraine allemande; vous aurez beau faire, vous ne serez jamais Allemand. Mais pourquoi n'êtes-vous pas gouverneur de mon petit pays de Gex! pourquoi Tityre ne fait-il pas paître ses moutons sous un Pollion tel que vous! J'ai l'honneur de vous envoyer les deux premiers exemplaires d'une partie de *l'Histoire de Pierre le Grand.* Il y a un an qu'ils sont imprimés; mais je n'ai pu les faire paraître plus tôt, parce qu'il a fallu avoir auparavant le consentement de la cour de Pétersbourg. Vous êtes, comme de raison, le premier à qui je présente cet hommage. Vous verrez que j'ai fait usage du témoignage honorable que je vous dois. De ces deux exemplaires, il y en a un pour le roi de Pologne. Je manquerais à mon devoir si je priais un autre que vous de mettre à ses pieds cette faible marque de mon respect et de ma reconnaissance. Il est vrai que je lui présente l'histoire de son ennemi; mais celui qui embellit Nanci rend justice à celui qui a bâti Pétersbourg; et le cœur de Stanislas n'a point d'ennemi. Permettez donc, mon adorable gouverneur, que je m'adresse à vous pour faire parvenir *Pierre le Grand* à *Stanislas le Bienfaisant.* Ce dernier titre est le plus beau.

La Lorraine allemande vous fait-elle oublier l'Académie française, dont vous seriez l'ornement? Certainement vous ne feriez pas une harangue dans le goût de notre ami Le Franc de Pompignan. Vous n'auriez point protégé la pièce des *Philosophes;* et, sans déplaire à l'auguste fille du roi de Pologne, auprès de qui vous êtes, vous auriez concilié tous les esprits. Quoique je n'aime guère la ville de Paris, il me semble que je ferais le voyage pour vous donner ma voix.

Je ne sais si les deux Génevois ont eu le bonheur après lequel je soupire, celui de vous voir ; je les avais chargés d'une lettre pour vous. J'avais pris même la liberté de vous communiquer mon petit remerciment au roi de Pologne de son livre intitulé l'*Incrédulité combattue par le simple bon sens*. Il a daigné me remercier de ma lettre par un petit billet de sa main, qui n'a pas été contre-signé Menoux.

Adieu, monsieur; daignez, dans le chaos, dans la décadence, dans le temps ridicule où nous sommes, me fortifier contre ce pauvre siècle, par votre souvenir, par vos bontés, par les charmes de votre esprit, qui est du bon temps. Mille tendres respects.

## MMMCXVI. — A M. THIERIOT.

A Ferney, 22 septembre.

Monsieur l'habitant du Marais, que n'envoyez-vous chercher des billets de loge et d'amphithéâtre chez M. d'Argental? Pourquoi, dans les beaux jours, ne vous donnez-vous pas le plaisir honnête de la Comédie? Je trouve un peu extraordinaire que messieurs les comédiens du roi, et les miens, vous aient ôté votre entrée. Qu'ils vous en privent quand ils jouent les *Philosophes*, à la bonne heure; mais il me semble que ceux à qui j'ai fait présent de plusieurs pièces de théâtre, et à qui j'abandonne le profit de la représentation et de l'impression, devraient vous avoir invité au petit festin que je leur donne.

Je vous prie, mon cher amateur des arts, de vouloir bien ajouter à tous vos envois la traduction du *Père de famille*, ou du *Vero amico*, de Goldoni, par Diderot, avec sa préface et l'épître à Mme de La Marck.

Si l'*Écossaise* est plaisante, comme on me le mande, ayez la charité de la mettre dans le paquet; car il faut rire.

C'est aussi pour rire que je voudrais savoir positivement si c'est l'ami Gauchat qui est l'auteur de l'*Oracle des nouveaux philosophes*, et si ce Gauchat n'est pas un de ces ânes de Sorbonne qu'on appelle docteurs.

On dit qu'il n'y a pas trop de quoi rire à nos affaires de terre et de mer. Il faut s'égayer avec les lettres humaines et inhumaines, pour ne pas se chagriner des affaires publiques.

Nous avons aux Délices M. le duc de Villars et un marquis d'Argence, grands amateurs de la science gaie. Ce marquis d'Argence vaut un peu mieux que le d'Argens des *Lettres juives*. Nous jouons la comédie, nous faisons des noces. Mme Denis joue à peu près comme Mlle Clairon, excepté qu'elle a dans la voix un attendrissement que Clairon voudrait bien avoir. Mlle de Bazincourt est une excellente confidente, et vous un grand nigaud, mon cher ami, de n'être pas aux Délices, ou à Ferney. *Et vale.*

## MMMCXVII. — A M. LE COMTE D'ARGENTAL.

Aux Délices, mardi 23 septembre, à 9 heures du soir.

En arrivant aux Délices, après avoir répété *Tancrède* sur notre théâtre de Polichinelle, dans le petit castel de Tournay, ô mes anges! ô madame Scaliger! je reçois votre paquet. Est-il bien vrai? est-il possible? quoi! vous avez pris cette peine? vous avez eu cet excès de bonté, de patience? vous m'avez secouru dans le danger? Mon cher ange, je savais bien que vous étiez un grand général; mais Mme d'Argental, Mme d'Argental est le premier officier de l'état-major. Je ne peux entrer ce soir dans aucun détail. La poste part demain matin, et nous jouons demain *Tancrède*. Tout ce que je peux vous dire, c'est que l'impatient Prault me mande qu'il va imprimer la pièce; et moi je lui mande qu'il s'en garde bien, qu'il ne fasse rien sans vos ordres; il me couperait la gorge, et à lui la bourse. Mes divins anges, il me faut laisser reprendre mes sens. Je jette les yeux sur la pièce, sur le beau factum de Mme Scaliger; il faudrait répondre un volume, et je n'ai pas un instant.

Tout ce que je vois en gros, c'est un étranglement horrible. Je cherche en vain, à la fin du troisième acte, un morceau qui nous enlève ici, quand Mme Denis le prononce.

ARGIRE.

............ Comment dois-je te regarder?
Avec quels yeux, hélas!

AMÉNAÏDE.

Avec les yeux d'un père.
..............
Rien n'est changé, je suis encor sous le couteau, etc.

Acte III, scène VII.

Cela nous fait verser des larmes; et ce morceau tronqué n'est plus qu'un propos interrompu, sans chaleur et sans intérêt. On m'écrit que Brizard est un cheval de carrosse; je ne suis qu'un fiacre, mais je fais pleurer.

Le second acte, sans quelques vers prononcés par Aménaïde après sa scène avec Orbassan, est assurément intolérable; et il n'y a jamais eu de sortie plus ridicule; cela seul serait capable de faire tomber la pièce la plus intéressante. Le monologue de Mme Denis attendrit tout le monde, parce que Mme Denis a la voix tendre, qu'il ne s'agit pas là de position de théâtre, de gestes, et de tout ce jeu muet qu'on a substitué à la belle déclamation. Enfin, que voulez-vous, mes chers anges! on n'a pu me donner le temps de mettre la dernière main à l'ouvrage; c'est la faute de ceux qui l'ont répandu dans Paris. Mes divins anges ont raccommodé cette faute beaucoup mieux que notre ministère n'a pu réparer nos malheurs. Vous avez sauvé cinquante défauts; que ne vous dois-je point! Ah! c'était à vous qu'il fallait dédier la pièce!

Dites-moi, je vous en prie, de qui j'ai reçu une lettre cachetée avec un lion qui tient un serpent dans une patte, écriture assez belle, parlant comme si c'était d'après vous, prenant intérêt à la chose, comme personne ne signe, il faut que je devine souvent. Mais de quoi vous parlé-je là? Je lis le mémoire de Mme Scaliger; il est bien fort *de choses*, raisonné à merveille, approfondi, et de la critique la plus vraie et la plus fine. Jamais l'amitié n'a eu tant d'esprit. On a seulement été trop alarmé, en quelques endroits, des clameurs de la cabale. Ces clameurs passent, et l'ouvrage reste. Pourquoi Zaïre ne dit-elle pas son secret? parce que je ne l'ai pas voulu, messieurs; et on n'en pleure pas moins à *Zaïre;* ce sera bien pis à *Fanime*. Mais il faut finir, et être à vos genoux.

Je viens de lire le premier acte; cela va beaucoup mieux; mais il faut souper. A demain les affaires.

Cependant je ne suis pas content de ce captif, et j'aimais bien mieux Aldamon. N'importe; allons souper, vous dis-je; il est onze heures, je n'ai pas mangé du jour.

*A minuit.* — J'ai soupé tout seul; j'ai un peu rêvé. Voici, mes chers anges, le monologue du second acte pour Mlle Clairon. Le premier n'était que naturel, mais trop élégiaque. Vous êtes gens de haut goût à Paris. Au nom de la sainte Vierge, faites réciter ce morceau à Clairon; il favorise tant la déclamation!

Je vous en prie, je vous en conjure.

MMMCXVIII. — A MADEMOISELLE CLAIRON.

24 septembre.

Voilà ce que c'est que de n'être point à Paris, on ne s'entend point, on joue au propos interrompu. Je reçois un paquet de M. d'Argental, avec *Tancrède*. Je joue *Tancrède* ce soir. Sachez, divine Melpomène, que je fais pleurer dans le rôle du bonhomme. Il faut un vieillard vert, chaud, à voix moitié douce, moitié rauque, attendrissante, tremblotante. Divine Melpomène, je vous conjure, par les lois immuables du goût, de ne point sortir du théâtre au second acte, comme une muette qu'on va pendre. Faites-moi l'amitié, je vous en supplie, de réciter le monologue ci-joint; il est favorable à la déclamation, il nous tire ici des larmes. Comment ne subjuguerez-vous pas tout le monde, en prêtant à ce morceau la force et le pathétique qui lui manquent?

J'aurais plus de choses à vous dire que je n'ai fait de mauvais vers en ma vie; mais je plante des arbres ce matin, et je joue Argire ce soir. Deux heures de conversation avec vous me feraient grand bien; mais quoi ! Fréron et Poinsinet m'ont chassé de Paris. Il est juste que les grands hommes honorent la capitale, et que je sois dans les Alpes. Envoyez-moi, dans un billet, une larme ou deux des cent mille que vous faites répandre.

MMMCXIX. — A M. LEKAIN.

24 septembre.

Avant d'aller jouer *Tancrède*, et après avoir écrit une longue lettre à M. et à Mme d'Argental, et après avoir fait un petit monologue pour Mlle Clairon à la fin du second acte, et après avoir enragé qu'on ne m'ait pas averti plus tôt, et après m'être voulu beaucoup de mal d'être si loin de vous, et n'en pouvant plus, j'aurai peut-être encore le temps, mon cher Lekain, de vous dire un petit mot que je n'ai point dit à M. et à Mme d'Argental, en leur écrivant à la hâte, et étant ivre de leurs bontés.

C'est au sujet du troisième acte. Nous serions bien fâchés de le jouer comme on le joue au Théâtre-Français. Vous n'avez pas fait attention qu'Aldamon n'est point du tout le confident de Tancrède; c'est un vieux soldat qui a servi sous lui. Mais Tancrède n'est pas assez imprudent pour lui parler d'abord de sa passion ; il ne laisse échapper son secret que par degrés. D'abord il lui demande simplement où demeure Aménaïde; et c'est cette simplicité précieuse qui fait ressortir le reste. Il ne s'informe que peu à peu, et par degrés, du mariage. Il ne doit point du tout dire à Aldamon :

Car tu m'as déjà dit que cet audacieux, etc.

Ce vers gâte la scène de toutes façons. Si Aldamon lui a déjà dit cette nouvelle, s'il en est sûr, s'il s'écrie : *Il est donc vrai*, il doit arriver désespéré; il ne doit parler que de sa douleur : et le commencement de la scène, qui chez moi fait un très-grand effet, devient très-ridicule.

Ne sentez-vous pas que tout l'artifice de cette scène consiste, de la part de Tancrède, à s'ouvrir par gradation avec Aldamon? Il s'en faut bien qu'il doive lui dire tout son secret; et quand il lui dit :

Cher ami, tout mon cœur s'abandonne à ta foi,
Acte III, scène I.

remarquez qu'il se donne bien de garde de dire : *J'aime Aménaïde*. Il le lui fait assez entendre, et cela est bien plus naturel et bien plus piquant. Il ne veut paraître que un ancien ami de la maison. Il ferait très-mal d'aller plus loin.

Ce séjour adoré qu'habite Aménaïde,

est un vers d'opéra, intolérable.

Concevez donc qu'il ne permet à son amour d'éclater que dans son monologue. C'est là qu'il doit commencer à dire : *Aménaïde m'aime*. S'il le dit, ou s'il le fait trop entendre auparavant, cela devient froid et absurde.

Le vers d'Aldamon :

Je vais parler de vous, je réponds du succès,
Acte III, scène I.

est très-peu à sa place. Il respecte, il aime Tancrède comme un grand homme; il sait que le nom de Tancrède est révéré dans la maison; il est plein de cette idée; il la confond avec un simple message. Et quand Aldamon dit ce vers: *Je réponds du succès*, etc., Tancrède a bien meilleur air à dire avec enthousiasme :

Il sera favorable, etc....

Je vous prie très-instamment, mon cher ami, de représenter toutes ces choses à M. d'Argental, et de remettre absolument le troisième acte comme il est. Vous me feriez un tort irréparable, si vous continuiez à m'exposer ainsi devant le public, et surtout si l'on imprimait la pièce dans l'état où elle est, par ma négligence et mon absence. Voyez à quoi je serais réduit si Prault imprimait la pièce avant que je vous l'aie envoyée, signée de ma main. Prévenez ce coup, pour vous et pour moi.

Je ne peux entrer ici dans aucun détail; mais je dois vous dire que, dans la fermentation des esprits, au milieu de la guerre civile littéraire, il faut s'attendre, les premiers jours, aux critiques les plus injustes. C'est une poussière qui s'élève et qui se dissipe bientôt. Je vous embrasse de tout mon cœur.

MMMCXX. — A M. PALISSOT[1].

Au château de Ferney, par Genève, 24 septembre.

Je dois me plaindre, monsieur, de ce que vous avez imprimé mes lettres sans mon consentement[2]. Ce procédé n'est ni de la philosophie ni du monde. Je réponds cependant à votre lettre du 13 septembre, mais c'est en vous priant, par tous les devoirs de la société, de ne point publier ce que je ne vous écris que pour vous seul.

Je commence par vous remercier de la part que vous voulez bien prendre au petit succès de *Tancrède*. Vous avez raison de ne vouloir d'appareil et d'action au théâtre qu'autant que l'un et l'autre sont liés à l'intérêt de la pièce; vous écrivez trop bien pour ne pas vouloir que le poète l'emporte sur le décorateur.

Je suis encore de votre avis sur les guerres littéraires; mais vous m'avouerez que dans toute guerre, l'agresseur seul a tort devant Dieu et devant les hommes. La patience m'a échappé au bout de quarante années; j'ai donné quelques petits coups de patte à mes ennemis, pour leur faire sentir que, malgré mes soixante-sept ans, je ne suis pas paralytique.

Vous vous y êtes pris de meilleure heure que moi; vous avez

1. Je suis pour cette lettre le texte donné par M. Renouard, qui a eu l'original à sa disposition. Cependant Palissot, en la faisant imprimer en 1802, page 134 du tome XLIX de son édition des *Œuvres de Voltaire*, lui donne la date du 24 novembre, qu'il lui a conservée, en 1809, dans l'édition de ses propres *Œuvres* (tome I, page 451). Mais Palissot ne s'est pas borné à changer la date, il a changé le texte dans plusieurs passages; mais c'est fort peu de chose.
Une copie de la maison de Wagnière présentait, de son côté, de si grandes différences, que plusieurs éditeurs l'ont aussi imprimée. (ÉD.)
2. Palissot avait publié sa correspondance avec Voltaire sous le titre de: *Lettres de M. de Voltaire à M. Palissot, avec les réponses, à l'occasion de la Comédie des philosophes*, 1760, in-12 de 68 pages. Les lettres de Voltaire sont celles des 4 et 23 juin, et du 12 juillet. Il n'y a qu'un fragment de cette dernière. Le recueil de Palissot est terminé par une lettre à un journaliste.
(*Beuchot*.)

fait des estafilades à des gens qui ne vous attaquaient pas, et malheureusement je suis l'ami de quelques personnes à qui vous avez fait sentir vos griffes. Je me suis donc trouvé entre vous et mes amis, que vous déchirez; vous sentez que vous me mettiez dans une situation très-désagréable. J'avais été touché de la visite que vous m'aviez faite aux Délices; j'avais conçu beaucoup d'amitié pour vous et pour M. Patu, avec qui vous aviez fait le voyage; et mes sentiments, partagés entre vous et lui, se réunissaient pour vous après sa mort. Vos lettres m'avaient beaucoup plu; je m'intéressais à vos succès, à votre fortune; votre commerce, qui m'était très-agréable, a fini par m'attirer les reproches les plus vifs de la part de mes amis. Ils se sont plaints de ma correspondance avec un homme qui les outrageait. Pour comble de désagrément, on m'a envoyé des *Notes* imprimées en marge de vos lettres; ces notes sont de la plus grande dureté.

Vous ne devez pas être étonné que des esprits offensés ne ménagent pas l'offenseur. Cette guerre avilit les lettres; elles étaient déjà assez méprisées et assez persécutées par la plupart des hommes, qui ne connaissent que la fortune. Il est très-mal que ceux qui devraient être unis par leur goût et leur sentiment se déchirent comme s'ils étaient des jansénistes et des molinistes. De petits scélérats en robe noire ont opprimé des gens de lettres, parce qu'ils osaient en être jaloux. Tout homme qui pense devait s'élever contre ces fanatiques hypocrites. Ils méritent d'être rendus exécrables à leur siècle et à la postérité. Jugez combien je dois être affligé que vous ayez combattu sous leurs étendards!

Ce qui me console, c'est qu'enfin on rend justice. L'Académie entière a été indignée du discours de Le Franc; vous auriez pu un jour être de l'Académie, si vous n'aviez pas insulté publiquement deux de ses membres[1] sur le théâtre. Vous savez que nos amis nous abandonnent aisément, et que les ennemis sont implacables.

Toute cette aventure m'a ôté ma gaieté, et ne me laisse avec vous que des regrets. Pompignan et Fréron m'amusaient, et vous m'avez contristé.

Tout malingre que je suis, je prends la plume pour vous dire que je ne me consolerai jamais de cette aventure, qui fait tant de tort aux lettres; que les lettres sont un métier devenu avilissant, abominable, et que je suis fâché de vous avoir aimé et elles aussi.

MMMCXXI. — A M. LE COMTE D'ARGENTAL.

24 septembre.

Mes divins anges, il faut vous rendre compte de tout. Nous venons de jouer *Tancrède* en présence d'une douzaine de Parisiens, à la tête desquels était M. le duc de Villars. Non, vous ne vous imaginez pas quel talent Mme Denis a acquis. Je voudrais qu'on pût compter les larmes qu'on verse à Paris et chez nous, et nous verrions qui l'em-

---

[1] Duclos et Dalembert. (ÉD.)

porte. Je vous dois celles de Paris; car les longueurs tarissent les pleurs, et vos coupures judicieuses, en rapprochant l'intérêt, l'ont augmenté.

Détaillons un peu les obligations que je vous ai. Premier acte, premier remerciment. La première scène du second, supprimée; profit tout clair. Le monologue que j'ai envoyé fait très-bien chez nous, et doit réussir chez vous. Au troisième acte, pardon. Ce n'est pas sûrement vous qui avez mis ces malheureux vers :

Car tu m'as déjà dit que cet audacieux
A sur Aménaïde osé lever les yeux, etc.

On devrait lui répondre : « Mon ami, si on t'a *déjà dit* qu'on te prend ta maîtresse, tu devais donc en parler d'abord, tu devais donc être ac désespoir. » C'est un contre-sens horrible.

Écoutez-moi, mes chers anges. On n'a pas fait réflexion qu'Aldamon n'est pas encore le confident de la passion de Tancrède; on a imaginé que Tancrède lui parlait comme à un homme instruit de l'état de son cœur; il est évident que c'est et que ce doit être tout le contraire. Aldamon est un soldat attaché à Tancrède, qui a favorisé son retour, et rien de plus. Il est si clair qu'il ne sait point la passion de Tancrède, que Tancrède lui dit :

Cher ami, je te dois
Plus que je n'ose dire, et plus que tu ne crois.
Acte III, scène I.

Donc Aldamon ne sait rien. Peu à peu la confiance se forme dans cette scène, et Aldamon, qui doit avoir assez de sens pour apercevoir une passion qu'il approuve, court faire son message, en disant à Tancrède,

*C'est vous qui m'envoyez, je réponds du succès.*

Il est bien mieux de mettre ce *je réponds du succès* dans la bouche du confident que dans celle de Tancrède; car alors, Tancrède dit, avec bien plus de bienséance et d'enthousiasme, *il sera favorable.* Nous demandons tous à genoux qu'on laisse le troisième acte comme il est. Est-il possible qu'on ait ôté ces vers :

Rien n'est changé, je suis encor sous le couteau.
Tremblez moins pour ma gloire, etc.
Acte III, scène VII.

Ces vers, récités avec une fermeté attendrissante, ont arraché des larmes. Si le père est si étriqué, s'il ne prend pas un intérêt tendre à la chose, s'il ne flotte pas entre la crainte et l'espérance, en vérité l'intérêt total diminue, et la pièce en général est bien moins touchante. J'ai écrit à Lekain sur ce troisième acte, et je lui ai montré l'excès de ma douleur.

Dans le quatrième acte, il y a beaucoup d'art à fonder, comme vous avez fait, mes divins anges, la crédulité de Tancrède. Je voudrais seulement qu'il ne dît pas qu'il a pénétré le fond de *cet affreux mys-*

tère, mais qu'on ne l'a que trop dévoilé. Vous ne pouvez sans doute souffrir ces vers :

> Dans le rapide cours des plus brillants succès,
> Solamir l'eût-il fait sans être sûr de plaire ?

Je tiens toujours que c'est assez que le vieux Argire ait dit à Tancrède : « Elle est coupable. » Un père au désespoir est le plus fort des témoignages. Mais, si vous voulez que Tancrède invente encore des raisons pour se convaincre, à la bonne heure; il faudra faire des vers.

Au cinquième acte, c'est encore un coup de maître d'avoir rendu à la fois le récit de Catane plus vraisemblable et plus intéressant; mais je ne peux concevoir pourquoi on a retranché :

> Courez, rendez Tancrède à ma fille innocente.
> *Acte V, scène* II.

Ce vers me paraît de toute nécessité.
Si

> O jour *du changement!* Ô jour du désespoir !
> *Acte V, scène* v.

a fait un si mauvais effet, cela prouve que Brizard a joué bien froidement; mais, bagatelle.

Je conviens que Mlle Clairon peut faire une très-belle figure, en tombant aux pieds de Tancrède; mais, si vous aviez vu Mme Denis, pleurante et égarée, se relever d'entre les bras qui la soutiennent, et dire d'une voix terrible :

> .....Arrêtez.... vous n'êtes point mon père !
> *Acte V, scène* VI.

vous avoueriez que nul tableau n'approche de cette action pathétique, que c'est là la véritable tragédie. Une partie des spectateurs se leva à ce cri, par un mouvement involontaire; et *pardonnez* arracha l'âme. Il y a un aveuglement cruel à me priver du plus beau morceau de la pièce; je vous conjure de me le rendre. Qui empêche Mlle Clairon de se jeter et de mourir aux pieds de Tancrède, quand son père, éperdu et immobile, est éloigné d'elle, ou qu'il marche à elle? qui l'empêche de dire *j'expire*, et de tomber près de son amant?

> Barbare ! laisse là ce repentir si vain.

fait un très-bel effet parmi nous, qui n'avons pas la ridicule impatience de votre parterre. Vous êtes bien bons de céder à l'impétuosité de la nation; il faut la subjuguer.

La somme totale de ce compte est remerciment, tendresse, respect et envie de ne point mourir sans vous revoir.

MMMCXXII. — A M. GOLDONI.

A Ferney, 24 septembre.

Signor mio, pittore e figlio della natura, vi amo dal tempo ch' io leggo. Ho veduta la vostra anima nelle vostre opere. Ho detto : Ecce un uomo onesto e buono che a purificato la scena italiana, che inventa colla fantasia e scrive col senno. Oh! che fecondità; mio signore! che purità! come lo stile mi pare naturale, faceto ed amabile! avete riscottato la vostra patria dalla mani degli arlecchini. Vorrei intitolare le vostre commedie : *L'Italia liberata da' Goti*. La vostra amicizia m'onora, m' incanta. Ne sono obbligato al signor senatore Albergati, e voi dovete tutti i miei sentimenti a voi solo.

Vi auguro la vita la più lunga e la più felice, giacchè non potete essere immortale, come il vostro nome. Voi pensate a farmi un onore, e già m' avete fatto il più gran piacere.

J'use, mon cher monsieur, de la liberté française, en vous protestant, sans cérémonie, que vous avez en moi le partisan le plus déclaré, l'admirateur le plus sincère, et déjà le meilleur ami que vous puissiez avoir en France. Cela vaut mieux que d'être votre très-humble et très-obéissant serviteur.

MMMCXXIII. — A M. LE COMTE D'ARGENTAL.

27 septembre.

Je vous ai écrit des volumes, ô mes anges! tout en jouant *Alzire*, *Mahomet*, *Tancrède*, et l'*Orphelin*. Ah! l'étonnante actrice[1] que nous avons trouvée! quelle Palmire! vingt ans, beauté, grâce, ingénuité, et des larmes véritables, et des sanglots qui partent du cœur! Pauvres Parisiens, que je vous plains! vous n'avez que des Hus.

Mme de Pompadour n'est point *poule mouillée*, ni moi non plus.

Prenez à cœur le long mémoire, les changements que je vous ai envoyés par M. de Courteilles. Que je jouisse, au moins en idée, de deux représentations qui me satisfassent. Les cœurs sont-ils donc faits à Paris autrement que chez moi ? M. le duc de Villars ne s'y connaît-il point ? ma nièce est-elle sans goût ? suis-je un chien ? Que coûte-t-il d'essayer ce qui fait chez nous le plus grand effet ?

Est-il vrai que les décorations ne sont pas belles? qu'il n'y a pas assez d'assistants au troisième et au cinquième ? que Grandval néglige trop son rôle, parce qu'il n'est pas le premier ? que Lekain ne prononce pas? que Mlle Clairon a joué faux quelques endroits ? A qui croire ? la calomnie y règne.

Mme de Fontaine a fait une belle action. J'aurai bientôt un grand secret à vous confier.

Nous venons de répéter *Fanime*. — Plus de larmes qu'à *Tancrède*. — Un Ramire admirable. Je corromps toute la jeunesse de la pédante ville de Genève. Je crée les plaisirs. Les prédicants enragent; je les écrase. Ainsi soit-il de tous prêtres insolents et de tous cagots!

O anges! à l'ombre de vos ailes.

1. Mme Rilliet, depuis Mme de Florian. (ÉD.)

## MMMCXXIV. — A MADAME DE FONTAINE.

Aux Délices, 29 septembre.

Je suis bien fatigué, ma chère nièce. Monsieur le *grand écuyer de Cyrus*, monsieur *le jurisconsulte*, vous avez fait une course à Paris qui est d'une belle âme. Venir voir *Tancrède*, pleurer, et repartir, c'est un trait que l'enchanteur qui écrira votre histoire et la mienne ne doit pas oublier.

Nous venons aussi de jouer *Tancrède* de notre côté, et nous vous aurions cent fois mieux aimés à Tournay qu'à Paris. Je vous avertis que la pièce vaut mieux sur mon théâtre que sur celui des comédiens. J'y ai mis bien des choses qui rendent l'action beaucoup plus pathétique. Je n'ai pas eu le temps de les envoyer aux comédiens de Paris; et d'ailleurs on ne peut commander son armée à cent lieues de chez soi.

Je vous avertis que je la dédie à Mme de Pompadour, non-seulement parce que je lui ai beaucoup d'obligations, mais parce qu'elle a beaucoup d'ennemis, et que j'aime passionnément à braver les cabales. Vous avez pu juger, par ma lettre au roi de Pologne, si je sais dire hardiment des vérités utiles.

Si je voyais votre ami, M. de Silhouette, je lui dirais des vérités inutiles; je lui dirais qu'il ne fallait pas, dans un temps de crise, faire trembler les créanciers, qu'on ne doit intimider qu'en temps de paix; et j'ajouterais que si jamais il revient en place, il fera du bien à la nation; mais je doute qu'il rentre dans le ministère. Je doute aussi que nous ayons la paix qui nous est nécessaire. J'ajoute à tant de doutes, que j'ignore si je pourrai vous aller voir à Hornoy.

Il faut que je fasse le second volume de l'*Histoire* du czar, dont je vous envoie le premier, qui ne vous amusera guère; rien de plus ennuyeux, pour une Parisienne, que des détails de la Russie. En récompense, je joins à mon paquet deux comédies.

Monsieur *le grand écuyer de Cyrus*, l'histoire de la princesse de Russie est plus amusante que celle de son beau-père. Je suis au désespoir que ce soit un roman; car je m'intéresse tendrement à Mme d'Auban.

Monsieur *le jurisconsulte*, pensez-vous que cette princesse morte à Pétersbourg, et vivante à Bruxelles, soit en droit de reprendre son nom? Je vous avertis que je suis pour l'affirmative, attendu que j'ai lu dans un vieux sermon que Lazare étant ressuscité revint à partage avec ses sœurs. Voyez ce qu'on en pense dans votre école de droit.

Pardon de ma courte lettre; il faut répéter *Mahomet* et l'*Orphelin de la Chine*. Le duc de Villars, qui est un excellent acteur, joue avec nous en chambre, afin de ne pas compromettre sur le théâtre la dignité de gouverneur de province.

Le théâtre de Tournay sera désormais à Ferney. J'y vais construire une salle de spectacle, malgré le malheur des temps; mais, si je me damne en faisant bâtir des théâtres, je me sauve en édifiant une église. Il faut que j'y entende la messe avec vous, après quoi nous jouerons des pièces nouvelles

MMMCXXV. — A M. LE COMTE D'ARGENTAL.

29 septembre.

Voici, je crois, mes dernières volontés, mon adorable ange; car je n'en peux plus. N'allez pas, je vous en conjure, casser mon testament; faites essayer ce qui a si bien réussi chez moi. Voilà les cabales un peu dissipées, voilà le temps de jouer à son aise. Les comédiens ne doivent pas rejeter mes demandes; cela serait bien injuste, et me ferait une vraie peine. *Aménaïde*-Denis vous embrasse. Je me jette aux pieds de Mme Scaliger. Je crois avoir profité de son excellent mémoire. Qu'il est doux d'avoir de tels anges!

Je crois que le démon de Socrate était un ami.

MMMCXXVI. — A M. NOVERRE, PENSIONNAIRE DU ROI,
MAITRE DES BALLETS DE L'EMPEREUR.

Septembre.

J'ai lu, monsieur, votre ouvrage de génie[1]; mes remercîments égalent mon estime. Votre titre n'annonce que la danse, et vous donnez de grandes lumières sur tous les arts. Votre style est aussi éloquent que vos ballets ont d'imagination. Vous me paraissez si supérieur dans votre genre, que je ne suis point du tout étonné que vous ayez essuyé des dégoûts qui vous ont fait porter ailleurs vos talents. Vous êtes auprès d'un prince qui en sent tout le prix.

Une vieillesse très-infirme m'a seule empêché d'être témoin de ces magnifiques fêtes que vous embellissez si singulièrement. Vous faites trop d'honneur à la *Henriade*, de vouloir bien prendre le temple de l'Amour pour un de vos sujets : vous ferez un tableau vivant de ce qui n'est chez moi qu'une faible esquisse. Je crois que votre mérite sera bien senti en Angleterre, parce qu'on y aime la nature. Mais où trouverez-vous des acteurs capables d'exécuter vos idées? Vous êtes un Prométhée; il faut que vous formiez des hommes, et que vous les animiez.

J'ai l'honneur d'être, etc.

MMMCXXVII. — A MADAME LA COMTESSE D'ARGENTAL.

1ᵉʳ octobre.

Charmante madame Scaliger, la lettre, le savant commentaire du 24, redoublent ma vénération. M. le duc de Villars s'habille pour jouer, à huis clos, Gengiskan; la Denis se requinque; deux grands acteurs, par parenthèse. On rajuste mon bonnet, et je saisis ce temps pour vous remercier, pour vous dire la centième partie de ce que je voudrais vous dire. Je suis devenu un peu sourd, mais ce n'est pas à vos remarques, ce n'est pas à vos bontés[2].

Voilà à peu près tous les ordres de ma souveraine exécutés en cou-

1. *Lettres sur la danse et sur les ballets.* (ÉD.)
2. Il y avait ici des corrections pour *Tancrède*. (*Éd. de Kehl.*)

rant. Tous les judicieuses critiques scaligériennes ont trouvé un V. docile, un V. reconnaissant, un V. prompt à se corriger, et quelquefois un V. opiniâtre, qui dispute comme un pédant, et qui encore vous supplie à genoux d'accepter ses changements, de faire ôter se détestable

Car tu m'as déjà dit que cet audacieux;

et il vous conjure, plus que jamais, d'ajouter au pathétique du tableau de Clairon, au cinq, ce morceau plus pathétique encore :

Arrêtez, vous n'êtes point mon père, etc.

Il me semble que, grâce à vos bontés, tout est à présent assez arrondi, malgré la multitude de tant d'idées étrangères à *Tancrède*, qui me lutinent depuis un mois.

Mme Denis partage toute ma reconnaissance. Divins anges, veillez sur moi; je vous adore du culte de dulie et de latrie.

MMMCXXVIII. — A M. LE MARQUIS DE CHAUVELIN.

Aux Délices, 3 octobre.

Le baron germanique qui se charge de rendre ce paquet à Votre Excellence est un heureux petit baron. Je connais des Français qui voudraient bien être à sa place, et faire leur cour à M. et Mme de Chauvelin. Je n'ai point eu l'honneur de vous écrire pendant que vous bouleversiez nos limites, et que vous rendiez des Savoyards Français, et des Français Savoyards. Je conçois très-bien qu'il y a du plaisir à être Savoyard, quand vous êtes en Savoie. Souvenez-vous, monsieur, que quand vous prendrez le chemin de Versailles pour donner la chemise[1] au roi, vous devez au moins venir changer de chemise dans nos ermitages.

J'ai l'honneur de vous envoyer une partie de la vie du Solon et du Lycurgue du Nord. Si la cour de Russie était aussi diligente à m'envoyer ses archives que je le suis à les compiler, vous auriez eu deux ou trois tomes au lieu d'un. Je me souviens d'avoir entendu dire à vos ministres, au cardinal Dubois, à M. de Morville, que le czar n'était qu'un extravagant, né pour être contre-maître d'un navire hollandais; que Pétersbourg ne pourrait subsister; qu'il était impossible qu'il gardât la Livonie, etc.; et voilà aujourd'hui les Russes dans Berlin[2], et un Tottleben donnant ses ordres datés de Sans-Souci! Si j'avais été là, j'aurais demandé le beau *Mercure* de Pigalle pour le rendre au roi.

En qualité de tragédien, j'aime toutes ces révolutions-là passionnément. J'ai et j'aurai contentement. Peut-être, si j'étais *sir Politick*, je ne les aimerais pas tant. Je ne suis pas trop mécontent de vous autres sur terre, mais vous êtes sur mer de bien pauvres diables.

1. En 1760 Chauvelin avait obtenu une des deux charges de *maître de la garde-robe* (ÉD.)
2. Tottleben s'empara de Berlin en octobre 1760. (ÉD.)

Si j'osais, je vous conjurerais à genoux de débarrasser pour jamais du Canada le ministère de France. Si vous le perdez, vous ne perdez presque rien; si vous voulez qu'on vous le rende, on ne vous rend qu'une cause éternelle de guerre et d'humiliations. Songez que les Anglais sont au moins cinquante contre un dans l'Amérique septentrionale. Par quelle démence horrible a-t-on pu négliger la Louisiane, pour acheter, tous les ans, trois millions cinq cent mille livres de tabac de vos vainqueurs? N'est-il pas absurde que la France ait dépensé tant d'argent en Amérique, pour y être la dernière des nations de l'Europe?

Le zèle me suffoque; je tremble depuis un an pour les Indes orientales. Un maudit gouverneur de la colonie anglaise à Surate, et un certain commodore qui nous a frottés dans l'Inde, sont venus me voir; ils m'ont assurés que Pondichéri serait à eux dans quatre mois. Dieu veuille que M. Berryer confonde mon commodore!

Pour me dépiquer des malheurs publics et des miens propres (car je navigue malheureusement dans la barque), je me suis mis à jouer force tragédies, et nous gardons des rôles pour madame l'ambassadrice. Nous jouâmes *Fanime* ces jours passés; la scène est à Saïd, petit port de Syrie. Nous eûmes pour spectateur un Arabe qui est de Saïd même, qui sait sept ou huit langues, qui parle très-bien français, et qui eut beaucoup de plaisir. Savez-vous bien que j'ai eu un autre *Arabe?* c'est l'abbé d'Espagnac. Pourquoi faut-il qu'un homme si coriace soit si aimable! Vivent les gens faciles en affaires! la vie est trop courte pour chipoter.

Vous connaissez la belle lettre de *Luc*, où il parle si courtoisement de M. le duc de Choiseul. J'ai bien peur que mes Russes n'aient pris aussi une lettre qu'il m'adressait. Cet homme ne ménage pas plus les termes que ses troupes; il perdra ses États pour avoir fait des épigrammes. Ce sera du moins une aventure unique dans les chroniques de ce monde.

Je suis un grand babillard, monsieur; mais il est si doux de s'entretenir avec vous des sottises du genre humain, et de vous ouvrir son cœur! Je compte si fort sur vos bontés, que je me suis laissé aller. Conservez-moi, et madame l'ambassadrice, un peu de souvenir et de bienveillance. Je vous avertis que Mme Denis est devenue très-digne de jouer les seconds rôles avec Mme de Chauvelin.

L'oncle et la nièce sont à ses pieds. Je vous présente mon tendre respect dans la foule de ceux qui vous aiment.

### MMMCXXIX. — A M. LE COMTE D'ARGENTAL.

*Aux Délices, 4 octobre, à midi.*

Eh! mon Dieu, mes anges, vous voilà fâchés contre moi! vous voilà les anges exterminateurs. Que votre face ne s'allume pas contre moi, et regardez-moi en pitié. — Je vous ai écrit une lettre ce matin; je réponds à votre courroux du 29. Figurez-vous que je n'ai le temps ni de manger ni de dormir; la tête me tourne.

1° Je vous jure qu'on m'a mandé que Lekain et la Clairon avaient arrangé le troisième acte à leur fantaisie; mais allons pied à pied, si je puis, et commençons par le commencement.

2° J'ai déjà dit et je redis que la transfusion des deux scènes paternelles d'Argire avec Aménaïde en une seule scène, vers la fin du premier acte, était le salut de la république; j'ai remercié et je remercie.

3° Je m'en tiens à cette manière de finir le premier acte :

Viens.... je *te dirai* tout.... mais il faut tout oser;
Le joug est trop *affreux;* ma main doit le briser;
La persécution enhardit *la* faiblesse.

Cela fortifie le caractère d'Aménaïde, et rend en même temps ses accusateurs moins odieux.

4° Le second acte commence encore d'une manière plus forte :

Moi, des remords! qui, moi! le crime seul les donne, etc.

Et c'est Aménaïde, et non la suivante, qui fait tout; et il est bien plus naturel de lui donner de la confiance pour un esclave qui l'a déjà servie, que de remettre tout aux soins de Fanie; cela était trop d'une petite fille; et cette fermeté du caractère d'Aménaïde prépare mieux les reproches vigoureux qu'elle fait ensuite à son père.

5° Jamais je n'ai eu d'autre idée, au troisième acte, que de faire apprendre à Tancrède son malheur par gradation; je n'ai jamais prétendu qu'il parlât d'abord à Aldamon, comme au confident de son amour; et quand Tancrède disait, au nom d'Orbassan :

Orbassan, l'ennemi, *le rival de* Tancrède!
Scène I.

il le disait à part; et, pour lever toute équivoque, j'ai mis l'*oppresseur* de Tancrède, au lieu de *rival*. J'ai toujours prétendu que Tancrède, en arrivant dans la ville, avait appris, par le bruit public, qu'Orbassan devait épouser Aménaïde; c'est une chose très-naturelle; tout le monde en parle, et Aldamon n'en sait que ce que la voix publique lui en a appris.

Quand Tancrède demande qui commande les armes dans la ville, Aldamon peut répondre :

Ce fut, *vous le savez*, le respectable Argire,
Mais........Orbassan lui succède.
Acte III, scène I.

En un mot, tout l'art de cette scène doit consister dans la manière dont Tancrède laisse pénétrer son secret par Aldamon, qui voit, par son émotion, quels sont ses chagrins et ses projets. *Je vais parler de vous* était équivoque; *vous* cependant ne signifie pas je vous *nommerai;* il signifie qu'Aménaïde pourra se douter quel est ce *vous;* mais cela est trop subtil, et *vous m'envoyez* vaut mieux. Ce sont bagatelles.

6°......Je suis encor sous le couteau,
   Acte III, scène VII.

est une expression noble et terrible : si on ne la trouve pas ailleurs, tant mieux; elle a le mérite de la nouveauté, de la vérité, et de l'intérêt. Cette scène a fait un grand effet chez moi. Il faut laisser dire les petits critiques, qui font semblant de s'effaroucher de tout ce qui est nouveau, et qui ne voudraient que des expressions triviales; notre langue n'est déjà que trop stérile.

7° La dernière scène du second acte était aussi nécessaire que cette dernière scène du troisième; mais comme ce petit monologue du second ne peut être qu'une expression simple de la situation d'Aménaïde comme ce tableau de son état n'est point un grand combat de passions il ne faut pas s'attendre à de grands effets de ce monologue, mais seulement à rendre le spectateur satisfait, et à terminer l'acte avec rondeur et élégance, sans refroidir.

8° Si,
   O ma fille! vivez, fussiez-vous criminelle,

est dit par un acteur glacé, tel que les acteurs français l'ont presque toujours été; si ce vers n'est pas dans la bouche d'un homme qui ait déjà pleuré et fait pleurer, il est clair que ce vers doit être mal reçu; mais moi, en le disant j'arrache des larmes. J'ai voulu peindre un vieillard faible et malheureux; c'est la nature. Il y a un préjugé bien ridicule parmi nous autres Francs, c'est que tous les personnages doivent avoir la même noblesse d'âme, qu'ils doivent tous être bien élevés, bien élégants, bien compassés; la nature n'est pas ainsi.

9° Le grand point est *de toucher;*
   Inventez des ressorts qui puissent m'attacher,
      Boileau, *l'Art poét.*, ch. III, v. 26.

Or Aménaïde est aussi touchante à la lecture qu'au théâtre. Cependant vous savez, mes anges, que M. de Chauvelin avait été mécontent du quatrième acte; il avait imaginé d'envoyer un ambassadeur de Solamir, et de substituer une entrée et une audience aux sentiments douloureux d'une femme qui a été condamnée à mort par son père, et qui est à la fois méprisée et défendue par son amant. Toutes ces idées que chacun a dans sa tête, de la manière dont on pourrait conduire autrement une pièce nouvelle, ne serviront jamais qu'à refroidir un auteur, à lui ôter tout son enthousiasme. On pourra gagner quelque chose du côté de l'historique, et on perdra tout l'intérêt. Si Corneille avait suivi dans *le Cid* le plan de l'Académie, *le Cid* était à la glace. On crie, aux premières représentations, et *le couteau*, et la haine *outrageuse*, et

...Je ne peux souffrir ce qui n'est pas Tancrède;
   Acte II, scène I.

au bout de huit jours on ne crie plus.

10° Les longueurs doivent être accourcies; mais l'étriqué et l'étranglé détruit tout. Un sentiment qui n'a pas sa juste étendue ne peut faire effet. Qu'est-ce qu'une tragédie en abrégé?

11° Nous soutenons toujours que les derniers vers d'Aménaïde sont un morceau pathétique, terrible, nécessaire, et nous en avons eu la preuve :

.....Arrêtez.... vous n'êtes point mon père, etc.

Acte V, scène VI.

On fut transporté.

Je n'ai plus de papier, je n'ai plus ni tête ni doigts. Mon cœur est navré de douleur, si j'ai déplu à mes anges; mais, au nom de Dieu, ôtes-moi ce

Car tu m'as déjà dit.

MMMCXXX. — A M. PALISSOT [1].

Octobre...

J'ai reçu, monsieur, votre lettre du 13. Je dois me plaindre d'abord à vous de ce que vous avez publié mes lettres sans me demander mon consentement; ce procédé n'est ni de la philosophie ni du monde. Je vous réponds cependant, en vous priant, par tous les devoirs de la société, de ne point publier ce que je ne vous écris que pour vous seul.

Je dois vous remercier de la part que vous voulez bien prendre au succès de *Tancrède*, et vous dire que vous avez très-grande raison de ne vouloir d'appareil et d'action au théâtre qu'autant que l'un et l'autre sont liés à l'intérêt de la pièce. Vous écrivez trop bien pour ne pas vouloir que le poëte l'emporte sur les décorateurs.

Je dois aussi vous dire que la guerre n'est pas de mon goût, mais qu'on est quelquefois forcé à la faire. Les agresseurs en tout genre ont tort devant Dieu et devant les hommes. Je n'ai jamais attaqué personne. Fréron m'a insulté des années entières sans que je l'aie su; on m'a dit que ce serpent avait mordu ma lime avec des dents aussi envenimées que faibles. Le Franc a prononcé devant l'Académie un discours insolent dont il doit se repentir toute sa vie, parce que le public a oublié ce discours, et se souvient seulement des ridicules qu'il lui a valus.

Pour votre pièce des *Philosophes*, je vous répéterai toujours que cet ouvrage m'a sensiblement affligé. J'aurais souhaité que vous eussiez employé l'art du dialogue et celui des vers, que vous entendez si bien, à traiter un sujet qui ne dût pas une partie de son succès à la malignité des hommes, et que vous n'eussiez point écrit pour flétrir des gens d'un très-grand mérite, dont quelques-uns sont mes amis, et parmi lesquels il y en a eu de malheureux et de persécutés. Le public finit par prendre leur parti; on ne veut pas que l'on immole sur le théâtre ceux que la cour a opprimés. Ils ont pour eux tous les gens qui pensent, tous les esprits qui ne veulent point être tyrannisés, tous ceux qui détestent le fanatisme; et vous, qui pensez comme eux, pourquoi

1. Cette lettre est un autre brouillon de la lettre MMMCXX ci-dessus. (ÉD.)

vous êtes-vous brouillé avec eux? Il faudrait ne se brouiller qu'avec les sots.

On m'a envoyé un *Recueil* de la plupart des pièces concernant cette querelle. Un des intéressés a fait des *Notes* bien fortes sur les accusations que vous avez malheureusement intentées aux philosophes, et sur les méprises où vous êtes tombé dans ces imputations cruelles. Il n'est pas permis, vous le savez, à un accusateur de se tromper. C'est encore un grand désagrément pour moi que notre commerce de lettres ait été empoisonné par les reproches sanglants qu'on vous a fait dans ce *Recueil*, et par ceux qu'on m'a faits à moi d'entretenir commerce avec celui qui se déclare contre mes amis.

J'avais été gai avec Le Franc, avec Trublet, et même avec Fréron; j'avais été touché de la visite que vous me fîtes aux Délices; j'ai regretté vivement votre ami M. Patu, et mes sentiments, partagés entre vous et lui, se réunissaient pour vous; j'avais pris un intérêt extrême au succès de vos talents; vous m'avez fait jouer un triste personnage, quand je me suis trouvé entre vous et mes amis, que vous avez déchirés. Je vous avais ouvert une voie pour tout concilier; mais au lieu de la prendre, vous avez redoublé vos attaques. C'est aux jésuites et aux jansénistes à se détruire, et nous aurions dû les *manger*[1] tranquillement, au lieu de nous dévorer les uns les autres.

### MMMCXXXI. — A M. D'ALEMBERT.

8 octobre.

J'ai eu, mon très-cher maître, votre discours[2] et M. de Maudave, et j'ai été bien content de l'un et de l'autre. Indépendamment de vos bontés pour moi, j'aime tout ce que vous faites; vous avez un style ferme qui fait trembler les sots. Je vous sais bon gré de n'avoir pas mis la tragédie dans la foule des genres de poésie qu'on ne peut lire. Je vous prie, à propos de tragédie, de ne pas croire que j'aie fait *Tancrède* comme on le joue à Paris. Les comédiens m'ont cassé bras et jambes; vous verrez que la pièce n'est pas si dégingandée. Heureusement le jeu de Mlle Clairon a couvert les sottises dont ces messieurs ont enrichi ma pièce pour la mettre à leur ton. Nous l'avons jouée ici; et, si vous y revenez, nous la jouerons pour vous. Vous seriez étonné de nos acteurs. Grâce au ciel, j'ai corrompu Genève, comme m'écrivait votre fou de Jean-Jacques. Il faut que je vous conte, pour votre édification, que j'ai fait un singulier prosélyte. Un ancien officier[3], homme de grande condition, retiré dans ses terres à cent cinquante lieues de chez moi, m'écrit sans me connaître, me confie qu'il a des doutes, fait le voyage pour les lever, les lève, et me promet d'instruire sa famille et ses amis. La vigne du Seigneur n'est pas mal cultivée. Vous prenez le parti de rire, et moi aussi; mais

---

1. *Mangeons du jésuite!...* est le cri des Oreillons, dans le chap. XVI du roman de *Candide*. (ÉD.)
2. *Réflexions sur la poésie*. (ÉD.)
3. Le marquis d'Argence. (ÉD.)

> En riant quelquefois on rase
> D'assez près ces extravagants
> A manteaux noirs, à manteaux blancs,
> Tant les ennemis d'Athanase,
> Honteux ariens de ce temps,
> Que les amis de l'hypostase,
> Et ces sots qui prennent pour base
> De leurs ennuyeux arguments
> De Bafus quelque paraphrase.
> Sur mon bidet, nommé Pégase,
> J'éclabousse un peu ces pédants;
> Mais il faut que je les écrase
> En riant.

Laissons là ce rondeau; ce n'est pas la peine de le finir; le temps est trop cher. M. le chevalier de Maudave m'a donné des commentaires sur le *Veidam* qui en valent bien d'autres. Il m'a donné de plus un dieu qui en vaut bien un autre; c'est le *Phallum*. Il m'a l'air d'en porter sur lui une belle copie.

Duclos m'a envoyé le *T*, pour rapetasser cette partie du Dictionnaire[1]. *Signa T super caput dolentium*[2]. Je n'ai pas encore eu le temps d'y travailler; il nous faut jouer la comédie deux fois par semaine. Nous avons eu dans notre trou quarante-neuf personnes à souper qui parlaient toutes à la fois, comme dans l'*Écossaise;* cela rompt le chaînon des études. Je donnerais ces quarante-neuf convives pour vous avoir. A propos, vous frondez la *perruque* de Boileau; vous avez la tête bien près du bonnet. S'il avait fait une épître à sa perruque, bon; mais il en parle en un demi-vers, pour exprimer, en passant, une chose difficile à dire dans une épître morale et utile.

Si j'ai le temps et le génie, je ferai une épître à Clairon, et je vous promets de n'y point parler de ma *perruque*.

Il n'y a point de *metum Judæorum;* nous avons ici deux maîtres des requêtes qui m'ont annoncé M. Turgot. Nous allons avoir un conseiller de grand'chambre; c'est dommage qu'Omer Joly de Fleury n'y vienne pas.

*Luc* est remonté sur sa bête, et sa bête est Daun.

Aimez-moi un peu; et, s'il y a à Paris quelque bonne et grave impertinence, ne me la laissez pas ignorer.

## MMMCXXXII. — A M. THIERIOT.

8 octobre.

Je vous dois bien des réponses, mon ancien ami. Puisque vous logez chez un médecin, ce n'est pas merveille que vous soyez malade. Si vous venez aux Délices, vous vous porterez bien. Mme Denis vous fera pleurer dans *Tancrède* tout autant que Mlle Clairon; et moi, je vous

---

1. Le *Dictionnaire de l'Académie*. (ÉD.)
2. Ézéchiel, chap. IX, v. 4. (ÉD.)

ferai plus d'impression que Brizard; je suis un excellent bonhomme de père.

Je vous enverrai incessamment un *Pierre le Grand* par M. Damilaville.

Je ne peux vous donner *la Capilotade*[1] que cet hiver; je n'ai pas un moment à moi.

J'ai dans mon taudis des Délices M. le duc de Villars, un intendant[2], un homme d'un grand mérite[3] qui a fait cent cinquante lieues pour me voir. Nous couchons les uns sur les autres. Il y avait hier quarante-neuf personnes à souper. Nous jouons aujourd'hui *Mahomet*; une Palmire[4] jeune, naïve, charmante, voix de sirène, cœur sensible, avec deux yeux qui fondent en larmes; on n'y tient pas : Gaussin était une statue. *Nota bene* que j'arrache l'âme au quatrième acte.

Mon église ne se bâtira qu'au printemps. Vous voulez que j'ose consulter M. Soufflot sur cette église de village, et j'ai bâti mon château sans consulter personne.

J'ai reçu *le Père de famille* ; mais je voulais l'édition avec l'épigraphe grecque, et les deux lettres qui firent tant de bruit.

Bonsoir, mon cher ami ; la tête me tourne de plaisir et de fatigue. Dites-moi donc quelles critiques on fait de *Tancrède*, *et vale*.

MMMCXXXIII. — A M. DAMILAVILLE.

8 octobre.

M. Thieriot, monsieur, m'apprend toutes vos bontés; il me dit aussi que vous avez une bibliothèque choisie. Je devrais, parce qu'elle est choisie, ne pas me hasarder de vous présenter ce que j'ai fait imprimer sur *Pierre le Grand*, et que les lenteurs de la cour de Pétersbourg ont empêché l'année passée de paraître.

Je vous demande le secret; personne n'en a de ma main. Je vous prierai de permettre que j'en fasse tenir un exemplaire pour vous à M. Thieriot, dans quelques jours.

Pardonnez à mon laconisme; je n'ai pas le temps, depuis quinze jours, de manger et de dormir.

MMMCXXXIV. — A M. LE COMTE D'ARGENTAL.

8 octobre.

O divins anges! jugez si je suis fidèle à mon culte; je vais jouer Zopire; j'ai deux cents personnes à placer; je fais copier *Tancrède* ; je vous écris. Où diable avez-vous pêché, mes anges, que j'avais un peu d'amertume, quand je suis pénétré de vos bontés?

Je vous enverrais aujourd'hui *Tancrède*, si j'avais seulement le temps de faire un paquet. Qui, moi, de l'amertume, parce que j'ai pris le parti du troisième acte, et que j'ai cru que Lekain me l'avait saboulé! Pour Dieu, laissez-moi mon franc arbitre; encore faut-il

---

1. Chant XVIII de *la Pucelle*. (ÉD.) — 2. L'intendant de Bourgogne. (ÉD.) — 3. Le marquis d'Argence de Dirac. (ÉD.) — 4. Mme Rilliet. (ÉD.)

bien que j'aie mon avis; Dieu a permis à ses créatures de dire ce qu'elles pensent. Mon cher ange, mandez-moi, je vous prie, où l'on en est de ce *Tancrède*, quel parti on prend. J'ai envoyé un long mémoire à Clairon, par Versailles; je vous écris aussi par Versailles. Je ne veux pas ruiner mes anges par mes bavarderies. Nous jouons donc *Mahomet* aujourd'hui. N'a-t-on pas fait cent critiques de *Mahomet*? cela empêche-t-il qu'elle ne doive faire un effet terrible, qu'elle ne doive déchirer le cœur? Ah, Gaussin! Gaussin! si vous aviez la centième partie de l'âme de Mme Rilliet! si on avait eu un Séide! Pauvres Parisiens! vous n'avez point d'acteurs qui pleurent. J'ai un petit mot à vous dire, mes anges: c'est que presque toutes vos tragédies sont froides, et vos acteurs aussi, excepté la divine Clairon, et quelquefois Lekain. Mes yeux se sont ouverts, mais trop tard. Je mourrai sans avoir fait une pièce selon mon goût.

M. le duc de Choiseul vous a-t-il montré la facétie de ma dédicace [1]?
— Avez-vous reçu un *Pierre*?

Madame Scaliger, ne soyez donc plus fâchée contre moi. C'est que je suis à vos pieds, c'est que je vous aime et révère au pied de la lettre.

MMMCXXXV. — A MADEMOISELLE CLAIRON.
8 octobre.

On ne peut certainement entendre qu'un homme fasse mieux une chose que ceux qui ne la font pas. On ne peut entendre qu'une pièce soit mieux représentée par ceux qui y jouent que par ceux qui n'y jouent pas. On doit encore moins entendre que des personnes du monde, qui jouent la comédie pour leur plaisir, aient des talents supérieurs à ceux des plus grands acteurs de Paris.

Ce qu'il faut encore moins entendre, c'est qu'on ait prétendu comparer personne à Mlle Clairon.

Ce qu'il faut surtout entendre, et ce qui est d'une vérité incontestable, c'est qu'on a pour Mlle Clairon tous les sentiments qu'elle mérite et qu'on ne démentira jamais. Le pauvre vieillard lui sera toujours attaché avec des sentiments aussi vifs que s'il était jeune; il admirera ses talents, et il admirera encore la force qu'elle eut d'en priver [2] un public ingrat; il aimera sa personne jusqu'au dernier moment de sa vie.

MMMCXXXVI. — A MADAME LA MARQUISE DU DEFFAND.
10 octobre.

Si vous n'êtes point *un grand enfant*, madame, vous n'êtes pas non plus *une petite vieille*. Je suis votre aîné, et je joue la comédie deux fois par semaine; et le bon de l'affaire c'est que nous jouons des pièces nouvelles de ma façon, que Paris ne verra pas, à moins qu'il ne soit bien sage et bien honnête.

Comme je fais le théâtre, les pièces, et les acteurs, qu'en outre je bâtis une église et un château, et que je gouverne par moi-même tous ces

1. Celle de *Tancrède*. (ÉD.)
2. Mlle Clairon ne quitta le théâtre qu'en avril 1765. (ÉD.)

*tripots*-là; et que, pour m'achever de peindre, il faut finir l'*Histoire de Pierre le Grand*, et que j'ai dix ou douze lettres à écrire par jour, tout cela fait que vous devez me pardonner, madame, si je ne vous ennuie pas aussi souvent que je le voudrais.

J'ai pourtant un plaisir extrême à m'entretenir avec vous; vous savez que j'aime passionnément votre esprit, votre imagination, votre façon de penser. Vous aurez la moitié de *Pierre* incessamment. Il y a un paquet tout prêt pour vous et pour M. le président Hénault; mais on ne sait comment faire pour dépêcher ces paquets par la poste.

Je vous avertis que la préface vous fera pouffer de rire, et vous serez tout étonnée de voir que la plaisanterie n'est point déplacée.

J'y joins un chant de *la Pucelle*, qui pourra vous faire rire aussi. Je vous promets encore de vous chercher des fariboles philosophiques dans ma bibliothèque; mais il faut que vous sachiez que je ne suis guère le maître d'entrer dans ma bibliothèque à présent, parce qu'elle est dans l'appartement qu'occupe M. le duc de Villars, avec tout son monde. Il nous a joué, à huis clos, Gengis-kan dans *l'Orphelin de la Chine*; il vaut mieux que tous vos comédiens de Paris.

Je suis fort aise, madame, qu'on ait imprimé ma lettre au roi de Pologne. Trois ou quatre lettres par an, dans ce goût-là, écrites aux puissances, ou soi-disant telles, ne laisseraient pas de faire du bien. Il faut rendre service aux hommes tant qu'on le peut, quoiqu'ils n'en vaillent guère la peine.

Mon petit parti d'ailleurs m'amuse beaucoup. J'avoue que tous mes complices n'ont pas sacrifié aux Grâces; mais, s'ils étaient tous aimables, ils ne seraient pas si attachés à la bonne cause. Les gens de bonne compagnie ne font point de prosélytes; ils sont tièdes, ils ne songent qu'à plaire; Dieu leur demandera un jour compte de leurs talents.

Vous avez bien raison, madame, d'aimer l'*Histoire*[1] de mon ami Hume; il est, comme vous savez, le cousin de l'auteur de l'*Écossaise*. Vous voyez comme il rend, dans cette histoire, le fanatisme odieux.

Ne croyez pas que l'*Histoire de Pierre le Grand* puisse vous amuser autant que celle des Stuarts; on ne peut guère lire *Pierre* qu'une carte géographique à la main; on se trouve d'ailleurs dans un monde inconnu. Une Parisienne ne peut s'intéresser à des combats sur les Palus-Méotides, et se soucie fort peu de savoir des nouvelles de la grande Permie et des Samoïèdes. Ce livre n'est point un amusement, c'est une étude.

M. le président Hénault ne veut point que je donne *Pierre* chiquette à chiquette; je ne le voudrais pas non plus, mais j'y suis forcé. On a un peu de peine avec les Russes, et vous savez que je ne sacrifie la vérité à personne.

Adieu, madame; si vous aviez des yeux, je vous dirais : « Venez philosopher avec nous, » parce que vos yeux seraient égayés pendant neuf

---

1. Celle *de la maison de Stuart.* (ÉD.)

mois par le plus agréable aspect qui soit sur la terre; mais ce qui fait le charme de la vie est perdu pour vous, et je vous assure que cela me fait toujours saigner le cœur.

J'ai chez moi un homme d'un mérite rare, homme de grande condition, ancien officier retiré dans ses terres[1]; il les a quittées pour venir, à cent cinquante lieues de chez lui, philosopher dans une retraite. Je ne l'avais jamais vu, je ne savais pas même qu'il existât; il a voulu venir, il est venu; il fait de grands progrès, et il m'enchante. Mais, par malheur, il me vient des intendants[2]; ces gens-là ne sont pas tous philosophes. Mon Dieu! madame, que je hais ce que vous savez!

Je vais être en relation avec un brame des Indes, par le moyen d'un officier qui va commander sur la côte de Coromandel, et qui m'est venu voir en passant. J'ai déjà grande envie de trouver mon brame plus raisonnable que tous vos butors de la Sorbonne.

Adieu, encore une fois, madame; je vous aime beaucoup plus que vous ne pensez.

MMMCXXXVII. — A MADAME LA COMTESSE D'ARGENTAL.

13 octobre.

Madame Scaliger, savez-vous bien que vous êtes adorable? Des lettres de quatre pages, des mémoires raisonnés, des bontés de toute espèce; mon cœur est trop gros. J'aime mes anges à la folie. Quand je vous ai envoyé des bribes pour *Tancrède*, imaginez-vous, madame, qu'on m'essayait un habit de théâtre pour Zopire, et un autre pour Zamti; qu'il fallait compter avec mes ouvriers, faire mes vendanges et mes répétitions. J'écrivais au courant de la plume, et un Tancrède sortait de *la place*. Cette *place* n'est pas tenable : il y avait cent autres incongruités; je m'en apercevais bien; je les corrigeais quand le courrier était parti. J'envoyais des mémoires à Clairon; je priais qu'on suspendît les représentations, qu'on me donnât du temps. Voilà ce qui est fait; tout est fini, plus de *chevalerie*. Vous aurez une nouvelle leçon quand vous voudrez.

Pour moi, je vais jouer le père de Fanime dans deux heures, et je vous avertis que je vais faire pleurer. Fanime se tue; il faut que je vous confie cette anecdote. Mais comment se tue-t-elle? à mon gré, de la manière la plus neuve, la plus touchante. Cette Fanime fait fondre en larmes, du moins Mme Denis fait cet effet; car, ne vous déplaise, elle a la voix plus attendrissante que Clairon. Et moi, je vous répète que je vaux cent Sarrasin, et que j'ai formé une troupe qui gagnerait fort bien sa vie. Ah! si nous pouvions jouer devant Mme Scaliger!

Mais vous a-t-on envoyé *Pierre I*[er]*?* cela n'est pas si amusant qu'une tragédie. Que ferez-vous de la grande Permie et des Samoïèdes? Il y

---

1. D'Argente de Dirac. (ÉD.)
2. Joly de Fleury de La Valette, intendant de Bourgogne. (ÉD.)

a pourtant une préface à faire rire, et j'ose vous répondre qu'elle vous divertira. Je crois que j'étais né plaisant, et que c'est dommage que je me sois adonné parfois au sérieux. Je n'ai point vu les fréronades sur *Tancrède*; mais je me trompe, ou Jérôme Carré est plus plaisant que Fréron. Je me moque un peu du genre humain, et je fais bien; mais avec cela, comme mon cœur est sensible! comme je suis pénétré de vos bontés! comme j'aime mes anges! je les chéris autant que je déteste ce que vous savez. Mon aversion pour cette infamie ne fait que croître et embellir. M. d'Argental est donc à la campagne? Comment peut-il faire pour ne pas sortir à cinq heures? comment va la santé de M. de Pont de Veyle?

Quand mon cher ange reviendra-t-il? Je suis à vos pieds, divine Scaliger.

MMMCXXXVIII. — A MADEMOISELLE CLAIRON.

16 octobre.

Belle Melpomène, ma main ne répondra pas à la lettre dont vous m'honorez, parce qu'elle est un peu impotente; mais mon cœur, qui ne l'est pas, y répondra.

Raisonnons ensemble, raisonnons.

Les monologues, qui ne sont pas des combats de passions, ne peuvent jamais remuer l'âme et la transporter. Un monologue, qui n'est et ne peut être que la continuation des mêmes idées et des mêmes sentiments, n'est qu'une pièce nécessaire à l'édifice; et tout ce qu'on lui demande, c'est de ne pas refroidir. Le mieux, sans contredit, dans votre monologue du second acte, est qu'il soit court, mais pas trop court. On peut faire venir Fanie, et finir par une situation attendrissante. Je tâcherai d'ailleurs de fortifier ce petit morceau, ainsi que bien d'autres. On a été forcé de donner *Tancrède* avant que j'y eusse pu mettre la dernière main. Cette pièce ne m'a jamais coûté un mois. Vos talents ont sauvé mes défauts; il est temps de me rendre moins indigne de vous.

Je ne suis point du tout de votre avis, ma belle Melpomène, sur le petit ornement de la Grève, que vous me proposez. Gardez-vous, je vous en conjure, de rendre la scène française dégoûtante et horrible, et contentez-vous du terrible. N'imitons pas ce qui rend les Anglais odieux. Jamais les Grecs, qui entendaient si bien l'appareil du spectacle, ne se sont avisés de cette invention de barbares. Quel mérite y a-t-il, s'il vous plaît, à faire construire un échafaud par un menuisier? en quoi cet échafaud se lie-t-il à l'intrigue? Il est beau, il est noble de suspendre des armes et des devises. Il en résulte qu'Orbassan, voyant le bouclier de Tancrède sans armoiries, et sa cotte d'armes sans faveurs des belles, croit avoir bon marché de son adversaire; on jette le gage de bataille, on le relève; tout cela forme une action qui sert au nœud essentiel de la pièce. Mais faire paraître un échafaud, pour le seul plaisir d'y mettre quelques valets de bourreau, c'est déshonorer le seul art par lequel les Français se distinguent, c'est immoler la décence à la barbarie; croyez-en Boileau, qui dit :

ANNÉE 1760.

> Mais il est des objets que l'art judicieux
> Doit offrir à l'oreille, et reculer des yeux.
> *L'Art poét.*, ch. III, v. 53.

Ce grand homme en savait plus que les beaux esprits de nos jours.

J'ai crié, trente ou quarante ans, qu'on nous donnât du spectacle dans nos conversations en vers, appelées tragédies; mais je crierais bien davantage si on changeait la scène en place de Grève. Je vous conjure de rejeter cette abominable tentation.

J'enverrai dans quelque temps *Tancrède*, quand j'aurai pu y travailler à loisir; car figurez-vous que, dans ma retraite, c'est le loisir qui me manque. *Fanime* suivra de près; nous venons de l'essayer en présence de M. le duc de Villars, de l'intendant de Bourgogne, et de celui de Languedoc. Il y avait une assemblée très-choisie. Votre rôle est plus décent, et par conséquent plus attendrissant, qu'il n'était; vous y mourez d'une manière qu'on ne peut prévoir, et qui a fait un effet terrible, à ce qu'on dit. La pièce est prête. Je vais bientôt donner tous mes soins à *Tancrède*. Quand vous aurez donné la vie à ces deux pièces, je vous supplierai d'être malade, et de venir vous mettre entre les mains de Tronchin, afin que nous puissions être tous à vos pieds.

MMMCXXXIX. — DE M. DALEMBERT.

Paris, ce 18 octobre.

Je m'attendais bien, mon cher et grand philosophe, que vous seriez content de l'*Indien* que je vous ai adressé, et qui brûlait d'envie d'aller prendre vos ordres pour les bramines. A l'égard de mon discours, maître Aliboron, votre ami et le mien, n'en a pas pensé comme vous. Il ne l'a ni lu ni entendu, et en conséquence, il vient de faire deux feuilles contre moi que je n'ai aussi ni lues ni entendues, et dans lesquelles je sais seulement que vous avez votre part. Il prétend que si votre siècle a des bontés pour vous, la postérité ne vous promet pas poires molles, et il vous met au-dessous de tous les poëtes passés, présents et à venir, depuis Homère jusqu'à Pompignan. J'ai hésité si je vous annoncerais crûment cette humiliation; mais je veux être l'esclave des triomphateurs romains, et vous apprendre à ne pas mettre au pilori, comme vous avez fait, l'honneur de la littérature française.

Je ne sais pas si les comédiens ont cassé bras et jambes à *Tancrède*; mais je sais que, pour un roué, il avait encore très-bonne grâce. Au reste, je suis bien aise de vous apprendre encore (car je veux absolument vous humilier aujourd'hui) que l'on répète à cette occasion ce qu'on a dit régulièrement à chacune de vos pièces, que *vous n'avez encore rien fait d'aussi faible*; il est vrai qu'on dit cela les yeux gros, et cela doit essuyer les vôtres.

Vraiment je vous félicite de tout mon cœur de la conquête que vous venez de faire à la *vigne du Seigneur*. Depuis le voyage de la reine de Saba, il n'y en a point de plus édifiant que celui de ce bon gentilhomme qui fait cent cinquante lieues pour être bien sûr que deux et un font trois. Il est vrai que vous étiez fait, plus que personne, pour lui persuader que trois ne font qu'un, car il a dû voir que vous en valiez bien trois autres.

Je ne doute point que vous ne conserviez précieusement le dieu [1] que M. de Maudave vous a apporté des Indes. Ces gens-là sont plus sensés que nous; nous avons fait notre dieu d'une gaufre; les Indiens vont, comme Bartholomée, droit au solide [2].

..................*Priapum,*
**Maluit esse deum.**
Hor., lib. I, sat. VIII, v. z.

C'est celui-là qu'on peut bien appeler *Dieu le père.*

Je passe à Boileau d'avoir parlé en vers de sa *perruque*, mais je ne lui passe pas de s'être donné là-dessus les violons. La poésie, quoi qu'il en dise, ne doit se permettre qu'à regret les petits détails qui ne valent pas la peine qu'ils donnent; elle est faite pour exprimer de grandes choses, nobles et vraies. Si vous ne pensiez pas comme moi, je dirais que vous avez fait, comme M. Jourdain, *de la prose sans le savoir.*

Oui, en vérité, vous devez une épître à Mlle Clairon, et je ne vous laisserai point en repos que vous n'ayez acquitté cette dette. Je vous permets, pour vous mettre à votre aise, d'y parler de tout ce qu'il vous plaira, même de votre *perruque*; et, s'il vous en faut encore une autre, je vous abandonne celles de Pompignan, Fréron et Trublet, que vous avez déjà si bien peignées.

M. Turgot m'écrit qu'il compte être à Genève vers la fin de ce mois; vous en serez sûrement très-content. C'est un homme d'esprit, très-instruit, et très-vertueux; en un mot, un très-honnête *cacouac* [3], mais qui a de bonnes raisons pour ne le pas trop paraître; car je suis payé pour savoir que *la cacouaquerie* ne mène pas à la fortune, et il mérite de faire la sienne.

Comment diable, quarante-neuf convives à votre table, dont deux maîtres des requêtes et un conseiller de grand'chambre, sans compter le duc de Villars et compagnie!

Vous êtes donc comme le père de famille de l'Évangile, qui admet à son festin les clairvoyants et les aveugles, les boiteux, et ceux qui marchent droit? Votre maison va être comme la bourse de Londres : le jésuite et le janséniste, le catholique et le socinien, le convulsionnaire et l'encyclopédiste vont bientôt s'y embrasser de bon cœur, et rire encore de meilleur cœur les uns des autres. Si vous pouviez encore engager Jean-Jacques Rousseau à venir à quatre pattes, de Montmorency à Genève, faire amende honorable à la comédie, en se redressant sur ses deux pieds de derrière pour jouer dans quelqu'une de

---

1. C'était un *Lingam* ou *Phallus* très-révéré dans l'Inde. C'est l'instrument qui distinguait le dieu Priape, et qui était également honoré chez les Romains comme l'emblème de la génération. (*Éd. de Kehl.*)—Voyez la lettre de Delembert à Voltaire, du 2 octobre 1762. (ÉD.)
2. *Contes* de La Fontaine, *le Calendrier des vieillards.* (ÉD.)
3. Un *philosophe.* (ÉD.)

vos pièces, ce serait vraiment là une belle cure, et plus belle que celle de votre campagnard nouveau converti; mais je crois que pour Jean-Jacques l'heure de la grâce n'est pas encore venue.

Il me semble, comme à vous, que votre ancien disciple est un peu *remonté sur sa bête*[1]; mais je crains qu'elle ne soit encore un peu récalcitrante, et je ne le vois pas bien affermi sur ses étriers. Mais, à propos de *bête*, que dites-vous de la figure que nous faisons sur la nôtre? que dites-vous de ce fameux duc de Broglie,

> Sage en projets, et vif dans les combats,
> *Qui* va venger les malheurs de la France[2]?

Il me semble qu'il perd sa réputation sou à sou; c'est se ruiner assez platement.

En attendant, nous avons perdu le Canada. Voilà le fruit de la besogne de ce grand cardinal[3] que vous appeliez si bien *Margot la bouquetière*, et dont j'osais dire autrefois, en lui entendant lire ses poésies, que si on coupait les ailes aux Zéphyrs et à l'Amour, on lui couperait les vivres. Nous ne nous attendions pas, vous et moi, qu'il nous prouverait un jour, par le traité de Versailles, que sa prose vaudrait encore moins que ses vers. Nous n'aurions pas cru cela, lorsqu'il lisait à l'Académie son poëme[4] contre les incrédules, pour attraper un petit bénéfice de l'*archimage Yebor*[5], qui l'écoutait en branlant sa vieille tête de singe, et qui semblait lui dire: « Non, non, vous n'aurez rien, quoi que vous disiez; on ne m'attrape pas ainsi. » Que Dieu le bénisse, lui, ses vers, et sa prose! On dit qu'il a permission d'aller se promener dans ses abbayes; on aurait dû l'envoyer promener quatre ans plus tôt. Il ne reste plus qu'à savoir ce que nous allons devenir, et quel parti nous allons prendre.

> Quand on a tout perdu, quand on n'a plus d'espoir,
> La *guerre* est un opprobre, et la *paix* un devoir[6].

Quant à nos sottises intestines, elles commencent à foisonner un peu moins dans ce moment-ci. Il n'y a rien de nouveau, que je sache, du quartier général de l'*Encyclopédie* et de *la Palissoterie*. La philosophie est entrée en quartier d'hiver. Dieu veuille qu'on l'y laisse respirer!

Adieu, mon cher et illustre maître; continuez à rire de tout ce qui se passe. J'en ris tout autant que vous, quoique je sois dans la poêle; heureux qui, comme vous, a trouvé moyen de sauter dehors! Vous ne vous plaindrez pas que cette épître est une *lettre de Lacédémonien*: pourvu qu'elle ne vous paraisse pas une lettre de Béotien, je serai consolé de mon bavardage.

1. Le général Daun, battu complétement par Frédéric près de Torgau, le 3 novembre suivant. (ÉD.)
2. Ces vers sont du *Pauvre diable*. (ÉD.) — 3. Bernis. (ÉD.)
4. Intitulé *la Religion vengée*. (ÉD.)
5. Anagramme de Boyer. (ÉD.)
6. Parodie des derniers vers du second acte de *Mérope*. (ÉD.)

A propos, vraiment j'oubliais de vous dire que je suis raccommodé, vaille que vaille, avec Mme du Deffand ; elle prétend qu'elle n'a point protégé Palissot ni Fréron, et j'ai tout mis aux pieds, non du pendu, mais de Socrate. Ainsi, qu'elle ne sache jamais ce que je vous avais écrit pour me plaindre d'elle ; cela me ferait de nouvelles tracasseries que je veux éviter.

### MMMCXL. — A MADAME LA COMTESSE D'ARGENTAL.

Aux Délices, 18 octobre.

Je prends la liberté, madame, de faire passer par vos mains ma réponse à Mlle Clairon, et je vous supplie instamment de vous joindre à moi pour empêcher l'avilissement le plus odieux qui puisse déshonorer la scène française, et achever notre décadence. Que M. d'Argental et tous ses amis emploient leur crédit pour sauver la France de cet opprobre !

J'ai encore une grâce à vous demander, qui ne regarde que moi : c'est de dissiper mes continuelles alarmes sur l'impression dont on me menace. Il y a certainement dans Paris des exemplaires de *Tancrède* conformes à la leçon des comédiens. Il est certain que, pour peu qu'on attende, la pièce paraîtra dans toute sa misère, pendant que je passe le jour et la nuit à la corriger d'un bout à l'autre, à la rendre moins indigne de vous et du public. Vous en recevrez incessamment une nouvelle copie, et je pense qu'il sera convenable, de toutes façons, de la reprendre vers la Saint-Martin. On sera obligé de transcrire de nouveau tous les rôles. Il n'y en a pas un seul où je n'aie fait des changements. Si ces changements valent quelque chose, c'est à vous que j'en suis redevable, c'est à votre goût, à l'intérêt que vous avez pris à l'ouvrage, à vos réflexions, aussi solides que fines. Si je me suis un peu récrié contre quelques vers qu'on a forcé de substituer à la hâte, si ces vers m'ont paru défectueux, c'est l'amour de l'art, et non l'amour-propre, qui s'est révolté en moi. Je n'ai pas senti avec moins de reconnaissance la nécessité de plusieurs changements, je n'en ai pas moins approuvé vos remarques, et plusieurs vers mis à la place des miens.

M. d'Argental sera-t-il encore longtemps à la campagne ? Il me paraît qu'en son absence vous commandez l'armée avec bien du succès. Je me flatte que vos troupes préviendront les irruptions des houssards libraires. Quand jouera-t-on *la belle Pénitente ?* Mlle Clairon est-elle cette pénitente ? Elle seule peut faire réussir cette détestable pièce anglaise ; mais je me flatte que l'auteur qui s'abaisse à chercher des modèles chez les barbares se sera fort éloigné de son modèle. Si notre scène devient anglaise, nous sommes bien avilis ; nous ne sommes déjà que les traducteurs de leurs romans. N'avons-nous pas déjà baissé assez pavillon devant l'Angleterre ? c'est peu d'être vaincus, faut-il encore être copistes ? O pauvre nation ! Madame, le cœur me saigne, mais il est à vous.

ANNÉE 1760.

MMMCXLI. — A M. Thieriot.

19 octobre.

Voici, mon ami, une lettre de change de quatre *Pierre*[1] sur Robin-mouton. Je vous prie de donner un exemplaire de ma part au ferme et aimable *Protagoras*[2]; et quand il aura lu mon *Pierre*, vous le lui ferez relier bien proprement. Faites des trois autres exemplaires ce qu'il vous plaira, et tâchez qu'aucun ne vous ennuie. Quand vous voudrez venir dans ma chaumière, nous vous voiturerons, puis vous hébergerons, chaufferons, blanchirons, raserons, et égayerons.

L'intendant de Bourgogne vint dans mon trou, ces jours passés, avec le fils de l'avocat général, qui en a usé si cordialement avec nous; il avait un cortége de proconsul. Le duc de Villars était chez moi; nous allions jouer *Fanime* ou *Médime* (le nom n'y fait rien; *Fanime* est plus sonore, à cause de l'alpha). Nous n'en mîmes pas plus grand pot au feu; nous étions cinquante-deux à table. L'intendant alla coucher à Ferney, sa troupe à Tournay, la mienne aux Délices. Je reçus fort noblement, fort dignement, le fils de l'avocat général. Son oncle me dit que, dans quelques années, il succéderait à son père. « Souvenez-vous alors, lui dis-je, que vous devez être l'avocat de la nation. » Le jeune homme m'attendrit; il pleura à *Fanime*.

Je ne *le* punis point des fautes de *son* père.

Il faut que Pompignan m'envoie son fils.

J'ai lu deux brochures; l'une est de La Noue;

*Ærugo mera;*..................

Hor., lib. I, sat. IV, v. 101.

l'autre d'une bonne âme; mais cette âme se trompe sur le second acte de *Tancrède*. Il est vrai que les comédiens l'ont induit en erreur. *Tancrède* est tout autre chose que ce que vous avez vu au théâtre. J'espère qu'à la reprise ils joueront ma pièce, et non pas la leur. Ils me doivent cette petite condescendance, puisque je leur ai donné le produit des représentations et de l'impression. Mon cher ami, il serait plus doux pour moi de faire pour l'amitié ce que j'ai fait pour les talents. Ce que vous me mandez de La Popelinière passe mes conceptions. Quelle disparate! Les fermiers généraux sont cependant les seuls qui aient de l'argent à Paris.

Adieu. Vous intéressez-vous beaucoup au Canada? *Quid novi?*

MMMCXLII. — A M. Duclos.

A Ferney, 22 octobre.

Vous êtes ferme et actif, vous aimez le bien public; vous êtes mon homme, et je vous aime de tout mon cœur. L'Académie n'a jamais eu un secrétaire tel que vous.

---

1. Quatre exemplaires du premier volume de l'*Histoire de Pierre le Grand*, à prendre chez Robin, libraire au Palais-Royal. (Éd.)
2. Dalembert. (Éd.)

Venons d'abord, monsieur, à ce *Dictionnaire* que l'Académie va faire imprimer.

Vous aurez votre *T*[1] dans un mois ou six semaines. Vous n'attendez pas après le *T*, quand vous êtes à l'*A*.

Non vraiment, je ne me repose point. Robin-*mouton*, vendeur de brochures au Palais-Royal, correspondant de Cramer, et chargé de vous présenter un *Pierre*, a dû commencer par s'acquitter de ce devoir.

Vous êtes très-louable d'avoir fait sentir au vieux Crébillon sa faute [2]. Je ne m'amuse guère à lire les approbations : je ne savais pas que l'auteur de *Rhadamiste* et d'*Électre* eût eu l'indignité d'approuver une pièce qui est la honte de la littérature ; c'était se joindre aux lâches persécuteurs des véritables gens de lettres. Mais le bonhomme radote depuis longtemps.

Puissiez-vous réunir et venger les philosophes, qu'on a voulu désunir et accabler ! Est-il possible que ceux qui pensent soient avilis par ceux qui ne pensent pas! Il faut que je vous conte que nous allions jouer une pièce nouvelle aux Délices ; M. le duc de Villars, notre confrère, y était ; arrive le frère d'Omer de Fleury, notre intendant de Bourgogne, avec le fils d'Omer. Il fut bien reçu, on lui fit fête, on lui donna la comédie. Il me présenta le fils d'Omer comme graine d'avocat général. « Monsieur, dis-je au jeune homme, souvenez-vous qu'il faut être l'avocat de la nation, et non des Chaumeix. » D'ailleurs tout se passa à merveille.

Je prends acte avec vous que le *Tancrède* que vous avez vu n'est pas tout à fait mon *Tancrède*, mais celui des comédiens, qui l'ont ajusté à leur fantaisie, et qui l'ont orné d'une soixantaine de vers de leur cru, assez aisés à reconnaître. Ils en ont usé comme de leur bien, parce que je leur ai abandonné le profit de la représentation et de l'édition. J'ai envoyé une petite dédicace à Mme de Pompadour et à M. le duc de Choiseul ; ils l'ont approuvée. Je lui parle (à Mme de Pompadour), dans cette *Épître*, du bien qu'elle a fait aux gens de lettres ; je commence par citer Crébillon, et même avec quelque éloge, car il faut être poli ; cela rend le procédé de Crébillon plus indigne. Je ne savais pas alors qu'il se fût dégradé au point d'être le receleur de Palissot.

Je finis, mon respectable confrère, par me féliciter de voir à la tête de nos travaux académiques un homme de votre trempe. Parlez, agissez, écrivez hardiment ; le temps est venu où le bon sens ne doit plus être opprimé par la sottise. Laissons le peuple recevoir un bât des bâtiers qui le bâtent, mais ne soyons pas bâtés. L'honnête liberté est notre partage.

Comptez sur l'estime infinie, le dévouement, la fidélité, l'amitié du *Suisse* V.

1. Ce travail de M. de Voltaire a été joint au *Dictionnaire philosophique*, à la lettre T. (*Éd. de Kehl.*)
2. Comme censeur, il avait donné son approbation pour l'impression des *Philosophes*. (ÉD.)

ANNÉE 1760.

MMMCXLIII. — A M. ***.

S'il y a des esprits de travers parmi vous, comme il y en a dans toutes les communautés, il me semble que les bons n'en doivent pas payer pour les méchants, et qu'on n'en doit pas moins estimer un Bourdaloue, parce qu'on méprise un Garasse.

Ce monde-ci est une guerre continuelle; on a des ennemis et des alliés. Nous voilà alliés contre le gazetier janséniste, et je souhaite que le *Journal de Trévoux* ne me fasse pas d'infidélités. Il ne faut pas ressembler au bon David, qui pillait également les Juifs et les Philistins.

Dans cette guerre interminable d'auteurs contre auteurs, de journaux contre journaux, le public ne prend d'abord aucun parti, que celui de rire; ensuite il en prend un autre, c'est celui d'oublier à jamais tous ces combats littéraires. Le gazetier ecclésiastique s'imagine que l'Europe s'occupera longtemps de ses feuilles; mais le temps vient bientôt où l'on nettoie la maison, et où l'on détruit les toiles des araignées. Chaque siècle produit tout au plus dix ou douze bons ouvrages, le reste est emporté par le torrent du fleuve de l'oubli. Eh! qui se souvient aujourd'hui des querelles du P. Bouhours et de Ménage? et si Racine n'avait pas fait ses tragédies, saurait-on qu'il écrivit contre Port-Royal? Presque tout ce qui n'est que personnel est perdu pour le reste des hommes.

MMMCXLIV. — A M. LE COMTE DE SCHOWALOW.

A Ferney, 25 octobre.

Je reçois, par M. de Kaiserling, la lettre dont vous m'avez honoré, du 11 septembre (*nouveau style*), avec les mémoires sur le commerce, et sur les campagnes en Perse. Je n'ai point encore entendu parler de M. Pouschkin, et du paquet qu'il devait me faire parvenir de la part de Votre Excellence; j'ai toujours jugé qu'il s'arrêterait à Vienne, pour le mariage de l'archiduc. Vous venez de donner une belle fête à ce prince; vos troupes, dans Berlin, font un plus bel effet que tous les opéras de Métastasio. C'est moi, monsieur, qui suis inconsolable de n'avoir pu faire ma cour à monsieur votre neveu; jugez avec quels transports j'aurais reçu un homme de votre nom, et digne d'en être. Je vois souvent M. de Soltikof; je vous assure qu'il mérite de plus en plus votre bienveillance.

Il est bien dur d'être si loin de vous. J'ignore encore si un ballot envoyé, il y a un an, à l'adresse de M. de Kaiserling à Vienne, est parvenu à Votre Excellence; j'ignore si elle a reçu un autre ballot envoyé par Hambourg; celui-là me tient moins au cœur; il ne contenait qu'une espèce d'eau des Barbades[1], que je prenais la liberté de vous offrir.

Vous sentez, monsieur, que je ne puis bâtir la seconde aile de l'édi-

---

[1]. La *caisse d'eau de Colladon*, dont il est question dans la lettre MMCMXIII. (ÉD.)

fice, si je n'ai des matériaux; vous avez commencé, vous achèverez. On est content du premier volume; le libraire en a déjà débité cinq mille exemplaires; Pierre le Grand et vous, vous faites sa fortune; c'est votre destinée à tous les deux de faire du bien. Mais comment puis-je continuer si je n'ai pas le précis des négociations de ce grand homme, et la continuation du *Journal?* J'ajoute que j'ai besoin de quelques éclaircissements sur le czarowitz. Je suis à vos ordres, et je vous réponds que je ne vous ferai pas attendre; mais aidez-moi; ne me réduisez pas à répéter les mauvaises histoires du sieur Nestesuranoi, et de tant d'autres. Il n'est pas dans votre caractère d'abandonner une si noble entreprise; je suis persuadé qu'elle doit plaire à la digne fille de Pierre le Grand. Disposez de votre secrétaire, de votre partisan le plus vif, de celui qui sera toute sa vie, avec le plus tendre respect, etc.

J'ai eu l'impudence de porter chez M. de Soltikof le portrait de votre secrétaire.

MMMCXLV. — À MADAME LA COMTESSE D'ARGENTAL.

A Ferney, 25 octobre.

Je me mets plus que jamais aux pieds de Mme Scaliger. Je ne sais si M. le Parmesan est encore à la campagne; je prends le parti d'adresser la pièce à M. de Chauvelin; il y a plus de deux cents vers de changés, en comparant cette leçon à celle de la première représentation. C'est sur cette dernière leçon que nous venons de la jouer, et j'ose assurer que vous seriez bien étonnée des acteurs et du parterre. Enfin, madame, je recommande à vos bontés cet ouvrage, qui est en partie le vôtre. Je vous dois, madame, ce que j'ai pu y faire de passable. Il est bien important qu'on prévienne les détestables éditions dont on me menace. Je mérite que les acteurs aient la complaisance de jouer ma pièce telle que je l'ai faite, et que Mlle Clairon ne m'immole point à ses caprices; et vous méritez surtout qu'on fasse ce que vous voulez. Je ne demande que trois ou quatre représentations vers la Saint-Martin. Il sera nécessaire que tous les acteurs recopient leurs rôles, car il n'y en a point qui ne soit changé. J'aurai l'honneur de vous envoyer incessamment la dédicace à Mme de Pompadour; M. de Choiseul prétend que la dédicace de Choisi[1] ne lui a pas fait tant de plaisir.

Je ne mets point mon nom à la dédicace; c'est un usage que j'ai banni; il est trop ridicule d'écrire une dissertation comme on écrit une lettre, avec un *très-obéissant serviteur.*

Par une raison à peu près semblable, c'est-à-dire par l'aversion que j'ai toujours eue pour fourrer mon nom à la tête de mes opuscules, je souhaite que Prault le supprime; on sait assez que j'ai fait *Tancrède.* Il n'eût pas été mal que ceux qui ont le profit de l'édition eussent mis quatre lignes d'avertissement; toutes ces petites choses peuvent aisément être arrangées par vos ordres.

1. Où Louis XV avait fait construire le bâtiment appelé le Petit Château. La chapelle du grand commun avait un tableau de sainte Clotilde par Charles Vanloo. Le peintre avait donné à la sainte la figure de Mme de Pompadour. (*Note de M. Beuchot.*)

Nous venons de jouer encore *Fanime* avec des applaudissements bien plus forts que ceux qu'on avait donnés à *Tancrède*; c'est que *Fanime* a été jouée mieux qu'elle ne le sera jamais. Je voudrais que vous pussiez voir un chevalier Micault, frère du garde du trésor royal; il y était. Vous aurez cette *Fanime* sous votre protection, au moment que vous la demanderez.

Mais une chose à quoi vous ne vous attendez pas, c'est que vous aurez *Oreste*; j'ai voulu en venir à mon honneur; je regarde *Oreste* à présent comme un de mes enfants les moins bossus; vous en jugerez.

Je n'aime pas assurément un échafaud sur le théâtre, mais j'y verrais volontiers les furies; les Athéniens pensaient ainsi.

Je suppose, madame, que vous avez reçu, il y a quelques jours, une grande lettre de moi, et une pour Clairon; le tout à l'adresse de M. de Chauvelin, que j'ai aussi chargé de *Tancrède*. Vous ai-je dit que nous avons joué devant le fils d'Omer de Fleury? M. l'abbé d'Espagnac arriva trop tard; il eût été agréable d'avoir un grand chambrier pour spectateur.

O chers anges! que je voudrais vous revoir! mais je hais Paris. Je ne peux travailler que dans la retraite; je travaillerai pour vous jusqu'à la fin de ma vie. Vive le *trépot*!

MMMCXLVI. — A MADAME D'ÉPINAI.

25 octobre 1760.

M. Le Franc de Pompignan, historiographe manqué des enfants de France, a l'honneur d'envoyer à Mme d'Épinai les réflexions salutaires que lui a adressées un frère de la charité de Bayonne. Quoique ces réflexions soient très-judicieuses, M. Le Franc de Pompignan est déterminé à priver l'*univers* de ses immortels écrits, si l'*univers* et autres continuent à les trouver plats, détestables, et exécrables. C'est à l'*univers* à voir ce qu'il aime le mieux, il n'y a point de milieu. Moi, je sais bien ce que je préférerais; ce serait d'aller présenter à Mme d'Épinai l'hommage de mon respect, de mon admiration, et de ma reconnaissance. Si j'ai le malheur de ne pouvoir lui porter ce tribut à la campagne, je volerai le lui offrir aussitôt que je la saurai à Paris.

J'envoie aussi des *Car* à notre ami de Saint-Cloud; il faut bien le dédommager un peu de son ennui, car j'imagine qu'il réside toujours auprès des grands.

MMMCXLVII. — A M. LEKAIN.

Aux Délices, 26 octobre.

Je réponds, mon cher ami, à votre lettre du 15 d'octobre. J'ai envoyé à M. d'Argental la tragédie de *Tancrède*, dans laquelle vous trouverez une différence de plus de deux cents vers; je demande instamment qu'on la rejoue suivant cette nouvelle leçon, qui me paraît remplir l'intention de tous mes amis. Il sera nécessaire que chaque acteur fasse recopier son rôle; et il n'est pas moins nécessaire de donner incessamment au public trois ou quatre représentations avant que vous mettiez la pièce entre les mains de l'imprimeur. Ne doutez pas que, si vous tardez, cette tragédie ne soit furtivement imprimée; il en court des copies: on m'en a fait tenir une horriblement défigurée, et qui est la honte de la scène française. Il est de votre intérêt de prévenir une contravention qui serait très-désagréable pour vous et pour moi.

Je me flatte que vous n'êtes pas de l'avis de Mlle Clairon, qui demande un échafaud; cela n'est bon qu'à la Grève, ou sur le théâtre anglais; la potence et des valets de bourreau ne doivent pas déshonorer la scène de Paris. Puissions-nous imiter les Anglais dans leur marine, dans leur commerce, dans leur philosophie, mais jamais dans leurs atrocités dégoûtantes ! Mlle Clairon n'a certainement pas besoin de cet indigne secours pour toucher et pour attendrir tous les cœurs.

Je vous donnerai quelque jour une pièce où vous pourrez étaler un appareil plus noble et plus convenable. Nous avons joué ici *Fanime* avec des applaudissements bien singuliers; Mme Denis y déploya les talents les plus supérieurs, elle fit pleurer des gens qui n'avaient jamais connu les larmes; enfin, elle ne fut point indigne de jouer le rôle de Fanime, qui est celui de Mlle Clairon. Quand vous voudrez, vous aurez cette pièce; mais il faut commencer par *Tancrède*.

Je vous prie très-instamment de me mander quelle pièce vous comptez mettre sur le théâtre vers la Saint-Martin; mettez-moi un peu au fait de votre marche. Vous savez combien je m'intéresse à vos succès et à vos avantages; comptez sur l'amitié inviolable de votre très-humble, etc.

MMMCXLVIII — A MADAME LA MARQUISE DU DEFFAND.

Aux Délices, 27 octobre.

Ceci n'est point une lettre, madame, c'est seulement pour vous demander si vous avez reçu deux volumes de l'ennuyeuse *Histoire de Russie*, l'un pour vous, l'autre pour le président Hénault. M. Bouret ou M. Le Normand doit vous avoir fait remettre ce paquet. J'ignore pareillement si M. Dalembert a reçu le sien. Voulez-vous, madame, avoir la bonté de lui demander s'il lui est parvenu? il vous fait quelquefois sa cour, et je vous en félicite tous deux. Vous ne trouverez assurément personne qui ait plus d'esprit, plus d'imagination, et plus de connaissances que lui.

Je vous disais, madame, que je ne vous écrivais point, mais je veux vous écrire. J'ai pourtant bien des affaires; un laboureur qui bâtit une église et un théâtre, qui fait des pièces et des acteurs, et qui visite ses champs, n'est pas un homme oisif. N'importe, il faut que je vous dise que je viens de crier *vive le roi!* en apprenant que les Français ont tué quatre mille Anglais[1] à coups de baïonnette. Cela n'est pas humain, mais cela était fort nécessaire.

1. Le marquis de Castries avait mis en fuite, le 16 octobre, aux environs de Wesel, quinze mille Hanovriens commandés par le prince héréditaire de Brunswick, lequel servait sous les ordres du prince Ferdinand, son oncle, général en chef des troupes anglaises et hanovriennes. (ÉD.)

Je ne sais pas si le roi de Prusse aura longtemps la vanité de payer régulièrement la pension à M. Dalembert; ce serait aux Russes à la payer, sur les huit millions qu'ils viennent de prendre à Berlin. Dieu merci, il ne s'est pas encore passé une semaine sans grandes aventures, depuis que j'ai quitté le poëte Sans-Souci; j'ai peur de lui avoir porté malheur. Je souhaite qu'il finisse sa vie aussi sagement et aussi tranquillement que moi; mais il n'en fera rien.

Je n'ai nulle nouvelle du frère Menoux, ni de frère Malagrida, ni de frère Berthier, ni d'Omer de Fleury, ni de Fréron. J'aurai l'honneur de vous envoyer quelque *insolence* le plus tôt que je pourrai.

Prenez toujours la vie en patience, madame; et s'il y a quelque bon moment, jouissez-en gaiement. Je me plains à tout le monde de Mlle Clairon, qui a la fantaisie de vouloir qu'on lui mette un échafaud tendu de noir sur le théâtre, parce qu'elle est soupçonnée d'avoir fait une infidélité à son fiancé. Cette imagination abominable n'est bonne que pour le théâtre anglais. Si l'échafaud était pour Fréron, encore passe; mais pour Clairon, je ne le peux souffrir.

Ne voilà-t-il pas une belle idée de vouloir changer la scène française en place de Grève! Je sais bien que la plupart de nos tragédies ne sont que des conversations assez insipides, et que nous avons manqué jusqu'ici d'action et d'appareil; mais quel appareil pour une nation polie qu'une potence et des valets de bourreau!

Je vous adresse mes plaintes, madame, parce que vous avez du goût; et je vous prie de crier à pleine tête contre cette barbarie. Voilà ma lettre finie; je vais voir mes greniers et mes granges.

Je vous présente mon tendre respect, et je vous aime encore plus que mon blé et mon vin; j'ai fait pourtant d'assez bon vin, et beaucoup. Je parie, madame, que vous ne vous en souciez guère; voilà comme l'on est à Paris.

MMMCXLIX. — A M. THIERIOT.

A Ferney, 27 octobre.

Je vous dis et redis, mon vieil ami, qu'il me faut des fréronades[1] où il est question de *Tancrède*: il y a une bonne âme qui se charge d'en faire un assez plaisant usage.

Avez-vous des *Pierre?* avez-vous donné un *Pierre* à Protagoras? que faites-vous chez votre médecin? *quid novi de litteratis et maleficiatis?*

Que dites-vous de Clairon, qui voulait un échafaud sur le théâtre? Mon ami, il faut battre les Anglais, et ne pas imiter leur barbare scène. Qu'on étudie leur philosophie; qu'on foule aux pieds comme eux les infâmes préjugés; qu'on chasse les jésuites[2] et les loups; qu'on ne combatte sottement ni l'attraction, ni l'inoculation; qu'on apprenne d'eux à cultiver la terre: mais qu'on se garde bien d'imiter leur théâtre sauvage.

1. Les articles de l'*Année littéraire*. (ÉD.)
2. La première attaque eut lieu contre eux le 17 avril 1761, dans un discours de l'abbé Chauvelin. (ÉD.)

Vous verrez bientôt, à ce que j'espère, *Tancrède* dans son cadre. M. et Mme d'Argental m'ont bien servi; ils m'ont fait corriger bien des fautes; voilà de vrais amis. Les comédiens m'ont taillé assez mal à propos; mais tout sera réparé à la reprise. Voyez cette reprise; je suis le plus trompé du monde, ou *Tancrède* doit faire pleurer toutes les petites filles à chaudes larmes.

J'ai bien peur que l'état de M. le duc de Bourgogne[1] ne soit fatal aux spectacles. Le roi perd bien des enfants; il soutient de rudes épreuves de toutes façons. On ne le plaint point assez; et quoiqu'on l'aime, on ne l'aime point assez. Allez, allez, messieurs les Parisiens, Dieu vous le conserve, et Mme de Pompadour! elle n'a fait que du bien, et vous n'êtes que des ingrats. *Vale, amice.*

MMMCL. — A M. LE COMTE D'ARGENTAL.

27 octobre.

Mon divin ange, j'apprends que vous êtes revenu à Paris : vous allez donc reprotéger *Tancrède*. Vous devez avoir la nouvelle leçon entre les mains; je l'ai envoyée à Mme Scaliger.

J'attends tout de mes anges; car les anges de ténèbres me persécutent. On m'a fait tenir une copie de *Tancrède* capable de déshonorer l'auteur, les comédiens, et les protecteurs, et de faire renoncer à la chevalerie et au théâtre. Il est sûr que bientôt ce détestable ouvrage sera imprimé, comme il est sûr que Pondichéri sera pris. J'imagine, mon cher ange, que vous préviendrez l'une de ces deux turpitudes; que vous ferez jouer *Tancrède*, vienne la Saint-Martin; et alors vous aurez la dédicace, que je fortifierai de quelque nouvelle outrecuidance; car il faut montrer aux sots que les philosophes ont autant d'appui que les persécuteurs des philosophes, et de meilleurs appuis.

Il est donc arrivé malheur au *Pierre* des Cramer. Ils l'avaient mis sous la protection de M. de Malesherbes, et on l'a fait moisir à la chambre syndicale, en attendant qu'on l'eût contrefait. On assure que Moncrif avait été nommé pour examinateur de l'*Histoire de Russie*. L'auteur des *Chats*[2] n'est pas trop fait pour juger *Pierre le Grand*; il y a loin de sa gouttière au Volga et au Jaïk. Ces petites aventures ne me réconcilient pas avec la bonne ville.

Adieu; je reviendrai quand ils seront changés[3].

Je ne peux, mon cher ange, m'empêcher de vous répéter ce que j'ai dit à Mme Scaliger de l'effet prodigieux que Mme Denis a fait dans *Fanime*. *Nota bene* que vous aurez cette *Fanime* quand il vous plaira. Je vous supplierai de me renvoyer cette dernière copie avec la première, la plus ancienne de toutes; car il faut confronter; et quand il n'y aurait qu'un vers heureux à se voler à soi-même, il ne faut rien négliger; les vieillards sont un peu avares.

1. Ce frère aîné de Louis XVI mourut le 22 mars 1761. (ÉD.)
2. Allusion à l'*Histoire des chats*, qui avait valu à Moncrif le titre d'*historiographe*. (ÉD.)
3. Dernier vers du *Russe à Paris*. (ÉD.)

Ai-je dit à Mme d'Argental que nous avions joué *Fanime* devant le fils d'Omer de Fleury? cela nous porta malheur; elle fut mal jouée ce jour-là; cependant elle fit assez d'effet.

J'ai gravement recommandé à Omer *minor* de ne pas attaquer ouvertement la raison quand il serait avocat dudit seigneur roi.

Mon cher ange, que dirons-nous d'*Oreste?* mettrons-nous des furies dans ce tripot grec? Je les aimerais mieux qu'une potence dans *Tancrède*; il faut que Clairon ait perdu l'esprit. Opposez-vous à cette horreur, et n'ayons rien à l'anglaise, qu'une marine, et la philosophie. Ne va-t-on pas jouer une pièce¹ de Lemierre? il m'a écrit, ce Lemierre; mais où est sa demeure? je n'en sais rien. Je prends la liberté de joindre ici ma réponse, et de vous supplier de la lui faire tenir par la poste d'un sou.

La correspondance emporte tout le temps, sans cela vous auriez une pièce nouvelle. Mes divins anges, courage. Je crois *Luc* bien mal; mais je suis Russe.

## MMMCLI. — A M. HELVÉTIUS.

27 octobre.

Je ne sais où vous prendre, mon cher philosophe; votre lettre n'était ni datée, ni signée d'un *H*; car encore faut-il une petite marque dans la multiplicité des lettres qu'on reçoit. Je vous ai reconnu à votre esprit, à votre goût, à l'amitié que vous me témoignez. J'ai été très-touché du danger où vous me mandez que votre très-aimable et respectable femme a été, et je vous supplie de lui dire combien je m'intéresse à elle.

Oh bien! je ne suis pas comme Fontenelle; car j'ai le cœur sensible, et je ne suis point jaloux, et, de plus, je suis hardi et ferme; et si l'insolent frère Le Tellier m'avait persécuté comme il voulut persécuter ce timide philosophe, j'aurais traité Le Tellier comme Berthier. Croiriez-vous que le fils d'Omer Fleury est venu coucher chez moi, et que je lui ai donné la comédie? Il est vrai que la fête n'était pas pour lui; mais il en a profité aussi bien que son oncle, l'intendant de Bourgogne, lequel vaut mieux qu'Omer. J'ai reçu le fils de notre ennemi avec beaucoup de dignité, et je l'ai exhorté à n'être jamais l'avocat général de Chaumeix.

Mon cher philosophe, on aura beau faire : quand une fois une nation se met à penser, il est impossible de l'en empêcher. Ce siècle commence à être le triomphe de la raison; les jésuites, les jansénistes, les hypocrites de robe, les hypocrites de cour, auront beau crier, ils ne trouveront dans les honnêtes gens qu'horreur et mépris. C'est l'intérêt du roi que le nombre des philosophes augmente, et que celui des fanatiques diminue. Nous sommes tranquilles, et tous ces gens-là sont des perturbateurs; nous sommes citoyens, et ils sont séditieux; nous cultivons la raison en paix, et ils la persécutent; ils pourront faire brûler quelques bons livres, mais nous les *écraserons* dans la société,

---

1. *Térée*, tragédie jouée en 1761. (ÉD.)

nous les réduirons à être sans crédit dans la bonne compagnie; et c'est la bonne compagnie seule qui gouverne les opinions des hommes. Frère Élisée dirigera quelques badauds, frère Menoux quelques sottes de Nanci; il y aura encore quelques *convulsionnaires* au cinquième étage; mais les bons serviteurs de la raison et du roi triompheront à Paris, à Voré[1], et même aux Délices.

On envoya à Paris, il y a deux mois, des ballots de l'*Histoire de Pierre le Grand*; Robin devait avoir l'honneur de vous en présenter un, à M. Saurin un autre. J'apprends qu'on a soigneusement gardé les ballots à la chambre nommée syndicale, jusqu'à ce qu'on eût contrefait le livre à Paris : grand bien leur fasse ! Je vous embrasse, vous aime, vous estime, vous exhorte à rassembler les honnêtes gens, et à faire trembler les sots.   V. qui attend R.

### MMMCLII. — A M. LE COMTE D'ARGENTAL.

24 octobre.

Pardon à mes divins anges. Jamais le *prophète* Grimm ne met au bas de ses lettres un petit signe qui les fasse reconnaître; jamais il ne donne son adresse. Je prends le parti de vous adresser ma réponse. Lekain m'a mandé qu'il avait en vain combattu Mlle Clairon quand elle me coupait mes membres, quand elle m'étriquait le second acte, auquel la dernière scène est absolument nécessaire, quand elle écourtait ses fureurs, etc. J'ai répondu à Lekain, j'ai écrit à Clairon, j'ai soumis ma lettre aux anges, j'ai étalé le plus noble zèle contre la Grève.

Après avoir totalement perdu de vue *Tancrède* pendant huit jours, je viens de le relire.... Pièce théâtrale, pièce touchante, sur ma parole ; pain quotidien pour les comédiens. Je demande la reprise à la Saint-Martin, avec toutes les entrailles d'un père. A propos de père, n'y a-t-il point quelque âme charitable qui puisse avertir Brizard-*Argire* d'être moins de *frigidis*?

Éloignez-vous! sortez !...............
........................................
Vous n'êtes plus ma fille, etc.........

Je dis cela avec des sanglots mêlés d'indignation ; je versais des larmes en disant :

Mais elle était ma fille.... et voilà son époux.
Acte II, scène III.

Je pleurais avec Tancrède; je frissonnais quand on amenait ma fille; je me rejetais dans les bras de Tancrède et de mes suivants. On s'intéressait à moi comme à ma fille. Je suis faible, d'accord ; un vieux bonhomme doit l'être; c'est la nature pure. Mohadar est plus beau, j'en conviens. Autre pain quotidien que cette pièce de *Fanime*; j'en viendrai à mon honneur, grâce à mes anges. Soyez donc juste, ma-

---

1. Château d'Helvétius (Orne). (ÉD.)

dame Scaliger; songez que de vingt critiques j'en ai adopté dix-neuf. Je suis pénétré de reconnaissance et de la plus profonde estime pour votre bonne tête ; mais, ma foi, les comédiens n'y entendent rien. Ils m'avaient gâté mon *Orphelin* chinois, ils cassaient mes magots. Employez donc votre autorité pour que le *tripot* de Paris joue *Tancrède* comme il vient d'être joué au *tripot* de Tournay.

La *Muse limonadière* me persécute[1] ; si Mme Scaliger, qui se connaît à tout, voulait lui faire une petite galanterie de trente-six livres, je serais quitte. Permettez-vous que je vous prie d'envoyer la lettre à Thieriot par la poste d'un sou ? Pardonnez-moi toutes mes insolences.

MMMCLIII. — DE FRÉDÉRIC II, ROI DE PRUSSE.

Le 31 octobre.

Je vous suis obligé de la part que vous prenez à quelques bonnes fortunes passagères que j'ai escroquées au hasard. Depuis ce temps les Russes ont fait une *furation*[2] dans le Brandebourg ; j'y suis accouru, ils se sont sauvés tout de suite, et je me suis tourné vers la Saxe, où les affaires demandaient ma présence. Nous avons encore deux grands mois de campagne par-devers nous ; celle-ci a été la plus dure et la plus fatigante de toutes ; mon tempérament s'en ressent, ma santé s'affaiblit, et mon esprit baisse à proportion que son étui menace ruine.

Je ne sais quelle lettre on a pu intercepter, que j'écrivis au marquis d'Argens ; il se peut qu'elle soit de moi ; peut-être a-t-elle été fabriquée à Vienne.

Je ne connais le duc de Choiseul ni d'Ève ni d'Adam. Peu m'importe qu'il ait des sentiments pacifiques ou guerriers. S'il aime la paix, pourquoi ne la fait-il pas ? Je suis si occupé de mes affaires, que je n'ai pas le temps de penser à celles des autres. Mais laissons là tous ces illustres scélérats, ces fléaux de la terre et de l'humanité.

Dites-moi, je vous prie, de quoi vous avisez-vous d'écrire l'histoire des loups et des ours de la Sibérie ? et que pourrez-vous rapporter du czar, qui ne se trouve dans la vie de Charles XII ? Je ne lirai point l'histoire de ces barbares ; je voudrais même pouvoir ignorer qu'ils habitent notre hémisphère.

Votre zèle s'enflamme contre les jésuites et contre les superstitions. Vous faites bien de combattre contre l'erreur ; mais croyez-vous que le monde changera ? L'esprit humain est faible ; plus des trois quarts des hommes sont faits pour l'esclavage du plus absurde fanatisme. La crainte du diable et de l'enfer leur fascine les yeux, et ils détestent le sage qui veut les éclairer. Le gros de notre espèce est sot et méchant. J'y recherche en vain cette image de Dieu dont les théologiens assurent qu'elle porte l'empreinte. Tout homme a une bête féroce en soi ;

1. Mme d'Argental avait envoyé à M. de Voltaire un quatrain à sa louange, par Mme Bourette. (ÉD.)
2. Une rapine ; de *furari*, voler. (ÉD.)

peu savent l'enchaîner, la plupart lui lâchent le frein, lorsque la terreur des lois ne les retient pas.

Vous me trouverez peut-être trop misanthrope. Je suis malade; je souffre; et j'ai affaire à une demi-douzaine de coquins et de coquines qui démonteraient un Socrate, un Antonin même. Vous êtes heureux de suivre le conseil de Candide, et de vous borner à cultiver votre jardin. Il n'est pas donné à tout le monde d'en faire autant. Il faut que le bœuf trace un sillon, que le rossignol chante, que le dauphin nage, et que je fasse la guerre.

Plus je fais ce métier, et plus je me persuade que la fortune y a la plus grande part. Je ne crois pas que je le ferai longtemps; ma santé baisse à vue d'œil, et je pourrais bien aller bientôt entretenir Virgile de *la Henriade*, et descendre dans ce pays où nos chagrins, nos plaisirs, et nos espérances ne nous suivent plus; où votre beau génie et celui d'un goujat sont réduits à la même valeur, où enfin on se retrouve dans l'état qui précéda la naissance.

Peut-être dans peu vous pourrez vous amuser à faire mon épitaphe. Vous direz que j'aimai les bons vers, et que j'en fis de mauvais; que je ne fus pas assez stupide pour ne pas estimer vos talents; enfin vous rendrez de moi le compte que Babouc rendit de Paris au génie Ituriel.

Voici une grande lettre pour la position où je me trouve. Je la trouve un peu noire, cependant elle partira telle qu'elle est; elle ne sera point interceptée en chemin, et demeurera dans le profond oubli où je la condamne.

Adieu; vivez heureux, et dites un petit *benedicite* en faveur des pauvres philosophes qui sont en purgatoire. FRÉDÉRIC.

## MMMCLIV. — DE LORD LYTTELTON[1].

SIR,

I have received the honour of your letter dated from your castle at Tornex in Burgundy, by which I find I was guilty of an error in calling your retirement " an exile." When another edition shall be made of my Dialogues, either in English or in French, I will take care that this error shall be corrected; and I am very sorry I was not apprized of it sooner, that I might have corrected it in the first edition of a French translation, just published under my inspection in London.

1. Traduction : « Monsieur, j'ai reçu l'honneur de votre lettre datée de votre château de Tornex en Bourgogne, qui m'apprend que j'ai commis une erreur en appelant votre retraite un exil. Lorsqu'on fera une nouvelle édition de mes Dialogues, soit en anglais, soit en français, j'aurai soin de corriger cette faute. J'ai bien du regret de n'en avoir pas été instruit plus tôt; je l'aurais fait disparaître de la première édition de la traduction française qui vient d'être publiée, sous mes yeux, à Londres. Vous rendre justice est un devoir que je dois à la vérité et à moi-même; et vous y avez un meilleur titre que les passe-ports que vous me dites avoir procurés à des seigneurs anglais. Vous y avez droit, monsieur, par les sentiments profonds de respect que je vous porte, et qui ne naissent point des privilèges que le roi de France a bien voulu accorder à vos terres, mais des rares talents que vous avez reçus de Dieu même, et du rang élevé que vous tenez dans la république des lettres. Votre souverain s'est ho-

To do you justice is a duty I owe to truth and myself; and you have a much better title to it than from the *passports* you say you have procured for English noblemen : you are entitled to it, sir, by the high sentiments of respect I have for you, which are not paid to the *privileges*, you tell me, your king has confirmed to your lands, but to the *noble talents* God has given you, and the superior rank you hold in the republic of letters. The favours done you by your sovereign are an honour to *him*, but add little lustre to the name of Voltaire.

I entirely agree with you, " that God is the father of all mankind; " and should think it blasphemy to confine his goodness to a sect; nor do I believe that any of his creatures are good in his sight, if they do not extend their benevolence to all his creation. These opinions I rejoice to see in your works, and shall be very happy to be convinced that the liberty of your thoughts and your pen, upon subjects of philosophy and religion, never exceeded the bounds of this generous principle, which is authorized by revelation as much as by reason; or that you disapprove, in your hours of sober reflection, any irregular sallies of fancy, which cannot be *justified*, though they may be *excused*, by the vivacity and fire of a great genius.

I have the honour to be, sir, etc.

## MMMCLV. — A M. LE COMTE D'ARGENTAL.

Aux Délices, 1ᵉʳ novembre.

Je reçois, mon respectable et charmant ami, votre lettre du 27 d'octobre. Il m'arrive rarement d'accuser les dates avec cette exactitude; mais ici la chose est très-importante pour le *tripot*, et le *tripot* ne m'a jamais été si cher.

Celui qui griffonne ma lettre (car je ne peux pas griffonner ce matin, et je vais dire pourquoi), celui, dis-je, qui griffonne prétend qu'il fit le paquet de *Tancrède* le 24 d'octobre; et moi je crois que ce paquet fut envoyé le 21. Il est toujours très-sûr qu'il fut adressé à M. de Chauvelin, avec un *Pierre*; et si vous ne l'avez pas reçu, voilà une de ces occasions où il est heureux que M. le duc de Choiseul ait les postes dans son département.

Je m'imagine que M. et Mme d'Argental ne seront pas mécontents

---

noré en vous accordant des grâces qui ont ajouté peu d'éclat au nom de Voltaire.

« Je pense entièrement comme vous que Dieu est le père de tous les hommes; et je croirais blasphémer sa bonté en la restreignant à une seule secte ; je pense même qu'aucun de nous ne peut être bon aux yeux de ce père commun, s'il n'est bon et bienveillant pour tous ses semblables. C'est avec plaisir que je trouve ces mêmes opinions dans vos ouvrages; et je serais très-heureux d'être convaincu que la liberté de vos pensées et de votre plume, sur les matières de philosophie et de religion, ne vous a jamais entraîné hors des bornes de ce généreux principe qui n'est pas moins fondé sur la révélation que sur la raison ; ou que vous désapprouvez, dans ces heures de calme et de réflexions, les saillies irrégulières d'imagination qui ne peuvent être justifiées (quoiqu'elles puissent être excusées) par la vivacité et le feu d'un grand esprit.

« J'ai l'honneur d'être, monsieur, etc. »

de ma docilité et de mon travail; et s'il y a encore quelque chose à faire, ils n'ont qu'à parler. J'ai écrit une grande lettre à Mme d'Argental sur les décorations de la Grève; je me flatte qu'elle sera entièrement de mon avis, et que nous ne serons pas réduits à imiter en France les usages abominables de l'Angleterre.

Voici pourquoi je n'écris pas de ma main : c'est que je suis dans mon lit, après avoir joué hier, vendredi au soir, le bonhomme Mohadar assez pathétiquement; mais je n'ai pas approché du sublime de Mme Denis. J'aurais donné une de mes métairies pour que Mlle Clairon fût là. La fortune, qui me favorise depuis quelque temps, malgré maître Aliboron dit Fréron, m'a envoyé parmi les voyageurs qui viennent ici un Arabe qui a sa maison à quelques lieues de Saïd, lieu de la scène. Figurez-vous quel plaisir de jouer devant un compatriote! il parle français comme nous. Il paraît que notre langue s'étend à proportion que notre puissance diminue.

Je vous ai demandé de vouloir bien me faire tenir par M. de Courtelles la plus ancienne et la plus nouvelle copie de *Fanime* que vous ayez; et sur-le-champ vous aurez mon dernier mot.

Voudriez-vous avoir la charité de vous informer s'il est vrai qu'il y ait une Mlle Corneille, petite-fille du grand Corneille, âgée de seize ans? elle est, dit-on, depuis quelques mois à l'abbaye de Saint-Antoine. Cette abbaye est assez riche pour entretenir noblement la nièce de Chimène et d'Émilie; cependant on dit qu'elle est comme Lindane[1], qu'elle manque de tout, et qu'elle n'en dit mot. Comment pourriez-vous faire pour avoir des informations de ce fait, qui doit intéresser tous les imitateurs de son grand-père, bons ou mauvais?

Je suis plus fâché que vous de donner l'*Histoire de Pierre le Grand* volume à volume, comme le *Paysan parvenu*; mais ce n'est pas ma faute, c'est celle de la cour de Pétersbourg, qui ne m'envoie pas ses archives aussi vite que je les mets en œuvre; il faut me fournir de la paille, si on veut que je cuise des briques. La préface fut faite dans un temps où j'étais très-drôle; le système de de Guignes m'a paru du plus énorme ridicule. Je conseille à l'abbé Barthélemy[2] de tirer son épingle du jeu; je voudrais, de plus, déshabituer le monde de recourir à Sem, Cham et Japhet, et à la tour de Babel. Je n'aime pas que l'histoire soit traitée comme les *Mille et une Nuits*.

En vérité, vous devriez bien inspirer à M. le duc de Choiseul mon goût pour la Louisiane. Je n'ai jamais conçu comment on a pu choisir le plus détestable pays du Nord[3], qu'on ne peut conserver que par des guerres ruineuses, et qu'on ait abandonné le plus beau climat de la terre, dont on peut tirer du tabac, de la soie, de l'indigo, mille denrées utiles, et faire encore un commerce plus utile avec le Mexique.

Je vous déclare que, si j'étais jeune, si je me portais bien, si je n'avais pas bâti Ferney, j'irais m'établir à la Louisiane.

1. Personnage de l'*Écossaise*. (ÉD.)
2. C'est l'auteur du *Voyage du jeune Anacharsis*. (ÉD.)
3. Le Canada. (ÉD.)

... A propos de Ferney, j'ai vu M. l'abbé d'Espagnac. Croiriez-vous bien que M. de Fleury, intendant de Bourgogne, m'a amené le fils de mon ennemi, Omer de Fleury? Je l'ai reçu comme si son père n'avait jamais fait de plats réquisitoires.

Mon divin ange, et vous, madame Scaliger, autre ange, je suis à vos pieds.

MMMCLVI. — AU MÊME.

3 novembre.

Je demande pardon d'écrire si souvent. Il est vrai qu'on ne doit pas oublier ses anges, mais il ne faut pas non plus les importuner. Je voudrais savoir si Mme d'Argental est guérie de sa fluxion; j'ecr ai une bonne, et c'est ce qui fait que je n'écris point de ma main.

J'ignore encore si mes anges ont reçu la nouvelle copie de *Tancrède*, par la voie de M. de Chauvelin; il y a aujourd'hui plus de huit jours que mes anges devraient l'avoir. La marche de la fin du second acte, ainsi que celle du premier, me paraît de la plus grande convenance; mais les deux derniers vers du second acte me semblent faibles, et ne sont pas assez attendrissants; je demande en grâce à mes anges de faire mettre à la place :

Peut-être il punira ma destinée affreuse;
Allons.... je meurs pour lui, je meurs moins malheureuse.

Au premier acte, dans la scène du père et de la fille, Aménaïde répète trop le mot *peut-être*.

Cette témérité
Vous offense *peut-être*, et vous semble une injure.

Je prie qu'on mette à la place :

Cette témérité
Est *peu respectueuse*, et vous semble une injure.

Dans la même scène il faut absolument changer ces vers :

Les étrangers, la cour, et les mœurs de Byzance,
Sont à jamais pour nous des objets odieux.

La raison en est que celui qui vient combattre pour Aménaïde est étranger; je prie qu'on mette :

Solamir, et Tancrède, et la cour de Byzance,
Sont également craints, et sont tous odieux.

Le reste me semble bien exposé, bien filé. Je demande instamment qu'on n'ait pas la barbarie de m'ôter,

*Ainsi l'ordonne*, hélas! la loi de l'hyménée.

Acte II, scène IV.

Il faut regarder Aménaïde comme déjà mariée par paroles de présents, selon l'usage de l'antique chevalerie. En effet, son père lui dit, au premier acte :

> Ce noble chevalier a reçu votre foi;
> Scène III, v. 4 et 5.

> La loi ne peut plus rompre un nœud si légitime.
> Scène IV.

Mais il faut que Lorédan dise à Orbassan, dans la quatrième scène du deuxième acte :

> Orbassan, comme vous nous sentons votre injure;
> Nous allons l'effacer au milieu des combats.
> Le crime rompt l'hymen; oubliez la parjure;
> Son supplice vous venge, et ne vous flétrit pas.

Cela rend, à mon gré, la situation de tous les personnages plus épineuse, plus touchante; ce que dit Orbassan à Aménaïde est plus convenable, et doit faire plus d'effet. J'ai relu hier le reste avec beaucoup d'attention; je crois que je ne peux plus rien faire à cet ouvrage. Je me flatte que M. et Mme d'Argental auront la bonté de le faire jouer tel qu'il est. La versification n'en est pas pompeuse, mais le style m'en paraît assez touchant. Les personnages disent ce qu'ils doivent dire; et toutes les pierres de l'édifice me paraissent assez bien liées. J'attends avec impatience des nouvelles de M. d'Argental.

Robin-*mouton* avait ordre de lui présenter les premiers exemplaires du *Czar*; il est bien étrange qu'il ne l'ait pas fait. Nous attendons aujourd'hui M. Turgot, mais je crois qu'il ne verra point notre *tripot*. Je ne peux pas jouer la comédie avec une fluxion. Qu'est-ce donc que cette *Belle pénitente*? n'en a-t-on pas joué une? Daignez me mander si c'est Mlle Clairon qui est pénitente. Pour moi, je suis bien pénitent de n'avoir pu faire de *Tancrède* une pièce absolument digne de vos bontés; mais, pourvu qu'elle en mérite une partie, c'est assez pour un malingre; votre indulgence fera le reste. Mille tendres respects.

MMMCLVII. — A M. DE BASTIDE.

Je n'imagine pas, monsieur le *Spectateur* du *monde*, que vous projetiez de remplir vos feuilles du monde physique. Socrate, Épictète, et Marc-Aurèle, laissaient graviter toutes les sphères les unes sur les autres, pour ne s'occuper qu'à régler les mœurs. Est-ce donc le monde moral que vous prenez pour objet de vos spéculations? Mais que lui voulez-vous à ce monde moral que les précepteurs des nations ont déjà tant sermonné avec tant d'utilité?

Il est un peu fâcheux pour la nature humaine, j'en conviens avec vous, que l'or fasse tout, et le mérite presque rien; que les vrais travailleurs, derrière la scène, aient à peine une subsistance honnête, tandis que des personnages en titre fleurissent sur le théâtre; que les sots soient aux nues, et les génies dans la fange; qu'un père déshérite six enfants vertueux, pour combler de biens un premier-né qui souvent le déshonore; qu'un malheureux, qui fait naufrage ou qui périt de quelque autre façon dans une terre étrangère, laisse au fisc de cet État la fortune de ses héritiers.

On a quelque peine à voir, je l'avoue encore, ceux qui labourent dans la disette, ceux qui ne produisent rien dans le luxe; de grands propriétaires qui s'approprient jusqu'à l'oiseau qui vole, et au poisson qui nage; des vassaux tremblants qui n'osent délivrer leurs maisons du sanglier qui les dévore; des fanatiques qui voudraient brûler tous ceux qui ne prient pas Dieu comme eux; des violences dans le pouvoir, qui enfantent d'autres violences dans le peuple; le droit du plus fort faisant la loi, non-seulement de peuple à peuple, mais encore de citoyen à citoyen.

Cette scène du monde, presque de tous les temps et de tous les lieux, vous voudriez la changer! voilà votre folie à vous autres moralistes. Montez en chaire avec Bourdaloue, ou prenez la plume avec La Bruyère, temps perdu : le monde ira toujours comme il va. Un gouvernement qui pourrait pourvoir à tout en ferait plus en un an que tout l'ordre des frères prêcheurs n'en a fait depuis son institution.

Lycurgue, en fort peu de temps, éleva les Spartiates au-dessus de l'humanité. Les ressorts de sagesse que Confucius imagina il y a plus de deux mille ans ont encore leur effet à la Chine.

Mais, comme ni vous ni moi ne sommes faits pour gouverner, si vous avez de si grandes démangeaisons de réforme, réformez nos vertus, dont les excès pourraient à la fin préjudicier à la prospérité de l'État. Cette réforme est plus facile que celle des vices. La liste des vertus outrées serait longue; j'en indiquerai quelques-unes, vous devinerez aisément les autres.

On s'aperçoit, en parcourant nos campagnes, que les enfants de la terre ne mangent que fort au-dessous du besoin : on a peine à concevoir cette passion immodérée pour l'abstinence. On croit même qu'ils se sont mis dans la tête qu'ils seront plus saints en faisant jeûner les bestiaux.

Qu'arrive-t-il? les hommes et les animaux languissent, leurs générations sont faibles, les travaux sont suspendus, et la culture en souffre.

La patience est encore une vertu que les campagnes outrent peut-être. Si les exacteurs des tributs s'en tenaient à la volonté du prince, patienter serait un devoir; mais questionnez ces bonnes gens qui nous donnent du pain, ils vous diront que la façon de lever les impôts est cent fois plus onéreuse que le tribut même. La patience les ruine, et les propriétaires avec eux.

La chaire évangélique a cent fois reproché aux grands et aux rois leur dureté envers les indigents. Cette capitale n'est corrigée à toute outrance : les antichambres regorgent de serviteurs mieux nourris, mieux vêtus que les seigneurs des paroisses d'où ils sortent. Cet excès de charité ôte des soldats à la patrie, et des cultivateurs aux terres.

Il ne faut pas, monsieur le *Spectateur* du *monde*, que le projet de réformer nos vertus vous scandalise : les fondateurs des ordres religieux se sont réformés les uns les autres.

Une autre raison qui doit vous encourager, c'est qu'il est peut-être plus facile de discerner les excès du bien que de prononcer sur la nature du mal. Croyez-moi, monsieur le *Spectateur*, je ne saurais trop vous le dire, attachez-vous à réformer nos vertus; les hommes tiennent trop à leurs vices.

MMMCLVIII. — A M. LE COMTE DE SCHOWALOW.

7 novembre.

Monsieur, on a fait, en deux mois, trois éditions du premier volume de l'*Histoire de Russie*. Les ennemis de votre empire n'en sont pas trop contents; ils sont un peu fâchés qu'on leur fasse voir votre grandeur, et surtout votre mérite. Cependant amis et ennemis demandent le second volume avec empressement, et je suis réduit à dire que les matériaux me manquent pour élever la seconde aile de votre édifice. Il n'est pas possible d'y travailler sans avoir des notions justes, non-seulement de ce que Pierre le Grand a fait dans ses États, mais aussi de ce qu'il a fait avec les autres États, de ses négociations avec Goërtz et le cardinal Albéroni, avec la Pologne, avec la Porte ottomane, etc. Il serait aussi bien nécessaire d'avoir quelques éclaircissements sur la catastrophe du czarowitz. Je vous dirai, en passant, qu'il est certain qu'il y a une femme qu'on a prise, dans quelques provinces de l'Europe, pour la veuve du czarowitz même; c'est celle dont j'ai eu l'honneur de vous envoyer la petite histoire. Elle n'est pas digne d'être mise à côté des faux Démétrius.

Je reviens, monsieur, aux deux sujets de mes afflictions, qui sont d'ignorer si Votre Excellence a reçu mes ballots, et de ne recevoir aucunes instructions.

Je vous répète que je n'ai point entendu parler du gentilhomme qui est à Vienne, et que vous avez bien voulu charger de quelques paquets. Je ne peux finir cette lettre sans vous dire combien votre nation a acquis d'honneur par la capitulation de Berlin. On dit que vous avez donné l'exemple de la plus exacte discipline, qu'il n'y a eu ni meurtre ni pillage. Le peuple de Pierre le Grand eut autrefois besoin de modèle, et aujourd'hui il en sert aux autres.

Adieu, monsieur; employez votre secrétaire, et recevez le sincère et tendre respect de **V.**

MMMCLIX. — A M. LE BRUN[1].

A Ferney, 7 novembre.

Je vous ferais, monsieur, attendre ma réponse quatre mois au moins, si je prétendais la faire en aussi beaux vers que les vôtres. Il faut me borner à vous dire en prose combien j'aime votre *Ode* et votre proposition. Il convient assez qu'un vieux soldat du grand Corneille

---

1. Pouschkin. (ÉD.)

tâche d'être utile à la petite-fille de son général. Quand on bâtit des châteaux et des églises, et qu'on a des parents pauvres à soutenir, il ne reste guère de quoi faire ce qu'on voudrait pour une personne qui ne doit être secourue que par les plus grands du royaume.

Je suis vieux; j'ai une nièce qui aime tous les beaux-arts, et qui réussit dans quelques-uns : si la personne dont vous me parlez, et que vous connaissez sans doute, voulait accepter auprès de ma nièce l'éducation la plus honnête, elle en aurait soin comme de sa fille, je chercherais à lui servir de père; le sien n'aurait absolument rien à dépenser pour elle; on lui payerait son voyage jusqu'à Lyon. Elle serait adressée, à Lyon, à M. Tronchin[1]; qui lui fournirait une voiture jusqu'à mon château, ou bien, une femme irait la prendre dans mon équipage. Si cela convient, je suis à ses ordres, et j'espère avoir à vous remercier, jusqu'au dernier jour de ma vie, de m'avoir procuré l'honneur de faire ce que devait faire M. de Fontenelle. Une partie de l'éducation de cette demoiselle serait de nous voir jouer quelquefois les pièces de son grand-père, et nous lui ferions broder les sujets de *Cinna* et du *Cid*.

J'ai l'honneur d'être, avec toute l'estime et tous les sentiments que je vous dois, monsieur, votre, etc.

VOLTAIRE.

MMMCLX. — A M. DE SAINT-LAMBERT.

Aux Délices.

Je viens, mon aimable Tibulle, de vous écrire une lettre où il ne s'agit que de Charles XII. Je suis plus à mon aise en vous parlant de vous, en vous ouvrant mon cœur, en vous disant combien il est pénétré du bon office que vous me rendez.

Vraiment je vous enverrai toutes les *Pucelles* que vous voudrez, à vous et à Mme de Boufflers; rien n'est plus juste.

J'ai conçu comme vous, depuis quelques années, qu'il fallait faire des tragédies *tragiques*, et arracher le cœur au lieu de l'effleurer. Nous n'avons guère été, jusqu'à présent, que de beaux discoureurs; il viendra quelqu'un qui rendra le poignard de Melpomène plus tranchant, mais.... je serai mort.

Je n'ai point l'honneur d'être de l'avis de Folard sur Charles XII. Je ne suis point soldat, je n'entends rien à la baïonnette; mais je trouve, suivant toutes les règles de la *métoposcopie*, que c'était une horrible imprudence d'attaquer cinquante ou soixante mille hommes, dans un camp retranché à Narva, avec huit mille cinq cents hommes harassés, et dix pièces de canon. Le succès ne justifie point, à mes yeux, cette témérité. Si les Russes ne s'étaient pas soulevés contre le duc de Croï, Charles était perdu sans ressource. Il fallait un assemblage de circonstances imprévues, et un aveuglement inouï, pour que les Russes perdissent cette bataille.

Une faute plus impardonnable, c'est d'avoir laissé prendre l'Ingrie,

---

1. Tronchin, banquier à Lyon. (ÉD.)

tandis qu'il s'amusait à humilier Auguste. Le siége de Pultava, dans l'hiver, pendant que le czar marchait à lui, me paraît, comme au comte Piper, l'entreprise d'un désespéré qui ne raisonnait point. Le reste de sa conduite, pendant neuf ans, est de don Quichotte.

Quand le maréchal de Saxe admirerait cet enragé, cela ne me ferait rien ; et je répondrais au maréchal de Saxe : « Vous faites mieux encore que vous ne dites. »

Mais Apollon me tire par l'oreille et me dit : « De quoi te mêles-tu ? » Ainsi, je me tais, et je vous demande pardon.

Je reviens, comme don Japhet, à ce qui est de ma compétence. Vous souvenez-vous que vous vouliez que je raccommodasse le moule d'*Oreste*, et que je lui fisse des oreilles[1] ? Je vous ai obéi à la fin. Il y a du pathos, ou je suis trompé. Nous le jouerons l'année prochaine sur un petit théâtre de polichinelles, si je suis en vie; vous devriez bien y venir, si vos nerfs vous le permettent. Je vous jure qu'il vaut mieux aller aux Délices qu'à Potsdam.

Je me doutais bien que l'odorat d'un nez comme le vôtre serait un peu chatouillé des parfums que j'ai brûlés à l'honneur de Le Franc de Pompignan. Il est bon de corriger quelquefois les impertinents. Il y a quelques messieurs qui allaient répandre les ténèbres, et souffler la persécution, si on ne les avait pas arrêtés tout court par le ridicule.

Si vous voyez *frère Jean des Entommeures-Menoux*, dites-lui, je vous prie, que j'ai de bon vin ; mais j'aimerais encore mieux le boire avec vous qu'avec lui.

Mes respects, je vous prie, à Mme de Boufflers et à Mme sa sœur.

Comment faire pour vous envoyer un gros paquet ?

Je vous aime, je vous remercie ; je vous aimerai toute ma vie.

Je n'ai point de lettres de M. le gouverneur de Bitche[2] ; c'est un paresseux.

MMMCLXI. — A M. LE COMTE D'ARGENTAL.

10 novembre.

Vous êtes mes anges plus que jamais ; vous persévérez dans votre ministère de gardiens. Voici, mon cher et respectable ami, ce que j'ai pu à peu près répondre à votre lettre et au mémoire de Mme Scaliger. Je prévois que ma réponse sera inutile, puisqu'elle n'arrivera qu'après que *Tancrède* aura été joué à Versailles ; mais du moins j'aurai la consolation d'avoir fait mon devoir. Si vous avez encore quelques petits scrupules, je suis à vos ordres.

Êtes-vous toujours dans l'idée de faire imprimer *Tancrède* par provision ? En ce cas, je vous supplie de faire transcrire sur la pièce les changements que vous trouverez dans mon mémoire. Vos bontés ne se lassent pas.

Vous imaginez donc que je suis assez malhabile pour fourrer dans la dédicace quelque chose que la marquise n'ait pas approuvé ? je ne

1. Allusion au conte de La Fontaine intitulé *le Faiseur d'oreilles et le Raccommodeur de moules*. (ÉD.)
2. Tressan. (ÉD.)

suis pas si niais. Voici cette dédicace mot pour mot, telle que M. le duc de Choiseul me l'a renvoyée, munie du grand sceau des petits appartements. J'ai plus d'une raison de faire cette dédicace, et je crois que vous les devinez toutes.

Et vous, madame Scaliger, vous me croyez donc assez Suisse pour ignorer que mon intendant de Bourgogne est le frère de mon cher avocat général? Sachez que ce frère m'a amené son neveu, propre fils de son frère. J'ai soupçonné sa mère d'avoir été une habile femme; car le jeune candidat est d'une taille fine et élancée, et son père est tout rabougri.

Nous avons à présent M. Turgot, qui vaut mieux que tout le parquet. Celui-là n'a pas besoin de mes instructions, il m'en donnerait; c'est un philosophe très-aimable. Nous lui avons joué *Fanime* et *les Ensorcelés*[1]: il dit qu'il n'avait pas pleuré à *Tancrède*, et je l'ai vu pleurer à *Fanime*; mais c'est que Mme Denis a la voix attendrissante, et quand nous jouons ensemble, on n'y tient pas.

George III[2] ne changera pas la face de l'Europe; celle de Luc change tous les jours[3].

Mille tendres respects à tous les anges.

MMMCLXII. — A M. LE COMTE DE TRESSAN.

A Ferney, 12 novembre.

Respectable et aimable gouverneur de la Lorraine allemande et de mes sentiments, mon cœur a bien des choses à vous dire; mais permettez qu'une autre main que la mienne les écrive, parce que je suis un peu malingre.

Premièrement, ne convenez-vous pas qu'il vaut mieux être gouverneur de Bitche que de présider à une académie quelconque? ne convenez-vous pas aussi qu'il vaut mieux être honnête homme et aimable, qu'hypocrite et insolent? Ensuite, n'êtes-vous pas de l'avis de l'Ecclésiaste' qui dit que *tout est vanité*, excepté de *vivre gaiement avec ce qu'on aime*?

Je m'imagine, pour mon bonheur, que vous êtes très-heureux, et je crois que vous l'êtes de la manière dont il faut l'être dans ce temps-ci, loin des sots, des fripons, et des cabales. Vous ne trouverez peut-être pas à Bitche beaucoup de philosophes; vous n'y aurez point de spectacles, vous verrez peu de chaises de poste en cul de singe; mais, en récompense, vous aurez tout le temps de cultiver votre beau génie, d'ajouter quelques connaissances de détail à vos profondes lumières; vos amis viendront vous voir; vous partagerez votre temps entre Lunéville, Bitche, et Toul. Et qui vous empêchera de faire venir auprès de vous des artistes et des gens de mérite qui contribueront aux agréments de votre vie? Il me semble que vous êtes très-grand seigneur;

1. Parodie de l'opéra des *Surprises de l'Amour*, de Bernard, par Mme Favart, Guérin, et Harni; 1757. (Éd.)
2. George II était mort le 25 octobre précédent. (Éd.)
3. 1, 2; et III, 12. (Éd.)

cinquante mille livres de rente à Bitche sont plus que cent cinquante mille à Paris. Je ne vous dirai pas que votre règne vous *advienne*, mais que les gens qui pensent viennent dans votre règne. Si je n'étais pas aux Délices, je crois que je serais à Bitche, malgré frère Menoux.

Frère Saint-Lambert qui est mon véritable frère (car Menoux n'est que faux frère), frère Saint-Lambert, dis-je, qui écrit en vers et en prose comme vous, m'a mandé que le roi Stanislas n'était pas trop content que je préférasse le législateur Pierre au grand soldat Charles. J'ai fait réponse que je ne pouvais m'empêcher, en conscience, de préférer celui qui bâtit des villes à celui qui les détruit; et que ce n'est pas ma faute si Sa Majesté Polonaise elle-même a fait plus de bien à la Lorraine par sa bienfaisance que Charles XII n'a fait de mal à la Suède par son opiniâtreté. Les Russes donnant des lois dans Berlin, et empêchant que les Autrichiens ne fissent du désordre, prouvent ce que valait Pierre. Ce Pierre, entre nous, vaut bien l'autre Pierre-Simon Barjone.

Vous devez actuellement avoir reçu mon *Pierre*; il me fâche beaucoup de ne vous l'avoir point porté; mais il a fallu jouer le vieillard sur notre petit théâtre, avec notre petite troupe, et je l'ai fait d'après nature. Je suis enchaîné d'ailleurs au char de Cérès comme à celui d'Apollon; je suis maçon, laboureur, vigneron, jardinier. Figurez-vous que je n'ai pas un moment à moi, et je ne croirais pas vivre si je vivais autrement; ce n'est qu'en s'occupant qu'on existe.

Voilà en partie ce qui me rend grand partisan de M. le maréchal de Belle-Ile[1]; il travaille pour le bien public du soir au matin, comme s'il avait sa fortune à faire. Tout son malheur est que le succès de ses travaux ne dépend pas de lui. Le maréchal de Daun ne me paraît pas si grand travailleur.

Mon très-aimable gouverneur, vous êtes plus heureux que tous ces messieurs-là; vous êtes le maître de votre temps, et moi je voudrais bien employer tout le mien auprès de vous.

Recevez le tendre et respectueux témoignage de tous les sentiments qui m'attachent à vous pour toute ma vie. *Le Suisse* V.

MMMCLXIII. — A M. COLINI.

Aux Délices, 12 novembre.

Je vous écris, mon cher Colini, pour vous et pour M. Harold. Il me mande que vous avez traduit un opéra, et que bientôt vous en ferez; je viendrai sûrement les entendre. Ma mauvaise santé, mes bâtiments, m'ont empêché, cette année, de faire ma cour à Son Excellence Électorale; mais, pour peu que j'aie assez de force, l'année qui vient, pour me mettre dans un carrosse, soyez sûr que je viendrai vous voir. Je fais mille tendres compliments à M. Harold. Je ne peux pas actuellement écrire de ma main; je deviens bien vieux et bien malade. Il

1. Ministre de la guerre depuis le mois de mars 1758. (ÉD.)

est vrai que j'ai joué la comédie; mais je n'ai joué que des rôles de vieillards cacochymes.

Les fers sont au feu pour la petite affaire¹ que vous savez; mais on ne pourra battre ce fer que quand les choses qui se décident par le fer auront été entièrement jugées. Je vous embrasse de tout mon cœur.

## MMMCLXIV. — A M. LE COMTE D'ARGENTAL.

12 novembre 1760 ².

Il est vrai, mon cher ange, que Dieu a voulu qu'il grasseyât; mais il joue tout avec vérité, avec chaleur : il est doux, sociable, conciliant, il doublera tout, il ne se refusera à rien. Voyez s'il mérite votre protection par son talent autant que par ses mœurs. Il a vu *Fanime*. Il vous dira des nouvelles de mon tripot. Mes respects à celui de Paris.

## MMMCLXV. — A M. LE COMTE DE SCHOWALOW.

Aux Délices, près de Genève, 15 novembre.

Monsieur, dans les dernières lettres que j'ai eu l'honneur de vous écrire, je ne me suis occupé que de votre admirable entreprise d'élever un monument au fondateur de votre empire et de votre gloire. Je vous ai témoigné mon zèle; j'ai insisté sur la nécessité où vous êtes aujourd'hui d'achever promptement la seconde aile de votre édifice.

Je ne vous ai point dit combien les ennemis de votre nation sont fâchés contre moi; c'est encore une raison de plus qui redouble mon zèle pour la gloire de votre pays, et qui me rend la mémoire de Pierre le Grand plus précieuse. Me voilà naturalisé Russe, et votre auguste impératrice sera obligée, en conscience, de m'envoyer une sauvegarde contre les Prussiens.

Je voudrais savoir surtout si la digne fille de Pierre le Grand est contente de la statue de son père, taillée aux Délices par un ciseau que vous avez conduit.

Je vous fais encore mes compliments sur l'exemple de l'ordre, de l'observation du droit des gens, et de toutes les vertus civiles et militaires, que vos compatriotes ont donné à la prise de Berlin.

## MMMCLXVI. — A MADAME LA COMTESSE D'ARGENTAL.

15 novembre.

Je reçois, madame, toutes vos bontés du 7 novembre, tous les témoignages de votre attention angélique, de votre goût, de votre zèle inaltérable pour *Tancrède*. Je n'ai qu'un moment pour y répondre; il est une heure trois quarts; la poste part à deux heures. Que vais-je devenir? Prault m'écrit qu'on imprime partout. *Tancrède* défiguré, qu'il va le défigurer aussi. Mes anges peuvent-ils parer à ce coup fu-

1. Toujours l'affaire de Francfort. (ÉD.)
2. Fragment d'un billet pour recommander un comédien. (ÉD.)

neste? Je vais être déshonoré; Mme de Pompadour cro'ra que je me suis moqué d'elle. Ne me reste-t-il qu'un parti, celui de faire vite imprimer à Genève, et d'envoyer la pièce imprimée par la poste, en désavouant l'édition de Prault? J'aurai l'honneur d'écrire le 17 à mes anges ce que j'aurai pensé à tête reposée. Mon cœur, qui va plus vite que ma tête, vous écrit lui tout seul; il est pénétré pour vous de la plus tendre et la plus respectueuse reconnaissance.

MMMCLXVII. — A M. DALEMBERT.

17 novembre.

Mon cher maître, mon digne philosophe, je suis encore tout plein de M. Turgot. Je ne savais pas qu'il eût fait l'article *Existence*; il vaut encore mieux que son article. Je n'ai guère vu d'homme plus aimable ni plus instruit; et, ce qui est assez rare chez nos métaphysiciens, il a le goût le plus fin et le plus sûr. Si vous avez plusieurs sages de cette espèce dans votre secte, je tremble pour l'*infâme*; elle est perdue dans la bonne compagnie. M. Deleyre n'est pas encore venu chez les fidèles des Délices; s'il y vient, il sera reçu comme un initié chez ses frères. Il me paraît que l'infant parmesan sera bien entouré. Il aura un Condillac et un Deleyre; si, avec cela, il est bigot, il faudra que la grâce soit forte.

Vous n'aurez ni échafaud ni potence à *Tancrède*, mais vous aurez une grande bière et un drap mortuaire à *la Belle Pénitente*[1]; ainsi consolez-vous.

Si vous voyez notre diaconesse, Mme du Deffand, saluez-la pour moi en Belzébuth; dites-lui que je ne sais plus comment faire pour lui envoyer des infamies. Il devient plus difficile que jamais de confier de gros paquets à la poste. J'aurai l'honneur de lui écrire incessamment. Ce qui me manque le plus dans ma retraite c'est le loisir. Il faut que je plante, et le czar Pierre me lutine; je ne sais comment m'y prendre avec monsieur son fils; je ne trouve point qu'un prince mérite la mort pour avoir voyagé de son côté, quand son père courait du sien, et pour avoir aimé une fille quand son père avait la gonorrhée.

*Luc* me mande qu'il est un peu scandalisé que j'aie fait, dit-il, l'histoire des loups et des ours : cependant ils ont été à Berlin des ours très-bien élevés.

Nous attendons demain les détails de la bataille entre Luc et le cunctateur. On dit que Fabius a tué beaucoup de Prussiens, fait trois mille prisonniers, pris trente drapeaux. Il court un bruit que Luc, après sa défaite, a donné le lendemain un second combat, et qu'il a eu l'avantage. Tous ces illustres massacres ne sont pas tirés au clair; mais le résultat presque infaillible de cette guerre sera que les philosophes perdront un protecteur de la philosophie. Ce protecteur est un peu malin et dangereux, mais enfin c'était un bon appui pour les fidèles. Travaillez, mon cher Paul, à la vigne du Seigneur. Un homme de

1. *Caliste*, tragédie de Colardeau. (É.)

votre trempe fait plus de bien que cent sots ne font de mal. C'est un grand plaisir de voir croître son petit troupeau. Vous ne serez point mordu des loups, vous êtes aussi sage qu'intrépide. Vous ne vous commettez point, vous ne jetez la semence que dans le bon terrain. Que Dieu répande ses saintes bénédictions sur vous et les vôtres! Mille respects à Mme du Deffand. Comptez qu'il y a peu de femmes qui aient autant d'esprit qu'elle. Il faut qu'elle aime les frères de tout son cœur, et comme je vous aime.

MMMCLXVIII. — A M. LE DUC D'UZÈS.

19 novembre.

Monsieur le duc, béni soit Dieu de ce que vous êtes un peu malade; car, lorsque les personnes de votre sorte ont de la santé, elles en abusent, elles éparpillent leur corps et leur âme de tous les côtés; mais la mauvaise santé retient un être pensant chez soi; et ce n'est qu'en méditant beaucoup qu'on se fait des idées justes sur les choses de ce monde et de l'autre; on devient soi-même son médecin. Rien n'est si pauvre, rien n'est si misérable que de demander à un animal en bonnet carré ce que l'on doit croire. Il y a longtemps que je sais que vous cherchez la vérité dans vous-même. Ce que vous me fîtes l'honneur de m'envoyer, il y a quelques années, fait voir que vous avez l'âme plus forte que le corps. Si vous avez perfectionné cet ouvrage, il sera utile aux autres comme à vous-même.

Les plaisanteries et les ouvrages de théâtre, dont vous me parlez, ne sont que des amusements, des bagatelles difficiles; l'étude principale de l'homme est celle dont on s'occupe le moins. Presque personne ne s'avise d'examiner d'où il vient, où il est, pourquoi il est, et ce qu'il deviendra. La plupart de ceux mêmes qui passent pour avoir le sens commun ne sont pas au-dessus des enfants qui croient les contes de leurs nourrices; et le pis de l'affaire est que souvent ceux qui gouvernent n'en savent pas plus que ceux qui sont gouvernés : aussi, quand ils deviennent vieux, et qu'ils sont abandonnés à eux seuls, ils traînent une vieillesse imbécile et méprisable; le doute, la crainte, la faiblesse, empoisonnent leurs derniers jours; l'âme n'est jamais forte que quand elle est éclairée. Regardez-vous donc comme un des hommes les plus heureux d'avoir su penser de bonne heure; vous vous êtes préparé des ressources sûres pour tous les temps de votre vie. Je voudrais bien que ma mauvaise santé et que mon âge avancé me permissent, monsieur le duc, de venir être quelquefois à Uzès le témoin des progrès de votre esprit; je voudrais m'éclairer et me fortifier auprès de vous; mais, dans l'état où je suis, je ne peux plus sortir de ma retraite; il ne me reste qu'à souhaiter que vous vous portiez assez bien pour venir consulter M. Tronchin. Il y a des malades qui ont la force de faire cent lieues pour se faire tâter le pouls à Genève, et qui ensuite se trouvent assez bien pour s'en retourner. Soyez persuadé, monsieur le duc, de l'estime infinie, de l'attachement, et du profond respect du solitaire à qui vous avez fait l'honneur d'écrire.

## MMMCLXIX. — A M. DAMILAVILLE.

19 novembre.

Dieu me devait un homme tel que vous, monsieur. Vous aimez Apollon et Cérès, et je sacrifie à l'un et à l'autre; vous détestez le fanatisme et l'hypocrisie, je les ai abhorrés depuis que j'ai eu l'âge de raison; vous aimez M. Thieriot, et il y a environ quarante ans que je le chéris comme l'homme de Paris qui aime le plus sincèrement la littérature, et qui a le goût le plus épuré; vous vous êtes lié avec M. Diderot, pour qui j'ai une estime égale à son mérite; la lumière qui éclaire son esprit échauffe son cœur. Je ne me console point qu'un si beau génie, à qui la nature a donné de si grandes ailes, les voie rognées par le ciseau des cafards. Celui d'Atropos coupera bientôt les miennes; mais, en attendant, je m'en sers avec quelque satisfaction pour tomber sur les chats-huants qui veulent nous manger. Ces petits amusements me délassent quand j'ai tenu la charrue de la même main qui osa crayonner la bonté de Henri IV, et le fanatisme de Mahomet.

Je vous remercie, moi et mon petit pays, du *Mémoire* sur les blés. Je crois que, de tous les poëtes, je suis le plus utile à la France; j'ai défriché une lieue de pays, je fais vivre deux cents personnes qui mouraient de faim. Amphion arrangeait des pierres, et je secours des hommes. Voilà les droits, monsieur, que j'ai à votre amitié. J'ai renoncé au tumulte de Paris; on y perd son temps, et ici je l'emploie. Celui que je crois le mieux employé est le moment où je lis vos lettres, et celui auquel je vous assure de mon estime sincère et de mon attachement véritable.

Permettez que je mette dans ce paquet une lettre pour l'ami avec lequel vous avez transporté la sagesse à la taverne.

## MMMCLXX. — A M. THIERIOT.

19 novembre.

Mon cher et ancien ami, vos dernières lettres sont charmantes; mais vous ne disiez pas que vous aviez gobelotté au cabaret avec M. Damilaville; il me paraît digne de boire et de penser avec vous.

Embrassez pour moi l'abbé *Mords-les*; c'est un grand malheur que deux ou trois lignes échappées à sa juste indignation aient arrêté sa plume; il était en beau train. Je ne connais personne qui soit plus capable de rendre service à la raison.

Quoi! vous ne saviez pas qu'il y a dans l'*Histoire de l'Académie des Sciences* un Mémoire de M. Le Rond, jeune homme de quatorze ans[1] qui promettait beaucoup? M. Le Rond a bien tenu parole; mais, soit Le Rond., soit Dalembert, dites-lui bien qu'il est l'espoir de notre petit troupeau, et celui dont Israël attend le plus. Il est hardi, mais il n'est point téméraire; il est né pour faire trembler les hypocrites, sans leur

---

[1]. Le Rond Dalembert. Il avait alors vingt et un ans, et non pas quatorze ans. (ÉD.)

donner prise sur lui. Qu'il marche dans la voie du Seigneur, et qu'il ne craigne rien.

J'attends avec impatience les réflexions de *Pantophile*-Diderot sur *Tancrède*. Tout est dans la sphère d'activité de son génie; il passe des hauteurs de la métaphysique au métier d'un tisserand, et de là il va au théâtre. Quel dommage qu'un génie tel que le sien ait de si sottes entraves, et qu'une troupe de coqs d'Inde soit venue à bout d'enchaîner un aigle!

J'ai l'orgueil d'espérer que ses idées se rencontreront avec les miennes, et que ma pièce est comme il la désire; car elle est fort différente de celle qu'il a plu aux comédiens de charpenter sur le théâtre; je crois vous l'avoir déjà dit.

*Frère Jean des Entommeures*-Menoux m'épouvanterait à table, mais je ne le crains point ailleurs; et ni lui ni personne ne m'empêchera de dire la vérité.

Le roi est content de l'*Histoire de Pierre le Grand*, Mme de Pompadour pense de même. M. le duc de Choiseul, en digne ministre des affaires étrangères, en fait plus de cas que de celle de *Charles XII*; c'est là le cas de dire:

*Principibus placuisse viris non ultima laus est;*
Hor., lib. I, ep. XVII, v. 35.

et j'y ajoute:

*Jesuitis placuisse viris non maxima laus est.*

Ne manquez pas de m'envoyer *presto presto* le *Mémoire* raisonné du roi de Portugal[1] contre les révérends pères, et comptez que cela figurera dans *la Capilotade*.

Voici une petite lettre de change pour un exemplaire de mes sottises; je vous prie de les envoyer chercher chez Robin-*mouton*, de les faire relier proprement et promptement, et de les donner à Platon-Diderot.

On me mande que la Corneille en question descend de Thomas, et non de Pierre[2]; en ce cas, elle aurait moins de droits aux empressements du public. J'avais imaginé de la donner pour compagne à Mme Denis, nous aurions joué ensemble *le Cid* et *Cinna*, et nous aurions pourvu à son éducation comme à sa subsistance. Mandez-moi ce que vous aurez appris d'elle, et je verrai, comme je l'ai mandé à M. Le Brun, ce qu'un pauvre *soldat* peut faire pour la fille de *son général*.

Portez-vous bien, mon cher ami; j'entre dans ma soixante et sep-

1. *Manifeste du roi de Portugal, contenant les erreurs impies et séditieuses que les religieux de la compagnie de Jésus ont enseignées aux criminels qui ont été punis, et qu'ils se sont efforcés de répandre parmi les peuples de ce royaume*; Lisbonne (1759), in-12 de 81 pages. La traduction française est avant le texte portugais. (*Note de M. Beuchot.*)
2. Elle descendait seulement d'un cousin des illustres frères. (ÉD.)

tième année[1], et j'ai encore assez de feu dans les intervalles de mes souffrances, que je supporte assez gaiement.
Vivons et philosophons. Je vous embrasse de tout mon cœur.

MMMCLXXI. — A M. DEVAUX.

Je ne sais, mon cher *Panpan*, si Alexandre se connaissait en vers aussi bien que vous; et j'aime bien autant votre taudis que ses tentes. Vos petits vers sont fort jolis; en vous remerciant. Mais, à propos, *Tibulle* de Saint-Lambert doit avoir reçu un gros paquet contre-signé La Reinière, adressé à Nanci. Je crains quelque méprise.

Vous voyez donc souvent Mme de Boufflers. Que vous êtes heureux, ô *Panpan*!

MMMCLXXII. — A M. LE BRUN.

Aux Délices, 22 novembre.

Sur la dernière lettre que vous me faites l'honneur de m'écrire, monsieur, sur le nom de Corneille, sur le mérite de la personne qui descend de ce grand homme, et sur la lettre que j'ai reçue d'elle, je me détermine avec la plus grande satisfaction à faire pour elle ce que je pourrai. Je me flatte qu'elle ne sera point effrayée d'un séjour à la campagne, où elle trouvera quelquefois des gens de mérite, qui sentent tout celui de son grand-oncle. M. Delaleu, notaire très-connu à Paris, et qui demeure dans votre voisinage, rue Sainte-Croix-de-la-Bretonnerie, vous remboursera sur-le-champ, et à l'inspection de cette lettre, ce que vous aurez déboursé pour le voyage de Mlle Corneille. Elle n'a aucun préparatif à faire; on lui fournira, en arrivant, le linge et les habits convenables. M. Tronchin, banquier de Lyon, sera prévenu de son arrivée, et prendra le soin de la recevoir à Lyon, et de la faire conduire dans les terres que j'habite. Puisque vous daignez, monsieur, entrer dans ces petits détails, je m'en rapporte entièrement à votre bonne volonté, et à l'intérêt que vous prenez à un nom qui doit être si cher à tous les gens de lettres.

J'ai l'honneur d'être, avec l'estime et l'amitié dont vous m'honorez, monsieur, votre, etc., etc.
VOLTAIRE.

MMMCLXXIII. — A MADEMOISELLE CORNEILLE.

Aux Délices, 22 novembre.

Votre nom, mademoiselle, votre mérite, et la lettre dont vous m'honorez, augmentent dans Mme Denis et dans moi le désir de vous recevoir, et de mériter la préférence que vous voulez bien nous donner. Je dois vous dire que nous passons plusieurs mois de l'année dans une campagne auprès de Genève; mais vous y aurez toutes les facilités et tous les secours possibles pour tous les devoirs de la religion; d'ailleurs notre principale habitation est en France, à une lieue de là.

---

1. Voltaire, né le 20 février 1694, n'entra dans sa soixante-septième année que le 20 février 1761. (ÉD.)

dans un château très-logeable que je viens de faire bâtir, et où vous serez beaucoup plus commodément que dans la maison d'où j'ai l'honneur de vous écrire. Vous trouverez, dans l'une et dans l'autre habitation, de quoi vous occuper, tant aux petits ouvrages de la main qui pourront vous plaire, qu'à la musique et à la lecture. Si votre goût est de vous instruire de la géographie, nous ferons venir un maître qui sera très-honoré d'enseigner quelque chose à la petite-fille du grand Corneille; mais je le serai beaucoup plus que lui de vous voir habiter chez moi.

J'ai l'honneur d'être avec respect, mademoiselle, votre, etc.

### MMMCLXXIV. — A M. PRAULT.

M. de Voltaire a reçu la lettre de M. Prault, et la tragédie de *Tancrède* imprimée avec l'*Épître*. Il remercie M. Prault de l'attention qu'il a eue de ne point faire tirer les feuilles imprimées; elles sont pleines de fautes, d'omissions, et de contre-sens; cela ne pouvait être autrement, presque chaque acteur s'étant donné la liberté d'arranger son rôle à sa fantaisie, pour faire valoir ses talents particuliers aux dépens de la pièce, et l'auteur n'ayant plus reconnu son ouvrage, lorsqu'on lui envoya le détestable manuscrit qui était entre les mains des comédiens.

Les divers changements qu'il envoya pour réparer ce désordre augmentèrent encore la confusion; on joignit ce qu'on devait séparer, et on sépara ce qu'on devait joindre; on ôta ce qu'on devait garder, et on garda ce qu'on devait ôter. M. Prault peut surtout s'en apercevoir à la page 9 et à la page 32, dans laquelle Orbassan répète à la fin de son dernier couplet, en très-mauvais vers, tout ce qu'il vient de dire en vers assez passables. M. de Voltaire a corrigé, avec toute l'attention et tout le soin possible, toutes les feuilles; il recommande instamment à M. Prault de se conformer entièrement à la copie qu'on lui renvoie par M. d'Argental.

Le libraire a un intérêt sensible à ne point s'écarter du manuscrit; on peut assurer que si les comédiens ne se conforment dans la représentation à la pièce imprimée, cela fera très-grand tort au libraire.

M. de Voltaire n'est point dans l'usage de faire imprimer les noms des acteurs; jamais cela ne s'est pratiqué du temps de Corneille et Racine; il ne met point son nom à la tête de son propre ouvrage, et, par cette raison, il exige absolument qu'on n'y mette pas le nom des autres.

Il ne conçoit pas la crainte que M. Prault fait paraître de l'édition prétendue des frères Cramer; ils n'ont point la pièce; ils ne commenceront leur édition que quand M. Prault aura mis la sienne en vente. Tout Génevois qu'ils sont, ils trouvent très-bon et très-juste que M. de Voltaire favorise un libraire de Paris pour un ouvrage joué à Paris. M. Prault demande quelque chose pour ajouter à *Tancrède*; Mme la marquise de Pompadour a désiré qu'on n'y ajoutât rien. Pour faire plaisir à M. Prault, on lui fera tenir incessamment un morceau curieux[1], historique, et littéraire, servant de réponse à un livre anglais, dans lequel on a mis la tragédie de Londres infiniment au-dessus de celle de Paris. Le manuscrit qui sert de réponse à l'ouvrage anglais contient une histoire succincte et vraie des théâtres de la Grèce, de l'Italie moderne, de Paris, et de Londres; l'auteur a été obligé de citer des sermons latins du xv° siècle remplis d'ordures. Ces citations, qui sont nécessaires pour faire connaître l'esprit du temps, ne passeraient point à la censure, mais elles passeront certainement à la lecture; ainsi M. Prault ne doit demander permission à personne, ni l'imprimer sous son nom, et il doit garder le secret à celui qui lui fait ce petit présent. M. Prault s'apercevra bien que l'ouvrage est d'un savant; ainsi il ne peut être de M. de Voltaire, qui se donne pour un ignorant.

A propos de censure, M. Prault est encore prié de ne point mettre à la fin de *Tancrède* la formule impertinente de la permission de la police et du *priviléqe;* cela n'est bon qu'à rester dans les greffes pour tenir lieu de sûreté aux libraires; mais le public n'a que faire de ces pauvretés.

Je prie instamment M. Prault de vouloir bien se conformer à tout ce que dessus, et d'être sûr de mon amitié.

### MMMCLXXV. — A M. LE COMTE D'ARGENTAL.

25 novembre.

Rien n'est plus importun, mes divins anges, qu'un pauvre diable d'auteur qui a fait une pièce à la hâte, qui ne la corrige pas trop à loisir, et qui est imprimé à cent lieues. Jugez de ma syndérèse par ma lettre à Prault, que j'ai l'honneur de vous envoyer. Je vous supplie de vouloir bien me faire tenir les feuilles imprimées, sous l'enveloppe de M. de Courteilles, avant qu'elles soient tirées; car vous jugez bien qu'il y aura toujours quelques vers à changer, et peut-être aussi quelques lignes de prose dans la dédicace. L'Académie m'a chargé de travailler à quelques feuilles de son *Dictionnaire;* cette occupation déroute un peu de la poésie, et il y a bien longtemps que je suis dérouté. Les bâtiments et les jardins, et tout le train de la campagne, font encore plus de tort aux vers que le *Dictionnaire de l'Académie.*

A propos d'Académie, ne voudriez-vous pas avoir la bonté de lui donner mon portrait? Qu'importe qu'il soit mal ou bien? je n'irai pas me faire peindre à soixante et sept ans. Il s'agit seulement que Fréron ne soit pas en droit de dire qu'on n'a pas voulu de moi à l'Académie, même en peinture. A propos d'Académie encore, il y a M. Lemierre, grand remporteur de prix, et auteur d'*Hypermnestre*, à qui je devais une lettre. J'ignorais son gîte. Je pris la liberté de vous adresser ma lettre. Je n'ai point lu son *Hypermnestre* sans plaisir. Pour le Colardeau, je ne le connais pas; on dit qu'il fait de très-beaux vers; il occupera longtemps Mlle Clairon. Est-il vrai qu'elle arrive sur le théâtre,

1. C'est l'*Appel à toutes les nations de l'Europe.* (ÉD.)

*violée?* C'est dommage que cette action théâtrale ne se soit pas passée sur la scène; cela est plus plaisant qu'un échafaud. J'ai donc du temps pour me raccommoder avec Mlle Clairon; elle daignera donc ne point écourter mon malheureux second acte. Elle est accoutumée à couper bras et jambes aux pièces nouvelles, pour les faire aller plus vite. Bientôt les tragédies consisteront en mines et en postures.

Souvent l'*excès* d'un mal nous conduit dans un pire.
Boileau, *l'Art poét.*, ch. I, v. 64.

Et *Luc, Luc*, quel diable d'homme! voilà donc comme je serai trop vengé.

On parle encore de deux ou trois petits massacres, mais je n'en veux rien croire.

Mille tendres respects.

MMMCLXXVI. — À MADAME LA COMTESSE D'ARGENTAL.

26 novembre.

Après avoir écrit hier au soir, à la hâte, à mes anges, je me couchai avec des scrupules sur *Tancrède*, et nommément sur l'envie que j'aurais de prendre des libertés anglaises et italiennes, en retranchant des lettres qui m'incommodent. A mon réveil, je reçois la lettre de M. d'Argental et de Mme Scaliger.

Comment ferez-vous, mes anges, pour vous débarrasser de moi? Pourquoi M. d'Argental a-t-il mal aux yeux? Comment M. Fournier[1] trouve-t-il cela? pourquoi le souffre-t-il? Est-ce *Caliste* qui a fait trop pleurer mon cher ange? est-ce moi qui l'ai trop fatigué par mes paperasses?

*Crébillon* mon maître. Bonne plaisanterie, que Fréron prend pour du sérieux. Il faut pourtant ne pas trop changer ce que Mme la marquise a approuvé.

Voulez-vous *que j'ai regardé comme mon maître?* Politesse ne coûte rien et fait toujours un bon effet.

Voici la grande question : Jouera-t-on *Fanime* cet hiver? non, à ce que je présume. Pourquoi? parce qu'il y a au troisième acte un embrouillamini qui me déplaît, et au cinq il y a deux poignards qui me font de la peine. On a beaucoup pleuré, d'accord; mais il y a des gens bien malins à Paris. La fin de *Fanime*, déchirante, tragique; son père l'amadoue :

.................... ô mon père!
J'en suis indigne[2],

avec un éclat de voix douloureux, et elle se tue. Bravo. Mais le poignard d'Eriide et le poignard de Fanime, ces deux poignards me tuent. Que faire donc? donner *Tancrède* au mois de décembre, l'imprimer en janvier, et rire; ensuite nous verrons. Vous aurez de mes nouvelles; vous ne mourrez pas de faim.

1. Médecin du duc d'Orléans, et qui était aussi celui de d'Argental. (ÉD.)
2. *Zulime*, acte V, scène dernière. (ÉD.)

C'est assez parler Voltaire, parlons Corneille. Je suis bien fâché que cette demoiselle ne descende pas en droite ligne du père de *Cinna*; mais son nom suffit, et la chose paraît décente. Vous avez vu cette demoiselle, mes divins anges; c'est à vous qu'on s'adresse quand Voltaire est sur le tapis. Connaissez-vous un Le Brun, un secrétaire de M. le prince de Conti? C'est lui qui m'a encornaillé; il m'a adressé une *Ode* au nom de Pierre. C'est à lui que j'ai dit : « Envoyez-la-moi; qu'on paye son voyage, qu'on l'adresse à M. Tronchin, à Lyon, etc. » Mais il vaudrait bien mieux que ce fût Mme d'Argental qui daignât arranger les choses; cela serait plus honorable pour Pierre, pour Mlle Corneille, et pour moi; mais je n'ai pas le front d'abuser à ce point des bontés dont en m'honore. Cependant, je le répète, il convient que Mme d'Argental soit la protectrice. Tout ce qu'elle fera sera bien fait. Nul trousseau pour ce mariage. Mme Denis lui fera faire habits et linge. Nous lui donnerons des maîtres, et dans six mois elle jouera Chimène.

Je suis à vos pieds, divins anges.

MMMCLXXVII. — A M. LE MARQUIS D'ARGENCE DE DIRAC.

27 novembre.

Monsieur, le philosophe des Alpes, et sa nièce, et tout ce qui a eu l'honneur de vous voir, vous regrettent. Il nous est venu des philosophes depuis vous, mais aucun ne vous fera jamais oublier. Jugez combien Lucrèce est beau en latin, puisqu'il vous fait tant de plaisir dans un si mauvais français; et jugez du peu que nous valons, nous autres modernes, puisque aucun Français n'a osé dire la dixième partie de ce que Lucrèce disait aux Romains sans témérité et sans crainte. On se plaint des fermiers généraux et des intendants; mais combien devrait-on s'élever contre ces misérables qui mettent des impôts sur l'esprit, et qui tyrannisent la pensée! L'ignorance et l'infâme superstition couvrent la terre; quelques personnes échappent à ce fléau, le reste est au rang des bêtes de somme; et on a si bien fait qu'il faut des efforts pour secouer le joug infâme qu'on a mis sur nos têtes. Nous sommes parvenus à regarder comme un homme hardi celui qui pense que deux et deux font quatre.

Jouissez, monsieur, de votre raison, dont si peu d'hommes jouissent, et ajoutez-y la jouissance de la vie dans votre belle terre, dans le sein de votre famille, et dans la société de vos amis, surtout dans celle de M. de La Ramière, à qui nous faisons nos très-humbles compliments, et qui me paraît bien digne de votre amitié.

Adieu, monsieur; si le plaisir d'être aimé doit être compté pour quelque chose, soyez sûr que vous le serez toujours dans la petite retraite que vous avez daigné habiter. Votre petite chambre s'appelle la cellule du philosophe. Recevez mes tendres respects.

MMMCLXXVIII. — DE M. DIDEROT.

Paris, 28 novembre 1760.

Monsieur et cher maître, l'ami Thieriot aurait bien mieux fait de vous entretenir du bel enthousiasme qui nous saisit ici à l'hôtel de

Clermont-Tonnerre, lui, l'ami Damilaville, et moi, et des transports d'admiration et de joie auxquels nous nous livrâmes, deux ou trois heures de suite, en causant de vous et des prodiges que vous opérez tous les jours, que de vous tracasser de quelques méchantes observations communes que je hasardai entre nous sur votre dernière pièce. C'est bien à regret que je vous les communique; mais puisque vous l'exigez, les voici.

Rien à objecter à votre premier acte. Il commence avec dignité, marche de même, et finit en nous laissant dans la plus grande attente.

Mais l'intérêt ne me semble pas s'accroître au second, à proportion des événements. Pourquoi cela? Vous le savez mieux que moi : c'est que les événements ne sont presque rien en eux-mêmes, et que c'est de l'art magique du poëte qu'ils empruntent toute leur importance. C'est lui qui nous fait des terreurs, etc.

Tant qu'Argire ne me montrera pas la dernière répugnance à croire Aménaïde coupable de trahison, malgré la preuve qu'il pense en avoir; tant que la tendresse paternelle ne luttera pas contre cette preuve comme elle le doit; tant que je n'aurai pas vu ce malheureux père se désoler, appeler sa fille, embrasser ses genoux, s'adresser aux chefs de l'État, les conjurer par ses cheveux blancs, chercher à les fléchir par la jeunesse de son enfant, tout tenter pour sauver cette enfant, l'acte n'aura pas son effet. Je ne prendrai jamais à Aménaïde plus d'intérêt que je n'en verrai prendre à son père. Tâchez donc qu'Argire soit plus père, s'il se peut, et que je connaisse davantage Aménaïde. Ne serait-ce pas une belle scène que celle où le père la presserait de s'ouvrir à lui, où Aménaïde ne pourrait lui répondre?

Le troisième acte est de toute beauté. Rien à lui comparer au théâtre, ni dans Racine, ni dans Corneille. Ceux qui n'ont pas approuvé qu'on redît à Tancrède ce qui s'était passé avant son arrivée sont des gens qui n'ont ni le goût de la vérité, ni le goût de la simplicité; à force de faire les entendus, ils montrent qu'ils ne s'entendent à rien. Dieu veuille que je n'encoure pas la même censure de votre part!

Ah! mon cher maître, si vous voyiez la Clairon traversant la scène, à demi renversée sur les bourreaux qui l'environnent, ses genoux se dérobant sous elle, les yeux fermés, les bras tombants, comme morte; si vous entendiez le cri qu'elle pousse en apercevant Tancrède, vous resteriez plus convaincu que jamais que le silence et la pantomime ont quelquefois un pathétique que toutes les ressources de l'art oratoire n'atteignent pas.

J'ai dans la tête un moment de théâtre où tout est muet, et où le spectateur reste suspendu dans les plus terribles alarmes.

Ouvrez vos portefeuilles; voyez l'Esther du Poussin paraissant devant Assuérus; c'est la Clairon allant au supplice. Mais pourquoi Aménaïde n'est-elle pas soutenue par ses femmes, comme l'Esther du Poussin? Pourquoi ne vois-je pas sur la scène le même groupe?

Après ce troisième acte, je ne vous dissimulerai pas que je tremblai pour le quatrième; mais je ne tardai pas à me rassurer. Beau, beau.

Le cinquième me paraît traîner. Il y a deux récitatifs. Il faut, je crois, en sacrifier un et marcher plus vite. Ils vous diront tous comme moi : « Supprimez, supprimez, et l'acte sera parfait. »

Est-ce là tout? non, voici encore un point sur lequel il n'y a pas d'apparence que nous soyons d'accord. Tancrède doit-il croire Aménaïde coupable? et s'il la croit coupable, a-t-elle droit de s'en offenser? Il arrive. Il la trouve convaincue de trahison par une lettre écrite de sa propre main, abandonnée de son père, condamnée à mourir, et conduite au supplice : quand sera-t-il permis de soupçonner une femme, si l'on n'y est pas autorisé par tant de circonstances? Vous m'opposerez les mœurs du temps et la belle confiance que tout chevalier devait avoir dans la constance et la vertu de sa maîtresse. Avec tout cela, il me semblerait plus naturel qu'Aménaïde reconnût que les apparences les plus fortes déposent contre elle; qu'elle en admirât d'autant plus la générosité de son amant; que leur première entrevue se fît en présence d'Argire et des principaux de l'État; qu'il fût impossible à Aménaïde de s'expliquer clairement; que Tancrède lui répondît comme il fait, et qu'Aménaïde dans son désespoir n'accusât que les circonstances. Il y en aurait bien assez pour la rendre malheureuse et intéressante.

Et lorsqu'elle apprendrait les périls auxquels Tancrède est exposé, et qu'elle se résoudrait à voler au milieu des combattants et à périr s'il le faut, pourvu qu'en expirant elle puisse tendre les bras à Tancrède, et lui crier : « Tancrède, j'étais innocente; » croyez-vous alors que le spectateur le trouverait étrange?

Voilà, monsieur et cher maître, les puérilités qu'il a fallu vous écrire. Revenez sur votre pièce; laissez-la comme elle est, et soyez sûr, quoi que vous fassiez, que cette tragédie passera toujours pour originale, et dans son sujet, et dans la manière dont il est traité.

On dit que Mlle Clairon demande un échafaud dans la décoration : ne le souffrez pas, mort-dieu! C'est peut-être une belle chose en soi; mais si le génie élève jamais une potence sur la scène, bientôt les imitateurs y accrocheront le pendu en personne.

M. Thieriot m'a envoyé de votre part un exemplaire complet de vos Œuvres. Qui est-ce qui le méritait mieux que celui qui a su penser et qui a le courage d'avouer depuis dix ans, à qui veut l'entendre, qu'il n'y a aucun auteur français qu'il aimât mieux être que vous?

En effet, combien de couronnes diverses rassemblées sur votre seule tête? vous avez fait la moisson de tous les lauriers, et nous allons glanant sur vos pas, et ramassant, par-ci par-là, quelques méchantes petites feuilles que vous avez négligées, et que nous nous attachons fièrement sur l'oreille, en guise de cocarde, pauvres enrôlés que nous sommes!

Vous vous êtes plaint, à ce qu'on m'a dit, que vous n'aviez pas entendu parler de moi au milieu de l'aventure scandaleuse qui a tant avili les gens de lettres et tant amusé les gens du monde. C'est, mon cher maître, que j'ai pensé qu'il me convenait de me tenir tout à fait à l'écart; c'est que ce parti s'accordait également avec la décence et la sécurité; c'est qu'en pareil cas, il faut laisser au public le soin de la vengeance; c'est que je ne connais ni mes ennemis ni leurs ouvrages; c'est que je n'ai lu ni les *Petites lettres sur les grands philosophes*[1], ni cette satire dramatique[2] où l'on me traduit comme un sot et comme un fripon; ni ces préfaces où l'on s'excuse d'une infamie qu'on a commise, en m'imputant de prétendues méchancetés que je n'ai point faites, et des sentiments absurdes que je n'eus jamais.

Tandis que toute la ville était en rumeur, retiré paisiblement dans mon cabinet, je parcourais votre *Histoire universelle*[3]. Quel ouvrage! c'est là qu'on vous voit élevé au-dessus du globe qui tourne sous vos pieds, saisissant par les cheveux tous ces scélérats illustres qui ont bouleversé la terre, à mesure qu'ils se présentent; nous les montrant dépouillés et nus, les marquant au front d'un fer chaud, et les enfonçant dans la fange de l'ignominie pour y rester à jamais.

Les autres historiens nous racontent des faits pour nous apprendre des faits. Vous, c'est pour exciter au fond de nos âmes une indignation forte contre le mensonge, l'ignorance, l'hypocrisie, la superstition, le fanatisme, la tyrannie; et cette indignation reste lorsque la mémoire des faits est passée.

Il me semble que ce n'est que depuis que je vous ai lu que je sache que de tout temps le nombre des méchants a été le plus grand et le plus fort; celui des gens de bien, petit et persécuté; que c'est une loi générale à laquelle il faut se soumettre; que de toutes les séductions la plus grande est celle du despotisme; qu'il est rare qu'un être passionné, quelque heureusement qu'il soit né, ne fasse pas beaucoup de mal quand il peut tout; que la nature humaine est perverse, et que comme ce n'est pas un grand bonheur de vivre, ce n'est pas un grand malheur que de mourir.

J'ai pourtant lu *la Vanité*, *le Pauvre diable*, et *le Russe*; la vraie satire qu'Horace avait écrite, et que Rousseau et Boileau ne connurent point, mon cher maître, la voilà. Toutes ces pièces fugitives sont charmantes.

Il est bon que ceux d'entre nous qui sont tentés de faire des sottises sachent qu'il y a, sur les bords du lac de Genève, un homme armé d'un grand fouet dont la pointe peut les atteindre jusqu'ici.

Mais est-ce que je finirai cette causerie sans vous dire un mot de la grande entreprise[4]? Incessamment le manuscrit sera complet, les planches gravées, et nous jetterons tout à la fois onze volumes in-folio sur nos ennemis.

Quand il en sera temps, j'invoquerai votre secours.

Adieu, monsieur et cher maître. Pardonnez à ma paresse. Ayez toujours de l'amitié pour moi. Conservez-vous; songez qu'il n'y a aucun homme au monde dont la vie soit plus précieuse à l'univers

---

1. Ouvrage de Palissot. (Éd.)
2. La comédie des *Philosophes*, par le même. (Éd.)
3. Intitulée depuis *Essai sur les mœurs*. (Éd.)
4. *L'Encyclopédie*, qui avait été suspendue, et dont les dix derniers volumes de texte parurent en 1765. (Éd.)

que la vôtre; et *Pompignianos semel arrogantes, sublimi tange flagello.*

Je suis, etc.

DIDEROT.

### MMMCLXXIX. — A M. LE COMTE ALGAROTTI.

À Ferney, 28 novembre.

Un de mes chagrins, monsieur, ou plutôt mon seul chagrin, est de ne pouvoir vous écrire de ma main combien vous êtes aimable. Vous parlez d'Horace comme un homme qui aurait été son intime ami, comme si vous aviez vécu de son temps. Il est juste qu'on connaisse à fond les caractères auxquels on ressemble. Pour César, j'imagine que vous auriez fait un voyage dans nos Gaules avec le fils de Cicéron, au lieu d'aller à Pétersbourg, et que vous l'auriez empêché de se brouiller avec Labiénus. Je ne sais comment vous faites votre compte, mais on croirait que vous avez vécu familièrement avec tous ces gens-là.

Je vous fais encore de très-sérieux remerciments sur votre *Voyage de Russie*. Il y a toujours quelque chose à apprendre avec vous, de la zone tempérée à la zone glaciale.

J'ai eu l'honneur de vous envoyer la première partie de l'*Histoire du czar*, et c'est probablement celle que vous avez. Vous me permettrez, s'il vous plaît, de vous citer dans la seconde; j'aime à me faire honneur de mes garants; il y a plaisir à rendre justice à des contemporains tels que vous. D'ailleurs, l'histoire d'un fondateur est pour les sages; et l'*Histoire de Charles XII* plairait aux amateurs des romans, si ce don Quichotte, au moins, avait eu une Dulcinée. On n'a aujourd'hui à écrire que des massacres en Allemagne, des processions à Rome, et des *facéties* à Paris.

*Lævus sum, non valvas, sed tui amantissimus.*

### MMMCLXXX. — A M. LE COMTE D'ARGENTAL.

29 novembre.

Telle est *dans nos États* la loi de l'hyménée;
C'est la religion lâchement profanée,
C'est la patrie enfin que nous devons venger.
L'infidèle en nos murs appelle l'étranger, etc.

*Tancrède*, acte II, scène IV.

Il faut avouer, mes divins anges, que je suis l'homme aux inadvertances. On change un vers, et on oublie d'envoyer les corrections devenues nécessaires aux vers suivants, et on fatigue ses anges horriblement. On ne sait plus où l'on est. Il faut recopier la pièce, tous les rôles; c'est la toile de Pénélope. Je suis à vos genoux, je vous demande pardon, je meurs de honte. Il y a plus de cent vers corrigés dans cette maudite *chevalerie*; tout cela est épars dans mes lettres. Si vous pouvez attendre, je crois que le meilleur parti est de vous envoyer la pièce bien recopiée. Vous êtes les maîtres de tout; mais, en cas que vous fassiez imprimer, je vous demande toujours en grâce de m'envoyer les feuilles.

J'apprends que MM. les dévots et MM. de Pompignan se sont beaucoup remués sur la nouvelle que j'étais chez Delaleu, à Paris. J'apprends que les dévotes sont fâchées de voir une Corneille aller dans la terre de réprobation, et qu'elles veulent me l'enlever. A la bonne heure; elles lui feront sans doute un sort plus brillant, un établissement plus solide dans ce monde-ci et dans l'autre; mais je n'aurai eu rien à me reprocher. Nous verrons qui l'emportera de cette cabale ou de vous. Vous devez savoir que tout cela a été traité, pour et contre, au lever du roi. Chacun a dit son mot. Voilà de grandes affaires; mais Pondichéri est plus important.

Que dites-vous de la *Didon* de M. Le Franc de Pompignan, suivie du *Fat puni*¹? On est bien drôle à Paris!

Mille tendres respects.

MMMCLXXXI. — A M. LE COMTE DE SCHOWALOW.

Ferney, par Genève, 2 décembre.

Monsieur, je dois confier à votre prudence et à votre bonté pour moi que le roi de Prusse m'a su très-mauvais gré d'avoir travaillé à l'*Histoire de Pierre le Grand* et à la gloire de votre empire. Il m'en a écrit dans les termes les plus durs, et sa lettre ménage aussi peu votre nation que l'historien. Je ne croyais pas choquer ce prince en célébrant un grand homme; je ne m'attendais pas à l'injustice que j'essuie; mais je me flatte que votre auguste impératrice, que la digne fille de Pierre le Grand sera aussi contente du monument élevé à son père que le roi de Prusse en est fâché.

V.

MMMCLXXXII. — A M. DAMILAVILLE.

2 décembre.

Permettez-vous, monsieur, que j'abuse si souvent de votre bonne volonté? Vous verrez au moins que je n'abuse pas de votre confiance. Je vous envoie mes lettres ouvertes; il me semble que tout ce que j'écris est pour vous. Nous sommes des frères réunis par le même esprit de charité; nous sommes le *pusillus grex*. Si vous voyez M. Diderot, dites-lui, je vous en prie, qu'il a en moi le partisan le plus constant et le plus fidèle.

J'ignore, monsieur, si vous avez reçu deux paquets assez gros et très-édifiants. J'ai ouï dire qu'on était devenu très-difficile à la poste.

1. Le 9 novembre 1760, un des acteurs de la Comédie-Française ayant annoncé, comme cela se pratiquait alors, qu'ils donneraient le jour suivant *Didon* et le *Fat puni*, le parterre, se rappelant aussitôt les *Facéties* de Voltaire, avait fait un malin rapprochement entre l'auteur de la tragédie et le titre de la comédie. Cette gaieté du public parisien fut cause que l'on donna le lendemain une autre petite pièce que *le Fat puni*, qui est de Pont de Veyle. (*Note de Clogenson.*)

MMMCLXXXIII. — A M. SENAC, PREMIER MÉDECIN DU ROI.

Aux Délices, 6 décembre.

Ma partie pensante, monsieur, sait tout ce qu'elle vous doit; elle vous en remercie, elle y sera sensible jusqu'à ce qu'elle ne pense plus. Ma partie animale vous présente les papiers ci-joints, concernant la peste dont nous sommes menacés. Je sais qu'il y a peste et peste. Je ne prétends pas que celle qui dépeuple nos hameaux, dans un coin des Alpes, ait l'insolence de ressembler à celle de Marseille; je sais qu'il faut se tenir à sa place : mais enfin, si on néglige l'objet de ma requête, la chose peut aller loin. Il s'agit de quelques malheureux ; mais ces malheureux, ignorés et délaissés, sont sujets du roi, et il étend ses regards sur les derniers de ses peuples. L'affaire dont il s'agit me paraît du ressort de votre archiâtrie. Si, sans vous compromettre, vous pouvez, monsieur, appuyer notre *Mémoire*, vous aurez le plaisir de faire du bien. Je vous prends là par votre faible. Soyez très-sûr que, si on ne remédie pas au mal, la contagion est à craindre. Nous sommes obligés d'abandonner le château de Ferney immédiatement après l'avoir achevé, et de nous réfugier en terre huguenote. Voyez, monsieur, ce que vous pouvez faire pour nos corps et pour nos âmes. La mienne est celle de votre ancien partisan, qui a l'honneur d'être, avec tous les sentiments qu'il vous doit, monsieur, votre, etc.

MMMCLXXXIV. — A M. THIERIOT.

8 décembre.

Je n'ai pas un moment à moi, mon cher ami ; je suis, depuis un mois, accablé de travail et d'affaires. Plus on vieillit, plus il faut s'occuper. Il vaut mieux mourir de traîner dans l'oisiveté une vieillesse insipide; travailler, c'est vivre.

Quand Mlle *Rodogune* viendra, elle sera bien reçue. Mme Denis ne lui a point écrit de lettre, mais deux lignes au bas de ma lettre.

M. Le Brun est le maître de son *Ode*, mais il ne devait pas, je crois, faire imprimer ma prose.

Je vous prie de dire à M. de Bastide que si je trouve quelques rogatons qu'il puisse insérer dans son *Monde*, je vous les adresserai. Pardon, si je ne lui écris pas. Je ne sais auquel entendre. La journée n'a que vingt-quatre heures.

Votre ouvrage[1] *théologico-judaïco-rabbinico-philosophique* est peut-être fort bon, mais j'aimerais autant qu'on n'eût pas mis le titre de Berne, et à M. l'*Oracle des philosophes*, pour faire croire que c'est moi qui suis le rabbin. Heureusement on ne m'y reconnaîtra pas.

Mme la première présidente Molé ferait bien mieux de me payer soixante mille livres que son frère, le banqueroutier frauduleux Ber-

---

1. L'*Oracle des anciens fidèles, pour servir de suite et d'éclaircissement à la sainte Bible* ; Berne, 1760, in-12. Voltaire, dans sa lettre à Damilaville, du 12 juillet 1763, attribue cet ouvrage à Bigex. (ÉD.)

nard, m'a volées, à moi et à ma nièce, que de gémir sur le bien que je fais à Mlle Corneille, et qu'elle ne fait pas.

Vous me dites que Le Franc de Pompignan n'a pas voulu aller à l'Académie; je le crois; il y serait mal accueilli. Il alla se plaindre, ces jours passés, à M. le dauphin, qui dit tout haut :

*Notre* ami Pompignan pense être quelque chose.

Qui est l'auteur de l'*Homme de lettres*[1]? Il y a du bon.
Qui est l'auteur du *Savetier*[2]? Apparemment quelqu'un de la profession. *Le gaillard Savetier* de La Fontaine vaut mieux.

Je m'intéresse à l'abbé du Resnel; je suis de son âge. Je m'intéresse à Ballot, et plus à vous. Vous avez donc soixante-trois, et moi soixante-sept. Je suis quelquefois assez gai pour mon âge; demandez Le Franc.

*Vale, vive, scribe, lætare.*
Venez ici, vous et vos nerfs.

MMMCLXXXV. — A M. LE BRUN.

Aux Délices, 9 décembre.

Les dernières lettres, monsieur, que j'ai eu l'honneur de recevoir de vous augmentent la satisfaction que j'ai de pouvoir être utile à l'unique héritière du grand nom de Corneille. J'ai relu avec un nouveau plaisir votre *Ode*, que vous avez fait imprimer. Ma *Réponse* à vos lettres ne méritait certainement pas de paraître à la suite de votre *Ode*. Les lettres qu'on écrit avec simplicité, qui partent du cœur, et auxquelles l'ostentation ne peut avoir part, ne sont pas faites pour le public. Ce n'est pas pour lui qu'on fait le bien; car souvent il le tourne en ridicule. La basse littérature cherche toujours à tout empoisonner; elle ne vit que de ce métier. Il est triste que votre libraire Duchêne ait mis le titre de Genève à votre *Ode*, à votre lettre et à ma réponse; il semblerait que j'ai eu le ridicule de faire moi-même imprimer ma lettre. Vous savez que quand la main droite fait quelque bonne œuvre[3], il ne faut pas qu'elle le dise à la main gauche.

Je vous supplie très-instamment de faire ôter ce titre de Genève. Votre *Ode* doit être imprimée hautement à Paris : c'est dans l'endroit où vous avez vaincu que vous devez chanter le *Te Deum*.

On n'imprime que trop à Paris sous le titre de Genève. On croit que j'habite cette ville, on se trompe beaucoup; je ne dois d'ailleurs habiter que mes terres; elles sont en France, et le séjour doit m'en être d'autant plus agréable, que le roi a daigné les gratifier des plus grands privilèges. Ma mauvaise santé m'a forcé de vivre dans le voisinage de M. Tronchin. Mon goût et mon âge me font aimer la campagne; et ma reconnaissance pour Sa Majesté, qui m'a comblé de

---

1. M. Beuchot pense qu'il s'agit d'un opuscule de d'Aquin de Châteaulyon et de Caux. (ÉD.)
2. Par Grouber de Groubenthall. (ÉD.) — 3. Matthieu, VI, 3. (ÉD.)

bienfaits, me rend encore plus chère cette campagne, dans laquelle j'aurai le plaisir de parler de vous à la petite-fille du grand Corneille.

Comptez, monsieur, que j'ose me croire au rang de vos amis, indépendamment de la formule du très-humble et très-obéissant serviteur
VOLTAIRE.

MMMCLXXXVI. — A M. LE COMTE D'ARGENTAL.

REMONTRANCES DE VOLTAIRE A SES ANGES GARDIENS.

9 décembre.

*De Deliciis clamavi*[1] :

1° Mes anges ne cesseront-ils jamais d'être comme Dieu, qui commande des choses impossibles ?

2° Mes anges me croiront-ils de fer quand je suis d'argile, et prendront-ils zèle pour puissance ?

3° Voudront-ils de suite deux pères[2] condamnant leurs filles, et s'en repandant ? ne faut-il pas un intervalle entre des choses qui ont quelque ressemblance ?

4° Ne vaut-il pas mieux avoir le plaisir de donner la comédie du sieur Hurtaud, jouir de l'incognito, passer du tragique au comique, et rire sous cape de toutes les sottises du public ? *Nota bene* que je me flatte que mes anges verront que *le Droit du Seigneur* ne ressemble en aucune manière à *Nanine*.

5° Ou je suis une bête, ou *le Droit du Seigneur* est comique et intéressant.

6° Je crie à mes anges : Trouvez cela comique et intéressant, vous dis-je, et faites-le jouer adroitement.

7° Je les supplie de vouloir bien faire envoyer le paquet ci-joint à la pauvre aveugle Mme du Deffand. Si elle a perdu les yeux, elle n'a pas perdu sa langue ; il faut consoler les affligés. Je demande pardon de *la liberté grande*.

8° A propos de *la liberté grande*, et ma lettre à M. Lemierre ?

9° Dans peu vous aurez nouvelle offrande.

10° Pour Dieu, laissons la *Fanime* pour quelque temps.

Il faut présenter toujours des requêtes au conseil. Je suis occupé à chasser des jésuites d'un terrain qu'ils avaient usurpé sur des orphelins ; cela est plus difficile qu'une tragédie, mais j'en viendrai à bout, et cela sera plaisant ; mais il n'y a pas moyen de combattre les jésuites, et de rapetasser *Fanime* ; il faut choisir.

11° J'attends les feuilles de Frault ; je lui taillerai de la besogne.

12° J'attends *Rodogune*[3]. Je n'avais imploré les bontés de Mme d'Argental, dans cette affaire, que pour lui témoigner mon respect, et pour mettre *Rodogune* sous une protection plus honnête que celle de M. Le Brun, quoique M. Le Brun soit fort honnête. Je remercie ten-

1. Imitation des premiers mots du psaume CXXIX. (ÉD.)
2. Argire dans *Tancrède*, et Bénassar dans *Fanime* (ou *Zulime*). (ÉD.)
3. Mlle Corneille. (ÉD.)

ârement M. comme Mme d'Argental de toutes leurs bontés pour *Rodogune.*

13° Qui est l'auteur du *Savetier du coin?* il pense bien, mais il est trop savetier. Qui a fait *l'Homme de lettres?* il écrit mieux, mais cela n'est pas piquant.

14° Voici le gros article. Je n'aime point cette ophthalmie; les maux des yeux sont sérieux. Soyez bien sage, mon cher ange, que j'aime comme mes yeux; rafraîchissez-vous, couchez-vous de bonne heure; ayez peu d'affaires; tenez-vous gai surtout; c'est le remède universel. Je baise le bout de vos ailes.

MMMCLXXXVII. — A MADAME LA MARQUISE DU DEFFAND.

9 décembre.

Il y a plus de six semaines, madame, que je n'ai pu jouir d'un moment de loisir; cela est ridicule, et n'en est pas moins vrai. Comme vous ne vous accommodez pas que je vous écrive simplement pour écrire, j'ai l'honneur de vous dépêcher deux petits manuscrits qui me sont tombés entre les mains. L'un me paraît merveilleusement philosophique et moral; il doit par conséquent être au goût de peu de gens; l'autre est une plaisante découverte que j'ai faite dans mon ami Ezéchiel.

On ne lit point assez Ezéchiel. J'en recommande la lecture tant que je peux; c'est un homme inimitable. Je ne demande pas que ces rogatons vous divertissent autant que moi, mais je voudrais qu'ils vous amusassent un quart d'heure.

J'ai tenu bon contre M. d'Argental. Il aurait beau me démontrer la beauté d'un échafaud, j'aime fort le spectacle, l'appareil, toutes les pompes du démon; mais, pour la potence, je suis son serviteur. Je la renvoie à Despréaux :

Mais il est des objets que l'art judicieux
Doit offrir à l'oreille, et reculer des yeux.

D'ailleurs je suis fâché contre les Anglais. Non-seulement ils m'ont pris Pondichéri, à ce que je crois, mais ils viennent d'imprimer que leur Shakspeare, madame, est infiniment au-dessus de Gilles.

Figurez-vous, madame, que la tragédie de *Richard III*, qu'ils comparent à *Cinna*, tient neuf années pour l'unité de temps, une douzaine de villes et de champs de batailles pour l'unité de lieu, et trente-sept événements principaux pour unité d'action; mais c'est une bagatelle. Au premier acte, Richard dit qu'il est bossu et puant, et que, pour se venger de la nature, il va se mettre à être un hypocrite et un coquin. En disant ces belles choses, il voit passer un enterrement (c'est celui du roi Henri VI); il arrête la bière et la veuve, qui conduit le convoi. La veuve jette les hauts cris; elle lui reproche d'avoir tué son

---

1. Cet autre petit manuscrit était très-probablement celui de l'article ÉZÉCHIEL du *Dictionnaire philosophique*. (ÉD.)

mari. Richard lui répond qu'il en est fort aise, parce qu'il pourra plus commodément coucher avec elle. La reine lui crache au visage; Richard la remercie, et prétend que rien n'est si doux que son crachat. La reine l'appelle crapaud : « Vilain crapaud, je voudrais que mon crachat fût du poison. — Eh bien! madame, tuez-moi si vous voulez; voilà mon épée. » Elle la prend : « Va, je n'ai pas le courage de te tuer moi-même.... Non, ne te tue pas, puisque tu m'as trouvée jolie. » Elle va enterrer son mari, et les deux amants ne parlent plus que d'amour dans le reste de la pièce.

N'est-il pas vrai que si nos porteurs d'eau faisaient des pièces de théâtre, ils les feraient plus honnêtes?

Je vous conte tout cela, madame, parce que j'en suis plein. N'est-il pas triste que le même pays qui a produit Newton ait produit ces monstres, et qu'il les admire?

Portez-vous bien, madame; tâchez d'avoir du plaisir; la chose n'est pas aisée, mais n'est pas impossible. Mille respects de tout mon cœur.

MMMCLXXXVIII. — A M. HÉRON.

Aux Délices, 10 décembre.

Monsieur, j'obéis à vos ordres avec autant de reconnaissance que de joie. J'ai l'honneur de vous envoyer ma requête contenant ma déclaration que je renonce à la haute justice de La Perrière, qu'elle appartient au roi, et que l'amende prononcée en ma faveur ne m'appartient pas.

J'envoie un double de ma requête à M. l'intendant de Bourgogne, et je le supplie de vouloir bien exiger que M. le président de Brosses signe ce double, comme il le doit.

Si M. de Brosses fait quelques difficultés, j'aurai toujours rempli mon devoir. Vous avez dû recevoir monsieur, mon autre requête contre la peste; je vous importune beaucoup. Il semble que j'aie des affaires exprès pour avoir des occasions de vous renouveler les marques de ma reconnaissance, et du respect avec lequel j'ai l'honneur d'être, monsieur, etc.
VOLTAIRE.

MMMCLXXXIX. — A M. DUPONT.

10 décembre.

Si vous aviez été *cœlebs*, mon cher ami, vous seriez venu dans mes beaux ermitages; je vous y aurais possédé; vous auriez eu la comédie, et bien jouée, et des pièces nouvelles; vous auriez chassé, vous auriez revu frère Adam, qui est redevenu tout jésuite; mais vous êtes *sponsus et paterfamilias*. Je ne vous plains point, parce que vous avez une femme et des enfants aimables; mais je me plains, moi, d'être toujours loin de vous. Nous ne vous oublions ni aux Délices ni à Ferney; nous faisons souvent commémoration de vous, Mme Denis et moi. Savez-vous bien que, dans mes retraites, je n'ai pas un moment de loisir; qu'il a fallu toujours bâtir, planter, écrire, faire des pièces, des théâtres, des acteurs? Tenez, voilà les *Facéties* pour vous amuser, et *Pierre le Grand* pour vous ennuyer. *Vale, amice.*

## MMMCXC. — A M. HELVÉTIUS.

12 décembre.

Mon cher philosophe, il y a longtemps que je voulais vous écrire. La chose qui me manque le plus, c'est le loisir; vous savez que ce

............ ..................La Serre
Volume sur volume incessamment desserre.

J'ai eu beaucoup de besogne. Vous êtes un grand seigneur qui affermez vos terres : moi, je laboure moi-même, comme Cincinnatus; de façon que j'ai rarement un moment à moi.

J'ai lu une héroïde d'un disciple de Socrate[1], dans laquelle j'ai vu des vers admirables. J'en fais mon compliment à l'auteur, sans le nommer. La pièce est un peu roide. Bernard de Fontenelle n'eût jamais ni osé ni pu en faire autant. Le parti des sages ne laisse pas d'être considérable et assez fier. Je vous le répète, mes frères, si vous vous tenez tous par la main, vous donnerez la loi. Rien n'est plus méprisable que ceux qui vous jugent; vous ne devez voir que vos disciples.

Si vous avez reçu un *Pierre*, ce n'est pas Simon Barjone; ce n'est pas non plus le *Pierre* russe que je vous avais dépêché par la poste; ce doit être un *Pierre* en feuilles que Robin-*mouton* devait vous remettre. Je vous en ai envoyé deux reliés, un pour vous, et l'autre pour M. Saurin. Il a plu à messieurs les intendants des postes de se départir des courtoisies qu'ils avaient ci-devant pour moi; ils ont prétendu qu'on ne devait envoyer aucun livre relié. Douze exemplaires ont été perdus; c'est l'antre du lion.

De quelles tracasseries me parlez-vous? je n'en ai essuyé ni pu essuyer aucune. Est-ce de frère Menoux? Ah! rassurez-vous; les jésuites ne peuvent me faire de mal; c'est moi qui ai l'honneur de leur en faire. Je m'occupe actuellement à déposséder les frères jésuites d'un domaine qu'ils ont acquis auprès de mon château. Ils l'avaient usurpé sur des orphelins, et avaient obtenu *lettres royaux* pour avoir permission de garder la vigne de Naboth. Je les fais déguerpir, mort-dieu! je leur fais rendre gorge, et la Providence me bénit. Je n'ai jamais eu un plaisir plus pur. Je suis un peu le maître chez moi, par parenthèse.

Vous ai-je dit que le frère et le fils d'Omer sont venus chez moi, et comme ils ont été reçus? vous ai-je dit que j'ai envoyé *Pierre* au roi, et qu'il l'a mieux reçu que le *Discours* et le *Mémoire* de Le Franc de Pompignan? vous ai-je dit que Mme de Pompadour et M. le duc de Choiseul m'honorent d'une protection très-marquée? Croyez-moi, mes frères, notre petite école de philosophes n'est pas si déchirée. Il est vrai que nous ne sommes ni jésuites, ni convulsionnaires, mais nous

1. *Un disciple de Socrate aux Athéniens*, héroïde; à Athènes, Olymp. xcv, an 1, in-8° de seize pages. On a attribué cet ouvrage à Voltaire. Barbier dit qu'il est de Marmontel; mais il n'est dans aucune édition de ses *Œuvres*. (Éd.)

aimons le roi, sans vouloir être ses *tuteurs*[1], et l'État sans vouloir le gouverner.

Il peut savoir qu'il n'a point de sujets plus fidèles que nous, ni de plus capables de faire sentir le ridicule des cuistres qui voudraient renouveler les temps de la Fronde.

N'avez-vous pas bien ri du voyage de Pompignan à la cour avec Fréron? et de l'apostrophe de M. le dauphin :

Et l'ami Pompignan pense être quelque chose?

Voilà à quoi les vers sont bons quelquefois; on les cite, comme vous voyez, dans les grandes occasions.

J'ai vu un *Oracle des anciens fidèles*; cela est hardi, adroit et savant. Je soupçonne l'abbé *Mords-les* d'avoir rendu ce petit service.

Dieu vous conserve dans la sainte union avec le petit nombre! Frappez, et ne vous commettez pas. Aimons toujours le roi, et détestons les fanatiques.

### MMMCXCI. — A M. LE COMTE D'ARGENTAL.

15 décembre.

Voilà la véritable leçon, mes divins anges. Voyez combien il est difficile d'arriver au but; combien ce maudit art des vers est difficile; quel tort irréparable on me ferait si on imprimait *Tancrède* sans que je l'eusse corrigé. Mes anges, vous m'avez embarqué; empêchez que je ne fasse naufrage. Comment vont les deux yeux de mon ange gardien? ont-ils lu *Caliste*? Ah, mes anges! j'ai bien peur qu'on ne corrompe entièrement la tragédie par toutes ces pantomimes de Mlle Clairon. Croyez-moi, une chambre tapissée de noir ne vaut pas des vers bien faits et bien tendres. Il n'y a que les *convulsionnaires* qui se roulent par terre. J'ai crié quarante ans pour avoir du spectacle, de l'appareil, de l'action tragique; mais *domandavo acqua, non tempestà*.

Et puis comment le public français peut-il adopter la barbarie anglaise, le viol anglais, la confusion anglaise, la marche anglaise d'une pièce anglaise! Pauvres Français, vous êtes dans la fange de toutes façons, et j'en suis fâché.

O mes anges! ramenez donc le bon goût.

### MMMCXCII. — A M. DE BRENLES.

Aux Délices, 16 décembre.

Vous souvenez-vous de moi? pour moi, je vous aimerai toujours, quoique je ne sois plus Suisse. Voici, mon cher monsieur, de quoi il est question. Vous savez que j'ai acheté des terres en France pour être plus libre; une descendante du grand Corneille vient dans ces terres; vous serez peut-être surpris qu'une nièce de Rodogune sache à peine lire et écrire; mais son père, malheureusement réduit à l'état le plus indigent, et, plus malheureusement encore, abandonné de Fontenelle,

---

1. C'était la prétention du parlement. (Éd.)

n'avait pas eu de quoi donner à sa fille les commencements de la plus mince éducation. On m'a recommandé cette infortunée; j'ai cru qu'il convenait à un soldat de nourrir la fille de son général. Elle arrive chez moi; elle a appris un peu à lire et à écrire d'elle-même; on la dit aimable; je me ferai un plaisir de lui servir de père, et de contribuer à son éducation, qu'elle seule a commencée. Si vous connaissez quelque pauvre homme qui sache lire, écrire, et qui puisse même avoir une teinture de géographie et d'histoire, qui soit du moins capable de l'apprendre, et d'enseigner le lendemain ce qu'il aura appris la veille, nous le logerons, chaufferons, blanchirons, nourrirons, abreuverons et payerons, mais payerons très-médiocrement, car je me suis ruiné à bâtir des châteaux, des églises et des théâtres. Voyez, avez-vous quelque pauvre ami? vous m'avez déjà donné un Corbo dont je suis fort content. Ses gages sont médiocres, mais il est très-bien dans le château de Tournay; son frère n'est pas mieux dans celui de Ferney. Notre savant pourrait avoir les mêmes appointements. Décidez; bonsoir; mille compliments à Mme votre femme. Êtes-vous enfin un père heureux? *Vale, amice.*

V.

MMMCXCIII. — A M. LE COMTE D'ARGENTAL.

16 décembre.

Je vous excède encore; *Rodogune* est à Lyon, chez Tronchin, entre quatre garçons. On la présentera probablement à Mme de Grolée, qui ne manquera pas de lui manier les tetons, selon sa louable coutume; c'est un honneur qu'elle fait à toutes les filles et femmes qu'on lui présente. Est-il vrai que l'abbé de Latour-du-Pin ¹ avait grande envie de rompre ce voyage? il m'est très-important de savoir ce qui en est. Dites-moi, je vous prie, madame, tout ce que vous savez de cette aventure de roman.

Je reviens au roman de *Tancrède*. Je vous conjure, mes anges, encore une fois, de bien recommander à Prault de suivre exactement la leçon que je lui envoie, et de n'y pas changer une virgule. C'est le *placet de Caritidès*; on n'en peut rien *retrancher* ². Nous venons de jouer, ma nièce et moi, la scène du père et de la fille, au second acte :

Qu'entends-je? vous, mon père!
— Moi, ton père!.. est-ce à toi de prononcer ce nom?
Scène II.

Vous pouvez être convaincus que cela jette dans l'acte un attendrissement, un intérêt qui manquait. Cet acte, qui paraissait froid, du être brûlant, s'il est bien joué.

A propos de froid, c'est un secret sûr, pour faire de la glace, que de placer des détails historiques au milieu de la passion, à moins que ces

1. L'abbé de Latour-du-Pin demandait une lettre de cachet pour empêcher Mlle Corneille d'aller chez Voltaire. (ÉD.)
2. Molière, *les Fâcheux*, act. III, sc. II. (ÉD.)

détails ne soient réchauffés par quelques interjections, par des retours sur soi-même, par des figures qui raniment la langueur historique.

Mais, craignant de lui nuire en cherchant à le voir,
Il crut que m'avertir était son seul devoir.

Ces deux vers ralentissent. Je raisonne poésie avec mes anges, je disserte; ils me le pardonnent.

Non-seulement ces détails sont froids, mais le spectateur est en droit de dire : « Eh quoi donc cet esclave craignait-il de nuire à Tancrède ? pourquoi, étant dans son camp, n'a-t-il pas cherché à le voir ? il devait sans doute, tout faire pour approcher de Tancrède. » Il serait difficile de répondre à cette critique.

Ne vaut-il pas mieux supposer, en général, que mille obstacles ont empêché l'esclave d'aller jusqu'à Tancrède? Aménaïde, en se plaignant de ces obstacles et de la destinée qui lui a toujours été contraire, en faisant parler ses douleurs, en se livrant à l'espérance, intéresse bien davantage; tout devient plus naturel et plus animé. Enfin je resupplie, je reconjure à genoux M. et Mme d'Argental de s'en tenir à mon dernier mot. J'ose espérer que la reprise sera favorable : mais que mes anges se mettent à la tête du parti raisonnable, qui n'est ni pour les tragédies à marionnettes ni pour les tragédies à conversations; qu'ils soutiennent rigoureusement le grand et véritable genre, celui du cinquième acte de *Rodogune*, d'*Athalie*, et peut-être du quatrième acte de *Mahomet*, du troisième de *Tancrède*, de *Sémiramis*, etc.

Vous devez avoir un chant de *Pucelle*; il n'est pas correct malheureusement; le meilleur y manque. Vous avez *Acanthe* [1]. Oh, pardieu ! que manque-t-il à Acanthe? nous sommes fous d'Acanthe; que vous êtes à plaindre, si Acanthe ne vous plaît pas!

Pardon ; voici une réponse pour Lekain; vous m'enverrez promener

MMMCXCIV. — A M. LEKAIN.

16 décembre.

Je n'ai voulu vous répondre, mon cher *Roscius*, que quand j'aurais vu enfin toute cette confusion dans les rôles de *Tancrède* un peu débrouillée, quand vous seriez débarrassés de *la Belle Pénitente*, et quand vous seriez prêts à reprendre *Tancrède*.

Grâce aux bontés de M. et de Mme d'Argental, tout est en ordre; et si la pièce reste au théâtre, ce sera uniquement à leur bon goût et à leurs attentions infatigables qu'on en aura l'obligation. Je vous prie de vouloir bien vous conformer entièrement, dans la représentation, à l'édition de Prault. Rien n'est plus ridicule que de voir jouer d'une façon ce qui est imprimé d'une autre. Il ne faut jamais sacrifier l'élocution et le style à l'appareil et aux attitudes. L'intérêt doit être dans les choses qu'on dit, et non pas dans de vaines décorations. L'appareil, la pompe, la position des acteurs, le jeu muet, sont nécessaires; mais

1. C'est le nom d'un personnage du *Droit du Seigneur*. (Éd.)

c'est quand il en résulte quelque beauté, c'est quand toutes ces choses ensemble redoublent le nœud et l'intérêt. Un tombeau, une chambre tendue de noir, une potence, une échelle, des personnages qui se battent sur la scène, des corps morts qu'on enlève, tout cela est fort bon à montrer sur le Pont-Neuf, avec la rareté, la curiosité. Mais quand ces sublimes marionnettes ne sont pas essentiellement liées au sujet, quand on les fait venir hors de propos, et uniquement pour divertir les garçons perruquiers qui sont dans le parterre, on court un peu de risque d'avilir la scène française, et de ne ressembler aux barbares Anglais que par leur mauvais côté. Ces farces monstrueuses amuseront pendant quelque temps, et ne feront d'autre effet que de dégoûter le public de ces nouveaux spectacles et des anciens.

Je vous exhorte donc, mon cher ami, de ne souffrir d'appareil au théâtre que celui qui est noble, décent, nécessaire.

Pour ce qui est de *Tancrède*, je crois que, d'abord, vos camarades doivent conformer leur rôle à l'imprimé; qu'ensuite ils doivent en faire une répétition, parce qu'il y a environ deux cents vers différents de ceux qu'on a récités aux premières représentations. Je crois même qu'il y en a beaucoup plus de deux cents; je crois encore que vous devez donner deux représentations avant que Prault mette son édition en vente. Si la pièce réussit, il la vendra beaucoup mieux quand ces deux représentations l'auront fait valoir, et lui auront donné un nouveau prix.

Je vous embrasse de tout mon cœur, et je vous prie de me donner de vos nouvelles et des miennes.

MMMCXCV. — A M. LE COMTE D'ARGENTAL.

16 décembre au soir.

Je reçois le paquet de mes anges à six heures du soir; je le renvoie à huit. Il partira demain avec mes remercîments, qui doivent être fort longs, et avec ma courte honte d'avoir coûté tant de peines à ceux à qui je ne peux faire beaucoup de plaisir. Vous devez être regoûtés de *Tancrède*; il n'y a que votre bonté qui vous soutienne. On n'a jamais fait pour un pauvre diable d'auteur ce que vous avez daigné faire pour moi. Je crois enfin cette pièce un peu mieux arrondie que quand je la fis si à la hâte; je la crois même plus touchante, et c'est là le principal. Avec des vers bien faits, bien compassés, on ne tient rien si le cœur n'est ému.

J'avais bien raison de vouloir revoir l'édition de Prault. Daignez jeter les yeux sur la pièce, et vous verrez que j'ai fait toutes les corrections indispensables. Son édition était ridicule et absurde. Prault aura un peu à *remanier*, c'est le terme de l'art; mais c'est une peine et une dépense très-médiocres. Il a très-grand tort de craindre que l'édition des Cramer ne croise la sienne. Les Cramer n'ont point commencé; ils n'ont point l'ouvrage, et ils ne l'imprimeront que pour les pays étrangers. D'ailleurs j'enverrai incessamment au petit Prault un ouvrage [1]

---

1. *Appel à toutes les nations de l'Europe*. (ÉD.)

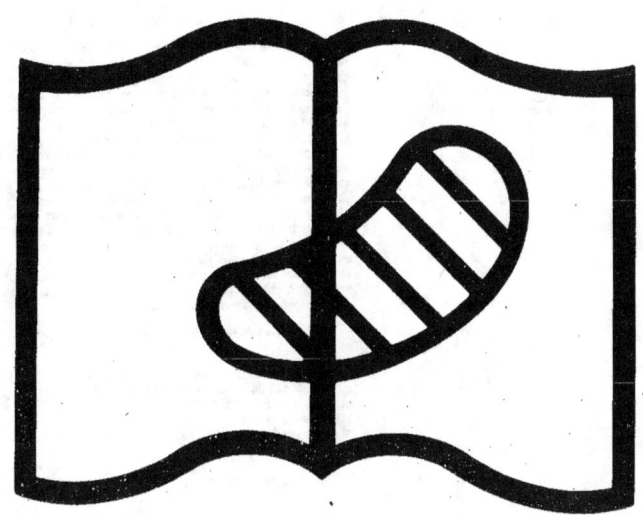

sur les théâtres que je crois assez neuf et assez intéressant. Le zèle de la patrie m'a saisi; j'ai été indigné d'une brochure anglaise dans laquelle on préfère hautement Shakspeare à Corneille. J'ai voulu venger l'oncle, en ayant chez moi la nièce. J'amuserai d'abord mes anges de ce petit traité, et je supplierai très-instamment que Prault ne sache pas qu'il est de moi, ou du moins qu'il mérite les petits services que je peux lui rendre, en feignant de les ignorer.

Comme je n'ai nul goût à voir mon nom à la tête de mes sottises, ou folles, ou sérieuses, ou tragiques, ou comiques, permettez-moi, mes chers anges, d'exiger que celui des comédiens ne s'y trouve pas plus que le mien. A quoi sert-il de savoir qu'un nommé Brizard a joué platement mon plat père? Qu'est-ce que cela fait aux lecteurs? J'ai une aversion invincible pour cette coutume nouvellement introduite.

Mes anges, je commence à souhaiter la paix. Il est vrai que je fais chez moi la guerre aux jésuites, mais elle ne coûte rien; je les chasse, et je triomphe. Mais la guerre contre les Anglais vous ruine, et c'est vous qu'on chasse. J'attends avec impatience ce qui adviendra, dans votre *tripot*, de la convocation des pairs.

> La montagne en travail enfante une souris
> La Fontaine, liv. V, fab. x.

Daignez me mander des nouvelles de l'*Écossaise*, et des rogatons que je vous ai envoyés. Je souhaite à *Térée* beaucoup de prospérités, et que les vers de Philomèle soient le chant du rossignol. Mais M. Lemierre a-t-il reçu une certaine lettre que je pris la liberté d'adresser à M. d'Argental, ne sachant pas la demeure du père de *Térée*? Pardon, je dois vous excéder.

MMMCXCVI. — A M. LE COMTE DE SCHOWALOW.

Ferney, par Genève, 20 décembre.

Monsieur, je vous souhaite la bonne année; votre pauvre secrétaire n'a plus que cela à faire; Votre Excellence m'a cassé aux gages. Il y a un siècle que je n'ai eu de vos nouvelles, et je suis toujours dans une profonde ignorance touchant les paquets que j'ai eu l'honneur de vous envoyer. Le gentilhomme qui devait venir de Vienne à Genève est apparemment amoureux de quelque Allemande. Nuls papiers, nulle instruction pour achever votre *Histoire de Pierre le Grand*. Enfin ma consolation, monsieur, est de compter toujours sur vos bonnes grâces, sur votre zèle pour la mémoire d'un fondateur et d'un grand homme. Vous n'abandonnerez pas votre ouvrage. J'ai toujours le bonheur de parler de vous à M. de Soltikof. Il est plus digne que jamais de votre bienveillance. Vous le verrez un jour très-savant, et jamais la science n'aura logé dans une plus belle âme.

Je vous réitère, monsieur, mes souhaits pour votre prospérité, et pour celle de votre auguste impératrice. Recevez le tendre respect de votre, etc.
V.

ANNÉE 1760.          133

MMMCXCVII. — A M. DES HAUTERAIES, A PARIS.

21 décembre.

Monsieur, j'avais déjà lu vos *Doutes*; ils m'avaient paru des convictions. Je suis bien flatté de les tenir de la main de l'auteur même. Les langues que vous possédez et que vous enseignez sont nécessaires pour connaître l'antiquité; et cette connaissance de l'antiquité nous montre combien on nous a trompés en tout.

C'est l'empereur Kang-hi, autant qu'il m'en souvient, qui montra à frère Parrenin, jésuite de mérite et mandarin, un vieux livre de géométrie, dans lequel il est dit que la proposition du carré de l'hypoténuse était connue du temps des premiers rois. Les Indiens revendiquent cette démonstration. Ce petit procès littéraire au bout du monde dure depuis quatre ou cinq mille ans; et nous autres, qu'étions-nous il y a vingt siècles? Des barbares qui ne savions pas écrire, mais qui égorgions des filles et des petits garçons à l'honneur de Teutatès, comme nous en avons égorgé, en 1572, à l'honneur de saint Barthélemy.

Un officier qui commande dans un fort près du Gange, et qui est l'ami intime d'un des principaux bramins, m'a apporté une copie des quatre *Veidam*, qu'il assure être très-fidèle. Il est difficile que ce livre n'ait au moins cinq mille ans d'antiquité. C'est bien à nous, qui ne devons notre sacrement de baptême qu'aux usages des anciens Gangarides qui passèrent chez les Arabes, et que Notre Seigneur Jésus-Christ a sanctifiés; c'est bien à nous, vraiment, à combattre l'antiquité de ceux qui nous ont fourni du poivre de toute antiquité! Le monde est bien vieux; les habitants de la Gaule cisalpine sont bien jeunes et souvent bien sots ou bien fous.

Si quelqu'un peut les rendre plus raisonnables, c'est vous, monsieur; mais on dit qu'il y a des aveugles qui donnent des coups de pied dans le ventre à ceux qui veulent leur rendre la lumière. Je suis, etc.

MMMCXCVIII. — A M. THIERIOT.

22 décembre.

Un M. Chamberlan, dans *le Censeur hebdomadaire*, prétend que je lui ai écrit que la divine Providence nous accorde à tous une partie égale d'intelligence. Je ne crois pas avoir jamais écrit une pareille sottise; mais si je l'ai écrite, je la rétracte. Je n'ai jamais prétendu avoir une tête organisée comme un Newton, un Rameau. Je n'aurais jamais trouvé la basse fondamentale ni le calcul intégral. Il n'y a que le sage du stoïcien qui soit tout, même cordonnier, comme dit Horace[1].

Est-il vrai que *Fréron* vient d'être mis au For-l'Évêque?

1. Lib. I, sat. III, v. 125. (ÉD.)

MMMCXCIX. — A MADAME LA MARQUISE DU DEFFAND.

A Ferney, 22 décembre.

Il y a eu, madame, de la réforme dans les postes. Les gros paquets ne passent plus. Je doute fort que vous ayez reçu ceux que j'ai eu l'honneur de vous adresser, et j'en suis très en peine. Je vous prie très-instamment de me tirer de cette inquiétude. Les rogatons que j'avais trouvés sous ma main, pour vous amuser ou pour vous ennuyer un quart d'heure, sont des misères, je le sais bien; mais je serais affligé qu'elles eussent passé dans d'autres mains que les vôtres.

Comment vous amusez-vous, madame? Que faites-vous de ces journées qui paraissent quelquefois si longues dans une vie si courte? Comment le président¹ s'accommode-t-il d'être septuagénaire? Pour moi, qui touche à ce bel âge de la maturité, je me trouve très-bien d'avoir à gouverner les dix-sept ans de Mlle Corneille. Elle est gaie, vive, et douce, l'esprit tout naturel; c'est ce qui fait apparemment que Fontenelle l'a si mal traitée.

Je lui apprends l'orthographe, mais je n'en ferai point une savante; je veux qu'elle apprenne à vivre dans le monde, et à y être heureuse.

Je vous souhaite les bonnes fêtes, madame, comme disent les Italiens mes voisins. Cependant vous ne sauriez croire combien il y a de gens, en Italie, qui se moquent des fêtes. Mon Dieu! que le monde est devenu méchant! c'est la faute de ces maudits philosophes.

MMMCC. — A M. LE COMTE D'ARGENTAL.

22 décembre.

Comment vont les yeux de mon cher et respectable ami, de mon divin ange? N'importuné-je point un peu trop mes deux chevaliers? Plût à Dieu que les chevaliers de Tancrède fussent aussi preux que vous! Mais il faut que je vous dise qu'on a joué à Dijon, à la Rochelle, à Bordeaux, à Marseille, *la Femme qui a raison*. Si l'ami Fréron m'a ôté les suffrages de Paris, je suis devenu un bon poëte en province. Pourquoi, après tout, ne souffrirait-on pas *la Femme qui a raison* dans la capitale? N'y aime-t-on pas un peu à se réjouir? n'y veut-on que des tombeaux, des chambres tendues de noir, et des échafauds?

En tout cas, voici *Oreste*. Pourquoi tous ceux qui aiment l'antiquité sont-ils partisans de cet ouvrage? Pensez-vous que Mlle Clairon ne fît pas un grand effet dans le rôle d'Électre, et Mlle Dumesnil dans celui de Clytemnestre? croyez-vous que les cris de Clytemnestre ne fissent pas un effet terrible?

Vous aurez, mes anges, un autre petit paquet par la poste prochaine, ou je suis bien trompé; mais ce paquet ne sera point *Fanime*: pourquoi? parce qu'on ne peut faire qu'une chose à la fois, parce que je ne suis pas encore content, parce qu'il ne faut pas voir deux fois de suite un père² qui dit noblement à sa fille qu'elle est une catin.

1. Hénault, qui était alors dans sa soixante-seizième année. (ÉD.)
2. Argire et Bénassar. (ÉD.)

Je vous avoue que j'ai grande envie de savoir si j'ai pièce [1] de Hurtaud vous déplaît autant qu'elle nous a plu; si d'autres rogatons vous ont amusés; si vous n'attendez pas incessamment M. le maréchal de Richelieu. Vous me direz que je suis un grand questionneur; il est vrai, mes anges.

Nous sommes très-contents de Mlle *Rodogune*; nous la trouvons naturelle, gaie, et vraie. Son nez ressemble à celui de Mme de Ruffec; elle en a le minois de doguin; de plus beaux yeux, une plus belle peau, une grande bouche assez appétissante, avec deux rangs de perles. Si quelqu'un a le plaisir d'approcher ses dents de celles-là, je souhaite que ce soit plutôt un catholique qu'un huguenot; mais ce ne sera pas moi, sur ma parole.

Mes divins anges, j'ai soixante et sept ans. Comptez que le plus beau portrait qu'on puisse faire de moi est celui que je vous envoyai il y a, je crois, trois ans; j'étais bien jeune alors. Mille tendres respects.

**MMMCCI. — A M. DAMILAVILLE.**

22 décembre.

Je profite, monsieur, de vos bontés[2]. J'ai à peine le temps d'écrire un mot, mais ce mot est que je vous suis attaché comme si j'avais l'honneur de vivre avec vous. Il me semble que vous êtes mon ancien ami.

**MMMCCII. — A M. DIDEROT.**

Décembre.

Monsieur et mon très-digne maître, j'aurais assurément bien mauvaise grâce de me plaindre de votre silence, puisque vous avez employé votre temps à préparer neuf volumes de l'*Encyclopédie*. Cela est incroyable. Il n'y a que vous au monde capable d'un si prodigieux effort. Vous aurait-on aidé comme vous méritez qu'on vous aide? Nous savons qu'on s'est plaint des déclamations, quand on attendait des définitions et des exemples; mais il y a tant d'articles admirables, les fleurs et les fruits sont répandus avec tant de profusion, qu'on passera aisément par-dessus les ronces. L'*infâme* persécution ne servira qu'à votre gloire; puisse votre gloire servir à votre fortune, et puisse votre travail immense ne pas nuire à votre santé! Je vous regarde comme un homme nécessaire au monde, né pour l'éclairer, et pour *écraser* le fanatisme et l'hypocrisie. Avec cette multitude de connaissances que vous possédez, et qui devrait dessécher le cœur, le vôtre est sensible. Vous avez grande raison sur ce déchirement que les spectateurs devraient éprouver, et qu'ils n'éprouvent pas, au second acte de *Tancrède*. Mais vous saurez que je venais de traiter et d'épuiser cette

1. *Le Droit du Seigneur*. (Cl.)
2. Damilaville avait le droit, comme premier commis aux bureaux des Vingtièmes, de contre-signer les paquets qui en sortaient. Il usa souvent de ce moyen de correspondre avec Voltaire, bien moins pour épargner la bourse de ce riche philosophe que pour mettre leurs lettres à l'abri des infidélités de la poste; ce qui cependant ne leur réussit pas toujours. (*Note de Clogenson*.)

situation dans une tragédie qui devait être jouée avant *Tancrède*, et qu'on n'a reculée que parce qu'il courait cent copies infidèles de *Tancrède* par la ville. Je n'ai pas voulu me répéter. Cependant j'ai corrigé; j'ai refondu plus de cent cinquante vers dans *Tancrède*, depuis qu'on l'a représenté presque malgré moi; et, parmi ces changements, je n'avais pas oublié le père d'Aménaïde au second acte. Mais où trouver des pères, où trouver des entrailles et des yeux qui sachent pleurer? Sera-ce dans un métier avili par un cruel préjugé, et parmi des mercenaires qui même sont honteux de leur profession? Il n'y a qu'une Clairon au monde; tous les grands talents sont rares; ils sont presque uniques. Ce qui m'étonne, c'est que Mlle Clairon ne soit pas persécutée. Vous l'avez été bien cruellement; cela est à sa place; mais l'opprobre restera aux persécuteurs. Le réquisitoire[1] Joly de Fleury sera un monument de ridicule et de honte. Son fils et son frère sont venus me voir; je leur ai donné des fêtes; je les ai fait rougir.

Les dévots et les dévotes s'assemblèrent chez Mme la première présidente de Molé, il y a quelque temps; ils déplorèrent le sort de Mlle Corneille, qui allait dans une maison qui n'est ni janséniste ni moliniste. Un grand chambrier qui se trouva là leur dit : « Mesdames, que ne faites-vous pour Mlle Corneille ce qu'on fait pour elle? » Il n'y en eut pas une qui offrît dix écus. Vous noterez que Mme de Molé a eu onze millions en mariage, et que son frère Bernard, le surintendant de la reine, m'a fait une banqueroute frauduleuse de vingt mille écus, dont la famille ne m'a pas payé un sou. Voilà les dévots; Bernard le banqueroutier affectait de l'être au milieu des filles de l'Opéra.

Oui, sans doute, mon cher philosophe, le monde n'est souvent que fausseté et qu'horreurs; mais il y a de belles âmes. La raison, l'esprit de tolérance, percent dans toutes les conditions. Les jésuites sont dans la boue; les jansénistes perdent leur crédit. Le roi est très-instruit de leurs manœuvres. Mme de Pompadour protège les lettres. M. le duc de Choiseul a une âme noble et éclairée, et il n'aurait jamais fait de mal à l'abbé Morellet, sans deux malheureuses lignes sur une femme mourante. Le roi n'a point lu l'impertinent mémoire du sieur Le Franc de Pompignan. Tout le monde s'en moque à la cour comme à Paris. Il n'y a pas longtemps qu'un homme dont les paroles sont quelque chose dit au roi qu'on persécutait en France les seuls hommes qui faisaient honneur à la France. Croyez que le roi sait faire dans son cœur la distinction qu'il doit faire entre les philosophes qui aiment l'État, et les séditieux qui le troublent. Vous avez pris un très-bon parti de ne rien dire, et de bien travailler. Adieu; je vous aime, je vous révère, je vous suis dévoué pour le reste de ma vie.

MMMCCIII. — A M. LE MARQUIS ALBERGATI CAPACELLI.

Au château de Ferney, en Bourgogne, 23 décembre.

Monsieur, nous sommes unis par les mêmes goûts, nous cultivons les mêmes arts, et ces beaux arts ont produit l'amitié dont vous m'ho-

---

1. Contre l'*Encyclopédie*. (Éd.)

norez. Ce sont eux qui lient les âmes bien nées, quand tout divise le reste des hommes.

J'ai su dès longtemps que les principaux seigneurs de vos belles villes d'Italie se rassemblent souvent pour représenter, sur des théâtres élevés avec goût, tantôt des ouvrages dramatiques italiens, tantôt même les nôtres. C'est aussi ce qu'ont fait quelquefois les princes des maisons les plus augustes et les plus puissantes; c'est ce que l'esprit humain a jamais inventé de plus noble et de plus utile pour former les mœurs et pour les polir; c'est là le chef-d'œuvre de la société : car, monsieur, pendant que le commun des hommes est obligé de travailler aux arts mécaniques, et que leur temps est heureusement occupé, les grands et les riches ont le malheur d'être abandonnés à eux-mêmes, à l'ennui inséparable de l'oisiveté, au jeu plus funeste que l'ennui, aux petites factions plus dangereuses que le jeu et que l'oisiveté.

Vous êtes, monsieur, un de ceux qui ont rendu le plus de services à l'esprit humain dans votre ville de Bologne, cette mère des sciences. Vous avez représenté à la campagne, sur le théâtre de votre palais, plus d'une de nos pièces françaises, élégamment traduites en vers italiens; vous daignez traduire actuellement la tragédie de *Tancrède*, et moi, qui vous imite de loin, j'aurai bientôt le plaisir de voir représenter chez moi la traduction d'une pièce de votre célèbre Goldoni, que j'ai nommé et que je nommerai toujours le peintre de la nature. Digne réformateur de la comédie italienne, il en a banni les farces insipides, les sottises grossières, lorsque nous les avions adoptées sur quelques théâtres de Paris. Une chose m'a frappé surtout dans les pièces de ce génie fécond, c'est qu'elles finissent toutes par une moralité qui rappelle le sujet et l'intrigue de la pièce, et qui prouve que ce sujet et cette intrigue sont faits pour rendre les hommes plus sages et plus gens de bien.

Qu'est-ce en effet que la vraie comédie? c'est l'art d'enseigner la vertu et les bienséances en action et en dialogues. Que l'éloquence du monologue est froide en comparaison! A-t-on jamais retenu une seule phrase de trente ou quarante mille discours moraux? et ne sait-on pas par cœur ces sentences admirables, placées avec art dans des dialogues intéressants :

*Homo sum: humani nihil a me alienum puto*[1].
*Apprime in vita esse utile, ut ne quid nimis*[2].
*Natura tu illi pater es, consiliis ego*, etc.[3].

C'est ce qui fait un des grands mérites de Térence; c'est celui de nos bonnes tragédies, de nos bonnes comédies. Elles n'ont pas produit une admiration stérile; elles ont souvent corrigé les hommes. J'ai vu un prince pardonner une injure après une représentation de la *Clémence d'Auguste*[4]. Une princesse, qui avait méprisé sa mère, alla se

---

1. Térence, *Heautontimorumenos*. (ÉD.) — 2. *Andrienne*. (ÉD.)
3. *Les Adelphes*. (ÉD.)
4. *Cinna*. — Le prince dont il s'agit ici était probablement Frédéric II ; mais

jeter à ses pieds en sortant de la scène où Rhodope demande pardon à sa mère. Un homme connu se raccommoda avec sa femme, en voyant *le Préjugé à la mode*. J'ai vu l'homme du monde le plus fier devenir modeste après la comédie du *Glorieux*; et je pourrais citer plus de six fils de famille que la comédie de *l'Enfant prodigue* a corrigés. Si les financiers ne sont plus grossiers, si les gens de cour ne sont plus de vains petits-maîtres, si les médecins ont abjuré la robe, le bonnet, et les consultations en latin; si quelques pédants sont devenus hommes, à qui en a-t-on l'obligation? au théâtre, au seul théâtre.

Quelle pitié ne doit-on donc pas avoir de ceux qui s'élèvent contre ce premier art de la littérature, qui s'imaginent qu'on doit juger du théâtre d'aujourd'hui par les tréteaux de nos siècles d'ignorance, et qui confondent les Sophocle et les Ménandre, les Varius et les Térence, avec les Tabarin et les Polichinelle!

Mais que ceux-là sont encore plus à plaindre, qui admettent les Polichinelle et les Tabarin, et qui rejettent les *Polyeucte*, les *Athalie*, les *Zaïre*, et les *Alzire!* Ce sont là de ces contradictions où l'esprit humain tombe tous les jours.

Pardonnons aux sourds qui parlent contre la musique, aux aveugles qui haïssent la beauté; ce sont moins des ennemis de la société, conjurés pour en détruire la consolation et le charme, que des malheureux à qui la nature a refusé des organes.

Nos vero *dulces* tenéant *ante omnia Musæ*.
Virg., *Georg.*, lib. II, v. 475.

J'ai eu le plaisir de voir chez moi, à la campagne, représenter *Alzire*, cette tragédie où le christianisme et les droits de l'humanité triomphent également. J'ai vu, dans *Mérope*, l'amour maternel faire répandre des larmes, sans le secours de l'amour galant. Ces sujets remuent l'âme la plus grossière comme la plus délicate; et si le peuple assistait à des spectacles honnêtes, il y aurait bien moins d'âmes grossières et dures. C'est ce qui fit des Athéniens une nation si supérieure. Les ouvriers n'allaient point porter à des farces indécentes l'argent qui devait nourrir leurs familles; mais les magistrats appelaient, dans des fêtes célèbres, la nation entière à des représentations qui enseignaient la vertu et l'amour de la patrie. Les spectacles que nous donnons chez nous sont une bien faible imitation de cette magnificence; mais enfin ils en retracent quelque idée. C'est la plus belle éducation qu'on puisse donner à la jeunesse, le plus noble délassement du travail, la meilleure instruction pour tous les ordres des citoyens; c'est presque la seule manière d'assembler les hommes pour les rendre sociables.

*Emollit mores, nec sinit esse feros.*
Ovid., *II ex Ponto*, ep. IX, v. 48.

quand celui-ci accorda une espèce de grâce au pauvre Franco-Comtois cité par Voltaire dans ses *Mémoires*, ce fut après une représentation de *la Clemenza di Tito*, opéra de Métastase. (*Note de Clogenson.*)

Aussi je ne me lasserai point de répéter que, parmi vous, le pape Léon X, l'archevêque Trissino, le cardinal Bibiena, et, parmi nous, les cardinaux de Richelieu et Mazarin, ressuscitèrent la scène. Ils savaient qu'il vaut mieux voir l'*OEdipe* de Sophocle que de perdre au jeu la nourriture de ses enfants, son temps dans un café, sa raison dans un cabaret, sa santé dans des réduits de débauche, et toute la douceur de sa vie dans le besoin et dans la privation des plaisirs de l'esprit.

Il serait à souhaiter, monsieur, que les spectacles fussent, dans les grandes villes, ce qu'ils sont dans vos terres et dans les miennes, et dans celles de tant d'amateurs; qu'ils ne fussent point mercenaires; que ceux qui sont à la tête des gouvernements fissent ce que nous faisons, et ce qu'on fait dans tant de villes. C'est aux édiles à donner les jeux publics; s'ils deviennent une marchandise, ils risquent d'être avilis. Les hommes ne s'accoutument que trop à mépriser les services qu'ils payent. Alors l'intérêt, plus fort encore que la jalousie, enfante les cabales. Les Claveret cherchent à perdre les Corneille, les Pradon veulent écraser les Racine.

C'est une guerre toujours renaissante, dans laquelle la méchanceté, le ridicule, et la bassesse, sont sans cesse sous les armes.

Un entrepreneur des spectacles de la Foire tâche, à Paris, de miner les comédiens qu'on nomme italiens; ceux-ci veulent anéantir les comédiens français par des parodies; les comédiens français se défendent comme ils peuvent; l'Opéra est jaloux d'eux tous; chaque compositeur a pour ennemis tous les autres compositeurs, et leurs protecteurs, et les maîtresses des protecteurs.

Souvent, pour empêcher une pièce nouvelle de paraître, pour la faire tomber au théâtre, et, si elle réussit, pour la décrier à la lecture, et pour abîmer l'auteur, on emploie plus d'intrigues que les whigs n'en ont tramé contre les tories, les guelfes contre les gibelins, les molinistes contre les jansénistes, les cocoéiens contre les voétiens, etc., etc., etc.

Je sais de science certaine qu'on accusa *Phèdre* d'être janséniste. Comment, disaient les ennemis de l'auteur, sera-t-il permis de débiter à une nation chrétienne ces maximes diaboliques :

Vous aimez. On ne peut vaincre sa destinée;
Par un charme fatal vous fûtes entraînée.

Racine, *Phèdre*, acte IV, scène VI.

N'est-ce pas là évidemment un juste à qui la grâce a manqué? J'ai entendu tenir ces propos dans mon enfance, non pas une fois, mais trente. On a vu une cabale de canailles, et un abbé Desfontaines à la tête de cette cabale, au sortir de Bicêtre, forcer le gouvernement à suspendre les représentations de *Mahomet*, joué par ordre du gouvernement. Ils avaient pris pour prétexte que, dans cette tragédie de *Mahomet*, il y avait plusieurs traits contre ce faux prophète qui pouvaient rejaillir sur les *convulsionnaires*; ainsi ils eurent l'insolence d'empêcher, pour quelque temps, les représentations d'un ouvrage dédié à un pape, approuvé par un pape.

Si M. de l'Empyrée[1], auteur de province, est jaloux de quelques autres auteurs, il ne manque pas d'assurer, dans un long *discours* public, que messieurs ses rivaux sont tous des ennemis de l'État et de l'Église gallicane. Bientôt Arlequin accusera Polichinelle d'être janséniste, moliniste, calviniste, athée, déiste, collectivement.

Je ne sais quels écrivains subalternes se sont avisés, dit-on, de faire un *Journal chrétien*, comme si les autres journaux de l'Europe étaient idolâtres. M. de Saint-Foix, gentilhomme breton, célèbre par la charmante comédie de *l'Oracle*, avait fait un livre très-utile et très-agréable sur plusieurs points curieux de notre histoire de France. La plupart de ces petits dictionnaires ne sont que des extraits des savants ouvrages du siècle passé : celui-ci est d'un homme d'esprit qui a vu et pensé. Mais qu'est-il arrivé? sa comédie de *l'Oracle* et ses recherches sur l'histoire étaient si bonnes, que messieurs du *Journal chrétien* l'ont accusé de n'être pas chrétien. Il est vrai qu'ils ont essuyé un procès criminel, et qu'ils ont été obligés de demander pardon; mais rien ne rebute ces honnêtes gens.

La France fournissait à l'Europe un *Dictionnaire encyclopédique* dont l'utilité était reconnue. Une foule d'articles excellents rachetaient bien quelques endroits qui n'étaient pas de main de maître. On le traduisait dans votre langue; c'était un des plus grands monuments des progrès de l'esprit humain. Un *convulsionnaire* s'avise d'écrire contre ce vaste dépôt des sciences. Vous ignorez peut-être, monsieur, ce que c'est qu'un *convulsionnaire*: c'est un de ces énergumènes de la lie du peuple, qui, pour prouver qu'une certaine bulle d'un pape est erronée, vont faire des miracles de grenier en grenier, rôtissant des petites filles sans leur faire de mal, leur donnant des coups de bûche et de fouet pour l'amour de Dieu, et criant contre le pape. Ce monsieur *convulsionnaire* se croit prédestiné par la grâce de Dieu à détruire l'*Encyclopédie*; il accuse, selon l'usage, les auteurs de n'être pas chrétiens; il fait un inlisible libelle en forme de dénonciation; il attaque à tort et à travers tout ce qu'il est incapable d'entendre. Ce pauvre homme, s'imaginant que l'article *Âme* de ce dictionnaire n'a pu être composé que par un homme d'esprit, et n'écoutant que sa juste aversion pour les gens d'esprit, se persuade que cet article doit absolument prouver le matérialisme de son âme; il dénonce donc cet article comme impie, comme épicurien; enfin comme l'ouvrage d'un philosophe.

Il se trouve que l'article, loin d'être d'un philosophe, est d'un docteur[2] en théologie, qui établit l'immatérialité, la spiritualité, l'immortalité de l'âme, de toutes ses forces. Il est vrai que ce docteur encyclopédiste ajoutait aux bonnes preuves que les philosophes en ont apportées, de très-mauvaises qui sont de lui; mais enfin la cause est si bonne qu'il ne pouvait l'affaiblir. Il combat le matérialisme tant qu'il peut; il attaque même le système de Locke; supposant que ce système

---

1. Le Franc de Pompignan. (ÉD.) — 2. L'abbé Yvon. (ÉD.)

peut favoriser le matérialisme, il n'entend pas un mot des opinions de Locke; cet article, enfin, est l'ouvrage d'un écolier orthodoxe, dont on peut plaindre l'ignorance, mais dont on doit estimer le zèle et approuver la saine doctrine. Notre *convulsionnaire* défère donc cet article de l'*Âme*, et probablement sans l'avoir lu. Un magistrat[1], accablé d'affaires sérieuses, et trompé par ce malheureux, le croit sur sa parole; on demande la suppression du livre, on l'obtient; c'est-à-dire on trompe mille souscripteurs qui ont avancé leur argent, on ruine cinq ou six libraires considérables qui travaillaient sur la foi d'un privilége du roi, on détruit un objet de commerce de trois cent mille écus. Et d'où est venu tout ce grand bruit et cette persécution? de ce qu'il s'est trouvé un homme ignorant, orgueilleux, et passionné.

Voilà, monsieur, ce qui s'est passé, je ne dis pas aux yeux de l'*univers*, mais au moins aux yeux de tout Paris. Plusieurs aventures pareilles, que nous voyons assez souvent, nous rendraient les plus méprisables de tous les peuples policés, si d'ailleurs nous n'étions pas assez aimables. Et, dans ces belles querelles, les partis se cantonnent, les factions se heurtent, chaque parti a pour lui un *folliculaire*. Maître Aliboron, par exemple, est le folliculaire de M. de l'*Empyrée*; ce maître Aliboron ne manque pas de décrier tous ses camarades folliculaires, pour mieux débiter ses feuilles. L'un gagne à ce métier cent écus par an, l'autre mille, l'autre deux mille; ainsi l'on combat *pro focis*. « Il faut bien que je vive, » disait l'abbé Desfontaines à un ministre[2] d'État; le ministre eut beau lui dire qu'il n'en voyait pas la nécessité, Desfontaines vécut; et tant qu'il y aura une pistole à gagner dans ce métier, il y aura des Frérons qui décrieront les beaux-arts et les bons artistes.

L'envie veut mordre, l'intérêt veut gagner; c'est là ce qui excita tant d'orages contre le Tasse, contre le Guarini, en Italie; contre Dryden et contre Pope, en Angleterre; contre Corneille, Racine, Molière, Quinault, en France. Que n'a point essuyé, de nos jours, votre célèbre Goldoni! et si vous remontez aux Romains et aux Grecs, voyez les prologues de Térence, dans lesquels il apprend à la postérité que les hommes de son temps étaient faits comme ceux du nôtre; *tutto 'l mondo è fatto come la nostra famiglia*. Mais remarquez, monsieur, pour la consolation des grands artistes, que les persécuteurs sont assurés du mépris et de l'horreur du genre humain, et que les bons ouvrages demeurent. Où sont les écrits des ennemis de Térence, et les feuilles des Bavius qui insultèrent Virgile? où sont les impertinences des rivaux du Tasse, et des rivaux de Corneille et de Molière?

Qu'on est heureux, monsieur, de ne point voir toutes ces misères, toutes ces indignités, et de cultiver en paix les arts d'Apollon, loin des Marsyas et des Midas! qu'il est doux de lire Virgile et Homère en foulant à ses pieds les Bavius et les Zoïle, et de se nourrir d'ambroisie, quand l'Envie mange des couleuvres!

1. Omer Joly de Fleury. (É.)
2. Le comte d'Argenson. (É.)

Despréaux disait autrefois, en parlant de la rage des cabales :

Qui méprise Cotin n'estime point son roi,
Et n'a, selon Cotin, ni Dieu, ni foi, ni loi.
Sat. IX, v. 305.

Le grand Corneille, c'est-à-dire le premier homme par qui la France littéraire commença à être estimée en Europe, fut obligé de répondre ainsi à ses ennemis littéraires (car les auteurs n'en ont point d'autres) : « Je déclare que je soumets tous mes écrits au jugement de l'Église ; je doute fort qu'ils en fassent autant¹. »

Je prends la liberté de dire ici la même chose que le grand Corneille, et il m'est agréable de le dire à un sénateur de la seconde ville de l'État du saint-père ; il est doux encore de le dire dans des terres aussi voisines des hérétiques que les miennes. Plus je suis rempli de charité pour leurs personnes et d'indulgence pour leurs erreurs, plus je suis ferme dans ma foi. Mes ouvrages sont la *Henriade*, qui peut-être ne déplairait pas au roi qui en est le héros, s'il revenait dans le monde, et qui ne déplaît pas au digne héritier de ce bon roi ; j'ai donné quelques tragédies, médiocres à la vérité, mais qui toutes sont morales, et dont quelques-unes sont chrétiennes ; j'ai écrit l'*Histoire* de Louis XIV, dans laquelle j'ai célébré ma nation sans la flatter ; j'ai fait un *Essai sur l'histoire générale*, dans lequel je n'ai eu d'autre intention que de rendre une exacte justice à toutes les vertus et à tous les vices ; une *Histoire de Charles XII*, une de Pierre le Grand, fondées toutes les deux sur les monuments les plus authentiques ; ajoutez-y une légère explication des découvertes de Newton, dans un temps² où elles étaient très-peu connues en France. Ce sont là, s'il m'en souvient, à peu près tous mes véritables ouvrages, dont le seul mérite consiste dans l'amour de la vérité et de l'humanité.

Presque tout le reste est un recueil de bagatelles que les libraires ont souvent imprimées sans ma participation. On donne tous les jours sous mon nom des choses que je ne connais pas. Je ne réponds de rien. Si Chapelain a composé, dans le siècle passé, le beau poëme de *la Pucelle*; si, dans celui-ci, une société de jeunes gens s'amusa, il y a trente ans, à faire une autre *Pucelle*; si je fus admis dans cette société ; si j'eus peut-être la complaisance de me prêter à ce badinage, en y insérant les choses honnêtes et pudiques qu'on trouve par-ci par-là dans ce rare ouvrage, dont il ne me souvient plus du tout, je ne réponds en aucune façon d'aucune *Pucelle*; je nie d'avance à tout délateur que j'aie jamais vu une *Pucelle*. On en a imprimé une qui a été faite apparemment à la place Maubert ou aux halles ; ce sont les aventures et le langage de ce pays-là. Ceux qui ont été assez idiots pour s'imaginer qu'ils pouvaient me nuire, en publiant sous mon nom cette rapsodie, devraient savoir que quand on veut imiter la manière d'un

---

1. « Je me contenterai de dire que je soumets tout ce que j'ai fait et ferai à l'avenir à la censure des puissances tant ecclésiastiques que séculières, etc.... Je ne sais s'ils (les ennemis du théâtre) en voudraient faire autant. » *Avis au lecteur*, en tête d'*Attila*. (ÉD.). — 2. En 1728 et 1738. (ÉD.)

peintre de l'école du Titien et du Corrège, il ne faut pas lui attribuer une enseigne de cabaret de village¹.

On sait assez quel est le malheureux qui a voulu gagner quelque argent en imprimant, sous le titre de *la Pucelle d'Orléans*, un ouvrage abominable; on le reconnaît assez aux noms de Luther et de Calvin, dont il parle sans cesse, et qui certainement ne devaient pas être placés sous le règne de Charles VII. On sait que c'est un calviniste² du Languedoc qui a falsifié les *Lettres* de *Mme de Maintenon*; qui l'outrage indignement dans sa rapsodie de *la Pucelle*; qui a inséré dans cette infamie des vers contre les personnes les plus respectables, et contre le roi même; qui a été deux fois en prison à Paris pour de pareilles horreurs, et qui est aujourd'hui exilé. Les hommes qui se distinguent dans les arts n'ont presque jamais que de tels ennemis.

Quant à quelques messieurs qui, sans être chrétiens, inondent le public, depuis quelques années, de satires chrétiennes; qui nuiraient, s'il était possible, à notre religion, par les ridicules appuis qu'ils osent prêter à cet édifice inébranlable; enfin, qui la déshonorent par leurs impostures; si on faisait jamais quelque attention aux libelles de ces nouveaux Garasses, on pourrait leur faire voir qu'on est aussi ignorant qu'eux, mais beaucoup meilleur chrétien qu'eux.

C'est une plaisante idée qui a passé par la tête de quelques barbouilleurs de notre siècle, de crier sans cesse que tous ceux qui ont quelque esprit ne sont pas chrétiens! pensent-ils rendre en cela un grand service à notre religion? Quoi! la saine doctrine, c'est-à-dire la doctrine apostolique et romaine, ne serait-elle, selon eux, que le partage des sots? Sans penser *être quelque chose*, je ne pense pas être un sot; mais il me semble que si je me trouvais jamais avec l'abbé Guyon³ dans la rue (car je ne peux le rencontrer que là), je lui dirais : « Mon ami, de quel droit prétends-tu être meilleur chrétien que moi? est-ce parce que tu affirmes, dans un livre aussi plat que calomnieux, que je t'ai fait bonne chère, quoique tu n'aies jamais dîné chez moi? est-ce parce que tu as révélé au public, c'est-à-dire à quinze ou seize lecteurs oisifs, tout ce que je t'ai dit du roi de Prusse, quoique je ne t'aie ja-

1. Voici des vers de ce prétendu poëme intitulé *la Pucelle* :

Chandos, suant et soufflant comme un bœuf,
Cherche du doigt si l'autre est une fille :
Au diable soit, dit-il, la sotte aiguille!
Bientôt le diable emporte l'étui neuf
. . . . . . . . . . . . . . . . . . . . . . . . . . . . . . . . . . .
En ce moment, en un seul haut-le-corps,
Il met à bas la belle créature ;
Il la subjugue, et, d'un rein vigoureux,
Il fait jouer la belle monstrueux.

Il y a mille autres vers plus infâmes, et plus encore dans le style de la plus vile canaille, et que l'honnêteté ne permet pas de rapporter. C'est là ce qu'un misérable ose imputer à l'auteur de *la Henriade*, de *Mérope*, et d'*Alzire*.

2. La Beaumelle. (ÉD.)

3. Auteur d'un libelle détestable, intitulé l'*Oracle des nouveaux philosophes*.

mais parlé, et que je ne t'aie jamais vu ? Ne sais-tu pas que ceux qui mentent sans esprit, ainsi que ceux qui mentent avec esprit, n'entreront jamais dans le royaume des cieux ?

« Je te prie d'exprimer l'unité de l'Église et l'invocation des saints mieux que moi :

> L'Église, toujours une, et partout étendue,
> Libre, mais sous un chef, adorant en tout lieu,
> Dans le bonheur des saints, la grandeur de son Dieu.
> *La Henriade*, ch. X, v. 486.

« Tu me feras encore plaisir de donner une idée plus juste de la transsubstantiation que celle que j'en ai donnée :

> Le Christ, de nos péchés victime renaissante,
> De ses élus chéris nourriture vivante,
> Descend sur les autels à ses yeux éperdus,
> Et lui découvre un Dieu sous un pain qui n'est plus.
> *La Henriade*, ch. X, v. 489.

« Crois-tu définir plus clairement la Trinité qu'elle ne l'est dans ces vers :

> La puissance, l'amour, avec l'intelligence,
> Unis et divisés, composent son essence?
> *La Henriade*, ch. X, v. 425.

« Je t'exhorte, toi et tes semblables, non-seulement à croire les dogmes que j'ai chantés en vers, mais à remplir tous les devoirs que j'ai enseignés en prose, à ne te jamais écarter du centre de l'unité, sans quoi il n'y a plus que trouble, confusion, anarchie. Mais ce n'est pas assez de croire, il faut faire; il faut être soumis dans le spirituel à son évêque, entendre la messe de son curé, communier à sa paroisse, procurer du pain aux pauvres. Sans vanité, je m'acquitte mieux que toi de ces devoirs, et je conseille à tous les polissons qui crient, d'être chrétiens et de ne point crier. Ce n'est pas encore assez; je suis en droit de te citer Corneille :

> Servez bien votre Dieu, servez notre monarque.
> *Polyeucte*, acte V, scène VI.

« Il faut, pour être bon chrétien, être surtout bon sujet, bon citoyen : or, pour être tel, il faut n'être ni janséniste, ni moliniste, ni d'aucune faction, il faut respecter, aimer, servir son prince; il faut, quand notre patrie est en guerre, ou aller se battre pour elle, ou payer ceux qui se battent pour nous; il n'y a pas de milieu. Je ne peux pas plus m'aller battre, à l'âge de soixante et sept ans, qu'un conseiller de grand'chambre; il faut donc que je paye, sans la moindre difficulté, ceux qui vont se faire estropier pour le service de mon roi, et pour ma sûreté particulière.

« J'oubliais vraiment l'article du pardon des injures. Les injures les plus sensibles, dit-on, sont les railleries. Je pardonne de tout mon cœur à tous ceux dont je me suis moqué. »

Voilà, monsieur, à peu près ce que je dirais à tous ces petits prophètes du coin, qui écrivent contre le roi, contre le pape, et qui daignent quelquefois écrire contre moi et contre des personnes qui valent mieux que moi. J'ai le malheur de ne point regarder du tout comme des Pères de l'Église ceux qui prétendent qu'on ne peut croire en Dieu sans croire aux *convulsions*, et qu'on ne peut gagner le ciel qu'en avalant des cendres du cimetière de Saint-Médard, en se faisant donner des coups de bûche dans le ventre, et des claques sur les fesses. Pour moi, je crois que si on gagne le ciel, c'est en obéissant aux puissances établies de Dieu, et en faisant du bien à son prochain.

Un journaliste a remarqué que je n'étais pas adroit, puisque je n'épousais aucune faction, et que je me déclarais également contre tous ceux qui veulent former des partis. Je fais gloire de cette maladresse; ne soyons ni à Apollo ni à Paul, mais à Dieu seul, et au roi que Dieu nous a donné. Il y a des gens qui entrent dans un parti pour être quelque chose; il y en a d'autres qui existent sans avoir besoin d'aucun parti.

Adieu, monsieur; je pensais ne vous envoyer qu'une tragédie, et je vous ai envoyé ma profession de foi. Je vous quitte pour aller à la messe de minuit avec ma famille et la petite-fille du grand Corneille. Je suis fâché d'avoir chez moi quelques Suisses qui n'y vont pas; je travaille à les ramener au giron; et si Dieu veut que je vive encore deux ans, j'espère aller baiser les pieds du saint-père, avec les huguenots que j'aurai convertis, et gagner les indulgences.

In tanto la prego di gradire gli auguri di felicità ch' io le reco, nella congiuntura delle prossime sante feste Natalizie.

## MMMCCIV. — A M. CORNEILLE.

Ferney, 25 décembre.

Mlle votre fille, monsieur, me paraît digne de son nom par ses sentiments. Ma nièce, Mme Denis, en prend soin comme de sa fille. Nous lui trouvons de très-bonnes qualités, et point de défauts. C'est une grande consolation pour moi, dans ma vieillesse, de pouvoir un peu contribuer à son éducation. Elle remplit tous ses devoirs de chrétienne. Elle témoigne la plus grande envie d'apprendre tout ce qui convient au nom qu'elle porte. Tous ceux qui la voient en sont très-satisfaits. Elle est gaie et décente, douce et laborieuse; on ne peut être mieux née. Je vous félicite, monsieur, de l'avoir pour fille, et vous remercie de me l'avoir donnée. Tous ceux qui lui sont attachés par le sang, et qui s'intéressent à sa famille, verront que si elle méritait un meilleur sort, elle n'aura pas à se plaindre de celui qu'elle aura eu dans ma maison. D'autres auraient pu lui procurer une destinée plus brillante; mais personne n'aurait eu plus d'attention pour elle, plus de respect pour son nom, et plus de considération pour sa personne. Ma nièce se joint à moi pour vous assurer de nos sentiments et de nos soins.

MMMCCV. — A MADAME D'ÉPINAI.

À Ferney, 26 décembre.

Ma belle philosophe, je ne sais ce qui est arrivé, mais il faut que M. Bourret fasse une bibliothèque de *Czars*; il a retenu tous ceux que je lui avais adressés. Il y a beaucoup de mystères où je ne comprends rien; celui-là est du nombre. Ne regrettez plus Genève, elle n'est plus digne de vous. Les mécréants se déclarent contre les spectacles. Ils trouvent bon qu'on s'enivre, qu'on se tue, qu'un de leurs bourgeois, frère du ministre Vernes, cocu de la façon d'un professeur nommé Nekre [1], tire un coup de pistolet au galant professeur, etc., etc., etc.; mais ils croient offenser Dieu, s'ils souffrent que leurs bourgeois jouent *Polyeucte* et *Athalie*. On est prêt à s'égorger à Neuchâtel pour savoir si Dieu rôtit les damnés pendant l'éternité [2], ou pendant quelques années. Ma belle philosophe, croyez qu'il y a encore des peuples plus sots que nous.

Quoi! on a pris sérieusement *l'Ami des hommes* [3]! quelle pitié! Il y eut un prêtre nommé Brown qui prouva, il y a trois ans, aux Anglais, ses chers compatriotes, qu'ils n'avaient ni argent, ni marine, ni armées, ni vertu, ni courage; ses concitoyens lui ont répondu en soudoyant le roi de Prusse, en prenant le Canada, en nous battant dans les quatre parties du monde. Français, répondez ainsi à ce pauvre *Ami des hommes!* Je suis fâché que le cher Fréron soit encagé, il n'y aura plus moyen de se moquer de lui; mais il nous reste Pompignan *pour nos menus plaisirs.*

Ma chère philosophe, savez-vous que je ramène mes voisins les jésuites à leur vœu de pauvreté, que je les mets dans la voie du salut, en les dépouillant d'un domaine assez considérable qu'ils avaient usurpé sur six frères gentilshommes du pays, tous au service du roi? Ils avaient obtenu la permission du roi d'acheter à vil prix l'héritage de ces six frères, héritage engagé, héritage dans lequel ils croyaient que ces gentilshommes ne pouvaient rentrer, parce que, disent-ils dans un de leurs mémoires que j'ai entre les mains, ces officiers sont trop pauvres pour être en état de rembourser la somme pour laquelle le bien de leurs ancêtres est engagé.

Les six frères sont venus me voir; il y en a un qui a douze ans, et qui sert le roi depuis trois. Cela touche une âme sensible; je leur ai prêté sur-le-champ sans intérêts tout ce que j'avais, et j'ai suspendu les travaux de Ferney; ils vont rentrer dans leur bien. Figurez-vous que les frères jésuites, pour faire leur manœuvre, s'étaient liés avec

---

1. Necker. — C'était probablement le frère du célèbre Necker, père de Mme de Staël. (Éd.)
2. Vers la fin de 1760, le pasteur Petitpierre ayant prêché contre les peines éternelles de l'enfer, fut chassé par ses confrères pour n'avoir pas voulu, dit J. J. Rousseau dans le livre XII de ses *Confessions*, partie II, qu'*ils fussent damnés éternellement*. (Éd.)
3. Sur les instances des fermiers généraux, le marquis de Mirabeau, auteur de l'*Ami des hommes*, avait été mis à Vincennes, pour sa *Théorie de l'impôt*. (Éd.)

un conseiller d'État de Genève, qui leur avait servi de prête-nom. Quand il s'agit d'argent, tout le monde est de la même religion. Enfin j'aurai le plaisir de triompher d'Ignace et de Calvin; les jésuites sont forcés de se soumettre, il ne s'agit plus que de quelques florins pour le Génevois. Cela va faire un beau bruit dans quelques mois. Vous sentez bien que frère Kroust dira à Mme la Dauphine que je suis *athée*; mais, par le grand Dieu que j'adore, je les attraperai bien, eux et l'abbé Guyon, et maître Abraham Chaumeix, et le *Journal chrétien*, et l'abbé Brizel¹, etc., etc. Non-seulement je mène la petite-fille du grand Corneille à la messe, mais j'écris une lettre à un ami du feu pape, dans laquelle je prouve (aussi plaisamment que je le peux) que je suis meilleur chrétien que tous ces flacres-là; que j'aime Dieu, mon roi et le pape; que j'ai toujours cru la transsubstantiation; qu'il faut d'ailleurs payer les impôts, ou n'être pas citoyen. Ma chère philosophe, communiquez cela au *Prophète*; voilà comme il faut répondre. Ah! ah! vous êtes chrétiens, à ce que vous dites, et moi je prouve que je le suis. Il est vrai qu'on imprime une *Pucelle* en vingt chants; mais que m'importe? est-ce moi qui ai fait la *Pucelle?* c'est un ouvrage de société, fait il y a trente ans. Si j'y travaillai, ce ne fut qu'aux endroits honnêtes et pudiques. Ah! ah! maître Omer, je ne vous crains pas.

Ma belle philosophe, j'embrasse vos amis et vo're fils.

MMMCCVI. — A M. LE COMTE D'ARGENTAL.

Ferney, 28 décembre.

Et les yeux de mon ange, comment vont-ils en 1761? Je me souviens de 1701 tout comme si j'y étais; c'était hier. Ah comme le temps vole! les hommes vivent trop peu; à peine a-t-on fait deux douzaines de pièces de théâtre, qu'il faut partir. Mais à quand *Tancrède*, et l'édition du petit-fils, franc fieux de Paris?

Je fais une réflexion: c'est qu'il est important, mes anges, que l'épître à Mme la marquise soit datée de *Ferney en Bourgogne*, 10 d'*octobre* 1759.

Remarquez toutes mes excellentes raisons; je dis *Ferney*, parce que Mme de Pompadour s'est intéressée aux priviléges de cette terre; je dis *en Bourgogne*, afin que les sots et les méchants, dont il est grande année, n'aillent pas toujours criant que je suis à Genève; je dis 10 d'*octobre* 1759, parce qu'elle fut écrite en ce temps-là, et surtout parce que si elle n'est point datée, elle paraîtra une insulte au pauvre *Ami des hommes*, et à son malheur. Vous savez que j'ai toujours pensé qu'il faut ou se battre contre les Anglais, ou payer ceux qui se battent pour nous; que je n'ai jamais cru la France si déchirée qu'on le dit; que je pense qu'il y a de grandes ressources après nos énormes fautes. Ces sentiments, que j'ai toujours eus, je les exprime dans ma lettre à Mme de Pompadour; mais ils deviennent une satire

1. L'abbé Grizel. (ÉD.)

du livre des *Impôts*, livre imprimé après ma lettre écrite. Je passerais pour un lâche flatteur qui se fait de fête, et qui est de l'avis des sous-maîtres, pendant qu'un camarade valet est *in ergastulo* pour les avoir contredits. Mes divins anges, ce serait là un triste rôle; et vous, qui vous chargez de mes iniquités, vous ne voudrez pas que celle-là me soit imputée. Il ne s'agit donc que de dater mon épître; je m'en rapporte à vos attentions tutélaires. Mlle *Chimène* prend la plume; voyons comment elle s'en tirera.

« M. de Voltaire appelle M. et Mme d'Argental ses anges. Je me suis aperçue qu'ils étaient aussi les miens : qu'ils me permettent de leur présenter ma tendre reconnaissance. CORNEILLE. »

Eh bien ! il me semble que *Chimène* commence à écrire un peu moins en diagonale.

Mes anges, nous baisons le bout de vos ailes. DENIS, CORNEILLE et V.

## MMMCCVII. — A M. COLINI.

Au château de Ferney, par Genève, 29 décembre.

Les hivers me sont toujours un peu funestes, mon cher Colini; vous connaissez ma faible santé; je ne peux vous écrire de ma main. J'attendrai que la foule des compliments du jour de l'an soit passée, pour importuner d'une lettre Son Altesse Électorale, et pour lui présenter mon tendre et respectueux attachement. J'ai bien peur de n'être plus en état de venir lui faire ma cour. Je mourrai avec le regret de n'avoir pu finir notre affaire de Francfort. Vous savez que les événements s'y sont opposés; on est obligé de recommencer sur nouveaux frais, quand on croyait avoir tout fini; ce qui ne paraissait pas vraisemblable est arrivé. Soyez bien sûr que si les affaires se tournent d'une manière plus favorable, je poursuivrai celle qui vous regarde avec la plus grande chaleur.

Je m'imagine que vous aurez de beaux opéras. Les hivers sont d'ordinaire fort agréables dans les cours d'Allemagne. Pour moi, je passerai mon hiver dans mes campagnes. Il faut que je cultive mon petit territoire; j'ai environ deux lieues de pays à gouverner. Les choses sont bien changées de ce que vous les avez vues; je n'ai jamais été si heureux que je le suis, quoique malade et vieux. Je voudrais que vous partageassiez mon bonheur.

## MMMCCVIII. — A M. BERTRAND.

Au château de Ferney, par Genève, 29 décembre.

Je trouve, mon cher monsieur, que le sieur Panchaud a été bien pressé; je lui avais fait écrire qu'il devait attendre votre commodité[1]. Soyez sûr que pour moi je serai toujours à vos ordres, et que je n'aurai jamais de plus grand plaisir que celui de vous en faire.

J'ignore assez les *facéties* de Genève; j'ai ouï dire qu'il y avait des cocus, des professeurs galants, des marchands qui tirent des coups de

1. Il s'agit ici d'argent prêté par Voltaire à son ami.

ANNÉE 1760. 149

pistolet, des prêtres qui nient la divinité de Jésus-Christ, et qui, avec cela, ne veulent pas être éternellement damnés; mais je ne me mêle des affaires de cette ville que pour me faire payer les dîmes par les citoyens qui sont mes vassaux. J'ai pourtant rendu un petit service au pays, en chassant les jésuites d'un domaine assez considérable qu'ils avaient usurpé sur six frères gentilshommes suisses de votre canton, nommés MM. de Crassy. Il en coûtera malheureusement quelque chose à un secrétaire d'État de Genève, qui s'était fait le prête-nom des jésuites. L'argent réunit toutes les religions; je suis tombé à la fois sur Ignace et sur Calvin. Cela ne m'a pas empêché d'envoyer à Manheim le mémoire de votre cabinet; mais ce que je vous ai prédit est arrivé; le temps n'est pas propre.

Je vous souhaite des années heureuses, c'est-à-dire tranquilles; car pour des plaisirs vifs, je ne crois pas qu'ils soient de la compétence du mont Jura. Pourtant une de mes plaisirs les plus vifs serait de pouvoir assurer encore de vive voix M. et Mme de Freudenreich de mon inviolable et tendre reconnaissance, et d'embrasser en vous un des plus dignes amis que j'aie jamais eus. V.

MMMCCIX. — A M. LE COMTE D'ARGENTAL.

A Ferney, pays de Gex, par Genève, 31 décembre.

Les plus aimables et les plus difficiles de tous les anges, c'est vous, monsieur et madame. Si vous n'êtes pas contents de Mathurin [1], qui nous paraît assez plaisant et tout neuf; si vous avez la cruauté de l'appeler vieux, quoique je sois prêt à lui donner trente ans; si vous voulez que Colette en soit amoureuse (ce que je ne voulais pas); si vous avez l'injustice de soutenir que le marquis et Acanthe ne s'aimaient pas depuis quatorze mois, quoiqu'ils disent formellement le contraire, et peut-être assez finement; si vous n'êtes pas édifiés de voir un sage qui parle de ne pas succomber, et qui perd la gageure; si vous n'aimez pas un débauché qui se corrige; si vous ne trouvez pas le caractère d'Acanthe très-original, je peux être très-fâché, mais je ne peux ni être de votre avis, ni vous aimer moins.

Je vous supplie, mes chers anges, de me renvoyer les deux copies, c'est-à-dire la première, qui n'était qu'un avorton, et la seconde, que je trouve un enfant assez bien formé, qui vous déplaît.

Mme d'Argental est bien bonne de daigner se charger de faire un petit présent à *la Muse limonadière*; je l'en remercie bien fort, c'est la seule façon honnête de se tirer d'affaire avec cette muse.

Je suis très-fâché que Fréron soit au For-l'Évêque. Toutes les plaisanteries vont cesser; il n'y aura plus moyen de se moquer de lui.

*L'Ami des hommes* est donc à Vincennes? ses ouvrages sont donc traités sérieusement? il aurait donc quelquefois raison? il m'a paru un fou qui a beaucoup de bons moments.

Il court parmi vous autres de singulières nouvelles. Est-il vrai que

1. Dans *le Droit du seigneur*. (ÉD.)

les Anglais ont proposé de vous réduire à n'avoir jamais que vingt vaisseaux, c'est-à-dire à en construire encore dix ou douze ? On ajoute une paix particulière entre *Luc* et *Thérèse*; quand je la croirai, je croirai celle des jansénistes et des molinistes, des parlements et des intendants, et des auteurs avec les auteurs.

J'apprends que *Messieurs* de parlement brûlent tout ce qu'ils rencontrent, mandements d'évêques, Vieux et Nouveau Testament[1] de frère Berruyer, Ouvrages de Salomon[2], Défense de la nouvelle morale du bon Jésus contre la morale du dur Moïse, c'est-à-dire la réponse à l'auteur de l'*Oracle des philosophes*. Ils brûleront bientôt les édits *dudit seigneur roi*; mais je les avertis qu'ils n'auront pour eux que les halles, et point du tout les pairs et les princes. Je vois toutes ces pauvretés d'un œil bien tranquille, aux Délices et à Ferney. La petite Corneille contribue beaucoup à la douceur de notre vie; elle plaît à tout le monde; elle se forme, non pas d'un jour à l'autre, mais d'un moment à l'autre. Ne vous ai-je pas mandé combien son petit gentil esprit est naturel, et que je soupçonnais que c'était la raison pour laquelle Fontenelle l'avait déshéritée ? Mes chers anges, permettez que je prenne la liberté de vous adresser ma réponse à la lettre que son père m'a écrite, ou qu'on lui a dictée.

Prault ne m'enverra-t-il pas son *Tancrède* à corriger ? quand jouera-t-on *Tancrède* ? pourquoi *la Femme qui a raison* partout, hors à Paris ? est-ce parce que *Wasp* en a dit du mal ? *Wasp* triomphera-t-il ? Comment vont les yeux de mon ange ?

Eh! vraiment, j'oubliais la meilleure pièce de notre sac, l'aventure de ce bon prêtre[3], de ce bon directeur, de ce fameux janséniste, jadis laquais, qui a volé cinquante mille livres à Mme d'Egmont.

Maître Omer le prendra-t-il sous sa protection ? requerra-t-il en sa faveur ?

MMMCCX. — A M. DUVERGER DE SAINT-ÉTIENNE, GENTILHOMME DU ROI DE POLOGNE[4].

Décembre 1760.

Tout malade que je suis, monsieur, je suis très-honteux de ne répondre qu'en prose, et si tard, à vos très-jolis vers. Je félicite le roi de Pologne d'avoir auprès de lui un gentilhomme qui pense comme vous. Il serait bien difficile qu'on pensât autrement à la cour d'un prince qui pense si bien lui-même, et qui a fait renaître, dans la partie du monde qu'il gouverne, les beaux jours du siècle d'Auguste l'amour des arts et des vertus.

1. L'*Histoire du peuple de Dieu*, dont la troisième et dernière partie avait paru en 1758, et dont la seconde fut supprimée par un arrêt du parlement de Paris en 1755. (ÉD.)
2. Probablement le *Précis du Cantique des Cantiques*, déjà brûlé en 1759. (ÉD.)
3. L'abbé Grizel. (ÉD.)
4. Il avait adressé à Voltaire, sur la comédie de l'*Écossaise*, une épître imprimée dans le *Mercure*, tome II d'octobre 1760. (ÉD.)

Lorsque j'ai demandé, monsieur, votre adresse à Mme la marquise des Ayvelles, à qui je dois sans doute vos sentiments, je me flattais de vous faire de plus longs remerciments. Ma mauvaise santé ne me permet pas une plus longue lettre; mais elle ne dérobe rien aux sentiments d'estime et de reconnaissance[1], monsieur, de votre très-humble et très-obéissant serviteur,
VOLTAIRE.

MMMCCXI. — A M. HELVÉTIUS, A PARIS.

A Ferney, 2 janvier 1761

Je salue les frères, en 1761, au nom de Dieu et de la raison, et je leur dis : Mes frères,

*Odi profanum vulgus, et arceo.*
Hor., lib. III, od. 1.

Je ne songe qu'aux frères, qu'aux initiés. Vous êtes la bonne compagnie; donc c'est à vous à gouverner le public, le vrai public devant qui toutes les petites brochures, tous les petits journaux des faux chrétiens disparaissent, et devant qui la raison reste. Vous m'écrivites, mon cher et aimable philosophe, il y a quelque temps, que j'avais passé le Rubicon; depuis ce temps je suis devant Rome. Vous aurez peut-être ouï dire à quelques frères que j'ai des jésuites tout auprès de ma terre de Ferney; qu'ils avaient usurpé le bien de six pauvres gentilshommes, de six frères, tous officiers dans le régiment de Deux-Ponts; que les jésuites, pendant la minorité de ces enfants, avaient obtenu des lettres patentes pour acquérir à vil prix le domaine de ces orphelins; que je les ai forcés de renoncer à leur usurpation, et qu'ils m'ont apporté leur désistement. Voilà une bonne victoire de philosophes. Je sais bien que frère Kroust cabalera, que frère Berthier m'appellera *athée*; mais je vous répète qu'il ne faut pas plus craindre ces renards que les loups de jansénistes, et qu'il faut hardiment chasser aux bêtes puantes. Ils ont beau hurler que nous ne sommes pas chrétiens, je leur prouverai bientôt que nous sommes meilleurs chrétiens qu'eux. Je veux les battre avec leurs propres armes,

*Mutemus clypeos.*
Virg., *Æneid.*, II, v. 389.

Laissez-moi faire. Je leur montrerai ma foi par mes œuvres, avant qu'il soit peu. Vivez heureux, mon cher philosophe, dans le sein de la philosophie, de l'abondance, et de l'amitié. Soyons hardiment bons serviteurs de Dieu et du roi, et foulons aux pieds les fanatiques et les hypocrites.

1. Dans l'édition de Kehl on lit :
« Avec lesquels j'ai l'honneur d'être, etc.
    Vous m'avez attendri, votre épître est charmante ;
        En philosophe vous pensez ;
    Lindane est dans vos vers plus belle et plus touchante,
        Et c'est vous qui l'embellissez. » (ÉD.)

Dites-moi, je vous prie, s'il est vrai que ce cher Fréron soit sorti de son *fort*. On l'avait mis là pour qu'il n'eût pas la douleur de voir encore cette malheureuse *Écossaise*; mais on se méprit dans l'ordre; on mit For-l'Évêque au lieu de Bicêtre. On fera probablement un *errata* à la première occasion.

Je le répète, il y a des choses admirables dans l'*Héroïde du disciple de Socrate*. N'aimez-vous pas cet ouvrage? Il est d'un de nos frères. Je lui dis : Χαῖρε.

## MMMCCXII. — A M. LE BRUN.

A Ferney, 2 janvier.

Vous m'avez accoutumé, monsieur, à oser joindre mon nom à celui de Corneille; mais ce n'est que quand il s'agit de sa petite-fille. Nous espérons beaucoup d'elle, ma nièce et moi. Nous prenons soin de toutes les parties de son éducation, jusqu'à ce qu'il nous arrive un maître digne de l'instruire. Elle apprend l'orthographe; nous la faisons écrire. Vous voyez qu'elle forme bien ses lettres, et que ses lignes ne sont point en diagonale comme celles de quelques-unes de nos Parisiennes. Elle lit avec nous à des heures réglées, et nous ne lui laissons jamais ignorer la signification des mots. Après la lecture, nous parlons de ce qu'elle a lu, et nous lui apprenons ainsi, insensiblement, un peu d'histoire. Tout cela se fait gaiement et sans la moindre apparence de leçon.

J'espère que l'ombre du grand Corneille ne sera pas mécontente; vous avez si bien fait parler cette ombre, monsieur, que je vous dois compte de tous ces petits détails. Si Mlle Corneille remercie M. Titon, et tous ceux qui ont pris intérêt à elle, souffrez que je les remercie aussi. J'espère que je leur devrai une des grandes consolations de ma vieillesse, celle d'avoir contribué à l'éducation de la cousine de Chimène, de Cornélie, et de Camille.

Il faut que je vous dise encore qu'elle remplit exactement tous les devoirs de la religion, et que nos curés et notre évêque sont très-contents de la manière dont on se gouverne dans mes terres. Les Berthier, les Guyon, les Gauchat, les Chaumeix, en seront peut-être fâchés, mais je ne peux qu'y faire. Les philosophes servent Dieu et le roi, quoi que ces messieurs en disent. Nous ne sommes, à la vérité, ni jansénistes, ni molinistes, ni frondeurs; nous nous contentons d'être Français et catholiques tout uniment. Cela doit paraître bien horrible à l'auteur des *Nouvelles ecclésiastiques*.

Quant à ce malheureux Fréron, dont vous daignez me parler, ce n'est qu'un brigand que la justice a mis au For-l'Évêque, et un Marsyas qu'Apollon doit écorcher. Je vois assez, par vos vers et par votre prose, combien vous devez mépriser tous ces gredins qui sont l'opprobre de la littérature. Je vous estime autant que je les dédaigne.

Votre distinction entre le vrai public et le vulgaire est bien d'un homme qui mérite les suffrages du public; daignez y joindre le mien, et comptez sur la plus sincère estime, j'ose dire sur l'amitié, de votre obéissant serviteur,

VOLTAIRE.

**MMMCCXIII.** — A M. DE CIDEVILLE, RUE SAINT-PIERRE, PRÈS DU REMPART, A PARIS.

Au Château de Ferney, 4 janvier.

Vous vous êtes blessé avec vos armes, mon cher et ancien ami; il n'y a qu'à ne vous plus battre, et vous serez guéri. Dissipation, régime, et sagesse, voilà vos remèdes. Je vous proposerais Tronchin, si je me flattais que vous daignassiez venir dans nos petits royaumes; mais vous préférez les bords de la Seine au beau bassin de nos Alpes. Je m'intéresse beaucoup *teretibus suris*[1] de notre grand abbé[2]. Vous êtes de jeunes gens en comparaison du vieillard des Alpes. Il ne tient qu'à vous de vous porter mieux que moi. Je suis né faible, j'ai vécu languissant; j'acquiers dans mes retraites de la force, et même un peu d'imagination. On ne meurt point ici. Nous avons une femme d'esprit[3] de cent trois ans, que j'aurais mariée à Fontenelle, s'il n'était pas mort jeune.

Nous avons aussi l'héritière du nom de Corneille, et ses dix-sept ans. Vous savez qu'elle a l'esprit très-naturel, et que c'est pour cela que Fontenelle l'avait déshéritée. Vous savez toutes mes marches. Il est vrai que j'ai fait rendre le bien que les jésuites avaient usurpé sur six frères, tous au service du roi; mais apprenez que je ne m'en tiens pas là. Je suis occupé à présent à procurer à un prêtre[4] un emploi dans les galères. Si je peux faire pendre un prédicant huguenot,

*Sublimi feriam sidera vertice...*
Hor., lib. I, od. I, v. 36.

Je suis comme le musicien de Dufresni en chantant son opéra : *il fait le tout en badinant*. Mais je vous aime sérieusement; autant en fait Mme Denis. Soyez gai, vous dis-je, et vous vous porterez à merveille. Je vous embrasse *ex toto corde*.
V.

**MMMCCXIV.** — A M. LEKAIN.

Lausanne, 5 janvier.

On dit, mon cher Lekain, que M. de Richelieu a gagné une bataille; mais je ne serai tout à fait content que quand il vous aura donné cette part entière, qu'il y a tant d'injustice à vous refuser. Mais pourquoi les autres gentilshommes de la chambre ont-ils eu la même dureté? Les talents sont quelquefois bien cruellement traités; j'en ai fait long-temps l'expérience, et je n'ai été heureux que dans ma retraite

C'est une fantaisie de Mme Denis, que ces habits de théâtre qu'elle vous a demandés. Ces amusements ne conviennent ni à mon âge, ni à ma santé, ni à ma façon de penser; mais j'aime toujours l'art dans lequel vous excellez.

Je serai enchanté de vous voir à Lausanne, si vous allez à Dijon;

1. On lit dans Horace, liv. II, ode IV, vers 21 : *Teretesque suras*. (ÉD.)
2. L'abbé du Resnel. (ÉD.) — 3. Mme Lullin. (ÉD.)
4. Ancian, curé de Moëns. (ÉD.)

vous auriez mieux fait vos affaires à Genève. Vous gagnerez plus en province qu'à Paris; c'est une honte insoutenable. Je vous embrasse de tout mon cœur; Mme Denis vous fait bien ses compliments     V.

## MMMCCXV. — A M. LE COMTE D'ARGENTAL.

Au château de Ferney, 6 janvier.

Mon cher ange, aidez-moi à venger la patrie de l'insolence anglicane. Un de mes amis, ami intime, a broché ce mémoire[1]. Je m'intéresse à la gloire de Pierre Corneille plus que jamais, depuis que j'ai chez moi sa petite-fille. Voyez si la douce réponse aux Anglais plaît à Mme Scaliger. En ce cas, elle pourrait être imprimée par Prault petit-fils, sous vos auspices; sinon vous auriez la bonté de me la renvoyer, car je n'ai que ce seul exemplaire. J'attends aussi ce *Droit du seigneur* que vous n'aimez point, et que j'ai le malheur d'aimer. Vous m'abandonnez du haut de votre ciel, ô mes anges! Dites-moi donc ce que vous avez fait de *Tancrède*, et de grâce un petit mot d'*Oreste*; après quoi vous daignerez m'apprendre si nous aurons la guerre ou la paix. A propos de guerre, permettez que je vous parle de peste. Nous sommes menacés de la peste dans notre petit pays de Gex. J'ai pris la liberté de présenter requête contre elle à M. de Courteilles. Je vous supplie d'appuyer mes très-humbles représentations; il s'agit d'un marais plein de serpents, qu'apparemment Fréron, Abraham Chaumeix, Guyon, Gauchat, et les auteurs du *Journal chrétien*, ont envoyés.

Mais que deviennent les yeux de M. d'Argental? Je suis plus inquiet d'eux que de ma peste.

Est-il vrai qu'on ait joué à Versailles *la Femme qui a raison*, et que la reine ait été de l'avis de Fréron?

Avez-vous lu l'ouvrage[2] évangélique adressé à mon ami Guyon, sur l'*Ancien et le Nouveau Testament*? Cela est poivré; c'est un petit livre excellent. Est-il vrai que le théologien de l'*Encyclopédie*, Morellet ou *Mords-les*, en soit l'auteur? Quel qu'il soit, son livre est brûlé et bénit.

Comment suis-je avec M. le duc de Choiseul? Quand revient le vainqueur de Mahon?

Ayez pitié de moi, vous dis-je, auprès de M. de Courteilles. Il est dur d'être pestiféré dans un château qu'on vient de bâtir. A l'ombre de vos ailes.

## MMMCCXVI. — A M. DAMILAVILLE.

6 janvier.

Le solitaire des Alpes fait mille compliments à M. Damilaville et à M. Thieriot. Il désire fort d'avoir le livre sur les impôts[3], qui a envoyé son auteur à Vincennes. M. Thieriot ne pourrait-il pas adresser ce volume à M. Tronchin à Lyon, par la diligence, en cas qu'il soit un peu gros? Mes lettres sont courtes, monsieur, mais mes travaux sont

---

1. *Appel à toutes les nations.* (ÉD.)
2. *L'Oracle des anciens fidèles.* (ÉD.) — 3. *Théorie de l'impôt.* (ÉD.)

longs. S'ils vous amusent ; pardon à la brièveté de mon style épistolaire. J'ose vous prier de vouloir bien faire rendre l'incluse. Je ne sais nulle nouvelle de la littérature : je me recommande à M. Thieriot comme à vous. Mille souhaits *per le sante feste del divino Natale.*

MMMCCXVII. — A M. DALEMBERT.

À Ferney, 6 janvier.

Mon cher et aimable philosophe, je vous salue, vous et les frères. La patience soit avec vous! Marchez toujours en ricanant, mes frères, dans le chemin de la vérité. Frère *Timothée*-Thieriot saura que *la Capilotade*[1] est achevée, et qu'elle forme un chant de *Jeanne* par voie de prophétie, ou à peu près. Dieu m'a fait la grâce de comprendre que quand on veut rendre les gens ridicules et méprisables à la postérité, il faut les nicher dans quelque ouvrage qui aille à la postérité. Or, le sujet de *Jeanne* étant cher à la nation, et l'auteur, inspiré de Dieu, ayant retouché et achevé ce saint ouvrage avec un zèle pur, il se flatte que nos derniers neveux siffleront les Fréron, les Hayer, les Caveirac, les Chaumeix, les Gauchat, et tous les énergumènes, et tous les fripons ennemis des frères. Vous savez d'ailleurs que je tâche de rendre service au genre humain, non en paroles, mais en œuvres, ayant forcé les frères jésuites, mes voisins, à rendre à six gentilshommes tous frères, tous officiers, tous en guenilles, un domaine considérable que saint Ignace avait usurpé sur eux. Sachez encore, pour votre édification, que je m'occupe à faire aller un prêtre aux galères. J'espère, Dieu aidant, en venir à bout. Vous verrez paraître incessamment une petite lettre *al signor marchese Albergati Capacelli, senatore di Bologna la Grassa.* Je rends compte dans cette épître de l'état des lettres en France, et surtout de l'insolence de ceux qui prétendent être meilleurs chrétiens que nous. Je leur prouve que nous sommes incomparablement meilleurs chrétiens qu'eux. Je prie M. Albergati Capacelli d'instruire le pape que je ne suis ni janséniste, ni moliniste, ni d'aucune *classe* du parlement, mais catholique romain, sujet du roi, attaché au roi, et détestant tous ceux qui cabalent contre le roi. Je me fais encenser tous les dimanches à ma paroisse ; j'édifie tout le clergé, et dans peu l'on verra bien autre chose. Levez les mains au ciel, mes frères. Voilà pour les faquins de persécuteurs de l'Église de Paris : venons aux faquins de Genève. Les successeurs du Picard qui fit brûler Servet, les prédicants qui sont aujourd'hui servétiens, se sont avisés de faire une cabale très-forte dans le couvent de Genève appelée ville, contre leurs concitoyens qui déshonoraient la religion de Calvin, et les mœurs des usuriers et des contrebandiers de Genève, au point de venir quelquefois jouer *Alzire* et *Mérope* dans le château de Tournay en France[2]. J. J. Rousseau, homme fort sage et fort conséquent, avait écrit plusieurs lettres contre ce scandale à

---

1. Le chant XVIII de *la Pucelle.* (ÉD.)
2. Tournay appartient au canton de Genève depuis le 20 novembre 1815. (ÉD.)

des diacres de l'Église de Genève, à mon marchand de clous, à mon cordonnier. Enfin on a fait promettre à quelques acteurs qu'ils renonceraient à Satan et à ses pompes. Je vous propose pour problème de me dire si on est plus fou et plus sot à Genève qu'à Paris.

Je vous ai mandé que votre ami Necker a demandé pardon au consistoire, et a été privé de sa professorerie pour avoir couché avec une femme qui avait le croupion pourri, et que le cocu qui lui a tiré un coup de pistolet a été condamné à garder sa chambre un mois. *Nota bene* qu'un cocu assassin est impuni, et que Servet a été brûlé à petit feu pour l'hypostase. *Nota bene* que le curé que je poursuis pour avoir assassiné un de mes amis chez une fille, pendant la nuit, dit hardiment la messe; et voyez comme va le monde.

Je vous prie, mon cher frère, de m'écrire quelque mot d'édification, de me mander de vos nouvelles, et de celles des fidèles. Je vous embrasse.

*Urbis amatorem Fuscum salvere jubamus*
*Ruris amatores*[1].

## MMMCCXVIII. — A M. DAMILAVILLE.

9 janvier.

Permettez-vous, monsieur, que j'abuse si souvent de votre bonne volonté? Vous verrez au moins que je n'abuse pas de votre confiance. Je vous envoie mes lettres ouvertes; il me semble que tout ce que j'écris est pour vous. Nous sommes des frères réunis par le même esprit de charité; nous sommes le *pusillus grex*.

Si vous voyez M. Diderot, dites-lui, je vous en prie, qu'il a en moi le partisan le plus constant et le plus fidèle.

J'ignore, monsieur, si vous avez reçu deux paquets assez gros et très-édifiants. J'ai ouï dire qu'on était devenu très-difficile à la poste.

## MMMCCXIX. — A M. LE COMTE DE SCHOWALOW.

Ferney, le 10 janvier.

Monsieur, je n'ai jamais été du goût de mettre des vers au bas d'un portrait; cependant, puisque vous voulez en avoir pour l'estampe de Pierre le Grand, en voici quatre que vous me demandez :

Ses lois et ses travaux ont instruit les mortels;
Il fit tout pour son peuple, et sa fille l'imite;
Zoroastre, Osiris, vous eûtes des autels,
Et c'est lui seul qui les mérite.

Le seul nom de Pierre le Grand, monsieur, vaut mieux que ces quatre vers; mais, puisqu'il y est question de son auguste fille, je demande grâce pour eux.

M. de Soltikof m'a dit qu'il n'avait aucune nouvelle de M. Pouschkin;

---

1. Horace, livre I, épître x, vers 1-2. (ÉD.)

que personne n'en avait eu depuis son départ de Vienne. Il est à craindre que, dans ce voyage, il n'ait été pris par les Prussiens. Quoi qu'il en soit, je n'ai aucuns matériaux pour le second volume. J'ai déjà eu l'honneur de mander plusieurs fois à Votre Excellence qu'il est impossible de faire une histoire tolérable sans un précis des négociations et des guerres. Mon âge avance, ma santé est faible; j'ai bien peur de mourir sans avoir achevé votre édifice. Ce qui achèverait de me faire mourir avec amertume, ce serait d'ignorer si la digne fille de Pierre le Grand a daigné agréer le monument que j'ai élevé à la gloire de son père. L'amour qu'elle a pour sa mémoire me fait espérer qu'elle voudra bien descendre un moment du haut rang où le ciel l'a placée, pour me faire assurer par Votre Excellence qu'elle n'est pas mécontente de mon travail. C'est ainsi que nos rois ont la bonté d'en user, même avec leurs propres sujets.

Les lettres du roi Stanislas, que vous avez eu la bonté de m'envoyer, monsieur, sont une preuve de l'état déplorable où il était alors. Je crois que les réponses de l'empereur Pierre le Grand seraient encore beaucoup plus curieuses. C'est sur de pareilles pièces qu'il est agréable d'écrire l'histoire; mais n'ayant presque rien depuis la bataille et la paix du Pruth, il faut que je reste les bras croisés. Quand il plaira à Votre Excellence de me mettre la plume à la main, je suis tout prêt.

Je finis par vous assurer de tous les vœux que je fais pour votre bonheur particulier et pour la prospérité de vos armes.

MMMCCXX. — A M. Damilaville.

11 janvier.

Je vous envoye toujours, monsieur, mes lettres ouvertes : tout doit être commun entre amis. Celle que je prends la liberté de vous envoyer pour M. Bagieu est pourtant cachetée; mais c'est qu'il s'agit de vér.... Ce n'est pas pour moi, Dieu merci, ce n'est pas non plus pour ma nièce, ce n'est pas pour Mlle Corneille, que je tiens plus pucelle que la pucelle d'Orléans, et qui est beaucoup plus aimable; c'est pour un officier de mes parents dont je prends soin, et que j'ai laissé aux Délices, injustement soupçonné et mourant. Pardonnez donc la liberté que je prends, et continuez-moi vos bontés.

MMMCCXXI. — A M. Bagieu.

A Ferney, 11 janvier.

Mme Denis et moi, monsieur, nous sommes des cœurs sensibles. Vous savez combien votre souvenir nous touche. Nous avons encore avec nous un cœur de dix-sept ans qui se forme : c'est l'héritière du nom du grand Corneille. C'est avec les ouvrages de son aïeul que nous oublions l'*Année littéraire* et son digne auteur. Si M. Morand veut aimer les gens de lettres, il ne faut pas qu'il choisisse les pirates des lettres.

1. Chirurgien major de l'hôtel des Invalides. (Éd.)

Permettez-vous, monsieur, que je vous consulte sur une affaire plus importante? J'ai auprès de moi un jeune homme de mes parents [1]; il fut attaqué, il y a dix-huit mois, d'un rhumatisme qui ressemblait à une sciatique. Nous l'envoyâmes aux bains d'Aix; les douleurs augmentèrent. M. Tronchin lui ordonna encore les eaux, il y a six mois; il en revint avec une tumeur sur le *fascia lata*, et toujours souffrant des douleurs d'élancement, se sentant comme déchiré. Il se ressouvint alors, ou crut se ressouvenir, qu'il était tombé à la chasse il y avait deux ans. On lui appliqua les mouches cantharides avant cet aveu; et après cet aveu on en fut fâché. Les douleurs devinrent plus vives, la tumeur plus forte. On jugea que le coup qu'il prétendait s'être donné à la cuisse, en tombant de cheval, avait pu causer une carie dans le fémur. On lui fit une ouverture de six grands doigts de long, et très-profonde. On sonda, on ne put pénétrer assez avant; le pus coula d'abord assez blanc, ensuite plus foncé, enfin d'une espèce fétide et purulente. Les douleurs furent toujours les mêmes, depuis la tête du fémur jusqu'au genou. Ces élancements se sont fait sentir dans l'autre cuisse. Celle à laquelle on avait fait l'opération s'est très-enflée, l'autre s'est absolument desséchée. Le pus de la plaie est devenu de jour en jour plus fétide, tantôt en grande abondance, tantôt en petite quantité; très-souvent la fièvre, des insomnies, mais toujours un peu d'appétit. On a jugé la tête du fémur cariée et déplacée. Tronchin l'a jugé à mort. Le chirurgien, qui est assez habile, a pensé de même. Il se fit une nouvelle tumeur au-dessous de la plaie, il y a quelques jours; il en coula une grande quantité de sanie purulente, et son appétit augmenta. Ce n'est point au *fascia lata* que cette tumeur nouvelle a percé, c'est près des muscles intérieurs. Le chirurgien alors s'est avisé de lui demander si, quelque temps avant de tomber malade, il n'avait pas mérité la vér.... Il a répondu qu'il avait eu affaire à Genève à quelques créatures qui pouvaient la donner, mais nul symptôme avant-coureur de cette maladie. Tout se réduit à cette espèce de sciatique. Aucune dartre, aucun bubon, aucune tache, nulle enflure aux aines, sinon l'enflure présente, qui va de l'os des îles au pied. La chair de ces parties n'a plus de ressort, le doigt y laisse un creux; le pus coule par la nouvelle ouverture, et cependant l'appétit augmente. Il faut quatre personnes pour le porter d'un lit à l'autre. L'atrophie n'est point sur le visage, la parole est libre et quelquefois assez ferme.

Voilà son état depuis quatre mois entiers que l'opération fut faite. J'ajoute encore que le coccix est écorché, mais que le peu de sanie qui en sort n'est point de la qualité du pus fétide de la cuisse. On ne sait si on hasardera le grand remède.

Pardonnez, monsieur, ce long exposé; daignez me communiquer vos lumières. Que pensez-vous des dragées de Kaiser? et croyez-vous que Colomb nous ait rendu un grand service par la découverte de l'Amérique?

1. Daumart. (Éd.)

Je suis avec toute l'estime qu'on vous doit, et j'ose dire, avec amitié, monsieur, votre, etc.

MMMCCXXII. — A M. THIERIOT.

11 janvier.

Reçu le Monde¹ et la Lettre du primat² des Gaules; il y a plus de deux mois, mon cher ami, que j'ai chez moi cette lettre in-quarto marginée. Sachez qu'en poursuivant frère Berthier, je suis fort bien auprès de mon primat, très-bien avec mon évêque; qu'incessamment je serai le favori de l'archevêque de Paris; et, si vous me fâchez, je le serai du pape.

Reçu encore la *Théorie de l'impôt*, théorie obscure, théorie qui me paraît absurde; et toutes ces théories viennent mal à propos pour faire accroire aux étrangers que nous sommes sans ressource, et qu'on peut nous outrager et nous attaquer impunément. Voilà de plaisants citoyens et de plaisants *amis des hommes!* Qu'ils viennent comme moi sur la frontière, ils changeront bien d'avis; ils verront combien il est nécessaire de faire respecter le roi et l'État. Par ma foi, on voit les choses tout de travers à Paris.

Vous verrez bientôt une très-singulière épître³ à Clairon. Je la loue comme elle le mérite; je fais l'éloge du roi, et c'est mon cœur qui le fait; je me moque de tout le reste, et même assez violemment. J'ai souffert trop longtemps; je deviens Minos dans ma vieillesse, je punis les méchants.

P. S. Je suis bien content de l'acquisition de Mlle Corneille; elle fait jusqu'à présent l'agrément de notre maison. Il est honteux pour la France que quelque grande dame ne l'ait pas prise auprès d'elle.

*Nota bene* que le saint abbé Grizel n'a point volé Mme d'Egmont, mais bien M. de Tourny. Gardez-vous d'induire les commentateurs en erreur.

MMMCCXXIII. — A MADAME LA COMTESSE DE LUTZELBOURG.

A Ferney, 13 janvier.

Pardon, madame, pardon : j'ai eu des jésuites à chasser d'un bien qu'ils avaient usurpé sur des gentilshommes de mon voisinage; j'ai eu un curé à faire condamner. Ces bonnes œuvres ont pris mon temps. Je commence à espérer beaucoup de la France sur terre; car sur mer je l'abandonne. On paye les rentes, on éteint quelques dettes. Il y a de l'ordre, malgré toutes nos énormes sottises. J'ai peine à croire qu'on ôte le commandement à M. le maréchal de Broglie. Il me semble qu'il s'est très-bien conduit en conservant Goettingue.

Avez-vous, madame, M. le comte de Lutzelbourg auprès de vous?

1. Ouvrage de Bastide. (ÉD.)
2. *Lettre de M. l'archevêque de Lyon* (Montazet) *à M. l'archevêque de Paris* (Chr. de Beaumont). (ÉD.)
3. L'*Épître à Daphné*. (ÉD.)

comment vous trouvez-vous du vent du nord ? C'est, je crois, votre seul ennemi. Songez, madame, que l'hiver de la vie, qui est si dur, si désagréable pour tant de personnes, et auquel même il est si rare d'arriver, est pour vous une saison qui a encore des fleurs. Vous avez la santé du corps et de l'esprit. Il est vrai que vous écrivez comme un chat ; mais, dans vos plus beaux jours, vous n'eûtes jamais une plus belle main. Voyez-vous quelquefois M. de Lucé[1] ? Seriez-vous assez bonne, madame, pour me rappeler à son souvenir ?

Madame la marquise[2] est donc impitoyable, ou vous ? Je n'aurai donc pas copie de son portrait ?

Vivez heureuse et longtemps, madame ; nous vous souhaitons, ma nièce et moi, ces deux petites bagatelles de tout notre cœur. Mille respects.

V.

### MMMCXXIV. — A MADAME LA COMTESSE D'ARGENTAL.

A Ferney, 14 janvier.

Que monsieur et madame écrivent à eux deux des lettres aimables ! Je ne peux pas croire que des anges qui écrivent si bien aient tort sur ce *Droit du seigneur* ; cependant les écailles ne sont pas encore tombées de mes yeux. Mais pourquoi M. d'Argental n'écrit-il pas ? Quoi, pas un mot ! aurait-il toujours son ophthalmie ? S'il n'est que paresseux, je suis consolé. Il a un charmant secrétaire. Tenez, petite fille, voilà comme les dames écrivent à Paris. Voyez que cela est droit ; et ce style, qu'en dites-vous ? quand écrirez-vous de même, descendante de Corneille ? Cela donne de l'émulation ; elle va vite m'écrire un petit billet dans sa chambre : c'est, je vous assure, une plaisante éducation.

Je suis à vos pieds, madame, moi et *la Muse limonadière*. Comment, du cercle de mes montagnes, pouvoir reconnaître tant de bontés ?

Voulez-vous-vous amuser à lire ce chiffon[3] ? voulez-vous le lire à Mlle Clairon ? Il n'y a que vous et M. le duc de Choiseul qui en ayez. Vous m'allez dire que je deviens bien hardi et un peu méchant sur mes vieux jours. Méchant ! non, je deviens Minos, je juge les pervers. « Mais prenez garde à vous, il y a des gens qui ne pardonnent point. » Je le sais ; et je suis comme eux. J'ai soixante-sept ans ; je vais à la messe de ma paroisse ; j'édifie mon peuple ; je bâtis une église ; j'y communie, et je m'y ferai enterrer, mort-Dieu ! malgré les hypocrites. Je crois en Jésus-Christ consubstantiel à Dieu, en la vierge Marie, mère de Dieu. Lâches persécuteurs, qu'avez-vous à me dire ? « Mais vous avez fait *la Pucelle*. » Non, je ne l'ai pas faite ; c'est vous qui en êtes l'auteur ; c'est vous qui avez mis vos oreilles à la monture de Jeanne. Je suis bon chrétien, bon serviteur du roi, bon seigneur de paroisse, bon précepteur de fille, je fais trembler jésuites et curés ; je fais ce que je veux de ma petite province grande comme la

---

1. Ministre du roi de France auprès de Stanislas. (ÉD.)
2. La marquise de Pompadour. (ÉD.)
3. *L'Épître à Daphné* (Mlle Clairon). (ÉD.)

main, excepté quand les fermiers généraux s'en mêlent; je suis homme à avoir le pape dans ma manche quand je voudrai. Eh bien! cuistres, qu'avez-vous à dire?

Voilà, mes chers anges, ce que je répondrais aux Fantin, aux Grizel, aux Guyon, et au *petit singe noir*. J'aime d'ailleurs les vengeances qui me font pouffer de rire. Et puis, qui est ce *singe noir?* c'est peut-être Berthier, c'est peut-être Gauchat, Caveirac. Tous ces gens-là sont également la gloire de la France.

J'ai lu la *Théorie de l'impôt;* elle me paraît aussi absurde que ridiculement écrite. Je n'aime point ces *amis des hommes* qui crient sans cesse aux ennemis de l'État : « Nous sommes ruinés; venez, il y fait bon. »

A vos pieds.

Pour Dieu, daignez m'envoyer (paroles ne puent point) la feuille [1] de l'infâme Fréron contre M. Le Brun. J'avoue que l'*Ode* est bien longue, qu'il y a de terribles impropriétés de style; mais il y a de fort belles strophes, et j'aime M. Le Brun; il m'a fait faire une bonne action, dont je suis plus content de jour en jour.

MMMCCXXV. — A M. Du Molard.

A Ferney, 15 janvier.

Mon cher ami, nous ne montrons encore que le français à *Cornélie*; si vous étiez ici, vous lui apprendriez le grec. Nous ne cessons jusqu'à présent de remercier M. Titon et M. Le Brun de nous avoir procuré le trésor que nous possédons. Le cœur paraît excellent, et nous avons tout sujet d'espérer que, si nous n'en faisons pas une savante, elle deviendra une personne très-aimable, qui aura toutes les vertus, les grâces et le naturel qui font le charme de la société.

Ce qui me plaît surtout en elle, c'est son attachement pour son père, sa reconnaissance pour M. Titon, pour M. Le Brun, et pour toutes les personnes dont elle doit se souvenir. Elle a été un peu malade. Vous pouvez juger si Mme Denis en a pris soin; elle est très-bien servie; on lui a assigné une femme de chambre qui est enchantée d'être auprès d'elle; elle est aimée de tous les domestiques; chacun se dispute l'honneur de faire ses petites volontés, et assurément ses volontés ne sont pas difficiles. Nous avons cessé nos lectures depuis qu'un rhume

1. Voici le passage de l'*Année littéraire* dont Thieriot venait d'écrire un mot à Voltaire, au sujet de Marie Corneille : « Vous ne sauriez croire, monsieur, le bruit que fait dans le monde cette générosité de M. de Voltaire. On en a parlé dans les gazettes, dans les journaux, dans tous les papiers publics, et je suis persuadé que ces annonces fastueuses font beaucoup de peine à ce poëte modeste, qui sait que le principal mérite des actions louables est d'être tenues secrètes. Il semble d'ailleurs, par cet éclat, que M. de Voltaire n'est point accoutumé à donner de pareilles preuves de son bon cœur, et que c'est la chose la plus extraordinaire que de le voir jeter un regard de sensibilité sur une jeune infortunée, mais il y a près d'un an qu'il fait le même bien au sieur L'Écluse, ancien acteur de l'Opéra-Comique, qu'il loge chez lui, qu'il nourrit, en un mot, qu'il traite en frère. Il faut avouer que, en sortant du couvent, Mlle Corneille va tomber en de bonnes mains. » (Éd.)

violent l'a réduite au régime et à la cessation de tout travail. Elle commence à être mieux. Nous allons reprendre nos leçons d'orthographe. Le premier soin doit être de lui faire parler sa langue avec simplicité et avec noblesse. Nous la faisons écrire tous les jours : elle m'envoie un petit billet, et je le corrige : elle me rend compte de ses lectures : il n'est pas encore temps de lui donner des maîtres; elle n'en a point d'autres que ma nièce et moi. Nous ne lui laissons passer ni mauvais termes ni prononciations vicieuses; l'usage amène tout. Nous n'oublions pas les petits ouvrages de la main. Il y a des heures pour la lecture, des heures pour les tapisseries de petit point. Je vous rends un compte exact de tout. Je ne dois point omettre que je la conduis moi-même à la messe de paroisse. Nous devons l'exemple, et nous le donnons. Je crois que M. Titon et M. Le Brun ne dédaigneront point ces petits détails, et qu'ils verront avec plaisir que leurs soins n'ont pas été infructueux. Je souhaite à M. Titon ce qu'on lui a sans doute tant souhaité, les unées du mari de l'Aurore. Dites, je vous prie, à M. Le Brun que personne ne lui est plus obligé que moi. On dit que son *Ode* a encore un nouveau mérite auprès du public par les impertinences de ce malheureux Fréron. Il est pourtant bien honteux qu'on laisse aboyer ce chien. Il me semble qu'en bonne police on devrait étouffer ceux qui sont attaqués de la rage.

Je vous embrasse de tout mon cœur.

MMMCCXXVI. — A MADAME LA MARQUISE DU DEFFAND.

A Ferney, 15 janvier.

Je commence d'abord par vous excepter, madame; mais si je m'adressais à toutes les autres dames de Paris, je leur dirais : « C'est bien à vous, dans votre heureuse oisiveté, à prétendre que vous n'avez pas un moment de libre ! Il vous appartient bien de parler ainsi à un pauvre homme qui a cent ouvriers et cent bœufs à conduire, occupé du devoir de tourner en ridicule les jésuites et les jansénistes, frappant à droite et à gauche sur saint Ignace et sur Calvin, faisant des tragédies bonnes ou mauvaises, débrouillant le chaos des archives de Pétersbourg, soutenant des procès, accablé d'une correspondance qui s'étend de Pondichéri jusqu'à Rome ! voilà ce qui s'appelle n'avoir pas un moment de libre. » Cependant, madame, j'ai toujours le temps de vous écrire, et c'est le temps le plus agréablement employé de ma vie, après celui de lire vos lettres.

Vous méprisez trop Ézéchiel, madame; la manière légère dont vous parlez de ce grand homme tient trop de la frivolité de votre pays. Je vous passe de ne point déjeuner comme lui : il n'y a jamais eu que Paparel[1] à qui cet honneur ait été réservé; mais sachez qu'Ézéchiel fut plus considéré de son temps qu'Arnauld et Quesnel du leur. Sachez qu'il fut le premier qui osa donner un démenti à Moïse; qu'il s'avisa d'assurer que Dieu ne punissait pas les enfants des iniquités de leurs

1. Chanoine de Vincennes. (Éd.)

pères[1], et que cela fit un schisme dans la nation. Eh! n'est-ce rien, s'il vous plaît, après avoir mangé de la merde, que de promettre aux Juifs, de la part de Dieu, qu'ils mangeront de la chair d'homme[2] tout leur soûl?

Vous ne vous souciez donc pas, madame, de connaître les mœurs des nations? Pour peu que vous eussiez de curiosité, je vous prouverais qu'il n'y a point eu de peuples qui n'aient mangé communément de petits garçons et de petites filles; et vous m'avouerez même que ce n'est pas un si grand mal d'en manger deux ou trois que d'en égorger des milliers, comme nous faisons poliment en Allemagne.

M. de Trudaine ne sait ce qu'il dit, madame, quand il prétend que je me porte bien; mais c'est, en vérité, la seule chose dans laquelle il se trompe : je n'ai jamais connu d'esprit plus juste et plus aimable. Je suis enchanté qu'il soit de votre cour, et je voudrais qu'on ne vous l'enlevât que pour le faire mon intendant; car j'ai grand besoin d'un intendant qui m'aime.

J'aime passionnément à être le maître chez moi; les intendants veulent être les maîtres partout, et ce combat d'opinions ne laisse pas d'être quelquefois embarrassant.

Je ne suis point du tout de l'avis de

Ce bon régent qui gâta tout en France[3].

Il prétendait, dites-vous, qu'il n'y avait que des sots ou des fripons. Le nombre en est grand, et je crois qu'au Palais-Royal la chose était ainsi; mais je vous nommerai, quand vous voudrez, vingt belles âmes qui ne sont ni sottes ni coquines, à commencer par vous, madame, et par M. le président Hénault. Je tiens de plus nos philosophes très gens de bien; je crois les Diderot, les Dalembert, aussi vertueux qu'éclairés. Cette idée fait un contre-poids dans mon esprit à toutes les horreurs de ce monde.

Vraiment, madame, ce serait un beau jour pour moi que le petit souper dont vous me parlez, avec M. le maréchal de Richelieu et M. le président Hénault; mais, en attendant le souper, je vous assure, sans vanité, que je vous ferais des contes que vous prendriez pour des *Mille et une Nuits*, et qui pourtant sont très-véritables.

Oui, madame, j'aurais du plaisir, et le plus grand plaisir du monde, à vous parler, et surtout à vous entendre. Cela serait plaisant de nous voir arriver à Saint-Joseph avec Mme Denis et cette demoiselle Corneille, qui sera, je vous jure, le contre-pied du pédantisme; mais je vous avertis que je ne pourrais jamais passer à Paris que les mois de janvier et de février.

Vous ne savez pas, madame, ce que c'est que le plaisir de gouverner des terres un peu étendues : vous ne connaissez pas la vie libre et patriarcale; c'est une espèce d'existence nouvelle. D'ailleurs je suis si insolent dans ma manière de penser, j'ai quelquefois des expressions

---

1. Ézéchiel, XVIII, 20. (ÉD.) — 2. XXXIX, 18 et 19. (ÉD.)
3. Vers de l'*Épître sur la calomnie*, à Mme du Châtelet. (ÉD.)

si téméraires, je hais si fort les pédants, j'ai tant d'horreur pour les hypocrites, je me mets si fort en colère contre les fanatiques, que je ne pourrais jamais tenir à Paris plus de deux mois.

Vous me parlez, madame, de ma paix particulière : mais vraiment je la tiens toute faite ; je crois même avoir du crédit, si vous me fâchez ; mais je suis discret, et je mets une partie du souverain bien à ne demander rien à personne, à n'avoir besoin de personne, à ne courtiser personne. Il y a des vieillards doucereux, circonspects, pleins de ménagements, comme s'ils avaient leur fortune à faire. Fontenelle, par exemple, n'aurait pas dit son avis, à l'âge de quatre-vingt-dix ans, sur les feuilles de Fréron. Ceux qui voudront de ces vieillards-là peuvent s'adresser à d'autres qu'à moi.

Eh bien ! madame, ai-je répondu à tous les articles de votre lettre ? suis-je un homme qui ne lise pas ce qu'on lui écrit ? suis-je un homme qui écrive à contre-cœur ? et aurez-vous d'autres reproches à me faire, que celui de vous ennuyer par mon énorme bavarderie ?

Quand vous voudrez, je vous enverrai un chant[1] de *la Pucelle*, qu'on a retrouvé dans la bibliothèque d'un savant. Ce chant n'est pas fait, je l'avoue, pour être lu à la cour par l'abbé Grizel, mais il pourrait édifier des personnes tolérantes.

A propos, madame, si vous vous imaginez que *la Pucelle* soit une pure plaisanterie, vous avez raison. C'est trop de vingt chants : mais il y a continuellement du merveilleux, de la poésie, de l'intérêt, de la naïveté surtout. Vingt chants ne suffisent pas, L'Arioste, qui en a quarante-huit, est mon dieu. Tous les poëmes m'ennuient, hors le sien. Je ne l'aimais pas assez dans ma jeunesse ; je ne savais pas assez l'italien. *Le Pentateuque* et l'Arioste font aujourd'hui le charme de ma vie. Mais, madame, si jamais je fais un tour à Paris, je vous préférerai au *Pentateuque*.

Adieu, madame ; il faut jouer la vie jusqu'au dernier moment, et jusqu'au dernier moment je vous serai attaché avec le respect le plus tendre.

MMMCCXXVII. — A M. THIERIOT.

15 janvier.

Reçu une feuille du *Censeur hebdomadaire*[2], et l'*Histoire de la nièce d'Eschyle*[3]. Je voudrais voir de quel poison se sert l'ami Frélon pour noircir le zèle, l'*Ode* et les soins de M. Le Brun. Comment sait-il que L'Écluse est venu dans notre maison ? et que peut-il dire de ce L'Écluse ? Il finira par s'attirer de méchantes affaires. Vous ne pouvez avoir encore le chant de *la Capilotade*. Il faut bien constater l'aventure de Grizel avant de le fourrer là.

J'ai voulu avoir le *Recueil*[4] H, parce que j'avais les précédents ; voilà comme on s'enferre souvent.

1. Le chant XVIII. (ÉD.)
2. Chaumeix était un des rédacteurs de ce journal. (ÉD.)
3. *La petite-nièce d'Eschyle, histoire athénienne, traduite d'un manuscrit grec.* — Cette petite brochure est attribuée par Barbier au chevalier Neufville-Montador. (ÉD.)
4. C'est-à-dire le tome huitième du recueil A, B, C, D ; Fontenoy (Paris),

ANNÉE 1761. 165

Il n'y a pas moyen de vous faire tenir encore l'épître à Mlle Clairon. Il faut attendre qu'elle se porte bien, qu'elle rejoue *Tancrède*, et que certaines gens approuvent les petites hardiesses de cette épître. Je suis convaincu que l'acharnement de Fréron contre un homme du mérite de M. Diderot fera grand bien au *Père de famille*.

Vous demandez des détails sur mon triomphe *de gente jesuitica* : ce triomphe n'est qu'une ovation ; nul péril, nul sang répandu. Les jésuites s'étaient emparés du bien de MM. de Grassy, parce qu'ils croyaient ces gentilshommes trop pauvres pour rentrer dans leurs domaines. Je leur ai prêté de l'argent sans intérêt pour y rentrer ; les jésuites se sont soumis ; l'affaire est faite. S'il y a quelque discussion, on fera un petit *factum* bien propre que vous lirez avec édification. Voilà, mon ancien ami, tout ce que je peux vous mander pour le présent, *Interim*, *vale*.

MMMCCXXVIII. — A M. DAMILAVILLE.

16 janvier.

Mille tendres remerciments à M. Damilaville pour toutes ses bontés. Voici une petite lettre que je le prie, lui ou M. Thieriot, de vouloir bien faire parvenir à M. du Molard, par cette petite poste si utile au public, et que l'ancien ministère avait rebutée pendant cinquante ans.

Ce M. du Molard est un homme que je dois beaucoup aimer ; car c'est lui en partie qui nous a procuré Mlle Corneille. M. Damilaville et M. Thieriot peuvent lire ma lettre à M. du Molard, et le petit billet de Mlle Corneille. Ils verront si nous savons élever les jeunes filles.

Je fais une réflexion : M. Thieriot me mande que le digne Fréron a fait une espèce d'accolade de la descendante du grand Corneille et de L'Écluse, excellent dentiste qui, dans sa jeunesse, a été acteur de l'Opéra-Comique. Si cela est, c'est une insolence très-punissable, et dont les parents de Mlle Corneille devraient demander justice. L'Écluse n'est point dans mon château ; il est à Genève, et y est très-nécessaire ; c'est un homme d'ailleurs supérieur dans son art, très-honnête homme, et très-estimé. La licence d'un tel barbouilleur de papier mériterait un peu de correction.

MMMCCXXIX. — A M. DE LA MARCHE, PREMIER PRÉSIDENT DU PARLEMENT DE BOURGOGNE.

Au château de Ferney, pays de Gex, 18 janvier.

M. de Ruffei, monsieur, m'a fait verser des larmes de joie en m'apprenant que vous vouliez bien vous ressouvenir de moi, et que vous rendiez à la société, dont vous avez toujours fait le charme. Mon cœur est encore tout ému en vous écrivant. Songez-vous bien qu'il y a près de soixante ans que je vous suis attaché ! Mes cheveux ont blanchi, mes dents sont tombées ; mais mon cœur est jeune ; je suis tenté de franchir les monts et les neiges qui nous séparent, et de ve-

1745-62, vingt-quatre volumes in-12, dont les éditeurs furent Perau, Mercier de Saint-Léger, etc. (*Note de M. Beuchot*.)

nir vous embrasser. J'ai honte de vous avouer que je me regarde dans mes retraites comme un des plus heureux hommes du monde; mais vous méritez de l'être plus que moi; et je vous avertis que je cesse de l'être si vous ne l'êtes pas. Vous êtes honoré, aimé; je vous connais une très-belle âme, une âme charmante, juste, éclairée, sensible; je peux dire de vous :

> *Gratia, fama, valetudo, contingit abunde....*
> *Quid voveat dulci nutricula majus alumno?*
> Hor., lib. 1, ep. IV, v. 8 et 10.

Mais je ne vous dirai pas :

> *Me pinguem et nitidum bene curata cute vises.*
> Ibid., v. 15.

Je suis aussi lévrier qu'autrefois, toujours impatient, obstiné, ayant autant de défauts que vous avez de vertus, mais aimant toujours les lettres à la folie, ayant associé aux muses Cérès, Pomone, et Bacchus même: car il y a aussi du vin dans mon petit territoire. Joignant à tout cela un peu de Vitruve, j'ai bâti, j'ai planté tard, mais je jouis. Le roi m'a daigné combler de bienfaits; il m'a conservé la place de son gentilhomme ordinaire. Il a accordé à mes terres des privilèges que je n'osais demander. Je ne prends la liberté de vous rendre compte de ma situation que parce que vous avez daigné toujours vous intéresser un peu à moi. Je suis si plein de vous, que j'imagine que vous me pardonnerez de vous parler un peu de moi-même.

M. le procureur général, monsieur, me mande que vous lui avez donné *Tancrède* à lire. Il est donc aussi *Musarum cultor*; mais quel *Tancrède*, s'il vous plaît? Si ce n'est pas Mme de Courteilles ou M. d'Argental qui vous a envoyé cette rapsodie, vous ne tenez rien. Il y a une copie absurde qui court le monde : si c'est cet enfant supposé qu'on vous a donné, je vous demande en grâce de le renier auprès de M. le procureur général, car je ne veux pas qu'il ait mauvaise opinion de moi; j'ai envie de lui plaire.

L'affaire du curé de Moëns, pays de Gex, est bien étrange. Quoi! les complices décrétés de prise de corps, et le chef ajourné!

> *Tantum relligio potuit suadere..........*
> Lucrèce, *de Rerum nat.*, lib. I, v. 102.

Agréez le tendre respect et l'attachement jusqu'à la mort de votre vieux camarade, VOLTAIRE.

**MMMCCXXX. — A M. HELVÉTIUS.**

Aux Délices, 19 janvier.

Il est vrai, mon très-cher philosophe persécuté, que vous m'avez un peu mis, dans votre livre, *in communi martyrum*; mais vous ne me mettrez jamais *in communi* de ceux qui vous estiment et qui vous aiment. On vous avait assuré, *dites-vous*, que vous m'*aviez déplu*. Ceux qui ont pu vous dire cette *chose qui n'est pas*, comme s'exprime notre ami Swift, sont enfants du diable. Vous, me déplaire! et pourquoi? et en quoi? vous en qui est *gratia, fama*[1]; vous qui êtes né pour plaire; vous que j'ai toujours aimé, et dans qui j'ai chéri toujours, depuis votre enfance, les progrès de votre esprit. On avait comme cela, dit à Duclos qu'*il m'avait déplu*, et que je lui avais refusé ma voix à l'Académie. Ce sont en partie ces tracasseries de messieurs les gens de lettres, et encore plus les persécutions, les calomnies, les interprétations odieuses des choses les plus raisonnables, la petite envie, les orages continuels attachés à la littérature, qui m'ont fait quitter la France. On vend très-bien des terres pendant la guerre, vu que cette guerre enrichit et messieurs les trésoriers de l'extraordinaire, et messieurs les entrepreneurs des vivres, fourrages, hôpitaux, vaisseaux, cordages, bœuf salé, artillerie, chevaux, poudre, et messieurs leurs commis, et messieurs leurs laquais, et mesdames leurs catins. J'ai trois terres ici, dont une jouit de toutes franchises, comme le franc-alleu le plus primier; et le roi m'ayant conservé, par un brevet, la charge de gentilhomme ordinaire, je jouis de tous les droits les plus agréables. J'ai terre aux confins de France, terre à Genève, maison à Lausanne; tout cela dans un pays où il n'y a point d'archevêque qui excommunie les livres qu'il n'entend pas. Je vous offre tout, disposez-en.

Cet archevêque[2], dont vous me parlez, ferait bien mieux d'obéir au roi, et de conserver la paix, que de signer des torche-culs de mandements. Le parlement a très-bien fait, il y a quelques années, d'en brûler quelques-uns, et ferait fort mal de se mêler d'un livre de métaphysique, portant privilège du roi. J'aimerais mieux qu'il me fît justice de la banqueroute du fils de Samuel Bernard, juif, fils de juif, mort surintendant de la maison de la reine, maître des requêtes, riche de neuf millions, et banqueroutier. Vendez votre charge de maître d'hôtel, *vende omnia quæ habes, et sequere me*[3]. Il est vrai que les prêtres de Genève et de Lausanne sont des hérétiques qui méprisent saint Athanase, et qui ne croient pas Jésus-Christ Dieu; mais on peut du moins croire ici la Trinité, comme je fais, sans être persécuté; faites-en autant. Soyez bon catholique, bon sujet du roi, comme vous l'avez toujours été, et vous serez tranquille, heureux, aimé, estimé, honoré partout, particulièrement dans cette enceinte charmante, couronnée par les Alpes, arrosée par le lac et par le Rhône, couverte de jardins et de maisons de plaisance, et près d'une grande ville où l'on pense. Je mourrais assez heureux si vous veniez vivre ici. Mille respects à madame votre femme.

Notre nièce est très-sensible à l'honneur de votre souvenir.

1. Horace, livre I, épître IV, vers 10. (ÉD.)
2. Christophe de Beaumont. (ÉD.) — 3. Saint Matthieu, chap. XIX, v. 21. (ÉD.)

MMMCCXXXI. — A M. LE MARQUIS D'ARGENCE DE DIRAC.

A Ferney, 20 janvier.

Vous connaissez ma vie, monsieur; mes occupations sont fort augmentées. Depuis que j'ai eu le malheur de vous perdre [1], je n'ai pas eu un moment à moi. J'ai voulu vous écrire tous les jours, et je me suis contenté de penser sans cesse à vous. Je vois, par les lettres dont vous m'honorez, que vous êtes heureux. Il n'y a que deux sortes de bonheur dans ce monde, celui des sots qui s'enivrent stupidement de leurs illusions fanatiques, et celui des philosophes. Il est impossible à un être qui pense de vouloir tâter de la première espèce de bonheur, qui tient de l'abrutissement. Plus vous vous éclairez, et plus vous jouissez. Rien n'est plus doux que de rire des sottises des hommes, et de rire en connaissance de cause. Si vous daignez vous amuser, monsieur, à rechercher en quel temps certaines gens s'avisèrent de dire que deux et deux font cinq, et dans quel temps d'autres docteurs assurèrent que deux et deux font six, il vous sera aisé de voir que ni le sentiment d'Arius ni celui d'Athanase n'étaient nouveaux; et que, dès le III<sup>e</sup> siècle, les théologiens, étant devenus platoniciens, se battirent à coups d'écritoire pour savoir si l'œuf est formé avant la poule, ou la poule avant l'œuf, et si c'est un péché mortel de manger des œufs à la coque certains jours de l'année.

Pour votre pâté de perdrix, il nous arrivera heureusement avant le carême; ainsi nous pourrons en manger en sûreté de conscience; car vous sentez combien Dieu est irrité, et qu'il y va de la damnation éternelle, quand on est assez pervers pour manger des perdrix à la fin de février, ou au commencement de mars.

J'ai fait, depuis votre départ, une terrible action d'impiété : j'ai contraint les jésuites à déguerpir d'un domaine qu'ils avaient usurpé sur six gentilshommes mes voisins, tous frères, tous officiers du roi, tous servant dans le régiment de Deux-Ponts, tous braves gens, tous en guenilles.

Je me damne de plus en plus; je suis actuellement occupé à poursuivre criminellement un curé de nos cantons, lequel a cru qu'il est de droit divin de rosser ses paroissiens. Il est allé pieusement, à onze heures du soir, chez une dame, avec cinq ou six paysans armés de bâtons ferrés, pour empêcher qu'on ne fît l'amour sans sa permission. Son zèle a été jusqu'à laisser sur le carreau un jeune homme de famille, baigné dans son sang; et s'il ne s'était trouvé un impie comme moi, ce pauvre garçon était mort, et le curé impuni. Le curé se défend tant qu'il peut; il dit qu'il ne veut point aller aux galères, et que je serai damné; mais heureusement un bon prêtre vient de prouver à Neuchâtel que l'enfer n'est point du tout éternel; qu'il est ridicule de penser que Dieu s'occupe, pendant une infinité de siècles, à rôtir un pauvre diable. C'est dommage que ce prêtre soit un huguenot, sans cela ma cause était bonne : je n'aime point ces maudits huguenots.

1. D'Argence avait visité Voltaire en septembre précédent. (ÉD.)

Nous avons eu, depuis peu, un cocu à Genève; ce cocu, comme vous savez, tira un coup de pistolet à l'amant de sa femme. La petite Église de Calvin, qui fait consister la vertu dans l'usure et dans l'austérité des mœurs, s'est imaginé qu'il n'y avait de cocus dans le monde que parce qu'on jouait la comédie. Ces maroufles s'en sont pris aux jeunes gens de leur ville qui avaient joué sur mon théâtre de Tournay, et ils ont eu l'insolence de leur faire promettre de ne plus jouer avec des Français, qui pourraient corrompre les mœurs de Genève.

Vous voyez, monsieur, qu'on est aussi sot à Genève qu'on est fou à Paris; mais je pardonne à ces barbares, parce qu'il y a chez eux dix ou douze personnes de mérite. Dieu n'en trouva pas cinq dans Sodome : je ne suis pas assez puissant pour faire pleuvoir le feu du ciel sur Genève; je le suis du moins assez pour avoir beaucoup de plaisir chez moi, au nez de tous ces cagots. J'en aurais bien davantage, monsieur, si vous étiez encore ici; vous y verriez la descendante du grand Corneille, que nous avons adoptée pour fille, Mme Denis et moi. Son caractère paraît aussi aimable que le génie de Corneille est respectable.

Adieu, monsieur, nous vous regretterons et nous vous aimerons toujours. S'il y a quelqu'un qui pense dans votre pays, faites-lui mes compliments. Mme Denis vous fait les siens bien tendrement.

MMMCCXXXII. — A M. LE MARQUIS DE CHAUVELIN.

21 janvier.

Voici, pour Votre Excellence, la négociation la plus importante que vous ayez jamais fait réussir. Le porteur, avec son baragouin, est à la tête d'une troupe d'histrions; il a le privilège du gouverneur de Bourgogne; il veut nous donner du plaisir; c'est donc un homme nécessaire à la société. Une autre troupe d'histrions, nommés prédicants calvinistes, a eu l'insolence de trouver mauvais que les Genevois jouassent *Alzire* en France, au château de Tournay. Cette ville d'usuriers corromprait, sans doute, en France, la pureté de ses mœurs. De plus, les faquins à monologue sont si jaloux des gens à dialogue, qu'ils veulent avoir le privilège exclusif d'ennuyer le monde. Le porteur a une troupe catholique; il peut donner du plaisir sur terre de France; mais les terres de Savoie sont plus à portée. S'il peut s'établir à Carouge, petit village aux portes de Genève, il croit nos plaisirs assurés, et sa fortune faite. Il demande donc votre protection. O belle ambassadrice! actrice charmante! portez nos prières à M. de Chauvelin; favorisez un art dans lequel vous daignez exceller; confondez des hérétiques qui prêchent contre la divinité de Jésus-Christ, et contre *Athalie* et *Polyeucte*. La descendante du grand Corneille, qui est aux Délices, vous conjure, par les mânes de Cinna et de Chimène, de procurer une église dans Carouge au sacristain que nous vous dépêchons.

Monsieur l'ambassadeur, regardez cette affaire comme la plus importante de votre vie, ou du moins de la nôtre. Les Délices seront-elles assez heureuses pour vous reposséder au mois de mai?

Respect et attachement éternel. Comment se portent le fils et la mère?

## MMMCCXXXIII. — A M. THIERIOT.

*A Ferney, 21 janvier.*

Reçu le petit livre royal *De Moribus brachmanorum*. Me voilà plus confirmé que jamais dans mon opinion, que les livres rares ne sont rares que parce qu'ils sont mauvais; j'en excepte seulement certains livres de philosophie, qui sont lus des seuls sages, que les sots n'entendraient pas, et que les sots persécutent.

Je reçois aussi la *Divine légation de Moïse*, de l'évêque Warburton, dans laquelle cet évêque prouve que Moïse était inspiré de Dieu, parce qu'il n'enseignait pas l'immortalité de l'âme.

Point de roman de Jean-Jacques, s'il vous plaît; je l'ai lu pour mon malheur; et c'eût été pour le sien, si j'avais le temps de dire ce que je pense de cet impertinent ouvrage. Mais un cultivateur, un maçon, et le précepteur de Mlle Corneille, et le vengeur d'une famille accablée par des prêtres, n'a pas le temps de parler de romans.

Joue-t-on *Tancrède?* joue-t-on le *Père de famille?* O mon cher frère Diderot! je vous cède la place de tout mon cœur, et je voudrais vous couronner de lauriers.

## MMMCCXXXIV. — A MADAME LA COMTESSE DE BASSEWITZ.

*Ferney, 22 janvier 1761.*

..... Une Polonaise, en 1722, vint à Paris, et se logea à quelques pas de la maison que j'occupais. Elle avait quelques traits de ressemblance avec l'épouse du czarowitz. Un officier français, nommé d'Aubant, qui avait servi en Russie, fut étonné de la ressemblance; cette méprise donna envie à la dame d'être princesse; elle avoua ingénument à l'officier qu'elle était la veuve de l'héritier de la Russie; qu'elle avait fait enterrer une bûche à sa place, pour se sauver de son mari. D'Aubant fut amoureux d'elle et de sa principauté; ils se marièrent. D'Aubant, nommé gouverneur dans une partie de la Louisiane, mena sa princesse en Amérique. Le bonhomme est mort croyant fermement avoir épousé une belle-sœur d'un empereur d'Allemagne, et la bru d'un empereur de Russie : ses enfants le croient aussi, et ses petits-enfants n'en douteront pas....

## MMMCCXXXV. — A M. L'ABBÉ D'OLIVET.

*Au château de Ferney, 22 janvier.*

Mon cher Cicéron, qui ne vivez pas dans le siècle des Cicérons, n'allez pas faire comme l'abbé Sallier et l'abbé de Saint-Cyr[1]; vivez, pour empêcher que la langue et le goût ne se corrompent de plus en plus; vivez, et aimez-moi. Je vous prie d'avoir la bonté de me recommander de temps en temps à l'Académie, comme un membre encore

---

[1] L'abbé Sallier était mort le 9 janvier 1761; l'abbé de Saint-Cyr, le 14. (Éd.)

plus attaché à son corps qu'il n'en est éloigné; dites-lui que je respecterai et que j'aimerai jusqu'au dernier moment de ma vie ce corps dont la gloire m'intéresse. Tâchez, mon cher maître, de nous donner un véritable académicien à la place de l'abbé de Saint-Cyr, et un savant à la place de l'abbé Sallier. Pourquoi n'aurions-nous pas cette fois-ci M. Diderot? Vous savez qu'il ne faut pas que l'Académie soit un séminaire, et qu'elle ne doit pas être la cour des pairs. Quelques ornements d'or à notre lyre sont convenables; mais il faut que les cordes soient à boyau, et qu'elles soient sonores.

On m'a mandé que vous aviez été à une représentation de *Tancrède*. Vous ne dûtes pas y reconnaître ma versification; je ne l'ai pas reconnue non plus. Les comédiens, qui en savent plus que moi, avaient mis beaucoup de vers de leur façon dans la pièce; ils auront, à la reprise, la modestie de jouer la tragédie telle que je l'ai faite.

Je ne peux m'empêcher de vous dire ici que je suis saisi d'une indignation académique quand je lis nos nouveaux livres. J'y vois qu'une chose est *au parfait*, pour dire qu'elle est bien faite. J'y vois qu'on a des intérêts à démêler *vis-à-vis* de ses voisins, au lieu d'avec ses voisins; et ce malheureux mot de *vis-à-vis* employé à tort, à travers.

On m'envoya, il y a quelque temps, une brochure dans laquelle une fille était bien *éduquée*, au lieu de bien *élevée*. Je parcours un roman du citoyen de Genève, moitié galant, moitié moral, où il n'y a ni galanterie, ni vraie morale, ni goût, et dans lequel il n'y a d'autre mérite que celui de dire des injures à notre nation. L'auteur dit qu'à la comédie les Parisiens *calquent les modes françaises* sur l'habit romain. Tout le livre est écrit ainsi; et, à la honte du siècle, il réussit peut-être.

Mon cher doyen, le siècle passé a été le précepteur de celui-ci; mais il a fait des écoliers bien ridicules. Combattez pour le bon goût; mais voudrez-vous combattre pour les morts?

Adieu. Je voudrais que vous fussiez ici; vous m'aideriez à rendre Mlle Corneille digne de lire les trois quarts de *Cinna*, et presque tout le rôle de Chimène et de Cornélie : je dis presque tout, et non pas tout; car je ne connais aucun grand ouvrage parfait, et je crois même que la chose est impossible.

MMMCCXXXVI. — A M. Deodati de Tovazzi.

Au château de Ferney, en Bourgogne, 24 janvier.

Je suis très-sensible, monsieur, à l'honneur que vous me faites de m'envoyer votre livre de l'*Excellence de la langue italienne* ; c'est envoyer à un amant l'éloge de sa maîtresse. Permettez-moi cependant quelques réflexions en faveur de la langue française, que vous paraissez dépriser un peu trop. On prend souvent le parti de sa femme, quand la maîtresse ne la ménage pas assez.

Je crois, monsieur, qu'il n'y a aucune langue parfaite. Il en est des langues comme de bien d'autres choses, dans lesquelles les savants ont reçu la loi des ignorants. C'est le peuple ignorant qui a formé les langages; les ouvriers ont nommé tous leurs instruments. Les peuplades, à peine rassemblées, ont donné des noms à tous leurs besoins; et, après un très-grand nombre de siècles, les hommes de génie se sont servis, comme ils ont pu, des termes établis au hasard par le peuple.

Il me paraît qu'il n'y a dans le monde que deux langues véritablement harmonieuses, la grecque et la latine. Ce sont en effet les seules dont les vers aient une vraie mesure, un rhythme certain, un vrai mélange de dactyles et de spondées, une valeur réelle dans les syllabes. Les ignorants qui formèrent ces deux langues avaient sans doute la tête plus sonnante, l'oreille plus juste, les sens plus délicats que les autres nations.

Vous avez, comme vous le dites, monsieur, des syllabes longues et brèves dans votre belle langue italienne; nous en avons aussi : mais ni vous, ni nous, ni aucun peuple, n'avons de véritables dactyles et de véritables spondées. Nos vers sont caractérisés par le nombre, et non par la valeur des syllabes. *La bella lingua toscana è la figlia primogenita del latino.* Mais jouissez de votre droit d'aînesse, et laissez à vos cadettes partager quelque chose de la succession.

J'ai toujours respecté les Italiens comme nos maîtres; mais vous avouerez que vous avez fait de fort bons disciples. Presque toutes les langues de l'Europe ont des beautés et des défauts qui se compensent. Vous n'avez point les mélodieuses et nobles terminaisons des mots espagnols, qu'un heureux concours de voyelles et de consonnes rend si sonores : *Los rios, los hombres, las historias, las costumbres.* Il vous manque aussi les diphthongues, qui, dans notre langue, font un effet si harmonieux : Les *rois*, les *empereurs*, les *exploits*, les *histoires*. Vous nous reprochez nos *e* muets, comme un son triste et sourd qui expire dans notre bouche; mais c'est précisément dans ces *e* muets que consiste la grande harmonie de notre prose et de nos vers. *Empire, couronne, diadème, flamme, tendresse, victoire;* toutes ces désinences heureuses laissent dans l'oreille un son qui subsiste encore après le mot prononcé, comme un clavecin qui résonne quand les doigts ne frappent plus les touches.

Avouez, monsieur, que la prodigieuse variété de toutes ces désinences peut avoir quelque avantage sur les cinq terminaisons de tous les mots de votre langue. Encore, de ces cinq terminaisons faut-il retrancher la dernière, car vous n'avez que sept ou huit mots qui se terminent en *u* ; reste donc quatre sons, *a, e, i, o,* qui finissent tous les mots italiens.

Pensez-vous, de bonne foi, que l'oreille d'un étranger soit bien flattée, quand il lit, pour la première fois,

..............................e'l capitano
et           Che 'l gran sepolcro liberò di Cristo;

Molto egli oprò col senno, a con la mano?
Le Tasse, *Jérus. déliv.*, ch. I, st. 1.

Croyez-vous que tous ces o soient bien agréables à une oreille qui n'y est pas accoutumée ? Comparez à cette triste uniformité, si fatigante pour un étranger; comparez à cette sécheresse ces deux vers simples de Corneille :

Le destin se déclare, et nous venons d'entendre
Ce qu'il a résolu du beau-père et du gendre.
*La Mort de Pompée*, acte I, scène

Vous voyez que chaque mot se termine différemment. Prononcez à présent ces deux vers d'Homère :

Ἐξ οὗ δὴ τὰ πρῶτα διαστήτην ἐρίσαντε
Ἀτρείδης τε, ἄναξ ἀνδρῶν, καὶ δῖος Ἀχιλλεύς.
*Iliade*, liv. I, v. 6.

Qu'on prononce ces vers devant une jeune personne, soit anglaise ou allemande, qui aura l'oreille un peu délicate : elle donnera la préférence au grec, elle souffrira le français, elle sera un peu choquée de la répétition continuelle des désinences italiennes. C'est une expérience que j'ai faite plusieurs fois.

Vos poëtes, qui ont servi à former votre langue, ont si bien senti ce vice radical de la terminaison des mots italiens, qu'ils ont retranché les lettres *e* et *o*, qui finissaient tous les mots à l'infinitif, au passé, et au nominatif; ils disent *amar* pour *amare*, *nocqueron* pour *nocqueronó*, *la stagion* pour *la stagione*, *buon* pour *buono*, *malevol* pour *malevole*. Vous avez voulu éviter la cacophonie; et c'est pour cela que vous finissez très-souvent vos vers par la lettre canine *r*; ce que les Grecs ne firent jamais.

J'avoue que la langue latine dut longtemps paraître rude et barbare aux Grecs, par la fréquence de ses *ur*, de ses *um*, qu'on prononçait *our* et *oum*, et par la multitude de ses noms propres terminés tous en *us* ou plutôt *er*, *ous*. Nous avons brisé plus que vous cette uniformité. Si Rome était pleine autrefois de sénateurs et de chevaliers en *us*, on n'y voit à présent que des cardinaux et des abbés en *i*.

Vous vantez, monsieur, et avec raison, l'extrême abondance de votre langue; mais permettez-nous de n'être pas dans la disette. Il n'est, à la vérité, aucun idiome au monde qui peigne toutes les nuances des choses. Toutes les langues sont pauvres à cet égard; aucune ne peut exprimer, par exemple, en un seul mot, l'amour fondé sur l'estime, ou sur la beauté seule, ou sur la convenance des caractères, ou sur le besoin d'aimer. Il en est ainsi de toutes les passions, de toutes les qualités de notre âme. Ce que l'on sent le mieux est souvent ce qui manque de terme.

Mais, monsieur, ne croyez pas que nous soyons réduits à l'extrême indigence que vous nous reprochez en tout. Vous faites un catalogue en deux colonnes de votre superflu et de notre pauvreté; vous mettez d'un côté *orgoglio*, *alterigia*, *superbia*, et de l'autre, *orgueil* tout seul. Cependant, monsieur, nous avons *orgueil*, *superbe*, *hauteur*, *fierté*, *morgue*, *élévation*, *dédain*, *arrogance*, *insolence*, *gloire*, *glo-*

*riole, présomption, outrecuidance*[1]. Tous ces mots expriment des nuances différentes, de même que chez vous *orgoglio, alterigia, superbia*, ne sont pas toujours synonymes.

Vous nous reprochez, dans votre alphabet de nos misères, de n'avoir qu'un mot pour signifier *vaillant*.

Je sais, monsieur, que votre nation est très-vaillante quand elle veut, et quand on le veut; l'Allemagne et la France ont eu le bonheur d'avoir à leur service de très-braves et de très-grands officiers italiens.

L'italico valor non è ancor morto.

Mais, si vous avez *valente, prode, animoso*, nous avons *vaillant, valeureux, preux, courageux, intrépide, hardi, animé, audacieux, brave*, etc. Ce courage, cette bravoure, ont plusieurs caractères différents, qui ont chacun leurs termes propres. Nous dirions bien que nos généraux sont vaillants, courageux, braves, etc.; mais nous distinguerions le courage vif et audacieux du général[2] qui emporta, l'épée à la main, tous les ouvrages de Port-Mahon taillés dans le roc vif; la fermeté constante, réfléchie et adroite avec laquelle un de nos chefs[3] sauva une garnison entière d'une ruine certaine, et fit une marche de trente lieues, à la vue d'une armée ennemie de trente mille combattants.

Nous exprimerions encore différemment l'intrépidité tranquille que les connaisseurs admirèrent dans le petit-neveu[4] du héros de la Valteline, lorsque, ayant vu son armée en déroute par une terreur panique de nos alliés, ce général, ayant aperçu le régiment de Diesbach et un autre, qui faisaient ferme contre une armée victorieuse, quoiqu'ils fussent entamés par la cavalerie et foudroyés par le canon, marcha seul à ces régiments, loua leur valeur, leur courage, leur fermeté, leur intrépidité, leur vaillance, leur patience, leur audace, leur animosité, leur bravoure, leur héroïsme, etc. Voyez, monsieur, que de termes pour un! Ensuite il eut le courage de ramener ces deux régiments à petits pas, et de les sauver du péril où leur valeur les jetait; les conduisit en bravant les ennemis victorieux, et eut encore le courage de soutenir les reproches d'une multitude toujours mal instruite.

Vous pourrez encore voir, monsieur, que le courage, la valeur, la fermeté de celui[5] qui a gardé Cassel et Gottingen[6], malgré les efforts de soixante mille ennemis très-valeureux, est un courage composé d'activité, de prévoyance, et d'audace. C'est aussi ce qu'on a reconnu dans celui[7] qui a sauvé Wesel. Croyez donc, je vous prie, monsieur,

---

1. *Mot très-énergique et trop abandonné*, est-il dit, entre deux parenthèses, dans le *Journal encyclopédique*, 1er février 1761. Voltaire se servait volontiers des mots *outrecuidance* et *outrecuidant*, surtout en écrivant à ses amis. Deodati est appelé *outrecuidant* auteur, dans la lettre MMMCCL. (*Note de Clogenson*.)
2. Le maréchal de Richelieu, en 1756. (ED.)
3. Le maréchal de Belle-Ile, en 1742. (ED.)
4. Le prince de Soubise à Rosbach, où il fut vaincu le 5 novembre 1757. (ED.)
5. Le maréchal de Broglie. (ED.)
6. Le comte de Vaux commandait à Goettingue. (ED.)
7. Le marquis de Schomberg fut chargé, par le marquis de Castries, de faire lever le siège de Wesel. (ED.)

que nous avons, dans notre langue, l'esprit de faire sentir ce que les défenseurs de notre patrie ou de notre pays ont le mérite de faire.

Vous nous insultez, monsieur, sur le mot de *ragoût*; vous vous imaginez que nous n'avons que ce terme pour exprimer nos *mets*, nos *plats*, nos *entrées* de table, et nos *menus*. Plût à Dieu que vous eussiez raison, je m'en porterais mieux! mais malheureusement nous avons un dictionnaire entier de cuisine.

Vous vous vantez de deux expressions pour signifier *gourmand*; mais daignez plaindre, monsieur, nos gourmands, nos goulus, nos friands, nos mangeurs, nos gloutons.

Vous ne connaissez que le mot de *savant*; ajoutez-y, s'il vous plaît, *docte*, *érudit*, *instruit*, *éclairé*, *habile*, *lettré*; vous trouverez parmi nous le nom et la chose. Croyez qu'il en est ainsi de tous les reproches que vous nous faites. Nous n'avons point de diminutifs; nous en avions autant que vous du temps de Marot, et de Rabelais, et de Montaigne; mais cette puérilité nous a paru indigne d'une langue ennoblie par les Pascal, les Bossuet, les Fénelon, les Pélisson, les Corneille, les Despréaux, les Racine, les Massillon, les La Fontaine, les La Bruyère, etc.; nous avons laissé à Ronsard, à Marot, à du Bartas, les diminutifs badins en *otte* et en *ette*, et nous n'avons guère conservé que *fleurette*, *amourette*, *fillette*, *grisette*, *grandelette*, *vieillotte*, *nabote*, *maisonnette*, *villotte*; encore ne les employons-nous que dans le style très-familier. N'imitez pas le *Buonmattei*, qui, dans sa harangue à l'Académie de la Crusca, fait tant valoir l'avantage exclusif d'exprimer *corbello*, *corbellino*, en oubliant que nous avons des *corbeilles* et des *corbillons*.

Vous possédez, monsieur, des avantages bien plus réels, celui des inversions, celui de faire plus facilement cent bons vers en italien, que nous n'en pouvons faire dix en français. La raison de cette facilité, c'est que vous vous permettez ces *hiatus*, ces bâillements de syllabes que nous proscrivons; c'est que tous vos mots, finissant en *a*, *e*, *i*, *o*, vous fournissent au moins vingt fois plus de rimes que nous n'en avons, et que, par-dessus cela, vous pouvez encore vous passer de rimes. Vous êtes moins asservis que nous à l'hémistiche et à la césure; vous dansez en liberté, et nous dansons avec nos chaînes.

Mais, croyez-moi, monsieur, ne reprochez à notre langue ni la rudesse, ni le défaut de prosodie, ni l'obscurité, ni la sécheresse. Vos traductions de quelques ouvrages français prouveraient le contraire. Lisez d'ailleurs tout ce que MM. d'Olivet et Dumarsais ont composé sur la manière de bien parler notre langue; lisez M. Duclos; voyez avec combien de force, de clarté, d'énergie, et de grâce, s'expriment MM. Dalembert et Diderot. Quelles expressions pittoresques emploient souvent M. de Buffon et M. Helvétius, dans des ouvrages qui n'en paraissent pas toujours susceptibles!

Je finis cette lettre trop longue par une seule réflexion. Si le peuple a formé les langues, les grands hommes les perfectionnent par les bons livres; et la première de toutes les langues est celle qui a le plus d'excellents ouvrages.

J'ai l'honneur d'être, monsieur, avec beaucoup d'estime pour vous et pour la langue italienne, etc.

MMMCCXXXVII. — A M. LE COMTE D'ARGENTAL.

Au château de Ferney, 26 janvier.

Et ces yeux, ces yeux que vous fermez quand vous êtes content, se portent-ils mieux, mon cher ange?

J'ai un besoin très-grand d'être fortement recommandé à M. de Villeneuve[1]. Est-il possible que je n'aie besoin de personne dans le pays étranger, et que j'aie besoin d'un intendant en France, avec mes terres libres? Je ferai une belle requête pour M. le duc de Choiseul; mais je lui ai tant demandé de choses pour les autres, que je n'ose plus lui rien demander pour moi.

J'ai de terribles affaires sur les bras. Je chasse les jésuites d'un domaine usurpé par eux; je poursuis criminellement un curé; je convertis une huguenote; et ma besogne la plus difficile est d'enseigner la grammaire à Mlle Corneille, qui n'a aucune disposition pour cette sublime science.

Est-il vrai, monsieur et madame, mes anges tutélaires, est-il vrai qu'on joue *Tancrède?*

Est-il vrai qu'on joue aux Italiens une parade intitulée *le Comte de Boursoufle*, sous mon nom? Justice! justice! Puissances célestes, empêchez cette profanation; ne souffrez pas qu'un nom que vous avez toujours daigné aimer soit prostitué dans une affiche de la Comédie italienne. J'imagine qu'il est aisé de leur défendre d'imputer, dans les carrefours de Paris, à un pauvre auteur, une pièce dont il n'est pas coupable.

J'estime, mes anges, qu'il faut retrancher Le Franc de ce *Pantaodai*[2] à Mlle Clairon; nous la retrouverons bien une autre fois. Il ne faut pas souiller par une satire les louanges de Melpomène. En ôtant Le Franc, tout va, tout se lie.

Et le roman de Jean-Jacques! à mon gré, il est sot, bourgeois, impudent, ennuyeux; mais il y a un morceau admirable sur le suicide, qui donne appétit de mourir.

Avez-vous vu celui de La Popelinière ou Pouplinière?

Est-ce vous qui avez envoyé à M. de La Marche notre *Tancrède?*

Nous avons ici Ximenès, oui, le marquis de Ximenès. Hélas! nous ne vous aurons pas. Nous baisons le bout de vos ailes.

MMMCCXXXVIII. — A M. MARMONTEL.

A Ferney, 27 janvier.

Après avoir été tant applaudi en vers à l'Académie, il faut que vous y soyez applaudi en prose, mon cher ami, dans un beau discours de réception. Vous fûtes d'abord mon disciple, vous êtes devenu mon

---

1. Dufour de Villeneuve, nommé intendant de Bourgogne en 1760. (ÉD.)
2. *Épître à Daphné.* (ÉD.)

maître; il faut que vous soyez mon confrère. Il me semble que cette place vous est due à plus d'un égard : ce sera une récompense du mérite, et une consolation de l'injustice que vous avez essuyée. Je ne regretterai Paris que le jour où je voudrais vous entendre et vous répondre. Je partagerai du moins tous vos succès, du fond de mes retraites. Si ma plume pouvait suivre mon cœur, je vous en dirais davantage ; mais ma mauvaise santé me force d'être court quand l'amitié voudrait me rendre bien long. Nous avons ici M. de Ximenès, votre confrère en poésie. Il me paraît n'avoir nulle envie d'être le Rodrigue de la *Chimène* que nous possédons. Sur le nom du père de *Chimène*, mes respects à votre voisine [1].

## MMMCCXXXIX. — A M. LE COMTE D'ARGENTAL.

Ferney, 30 janvier.

Mon divin ange et ma divine ange, amusez-vous de cet imprimé, et voyez comme on trouve des jésuites partout : mais aussi ils me trouvent. Je leur ai ôté la vigne de Naboth. Il leur en coûte vingt-quatre mille livres : cela apprendra à Berthier qu'il y a des gens qu'on doit ménager. Il s'agit à présent de poursuivre un sacrilége. Je serai aussi terrible dans le spirituel que dans le temporel.

Adorables anges, je demande grâce pour ce beau mot :

S'il y sert Dieu, c'est qu'il est exilé [2] ;

car vous savez que d'ordinaire disgrâce engendre dévotion. Oui, mort-Dieu, je sers Dieu, car j'ai en horreur les jésuites et les jansénistes, car j'aime ma patrie, car je vais à la messe tous les dimanches, car j'établis des écoles, car je bâtis des églises, car je vais établir un hôpital, car il n'y a plus de pauvres chez moi, en dépit des commis des gabelles. Oui, je sers Dieu, je crois en Dieu, et je veux qu'on le sache.

Vous n'êtes pas contents du portrait du petit singe ? Eh bien ! en voici un autre :

Un petit singe, ignorant, indocile,
Au sourcil noir, au long et noir habit,
Plus noir encore et de cœur et d'esprit,
Répand sur moi ses phrases et sa bile.
En grimaçant, le monstre s'applaudit
D'être à la fois et Thersite et Zoïle ;
Mais, grâce au ciel, il est un roi puissant,
Sage, éclairé, etc.

Le singe se reconnaîtra s'il veut ; je ne peux faire mieux quant à présent. Je n'ai que trois gardes ; si j'en avais davantage, je vous réponds que tous ces drôles s'en trouveraient mal. Il faut verser son sang

1. Sans doute Mlle Clairon. (ED.)
2. Variantes de l'*Épître* à Daphné-Clairon, où n'est pas épargné *le petit singe* Omer Joly de Fleury. (ED.)

pour servir ses amis et pour se venger de ses ennemis, sans quoi on n'est pas digne d'être homme. Je mourrai en bravant tous ces ennemis du sens commun. S'ils ont le pouvoir (ce que je ne crois pas) de me persécuter dans l'enceinte de quatre-vingts lieues de montagnes qu touchent au ciel, j'ai, Dieu merci, quarante-cinq mille livres de rente dans les pays étrangers, et j'abandonnerai volontiers ce qui me reste en France pour aller mépriser ailleurs à mon aise, et d'un souverain mépris, des bourgeois insolents [1] dont le roi est aussi mécontent que moi.

Pardonnez, mes divins anges, à cet enthousiasme ; il est d'un cœur né sensible; et qui ne sait point haïr ne sait point aimer.

Venons à présent au *tripot*, et changeons de style.

Vous vous plaignez de n'avoir point *Fanime*. Quoi ! vous voulez donner tout de suite deux vieillards radoteurs qui grondent leurs filles : n'avez-vous pas de honte ? ne sentez-vous pas quelle prodigieuse différence il y a entre la fin de *Tancrède* et la fin de *Fanime* ? Attendez, vous dis-je, attendez Pâques fleuries. Je vous remercie bien humblement, bien tendrement de toutes vos bontés charmantes, et de votre tasse pour *la Muse limonadière*.

Je vois d'ici Mlle Clairon enchanter tous les cœurs; et si les sifflets sont pour moi, les battements de mains sont pour elle. Je m'appelle Pancrace [2]; mais je ne veux de ma vie gratter la porte d'aucun cabinet : j'aimerais mieux gratter la terre. Mon seul malheur, dans ce monde, c'est de n'être pas dans votre cabinet pour manger avec vous du parmesan, pour boire, car j'aime à boire, comme vous savez. Puissent les yeux de M. d'Argental ne pleurer qu'aux tragédies ! Les miens pleurent d'une absence qu'un parti triste, mais sagement pris, rend éternelle.

Une autre fois je vous parlerai du *Droit du seigneur;* je ne peux vous parler aujourd'hui que des justes droits que vous avez sur mon âme.

Je suis malingre; j'ai dicté, et peut-être avec mauvaise humeur : excusez un vieillard vert.

MMMCCXL. — A M. LE BRUN.

Au château de Ferney, pays de Gex en Bourgogne, par Genève, 30 janvier.

Permettez-moi, monsieur, d'être aussi en colère contre vous que je me sens pour vous d'estime et d'amitié. Vous auriez bien dû m'envoyer plus tôt la lettre insolente de ce coquin de Fréron, depuis la page 145 jusqu'à la page 164. Je n'insisterai point ici sur les mauvaises critiques qu'il a fait de votre *Ode*. Parmi ces censures de mauvaise foi, il y en a quelques-unes qui pourraient éblouir, et, si vous réimprimez votre ode, je vous demande en grâce de consulter quel-

---

1. Les membres du parlement, qui, le 10 janvier 1761, avaient résolu d'adresser au roi des *remontrances*. (ÉD.)
2. Nom donné au pauvre auteur dans l'*Epître à Daphné*. (ÉD.)

que ami d'un goût sévère, et surtout de ménager l'impatience des lecteurs français, qui, d'ordinaire, ne peut souffrir dans une ode que quinze ou vingt strophes tout au plus. Le sujet est si beau, et il y a dans votre ode des morceaux si touchants, que vous vous êtes vous-même imposé la nécessité de rendre votre ouvrage parfait. Un des grands moyens de le perfectionner est de l'accourcir, et de sacrifier quelques expressions auxquelles l'oreille française n'est pas accoutumée.

Je n'ai jamais fait un ouvrage de longue haleine, sans consulter mes amis. M. d'Argental m'a fait corriger plus de deux cents vers dans *Tancrède*, et m'en a fait retrancher plus de cent; et la pièce est encore très-loin de mériter les bontés dont il l'a honorée.

Croyez-moi, monsieur, il faut que nos ouvrages appartiennent à nos amis et à nous.

*Vir bonus et prudens versus reprehendet inertes,*
*Culpabit duros..........................*
Hor., *de Art. poet.*, v. 445-446.

Je me sens vivement intéressé à votre gloire, et je crois qu'il vous sera très-aisé de rendre toute votre ode digne de votre génie, de la noblesse d'âme qui vous l'a inspirée, et du sujet intéressant qui en est l'objet.

Vous me pardonnerez sans doute la liberté que je prends : les soins que nous avons pris tous deux du grand nom de Corneille doivent nous lier à jamais. Je regarde jusqu'à présent comme un bienfait l'honneur et le plaisir que vous avez procurés à ma vieillesse; Mlle Corneille paraît mériter de plus tous les soins que vous avez pris d'elle. Ma nièce l'élève et la traite comme sa fille; mais plus le nom de Corneille est respectable, et plus vos soins, ceux de M. Titon, et ceux de ma nièce, ont l'approbation de tous les honnêtes gens, plus l'outrage que Fréron ose faire à cette demoiselle et à vos bontés est punissable.

M. le chancelier et M. de Malesherbes peuvent lui permettre de dire son avis à tort et à travers sur des vers et de la prose; mais ils ne doivent certainement pas souffrir qu'il insulte personnellement Mme Denis, Mlle Corneille, et vous-même, monsieur, qui nous avez procuré l'honneur que nous avons. Le nom de Lamoignon est respectable, mais celui de Corneille l'est aussi; et, sans compter deux cents ans de noblesse qui sont dans la famille des Corneille, la France doit aimer assez ce nom pour demander le châtiment du coquin qui ose insulter la seule personne qui le porte.

Mme Denis est née demoiselle, et est veuve d'un gentilhomme mort au service du roi : elle est estimée et considérée; toute sa famille est dans la magistrature et dans le service. Ces mots de Fréron : « Mlle Corneille va tomber entre bonnes mains, » méritent le carcan.

Le sieur L'Écluse, qui n'avait certainement que faire à tout cela, se trouve insulté dans la même page; il est vrai qu'étant jeune il monta sur le théâtre; mais il y a plus de vingt-cinq ans qu'il exerce avec honneur la profession de chirurgien-dentiste. Il est faux qu'il loge chez moi ; il y est venu il y a un an pour avoir soin des dents de ma nièce. Je le traite, dit-il, comme mon frère, et il insinue que je ne fais nulle différence entre une demoiselle de condition du nom de Corneille, et un acteur de la Foire. J'ai reçu M. de L'Écluse avec amitié, et avec la distinction que mérite un chirurgien habile et un homme très-estim... e tel que lui. Il y a, d'ailleurs, quatre mois entiers qu'il n'est plus chez moi, et qu'il exerce sa profession à Genève, où il est très-honorablement accueilli. J'enverrai, s'il le faut, les témoignages des syndics de Genève, qui certifieront tout ce que j'ai l'honneur de vous dire.

Le résultat de la lettre insolente de Fréron est que vous m'avez envoyé une fille de qualité pour être élevée par une danseuse de corde. C'est outrager aussi M. Titon, Mlle de Vilgenou, madame votre femme, et tous ceux qui se sont intéressés à l'éducation de Mlle Corneille. Je ne doute pas que si vous présentez les choses sous ce point de vue à Mgr le prince de Conti, il ne trouve que Fréron mérite punition. On devrait en parler aux ministres, et je crois même que c'est une affaire du ressort du lieutenant criminel ; jamais rien n'a été plus marqué au coin du libelle diffamatoire que ses quatre lignes de la page 164. Vous pourriez, monsieur, engager son père à signer un pouvoir à un procureur. Ma nièce, M. de L'Écluse, et moi, nous pourrions intervenir au procès. Je vous supplie, monsieur, de m'instruire au plus tôt de ce que vous aurez fait, et de me dire ce qu'on me conseille de faire. Nous allons, d'ailleurs, envoyer nos plaintes à M. le chancelier[1]. Voici copie de la lettre de Mme Denis[2].

Je vous présente mes respects.

VOLTAIRE.

*N. B.* Il faut mettre la page 164 entre les mains de mon procureur, nommé Pinon du Coudrai, rue de Bièvre, et attaquer Fréron à la Tournelle ; c'est le droit de la noblesse.

1. Lamoignon, père de Malesherbes. (ÉD.)
2. *Lettre de Mme Denis à M. le chancelier de France.*

Fernay, 30 janvier.

« Je me joins au cri de la nation contre un homme qui la déshonore. Un nommé Fréron insulte toutes les familles ; il m'outrage personnellement, moi, Mlle Corneille, alliée à tout ce qu'il y a de plus grand en France, et portant un nom plus respectable que ses alliances. Je suis la veuve d'un gentilhomme mort au service du roi ; je prends soin de la vieillesse de mon oncle, qui a l'honneur d'être connu de vous. J'ai recueilli chez moi la petite-nièce du grand Corneille, et je me suis fait un honneur de présider à son éducation. Ce n'est pas au nommé Fréron, dont on tolère les impertinentes feuilles sur des points de littérature, à oser entrer dans le secret des familles, à insulter la noblesse, et à noircir publiquement de couleurs abominables une bonne action qu'il est fait pour ignorer. Sa page 164 est un libelle diffamatoire : nous en demandons justice, moi, Mlle Corneille, mon oncle, et un autre citoyen, tous également outragés.

« Si cette insolence n'était pas réprimée, il n'y aurait plus de familles en sûreté.

« J'ai l'honneur d'être, etc. »

ANNÉE 1761.

MMMCCXLI. — AU MÊME.

A Ferney, 31 janvier.

Il est, monsieur, de la plus grande importance de venger le nom de Corneille et le public. Voici le certificat de Mme Denis et la procuration du sieur L'Écluse. Ce chirurgien a droit de demander justice d'un outrage qui peut le décréditer dans l'exercice de sa profession. Je payerai bien volontiers tous les frais du procès. Cet infâme Fréron n'est pas digne de sentir vos beaux vers : qu'il sente la force de votre prose et le bras de la justice. Le bonhomme Corneille, conduit par vous, écrasera le monstre.

Je vous embrasse avec la plus tendre amitié et la plus parfaite estime.
VOLTAIRE.

MMMCCXLII. — A M. THIERIOT.

A Ferney, 31 janvier.

Je reçois des lettres bien aimables de M. Damilaville et de M. Thieriot; j'en avais grand besoin, car mes contemporains meurent de tous côtés, et je me porte assez mal. Cependant l'*Épître* à Mlle Clairon sera envoyée à mes amis probablement par la poste prochaine; après quoi j'aurai grand soin de tout ce qu'ils me recommandent : il faut mourir au lit d'honneur.

Je suis très-fâché que les impies aient rayé de ma pancarte *le culte et les exercices de religion*, parce que je remplis tous ces devoirs avec la plus grande exactitude. On ne devait pas non plus mettre *dans les terres*, au lieu de *mes terres*, parce que je ne suis pas obligé d'aller à la messe dans les terres d'autrui, mais je suis obligé d'y aller dans les miennes. Mes amis verront la preuve de ce que je prends la liberté de leur représenter dans ma lettre à M. le marquis Albergati.

« La nécessité de remplir tous les devoirs de la religion chez moi m'est d'autant plus sévèrement imposée, que je suis comptable de l'éducation que je donne à Mlle Corneille. J'ai lu malheureusement la page 164 de Fréron, dans laquelle il dit que je « fais élever Mlle Corneille, au sortir du couvent, par un batelier de la Foire, que *je traite en frère* depuis un an, et que Mlle Corneille aura une plaisante éducation. »

Ces lignes diffamatoires sont d'autant plus punissables, qu'elles outragent personnellement Mlle Corneille, et surtout Mme Denis, ma nièce, qui l'élève comme sa fille. Mes amis et le public sentiront aisément que Mlle Corneille, étant chez moi, ne peut jamais trouver un mari que par la conduite la plus irréprochable. Fréron la perd sans ressource, en avançant faussement que je la fais élever par L'Écluse. Il est très-faux que L'Écluse soit chez moi ; il y a environ six mois qu'il exerce sa profession de chirurgien-dentiste à Genève, et qu'il n'est sorti de cette ville. Mme Denis, qui l'avait mandé, il y a environ huit mois, pour lui accommoder les dents, ne l'a pas revu deux fois depuis ce temps-là; il travaille sans relâche à Genève, et y rend de très-grands services

Il est très-permis au nommé Fréron de critiquer tant qu'il voudra des vers et de la prose, mais il ne lui est permis ni d'attaquer une dame, veuve d'un gentilhomme mort au service du roi, ni une demoiselle alliée aux plus grandes maisons du royaume, et qui porte un nom plus grand que ses alliances; ni même le sieur L'Écluse, qui peut avoir joué autrefois la comédie, mais qui est chirurgien du roi de Pologne, et auquel le reproche d'avoir été acteur peut faire un très-grand tort dans sa profession. Ces trois diffamations réunies forment un corps de délit dont il est nécessaire de demander justice. Le père de Mlle Corneille outragée doit agir en son nom sans aucun délai.

La poste va partir; je n'ai que le temps d'ajouter à ma lettre que je persiste toujours dans mon opinion sur les finances. Il y a eu beaucoup de dissipation et de brigandage, je l'avoue; mais quand on a contre les Anglais une guerre si funeste, il faut, ou que toute la nation combatte, ou que la moitié de la nation s'épuise à payer la moitié qui verse son sang pour elle. J'ai une pension du roi, je rougirais de la recevoir tant qu'il y aura des officiers qui souffriront.

Je suis pénétré de la plus tendre reconnaissance pour toutes les bontés assidues de M. Damilaville et de M. Thieriot. *Plura alias.*

## MMMCCXLIII. — A MADAME DE FONTAINE.

A Ferney, 1ᵉʳ février.

Puisque vous aimez la campagne, ma chère nièce, je vous envoie la petite *Épître* adressée à votre sœur *sur l'agriculture.* Le droit de champart, et tous les droits seigneuriaux que vous avez, ne sont pas si favorables à la poésie que la charrue et les moutons. Virgile a chanté les troupeaux et les abeilles, et n'a jamais parlé du droit de champart. Je vous ferai une épître pour vous confirmer dans le juste mépris que vous semblez avoir pour le tumulte et les inutilités de Paris, et dans votre heureux goût pour les douceurs de la retraite.

Il est vrai que Ferney est devenu un des séjours les plus riants de la terre. Je joins à l'agrément d'avoir un château d'une jolie structure, et celui d'avoir planté des jardins singuliers, le plaisir solide d'être utile au pays que j'ai choisi pour ma retraite. J'ai obtenu du conseil le desséchement des marais qui infectaient la province, et qui y portaient la stérilité. J'ai fait défricher des bruyères immenses; en un mot, j'ai mis en pratique toute la théorie de mon épître. Si vous ne venez pas voir cette terre qui doit vous appartenir un jour, je vous avertis que je viendrai bouleverser Hornoy, y planter, et y bâtir; car il faut que je me serve de la truelle ou de la plume.

Lekain devait venir jouer la comédie avec nous à Pâques; mais il m'a fallu communier sans jouer. J'ai édifié mes paroissiens, au lieu de les amuser; et M. de Richelieu s'est avisé de mettre Lekain en pénitence dans ce saint temps.

Je veux vous donner avis de tout. L'impératrice de Russie m'avait envoyé son portrait avec de gros diamants : le paquet a été volé sur la route. J'ai du moins une souveraine de deux mille lieues de pays dans mon parti; cela console des cris des polissons. Ma chère nièce, je fais encore plus de cas de votre amitié. Adieu; j'embrasse tout ce que vous aimez.

Est-il vrai que la Dubois récite le rôle d'Atide comme une petite fille qui ânonne sa leçon?

Les *Étrennes* du chevalier de Molmire ne paraissent pas vous être dédiées. Ne montrez le *Sermon du bon rabbin Akib* qu'à d'honnêtes gens dignes d'entendre la parole de Dieu. Savez-vous que j'avais autrefois une pension que je perdis en perdant la place d'historiographe? Le roi vient de m'en donner une autre, sans qu'assurément j'aie osé la demander; et M. le comte de Saint-Florentin m'envoie l'ordonnance pour être payé de la première année. La façon est infiniment agréable. Je soupçonne que c'est un tour de Mme de Pompadour et de M. le duc de Choiseul.

MMMCCXLIV. — A M. L'ABBÉ DE LA PORTE [1].

2 février.

Je réitère à M. l'abbé de La Porte toutes les assurances de mon estime pour lui et de ma reconnaissance. La première feuille de l'année 1761 m'a paru un chef-d'œuvre en son genre. J'ai toujours sur le cœur que messieurs de la poste n'aient pas daigné lui faire parvenir, il y a trois mois, mon paquet et ma lettre. Je lui fais mes sincères remerciments.

MMMCCXLV. — A M. LE COMTE D'ARGENTAL.

A Ferney, 2 février.

Anges de paix, mais anges de justice, voici le *Panta-odaï* du sieur Abraham Chaumeix, tel qu'on me l'a envoyé de Paris; je l'ai fait copier fidèlement. Je ne connais point

Le petit singe à face de Thersite;

mais si cet homme est tel qu'on me le mande, il mérite l'exécration publique, et je ne connais personne qui doive craindre de démasquer un personnage si ridicule et si odieux. Quand on joint les mensonges de Sinon au style de Zoïle, à l'impudence de Thersite, et à la figure de Ragotin, on doit s'attendre de recevoir en public le châtiment qu'on mérite; et ceux qui n'ont pas la force en main pour se venger

1. *Les Chevaux et les ânes, étrennes aux sots.* (ÉD.)
2. Joseph de La Porte, né à Belfort (Haut-Rhin) en 1713, mort en décembre 1779. Il avait d'abord travaillé à quelques ouvrages périodiques, en société avec Fréron, et, entre autres à l'*Année littéraire*. Brouillé momentanément avec le principal auteur de ce journal, l'abbé de La Porte commença, en 1758, à publier l'*Observateur littéraire*. La première feuille de cet écrit périodique pour l'année 1761, dont Voltaire parle ici comme d'un *chef-d'œuvre en son genre*, contenait un article sur l'*Année littéraire*, journal dans lequel l'abbé de La Porte voyait « un dessein formé de censurer, d'avilir, de décrier des chefs-d'œuvre, et nos écrivains les plus célèbres placés au-dessous des plus obscurs littérateurs. » (*Note de Clogenson*.)

font très-bien de payer les Thersite et les Zoïle dans leur propre monnaie. Se reconnaîtra qui voudra dans cette fidèle peinture. On n'en craint point les conséquences, on est bien aise même que Thersite sache à quel point on le hait et on le méprise; on en fera profession publique quand il le faudra. Le chevalier d'Aidie vient de mourir en revenant de la chasse; on mourra volontiers après avoir tiré sur les bêtes puantes. D'ailleurs on n'a rien à perdre en France, et on trouvera partout ailleurs des établissements assez avantageux pour braver avec sécurité, et pour confondre avec les armes de la vérité, les délateurs hypocrites et les calomniateurs impudents. Je ne connais l'homme dont il est question qu'à ces titres; et si je le rencontrais, je le lui dirais en face, s'il a une face.

Pardonnez, mes divins anges, à cette petite digression un peu aigrelette; il y a longtemps que je couve ce fiel dans le fond de mon cœur; voilà ma bile purgée. Je me rends à tous les charmes de votre commerce, à votre douceur, à vos grâces. Je suis doux comme vous, quand je me suis vengé.

Je ne crois pas que l'auteur du *Panta-odaï* doive le lâcher sitôt. Il n'y a que Thieriot, je crois, qui en soit en possession. Je lui mande d'attendre, et il attendra. Il faut tendre actuellement toutes les cordes de son âme pour punir Fréron de son insolence, et pour lui procurer quelque peine afflictive salutaire, qui lui apprenne à ne plus insulter une fille de condition, et le nom de Corneille, dans ses infamies littéraires. L'Écluse, qui n'est point celui de l'Opéra-Comique, mais chirurgien du roi de Pologne, a donné sa procuration, et demande justice. Mme Denis a envoyé son certificat. Le nommé Fréron est très-punissable, et le procès criminel ne sera pas long. Le Brun a toutes les pièces; il ne manque que la procuration du bonhomme Corneille : je mets le tout sous votre protection. Vous êtes bon, mais vous êtes ferme; et c'est ici qu'il faut l'être. Mon contemporain, le président de La Marche, m'a écrit une lettre pleine d'esprit.

Le maréchal de Belle-Ile est-il mort? M. de Choiseul a-t-il la guerre? M. de Chauvelin, le ministère de paix?

Pleurez-vous toujours? Je pleure votre absence.

MMMCCXLVI. — A M. LE BRUN.

2 février.

J'ai l'honneur, monsieur, de vous écrire encore au sujet de Mlle Corneille; vous ne laisserez point votre bonne œuvre imparfaite, et, après l'avoir sauvée de la pauvreté, vous la sauverez du déshonneur. J'écris à M. du Molard en conformité.

Vous avez dû recevoir le certificat de Mme Denis; voici celui du résident de France. J'ai eu l'honneur de vous envoyer la procuration du sieur L'Écluse du Tilloy, pour se joindre à la plainte de M. Corneille. Le sieur L'Écluse n'est point celui qui a monté sur le théâtre de la

1. Omer Joly de Fleury, avocat général. (ÉD.)

Foire[1], je le crois son cousin; il est seigneur de la terre du Tilloy en Gâtinais[2].

Je vous réitère, monsieur, qu'il ne s'agit que d'une procuration de M. Corneille; que l'affaire ne fera nulle difficulté; que Fréron sera condamné à une peine infamante et à de gros dédommagements. Je suis bien sûr que vous saisirez une occasion aussi favorable, et que M. d'Argental vous aidera de tout son pouvoir. Ce n'est point au parlement qu'il faut s'adresser, comme je le croyais, mais au lieutenant criminel, dont le nommé Fréron est naturellement le gibier.

Je vous réitère encore, monsieur, que j'ai été indispensablement obligé d'envoyer un petit avertissement, pour faire savoir que votre libraire a eu tort de mettre l'édition de vos lettres et des miennes sous le nom de Genève. C'est une chose très-importante pour moi; il ne faut pas qu'on croie dans le public que je fasse imprimer à Genève aucune brochure. En effet, on n'en imprime aucune dans cette ville, dont je suis éloigné de deux lieues, et il est nécessaire qu'on le sache : vous en sentez toutes les conséquences.

Je vous ai rendu, monsieur, toute la justice que je vous dois dans cet avertissement, et je me suis livré à tout ce que mon goût et mon cœur m'ont dicté. Je confie à votre amitié et à votre prudence la copie de la lettre que j'écrivis à ce sujet. Soyez persuadé, monsieur, que je vous suis attaché comme le père de Mlle Corneille doit vous l'être.

Je présente mes respects à Mme Le Brun.  VOLTAIRE.

### MMMCCXLVII. — A M. SAURIN.

Ferney, 2 février.

Toutes les fois qu'un de nos frères gratifie le public de quelque bon ouvrage auquel on applaudit[3], je me jette à genoux dans mon petit oratoire; je remercie Dieu, et je m'écrie : « O Dieu des bons esprits! Dieu des esprits justes, Dieu des esprits aimables, répands ta miséricorde sur tous nos frères; continue à confondre les sots, les hypocrites et les fanatiques! Plus nos frères feront de bons ouvrages, en quelque genre que ce puisse être, plus la gloire de ton saint nom sera étendue. Fais toujours réussir les sages, fais siffler les impertinents. Puissé-je voir, avant de mourir, ton fidèle serviteur Helvétius et ton serviteur fidèle Saurin dans le nombre des Quarante! »

Ce sont les vœux les plus ardents du moine *Voltarius*, qui, du fond de sa cellule, se joint à la communion des frères, les salue, et les bénit dans l'esprit d'une concorde indissoluble. Il se flatte surtout que le vénérable frère Helvétius rassemblera, autant qu'il pourra, les fidèles dispersés, les sauvera du venin du basilic, et de la morsure du scor-

---

1. Voltaire dissimulait ici la vérité, dans l'intention d'empêcher Fréron de nuire à Marie Corneille. (*Note de Clogenson*.)
2. La seigneurie du Tilloy, possédée par L'Écluse, qui débuta à l'Opéra-Comique en 1737; elle est située près de Montargis, dans le Gâtinais orléanais. (Cn.)
3. *Les Mœurs du temps*, comédie en un acte et en prose. (ED.)

pion, et des dents des Fréron et des Palissot. Nous recommandons aussi aux combattants du Seigneur les persécuteurs fanatiques qu'il faut dévouer à l'exécration publique.

Pourquoi l'auteur des *Mœurs du temps*, qui peint si bien son monde, ne peindrait-il pas un Omer?

Car est le peintre indigne de louange,
Qui ne sait peindre aussi bien diable qu'ange.
Marot[1].

J'embrasse frère Saurin bien tendrement.
Frère V.

## MMMCCXLVIII. — A M. DAMILAVILLE.

Fernay, 2 février.

Je réitère à M. Damilaville et à M. Thieriot mes sincères remercîments de la bonté qu'ils ont de publier ma déclaration sur mes lettres et sur celles de Mme Denis, imprimées à Paris sous le nom de Genève. Il m'est très-important que Genève, qui n'est qu'à une lieue de mon séjour, ne passe point pour un magasin clandestin d'éditions furtives. Je leur ai très-grande obligation de vouloir bien détruire ce soupçon injuste, qui n'est déjà que trop répandu.

Je les supplie aussi très-instamment de ne rien changer à ma déclaration. L'article du *culte* et des devoirs de la *religion* est essentiel. Je dois parler de ces devoirs, parce que je les remplis, et que surtout j'en dois l'exemple à Mlle Corneille que j'élève. Il ne faut pas qu'après les calomnies punissables de Fréron, on puisse soupçonner que Mme Denis et moi, nous ayons fait venir l'héritière du nom de Corneille aux portes de Genève, pour ne pas professer hautement la religion du roi et du royaume. On a substitué à cet article nécessaire que *je m'occupe de ce qui intéresse mes amis*. On doit concevoir combien cela est déplacé, pour ne rien dire de plus. Je ne dois point compte au public de ce qui intéresse mes amis, mais je lui dois compte de la religion de Mlle Corneille.

J'insiste, avec même chaleur, sur le changement qu'on veut faire dans ce que je dis de l'*Ode* de M. Le Brun. Je dis qu'il y a dans son ode *des strophes admirables*, et cela est vrai. Les trois dernières surtout me paraissent aussi sublimes que touchantes; et j'avoue qu'elles me déterminèrent sur-le-champ à me charger de Mlle Corneille, et à l'élever comme ma fille. Ces trois dernières strophes me paraissent *admirables*, je le répète. Vous voulez mettre à la place *sentiments admirables*; mais un sentiment de compassion n'est point admirable ! ce sont ces strophes qui le sont. Je demande en grâce qu'on imprime ce que j'ai dit, et non pas ce qu'on croit que j'ai dû dire. Je sais bien qu'il y a des longueurs dans l'ode, et des expressions hasardées. Le partage de M. Le Brun est de rendre son ode parfaite en la corrigeant; et le mien est de louer ce que j'y trouve de parfait.

1. *Épître à ceux qui, après l'Épigramme du beau tétin, en firent d'autres.* (ÉD.)

Observez, je vous prie, mes chers amis, que M. Le Brun trouverait très-mauvais que je me bornasse à faire l'éloge de ses sentiments, quand je lui dois celui des beautés réelles qui sont dans son ode.

Je renvoie à mes deux amis l'*Épître* d'Abraham Chaumeix à Mlle Clairon, telle que je l'ai reçue de Paris. M. Thieriot peut se donner le plaisir de porter ces étrennes à Melpomène. Mon correspondant de Paris a mis l'abbé Guyon en note; d'autres prétendent qu'il fallait un autre nom. *Valete.*

M. Thieriot ne se dessaisira pas du *Panta-odaï.*

MMMCCXLIX. — A M. LE BRUN.

A Ferney, 6 février.

Mon cher correspondant saura que le lieutenant de police envoya ordre à ce nommé Fréron, il y a un mois, de venir chez lui, et qu'il lui lava sa tête d'âne, au sujet de Mlle Corneille. C'est à Mme Sauvigni que nous en avons l'obligation; je croyais que M. Le Brun en était instruit.

J'attends l'*Ane littéraire*[1] avec bien de l'impatience.

Les *Anecdotes sur Fréron* sont du sieur La Harpe, jadis son associé, et friponné par lui. Thieriot m'a envoyé ces *Anecdotes* écrites de la main de La Harpe.

Voici quelques exemplaires qui me restent. On m'assure que tous les faits sont vrais.

Le d'Arnaud dont vous me parlez, monsieur, a été nourri et pensionné par moi, à Paris, pendant trois ans. C'était l'abbé Moussinot, chanoine de Saint-Merri, qui payait la rente-pension que je lui faisais. Je le fis aller à la cour du roi de Prusse; dès lors il devint ingrat : cela est dans la règle.

Je suis fâché que l'avocat de Mlle Clairon ait fait un plat livre, plus fâché qu'on l'ait brûlé, et plus fâché encore que notre siècle soit si ridicule.

Mille tendres amitiés.

VOLTAIRE.

MMMCCL. — A M. DAMILAVILLE.

6 février.

J'abuse un peu, monsieur, des bontés de l'aimable correspondant que Dieu m'a donné : voici encore un exemplaire de la lettre *al signor Albergati*, avec la jolie estampe de Gravelot.

Voici à présent tous mes besoins, que j'expose à votre charité.

Je voudrais que M. de Saint-Foix pût voir la lettre à M. Albergati; c'est une petite amende honorable qu'on lui doit. Je voudrais que la petite vengeance honnête que j'ai prise de l'outrecuidant auteur de l'*Excellence italienne* fût publique, et que copie collationnée fût en-

1. *L'Ane littéraire, ou les Anecdotes de M° Aliboron, dit Fr.* (Fréron), devait se publier tous les quinze jours par cahier de 72 pages in-12. Je crois que la collection se compose d'un seul volume in-12 de IV et 129 pages, que j'ai sous les yeux. Le Brun en était l'auteur. (*Note de M. Beuchot.*)

voyée aux intéressés dudit mémoire. Je voudrais que M. Thieriot n'atténuât point les témoignages d'estime que je dois à M. Le Brun; et que M. Le Brun fît punir Martin Fréron, non pas d'avoir trouvé son ode mauvaise, mais d'avoir outragé personnellement M. Corneille, sa fille, et Mme Denis, qui daigne lui donner l'éducation la plus respectable.

Il me semble que tous les honnêtes gens devraient se liguer pour obtenir le châtiment de Martin : car enfin, monsieur, quelle famille sera en sûreté, s'il est permis à un folliculaire d'entrer dans le secret des familles, de dire qu'une fille de condition sort du couvent pour être élevée par un bateleur, d'insulter au malheur de son père, de dire qu'il vit d'un emploi de cinquante francs par mois? Si l'on abandonne ainsi l'honneur des familles à l'insolence des gazetiers, il faudra se faire justice soi-même.

Je prie M. Thieriot de vouloir bien m'envoyer les recueils I, L[1] : je sais bien que ces petits recueils ne sont qu'un artifice d'éditeur pour attraper de l'argent, et qu'il est même fort impertinent de vendre en détail, en des *in-douze*, ce qui se trouve dans des *in-folio*; mais puisque j'ai H, il faut bien avoir I.

J'ai lu le roman de Rousseau, mais j'attends avec une impatience extrême celui de La Popelinière.

Mille tendres amitiés à tous les frères; je les prie de s'unir toujours à moi dans l'amour de Dieu et du roi, et dans la haine des hypocrites et des fanatiques.

MMMCCLI. — À M. LE COMTE D'ARGENTAL.

7 février.

*De profundis clamavi*. J'ignore tout du pied de mes Alpes. Joue-t-on *Tancrède?* personne ne m'en dit mot. Réussit-elle? est-elle tombée? J'ai vraiment bien pris mon temps pour écrire à M. le duc de Choiseul!

C'était bien de chansons qu'alors il s'agissait!
La Fontaine, VII, IX.

Le voilà donc chargé de la guerre et de la paix. Deux ministères à la fois! plus de plaisirs, plus de soupers. Il est mort, s'il veut allier tout cela. Ce qui regarde Mlle Corneille paraît-il aussi important à mes anges qu'à moi? ont-ils le temps d'y penser? n'ont-ils pas eux-mêmes un peu d'affaires? Je ne sais par quel oubli je n'ai pas répondu à Lekain. Il y a un arrangement pour *Œdipe*. Eh! mon cher ange, n'êtes-vous pas le maître absolu de tout? à quoi sert ma voix? Je n'en fais usage que pour vous regretter. Oui, tous les rôles sont bien distribués; oui, tout est bien. Mais M. de Richelieu est-il à Versailles? entrera-t-il au conseil? et maître Omer, que fait-il brûler? quel plat et calomnieux réquisitoire fait-il imprimer? J'ai cet homme en tête. J'aime

---

1. La suite du *Recueil A, B, C, D*, etc. (Éd.)

l'*Ecclésiaste*¹ ; le roi l'avait lu à son souper. Il fut fait pour Mme de Pompadour. Et un Omer !... Ah !

Ce petit singe à face de Thersite doit être puni. Que je hais ces monstres ! Plus je vais en avant, plus le sang me bout. Le roman de Jean-Jacques excite aussi un peu ma mauvaise humeur.

Ne regrettez-vous pas le chevalier d'Aidie ? Tous nos contemporains s'en vont. Je n'ai que deux jours à vivre ; mais je les emploierai à rendre les ennemis de la raison ridicules.

Je baise le bout de vos ailes ; mais vos yeux ! vos yeux !

MMMCCLII. — A M. DALEMBERT.

A Ferney, 9 février.

Mon cher et grand philosophe, vous devenez plus nécessaire que jamais aux fidèles, aux gens de lettres, à la nation. Gardez-vous bien d'aller jamais en Prusse ; un général ne doit point quitter son armée. J'ai vu un extrait de votre discours² à l'Académie : en vérité, vous faites luire un nouveau jour aux yeux des gens de lettres. Je sais avec quelle bonté vous avez parlé de moi ; j'y suis d'autant plus sensible, que vous me couvrez de votre égide contre les gueules des Cerbères ; mais mon intérêt n'entre pour rien dans mon admiration. Pouvez-vous me confier le discours entier ? Vous savez que je n'ai pas abusé de la première faveur ; je serai aussi discret sur la seconde.

M. de Malesherbes insulte la nation en permettant les infâmes personnalités de Fréron ; on aurait dû lui faire déjà un procès criminel. Ce n'est pas de M. de Malesherbes que je parle. De quel droit ce malheureux ose-t-il insulter Mlle Corneille, et dire que « son père, qui a un emploi à cinquante francs par mois, la tire de son couvent pour la faire élever chez moi par un bateleur de la foire ? » Une calomnie si odieuse est capable d'empêcher cette fille de se marier. Mon cher philosophe, je vous jure que nous donnons à Mlle Corneille l'éducation que nous donnerions à une Montmorency ou à une Châtillon, si on nous l'avait confiée. Nous y mettons nos soins, notre honneur. Si on ne punit pas ce Fréron, on est bien lâche. J'espère encore dans les sentiments d'honneur qui animent M. Titon et M. Le Brun. Il n'y a qu'à faire signer une procuration au bonhomme Corneille, et la chose ira d'elle-même.

Vous n'avez pas probablement toute l'épître d'Abraham Chaumeix à Mlle Clairon. Je ne crois pas qu'il faille la publier sitôt ; il faut attendre du moins que Clairon soit guérie, et Fréron châtié.

Ne mettrez-vous point Diderot dans l'Académie ? Personne ne res-

1. Le *Précis de l'Ecclésiastique*. (ÉD.)
2. Ce discours, lu à l'Académie française, dans une séance publique, le 19 janvier 1761, est intitulé *Réflexions sur l'histoire*. Dalembert y faisait un éloge indirect et délicat de Voltaire arrachant la famille du grand Corneille à l'indigence où elle languissait ignorée. (Note de Clogenson.)

pecte l'abbé Le Blanc plus que moi; mais je ne crois pas qu'avec tout son mérite il doive passer devant Diderot.

Un grand homme comme lui devrait au contraire employer son crédit pour procurer à M. Diderot cette faible consolation de toutes les injustices qu'il a essuyées. Nous remettons tout à votre prudence; vous savez agir comme écrire.

Votre Chaumeix ne s'appelle-t-il pas Sinon dans son nom de baptême? n'est-il pas détaché par quelque Ulysse, et Omer n'est-il pas dans le cheval?

Il y a des gens assez malavisés pour dire que

Le petit singe à face de Thersite

s'appelle un Omer dans le pays des singes : voyez la méchanceté! Je pense que voici le temps de faire sentir aux pédants en rabat, en soutane, en perruque, en cornette, qu'on les brave autant qu'on les méprise.

Pour moi, qui n'ai que deux jours à vivre, je les mettrai à persécuter les persécuteurs; mais surtout je les mettrai à vous aimer.

MMMCLIII. — A M. LE COMTE D'ARGENTAL.

9 février.

Voici la plus belle occasion, mon cher ange, d'exercer votre ministère céleste. Il s'agit du meilleur office que je puisse recevoir de vos bontés.

Je vous conjure, mon cher et respectable ami, d'employer tout votre crédit auprès de M. le duc de Choiseul, auprès de ses amis; s'il le faut, auprès de sa maîtresse, etc., etc. Et pourquoi osé-je vous demander tant d'appui, tant de zèle, tant de vivacité, et surtout un prompt succès? pour le bien du service, mon cher ange, pour battre le duc de Brunswick; M. Gallatin, officier aux gardes suisses, qui vous présentera ma très-humble requête, est de la plus ancienne famille de Genève; ils se font tuer pour nous, de père en fils, depuis Henri IV. L'oncle de celui-ci a été tué devant Ostende; son frère l'a été à la malheureuse et abominable journée de Rosbach, à ce que je crois; journée où les régiments suisses firent seuls leur devoir. Si ce n'est pas à Rosbach, c'est ailleurs; le fait est qu'il a été tué; celui-ci a été blessé. Il sert depuis dix ans; il a été aide-major, il veut l'être. Il faut des aides-major qui parlent bien allemand, qui soient actifs, intelligents; il est tout cela. Enfin, vous saurez de lui précisément ce qu'il lui faut : c'est en général la permission d'aller vite chercher la mort à votre service. Faites-lui cette grâce, et qu'il ne soit point tué; car il est fort aimable, et il est neveu de cette Mme Calendrin que vous avez vue étant enfant. Madame sa mère est bien aussi aimable que Mme Calendrin.

ANNÉE 1761.

MMMCCLIV. — A M. COLINI.

Au château de Ferney, 9 février.

Mon cher Colini, vous voilà agrégé au nombre des bons auteurs[1]. Votre livre m'a paru très-bien fait, très-commode, et très-utile : je vous en fais mes compliments et mes remercîments. Je donnerai volontiers les mains à ce que vous me proposez[2], et à tout ce qui pourra vous être agréable.

Vous m'avez envoyé une traduction d'opéra, et je vous envoie une tragédie[3]. Il est vrai que je ne prends pas souvent la liberté d'écrire à votre adorable maître; mais je suis vieux, infirme, et inutile : je ne dois songer qu'à mourir tout doucement, comme font force honnêtes gens qui ne sont pas plus nécessaires que moi au *tripot* de ce monde. Je n'ai guère de quoi amuser un grand prince du fond de mes retraites entre le mont Jura et les Alpes; mais je lui serai attaché jusqu'au tombeau, et je vous aimerai toujours.

MMMCCLV. — A CHARLES-THÉODORE, ÉLECTEUR PALATIN.

Ferney, 9 février.

Ce pauvre vieillard suisse, cet homme si trompé dans tous les événements qui arrivent depuis quatre ans, ce solitaire si attaché à Votre Altesse Électorale, qui voudrait être à vos pieds, et qui n'y est pas; cet amateur du théâtre, qui aurait pu entendre les beaux opéras représentés dans le palais de Manheim, et qui peut à peine représenter le rôle du vieillard dans *Tancrède* chez des Allobroges calvinistes, prend la liberté de mettre aux pieds de Votre Altesse Électorale une nouvelle édition de ce *Tancrède*, dont il eut l'honneur de lui envoyer les prémices. La tragédie présente de l'Europe me fait verser plus de larmes que *Tancrède* n'en a fait répandre à Paris. On pleure les malheurs publics et les particuliers, et voilà à quoi l'on passe son temps dans *le meilleur des mondes possibles*. La Jérusalem céleste, où j'aurai l'honneur d'aller tenir mon coin incessamment, nous dédommagera de tout cela, et ce sera un vrai plaisir. Ma vraie Jérusalem serait à Schwetzingen. Je me mets à vos pieds, monseigneur, avec le plus profond respect.

Le petit Suisse, V.

MMMCCLVI. — A M. LE COMTE D'ARGENTAL.

11 février.

Voilà le cas de mourir; tout abandonne Voltaire. Voltaire a écrit deux lettres à M. le duc de Choiseul : point de réponse. Je lui pardonne, il est surchargé. Petit-fils Prault n'a pas daigné m'envoyer un *Tancrède*; je ne lui pardonne pas. Mais que mes anges ne m'instrui-

1. Colini avait envoyé à Voltaire son *Discours sur l'histoire d'Allemagne* (ÉD.)
2. Colini avait alors l'intention de publier une édition des Œuvres de Voltaire. (ÉD.) — 3. *Tancrède*. (ÉD.)

sent ni de la santé de Mlle Clairon, ni d'aucune particularité du *tripot*, ni du retour de M. de Richelieu, ni de la façon dont certaine *épître dédicatoire*[1] a été reçue, ni de l'unique représentation de *la Chevalerie*, ni du *Père de famille*; c'est le comble du malheur. A quoi dois-je attribuer ce détestable silence ? mon cher ange a-t-il toujours mal aux yeux, comme moi à tout mon corps? le secrétaire,[2] que je préfère à tous les secrétaires d'État serait-il malade ou serait-elle malade ? mes anges sont-ils absorbés dans la lecture du roman de Jean-Jacques, ou de celui de La Popelinière ? Chacun se peint dans ses romans. Le héros de La Popelinière est un homme auquel il faut un sérail; celui de Jean-Jacques est un précepteur qui prend le pucelage de son écolière pour ses gages. Si jamais M. d'Argental fait un roman, il prendra pour son héros un homme aimable qui saura aimer, mais qui laissera languir son ancien ami dans l'attente d'une de ses lettres.

Hélas! j'écris, mais avec bien de la peine; ma main pèse deux cents livres, ma tête aussi. Je ne sais ce que j'ai; vraiment, je suis bien loin de faire une tragédie. La vie est trop courte. Puisse la vôtre être bien longue, ô mes divins anges !

MMMCCLVII. — A M. DE LA POPELINIÈRE.

Au château de Ferney, pays de Gex, 15 février 1761.

J'aime autant les romans orientaux, monsieur, que je déteste les romans suisses : recevez mes remercîments, et croyez que mon estime pour vous est égale au plaisir que vous m'avez fait. J'ai dévoré votre *Daïra*[3]; je vais la faire lire à Mlle Corneille. Je ne peux mieux commencer son éducation. On dit que vous avez eu le malheur d'être loué par Fréron. Cela est triste; mais le suffrage des honnêtes gens doit vous consoler. S'il est vrai, monsieur, que vous ayez fait imprimer vos comédies, je vous prie de ne point oublier dans la distribution de vos grâces. Vous devez avoir reçu autant de compliments que vous avez donné de *Daïra*. Continuez, monsieur, à cultiver cette aimable partie de la littérature, et goûtez longtemps les plaisirs de l'esprit, après avoir goûté tous les autres. Vous serez connu par de beaux ouvrages et de belles actions.

J'ai l'honneur d'être, avec une estime et un attachement bien véritables, monsieur, votre très-humble et très-obéissant serviteur,

VOLTAIRE.

MMMCCLVIII. — A M. LE BRUN.

Au château de Ferney, 15 février.

Il y a longtemps, monsieur, que je ne suis surpris de rien; mais je suis affligé qu'on traite si légèrement l'honneur d'une famille si respectable. Si un gentilhomme en *ac*, arrivé de Gascogne, voyait sa fille insultée dans les feuilles de Fréron; si l'on disait d'elle qu'elle est

1. *Collé de Toncrède*, que Voltaire appelle souvent *la Chevalerie*. (ED.)
2. Mme d'Argental. (ED.)
3. *Daïra*, histoire orientale en quatre parties. Voltaire, malgré ce qu'il en écrit à l'auteur, n'en faisait aucun cas. (ED.)

élevée par un bateleur de l'Opéra, il en demanderait vengeance et l'obtiendrait. L'honneur d'une famille n'a rien de commun avec de mauvaises critiques littéraires. Le déni de justice, dont on nous menace en cette occasion, n'est qu'une suite de l'indigne mépris que la nation a toujours fait des belles-lettres qui font sa gloire. Que Fréron dise de la fille d'un conseiller au Châtelet ce qu'il a dit de Mlle Corneille, il sera mis au cachot, sur ma parole; mais il aura outragé la descendante du grand Corneille impunément, parce que l'impertinence française ne considère ici que la parente d'un auteur élevée par un auteur. Telle est, monsieur, la manière de penser, orgueilleuse et basse à la fois, des légers citoyens de Paris.

C'est une chose honteuse que M. de Malesherbes soutienne ce monstre de Fréron, et que le *Journal des Savants* ne soit payé que du produit des feuilles scandaleuses d'un homme couvert d'opprobre. Mais vous m'ouvrez une voie que je crois qu'il faut tenter, c'est celle de M. le comte de Saint-Florentin : il hait Fréron, il protège beaucoup L'Écluse; vous avez en main, monsieur, le certificat de Mme Denis, celui du résident de France à Genève, la procuration de l'Écluse même. Ne pourriez-vous pas faire adresser toutes ces pièces à M. de Saint-Florentin, avec une lettre de M. Corneille, qui lui représenterait l'outrage fait à lui et à sa fille, les mots : *de belle éducation au sortir du couvent!* etc.; mots qui seuls sont capables d'empêcher cette demoiselle de se marier?

Une lettre forte et touchante, telle que vous savez les écrire, ferait peut-être quelque effet. Il est certain que si cette démarche est sans succès, elle n'est pas dangereuse : il est donc clair qu'on la doit faire.

Le pis aller après cela, monsieur, serait de livrer ce coquin à l'indignation du public, en démontrant sa calomnie. L'Écluse est un homme de cinquante ans, très-raisonnable, et qui a de l'esprit; mais nous sommes éloignés de lui confier l'éducation de Mlle Corneille. Je vous répète, monsieur, que nous avons pour elle les soins et les égards que nous aurions pour une Montmorency; que nous y mettons notre gloire. Non seulement Mlle Corneille est devenue notre fille, mais nous la respectons. Et une preuve de nos attentions, c'est qu'elle ne sait rien de l'indigne outrage que le dernier des hommes a osé lui faire.

Je ne vous écris point de ma main, parce j'ai un peu de goutte.

J'ajoute seulement, monsieur, que si M. de Saint-Florentin ne punit pas le coquin, si vous dédaignez de lui donner cent coups de bâton en présence de M. Corneille le père, ce sera toujours au moins une consolation de démontrer dans tous les journaux qu'il n'est qu'un lâche calomniateur.

Je vois bien qui sont les gens dont vous me parlez, qui se donnent le petit plaisir de faire aboyer ce misérable; mais les jésuites ont très-grand tort avec moi : il ne tenait qu'à eux de faire taire leur frère Berthier; les rieurs ne sont pas pour eux, et je fais pis que de me moquer d'eux, puisque je viens de les chasser d'un domaine qu'ils avaient usurpé sur des orphelins. C'est toujours quelque chose d'avoir fait une telle blessure à une des têtes de l'hydre. Puissent les fanatiques et les hypocrites être écrasés! Mais quand on ne peut les exterminer, il faut vivre loin d'eux. Cependant il est dur d'être en même temps loin de vous.

Votre très-humble et très-obéissant serviteur,    VOLTAIRE.

### MMMCCLIX. — A M. DUPONT.

Aux Délices, 15 février.

Mon cher Dupont, je vous plains bien d'être où vous êtes : vous avez trop d'esprit pour être heureux à Colmar. Que n'êtes-vous à la place des sots dont Paris abonde! vous nous en déferiez.

Voici deux petits rogatons pour vous amuser : c'est tout ce qu'on m'a envoyé de plus nouveau.

Adieu. Croyez bien fermement que je vous aimerai toute ma vie. V.

### MMMCCLX. — A M. LE COMTE D'ARGENTAL.

16 février.

Ce n'est pas aux yeux que j'ai mal, c'est à la main écrivante. On dit que j'ai la goutte, mes divins anges, et que je suis le plus maigre des goutteux. Non, ce n'est pas moi qui ne réponds point aux articles des lettres, c'est vous, vous qui parlez. Je n'avais oublié que l'article d'*Œdipe*, et j'ai réparé bien vite cette omission.

Mais vous, avez-vous répondu à mes justes plaintes contre Prault petit-fils, qui n'a pas seulement daigné m'envoyer un exemplaire de sa petite drôlerie de *Tancrède*? m'avez-vous dit un mot du *Père de famille*? Si vous aviez daigné m'instruire de la maladie de M. de Belle-Ile, je n'aurais pas pris sottement ce temps-là pour importuner M. le duc de Choiseul de mes facéties. J'ai si bien pris mon temps qu'il ne m'a point fait de réponse ; mais n'allez pas l'imiter.

Je ne suis pas excessivement content de Mme de Pompadour¹, mais aussi, je ne suis pas fâché contre elle ; je trouve seulement *la Muse limonadière* plus attentive qu'elle.

J'ignore aussi si M. le duc de Richelieu est à Versailles. C'est encore un de nos hommes exacts, qui vous écrivent une lettre de huit pages, et qui vous laissent là des années entières.

Acharnement pour l'affaire du curé? non : vivacité? oui. Et puis, quand j'ai rendu ce service à l'Église, je fais un chant de *la Pucelle*.

Je n'ai point trouvé d'autre façon de répondre à tous les faquins qui m'accusent de n'être pas bon chrétien, que de leur dire que je suis meilleur chrétien qu'eux. Je fais plus, je le prouve; mais mon christianisme ne va pas jusqu'à pardonner à Omer. Je n'ai point de fiel contre Fréron; c'est à lui à me détester, puisque je l'ai rendu ridicule², et que je l'ai fait bafouer de Paris à Vienne. J'aurais voulu, il est vrai, pour mon divertissement, qu'on lui eût fait dire deux mots

---

1. Qui gardait le silence sur la dédicace à elle faite de *Tancrède*. (ÉD.)
2. Par la comédie de l'*Écossaise*. (ÉD.)

par le lieutenant criminel, au sujet de Mlle Corneille; si cela ne se peut, il faut tâcher de prendre une autre route. M. Corneille père peut se plaindre à M. de Saint-Florentin; j'en écris à M. Le Brun. Il est bon de tenter toutes les voies : car ce n'est pas assez de rendre Fréron ridicule; l'écraser est le plaisir. J'ai quelque maltaient contre M. de Malesherbes, qui protége les feuilles de ce monstre; mais toutes ces belles passions s'anéantissent devant la haine cordiale que je porte à l'impudent Omer. Cependant la violence de cette juste haine peut céder à la raison; et puisque je ne peux lui couper la main dont il a écrit son infâme réquisitoire [1], qu'on lui a dicté, je l'abandonne à sa pédanterie, à son hypocrisie, à sa méchanceté de singe, et à toute la noirceur de son noir caractère. Que le *Panta-odaï* reste un ouvrage de société entre les mains de trois ou quatre personnes; que Mlle Clairon n'en ait pas même d'exemplaire, et que le plus profond mépris fasse place à ma juste colère, colère d'autant plus véhémente que je l'ai couvée un an entier.

Mes anges, si j'avais cent mille hommes, je sais bien ce que je ferais; mais comme je ne les ai pas, je communierai à Pâques, et vous m'appellerez hypocrite tant que vous voudrez. Oui, pardieu, je communierai avec Mme Denis et Mlle Corneille, et, si vous me fâchez, je mettrai en rimes croisées le *Tantum ergo*.

Je m'aperçois que cette lettre est plus brûlante que l'*Ecclésiaste*; ainsi je vous supplie de vous souvenir de moi au coin de votre cheminée.

A propos, qui vous a dit que je faisais une tragédie? je suis fâché de vous ôter cette douce illusion. Cette lanterne vient de ce que Mme Denis, qui est toujours folle du *Droit du seigneur*, avait mandé à sa sœur que nous jouerions quelque chose de nouveau et de merveilleux, mais sans lui dire de quoi il était question. Gardez-moi, je vous prie, un éternel secret, mes divins anges, sur ce *Droit du seigneur* qui m'enchante.

Pour *Fanime*, je la regarderai toute ma vie comme un ouvrage médiocre; et ce beau-fils qui rend Fanime à son père, pour s'en débarrasser, me paraîtra toujours un des plus plats personnages qui aient jamais existé. Il y a des morceaux touchants, d'accord : on y pleure, je le passe; mais je ne juge point d'un visage par un nez et par un menton; je veux du tout ensemble. Vive *Tancrède!* cette pièce me paraît bien faite, neuve, singulière. Cependant nous verrons ce que je pourrai faire pour obéir à vos ordres, au saint temps de Pâques. Et la dissertation [2] contre ces barbares Anglais, vous n'en parlez pas? Mes divins anges, je vous regarde comme la consolation et l'honneur de ma vie.

Je suis bien faible; mais je vous aime fortement.

1. Contre le *Précis de l'Ecclésiaste*. (Ed.)
2. *L'Appel à toutes les nations*. (Ed.)

16 février.

Tenez, mes gloutons, vous demandiez une tragédie, voilà un chant [1] de *la Pucelle* : c'est envoyer une grive à des gens qui veulent manger un dindon; mais on donne ce qu'on a.

Tenez, voilà encore des *Lettres* sur le roman de Jean-Jacques; mandez-moi qui les a faites, ô mes anges, qui avez le nez fin! Et *le Père de famille*, qu'est-il devenu?

### MMMCCLXI. — A M. DAMILAVILLE.

18 février.

Je salue tendrement les frères, j'élève mon cœur à eux, et je prie Dieu pour le succès du *Père de famille*.

J'envoie aux frères une petite cargaison contenant un chant de *la Pucelle*, et les Lettres sur la *Nouvelle Héloïse* ou *Aloïsia* de Jean-Jacques, auxquelles M. le marquis de Ximenès n'a fait aucune difficulté de mettre son nom, attendu qu'il ne craint pas plus Jean-Jacques, que Jean-Jacques ne semble craindre ses lecteurs. La *Nouvelle Héloïse* et *Daïra* m'ont fait relire *Zayde* ; qu'on fasse quelque nouvelle tragédie, je relirai Racine.

J'ai demandé à M. Thieriot les recueils I, K, L, M, N; il faut bien que j'aie tout l'alphabet. Je suis très-fâché qu'il y ait une ville en France nommée Paris, où il soit permis à un Fréron d'insulter l'héritière du nom de Corneille; on ne m'écrit sur cela que des lanternes. Si Fréron en avait dit autant de la petite-fille d'un laquais dont le père fût conseiller du parlement ou de la cour des aides, on mettrait Fréron au cachot. Il est digne de ceux qui laissaient mourir de faim la cousine de *Cinna* de ne la pas venger : cela redouble mon mépris pour les bourgeois qui font le gros dos parce qu'ils ont un office.

Je prie instamment M. Thieriot de mettre au cabinet l'*Épître* d'Abraham Chaumeix à Mlle Clairon. Ce n'est pas qu'on craigne

Le petit singe à face de Thersite,
Au sourcil noir,

et au cœur noir; on a pour lui autant d'horreur que pour Fréron. C'est dommage qu'un aussi insolent et aussi absurde persécuteur ne soit puni que par des vers et par l'exécration publique; il est bien heureux d'avoir affaire à des philosophes qui ne peuvent se venger que par le mépris. Je voudrais bien voir un de ces faquins, si fiers de leurs petites charges, voyager dans les pays étrangers; il ferait une plaisante figure à côté d'un homme de mérite.

### MMMCCLXII. — A M. LE BRUN.

Au château de Ferney, 19 février.

Plus j'y fais réflexion, plus je suis sûr, monsieur, que nous ne trouverons personne à Paris qui prenne intérêt à Mlle Corneille et à

---

[1] Le XIX°, celui de *Dorothée*. (ÉD.)

son nom; vous ne trouverez que ceux qui ont été outragés par Fréron assez justes pour le poursuivre ; les autres en rient. Dites à un de vos amis qu'on vient de faire un libelle contre vous, la première idée qui lui viendra sera de vous demander où il se vend, et s'il est bien salé.

Je pense que ce qu'il y aurait de plus honnête, de plus doux, et de plus modéré à faire, ce serait d'assommer de coups de bâton le nommé Fréron à la porte de M. Corneille. Le second parti est celui que j'ai eu l'honneur de vous proposer, c'est que vous vouliez bien dicter une requête à M. Corneille pour le lieutenant criminel. N'est-il pas en droit d'attendre quelque attention pour son nom ? n'est-il pas en droit de dire qu'il demande réparation de l'insulte faite à sa fille et à lui? On lui reproche, dans des lignes diffamatoires, d'avoir fait sortir sa fille du couvent pour la faire élever par un bateleur de la foire. Il est faux que ce L'Écluse ait été bateleur; il est, depuis vingt ans, chirurgien du roi de Pologne; il est faux qu'elle soit élevée par lui; il est faux qu'elle soit dans la maison où le calomniateur suppose qu'il est; il est faux que le sieur L'Écluse soit même venu dans cette maison depuis plus de cinq mois. Mlle Corneille est dans la maison la plus honnête et la plus réglée, auprès d'un vieillard presque septuagénaire, qui lui a assuré tout d'un coup de quoi être à l'abri de l'indigence le reste de sa vie; elle est auprès d'une dame de cinquante ans, qui lui tient lieu de mère, et qui ne la perd pas un instant de vue. Un homme très-estimable, qui a servi de précepteur à Mme la marquise de Tessé, veut bien à présent lui donner des leçons. Elle mérite tous les soins qu'on prend d'elle; son cœur paraît digne de l'esprit de son grand-oncle, et je vous assure qu'on ne peut avoir une conduite plus noble et plus décente que la sienne.

Voilà, monsieur, l'éducation de bateleur qu'on lui donne. Le père du grand Corneille était noble; Mlle Corneille a près de deux cents ans de noblesse; elle est alliée aux plus grandes maisons du royaume, et on la laisse outrager impunément dans des lignes diffamatoires d'un Fréron; et des gens ont la bêtise de m'écrire que je dois mépriser les petits traits que Fréron a la bonté de me décocher, comme si c'était moi dont il s'agit dans cette affaire, comme si j'étais une jeune demoiselle à marier !

Ah ! monsieur, croyez que dans nos affaires les hommes nous conseillent fort mal, parce qu'ils ne se mettent jamais à notre place : il ne faut prendre conseil que de soi-même, et des circonstances où l'on se trouve.

Il n'est point du tout hors d'apparence qu'il se présente bientôt un parti pour Mlle Corneille ; et je peux vous assurer que les feuilles de Fréron, qu'on lit dans les provinces, lui feront grand tort, et pourront empêcher son établissement. Je ne vous avance rien ici, monsieur, sans de très-justes raisons. Voyez donc s'il n'est pas convenable que le père qui nous a confié sa fille, repousse hautement les bruits qui la déshonorent?

Il est indubitable que le lieutenant de police fera comparaître le coquin, et cette scène produira une relation de vous qu'on pourra mettre dans tous les papiers publics. Elle sera vraie, elle sera forte et touchante, parce que vous l'aurez faite. Elle convaincra Fréron de calomnie, et décréditera ses indignes feuilles, indignement soutenues par M. de Malesherbes.

Pardonnez, monsieur, si je dicte toutes mes lettres; mon état est bien languissant; mais je me sens encore de la chaleur dans le cœur, et surtout pour vous, à qui je dois les sentiments de la plus tendre estime.

De tout mon cœur, votre très-humble et très-obéissant serviteur,

VOLTAIRE.

## MMMCCLXIII. — A MADAME D'ÉPINAI.

À Ferney, le 19 février.

Quoique ma belle philosophe n'écrive qu'à des huguenots, cependant un bon catholique lui envoie ces petites *lettres*[1]. On suppose en les lui envoyant qu'elle est très-engraissée; si cela n'est pas, elle peut passer la page 20, où l'on reprend un peu vivement l'ami Jean-Jacques d'avoir trouvé que les dames de Paris sont maigres; il ajoute qu'elles sont un peu bises; mais comme ma belle philosophe nous a paru très-blanche, elle pourra lire cette page 20 sans se démonter : à l'égard des autres pages, elle en fera ce qu'elle voudra.

On se flatte que *le Père de famille* a été joué, et qu'il l'a été avec succès; ce succès est bien nécessaire et bien important; il pourrait contribuer à mettre Diderot de l'Académie; ce serait une espèce de sauvegarde contre les fanatiques et les hypocrites de la ville et de la cour, qui blasphèment la philosophie, et qui insultent à la vertu. Pour Jean-Jacques, ce n'est qu'un misérable qui a abandoné ses amis, et qui mérite d'être abandonné de tout le monde. Il n'a dans son cœur que la vanité de se montrer dans les débris du tonneau de Diogène, et d'ameuter les passants, pour leur faire contempler son orgueil et ses haillons. C'est dommage, car il était né avec quelques demi-talents, et il aurait eu peut-être un talent tout entier, s'il avait été docile et honnête.

Je fais mes compliments à toute la famille, à tous les amis de ma belle philosophe; je tiens qu'elle vaut beaucoup mieux que Mme de Wolmar. Prend-elle son café, ou le café, dans l'entre-sol ? Je la supplie aussi de me dire si les jardins de la Chevrette ne sont pas plus beaux que ceux de l'Étange[2]. Qu'elle sache, au reste, que ceux de Ferney ne sont pas sans mérite. Si elle voulait faire encore un petit voyage dans le pays, non de Vaud, mais de Gex, on lui donnerait un petit chapitre tous les matins en prenant le chocolat, ou du chocolat. Je prie le *prophète* de me prophétiser quelque chose de bon sur le

1. Sur la *Nouvelle Héloïse*. (ÉD.)
2. Voltaire fait sans doute allusion ici au jardin du baron d'Étange, jardin voisin du bosquet où un baiser de Julie brûla Saint-Preux *jusqu'à la moelle*. (ÉD.)

*Père de famille.* Mille respects; et si la belle philosophe est paresseuse, mille injures.

MMMCCLXIV. — A LA MÊME.

A Ferney, 23 février.

M. l'intendant de Lyon me mande qu'on a représenté à Lyon, avec le plus grand succès, *le Père de famille*; qu'il y a été attendri jusqu'aux larmes, etc., etc., etc. Je ne doute pas que cet ouvrage n'ait autant de succès à Paris. Je supplie ma belle philosophe de faire parvenir ce petit billet à Platon [1]. La réussite de sa pièce me paraît une affaire très-importante; cela réchauffe le public, cela ouvre la porte de l'Académie, cela fait taire les fanatiques et les fripons. Puissent toutes les bénédictions être répandues sur nos frères! puisse la lumière éclairer tous les yeux, et l'humanité pénétrer tous les cœurs!

MMMCCLXV. — A M. LE MARQUIS D'ARGENCE DE DIRAC.

24 février.

L'Évangile a raison de dire, monsieur : « Si le sel s'évanouit, avec quoi salera-t-on [2]? » Grâce à la prudence de votre cuisinier, et à quatre doigts de lard bien placés entre les perdrix et la croûte, votre pâté est arrivé frais et excellent, et il y a huit jours que nous en mangeons. Nous avons fait grande commémoration de vous, le verre à la main, non sans regretter le temps où vous avez bien voulu être de nos frères, dans votre petite cellule des fleurs.

Je ne mérite pas tout à fait les compliments dont vous m'honorez sur l'expulsion du gros frère Fessi; j'ai bien eu l'avantage de chasser les jésuites de cent arpents de terre qu'ils avaient usurpés sur des officiers du roi; mais je ne peux leur ôter les terres qu'ils possédaient auparavant, et qu'ils avaient obtenues par la confiscation des biens d'un gentilhomme : on ne peut pas couper toutes les têtes de l'hydre.

Si vous êtes curieux de nouvelles de philosophie, je vous dirai qu'un officier, commandant d'un petit fort sur la côte de Coromandel, m'a apporté de l'Inde l'évangile des anciens brachmanes; c'est, je crois, le livre le plus curieux et le plus ancien que nous ayons; j'en excepte toujours l'*Ancien Testament*, dont vous connaissez la sainteté, la vérité et l'ancienneté. Une chose fort plaisante, c'est que tous les peuples anciens croyaient l'immortalité de l'âme, quand les Juifs n'en croyaient pas un mot.

Si vous voulez des nouvelles de nos armées, le régiment de Champagne s'est battu comme un lion, et a été battu comme un chien. Si vous voulez des nouvelles de la marine, on nous prend nos vaisseaux [3] tous les jours. Si vous aimez mieux des nouvelles de finances, nous

---

1. Diderot. (ÉD.) — 2. Matthieu, chapitre v, verset 13. (ÉD.)
3. Les Anglais, au mois d'octobre 1760, avaient pris ou détruit, vers la Jamaïque et Cuba, plusieurs frégates françaises, telles que *la Sirène*, *la Valeur*, *la Fleur de Lis*, etc. (ÉD.)

n'avons pas le sou. Je vous aime, et je vous regrette de tout mon cœur.

## MMMCCLXVI. — A M. Damilaville.

27 février.

Reçu K et L[1]. Enivré du succès du *Père de famille*, je crois qu'il faut tout tenter, à la première occasion, pour mettre M. Diderot de l'Académie; c'est toujours une espèce de rempart contre les fanatiques et les fripons. Si je peux exécuter quelques ordres pour M. Damilaville auprès de M. de Courteilles, je suis tout prêt et trop heureux.

Les frères ont-ils reçu un chant de *Dorothée*[2], retrouvé dans d'anciennes paperasses, et des lettres du marquis de Ximenès sur le roman de J. J.?

J'assomme les frères de petites dépenses : je prie M. Thieriot de mettre tout sur son agenda. Il y a longtemps qu'il ne m'a écrit; il ne sait pas que j'aime passionnément ses lettres. Mille tendres amitiés.

## MMMCCLXVII. — A M. D'Alembert.

Au château de Ferney, pays de Gex, 27 février.

Vous êtes un franc savant, dans votre charmante et drôle de lettre; vous concluez dans votre cœur pervers que je n'ai point été à la messe de minuit, parce que mon libraire hérétique a mis le 23 pour le 24. Vous triomphez de cette erreur, mon cher et grand philosophe, comme un Saumaise ou un Scaliger; mais vous êtes fort plaisant, ce que les Scaliger n'étaient pas. Sachez que vos bonnes plaisanteries ne m'ôteront point ma dévotion; et qu'il n'y a d'autre parti à prendre que de se déclarer meilleur chrétien que ceux qui nous accusent de n'être pas chrétiens. J'ai un évêque qui est un sot, et qui me regarde comme un persécuteur de l'Église de Dieu, parce que je poursuis vivement la condamnation d'un curé grand diseur de messes et assassin. Je conjure mon évêque, par les entrailles de Jésus-Christ, de se joindre à moi pour ôter le scandale de la maison d'Israël; les impies diront que je me moque, mais je ne rougirais point de mon Père céleste devant eux : quand on a l'honneur de rendre le pain bénit à Pâques, on peut aller partout la tête levée.

Je regarde le succès du *Père de famille* comme une preuve évidente de la bénédiction de Dieu et des progrès des frères; il est clair que le public n'était pas mal disposé contre cet homme qu'on a voulu rendre si odieux; point de cabales, point de murmures; le public a fait taire les Palissot et les Fréron; le public est donc pour nous.

Comptez, mon cher et vrai philosophe, que je suis de bon cœur pour la langue française. J'avoue qu'elle est bien lâche sous la plume de nos bavards; mais elle est bien ferme et bien énergique sous la vôtre.

1. Du *Recueil A, B, C*, etc.
2. C'est le chant XVIII de *la Pucelle*, édition de 1762, et le XIX° des éditions actuelles. (Éd.)

J'apprends qu'il y a vingt-cinq candidats pour l'Académie ; je conseille qu'on fasse l'abbé Le Blanc portier ; je vous réponds qu'alors personne ne voudra plus entrer. M. de Malesherbes avilit la littérature, j'en conviens ; il est philosophe, et il fait tort à la philosophie, d'accord ; il aime le clabaudage ; il fait payer le *Journal des Savants*, qui ne se vend point, par le produit des infamies de Fréron, qui se vendent ; c'est le dernier degré de l'opprobre. Mais un impudent Omer qui se fait en plein parlement le secrétaire et l'écolier d'Abraham Chaumeix, un lâche délateur public qui cite faux publiquement, un vil ennemi de la vertu et du sens commun, voilà ce qu'il faudrait faire assommer dans la cour du palais par les laquais des philosophes.

Envoyez-moi, je vous prie, pour me consoler, votre roide discours sur l'histoire, prononcé avec tant d'applaudissements dans l'Académie. On dit que cette journée fut brillante ; j'ai d'autant plus besoin de votre discours, qu'on réimprime actuellement mes insolences sur l'*Histoire générale*. J'avais trop ménagé mon monde ; mais,

Qui n'a plus qu'un moment à vivre
N'a plus rien à dissimuler.
Quinault, *Atys*, acte I, scène VI.

Il faut peindre les choses dans toute leur vérité, c'est-à-dire dans toute leur horreur.

Je vous embrasse, vous aime, estime et révère.

MMMCCLXVIII. — A MADAME DE FONTAINE, A HORNOI.

A Ferney, 27 février.

Nos montagnes couvertes de neige, et mes cheveux devenus aussi blancs qu'elles, m'ont rendu paresseux, ma chère nièce ; j'écris trop rarement. J'en suis très-fâché, car c'est une grande consolation d'écrire aux gens qu'on aime : c'est une belle invention que de se parler, de cent cinquante lieues, pour vingt sous.

Avez-vous lu le roman de Rousseau ? Si vous ne l'avez pas lu, tant mieux ; si vous l'avez lu, je vous enverrai les *Lettres* du marquis de Ximenès sur ce roman suisse.

Nous montrons toujours l'orthographe à la cousine issue de germain de *Polyeucte* et de *Cinna*. Si celle-là fait jamais une tragédie, je serai bien attrapé ; elle fait du moins de la tapisserie. Je crois que c'est un des beaux-arts ; car Minerve, comme vous savez, était la première tapissière du monde. Il n'y a que la profession de tailleur qui soit au-dessus. Dieu ayant été lui-même le premier tailleur, et ayant fait des culottes pour Adam [1], quand il le chassa du paradis terrestre à coups de pied au cul.

Votre sœur embellit les dedans de Ferney, et moi je me ruine dans les dehors. C'est une terrible affaire que la création ; vous avez très-

1. *Genèse*, III, 21 : *Fecit quoque Dominus Deus Adæ et uxori ejus tunicas pelliceas*. (ÉD.)

bien fait de vous borner à rapetasser. Je vous crois actuellement bien à votre aise dans votre château; mais je vous plains de n'avoir ni grand jardin, ni grand lac : ce n'est pas assez d'avoir trois mille gerbes de champart, il faut que la vue soit satisfaite.

Le *grand écuyer de Cyrus*[1] aura beau faire, il ne formera point de paysage où la nature n'en a pas mis. J'ai peur qu'à la longue le terrain ne vous dégoûte. Quand vous voudrez voir quelque chose de fort au-dessus des Délices, venez chez nous à Ferney; surtout n'allez jamais à Paris; ce séjour n'est bon que pour les gens à illusion, ou pour les fermiers généraux. Vive la campagne, ma chère nièce; vivent les terres et surtout les terres libres, où l'on est chez soi maître absolu, et où l'on n'a point de vingtièmes à payer! C'est beaucoup d'être indépendant; mais d'avoir trouvé le secret de l'être en France, cela vaut mieux que d'avoir fait *la Henriade*.

Nous allons avoir une troupe de bateleurs auprès des Délices, ce qui fait deux avec la nôtre. En attendant que nous ouvrions notre théâtre, je m'amuse à chasser les jésuites d'un terrain qu'ils avaient usurpé, et à tâcher de faire envoyer aux galères un curé de leurs amis. Ces petits amusements sont nécessaires à la campagne : il ne faut jamais être oisif.

Votre jurisconsulte est-il à Hornoi ou à Paris? votre conseiller-clerc, qui écrit de si jolies lettres, tous les jours de courrier, à ses parents, est-il aller juger? le *grand écuyer* travaille-t-il en petits points? montez-vous à cheval? Daumart est au lit depuis cinq mois, sans pouvoir remuer. Tronchin vous a guérie, parce qu'il ne vous a rien fait; mais, pour avoir fait quelque chose à Daumart, ce pauvre garçon en mourra; ou sa vie sera pire que la mort. C'est une bien malheureuse créature que ce Daumart; mais son père était encore plus sot que lui, et son grand-père encore plus. Je n'ai pas connu le bisaïeul, mais ce devait être un rare homme.

J'ai commencé ma lettre par le roman de Rousseau, je veux finir par celui de La Popelinière. C'est, je vous jure, un des plus absurdes ouvrages qu'on ait jamais écrits : pour peu qu'il en fasse encore un dans ce goût, il sera de l'Académie.

Bonsoir; portez-vous bien. Je ne vous écris pas de ma main : on dit que j'ai la goutte, mais ce sont mes ennemis qui font courir ce bruit-là. Je vous embrasse de tout mon cœur.

### MMMCCLXIX. — A M. DAMILAVILLE.

A Ferney, 3 mars.

Voici, monsieur, mon *ultimatum*[2] à M. Deodati. M. *le Censeur hebdomadaire*[3], à qui je fais mes compliments, peut insérer ce traité de paix dans son journal.

1. Le marquis de Florian, qui épousa Mme de Fontaine en mai 1762. (ÉD).
2. Voltaire appelait ainsi ses *Stances à M. Deodati de Tovazzi*, du 1ᵉʳ février 1761. (ÉD.)
3. Journal déjà cité dans la lettre MMMCCXXVII. (ÉD.)

ANNÉE 1761.

Je regarde le jour du succès du *Père de famille* comme une victoire que la vertu a remportée, et comme une amende honorable que le public a faite d'avoir souffert l'infâme satire intitulée la *Comédie des philosophes*.

Je remercie tendrement M. Diderot de m'avoir instruit d'un succès auquel tous les honnêtes gens doivent s'intéresser; je lui en suis d'autant plus obligé, que je sais qu'il n'aime guère à écrire. Ce n'est que par excès d'humanité qu'il a oublié sa paresse avec moi; il a senti le plaisir qu'il me faisait. Je doute qu'il sache à quel point cette réussite était nécessaire. Les affaires de la philosophie ne vont point mal; les monstres qui la persécutaient seront du moins humiliés.

J'avais demandé à M. Thieriot l'*Interprétation de la Nature*; il m'a oublié.

Mille tendresses à tous les frères.

MMMCCLXX. — A M. DALEMBERT.

3 mars.

A quelque chose près, je suis de votre avis en tout, mon cher et vrai philosophe. J'ai lu avec transport votre petite drôlerie[1] *sur l'histoire*, et j'en conclus que vous êtes seul digne d'être historien : mais daignez dire ce que vous entendez par la défense que vous faites d'écrire l'histoire de son siècle. Me condamnez-vous à ne point dire, en 1761, ce que Louis XIV faisait de bien et de mal en 1662? Ayez la bonté de me donner le commentaire de votre loi.

Je ne sais pas encore s'il est bon de prendre les choses *à rebours*[2]. Je conçois bien qu'on ne court pas grand risque de se tromper, quand on prend à rebours les louanges que des fripons lâches donnent à des fripons puissants; mais si vous voulez qu'on commence par le XVII° siècle avant de connaître le XVI° et le XV°, je vous renverrai au conte du *Bélier*[3] qui disait à son camarade : *Commence par le commencement*.

J'aime à savoir comment les jésuites se sont établis, avant d'apprendre comment ils ont fait assassiner le roi de Portugal[4]. J'aime à connaître l'empire romain, avant de le voir détruit par des Albouin et des Odoacre; ce n'est pas que je désapprouve votre idée, mais j'aime la mienne, quoiqu'elle soit commune.

J'ai bien de la peine à vous dire qui l'emporte chez moi du plaisir que m'a fait votre dissertation, ou de la reconnaissance que je vous dois d'avoir si noblement combattu en ma faveur; cela est d'une âme supérieure. Je connais bien des académiciens qui n'auraient pas osé en faire autant. Il y a des gens qui ont leurs raisons pour être lâches et jaloux; il fallait un homme de votre trempe pour oser dire tout ce que vous dites. Quelques personnes vous regardent comme un novateur;

1. Expression de Molière dans *Pourceaugnac*, acte I, scène II. (ÉD.)
2. Dalembert, dans ses *Réflexions sur l'histoire*, proposait de l'enseigner à rebours, « en commençant par les temps les plus proches de nous, et finissant par les plus reculés. » (ÉD.)
3. Ouvrage d'Hamilton. (ÉD.) — 4. Joseph I°r. (ÉD.)

vous l'êtes sans doute; vous enseignez aux gens de lettres à penser noblement. Si on vous imite, vous serez fondateur; si on ne vous imite pas, vous serez unique.

Voulez-vous me permettre d'envoyer votre discours au *Journal encyclopédique*? Il faut que vous permettiez qu'on publie ce qui doit instruire et plaire; je vous le demande en grâce pour mon pauvre siècle, qui en a besoin.

Adieu, être raisonnable et libre; je vous aime autant que je vous estime, et c'est beaucoup dire.

MMMCCLXXI. — A MADAME LA MARQUISE DU DEFFAND.

Au château de Ferney, 6 mars.

Vous serez étonnée, madame, de recevoir lettres sur lettres d'un homme que vous avez traité de négligent. Vous me mandez que vous vous ennuyez : pour peu que je continue, je saurai bien d'où vient cette maladie. Mais si mes lettres et *la Pucelle* entrent pour quelque chose dans cette léthargie, je crois que les six tomes[1] de Jean-Jacques sont pour le moins aussi coupables que moi. Je pense que voilà le cas de souhaiter d'être sourde, puisque la perte de vos yeux vous laisse encore des oreilles pour entendre toutes nos sottises.

Je sais qu'il y a des personnes assez déterminées pour soutenir ce malheureux fatras intitulé *roman*; mais, quelque courage ou quelques bontés qu'elles aient, elles n'en auront jamais assez pour le relire. Je voudrais que Mme de La Fayette revînt au monde, et qu'on lui montrât un roman suisse.

Franchement, tout est de même parure, depuis les remontrances et les réquisitoires jusqu'à nos romans et nos comédies. Je trouve que le siècle de Louis XIV s'embellit tous les jours. Il me semble que, du temps de Molière et de Chapelle, j'aurais été fâché d'être dans le pays de Gex; mais actuellement c'est un fort bon parti.

Vous me demandez, madame, ce que c'est que Mlle Corneille; ce n'est ni Pierre ni Thomas : elle joue encore avec sa poupée; mais elle est très-heureusement née, douce et gaie, bonne, vraie, reconnaissante, caressante sans dessein et par goût. Elle aura du bon sens; mais, pour le bon ton, comme nous y avons renoncé, elle le prendra où elle pourra. Ce ne sera pas chez Mme de Wolmar. Nous n'avons aucune envie, madame, d'aller à Clarens, depuis que vous avez déclaré qu'on ne vous trouvait pas là. Nous sentons tous qu'il faudrait aller à Saint-Joseph[2]; mais les transmigrations sont trop difficiles. J'ai l'honneur d'être à moitié Suisse, indépendant, heureux. Les mots de Paris et de couvent m'effrayent autant que votre société charmante m'attire.

Je n'avais point d'idée du bonheur réservé à la vieillesse dans la re-

1. C'est le nombre de volumes qu'a la première édition de *la Nouvelle Héloïse*. (ÉD.)
2. Communauté où demeurait Mme du Deffand. (ÉD.)

traite. Après avoir bien réfléchi à soixante ans de sottises que j'ai vues et que j'ai faites, j'ai cru m'apercevoir que le monde n'est que le théâtre d'une petite guerre continuelle, ou cruelle, ou ridicule, et un ramas de vanité à faire mal au cœur, comme le dit très-bien le bon déiste de Juif qui a pris le nom de Salomon dans l'*Ecclésiaste*[1], que vous ne lisez pas.

Adieu, madame; consolez-vous de votre existence, et poussez-la cependant aussi loin que vous pourrez. J'ai trouvé, dans le roman de Jean-Jacques, une lettre sur le suicide, que j'ai trouvée excellente, quoique ridiculement placée; elle ne m'a pourtant donné aucune envie de me tuer, et je sens que je ne me serais jamais donné un coup de pistolet par la tête, pour un baiser *doré* de Mme de Wolmar.

J'ai eu l'honneur de vous envoyer un petit chant de *la Pucelle*, par Versailles; je ne sais plus comment faire.

## MMMCCLXXII. — A MADAME LA COMTESSE DE LUTZELBOURG.

A Ferney, 10 mars.

Pour Dieu, madame, envoyez-moi le portrait de Mme de Pompadour; j'aimerais mieux avoir le vôtre, mais vous ne voulez pas vous faire peindre; il faut faire quelque chose pour ses amis, madame. Si vous n'avez pas de copiste à Strasbourg, osez me confier l'original. J'ai de la probité, je suis exact, je ne le garderai pas quinze jours. Faites-moi cette petite faveur, je vous en conjure.

Où est actuellement monsieur votre fils? Je plains ses chevaux, quelque part qu'il soit, car je crois les retraites promptes et les fourrages rares. Il est plaisant d'avoir dépensé cinq ou six cents millions pour quelques voyages dans la Hesse en quatre ans. On aurait fait le tour du monde à meilleur marché. Je n'ai d'autre nouvelle dans mon enceinte de montagnes, sinon qu'on ne me paye point; mais je plains beaucoup plus ceux qu'on égorge que ceux qu'on ruine.

Avez-vous actuellement, madame, auprès de vous votre fidèle compagne? Vous portez-vous bien? Êtes-vous contente? Je rencontrai hier dans mon chemin un borgne, et je me réjouis d'avoir encore deux yeux. Je rencontrai ensuite un homme qui n'avait qu'une jambe, et je me félicitai d'en avoir deux, toutes mauvaises qu'elles sont. Quand on a passé un certain âge, il n'y a guère que cette façon-là d'être heureux; cela n'est pas bien brillant, mais c'est toujours une petite consolation. Un beau soleil est encore un grand plaisir; mais il me semble que vous n'avez jamais chaud sur vos bords du Rhin. N'avez-vous pas fait embellir et peigner votre jardin? Autre ressource qui n'est pas à négliger. Je vous avertis, madame, que j'ai fait les plus beaux potagers du royaume; vous ne vous en souciez guère. Puissiez-vous avoir le goût de cet amusement! Mais on ne se donne rien. Si vous n'êtes pas née jardinière, vous ne le serez jamais.

1. Chapitre I, verset 3.

## MMMCCLXXIII. — A M. LE COMTE D'ARGENTAL.

À Ferney, 19 mars.

C'est pourtant aujourd'hui le jeudi de l'absoute, mes chers anges, et Lekain n'est point arrivé. J'ai ouï dire des choses qui percent le cœur. Est-il donc bien vrai que Lekain ait été en prison pour n'avoir eu un congé que de M. le duc d'Aumont, et pour n'en avoir pas pris deux? Mlle Corneille avait appris trois rôles; notre théâtre était tout arrangé, et surtout nous nous attendions à voir Lekain muni de vos lettres et de vos ordres. Toutes ces belles espérances ont été détruites par la noble sévérité du premier gentilhomme de la chambre.

J'espérais encore que Lekain m'apporterait une édition de ce *Tancrède* qui doit tant à vos bontés, et de cette petite vengeance que j'ai tirée de l'*outrecuidance* anglaise. Le Prault, petit-fils, est un petit drôle : il va criant que cette justification[1] de Corneille, que ce plaidoyer contre Shakspeare, que cette préférence donnée à la politesse française sur la barbarie anglaise est un ouvrage de votre créature des Alpes.

*Ce Prault* est peu discret
D'avoir dit mon secret[2].

Ce Prault a joué d'un tour à Cramer. Il y a un nouveau tome[3] tout garni de facéties : c'est *Candide*, *Socrate*, l'*Écossaise*, et choses hardies. « Envoyez-moi ce tome par la poste, écrit Prault à Cramer, afin que je juge de son mérite, et que je voie si je peux me charger de quinze cents de vos exemplaires. » Cramer envoie son tome comme un sot ; Prault l'imprime en deux jours, et probablement y met mon nom pour me faire brûler par Omer. Ah! mes chers anges, que ce coquinet ôte mon nom! Il ne faut pas être brûlé tous les six mois.

Mes chers anges, il est vrai que j'ai un beau sujet[4], que je pense pouvoir donner un peu de force à la tragédie française, que j'imagine qu'il y a encore une route, que je ressemble à l'ingénieur du roi de Narsingue[5], qui s'avisait de toutes sortes de sottises; mais attendons le moment de l'inspiration pour travailler. Je suis à présent dans les horreurs de l'*Histoire générale* qu'on réimprime; mais que de changements! le tableau n'était qu'en miniature; il est grand. Mes anges verront le genre humain dans toute sa turpitude, dans toute sa démence; Omer frémira; je m'en moque; Omer n'aura jamais ni un aussi joli château que moi, ni de si agréables jardins. Vous saurez que j'ai fait des jardins qui sont comme la tragédie que j'ai en tête; ils ne ressemblent à rien du tout. Des vignes en festons, à perte de vue; quatre jardins champêtres, aux quatre points cardinaux; la mai-

---

1. L'*Appel à toutes les nations de l'Europe*. (ÉD.)
2. Quinault, *Alceste*, acte I, scène IV. (ÉD.)
3. Il est intitulé : *Seconde suite des Mélanges de littérature, d'histoire et de philosophie*. (ÉD.)
4. Ce sujet était celui de *Don Pèdre*. (ÉD.)
5. Voltaire désigne ainsi Maupertuis. (ÉD.)

son au milieu; presque rien de régulier, Dieu merci. Ma tragédie sera plus régulière, mais aussi neuve. Laissez-moi faire; plus je vieillis, plus je suis hardi. Mes chers anges, soyez aussi hardis; faites jouer *Oreste*; faites une brigue, je vous en prie; qu'on entende les *cris* de Clytemnestre, que Clairon et Dumesnil joutent, que Lekain fasse frissonner les comédiens me doivent cette complaisance. Vous n'allez dire, *Fanime*, *Fanime!* eh bien! il est vrai que Fanime, Énide, et le père, sont d'assez beaux rôles; mais l'amant est benêt, soyez-en sûrs. Il faut que je donne une meilleure éducation à ce fat; il faut du temps. J'ai l'*Histoire générale* et une demi-lieue de pays à défricher, et des marais à dessécher, et un curé à mettre aux galères; tout cela prend quelques heures d'un pauvre malade.

Voici une *Épître sur l'agriculture* dont vous ne vous soucierez point; vous n'aimez pas la chose rustique, et j'en suis fou. J'aime mes bœufs, je les caresse, ils me font des mines. Je me suis fait faire une paire de sabots; mais si vous faites jouer *Oreste*, je les troquerai contre deux cothurnes, sous l'ombrage de vos ailes.

Et vos yeux? parlez-moi donc de vos yeux

MMMCCLXXIV. — A M. D'ALEMBERT.

A Ferney, 19 mars.

Mon très-digne et ferme philosophe, vrai savant, vrai bel esprit, homme nécessaire au siècle, voyez, je vous prie, dans mon *Épître à Mme Denis*[1], une partie de mes réponses à votre énergique lettre.

Mon cher archidiacre et archi-ennuyeux Trublet est donc de l'Académie! Il compilera un beau discours de phrases de La Motte. Je voudrais que vous lui répondissiez, cela ferait un beau contraste. Je crois que vous accusez à tort *Cicéron*-d'Olivet; il n'est pas homme à donner sa voix à l'aumônier d'Houdard et de Fontenelle. Imputez tout au surintendant de la reine[2].

Ce qu'il y a de désespérant pour la nature humaine, c'est que ce Trublet est athée comme le cardinal de Tencin, et que ce malheureux a travaillé au *Journal chrétien*, pour entrer à l'Académie par la protection de la reine. Les philosophes sont désunis; le petit troupeau se mange réciproquement, quand les loups viennent à le dévorer. C'est contre votre Jean-Jacques que je suis le plus en colère. Cet archifou, qui aurait pu être quelque chose s'il s'était laissé conduire par vous, s'avise de faire bande à part; il écrit contre les spectacles, après avoir fait une mauvaise comédie[3]; il écrit contre la France, qui le nourrit; il trouve quatre ou cinq douves pourries du tonneau de Diogène, il se met dedans pour aboyer; il abandonne ses amis; il m'écrit, à moi, la plus impertinente lettre que jamais fanatique ait griffonnée. Il me mande, en propres mots: « Vous avez corrompu Genève, pour prix de l'asile qu'elle vous a donné; » comme si je me souciais d'adoucir les mœurs

1. *Sur l'agriculture*. (Éd.) — 2. Le président Hénault. (Éd.)
3. *Narcisse, ou l'Amant de lui-même* (Éd.)

de Genève, comme si j'avais besoin d'un asile, comme si j'en avais pris un dans cette ville de *prédicants sociniens*, comme si j'avais quelque obligation à cette ville. Je n'ai point fait de réponse à sa lettre; M. de Ximenès a répondu pour moi, et a écrasé son misérable roman¹. Si Rousseau avait été un homme raisonnable à qui on ne pût reprocher qu'un mauvais livre, il n'aurait pas été traité ainsi. Venons à *Pancrace*-Colardeau. C'est un courtisan de Pompignan et de Fréron; il n'est pas mal de plonger le museau de ces gens-là dans le bourbier de leurs maîtres.

Mon digne philosophe, que deviendra la vérité? que deviendra la philosophie? Si les sages veulent être fermes, s'ils sont hardis, s'ils sont liés, je me dévoue pour eux; mais s'ils sont divisés, s'ils abandonnent la cause commune, je ne songe plus qu'à ma charrue, à mes bœufs, et à mes moutons. Mais, en cultivant la terre, je prierai Dieu qu'il vous éclairiez toujours, et vous me tiendrez lieu de public. Que dites-vous du bonnet carré² de *Midas*-Omer? Je vous embrasse tendrement.

MMMCCLXXV. — A M. L'ABBÉ D'OLIVET.

A Ferney, pays de Gex, 19 mars.

Vos lettres sont venues à bon port, mon très-cher maître. Les *veredarii* sont exacts, parce qu'il leur en revient quelque chose. Il est vrai que j'ai été obligé d'avertir que je ne recevais point de lettres d'inconnus, et vous trouverez que j'ai eu raison quand vous saurez que très-souvent la poste m'apportait pour cent francs de paquets de gens discrets qui m'envoyaient leurs manuscrits à corriger ou à admirer. Le nombre des fous mes confrères, *quos scribendi cacoethes tenet*³, est immense. Celui des autres fous, à lettres anonymes, n'est pas moins considérable. Mais pour vous, mon cher abbé, qui êtes très-sage, et qui m'aimez, sachez qu'une de vos lettres est un de mes plus grands plaisirs, et serait ma plus chère consolation, si j'avais besoin d'être consolé.

Vous parlez de brochures; il y a autant de feuilles dans Paris qu'à mes arbres; mais aussi la chute des feuilles est fréquente. On en a imprimé une de moi où il est question de vous, et de la langue française, à laquelle vous avez rendu tant de services. C'est une réponse que j'avais faite à M. Deodati Tovazzi, qui disait un peu trop de mal de notre langue.

1. Ximenès laissa mettre son nom aux *Lettres sur la Nouvelle Héloïse*, qui sont de Voltaire. (ÉD.)
2. Allusion à ces vers de l'*Épître à Mme Denis*:

Sous son bonnet carré, que ma main jette à bas,
Je découvre en riant la tête de Midas.            (ÉD.)

3. Juvénal, satire VII, vers 51-52, a dit :

..........*Tenet insanabile multos
Scribendi cacoethes.*            (ÉD.)

ANNÉE 1761.

Je savais que l'archidiacre[1] de Fontenelle et de La Motte était admis pour compiler, compiler des phrases à notre *tripot*, et qu'on vous accusait d'avoir molli en cette occasion. Je crois, mon cher maître, qu'on vous calomnie.

L'abbé Trublet m'avait pétrifié[2].

Mais pourquoi ne serait-il pas de l'Académie? l'abbé Cotin en était bien : j'attends l'abbé Le Blanc avec une impatience extrême. J'ai une querelle avec vous sur les vers croisés. Je trouve qu'ils sauvent l'uniformité de la rime, qu'on peut se passer avec eux de *frères lais*, et qu'ils sont harmonieux.

.........*Licentia sumpta pudenter*
Hor., *de Art poet.*, v. 51.

n'est pas mal; mais je vous dirai à l'oreille que c'est un écueil. Il y a dans ce genre de vers un rhythme caché fort difficile à attraper. Si quelqu'un m'imite, il courra des risques. J'aimerais passionnément à m'entretenir avec vous de littérature, et à pleurer sur la nôtre. Mais vous vous moquez de moi avec *votre banlieue*; il faudrait que je fusse d'avance imbécile de quitter les deux lieues de pays que je possède, et où je suis indépendant, pour Arcueil et pour Gentilli. Tenez, tenez, voici ma réponse dans ce paquet :

*Ad urbem non descendet vates tuus.*
Hor., lib. I, ep. vii, v. 11.

*Omitte mirari beatæ*
*Fumum, et opes, strepitumque* Paris.
Hor., III, od. xxix, v. 11.

Je n'ai eu l'idée du bonheur que depuis que je suis chez moi dans la retraite. Mais quelle retraite! J'ai quelquefois cinquante personnes à table; je les laisse avec Mme Denis, qui fait les honneurs, et je m'enferme. J'ai bâti ce qu'en Italie on appelle un *palazzo*; mais je n'en aime que mon cabinet de livres, *senectutem alunt*[3]. Vivez, mon cher abbé; on n'est point vieux avec de la santé. Je veux, avant de mourir, vous adresser une épître sur le peu d'usage que font nos littérateurs de vos préceptes et de vos exemples. Quel style que celui d'aujourd'hui! ni nombre, ni harmonie, ni grâce, ni décence. Chacun cherche à faire des sauts périlleux. Je laisse les Gilles sur leur corde lâche, et je cultive comme je peux mes champs et ma raison.

M. de Chimène vous remercie : il a du goût; il étudie beaucoup; il a lu vos ouvrages; il aime mieux votre préface sur *de Natura deorum*, et votre *Histoire de la philosophie*, que les tours de force de Jean-Jacques, lequel Jean-Jacques mérite la petite correction qu'il a reçue. Adieu encore une fois.

1. Trublet. (ÉD.) — 2. Vers du *Pauvre diable*. (ÉD.)
3. Cicéron, *Pro Archia poeta*, cap. vii. (ÉD.)

VOLTAIRE — XXXVIII

## MMMCCLXXVI. — A M. DAMILAVILLE.

A Ferney, 19 mars.

Je suis fâché contre M. Thieriot le paresseux; je suis enchanté de M. Damilaville le diligent. Je reçois l'*Interprétation de la nature*, livre auquel je n'avais pu encore parvenir, non plus qu'au sujet qu'il traite. Je vais le lire, et je suis sûr que j'y trouverai cent traits de lumière dans cet abîme.

Voilà donc Jean-Jacques politique[1]; nous verrons s'il gouvernera l'Europe comme il a gouverné la maison de Mme de Wolmar. C'est un étrange fou Il m'écrivit, il y a un an: *Vous avez corrompu la ville de Genève, pour prix de l'asile qu'elle vous a donné.* Ce pauvre bâtard de Diogène voulait alors se faire valoir parmi ses compatriotes en décriant les spectacles; et, dans son faux enthousiasme, il s'imaginait que je vivais à Genève, moi qui n'y ai pas couché deux nuits depuis cinq ans. Il a l'insolence de me dire que j'ai un asile à Genève, à moi qui ai pour vassaux plusieurs des magistrats de sa république, parmi lesquels il n'y en a pas un qui ne le regarde comme un insensé. Il m'offense de gaieté de cœur, moi qui lui avais offert non pas un asile, mais ma maison, où il aurait vécu comme mon frère. Je fais juge M. Diderot, M. Thieriot, et tous nos amis, du procédé de Jean-Jacques; et je leur demande si, quand un détracteur de Corneille, de Racine, de Molière, fait un roman dont le héros va au b....., et dont l'héroïne fait un enfant avec son précepteur, il ne mérite pas bien le mépris dont M. de Ximenès daigne l'accabler.

L'abbé Trublet a donc la place du maréchal de Belle-Ile? vous verrez qu'il n'aura que celle de l'abbé Cotin.

Monsieur Thieriot le paresseux, un petit mot, je vous prie. Quand il faudra écrire à M. de Courteilles, ordonnez.

## MMMCCLXXVII. — A M. MARMONTEL.

A Ferney, 21 mars.

Consolons-nous, mon cher ami, vous avec l'espérance, moi avec ma charrue. L'abbé Cotin était de l'Académie; mais des hommes de mérite en furent aussi, et vous en serez.

........... *Interea facit indignatio versum.*
Juven., sat. I, v. 79.

Je vous envoie mes motifs de consolation. Courage, mon cher élève; le public vous nomme, et il siffle l'abbé Trublet[2]. Vous avez pour vous Mme de Pompadour et vos talents. Puissiez-vous revenir aux Délices, et ne jamais souper avec M. et Mme de Wolmar!

Je vous embrasse de tout mon cœur.

1. J. J. Rousseau venait de publier son *Extrait du projet de paix perpétuelle de l'abbé de Saint-Pierre*. (ÉD.)
2 Nommé à l'Académie française à la place de Belle-Ile. (ÉD.)

ANNÉE 1761.

MMMCLXXVIII. — A M. LEKAIN.

Au château de Ferney, 23 mars.

Nous comptions sur vous, et nous ne comptons plus sur rien que sur notre amitié pour vous et sur vos sentiments. Mandez-nous, mon cher Roscius, ce que c'est que votre triste aventure, à laquelle nous nous intéressons bien vivement, Mme Denis et moi. Il y a près d'un mois que je n'ai reçu de lettres de M. d'Argental. Le petit Prault ne m'a pas seulement envoyé un exemplaire de *Tancrède*. Vous voyez que je suis aussi abandonné que vous êtes persécuté. Au surplus prenez tout gaiement; faites-vous applaudir, cela console de tout.

J'ignore si on pourra déterminer Mlle Dumesnil à jouer Clytemnestre; mais je sais que vous ferez bien valoir le rôle d'Oreste. Je suis déterminé à ne rien donner à moins qu'on ne joue cette pièce; vos camarades me doivent peut-être cette complaisance. Je vous prie d'en parler à M. d'Argental, et de me répondre sur tous ces articles; celui qui vous regarde est le plus intéressant pour moi. Je vous embrasse.

MMMCLXXIX. — A M. DE CIDEVILLE.

Aux Délices, 26 mars.

Mon cher et ancien ami, nous sommes tous malades. Nous avons quitté Ferney pour revenir aux Délices, à portée des Tronchin. Mme Denis se fait saigner, et moi je cherche à faire diversion en vous écrivant. Si on saigne aussi la petite-nièce du grand Corneille, je demanderai qu'on mette quelques gouttes de son sang dans mes veines, si faire se peut, pour la première tragédie que je ferai.

M. de Chimène est le seul de la maison qui ait résisté à l'épidémie; il s'était purgé par les *Lettres* sur Jean-Jacques. Voici un *Rescrit de l'empereur de la Chine* sur la *Paix perpétuelle* que ce Jean-Jacques va nous procurer. Amusez-vous de cela, en attendant la diète européane. Ce petit rogaton n'enflera pas beaucoup le paquet. Je voudrais vous envoyer une grande diable d'*Épître* en vers à *Mme Denis, sur l'agriculture*, que nous aimons tous deux. Si vous en êtes curieux, demandez-la à M. d'Argental ou à M. Thieriot; elle ne vaut pas le port.

Je vous suppose à Paris, *sanum et hilarem*; je suis *hilaris*, mais non *sanus*: si j'avais de la santé, on verrait beau jeu.... Adieu; je vous embrasse tendrement.

V.

MMMCLXXX. — A M. DAMILAVILLE.

26 mars.

J'envoie aux amis ce rogaton; cela amuse un moment.

J'ai reçu la fade imitation¹ de *la Mort et de l'apparition* du R. P. Berthier.

*O imitatores, servum pecus........*
Hor., lib. I, ep. XIX.

1. Sans doute la *Relation de la maladie, de la confession, et de la fin de M. de Voltaire*, facétie anonyme de Sélis. (ÉD.)

L'épigramme sur ce pauvre La Coste, associé de Fréron, vaut mieux, et n'est point imitée.

Je fais mes compliments à mes frères, et je retourne à mes maçons.

*Diruit, ædificat...........*
*Insanire putas,* etc.
Hor., lib. I, ep. I.

MMMCCLXXXI. — A M. LE BRUN.

Aux Délices, 26 mars.

Je confie, monsieur, à votre probité, à votre zèle, et à votre prudence, qu'un gentilhomme des environs de Gex, nommé M. de Crassier, capitaine au régiment de Deux-Ponts, nous a demandé Mlle Corneille en mariage pour un gentilhomme de ses parents.

Celui qui avait cette alliance en vue demandait une fille noble, bien élevée, et dont les mœurs convinssent à la simplicité d'un pays qui tient beaucoup de la Suisse. Le hasard a fait que la feuille de Fréron, dans laquelle Mlle Corneille est déshonorée, a été lue par ce gentilhomme; il y a lu : « que le père de la demoiselle est une espèce de petit commis de la poste de deux sous, à cinquante livres par mois de gages, et que sa fille a quitté son couvent pour venir recevoir chez moi son éducation d'un bateleur de la Foire. » Cette insulte a fait beaucoup de bruit à Genève, où les feuilles du nommé Fréron sont lues. On a les yeux sur notre maison. Le scandale a circulé dans toute la province. Le gentilhomme qui se proposait pour Mlle Corneille a été très-refroidi, et il est vraisemblable que cet établissement n'aura pas lieu. Enfin Mlle Corneille a été instruite des lignes diffamatoires de Fréron. Jugez de son état et de son affliction ! Elle a pris le parti d'envoyer un mémoire de dix ou douze lignes à M. le comte de Saint-Florentin, à M. Seguier, avocat général, et à M. le lieutenant de police[1]. Nous lui avons conseillé cette démarche. Ce mémoire est aussi simple que court; et, pour peu qu'il y ait encore de justice et d'honneur chez les hommes, la plainte de Mlle Corneille doit faire une grande impression. Nous savons bien que M. Seguier ne se mêlera pas directement de cette affaire; mais étant informés qu'il est personnellement outré contre ce monstre de Fréron, nous avons cru qu'il était bon de lui adresser un mémoire.

Nous pensons, Mme Denis et moi, que si vous voulez bien, monsieur, appuyer les justes plaintes d'une demoiselle qui porte le nom de Corneille, qui vous a déjà tant d'obligations, et qui se trouve publiquement déshonorée par un scélérat, enfin qui est sur le point de perdre un établissement avantageux, vous réussirez infailliblement en représentant à M. de Saint-Florentin, et à M. de Sartine, déjà instruit de l'atrocité du nommé Fréron, l'impudence avec laquelle il diffame en six lignes une famille entière, le tort irréparable qu'il fait à une de

1. Sartine. (ÉD.)

moiselle d'un nom respectable ; vous engagerez aisément M. Seguier à protéger cette victime que Fréron immole à sa méchanceté.

Je le répète, monsieur, si on avait fait cet outrage à la fille d'un procureur, l'auteur de l'insulte serait puni.

Vous communiquerez sans doute ma lettre à M. du Tillet, qui doit ressentir plus vivement que personne l'affront et le tort faits à Mlle Corneille. Il me semble que vous pouvez parler fortement à M. de Saint-Florentin et à M. de Sartine. J'ose même présumer que Mgr le prince de Conti accordera sa protection à la vertu et à la noblesse insultées; je ne sais par quelle méprise on a pu confondre la diffamation de cette demoiselle avec des critiques de vers. Il s'agit ici de l'honneur. Nous attendons tout de vous, et de l'auguste maison où vous êtes.

Votre très-humble et très-obéissant serviteur, VOLTAIRE.

MMMCCLXXXII. — DE CHARLES-THÉODORE, ÉLECTEUR PALATIN.

Manheim, ce 28 mars.

Je vous suis très-obligé, monsieur, de la belle tragédie de *Tancrède*, que vous m'avez envoyée, avec la très-édifiante lettre qui la suit. On vous lit toujours avec un nouveau plaisir. Tout le monde littéraire vous prie de lui donner encore beaucoup de vos ouvrages avant d'aller habiter la Jérusalem céleste. Vous êtes si admiré sur la terre ! restez-y tant que vous pourrez; et, s'il vous est possible, venez bientôt revoir un de ceux qui vous admirent le plus. Si j'ai tardé longtemps à vous écrire, c'est que je n'ai pu le faire plus tôt. J'ai été accablé d'affaires, sans les soins que l'électrice me donne dans sa grossesse. Si vous venez à Schwetzingen, vous verrez un papa jouer avec un enfant; et après l'avoir bercé, s'entretenir avec plaisir avec son cher *Suisse*, pour qui j'aurai toujours une vraie estime. CHARLES-THÉODORE, *électeur*.

MMMCCLXXXIII. — A M. LE PRÉSIDENT DE RUFFEY.

Au château de Ferney, 29 mars.

Le pauvre maçon de Ferney, monsieur, travaille à force pour se mettre en état de vous recevoir tant bien que mal dans sa chaumière, vous et M. de La Marche. Je ne compte pas trop sur M. de Pont de Veyle, lequel ne pense pas qu'il y ait de salut hors de Paris. Pour moi, ce n'est pas Paris que j'aime, c'est Dijon; et si je n'étais pas maçon, laboureur, barbouilleur de papier, et malade, je quitterais mes ateliers et mon médecin pour venir jouir de la société charmante que je trouverais dans votre ville. Vous verrez, par la petite *épître*[1] ci-jointe, si je suis attaché à la campagne.

C'est à vous, monsieur, que je dois des remercîments de la place dont votre académie veut bien m'honorer. Je vous supplie de lui faire agréer mes profonds respects et ma sincère reconnaissance. Ce sera une raison de plus pour m'engager au voyage de Dijon, s'il peut y

1. *L'Épître sur l'agriculture.* (Éd.)

avoir quelque nouveau motif après celui de vous embrasser, vous et vos amis. J'espère que nous raisonnerons de tout cela au mois d'auguste, dans ma chaumière de Ferney.

J'ai l'honneur d'être, avec l'attachement le plus inviolable, monsieur, etc.

VOLTAIRE.

MMMCCLXXXIV. — A M. LE COMTE D'ARGENTAL.

Aux Délices, 29 mars.

Il faut que j'aie commis quelque grande iniquité, dont je ne me suis pas accusé en faisant mes pâques; car mes anges ont détourné de moi leur face et leur plume. Je leur dirai comme le prophète : *Je vous ai joué de la flûte, et vous n'avez point dansé*[1]; je leur ai envoyé vers et prose, point de nouvelles, nul signe de vie. J'essuie d'ailleurs plus d'une tribulation. Prault a imprimé *Tancrède*. Non-seulement il ne l'a point imprimé tel que je l'ai fait, mais ni Prault, ni Lekain, ni Mlle Clairon, qui en ont eu le profit, n'ont daigné m'en faire tenir un exemplaire. En récompense, on a imprimé *Tancrède* entièrement altéré, et d'une manière qui, dit-on, me couvre de honte. Prault donne au public, sous mon nom, l'apologie de Corneille et de Racine, malgré tout ce que j'ai exigé de lui. Il faut donc m'armer de patience, et me résigner. Mes chers anges, ne m'abandonnez pas dans mes détresses. J'ai surtout une grâce à vous demander ; c'est de me garder un profond secret sur le *Droit du seigneur*, et de ne pas empêcher qu'une personne de mérite, qui est dans la pauvreté, retire quelque émolument de ce petit ouvrage, que j'ai retouché avec le plus grand soin. C'est une chose que j'ai infiniment à cœur, et vous êtes trop bons pour ne pas vous prêter à mes faiblesses.

Vous ne m'avez point écrit depuis le roman de Jean-Jacques. Seriez-vous de ceux qui ont pris le parti de ce petit Diogène manqué? Savez-vous qu'il y a dix-huit mois que ce fou sérieux fit une cabale, du fond de son village, à Genève, pour empêcher la comédie, et qu'il m'écrivit à moi : « Vous corrompez ma république, pour prix de l'asile qu'elle vous a donné? »

Ne vous l'ai-je pas mandé, et ne trouvez-vous pas qu'il est trop doucement puni?

Ne soyez pas fâché contre Fanime. Tant que son amant ne sera qu'un sot, elle ne sera pas digne de paraître.

Dites-moi, je vous en conjure, si M. le duc de Choiseul a toujours de la bonté pour moi, et si par hasard nous pouvons espérer la paix. Mais surtout instruisez-moi comment vont les yeux et la santé de mes anges, et ne mettez pas mon cœur au désespoir.

1. Matthieu, XI, 17; Luc, VII, 32. (ÉD.)

MMMCCLXXXV. — A M. DE CHAMPFLOUR.

Tournay, pays de Gex, 30 mars.

J'ai lu, monsieur, dans les gazettes, un article [1] qui m'a fait frémir et qui vous regarde. Vous savez qu'il y a longtemps que je m'intéresse à vous; je vous prie de vouloir bien me mander ce qu'il en est. Je suis retiré du monde, dans d'assez belles terres, sur les frontières de Genève et de la Suisse, et je prends d'ordinaire fort peu de part à toutes les nouvelles; mais celle-ci vous a rappelé à mon souvenir; et j'ai senti réveiller en moi tous les sentiments de mon ancienne amitié.

Je ne sais si monsieur votre père est encore en vie; je le plaindrais bien d'avoir été témoin d'une catastrophe si cruelle. Je voudrais savoir si madame votre femme n'est point la sœur de M. de La Porte, trésorier des pays conquis. Il est fort mon ami, et c'est une raison de plus qui m'attache à votre famille. Vous me ferez plaisir de me tirer de l'inquiétude où cette triste nouvelle m'a mis.

J'ai l'honneur, etc.

VOLTAIRE,
*gentilhomme du roi, comte de Tournay.*

MMMCCLXXXVI. — A M. LE COMTE DE SCHOWALOW.

Aux Délices, 30 mars.

Monsieur, je reçois dans ce moment, par la voie de Vienne, la lettre de Votre Excellence, en date du 26 janvier, la lettre pour M. de Soltikof, et le mémoire sur le Kamtschatka, dont vous voulez bien m'honorer. Vous daignez ajouter à vos bontés celle de me dire que vous travaillez à me fournir le canevas du second volume. Je suis tout prêt; je m'arrange pour mettre en œuvre tous vos matériaux, malgré celui [2] que l'histoire d'un législateur, d'un grand homme, irrite si furieusement. Les expressions dont il se sert contre le père et contre son auguste fille sont si horribles, qu'on n'ose les répéter. J'oublie pour jamais ces injures et celui qui en est coupable. Elles n'ont servi qu'à redoubler mon zèle pour la gloire de Pierre le Grand, et pour celle de votre valeureuse nation, que Sa Majesté l'impératrice rend heureuse, et que Votre Excellence éclaire et encourage par les bienfaits qu'elle répand, et par la protection qu'elle donne aux arts.

Votre Excellence doit avoir reçu la petite inscription qu'elle m'avait fait la grâce de me demander. Je la fis sur-le-champ; vos ordres m'inspirent. Voici à peu près les vers tel qu'il m'en souvient :

Ses lois et ses travaux ont instruit les mortels;
Il les rendit heureux, et sa fille l'imite.
Jupiter, Osiris, vous eûtes des autels,
Et c'est lui seul qui les mérite.

1. Il s'agit d'un médecin, mort de chagrin pour avoir occasionné la mort à son fils en l'inoculant. (ED.)
2. Le roi de Prusse. (ED.)

Je me flatte, monsieur, qu'une histoire vraie et authentique fera plus d'effet que tous ces éloges, qui ne sont que la bordure du tableau. Ce sont les grandes actions qui louent les grands hommes. Peut-être le paquet dans lequel j'avais inséré cette inscription a-t-il été perdu. La plupart de nos envois réciproques n'ont pas été aussi heureux que vos armes. Je vois que Votre Excellence n'a reçu encore ni l'eau des Barbades, ni les ballots envoyés à feu M. Golowkin, ni ceux de M. le duc de Choiseul, ni ceux de notre ambassadeur à Vienne. J'en ressens une véritable peine. Je regrette surtout les papiers dont vous aviez chargé M. Pouschkin. Je vois par votre lettre, monsieur, que vous lui aviez confié un présent dont je sens tout le prix, et dont je fais les plus tendres remercîments à Votre Excellence. Elle est trop bonne ; mes frais sont trop peu de chose, mes peines trop bien employées. Un simple portrait de votre auguste impératrice, un de vous, monsieur, aurait fait ma récompense la plus chère. Il n'est pas juste qu'il vous en coûte, et que vous payiez les accidents qui peuvent être arrivés à M. Pouschkin et à mes ballots. Vous ne savez donc pas que je regarde comme un des plus grands bienfaits le soin dont vous avez daigné me charger ; il fait le charme et l'honneur de ma vieillesse. Recevez avec votre bonté ordinaire le tendre et inviolable respect de Voltaire pour Votre Excellence.

V.

MMMCCLXXXVII. — AU R. P. BETTINELLI [1], A VÉRONE.

Mars.

Si j'étais moins vieux, et si j'avais pu me contraindre, j'aurais certainement vu Rome, Venise, et votre Vérone ; mais la liberté suisse et anglaise, qui a toujours fait ma passion, ne me permet guère d'aller dans votre pays voir les frères inquisiteurs, à moins que je n'y sois le plus fort. Et comme il n'y a pas d'apparence que je sois jamais ni général d'armée ni ambassadeur, vous trouverez bon que je n'aille point dans un pays où l'on saisit, aux portes des villes, les livres qu'un pauvre voyageur a dans sa valise. Je ne suis point du tout curieux de demander à un dominicain permission de parler, de penser, et de lire, et je vous dirai ingénument que ce lâche esclavage de l'Italie me fait horreur. Je crois la basilique de Saint-Pierre de Rome fort belle ; mais j'aime mieux un bon livre anglais, écrit librement, que cent mille colonnes de marbre. Je ne sais pas de quelle liberté vous me parlez auprès de Monte-Baldo, mais j'aime beaucoup celle dont parle Horace : *Fari quæ sentiat* [2] ; je ne connais de liberté que celle dont on jouit à Londres. C'est celle où je suis parvenu, après l'avoir cherchée toute ma vie. La félicité que je me suis faite redouble par votre commerce. Je recevrai, avec la plus tendre reconnaissance, les instructions que vous voulez bien me promettre sur l'ancienne littérature italienne, et j'en ferai certainement usage dans la nouvelle édition de

1. Jésuite, traducteur de *Rome sauvée*. (ÉD.)
2. Horace, livre I, épître IV, v. 9. (ÉD.)

l'*Histoire générale*, histoire de l'esprit humain beaucoup plus que des horreurs de la guerre et des fourberies de la politique. Je parlerai des gens de lettres beaucoup plus au long que dans les premières, parce qu'après tout ce sont eux qui ont civilisé le genre humain : l'histoire qu'on appelle *civile* et *religieuse* est trop souvent le tableau des sottises et des crimes.

Je fais grand cas du courage avec lequel vous avez osé dire que le Dante était un fou, et son ouvrage un monstre. J'aime encore mieux pourtant dans ce monstre une cinquantaine de vers supérieurs à son siècle, que tous les vermisseaux appelés *sonetti*, qui naissent et meurent à milliers aujourd'hui dans l'Italie, de Milan jusqu'à Otrante.

Algarotti a donc abandonné le triumvirat[1] comme Lépidus : je crois que, dans le fond, il pense comme vous sur le Dante. Il est plaisant que, même sur ces bagatelles, un homme qui pense n'ose dire son sentiment qu'à l'oreille de son ami. Ce monde-ci est une pauvre mascarade. Je conçois à toute force comment on peut dissimuler ses opinions pour devenir cardinal ou pape; mais je ne conçois guère qu'on se déguise sur le reste. Ce qui me fait aimer l'Angleterre, c'est qu'il n'y a d'hypocrite en aucun genre. J'ai transporté l'Angleterre chez moi, estimant d'ailleurs infiniment les Italiens, et surtout vous, monsieur, dont le génie et le caractère sont faits pour plaire à toutes les nations, et qui mériteriez d'être aussi libre que moi.

Pour le polisson nommé Marini, qui vient de faire imprimer *le Dante* à Paris, dans la collection des poëtes italiens, c'est un marchand qui vient établir sa boutique, et qui vante sa marchandise; il dit des injures à Bayle et à moi, et nous reproche comme un crime de préférer Virgile à son Dante. Ce pauvre homme a beau dire, le Dante pourra entrer dans les bibliothèques des curieux, mais il ne sera jamais lu. On me vole toujours un tome de l'Arioste, on ne m'a jamais volé un Dante.

Je vous prie de donner au diable il signor Marini et tout son enfer, avec la panthère que le Dante rencontre d'abord dans son chemin, sa lionne et sa louve. Demandez bien pardon à Virgile qu'un poëte de son pays l'ait mis en si mauvaise compagnie. Ceux qui ont quelque étincelle de bon sens doivent rougir de cet étrange assemblage, en enfer, du Dante, de Virgile, de saint Pierre, et de madona Beatrice. On trouve chez nous, dans le XVIII<sup>e</sup> siècle, des gens qui s'efforcent d'admirer des imaginations aussi stupidement extravagantes et aussi barbares; on a la brutalité de les opposer aux chefs-d'œuvre de génie, de sagesse, et d'éloquence que nous avons dans notre langue, etc. *O tempora! o judicium!*

MMMCCLXXXVIII. — A M. LE COMTE D'ARGENTAL.

Aux Délices, 1<sup>er</sup> avril.

A peine avais-je fait partir mes doléances, qu'une lettre de mes anges, du 25 de mars, est venue me consoler et m'encourager; sur-le-

1. Frugoni, Bettinelli, et Algarotti. (ÉD.)

champ, la rage du *tripot* m'a repris. J'ai déniché un vieil *Oreste*; et, presto, presto, j'ai fait des points d'aiguille à la reconnaissance d'Oreste et d'Électre, et à la mort de Clytemnestre; puis, étant de sang-froid, j'ai écrit la pancarte du privilége, et la requête aux comédiens pour les rôles; et j'envoie le tout à mes chers anges, félicitant mon respectable ami de la guérison de ses deux yeux, qui vont mieux que mes deux oreilles.

M. d'Argental voit, et moi je n'entends guère. Surdité annonce décadence; mais la main va et griffonne.

Vous saurez que M. de Lauraguais a fait aussi son *Oreste*, et qu'il est juste qu'il soit joué sur le théâtre qu'il a embelli; mais il permet que je passe avant, pour lui faire bientôt place. Sa folie d'être représenté n'est pas une folie nécessaire, et la mienne l'est. On a eu l'injustice de me reprocher d'avoir traité le même sujet que Crébillon mon maître, comme si Euripide n'avait pas fait son *Électre* après celle de Sophocle; mais enfin il fut joué; on ne lui fit pas un crime d'avoir travaillé sur le même sujet, on ne voulut pas le perdre auprès de Mme de Pompadour. Mon Pammène ne vaut pas le Palamède de Crébillon; mais peut-être ma Clytemnestre vaut mieux que la sienne; et c'est quelque chose d'avoir fait cinq actes sans amour, quand on est Français. Si Mlle Dumesnil s'imagine que Clytemnestre n'est pas le premier rôle, elle se trompe; mais il faut que Mlle Clairon soit persuadée que le premier est Électre. Je mets le tout à l'ombre de vos ailes. Signalez vos bontés et votre crédit.

M. le duc de La Vallière, tout grave auteur qu'il est, m'a donc trompé. Voilà de la pâture pour les Fréron. Heureusement, je connais des sermons tout aussi ridicules que le *Recueil des facéties*, et j'en ferai usage pour l'édification du prochain. Pour l'amour de Dieu, dites-moi ce que vous pensez de la paix. Pour moi, je ne l'attends pas sitôt.

Est-il bien vrai que l'abbé Coyer soit exilé, et que son approbateur soit en prison? Et pourquoi? qu'a-t-on donc vu ou voulu voir dans l'*Histoire de Sobieski* qui puisse mériter cette sévérité? S'agit-il de religion? la fureur du fanatisme a-t-elle pu être portée jusqu'à trouver partout des prétextes de persécution? que diront nos pauvres philosophes? dans quel pays des singes et des tigres êtes-vous? Mes chers anges, que ne pouvez-vous être les anges exterminateurs des sots!

MMMCCLXXXIX. — A MADAME D'ÉPINAI

Avril.

Ma belle philosophe, amusez-vous un moment de ce chiffon, et si vous voyez M. Diderot, priez-le de faire mes compliments au cher abbé Trublet. J'aime à mettre ces deux noms ensemble. Les contrastes font toujours un plaisant effet, quoi que le monde en dise.

Amusez-vous toujours des sottises du genre humain; il faut en profiter ou en rire.

Rousseau Jean-Jacques, que j'aurais pu aimer s'il n'était pas né ingrat; Jean-Jacques qui appelle M. Grimm *un Allemand nommé Grimm*

Jean-Jacques qui m'écrit que j'ai corrompu sa ville de Genève..., c'est un fou, vous dis-je, avec sa *paix perpétuelle*; il s'est brouillé avec tous ses amis. C'est un petit Diogène qui ne mérite pas la pitié des Aristippes.

Adieu, madame. Je suis plus fâché que jamais qu'il y ait cent lieues entre la Chevrette et Ferney. Mais il y a bien plus loin encore entre vous et les plats personnages de ce siècle.

### MMMCCXC. — A M. LE COMTE D'ARGENTAL.

3 avril.

Il faut apprendre à mes anges gardiens que la feuille de Fréron, qu'on a traitée de bagatelle, a eu les suites les plus désagréables. Un gentillâtre bourguignon voulait l'épouser (cette Corneille); il a vu que Mlle Corneille était *fille d'un paysan qui subsistait d'un emploi de cinquante livres par mois, à la poste de deux sous*. Il n'a jamais lu *le Cid*; il a cru qu'on le trompait quand on lui disait que Mlle Corneille avait deux cents ans de noblesse : le mariage a été rompu. Il est bien étrange qu'on souffre de telles personnalités, uniquement parce qu'on croit que je suis compromis. Nous demandons à M. de Malesherbes qu'il exige au moins une rétractation formelle du coquin; qu'il dise « qu'il demande pardon au public d'avoir outragé un nom respectable, en disant que Mlle Corneille avait quitté le couvent pour aller recevoir une nouvelle éducation du sieur L'Écluse, acteur de l'Opéra-Comique; qu'il avoue qu'il a été grossièrement trompé, et qu'il se repent d'avoir donné ce scandale. »

Mon cher ange, prenez le sort de Mlle Corneille à cœur, nous vous en conjurons. Je jure bien de ne jamais travailler pour le théâtre, si on profane ainsi le nom de notre père.

Voici un mémoire[1] bien bas; mais c'est aussi du plus bas des hommes dont il s'agit. Je le tiens de Thieriot : cela paraît avoir un air de grande vérité. Est-il possible qu'on protége un tel misérable? Si M. de Malesherbes savait le tort qu'il se fait en autorisant Fréron, il cesserait de protéger ses turpitudes.

Ayez la bonté de m'apprendre ce que c'est que la déconvenue de cet abbé Coyer. Je m'y intéresse infiniment; c'est un de nos confrères. La littérature est trop déshonorée et trop persécutée à Paris; et mon aversion pour cette ville est égale à mon idolâtrie pour mes anges.

Je les supplie de me répondre sur *Oreste*, sur la pièce d'Hurtaud[2], sur M. de Malesherbes. De la paix, je ne m'en soucie guère; je sais bien qu'elle ne se fera pas.

### MMMCCXCI. — A M. COLINI.

Au château de Ferney, le 4 avril.

Je ne peux que remercier quiconque veut bien se donner la peine d'imprimer mes faibles ouvrages, pourvu qu'on n'y insère rien d'étran-

1. *Les Anecdotes sur Fréron*. (ÉD.) — 2. *Le Droit du seigneur*. (ÉD.)

ger, rien contre la religion catholique que je professe, rien contre l'État dont je suis membre, ni contre les mœurs que j'ai toujours respectées.

S'il 'on suit la dernière édition des frères Cramer¹, il faut en corriger les fautes, que tout homme de lettres apercevra aisément.

Mais j'avertis ceux qui veulent se charger de cette édition, que les frères Cramer réimpriment actuellement avec célérité et exactitude l'*Essai sur l'histoire générale* depuis Charlemagne jusqu'à nos jours, corrigée et augmentée de moitié. J'avertis encore qu'ils préparent une nouvelle édition avec de très-belles estampes, et qu'il vaudrait mieux s'entendre avec eux que de hasarder un partage dangereux pour les uns et pour les autres. Je ne tire aucun profit de mes ouvrages, je n'en ai que la peine : je souhaite seulement que les libraires ne se ruinent pas dans des entreprises qui me font honneur.

VOLTAIRE, *gentilhomme ordinaire de la chambre du roi.*

MMMCCXCII. — A. M. LE BRUN.

Au château de Ferney, 6 avril.

Voici, monsieur, une seconde édition du mémoire que M. Thieriot m'avait fait tenir. La première était trop pleine de fautes. Si vous voulez encore des exemplaires, vous n'avez qu'à parler. Il n'est que trop vrai que le libelle diffamatoire de ce coquin de Fréron a eu des suites désagréables que j'ai confiées à votre discrétion. Je me suis fait un devoir de vous donner part de tout ce qui regarde Mlle Corneille. C'est à vous que je dois l'honneur de l'élever. Encore une fois, je ne peux m'imaginer que M. de Malesherbes refuse ce qu'on lui demande. Il ne s'agit que d'un désaveu nécessaire, ce désaveu, à la vérité, décréditera les feuilles de Fréron; mais M. de Malesherbes partagerait lui-même l'infamie de Fréron, s'il hésitait à rendre cette légère justice. En cas qu'il soit assez mal conseillé pour ne pas faire ce qu'on lui propose et ce qu'il doit, il peut savoir qu'il met les offensés en droit de se plaindre de lui-même; que le nom de Corneille vaut bien le sien, et qu'il se trouvera des âmes assez généreuses pour venger l'honneur de Mlle Corneille de l'opprobre qu'un protecteur de Fréron ose jeter sur elle. Le nom de Fréron est sans doute celui du dernier des hommes, mais celui de son protecteur serait à coup sûr l'avant-dernier.

Vous aurez sans doute, monsieur, la gloire de terminer cette affaire : je n'y suis pour rien personnellement; je pouvais avoir chez moi L'Écluse, sans avoir à rendre compte à personne ; mais il n'est pas permis d'imprimer que Mlle Corneille est élevée par L'Écluse, par un acteur de l'Opéra-Comique. Mon indignation contre ceux qui tolèrent cette insolence subsiste toujours dans toute sa force. Mlle Corneille, vivante, vaut mieux sans doute qu'un Baqueville mort, et mort fou. Cependant on a mis Fréron au For-L'Évêque pour avoir raillé ce fou, qui n'était

1. L'édition de 1756, en dix-sept volumes in-8°. (ÉD.)

plus; et on le laisse impuni quand il outrage indignement Mlle Corneille. Vous voyez, monsieur, que ni le temps ni l'injustice des hommes n'affaiblissent mes sentiments. Je trouve dans votre caractère la même constance : c'est une nouvelle raison qui m'attache à vous. Elle se joint à tant d'autres, que je me sens pour vous la plus sincère amitié; elle supplée au bonheur qui me manque de vous avoir vu.

Votre, etc. VOLTAIRE.

Permettez que je vous adresse cette petite lettre pour M. Corneille, et ayez la bonté de présenter mes respects à M. Titon et aux dames qui sont chez lui.

## MMMCCXCIII. — A M. DAMILAVILLE.

6 avril.

M. Damilaville me permettra-t-il de lui adresser ce paquet pour M. Le Brun, que je le supplie de vouloir bien lui faire tenir? je demande encore s'il est bien vrai que l'abbé Coyer soit exilé, et pourquoi.

Je crois qu'il n'est que trop vrai que M. le maréchal de Richelieu a donné à Marmontel une exclusion sans retour[1], pour l'Académie. Les gens de lettres ne paraissent pas fort en faveur.

M. Thieriot veut-il bien m'envoyer un certain almanach d'Église où l'on trouve la succession des patriarches de Constantinople? cela n'est pas bien agréable; mais cela peut être utile à un homme qui écrit l'histoire quand il ne laboure pas.

On m'a envoyé une réponse[2] à la *Théorie de l'impôt*. Si le style de la réponse est aussi inintelligible que celui de la *Théorie*, peu de lecteurs apprendront à gouverner l'État.

On dit que Rameau écrit[3] contre un philosophe sur la musique; j'aimerais mieux qu'il fît un opéra.

## MMMCCXCIV. — DE M. DALEMBERT.

A Paris, ce 9 avril.

Je vous remercie, mon cher maître, de m'avoir envoyé votre charmante *Épître sur l'agriculture*, qui ne parle guère de l'agriculture, et qui n'en vaut que mieux. C'est, à mon avis, un des plus agréables ouvrages que vous ayez faits. Des gens de votre connaissance, qui en ont pensé comme moi, et qui ne sont pas descendus d'Ismaël, car

Ils servent et Baal et le Dieu d'Israël,

l'ont trouvée si bonne, qu'ils ont voulu la lire à la reine; mais il y avait deux vers *malsonnantes* et *offensant les oreilles pieuses*, qu'il a fallu corriger pour mettre votre épître en habit décent, et pour la rendre propre à être portée aux pieds du trône; et croiriez-vous que

---

1. Marmontel fut reçu à l'Académie française le 22 décembre 1763. (Éd.)
2. Elle est de Pesselier. (Éd.)
3. En 1761, Rameau publia un in-quarto intitulé *Origine des sciences* suivi d'une controverse. (Note de Clogenson.)

c'est moi qui ait fait cette correction? J'ai donc mis le *bon mari d'Ève* au lieu du *sot mari*, qui était pourtant la vraie épithète; et, au lieu de *manger la moitié de sa pomme*, qui est plaisant, j'ai mis *goûter de la fatale pomme*, qui est bien plat; mais cela est encore trop bon pour Versailles.

Riez, si vous voulez, de cette petite anecdote; mais, s'il vous plaît, riez-en tout seul, et n'allez pas en écrire à Paris, comme vous avez fait de ce que je vous ai mandé au sujet des parrains de l'archidiacre. L'abbé d'Olivet me dit l'autre jour à l'Académie, d'un ton cicéronien « Vous êtes un fripon, vous avez écrit à Genève que j'avais molli dans l'affaire de Trublet. » Je niai le fait, à la vérité assez faiblement. Il me répondit qu'il en avait la preuve dans sa poche, et je ne lui demandai point à la voir, je craignais d'être trop confondu. Peu m'importe d'avoir des tracasseries avec d'Olivet, et même avec d'autres; mais il vaut encore mieux n'en pas avoir. C'est pourquoi, si vous voulez savoir les *nouvelles de l'école*, promettez-moi que vous ne me vendrez plus, et commencez par ne pas parler de ceci, même à d'Olivet.

Je suis sûr, au moins autant qu'on le peut être, que le surintendant[1] de la reine a nommé Saurin; mais il est vrai que je ne lui ai parlé que la veille de l'élection, et il se pourrait bien qu'avant ce temps-là il en eût servi un autre; c'est ce que je ne sais pas assez positivement pour pouvoir vous l'assurer. Après tout, c'est ce qu'il est fort peu important d'approfondir; par malheur *le vin et Trublet sont tirés, il faut les boire.*

Nous recevons aujourd'hui l'évêque de Limoges[2] qui ne sait pas lire, et Batteux qui ne sait pas écrire; mais en revanche nous avons un directeur[3] qui sait lire et écrire, qui s'en pique du moins. Je m'attends à un grand déluge d'esprit, et je crois qu'il faudra qu'on me tienne, comme à Rémond de Saint-Marc, *la tête bien ferme*. A lundi prochain la réception de l'archidiacre, qui évoquera sûrement l'ombre de Fontenelle, et à qui le directeur fera apparemment compliment sur ses bonnes fortunes; car il prétend en avoir eu beaucoup par le confessionnal et par la prédication.

Nous avons encore une place vacante à l'Académie; mais ce ne sera pas, je crois, pour Marmontel. M. le duc d'Aumont fait peur à ces messieurs. Vous devez juger par là qu'ils ne sont pas fort braves. Ainsi nous aurons eu sept places vacantes à la fois, et nous n'aurons pas choisi le seul homme qu'il nous convenait de prendre. Je ne ferai qu'en rire (car il n'y a que cela de bon), tant qu'ils n'iront pas jusqu'à l'avocat sans cause[4], auteur des *Cacouacs;* car pour lors cela passerait la raillerie, et je pourrais bien les prier de nommer Chaumeix ou Omer à ma place, surtout si vous vouliez en même temps donner la vôtre à frère Berthier.

Je viens à Jean-Jacques, non pas à Jean-Jacques Le Franc de Pompignan, *qui pense être quelque chose*, mais à Jean-Jacques Rousseau,

---

1. Le président Hénault. (Éd.) — 2. Coëtlosquet. (Éd.)
3. Le duc de Nivernais. (Éd.) — 4. Moreau. (Éd.)

qui pense être cynique, et qui n'est qu'inconséquent et ridicule. Je veux qu'il vous ait écrit une lettre impertinente, je veux que vous et vos amis vous ayez à vous en plaindre; malgré tout cela, je n'approuve pas que vous vous déclariez publiquement contre lui comme vous faites, et je n'aurai sur cela qu'à vous répéter vos propres paroles : *Que deviendra le petit troupeau, s'il est désuni et dispersé ?* Nous ne voyons pas que ni Platon, ni Aristote, ni Sophocle, ni Euripide, aient écrit contre Diogène, quoique Diogène leur ait dit à tous des injures. Jean-Jacques est un malade de beaucoup d'esprit, et qui n'a d'esprit que quand il a la fièvre. Il ne faut ni le guérir ni l'outrager

A propos, j'oubliais de vous demander si vous avez reçu un mémoire que j'ai fait sur l'inoculation, et dans lequel je crois avoir prouvé, non que l'inoculation est mauvaise, mais que ses partisans ont assez mal raisonné jusqu'ici, et ne se sont pas doutés de la question. Ce mémoire, très-clair, à ce que je crois, et très-impartial, a été lu il y a six mois à une assemblée publique de l'Académie des sciences, et m'a paru avoir fait beaucoup d'impression sur les auditeurs. On vient d'imprimer dans une gazette (à la vérité assez obscure) qu'un médecin de Clermont en Auvergne ayant inoculé son fils, le fils est mort de l'inoculation, et que le père est mort de chagrin. Ce fait, s'il est vrai, serait très-fâcheux contre l'inoculation, quoique au fond il ne soit pas décisif. Adieu, mon cher confrère; je ne vous écrirai pourtant plus de l'Académie française; je crains qu'il ne faille dire de ce titre-là ce que Jacques Roastbeef dit du nom de *monsieur : Il y a tant de faquins qui le portent*[1]*!* Adieu.

MMMCCXCV. — DE M. LE DUC DE LA VALLIÈRE.

A Montrouge, ce 9 avril 1761.

Je vous ai mis dans l'erreur, mon cher ami, et j'en suis fâché. Si on vous la reproche, nommez-moi; je le trouverai certainement très-bon. Je peux, sans rougir, avouer que je me suis trompé; mais je ne peux avoir la même tranquillité lorsque je sens que je vous ai exposé à la critique des envieux. Votre amitié pour moi, le goût que vous me connaissez pour les livres et pour feuilleter souvent ceux que j'ai, vous ont persuadé que vous pouviez avec sécurité employer une citation que je vous envoyais; je vous ai abusé, j'en suis honteux, et je l'avoue. Cet aveu simple et de bonne foi vous empêchera sans doute de m'en savoir mauvais gré. Si j'en avais bien envie cependant, je pourrais prêter quelque apparence à ma justification, puisqu'il est très-vrai que je tiens ce passage d'un homme très-éclairé qui me l'apporta pour le faire mettre en vers, et qui me dit l'avoir tiré des sermons de Codrus; mais puisque je voulais vous l'envoyer, je pouvais auparavant faire ce que j'ai fait depuis que je l'ai trouvé dans l'*Appel aux nations,* consulter mon exemplaire. J'y aurais trouvé sans doute ce conte ; mais j'aurais vu en même temps qu'Urceus Codrus, loin d'être un fameux prédica-

1. *Le Français à Londres*, de Boissy, scène VIII. (ÉD.)

teur, était au contraire un fameux libertin; qu'il avait fait imprimer ses œuvres sous le titre de *Sermones festivi*, etc.; qu'elles contiennent quelques discours assez orduriers, et beaucoup de poésies galantes; qu'il n'a jamais songé à travailler pour la chaire. La première édition parut en 1502, in-folio; et la seconde, qui est celle que je vous ai citée, est en effet de 1515, in-quarto, et le passage qui commence par *Quædam rustici uxor*, etc., est bien à la page 61. Sans entrer dans une plus longue dissertation sur le seigneur Urceus Codrus, qui certainement n'a jamais tant fait parler de lui, je vois que ma faute est d'avoir traduit *Sermones* comme l'on traduit *Collegium*, ou d'avoir eu trop de confiance en celui qui m'apporta ce fameux passage. Qu'on en pense ce qu'on voudra, je m'y soumets; mais je désire qu'on soit bien convaincu que vous n'avez d'autre tort en cette occasion que de vous en être rapporté à moi. Faites imprimer ma lettre, si vous la jugez à propos. Loin d'en être fâché, je le désire avec ardeur, puisque ce sera une occasion de vous donner authentiquement une preuve de la sincère amitié que j'ai toujours eue pour vous. Que ne puis-je trouver celle de vous en donner de la véritable admiration que m'inspire la supériorité de vos talents !

Le duc DE LA VALLIÈRE.

MMMCCXCVI. — A M. DUCLOS.

Ferney, 10 avril.

Je vous assure, monsieur, que vous me faites grand plaisir en m'apprenant que l'Académie va rendre à la France et à l'Europe le service de publier un recueil de nos auteurs classiques, avec des notes qui fixeront la langue et le goût, deux choses assez inconstantes dans ma volage patrie. Il me semble que Mlle Corneille aurait droit de me bouder, si je ne retenais pas le grand Corneille pour ma part. Je demande donc à l'Académie la permission de prendre cette tâche, en cas que personne ne s'en soit emparé.

Le dessein de l'Académie est-il d'imprimer tous les ouvrages de chaque auteur classique? Faudra-t-il des notes sur *Agésilas* et sur *Attila*, comme sur *Cinna* et sur *Rodogune*? Voulez-vous avoir la bonté de m'instruire des intentions de la compagnie? exige-t-elle une critique raisonnée? veut-elle qu'on fasse sentir le bon, le médiocre, et le mauvais? qu'on remarque ce qui était autrefois d'usage, et ce qui n'en est plus? qu'on distingue les licences des fautes? et ne propose-t-elle pas un petit modèle auquel il faudra se conformer? l'ouvrage est-il pressé? combien de temps me donnez-vous?

Puisqu'on veut bien placer ma maigre figure sous le visage rebondi de M. le cardinal de Bernis, j'aurai l'honneur de vous envoyer incessamment ma petite tête en perruque naissante. L'original aurait bien voulu venir se présenter lui-même, et renouveler à l'Académie son attachement et son respect; mais les laboureurs, les vignerons, et les jardiniers me font la loi : *e nitido fit rusticus*[1]. Comptez cependant

1. Horace, livre I, épître VII, vers 83. (ÉD.)

que, dans le fond de mon cœur, je sais très-bien qu'il vaut mieux vous entendre que de planter des mûriers blancs.

## MMMCXCVII. — A M. L'ABBÉ D'OLIVET.

À Ferney, tout près de votre Franche-Comté, 10 avril.

Mais, mon maître, est-ce que vous n'auriez point reçu un paquet que je fis partir, il y a trois semaines, à l'adresse que vous m'aviez donnée? ou mon paquet ne méritait-il pas un mot de vous? ou êtes-vous malade? ou êtes-vous paresseux?

Eh bien! voilà votre ancien projet, de donner un recueil d'auteurs classiques, qui fait fortune. Rien ne sera plus glorieux pour l'Académie, ni plus utile pour les Français et pour les étrangers. Il est temps de prévenir (j'ai presque dit d'arrêter) la décadence de la langue et du goût. Quel grand homme prenez-vous pour votre part? Pour moi, j'ai l'impudence de demander Pierre Corneille. C'est La Rose qui veut parler des campagnes de Turenne. Je vous dirai : *Cornelium, Olivete, relegi*;

*Qui, quid sit magnum, quid turpe, quid utile, quid non,*
*Planius ac melius* Rousseau *multisque docebat*;
Hor., lib. I, ep. II, 3, 4.

et j'ajouterai :

*Quam scit uterque, libens, censebo, exerceat artem.*
Hor., lib. I, ep. XIV, 44.

La tragédie est un art que j'ai peut-être mal cultivé; mais je suis de ces barbouilleurs qu'on appelle curieux, et qui, étant à peine capables d'égaler Person, connaissent très-bien la touche des grands maîtres. En un mot, si personne n'a retenu le lot de Corneille, je le demande, et j'en écris à M. Duclos. Je crois que vous avez fait une très-bonne acquisition dans M. Saurin. Il est littérateur et homme de génie. Dites-moi qui se charge de La Fontaine. Je l'avais autrefois commencé sur le projet que vous aviez; mais je ne sais ce que cela est devenu. J'ai perdu dans mes fréquentes tournées les trois quarts de mes paperasses, et il m'en reste encore trop. *Vive, vale, scribe, Ciceronians Olivete.*

## MMMCXCVIII. — A M. DAMILAVILLE.

11 avril.

Je salue toujours les frères et les fidèles; je m'unis à eux dans l'esprit de vérité et de charité. Nous avons des faux frères dans l'Église : Jean-Jacques, qui devait être apôtre, est devenu apostat; sa lettre, de laquelle j'ai rendu compte aux frères, était le comble de l'absurdité et de l'insolence. Pourquoi a-t-on mis (comme on le dit) à la Bastille le censeur de *Sobieski*, et pourquoi laisse-t-on impuni le censeur de l'*Année littéraire*, qui donne son infâme approbation à des lignes infâmes contre une fille respectable?

Pesselier m'a envoyé son ouvrage contre la *Théorie de l'impôt*. Je voudrais qu'on renvoyât toutes ces théories à la paix, et qu'on ne parlât point du gouvernement dans un temps où il faut le plaindre, et où tout bon citoyen doit s'unir à lui.

Je prie M. Thieriot de m'envoyer *Quand parlera-t-elle?* Il faut bien que je rie comme les autres, et il n'y a guère de critique dont on ne puisse profiter.

Je recommande l'incluse aux frères, et les remercie tendrement de leur zèle.

### MMMCCXCIX. — A M. LE COMTE D'ARGENTAL.

Ferney, 11 avril.

Personne au monde n'a jamais adressé plus de prières que moi à ses anges gardiens. Ce *Tancrède* est, dit-on, rejoué et reçu avec quelque indulgence, comme une pièce à laquelle vos bons avis ont ôté quelques défauts, et on pardonne à ceux qui restent; mais je ne reçois ni l'exemplaire de *Tancrède*, ni celui de l'*Apologie* de mes maîtres contre les Anglais. Vous m'avouerez, mes anges, que cela n'est pas juste. Souffrez que je recommande encore *Oreste* à vos bontés : voyez si ces petits changements que je vous envoie sont admissibles.

J'ai une autre supplique à présenter : le petit Prault, qui ne m'a pas envoyé un *Tancrède*, n'a pas mieux traité Mme de Pompadour et M. le duc de Choiseul, malgré toutes ses promesses. Je soupçonne qu'ils n'en sont pas trop contents, et qu'ils croient que j'ai manqué à mon devoir. Ils ne peuvent savoir que je ne me suis pas mêlé de l'édition. Il eût été assez placé que Lekain ou Mlle Clairon eût présenté l'ouvrage. Tout le fruit que j'ai recueilli de mes peines aura été, peut-être, de déplaire à ceux dont je voulais mériter la bienveillance, et d'être immolé à une parodie : tout cela est l'état du métier. Ne vaut-il pas mieux planter, semer, et bâtir?

J'ai écrit, en dernier lieu, à M. le duc de Choiseul une lettre dont il a dû être content. Je crois bien que le fardeau immense dont il est chargé ne lui permet pas de faire réponse à des gens aussi inutiles que moi; il y avait pourtant dans ma lettre quelque chose d'utile. Enfin je demande en grâce à M. d'Argental de m'apprendre si je suis en grâce auprès de son ami.

Malgré les petits désagréments que j'essuie sur *Tancrède*, j'ai toujours du goût pour *Oreste*. Ce serait une action digne de mes anges de faire enfin triompher la simplicité de Sophocle des cabales des soldats de Corbulon.

Mille tendres respects.

### MMMCCC. — A M. COLINI.

Ferney, le 14 avril 1761.

Je ressens bien vivement, mon cher Colini, l'extrême bonté de Mgr l'électeur, qui daigne me parler de son bonheur, et qui fait le mien. Je ferai l'impossible pour venir prendre part à la joie publique dans Schwetzingen, et c'en sera une bien grande pour moi de vous y voir, et de pouvoir vous être de quelque utilité. Je vous ai envoyé ce que vous me demandiez pour l'édition. Je vous embrasse de tout mon cœur.

MMMCCCI. — A Charles-Théodore, électeur palatin.

A Ferney, le 14 avril.

Que je suis touché ! que j'aspire
A voir briller cet heureux jour,
Ce jour si cher à votre cour,
A vos États, à tout l'empire !

Que j'aurai de plaisir à dire,
En voyant combler votre espoir :
« J'ai vu l'enfant que je désire,
Et mes yeux n'ont plus rien à voir ! »

Je ressemble au vieux Siméon,
Chacun de nous a son messie ;
J'ai pour vous plus de passion
Que pour Joseph et pour Marie.

Monseigneur, que Votre Altesse Électorale me pardonne mon petit enthousiasme un peu profane, la joie le rend excusable. Je ne sais ce que je fais, ma lettre manque à l'étiquette. Du temps de la naissance du duc de Bourgogne, tous les polissons se mirent à danser dans la chambre de Louis XIV. Je serais un grand polisson dans Schwetzingen, si je pouvais, dans le mois de juillet, être assez heureux pour me mettre aux pieds du père, de la mère, et de l'enfant. Un fils et la paix, voilà ce que mon cœur souhaite à Vos Altesses Électorales ; et un fils sans la paix est encore une bien bonne aventure. Je me mets à vos genoux, monseigneur ; je les embrasse de joie. Agréez, vous et madame l'électrice, ma mauvaise prose, mes mauvais vers, mon profond respect, mon ivresse de cœur, et daignez conserver des bontés à votre petit Suisse, etc.

MMMCCCII. — A M. Le Brun.

Ferney, 16 avril.

Je fais mon compliment à Tyrtée, et je me flatte que sa trompette héroïque animera les courages.

On vous a trompé, monsieur, si l'on vous a dit que la rente que j'ai mise sur la tête de Mlle Corneille est pour son père, ou bien vous avez mis M. Corneille pour mademoiselle dans votre lettre. Elle a beaucoup de talents et un très-aimable caractère. J'en suis tous les jours plus content, et je ne fais que mon devoir en m'occupant de sa fortune et de la gloire de son oncle.

J'aurais souhaité que le nom de M. le prince de Conti eût honoré la liste de ceux qui ont souscrit pour l'oncle et pour la nièce.

Agréez, monsieur, mes sincères remercîments de votre *ode*. Les

suffrages du public, et les aboiements de Fréron, contribueront également à votre gloire.
« Vous ne doutez pas des sentiments de votre obéissant serviteur,
VOLTAIRE.

MMMCCCIII. — A M. LE COMTE D'ARGENTAL.

A Ferney, 17 avril.

Plus anges que jamais, et moi plus endiablé, la tête me tourne de ma création de Ferney. Je tiens une terre à gouverner pire qu'un royaume; car un ministre n'a qu'à ordonner, et le pauvre campagnard des Alpes est obligé de faire tout lui-même; il n'a jamais de loisir, et il en faut pour penser. Ainsi donc, mes anges, vous pardonnerez à ma tête épuisée.

1° *Oreste* se recommande à vos divines ailes.

Ma mère en fait autant

est le commencement d'une chanson plutôt que d'un vers tragique. Quelquefois un misérable hémistiche coûte.

Il a montré pour nous l'amitié la plus tendre;
Il révérait mon père, il pleurait sur sa cendre.

Et ma mère l'invoq...        ...s mortels
Se baignent dans l...        ...t aux autels.
                             ...cène III.

Voilà, je crois, la sottise amendée.

Il est plaisant que Bernard m'ait volé, et que je n'ose pas le dire[1]; mais *un riche vaut mieux*[2], et grâces vous soient rendues. Le produit net des cent soixante et treize journaux est fort plaisant et plus honnête; mais savez-vous bien que vous faites Jean-Jacques un très-grand seigneur? vous lui donnez là cent mille écus de rente. La compagnie des Indes, sans le tabac, ne pourrait en donner autant à ses actionnaires. Vous êtes généreux, mes anges.

J'ai une curiosité extrême de savoir si Mme de Pompadour et M. le duc de Choiseul ont reçu leur exemplaire de Prault.

Autre curiosité, de savoir si on joué la seconde scène du second acte de *Tancrède* comme elle est imprimée dans l'édition de Cramer, et comme elle ne l'est pas dans l'édition de ce Prault. Je vous conjure

1. Il était frère de la première présidente Molé, qui ne paya point ses dettes, mais qui trouvait fort mauvais qu'on dit qu'il avait volé ses créanciers. (ÉD.)
2. Malgré le consentement que paraît donner ici Voltaire, on n'a point mis Qu'un riche t'ait volé; le nom de Bernard est resté dans l'hémistiche. (ÉD.)
3. De la tragédie de *Tancrède*. (ÉD.)

de me dire la vérité. Je trouve la façon de Cramer plus attachante, plus théâtrale, plus favorable à de bons acteurs. Ai-je tort?

Lekain ne m'a point écrit.

Si vous étiez des anges sans préjugés, vous verriez que le *Droit du seigneur* n'est pas à dédaigner; que le fond en était bon; que la forme y a été mise à la fin; qu'il n'y a pas une de vos critiques dont on n'ait profité; que la pièce est tout le contraire de ce que vous avez vu; en un mot, je vous conjure de la laisser passer sous le masque en son temps.

Il faut un autre amant à *Fanime*. Je lui en fournirai un; mais le *Czar* m'attend, et l'*Histoire générale* se réimprime, augmentée de moitié, et la journée n'a que vingt-quatre heures, et je ne suis pas de fer.

Je n'ai point la nouvelle reconnaissance d'Oreste et d'Électre; daignez me l'envoyer, ou j'en ferai une autre. Je suis entouré de vers, de prose, de comptes d'ouvriers; je ne peux me reconnaître. Il est très-vrai qu'il s'agit d'un mariage pour Mlle Corneille, et que l'emploi de *valet de poste* a arrêté le soupirant. Voilà ce qu'a produit Fréron : et on protège cet homme!

Le Brun est un bavard. Il m'avait insinué, dans ses premières lettres, que je ne devais pas laisser Mlle Corneille dans l'indigence après ma mort. Je lui ai mandé que j'avais fait là-dessus mon devoir. Il l'a dit, et il a tort.

Que voulez-vous donc de plus terrible, de plus affreux à la mort de Clytemnestre, que de l'entendre crier? Il n'y point là de beaux vers à faire; c'est le spectacle qui parle; et ce qu'on dit, en pareil cas, affaiblit ce qu'on fait.

Mais songez que *Térée*[1], et *Oreste* tout de suite, voilà bien du grec, voilà bien de l'horreur; il faut laisser respirer. Je voudrais une petite comédie entre ces deux atrocités, pour le bien du *tripot*.

Daignerez-vous répondre à tous mes points? Je n'en peux plus, mais je vous adore.

Pour Dieu, dites-moi si vous ne trouvez pas le mémoire contre les jésuites bien fort et bien concluant? comment s'en tireront-ils? Je les ai fait plier tout d'un coup sans mémoire; je les ai fait sortir d'un domaine qu'ils usurpaient. Ils n'ont pas osé plaider contre moi; mais il ne s'agissait que de cent soixante mille livres.

MMMCCCIV. — A M. D'ALEMBERT.

A Ferney, 20 avril.

Je me hâte de vous répondre, mon grand calculateur de petite vérole, plein d'esprit et de génie, et antipode des calculateurs, que *diligo adhuc Ciceronianum-Olivetum, quia optimus grammaticus*, quia il fut mon maître, et qu'il me donnait des claques sur le cul quand j'avais quatorze ans. Je ne dirai pas qu'il en a menti; mai il a dit la chose qui n'est pas. Qu'il vous montre ma lettre, s'il l'ose. Certainement votre

---

1. *Térée*, tragédie de Lemierre. (Éd.)

nom n'y est pas. Il peut avoir quelque finesse ayant été jésuite. Il a voulu se jouer de votre vivacité parisienne, et vous arracher votre secret. Vous avez peut-être donné dans le panneau. Soyez très-sûr que je ne vous compromettrai jamais, et que vous pouvez donner l'essor avec moi à votre très-plaisante imagination en toute sûreté.

Vous me paraissez bien honnête de dire qu'un homme de trente ans peut en espérer trente autres. La vie commune ne s'étend qu'à vingt-deux ans sur la masse totale. Je n'ai pas encore bien examiné votre compte; je vais vous relire : à Paris on ne relit point. Vive la campagne, où le temps est à nous ! En général, je vois que vous en savez plus que votre sourdaud. Je vous remercie de votre bon mari; il faut avouer que la reine est bien *bonne*, et que si elle était la maîtresse, nous aurions un siècle bien éclairé. Je vous donne mon blanc seing pour ma place à l'Académie, à la première fantaisie que vous aurez de résigner; cela sera assez plaisant, et c'est une facétie qu'il ne faut pas manquer. Faites la lettre de remercîment, et je vous réponds de la signer. A l'égard de Jean-Jacques, s'il n'était qu'un inconséquent, un petit bout d'homme pétri de vanité, il n'y aurait pas grand mal; mais qu'il ait ajouté à l'impertinence de sa lettre l'infamie de cabaler du fond de son village, avec des pédants sociniens, pour m'empêcher d'avoir un théâtre à Tournay, ou du moins pour empêcher ses concitoyens, qu'il ne connaît pas, de jouer avec moi; qu'il ait voulu, par cette indigne manœuvre, se préparer un retour triomphant dans ses rues basses[1], c'est l'action d'un coquin; et je ne lui pardonnerai jamais. J'aurais tâché de me venger de Platon s'il m'avait joué un pareil tour; à plus forte raison du laquais de Diogène. Je n'aime ni ses ouvrages ni sa personne, et son procédé est haïssable. L'auteur de la *Nouvelle Aloïsia* n'est qu'un polisson malfaisant. Que les philosophes véritables fassent une confrérie comme les francs-maçons, qu'ils s'assemblent, qu'ils se soutiennent, qu'ils soient fidèles à la confrérie, et alors je me fais brûler pour eux. Cette académie secrète vaudrait mieux que l'académie d'Athènes et toutes celles de Paris; mais chacun ne songe qu'à soi, et on oublie le premier des devoirs, qui est d'anéantir l'inf...

Je vous prie, mon grand philosophe, de dire à Mme du Deffand combien je lui suis attaché. Je lui écrirai quelque jour une énorme lettre. J'aime à penser avec elle; je voudrais y souper : je l'aime d'autant plus que j'ai les sots en horreur. Mes compliments à l'abbé Trublet; j'attends sa harangue avec l'impatience du parterre qui a des sifflets en poche, et qui ne voit pas lever la toile.

A propos, haïssez-vous toujours M. de Chimène, ou Ximenès? Il vient d'acheter une maison, des prés, des vignes et des champs dans le pays de Gex. Voilà le fruit apparemment de l'*Épître sur l'agriculture*. Je suis devenu un malin vieillard. Il y a longtemps que j'ai fait *la Capitolade*; c'est un chant qui entre dans *la Pucelle*: il y aura toujours place pour les personnes que vous me recommanderez. J'ai

1. A Genève. (Éd.)

souffert quarante ans les outrages des bigots et des polissons. J'ai vu qu'il n'y avait rien à gagner à être modéré, et que c'est une duperie : il faut faire la guerre, et mourir noblement

Sur un tas de bigots immolés à mes pieds.

Riez et aimez-moi ; confondez l'*inf....* le plus que vous pourrez.

*N. B.* J'ai lu le mémoire contre les jésuites banqueroutiers[1]. L'avocat a raison : aucun jésuite ne peut traiter sans engager ses supérieurs. Quand je les ai chassés d'un domaine qu'ils avaient usurpé, il a fallu que le provincial signât le désistement ; mais je les ai chassés sans bruit, je n'ai eu que la moitié du plaisir.

## MMMCCCV. — A M. DAMILAVILLE.

A Ferney, le 22 avril.

Je suis le partisan de M. Diderot, parce qu'à ses profondes connaissances il joint le mérite de ne vouloir point jouer le philosophe, et qu'il l'a toujours été assez pour ne pas sacrifier à d'infâmes préjugés qui déshonorent la raison. Mais qu'un Jean-Jacques, un valet de Diogène, crie, du fond de son tonneau, contre la comédie, après avoir fait des comédies (et même détestables) ; que ce polisson ait l'insolence de m'écrire que je corromps les mœurs de sa patrie ; qu'il se donne l'air d'aimer sa patrie (qui se moque de lui) ; qu'enfin, après avoir changé trois fois de religion, ce misérable fasse une brigue avec des prêtres sociniens de la ville de Genève, pour empêcher le peu de Genevois qui ont des talents de venir les exercer dans ma maison (laquelle n'est pas dans le petit territoire de Genève) : tous ces traits rassemblés forment le portrait du fou le plus méprisable que j'aie jamais connu. M. le marquis de Ximenès a daigné s'abaisser jusqu'à couvrir de ridicule son ennuyeux et impertinent roman. Ce roman est un libelle fort plat contre la nation qui donne à l'auteur de quoi vivre ; et ceux qui ont traité les quatre jolies lettres de M. de Ximenès de libelles ont extravagué. Un homme de condition est au moins en droit de réprimer l'insolence d'un J. J., qui imprime qu'*il y a vingt contre un à parier que tout gentilhomme descend d'un fripon*[2].

Voilà, mon cher monsieur, ce que je pense hautement, et ce que je vous prie de dire à M. Diderot. Il ne doit pas être à se repentir d'avoir apostrophé ce pauvre homme comme grand homme, et de s'être écrié : *O Rousseau !* dans un dictionnaire[3]. Il se trouve, à la fin de compte, que *ô Rousseau !* ne signifie que *ô insensé !* Il faut connaître

[1]. *Mémoire à consulter et consultation* pour *Jean Lyoncy*, créancier et syndic de la masse de la raison de commerce établie à Marseille sous le nom de Lyoncy frères et Gouffre, contre le corps et société des pères jésuites, 1761, in-12, signé Lalource, avocat. (ÉD.)
[2]. *Nouvelle Héloïse*, première partie, lettre LXII. (ÉD.)
[3]. Au mot ENCYCLOPÉDIE. (ÉD.)

ses gens avant de leur prodiguer des louanges. J'écris tout ceci pour vous.

Prault petit-fils est un petit sot : il a imprimé l'*Appel aux nations* avec autant de fautes qu'il y a de lignes. Que M. Thieriot ne s'expliquait-il? je lui aurais envoyé, depuis deux ans, de quoi se faire un honnête pécule, en rogatons.

Vous me trouverez un peu de mauvaise humeur; mais comment voulez-vous que je ne sois pas outré? Je bâtis un joli théâtre à Ferney, et il se trouve un Jean-Jacques, dans un village de France, qui se ligue avec deux coquins, prêtres calvinistes, pour empêcher un bon acteur [1] de jouer chez moi. Jean-Jacques prétend qu'il ne convient pas à la dignité d'un horloger de Genève de jouer *Cinna* chez moi avec Mlle Corneille. Le polisson! le polisson! S'il vient au pays, je le ferai mettre dans un tonneau, avec la moitié d'un manteau sur son vilain petit corps à bonnes fortunes.

Pardonnez à ma colère, monsieur, vous qui n'aimez point les enthousiastes hypocrites.

## MMMCCCVI. — A M. de VARENNES.

Ferney, 22 avril.

Vous ne pouvez douter, monsieur, que je ne reçoive avec bien du plaisir la mainlevée de l'anathème prononcé contre mes troupes [2]. Il est bien difficile d'excommunier les soldats sans que les éclaboussures des foudres sacrées ne frappent un peu les officiers. La contradiction ridicule d'être payé par le roi, et de n'être pas enterré par son curé, est d'ailleurs une de ces impertinences les plus dignes de nos lois et de nos mœurs. Si l'on parvient à nous défaire de cette barbarie, on rendra service à la nation. J'attends le livre[3] avec impatience; mais je doute fort qu'il produise un autre effet que celui de nous convaincre de notre sottise. Rien de plus commun que de nous prouver que nous avons tort, et rien de plus rare que de nous corriger.

J'ai l'honneur d'être, avec l'estime que vous m'avez inspirée, etc.

## MMMCCCVII. — A M. THIERIOT.

Ferney, 22 avril.

Mon ancien ami, je vous croyais opulent, ou du moins arrondi. M. Damilaville me mande qu'il y a quelque brèche à votre rotondité. Voici une idée qui m'est venue. Un magistrat de Dijon, jeune et de beaucoup d'esprit, a fait une comédie très-singulière [4], et ne voudrait pour rien au monde être connu. Son idée est de la faire jouer, et de partager les honoraires entre celui qui se chargera du délit, et un secrétaire très-affectionné, vieux serviteur de la maison.

Ils auront aussi le profit de l'édition. Voyez si vous pouvez vous charger de cette besogne. Je crois que ce n'est pas une mauvaise affaire.

1. Probablement Aufresne. (ÉD.) — 2. Les comédiens. (ÉD.)
3. De Huerne de La Motte. (ÉD.) — 4. *Le Droit du seigneur*. (ÉD).

L'auteur exige un profond secret : êtes-vous en état de faire lire cette comédie au tripot, sans vous commettre et sans commettre personne? Je remplis la mission dont l'amitié me charge. Mandez-moi votre résolution.

J'ai demandé un almanach où l'on trouve les patriarches grecs. J'en ai besoin, non pas que je prenne un vif intérêt à l'Église grecque, mais en qualité de pédant.

On m'a promis un livre[1] contre l'excommunication des comédiens. L'auteur doit me l'envoyer.

Du Molard m'a demandé une trêve de la part de l'abbé *Trublet*; il dit qu'il ne *compilera plus*. Je donne donc l'absolution à l'archidiacre, mon confrère.

MMMCCVIII. — A M. LE DUC DE LA VALLIÈRE, GRAND FAUCONNIER DE FRANCE.

Votre procédé, monsieur le duc, est de l'ancienne chevalerie : vous vous exposez pour sauver un homme qui s'est mis en péril à votre suite; mais la petite erreur dans laquelle vous m'avez induit sert à déployer votre profonde érudition ; peu de grands fauconniers auraient déterré les *Sermones festivi*, imprimés en 1502. Raillerie à part, vous faites une action digne de votre belle âme, en vous mettant pour moi à la brèche.

Vous me disiez dans votre première lettre qu'Urceus Codrus était un grand prédicateur ; vous m'apprenez dans votre seconde que c'était un grand libertin, mais cependant qu'il n'était pas cordelier. Vous demandez pardon à saint François d'Assise, et à tout l'ordre séraphique, de la méprise où vous m'avez fait tomber. Je prends sur moi la pénitence ; mais il reste toujours pour véritable que les mystères représentés à l'hôtel de Bourgogne étaient beaucoup plus décents que la plupart des sermons du XVI° siècle. C'est sur ce point que roule la question.

Mettons qui nous voudrons à la place d'Urceus Codrus, et nous aurons raison. Il n'y a pas un mot dans les mystères qui alarme la pudeur et la piété. Quarante associés, qui font et qui jouent des pièces saintes en français, ne peuvent s'accorder à déshonorer leurs pièces par des indécences qui révolteraient le public, et qui feraient fermer le théâtre. Mais un prédicateur ignorant, qui n'a nul usage des bienséances, peut mêler dans son sermon quelques sottises, surtout quand il les prononce en latin.

Tels étaient, par exemple, les sermons du cordelier Maillard, que vous avez sans doute dans votre riche et immense bibliothèque ; vous verrez dans son sermon du jeudi de la seconde semaine du carême[2], qu'il apostrophe ainsi les femmes des avocats qui portent des habits garnis d'or : « Vous dites que vous êtes vêtues suivant votre état : à

1. Celui de Huerne de La Motte. (Éd.)
2. Quadragésime, sermon XXV. (Éd.)

tous les diables votre état et vous-mêmes, mesdemoiselles ! Vous me direz peut-être : « Nos maris ne nous donnent point de si belles robes ; « nous les gagnons de la peine de notre corps ; » à trente mille diables la peine de votre corps, mesdemoiselles ! »

Je ne vous répète que ce trait de frère Maillard, pour ménager votre pudeur ; mais, si vous voulez vous donner le soin d'en chercher de plu forts dans le même auteur, vous en trouverez de dignes d'Urceus Codrus. Frère André et Menot étaient fort fameux pour les turpitudes : la chaire, à la vérité, ne fut pas toujours souillée par des obscénités ; mais longtemps les sermons ne valurent pas mieux que les mystères de l'hôtel de Bourgogne.

Il faut avouer que les prétendus réformés de France furent les premiers qui mirent quelque raison dans leurs discours, parce qu'on est obligé de raisonner quand on veut changer les idées des hommes. Cette raison était encore bien loin de l'éloquence. La chaire, le barreau, le théâtre, la philosophie, la littérature, la théologie, tout chez nous fut, à quelques exceptions près, fort au-dessous des pièces qu'on joue aujourd'hui à la Foire.

Le bon goût en tout genre n'établit son empire que dans le siècle de Louis XIV ; c'est là ce qui me détermina, il y a longtemps, à donner une légère esquisse de ce temps glorieux ; et vous avez remarqué que, dans cette histoire, c'est le siècle qui est mon héros encore plus que Louis XIV lui-même, quelque respect et quelque reconnaissance que nous devions à sa mémoire.

Il est vrai qu'en général nos voisins ne valaient guère mieux que nous. Comment s'est-il pu faire que l'on prêchât toujours, et que l'on prêchât si mal? Comment les Italiens, qui s'étaient tirés depuis si longtemps de la barbarie en tant de genres, n'étaient-ils pour la plupart, dans la chaire, que des Arlequins en surplis ; tandis que la *Jérusalem* du Tasse égalait l'*Iliade*, que l'*Orlando furioso* surpassait l'*Odyssée*, que le *Pastor fido* n'avait point de modèle dans l'antiquité, et que les Raphaël et les Paul Véronèse exécutaient réellement ce qu'on imagine des Zeuxis et des Apelle?

Il n'est pas douteux, monsieur le duc, que vous n'ayez lu le concile de Trente ; il n'y a point de duc et pair, à ce que je pense, qui n'en lise quelques sessions tous les matins. Avez-vous remarqué le sermon de l'ouverture de ce concile par l'évêque de Bitonto?

Il prouve, premièrement, que le concile est nécessaire, parce que plusieurs conciles ont déposé des rois et des empereurs ; secondement, parce que, dans l'*Énéide*, Jupiter assemble le concile des dieux ; troisièmement, parce qu'à la création de l'homme et à l'aventure de la tour de Babel, Dieu s'y prit en forme de concile. Il assure ensuite que tous les prélats doivent se rendre à Trente, comme dans le cheval de Troie ; enfin, que la porte du paradis et du concile est la même, que l'eau vive en découle, et que les Pères doivent en arroser leur cœur comme des terres sèches ; faute de quoi, le Saint-Esprit leur ouvrira la bouche comme à Balaam et à Caïphe.

Voilà ce qui fut prêché devant les états généraux de la chrétienté.

Quel préjugé divin en faveur d'un concile! Le sermon de saint Antoine de Padoue aux poissons est encore plus fameux en Italie que celui de M. de Bitonto. On pourrait donc excuser notre frère André et notre frère Garasse, et tous nos Gilles de la chaire des XVIe et XVIIe siècles, s'ils n'ont pas mieux valu que nos maîtres les Italiens.

Mais quelle était la source de cette grossièreté absurde, si universellement répandue en Italie du temps du Tasse; en France, du temps de Montaigne, de Charron et du chancelier de L'Hôpital; en Angleterre, dans le siècle de Bacon? Comment ces hommes de génie ne réformaient-ils pas leurs siècles? Prenez-vous-en aux collèges qui élevaient la jeunesse, et à l'esprit monacal et théologal qui mettait la dernière main à notre barbarie, que les collèges avaient ébauchée. Un génie tel que le Tasse lisait Virgile, et produisait *la Jérusalem*; un Machiavel lisait Térence, et faisait *la Mandragore*: mais quel moine, quel docteur lisait Cicéron et Démosthène? Un malheureux écolier, devenu imbécile pour avoir été forcé pendant quatre ans d'apprendre par cœur Jean Despautère, et ensuite devenu fou pour avoir soutenu une thèse sur *l'universel de la part de la chose et de la pensée*, et sur les catégories, recevait en public son bonnet et ses lettres de démence, et s'en allait prêcher devant un auditoire dont les trois quarts étaient plus imbéciles que lui, et plus mal élevés.

Le peuple écoutait ces farces théologiques, le cou tendu, les yeux fixes, la bouche ouverte, comme les enfants écoutent des contes de sorciers, et s'en retournait tout contrit. Le même esprit qui le conduisait aux facéties de *la Mère sotte* le conduisait à ces sermons; et on y était d'autant plus assidu qu'il n'en coûtait rien. Car mettez un impôt sur les messes, comme on le proposa dans la minorité de Louis XIV, personne n'entendra la messe.

Ce ne fut guère que du temps de Coëffetau et de Balzac que quelques prédicateurs osèrent parler raisonnablement, mais ennuyeusement; et enfin Bourdaloue fut le premier en Europe qui eut de l'éloquence en chaire. Je rapporterai encore ici le témoignage de Burnet, évêque de Salisbury, qui dit, dans ses *Mémoires*, qu'en voyageant en France il fut étonné de ces sermons, et que Bourdaloue réforma les prédicateurs d'Angleterre comme ceux de France.

Bourdaloue fut presque le Corneille de la chaire, comme Massillon en a été depuis le Racine; non que j'égale un art à moitié profane à un ministère presque saint; non que j'égale non plus la difficulté médiocre de faire un bon sermon à la difficulté prodigieuse et inexprimable de faire une bonne tragédie : mais je dis que Bourdaloue voulut raisonner comme Corneille, et que Massillon s'étudia à être aussi élégant en prose que Racine l'était en vers.

Il est vrai qu'on reprocha souvent à Bourdaloue, comme à Corneille, d'être un peu trop avocat, de vouloir trop prouver au lieu de toucher, et de donner quelquefois de mauvaises preuves. Massillon, au contraire, crut qu'il valait mieux peindre et émouvoir : il imita Racine, autant qu'on peut l'imiter en prose, en prêchant cependant que les auteurs dramatiques sont damnés : car il faut bien que chaque apothicaire vante son onguent, et damne celui de son voisin. Son style est pur, ses peintures sont attendrissantes.

Relisez ce morceau sur l'humanité des grands :

« Hélas! s'il pouvait être quelquefois permis d'être sombre, bizarre, chagrin, à charge aux autres et à soi-même, ce devrait être à ces infortunés que la faim, la misère, les calamités, les nécessités domestiques, et tous les plus noirs soucis environnent. Ils seraient bien plus dignes d'excuse, si, portant déjà le deuil, l'amertume, le désespoir souvent dans le cœur, ils en laissaient échapper quelques traits au dehors. Mais que les grands, que les heureux du monde, à qui tout rit, et que les joies et les plaisirs accompagnent partout, prétendent tirer de leur félicité même un privilége qui excuse leurs chagrins bizarres et leurs caprices; qu'il leur soit plus permis d'être fâcheux, inquiets, inabordables, parce qu'ils sont plus heureux; qu'ils regardent comme un droit acquis à la prospérité, d'accabler encore du poids de leur humeur des malheureux qui gémissent déjà sous le joug de leur autorité et de leur puissance; grand Dieu! serait-ce donc là le privilége des grands? »

Souvenez-vous ensuite de ce morceau de *Britannicus* :

Tout ce que vous voyez conspire à vos désirs ;
Vos jours, toujours sereins, coulent dans les plaisirs :
L'empire en est pour vous l'inépuisable source;
Ou si quelque chagrin en interrompt la course,
Tout l'univers, soigneux de les entretenir,
S'empresse à l'effacer de votre souvenir.
Britannicus est seul : quelque ennui qui le presse,
Il ne voit dans son sort que moi qui s'intéresse,
Et n'a pour tout plaisir, seigneur, que quelques pleurs
Qui lui font quelquefois oublier ses malheurs.

Acte II, scène III.

Je crois voir, dans la comparaison de ces deux morceaux, le disciple qui tâche de lutter contre le maître. Je vous en montrerais vingt exemples, si je ne craignais d'être long.

Massillon et Cheminais savaient Racine par cœur, et déguisaient les vers de ce divin poëte dans leur prose pieuse. C'est ainsi que plusieurs prédicateurs venaient apprendre chez Baron l'art de la déclamation, et rectifiaient ensuite le geste du comédien par le geste de l'orateur sacré. Rien ne prouve mieux que tous les arts sont frères, quoique les artistes soient bien loin de l'être.

Le malheur des sermons, c'est que ce sont des déclamations dans lesquelles on dit trop souvent le pour et le contre. Le même homme qui, dimanche dernier, assurait qu'il n'y a point de félicité dans la grandeur; que les couronnes sont des épines; que les cours ne renferment que d'illustres malheureux; que la joie n'est répandue que sur le front du pauvre, prêche, le dimanche suivant, que le peuple est condamné à l'affliction et aux larmes, et que les grands de la terre sont plongés dans des délices dangereuses.

Ils disent, dans l'avent, que Dieu est sans cesse occupé du soin de fournir à tous nos besoins; et, en carême, que la terre est maudite. Ces lieux communs les mènent jusqu'au bout de l'année par des phrases fleuries et ennuyeuses.

Les prédicateurs, en Angleterre, ont pris un autre tour qui ne nous conviendrait guère. Le livre de la métaphysique la plus profonde est le recueil des sermons de Clarke. On dirait qu'il n'a prêché que pour les philosophes. Encore ces philosophes auraient pu lui demander à chaque période un long éclaircissement; et le *Français à Londres*, à qui on ne prouve rien[1], aurait bientôt laissé là le prédicateur. Son recueil fait un excellent livre, que très-peu de gens sont capables d'entendre. Quelle différence entre les temps et entre les nations! et qu'il y a loin de frère Garasse et de frère André aux Clarke et aux Massillon !

Dans l'étude que j'ai faite de l'histoire, j'en ai toujours tiré ce fruit, que le temps où nous vivons est de tous les temps le plus éclairé, malgré nos très-mauvais livres, et malgré la foule de tant d'insipides journaux; comme il est le plus heureux, malgré nos calamités passagères. Car quel est l'homme de lettres qui ne sache que le bon goût n'a été le partage de la France qu'à commencer au temps de *Cinna* et des *Provinciales*? Et quel est l'homme un peu versé dans notre histoire qui puisse assigner un temps plus heureux, depuis Clovis, que le temps qui s'est écoulé depuis que Louis XIV commença à régner par lui-même, jusqu'au moment où j'ai l'honneur de vous parler? Je défie l'homme de la plus mauvaise humeur de me dire quel siècle il voudrait préférer au nôtre.

Il faut être juste : il faut convenir, par exemple, qu'un géomètre de vingt-quatre ans en sait beaucoup plus que Descartes, qu'un vicaire de paroisse prêche plus raisonnablement que le grand aumônier de Louis XII. La nation est plus instruite, le style en général est meilleur; par conséquent les esprits sont mieux faits aujourd'hui qu'ils ne l'étaient autrefois.

Vous me direz que nous sommes à présent dans la décadence du siècle, et qu'il y a beaucoup moins de génie et de talents que dans les beaux jours de Louis XIV : oui, le génie baisse et baissera nécessairement; mais les lumières sont multipliées : mille peintres du temps de Salvator Rosa ne valaient pas Raphaël et Michel-Ange; mais ces mille peintres médiocres, que Raphaël et Michel-Ange avaient formés, composaient une école infiniment supérieure à celle que ces deux grands hommes trouvèrent établie de leur temps. Nous n'avons à présent, sur la fin de notre beau siècle, ni de Massillon, ni de Bourdaloue, ni de Bossuet, ni de Fénelon; mais le plus ennuyeux de nos prédicateurs d'aujourd'hui est un Démosthène en comparaison de tous ceux qui ont prêché depuis saint Remi jusqu'au frère Garasse.

Il y a plus de distance de la moindre de nos tragédies aux pièces de Jodelle, que de l'*Athalie* de Racine aux *Machabées* de La Motte et au

---

1. « Non, monsieur, on ne me démontre rien ; on ne me persuade pas même. » *Français à Londres*, par Boissy, scène XVI. (ÉD.)

*Moïse* de l'abbé Nadal. En un mot, dans tous les arts de l'esprit, nos artistes valent bien moins qu'au commencement du grand siècle et dans ses beaux jours ; mais la nation vaut mieux. Nous sommes inondés, à la vérité, de pitoyables brochures, et les miennes se mêlent à la foule : c'est une multitude prodigieuse de moucherons et de chenilles qui prouvent l'abondance des fruits et des fleurs ; vous ne voyez pas de ces insectes dans une terre stérile ; et remarquez que, dans cette foule immense de ces petits écrits, tous effacés les uns par les autres, et tous précipités au bout de quelques jours dans un oubli éternel, il y a quelquefois plus de goût et de finesse que vous n'en trouveriez dans tous les livres écrits avant les *Lettres provinciales*.

Voilà l'état de nos richesses de l'esprit comparées à une indigence de plus de douze cents années.

Si vous examinez à présent nos mœurs, nos lois, notre gouvernement, notre société, vous trouverez que mon compte est juste. Je date depuis le moment où Louis XIV prit en main les rênes ; et je demande au plus acharné frondeur, au plus triste panégyriste des temps passés, s'il osera comparer les temps où nous vivons à celui où l'archevêque de Paris[1] portait au parlement un poignard dans sa poche. Aimera-t-il mieux le siècle précédent, où l'on tuait le premier ministre[2] à coups de pistolet dans la cour du Louvre, et où l'on condamnait sa femme à être brûlée comme sorcière ? Dix ou douze années du grand Henri IV paraissent heureuses, après quarante ans d'abominations et d'horreurs qui font dresser les cheveux ; mais, pendant ce peu d'années que le meilleur des princes employait à guérir nos blessures, elles saignaient encore de tous côtés : le poison de la Ligue infectait encore les esprits ; les familles étaient divisées ; les mœurs étaient dures ; le fanatisme régnait partout, hormis à la cour. Le commerce commençait à naître, mais on n'en goûtait pas encore les avantages ; la société était sans agréments ; les villes, sans police ; toutes les consolations de la vie manquaient en général aux hommes. Et, pour comble de malheur, Henri IV était haï. Ce grand homme disait au duc de Sully : « Ils ne me connaissent pas ; ils me regretteront. »

Remontez à travers cent mille assassinats commis au nom de Dieu sur les débris de nos villes en cendres jusqu'au temps de François I$^{er}$, vous voyez l'Italie teinte de notre sang, un roi prisonnier dans Madrid, les ennemis au milieu de nos provinces.

Le nom de *Père du peuple* est resté à Louis XII ; mais ce père eut des enfants bien malheureux, et le fut lui-même : chassé de l'Italie, dupé par le pape, vaincu par Henri VIII, obligé de donner de l'argent à son vainqueur pour épouser sa sœur, il fut bon roi d'un peuple grossier, pauvre, et privé d'arts et de manufactures. Sa capitale n'était qu'un amas de maisons de bois, de paille, et de plâtre, presque toutes couvertes de chaume. Il vaut mieux, sans doute, vivre sous un bon roi d'un peuple éclairé et opulent, quoique malin et raisonneur.

---

1. Le cardinal de Retz ; il n'était encore que coadjuteur. (Éd.)
2. Le maréchal d'Ancre. (Éd.)

Plus vous vous enfoncez dans les siècles précédents, plus vous trouvez tout sauvage; et c'est ce qui rend notre histoire de France si dégoûtante, qu'on a été obligé d'en faire des *Abrégés chronologiques* à colonnes, où tout le nécessaire se trouve, et où l'inutile seul est omis, pour sauver l'ennui d'une lecture insupportable à ceux de nos compatriotes qui veulent savoir en quelle année la Sorbonne fut fondée; et aux curieux qui doutent si la statue équestre qui est dans la cathédrale gothique de Paris est de Philippe de Valois ou de Philippe le Bel.

Ne dissimulons point, nous n'existons que depuis environ six vingts ans : lois, police, discipline militaire, commerce, marine, beaux-arts, magnificence, esprit, goût, tout commence à Louis XIV, et plusieurs avantages se perfectionnent aujourd'hui. C'est là ce que j'ai voulu insinuer, en disant que tout était barbare chez nous auparavant, et que la chaire l'était comme tout le reste. Urceus Codrus ne valait pas trop la peine que je vous parlasse longtemps de lui; mais il m'a fourni des réflexions qui pourront être utiles si vous avez la bonté de les redresser.

P. S. Dans l'éloge que je viens de faire de ce siècle, dont je vois la fin, je ne prétends point du tout comprendre le libraire qui a imprimé l'*Appel aux nations*, en faveur de Corneille et de Racine, contre Shakspeare et Otway; et j'avouerai sans peine que Robert Estienne imprimait plus correctement que lui. Il a mis des *certitudes* pour des *attitudes*, *profanes* pour *anciennes*; *votre sœur*, pour *ma sœur*, et quelques autres contre-sens qui défigurent un peu cette importante brochure. Comme c'est un procès qui doit être jugé à Pétersbourg, à Berlin, à Vienne, à Paris, et à Rome, par les gens qui n'ont rien à faire, il est bon que les pièces ne soient point altérées.

MMMCCCIX. — A M. L'ABBÉ D'OLIVET.

Ferney, 27 avril.

« Per Deos immortales, tibi incumbit, Ciceroniane Olivete, officium (aut onus) reddendi meam generoso Trubleto epistolam. » Qui a transmis la lettre doit transmettre la réponse; cela est le protocole des négociateurs. Je conçois vos peines, *care Olivete*. *Qui magis clamat, magis sapit*, comme dit Rabelais. Si jamais vous êtes dégoûté du sanctuaire des Quarante, venez faire un petit tour chez mes compatriotes. Je serais enchanté de vous revoir, et Mme Denis partagerait ma joie.

Je parle naïvement à l'abbé Trublet. Vous verrez que je suis tout aussi simple que lui.

Qu'est-ce qu'une consultation de Mlle Clairon contre les excommunications? Quel effet cela fait-il? Je vous le demanderais si vous aimiez à écrire; mais vous êtes un paresseux.... que j'aime.

MMMCCCX. — A M. L'ABBÉ TRUBLET.

Au château de Ferney, ce 27 avril.

Votre lettre et votre procédé généreux, monsieur, sont des preuves que vous n'êtes pas mon ennemi, et votre livre vous faisait soupçonner de l'être. J'aime bien mieux en croire votre lettre que votre livre : vous aviez imprimé que je vous faisais bâiller, et moi j'ai laissé imprimer que je me mettais à rire. Il résulte de tout cela que vous êtes difficile à amuser, et que je suis mauvais plaisant; mais enfin, en bâillant et en riant, vous voilà mon confrère, et il faut tout oublier en bons chrétiens et en bons académiciens.

Je suis fort content, monsieur, de votre harangue, et très-reconnaissant de la bonté que vous avez de me l'envoyer; à l'égard de votre lettre,

*Nardi parvus onyx eliciet cadum.*
Hor., lib. IV, od. XII, v. 17.

Pardon de vous citer Horace, que vos héros, MM. de Fontenelle et de La Motte, ne citaient guère. Je suis obligé, en conscience, de vous dire que je ne suis pas né plus malin que vous, et que, dans le fond, je suis bon homme. Il est vrai qu'ayant fait réflexion, depuis quelques années, qu'on ne gagnait rien à l'être, je me suis mis à être un peu gai, parce qu'on m'a dit que cela est bon pour la santé. D'ailleurs je ne me suis pas cru assez important, assez considérable, pour dédaigner toujours certains illustres ennemis qui m'ont attaqué personnellement pendant une quarantaine d'années, et qui, les uns après les autres, ont essayé de m'accabler, comme si je leur avais disputé un évêché ou une place de fermier général. C'est donc par pure modestie que je leur ai donné enfin sur les doigts. Je me suis cru précisément à leur niveau; *et in arenam cum æqualibus descendi,* comme dit Cicéron.

Croyez, monsieur, que je fais une grande différence entre vous et eux; mais je me souviens que mes rivaux et moi, quand j'étais à Paris, nous étions tous fort peu de chose, de pauvres écoliers du siècle de Louis XIV, les uns en vers, les autres en prose, quelques-uns moitié prose, moitié vers, du nombre desquels j'avais l'honneur d'être; infatigables auteurs de pièces médiocres, grands compositeurs de riens, pesant gravement des œufs de mouche dans des balances de toile d'araignée. Je n'ai presque vu que de la petite charlatanerie : je sens parfaitement la valeur de ce néant; mais comme je sens également le néant de tout le reste, j'imite le *Vejanius* d'Horace :

.......................... *Vejanius armis*
*Herculis ad postem fixis, latet abditus agro.*
Lib. I, ép. I, v. 4-5.

C'est de cette retraite que je vous dis très-sincèrement que je trouve des choses utiles et agréables dans tout ce que vous avez fait, que je vous pardonne cordialement de m'avoir pincé, que je suis fâché de vous avoir donné quelques coups d'épingle, que votre procédé me désarme pour jamais, que bonhomie vaut mieux que raillerie, et que je suis, monsieur mon cher confrère, de tout mon cœur, avec une véritable estime et sans compliment, comme si de rien n'était, votre, etc.

MMMCCCXI. — A M. LE COMTE D'ARGENTAL.

Ferney, par Genève, 27 avril.

J'envoie à mes anges un morceau scientifique, en réponse à la généreuse lettre de M. le duc de La Vallière. Je crois que Thieriot fera imprimer tout cela pour l'édification du prochain; mais si Thieriot n'a pas assez de crédit, je me mets toujours sous les ailes de mes anges. Je ne suis pas fâché de faire voir tout doucement que le théâtre est plus ancien que la chaire et qu'il vaut mieux.

Je ne sais qui a fait la *Consultation de Mlle Clairon à un avocat*. Je ne connaissais pas l'anecdote du reposoir et des mille écus; je vois qu'on ne fait rien sur la terre, en enfer, et au ciel, que pour de l'argent; une religion qui veut attacher de l'infamie à *Cinna* est elle-même ce qu'il y a de plus infâme. Il faut pourtant ne pas se mettre en colère; mais comment lire, sans se fâcher, le détestable style du détestable avocat qui a fait un mémoire si inlisible ?

On me mande qu'on n'entend pas un mot de ce que dit Lekain, qu'il étouffe de graisse, et que les autres acteurs, excepté Mlle Clairon, font étouffer d'ennui : cela est-il vrai ? J'en serais fâché pour *Oreste*. Daignez-vous toujours aimer cet *Oreste?* Conservez au moins vos bontés pour celui qui a purgé ce beau sujet des amours ridicules qui l'avaient défiguré.

J'ai peur que le congrès ne commence tard, et que la guerre ne dure longtemps.

M. de Ximenès achève de se ruiner à faire jouer son *Don Carlos* à Lyon, et moi à bâtir une église. Comme le monde est fait!

MMMCCCXII. — A M. LE MARQUIS ALBERGATI CAPACELLI.

Ferney, 1ᵉʳ mai.

Monsieur, ne jugez pas de mes sentiments par mon long silence; je suis accablé de maladies et de travaux. Horace pourrait me dire :

*Tu secanda marmora*
*Locas sub ipsum funus; et, sepulcri*
*Immemor, struis domos.*

Lib. II, od. XVIII, v. 17-19.

Figurez-vous ce que c'est que d'avoir à défricher des déserts, et à faire bâtir des maisons à l'italienne par des Allobroges; d'avoir à finir l'*Histoire du czar Pierre*; et d'ajuster un théâtre pour des gens qui se portent bien, dans le temps qu'on n'en peut plus.

Je crois que le signor Carlo Goldoni y serait lui-même très-embarrassé, et qu'il faudrait lui pardonner s'il était un peu paresseux avec ses amis. Je reçois dans le moment son nouveau théâtre. Je partage, monsieur, mes remercîments entre vous et lui. Dès que j'aurai un moment à moi, je lirai ses nouvelles pièces, et je crois que j'y trouverai toujours cette variété et ce naturel charmant qui font son caractère. Je vois avec peine, en ouvrant le livre, qu'il s'intitule *poëte du duc de Parme*; il me semble que Térence ne s'appelait point le poëte de Scipion; on ne doit être le poëte de personne, surtout quand on est celui du public. Il me paraît que le génie n'est point une charge de cour, et que les beaux-arts ne sont point faits pour être dépendants.

Je présente le sentiment de la plus vive reconnaissance à M. Paradisi. Je me flatte qu'il aura un peu de pitié de mon état, et qu'il trouvera bon que je le joigne ici avec vous, monsieur, au lieu de lui écrire en droiture. Je ne lui manderais pas des choses différentes de celles que je vous dis. Je lui dirais combien je l'estime, et à quel point je suis pénétré de l'honneur qu'il me fait. Vous voyez, monsieur, que je suis obligé de dicter mes lettres. Je n'ai plus la force d'écrire; j'ai toutes les infirmités de la vieillesse, mais dans le fond du cœur tous les goûts de la jeunesse. Je crois que c'est ce qui me fait vivre. Comptez, monsieur, que tant que je vivrai, je serai fâché que les truites du lac de Genève soient si loin des saucissons de Bologne, et je serai toujours, avec tous les sentiments que je vous dois, votre serviteur, *di cuore*,

VOLTAIRE.

MMMCCCXIII. — A M. DUCLOS.

A Ferney, 1ᵉʳ mai.

Après le *Dictionnaire de l'Académie*, ouvrage d'autant plus utile que la langue commence à se corrompre, je ne connais point d'entreprise plus digne de l'Académie, et plus honorable pour la littérature que celle de donner nos auteurs classiques avec des notes instructives.

Voici, monsieur, les propositions que j'ose faire à l'Académie, avec autant de défiance de moi-même que de soumission à ses décisions. Je pense qu'on doit commencer par Pierre Corneille, puisque c'est lui qui commença à rendre notre langue respectable chez les étrangers. Ce qu'il y a de beau chez lui est si sublime, qu'il rend précieux tout ce qui est moins digne de son génie ; il me semble que nous devons le regarder du même œil que les Grecs voyaient Homère, le premier en son genre, et l'unique, même avec ses défauts. C'est un si grand mérite d'avoir ouvert la carrière, les inventeurs sont si au-dessus des autres hommes, que la postérité pardonne leurs plus grandes fautes. C'est donc en rendant justice à ce grand homme, et en même temps en marquant les vices de langage où il peut être tombé, et même les fautes contre son art, que je me propose de faire une édition in-quarto de ses ouvrages.

J'ose croire, monsieur, que l'Académie ne me désavouera pas, si je propose de faire cette édition pour l'avantage du seul homme qui porte aujourd'hui le nom de Corneille, et pour celui de sa fille.

Je ne peux laisser à Mlle Corneille qu'un bien assez médiocre; ce que je dois à ma famille ne me permet pas d'autres arrangements.

Nous tâchons, Mme Denis et moi, de lui donner une éducation digne de sa naissance. Il me paraît de mon devoir d'instruire l'Académie des calomnies que le nommé Fréron a répandues au sujet de cette éducation. Il dit, dans une des feuilles de cette année, que cette demoiselle, aussi respectable par son infortune et par ses mœurs que par son nom, est élevée chez moi par un bateleur de la Foire, que je loge et que je traite comme mon frère.

Je peux assurer l'Académie, qui s'intéresse au nom de Corneille, et à qui je crois devoir compte de mes démarches, que cette calomnie absurde n'a aucun fondement; que ce prétendu acteur de la Foire est un chirurgien-dentiste du roi de Pologne, qui n'a jamais habité au château de Ferney, et qui n'y est venu exercer son art qu'une seule fois. Je ne conçois pas comment le censeur des feuilles du nommé Fréron a pu laisser passer un mensonge si personnel, si insolent, et si grossier, contre la nièce du grand Corneille.

J'assure l'Académie que cette jeune personne, qui remplit tous les devoirs de la religion et de la société, mérite tout l'intérêt que j'espère qu'on voudra bien prendre à elle. Mon idée est que l'on ouvre une simple souscription, sans rien payer d'avance.

Je ne doute pas que les plus grands seigneurs du royaume, dont plusieurs sont nos confrères, ne s'empressent à souscrire pour quelques exemplaires. Je suis persuadé même que toute la famille royale donnera l'exemple.

Pendant que quelques personnes zélées prendront sur elles le soin généreux de recueillir ces souscriptions, c'est-à-dire seulement le nom des souscripteurs, et devront les remettre à vous, monsieur, ou à celui qui s'en chargera; les meilleurs graveurs de Paris entreprendront les vignettes et les estampes à un prix d'autant plus raisonnable, qu'il s'agit de l'honneur des arts et de la nation. Les planches seront remises ou à l'imprimeur de l'Académie, ou à la personne que vous indiquerez. L'imprimeur m'enverra des caractères qu'il aura fait fondre par le meilleur fondeur de Paris: il me fera venir aussi le meilleur papier de France; il m'enverra un habile compositeur et un habile ouvrier. Ainsi tout se fera par des Français, et chez des Français. Ce libraire n'aura aucune avance à faire; les deniers de ceux qui acquerront l'ouvrage imprimé seront remis à une personne nommée par l'Académie, et le profit sera partagé entre l'héritier du nom de Corneille et votre libraire, sous le nom duquel les œuvres de Corneille seront imprimées; la plus grosse part, comme de raison, pour M. Corneille.

Je supplie l'Académie de daigner en accepter la dédicace. Chaque amateur souscrira pour tel nombre d'exemplaires qu'il voudra.

Je crois que chaque exemplaire pourra revenir à cinquante livres.

Les sieurs Cramer se feront un plaisir et un honneur de présider sous mes yeux à cet ouvrage; on leur donnera pour leurs honoraires un certain nombre d'exemplaires pour les pays étrangers.

Je prendrai la liberté de consulter quelquefois l'Académie dans le cours de l'impression. Je la supplie d'observer que je ne peux me charger de ce travail, à moins que tout ne se fasse sous mes yeux; ma méthode étant de travailler toujours sur les épreuves des feuilles, attendu que l'esprit semble plus éclairé quand les yeux sont satisfaits. D'ailleurs il m'est impossible de me transplanter, et de quitter un moment un pays que je défriche.

Je peux répondre que l'édition une fois commencée, sera faite au bout de six mois. Telles sont, monsieur, mes propositions, sur lesquelles j'attends les ordres de mes respectables confrères.

Il me paraît que cette entreprise fera quelque honneur à notre siècle et à notre patrie; on verra que nos gens de lettres ne méritaient pas l'outrage qu'on leur a fait, quand on a osé leur imputer des sentiments peu patriotiques, une philosophie dangereuse, et même de l'indifférence pour l'honneur des arts qu'ils cultivent.

J'espère que plusieurs académiciens voudront bien se charger des autres auteurs classiques. M. le cardinal de Bernis et M. l'archevêque de Lyon¹ feraient une chose digne de leur esprit et de leurs places de présider à une édition des *Oraisons funèbres* et des *Sermons* des illustres Bossuet et Massillon. Les *Fables de La Fontaine* ont besoin de notes, surtout pour l'instruction des étrangers. Plus d'un académicien s'offrira à remplir cette tâche, qui paraîtra aussi agréable qu'utile.

Pour moi, j'imagine qu'il me convient d'oser être le commentateur du grand Corneille, non-seulement parce qu'il est mon maître, mais parce que l'héritier de son nom est un nouveau motif qui m'attache à la gloire de ce grand homme.

Je vous supplie donc, monsieur, de vouloir bien faire convoquer une assemblée assez nombreuse pour que mes offres soient examinées et rectifiées, et que je me conforme en tout aux ordres que l'Académie voudra bien me faire parvenir par vous, etc.

### MMMCCCXIV. — A M. LE COMTE D'ARGENTAL.

1ᵉʳ mai.

Permettez, mes anges, que je fasse passer par vos mains cette lettre à M. Duclos, ou plutôt à l'Académie, en réponse à la proposition que notre secrétaire m'a faite de travailler à donner au public nos auteurs classiques. Il est vrai que j'ai un peu d'occupation; car, excepté de fendre du bois, il n'y a sorte de métier que je ne fasse.

Cependant mettez-vous *Oreste* à l'ombre de vos ailes?

Pardon, encore une fois; mais je n'ai pu m'empêcher de donner beaucoup de temps à cette pièce du temps de François Iᵉʳ. Ce sujet m'a tourné la tête. Vous dites que c'est à peu près ce que j'ai fait de plus mauvais en ce genre; Mme Denis soutient que c'est ce que j'ai fait de mieux.

Je vous demande pardon; mais je donne la préférence cette fois-ci à Mme Denis. Pour Mlle Corneille, elle n'est pas encore dans le secret. Nous lui apprenons toujours à lire, à écrire, à chiffrer, et, dans un an, nous lui ferons lire le *Cid*. Elle n'a pas le nez tourné au

1. Montazet. (Éd.)

tragique. M. de Ximenès n'est pas non plus dans la confidence : il fait jouer cette semaine *Don Carlos* à Lyon, et est trop occupé de sa gloire pour qu'on lui confie des bagatelles.

Mes anges, je suis accablé de tant de riens, si surchargé de tant de billevesées, et si faible, que vous me pardonnerez le laconisme de ma lettre.

*Nota bene* pourtant que j'ai pris la liberté de vous adresser, par M. Tronchin, ma triste figure pour l'Académie, qui la demande; n'allez pas faire le difficile comme sur la pièce d'Hurtaud. Ayez la bonté de souffrir cette enseigne à bière; je la mets sous votre protection, et Hurtaud aussi, qui brigue, je crois, une place d'Arlequin.

### MMMCCCXV. — AU MÊME.

4 mai.

Les divins anges auront de l'*Oreste* tant qu'ils voudront. J'ai relu ces fureurs : je n'aime pas ces fureurs étudiées, ces déclamations; je ne les aime pas même dans *Andromaque*. Je ne sais ce qui m'est arrivé, mais je ne suis content ni de ce que je fais, ni de ce que je lis. Il y a surtout une consultation d'avocat, pour Mlle Clairon, qui est du style des charniers Saints-Innocents. J'ai pardonné à l'archidiacre[1]; j'oublie Fréron, mais Omer me le payera.

Les jésuites sont bien impudents d'oser dire que frère Lavalette ne faisait pas le commerce, et qu'il ne vendait que les denrées du cru. Je connais un homme d'honneur, un brave corsaire qui l'a vu, déguisé en matelot, courir les colonies anglaises et hollandaises, et qui l'a accompagné dans un voyage à Amsterdam.

Je suis encore plus indigné de tout ce que je vois que de tout ce que je lis. Je regrette fort le chevalier d'Aidie, car il était bien fâché contre le genre humain. Je crois que je n'aime que mes anges et Ferney.

M. le duc de Choiseul m'a écrit une fort jolie lettre; mais il est si grand seigneur que je n'ose l'aimer.

Le cardinal de Bernis est à Lyon. Je ne l'ai pas prié de venir dans mon joli séjour. Je ne suis pas arrangé encore, et il est cardinal.

Je vous demanderai encore en grâce de lire le *Droit du seigneur* ou *l'Écueil du sage*. Je vous dis qu'il faut que vous ayez des âmes de bronze si vous n'en êtes pas contents. Il est vrai que c'est tout autre chose que ce que vous avez vu : mais songeons à *Oreste*.

J'y travaille dans l'instant.

### MMMCCCXVI. — A M. DALEMBERT.

7 ou 8 de mai.

Monsieur le protée, monsieur le multiforme, je crois que votre *Discours sur l'étude* est celui de vos ouvrages qui m'a fait le plus de plaisir, soit parce que c'est le dernier, soit parce que je m'y retrouve.

1. Trublet. (Éd.)

Somme totale, vous êtes grand penseur et grand metteur en œuvre; mais ce n'est pas assez de montrer qu'on a plus d'esprit que les autres. Allons donc, rendez quelque service au genre humain; écrasez le fanatisme, sans pourtant risquer de tomber, comme Samson, sous les ruines du temple qu'il démolit; faites sentir à notre siècle toute sa petitesse et tout son ridicule; renversez ses idoles. Qui sont ces polissons qui ont fait brûler cette consultation de ce polisson qui a répondu à Mlle Clairon par du galimatias? A-t-on jamais rien vu de plus sot que le livre de cet avocat, et de plus impertinent que l'arrêt qui le condamne? La séance contre l'*Encyclopédie*, et le réquisitoire aussi insolent qu'absurde de maître Aliboron-Omer, ne sont-ils pas du xiv$^e$ siècle? Faut-il qu'une troupe de convulsionnaires soit toute-puissante, et ne doit-on pas rougir, quand on est homme, de ne pas sonner le tocsin contre ces ennemis de l'humanité? Ne détruisit-on pas dans Athènes la tyrannie des trente, et n'est-ce pas par le ridicule qu'il faut détruire dans Paris la tyrannie des cent quatre-vingts? On se plaignait autrefois des jésuites; mais saint Médard devient plus à craindre que saint Ignace. Si on ne peut étrangler le dernier moliniste avec les boyaux du dernier janséniste, rendons ces perturbateurs du repos public ridicules aux yeux des honnêtes gens. Qu'ils n'aient plus pour eux que le faubourg Saint-Marceau et les halles. Mon cher philosophe, vous vous déclarez l'ennemi des grands et de leurs flatteurs, et vous avez raison; mais ces grands protégent dans l'occasion, ils peuvent faire du bien; ils méprisent l'infâme; ils ne persécuteront jamais les philosophes, pour peu que les philosophes daignent s'humaniser avec eux. Mais pour vos pédants de Paris, qui ont acheté un office, pour ces insolents bourgeois, moitié fanatiques, moitié imbéciles, ils ne peuvent faire que du mal.

Notre f..... académie a donné pour sujet de son prix les louanges d'un chancelier janséniste, persécuteur de toute vérité, mauvais cartésien, ennemi de Newton, faux savant, et faux honnête homme[1]. Passe pour le maréchal de Saxe, qui aimait les filles, et qui ne persécutait personne. Je suis indigné de ce qui m'est revenu de Paris. Je ne connais que vous qui puissiez venger la raison. Dites hardiment et fortement tout ce que vous avez sur le cœur. Frappez, et cachez votre main. On vous reconnaîtra; je veux bien croire qu'on en ait l'esprit, qu'on ait le nez assez bon; mais on ne pourra vous convaincre, et vous aurez détruit l'empire des cuistres dans la bonne compagnie : en un mot, je vous recommande l'infâme; faites-moi ce plaisir avant que je meure; c'est le point essentiel. L'*Oracle des fidèles* devrait faire une prodigieuse sensation; mais la nation est trop frivole pour un livre qui demande de l'attention.

A propos, je n'ai pas ici mes calculs de la vie humaine; mais il est clair que nous autres animaux à deux pieds nous n'avons que vingt-deux ans dans le ventre, l'un portant l'autre. Expliquez-moi comment à trente ans on doit espérer soixante? J'en ai soixante-sept, et je suis

1. Le chancelier d'Aguesseau. Le prix fut remporté par Thomas. (Éd.)

bien malingre. Je voudrais vous voir avant de rendre mon corps et mon âme aux quatre éléments.

Dites, je vous prie, à Mme du Deffand combien je lui suis attaché. Elle pense et parle, et il y en a de par le monde qui ne savent pas même parler.

## MMMCCCXVII. — A M. DAMILAVILLE.

Le 8 mai.

J'envoie aux philosophes le seul exemplaire que j'aie du *Procès du théâtre anglais*[1], seul procès que nous puissions gagner aujourd'hui contre MM. d'Albion. M. Damilaville, ou M. Thieriot, doit avoir la lettre de M. le duc de La Vallière, et la réponse. M. le duc de La Vallière a lu cette réponse à Mme de Pompadour, à M. le duc de Choiseul; ils en ont été très-contents, et il me mande qu'il faut sur-le-champ l'imprimer.

Les Anglais nous font bien du mal au dehors, et la superstition au dedans. Ne mettra-t-on point ordre à tout cela? Les échos de nos montagnes nous disent que Belle-Ile est pris[2] : c'est le dernier coup porté à notre commerce maritime. Il faut songer à cultiver la terre.

Voici une lettre pour Protagoras[3]. On n'a d'autre exemplaire de l'*Épître sur l'agriculture* que celui qu'on a reçu, à ce qu'on croit, par la voie des philosophes : on le renverra purgé des fautes typographiques dont il fourmille, avec l'*Appel aux nations*, qui est aussi plein de fautes à chaque page; et il y aura corrections et additions tant qu'on en pourra faire.

Il est fort triste qu'on ait imprimé l'*Épître* à la demoiselle Clairon[4]; le public se soucie fort peu qu'on dise en vers à une actrice qu'elle joue bien; mais il aime fort à voir un pédant, ignorant, et malhonnête homme, démasqué et traîné dans la fange où sa famille aurait dû croupir; un persécuteur de la philosophie et de la littérature, bourgeois insolent, fier de sa petite charge, un délateur absurde de la raison, traité comme il le mérite. C'est précisément le portrait de ce faquin qu'on a retranché; le reste ne valait pas la peine d'être dit.

On embrasse les philosophes, et on les prie d'inspirer pour l'*inf...* toute l'horreur qu'on lui doit.

A-t-on joué *Térée?* Si l'auteur est philosophe, je lui souhaite prospérité. Qu'on lise J. J.; que tous les frères soient unis.

## MMMCCCXVIII. — DE M. L'ABBÉ TRUBLET.

Paris, ce 10 mai.

Mille grâces, monsieur et très-illustre confrère, de la réponse dont vous m'avez honoré. Elle est aussi ingénieuse qu'obligeante, et ce qui vaut mieux encore, elle est très-gaie. C'est la preuve de votre bonne

---

1. L'*Appel à toutes les nations de l'Europe*. (ÉD.)
2. Belle-Ile ne fut pris que le 7 juin. (ÉD.) — 3. Dalembert. (ÉD.)
4. *Épître à Daphné* ou *Pania-odai*. (ÉD.)

santé, la seule chose qui vous reste à prouver. Puissiez-vous la conserver longtemps, et avec elle tous les agréments et tout le feu de votre génie ! C'est le vœu de vos ennemis mêmes ; et s'ils n'aiment pas votre personne, ils aiment vos ouvrages ; il n'y a point d'exception là-dessus et malheur à ceux qu'il faudrait excepter !

Pour moi j'aime tout, les écrits et l'auteur, et je suis, avec autant d'attachement que d'estime, monsieur et très-illustre confrère,

Votre très-humble et très-obéissant serviteur, TRUBLET.

MMMCCCXIX. — A M. HELVÉTIUS.

11 mai.

Je suppose, mon cher philosophe, que vous jouissez à présent des douceurs de la retraite à la campagne. Plût à Dieu que vous y goûtassiez les douceurs plus nécessaires d'une entière indépendance, et que vous pussiez vous livrer à ce noble amour de la vérité, sans craindre ses indignes ennemis ! Elle est donc plus persécutée que jamais ? Voilà un pauvre bavard[1] rayé du tableau des bavards, et la consultation de Mlle Clairon incendiée. Une pauvre fille demande à être chrétienne, et on ne veut pas qu'elle le soit. Eh ! messieurs les inquisiteurs, accordez-vous donc ! Vous condamnez ceux que vous soupçonnez de n'être pas chrétiens ; vous brûlez les requêtes des filles qui veulent communier : on ne sait plus comment faire avec vous. Les jansénistes, les convulsionnaires, gouvernent donc Paris ! C'est bien pis que le règne des jésuites ; il y avait des accommodements avec le ciel, du temps qu'ils avaient du crédit ; mais les jansénistes sont impitoyables. Est-ce que la proposition honnête et modeste d'étrangler le dernier jésuite avec les boyaux du dernier janséniste ne pourrait amener les choses à quelque conciliation ?

Je suis bien consolé de voir Saurin de l'Académie. Si Le Franc de Pompignan avait eu dans notre troupe l'autorité qu'il prétendait, j'aurais prié qu'on me rayât du tableau, comme on a exclu Huerne de la matricule des avocats.

Je trouve que notre philosophe Saurin a parlé bien ferme ; il y a même un trait qui semble vous regarder, et désigner vos persécuteurs : cela est d'une âme vigoureuse. Saurin a du courage dans l'amitié, et Omer ne le fait pas trembler. Il me revient que cet Omer est fort méprisé de tous les gens qui pensent. Le nombre est petit, je l'avoue ; mais il sera toujours respectable : c'est ce petit nombre qui fait le public, le reste est le vulgaire. Travaillez donc pour ce petit public, sans vous exposer à la démence du grand nombre. On n'a point su quel est l'auteur de l'*Oracle des fidèles* ; il n'y a point de réponse à ce livre. Je tiens toujours qu'il doit avoir fait un grand effet sur ceux qui l'ont lu avec attention. Il manque à cet ouvrage de l'agrément et de l'éloquence ; ce sont là vos armes, daignez-vous en servir. Le Nil, disait-on, cachait sa tête, et répandait ses eaux bienfaisantes ; faites-en autant, vous jouirez en paix et en secret de votre

1. Huerne de La Motte. (Éd.)

triomphe. Hélas! vous seriez de notre académie avec M. Saurin, sans le malheureux conseil qu'on vous donna de demander un privilége; je ne m'en consolerai jamais. Enfin, mon cher philosophe, si vous n'êtes pas mon confrère dans une compagnie qui avait besoin de vous, soyez mon confrère dans le petit nombre des élus qui marchent sur le serpent et sur le basilic. Je vous recommande l'*inf*.... Adieu; l'amitié est la consolation de ceux qui se trouvent accablés par les sots et par les méchants.

MMMCCCXX. — A M. LE COMTE DE KEYSERLING, A VIENNE.

Aux Délices, près de Genève, 14 mai.

Monsieur, voici un essai de ce que vous m'avez demandé; je vous prie de le lire, et de l'envoyer à M. de Schowalow. Vous vous apercevez que j'ai travaillé sur des mémoires que je me suis procurés. C'est à M. de Schowalow à décider si ces mémoires de ministres oculaires, qui sont très-véridiques, doivent être employés ou non. Comme je ne suis dans mon travail que le secrétaire de M. de Schowalow, je ne veux rien dire qui ne soit conforme à ses vues et au juste ménagement qu'il doit garder.

Si j'avais plus de santé et moins d'affaires, je le servirais mieux; mais je lui donne du moins les témoignages du zèle le plus empressé, et de la plus grande envie de lui plaire. Regardez-moi comme un ami pénétré de votre mérite, qui vous chérit et qui vous respecte.

VOLTAIRE.

MMMCCCXXI. — A M. DE CIDEVILLE.

Aux Délices, le 20 mai.

Mon cher et ancien ami, nos ermitages entendent souvent prononcer votre nom. Nous disons plus d'une fois : « Que n'est-il ici! il ferait des vers galants pour la nièce du grand Corneille, nous parlerions ensemble de *Cinna*, et nous conviendrions qu'*Athalie*, qui est le chef-d'œuvre de la belle poésie, n'en est pas moins le chef-d'œuvre du fanatisme. »

Il me semble que Grégoire VII et Innocent IV ressemblent à Joad, comme Ravaillac ressemble à Damiens.

Il me souvient d'un poëme intitulé *la Pucelle*, que, par parenthèse, personne ne connaît. Il y a dans ce poême une petite liste des assassins sacrés, pas si petite pourtant; elle finit ainsi :

Et Mérobad, assassin d'Itobad,
Et Benadad, et la reine Athalie
*Si méchamment mise à mort par* JOAD.

Vous voyez, mon cher ami, que vous vous êtes rencontré avec cet auteur.

Je pardonne donc à tous ceux dont je me suis moqué, et notamment à l'archidiacre Trublet, et même à frère Berthier, à condition que les jésuites, que j'ai dépossédés d'un bien qu'ils avaient usurpé à ma porte, payeront leur contingent de la somme à quoi tous les frères sont condamnés solidairement.

J'ai un beau procès contre un promoteur. Ainsi, je finis, mon ancien ami, en vous envoyant une petite réponse faite à la hâte pour votre très-aimable dame[1]. Je la fais courte, pour ne pas enfler le paquet; c'est la troisième d'aujourd'hui dans ce goût, et le *Czar* m'appelle. *Vale*

V.

MMMCCCXXII. — A M. LE COMTE D'ARGENTAL.

21 mai.

Mes anges, mon noble courroux contre maître Le Dain et consorts commence à s'apaiser un peu, puisque maître Loyola a eu sur les doigts; mais cette noble colère renaît contre tout prêtre, à l'occasion d'un beau procès qu'on me fait pour des murs de cimetière. Je bâtissais une jolie église dans un désert; je n'essuie que des chicanes affreuses pour prix de mes bienfaits. Ce qu'il y a de pis, c'est que cet abominable procès me fait perdre mon temps, trésor plus précieux que l'argent qu'il me coûte. Adieu *le Czar*, adieu l'*Histoire générale*, et tragédie, et comédie, et amusements de campagne, et défrichements. Il faut combattre, et je suis très-malade: voilà mon état.

Je vous enverrai pourtant, mes divins anges, ce *Droit du seigneur*, ou *l'Écueil du sage*[2]; mais voici ce qui m'est arrivé. J'en avais deux copies; on a fait partir deux seconds actes, au lieu du premier et du second, dans le paquet destiné à celui qui doit faire présenter cet anonyme. Dès que la méprise sera réparée, et qu'un de mes seconds actes sera revenu, vous aurez les cinq. Mais, hélas! à présent je ne suis ni plaisant ni touchant, je ne suis que M. Chicaneau : voilà une triste fin. Il valait mieux mourir d'une tragédie que d'un procès.

Priez Dieu, mes anges gardiens, pour que j'aie assez de tête pour soutenir tout cela. Il me semble qu'il faut de la santé pour avoir l'esprit courageux. Mon cœur ne se ressent point de mon état; il est plus à vous que jamais.

MMMCCCXXIII. — A M. DAMILAVILLE.

Le 24 mai.

On est accablé d'affaires et de travaux. Il faut défricher une lieue de bruyères et l'*Histoire de Pierre I*er, faire réimprimer l'*Histoire générale*, où le genre humain sera peint trait pour trait, et ne le sera pas en beau.

On demande le plus profond secret sur la pièce du conseiller de Dijon.

On n'a plus la petite épître à Mlle Clairon : ce sont des bagatelles qu'on a faites en déjeunant, et dont on ne se souvient plus.

Le nom du vengeur de Corneille contre les Anglais ne doit point

---

1. Mme Élie de Beaumont. (ÉD.) — 2. *Le Droit du seigneur*. (ÉD.)

être mis à cette brochure¹. Jamais de nom : à quoi bon ? Si on trouve quelque rogaton, on l'enverra; mais les rogatons sont aux Délices.

Mlle Corneille a l'âme aussi sublime que son grand-oncle; elle mérite tout ce que je fais pour son nom. J'ai relu *le Cid*; Pierre, je vous adore!

Le Dain est un grand fat, et l'avocat condamné un pauvre homme. Paris est bien fou.

Quand M. Thieriot aura fait jouer la pièce bourguignonne², qu'il vienne à Ferney et aux Délices.

La lettre à l'Académie n'est qu'un détail de librairie; et d'ailleurs on ne doit point l'imprimer sans ordre. *Valete.*

*N. B.* Je serais bien surpris si ce pédant Daguesseau, si ce plat janséniste, ennemi des gens de lettres, avait fait quelque chose de passable sur l'art du théâtre. Il aurait bien mieux fait d'aller voir *Cinna* et *Phèdre*. C'était un homme très-médiocre, un demi-savant orgueilleux; et si j'avais été à l'Académie....

MMMCCCXXIV. — A M. BERTRAND.

Ferney, 24 mai.

M. de Voltaire et Mme Denis seront enchantés de revoir M. Bertrand. Ils lui enverraient un carrosse, s'ils avaient actuellement des chevaux à leur disposition. Sitôt que les chevaux seront revenus, on sera aux ordres de M. Bertrand.
V.

MMMCCCXXV. — A M. LE COMTE DE SCHOWALOW.

Ferney, par Genève, 24 mai.

Monsieur, j'ai reçu par Mme la comtesse de Bentinck, digne d'être connue de vous et d'être votre amie, la lettre dont vous m'avez honoré en date du 11-22 avril. Je savais déjà, monsieur, que vous aviez reçu sept lettres à la fois de M. de Soltikof, écrites en divers temps. Je vous en ai écrit plus de douze depuis le commencement de l'année. Il y a longtemps que Votre Excellence m'a fait l'honneur de m'écrire que les infidèles dans les postes et dans les voitures publiques sont une suite des fléaux de la guerre; je m'en suis aperçu plus d'une fois avec douleur. La triste aventure de M. Pouschkin a été encore un nouvel obstacle à notre correspondance, et à la continuation des travaux auxquels je me suis voué avec tant de zèle. J'ai tout abandonné, pour m'occuper uniquement du second tome de l'*Histoire de Pierre le Grand*. J'ai été assez heureux pour trouver à acheter les manuscrits d'un homme qui avait demeuré très-longtemps en Russie. Je me suis procuré encore la plupart des négociations du comte de Bassewitz. Aidé de ces matériaux, j'en ai supprimé tout ce qui pourrait être défavorable; et j'en ai tiré ce qui pourrait relever la gloire de votre patrie. Je

1. L'*Appel à toutes les nations de l'Europe* fut imprimé sans nom d'auteur. (ÉD.)
2. *Le Droit du seigneur.* (ÉD.)

vais porter quelques nouveaux cahiers à M. de Soltikof. Je vous jure que si j'avais eu de la santé, je vous aurais épargné, et à moi-même, tant de peines et tant d'inquiétudes ; j'aurais fait le voyage de Pétersbourg, soit avec M. le marquis de L'Hospital, soit avec M. le baron de Breteuil : mais puisque la consolation de vous faire ma cour, de recevoir vos ordres de bouche, et de travailler sous vos yeux, m'est refusée, je tâcherai d'y suppléer de loin, en vous servant autant que je le pourrai.

M. de Soltikof me tient quelquefois lieu de vous, monsieur ; il me semble que j'ai l'honneur de vous voir et de vous entendre quand il me parle de vous, quand il me fait le portrait de votre belle âme, de votre caractère généreux et bienfaisant, de votre amour pour les arts, et de la protection que vous donnez au mérite en tout genre. Soyez bien sûr que de tous ces mérites que vous encouragez, celui de M. de Soltikof répond le mieux à vos intentions. Il passe des journées entières à s'instruire, et les moments qu'il veut bien me donner sont employés à me parler de vous avec la plus tendre reconnaissance. Son cœur est digne de son esprit ; il échaufferait mon zèle, si ce zèle pouvait avoir besoin d'être excité.

Je crois pouvoir ajouter à cette lettre que, depuis les reproches cruels que m'a faits un certain homme¹ d'écrire l'*Histoire des ours et des loups*, je n'ai plus aucun commerce avec lui. Je sais très-bien qui sont ces loups ; et si je pouvais me flatter que la plus auguste des bergères, qui conduit avec douceur de beaux troupeaux, daigne être contente de ce que je fais pour son père, je serais bien dédommagé de la perte que je fais de la protection d'un des gros loups de ce monde.

J'ai l'honneur d'être avec l'attachement le plus inviolable et le plus tendre respect, monsieur, de Votre Excellence, le très-humble, etc.

*Le vieux Mouton broutant au pied des Alpes.*

MMMCCCXXVI. — A MADAME DE FONTAINE, A PARIS.

31 mai.

Ma chère nièce, à présent que vous avez passé huit jours avec M. de Silhouette, vous devez savoir l'histoire de la finance sur le bout de votre doigt. Je crois qu'il pense, comme l'*Ami des hommes*, qu'il n'est pas l'ami d'un tas de fripons qui ont su se faire respecter et se rendre nécessaires, en s'appropriant l'argent comptant de la nation ; mais je crois que M. de Silhouette est un médecin qui a voulu donner trop tôt l'émétique à son malade. Le duc de Sulli ne put remettre l'ordre dans les finances que pendant la paix. Je sais que les déprédations sont horribles, et je sais aussi que ceux qui ont été assez puissants pour les faire le sont assez pour n'être pas punis. Ma chère nièce, tout ceci est un naufrage ; *sauve qui peut!* est la devise de chaque pauvre particulier. Cultivons donc notre jardin comme Candide : Cérès, Pomone, et Flore, sont de grandes saintes, mais il faut fêter aussi les Muses.

1. Frédéric II. (ÉD.)

J'aurai peut-être fait encore une tragédie avant que la petite Corneille ait lu le *Cid*. Il me semble que je fais plus qu'elle pour la gloire de son nom : j'entreprends une édition de Corneille, avec des remarques qui peuvent être instructives pour les étrangers, et même pour les gens de mon pays. L'Académie doit faire imprimer nos meilleurs auteurs du siècle de Louis XIV dans ce goût; du moins elle en a le projet, et j'en commence l'exécution. Cette édition de Corneille sera magnifique, et le produit sera pour l'enfant qui porte ce nom, et pour son pauvre père, qui ne savait pas, il y a quatre ans, qu'il y eût jamais eu un Pierre Corneille au monde.

Le parlement prend mal son temps pour se déclarer contre les spectacles, et pour faire brûler, par l'exécuteur des hautes-œuvres, l'œuvre d'un pauvre avocat[1] qui vient de donner une très-ennuyeuse mais très-sage consultation sur l'excommunication des comédiens. Les jansénistes et les convulsionnaires triomphent au parlement; mais ils n'empêcheront pas Mlle Clairon de faire verser des larmes à ceux qui sont dignes de pleurer; et les pédants, ennemis des plaisirs honnêtes, perdront toujours leur cause au parlement du parterre et des loges.

Je crois que la petite brochure[2] de M. Dardelle pourra vous divertir: je vous l'envoie, en vous embrassant vous et les vôtres de tout mon cœur.

MMMCCCXXXVII. — A MADAME D'ÉPINAI.

Mal.

Je renvoie à M. Dardelle, sous les auspices de ma belle philosophe, les exemplaires qu'il m'avait fait tenir, et dont on ne peut faire aucun usage dans nos cantons. Si d'ailleurs il y a dans cet écrit quelque chose contre les mœurs, usages, Église, coutumes du pays de M. Dardelle, je le condamne de cœur et de bouche. Je suis très-fâché d'avance que l'ouvrage m'ait été communiqué; et je serais au désespoir que l'infâme eût sur moi la moindre prise. Je m'en remets à la bonté, à la sagesse, à la discrétion, et à la piété de ma belle philosophe. V.

MMMCCCXXXVIII. — A M. LE BRUN.

Mal.

Mme Denis, Mlle Corneille, et moi, monsieur, nous sommes infiniment sensibles à votre souvenir. Mlle Corneille est plus aimable que jamais; tout le monde aime son caractère gai, doux, et égal; elle joue très-joliment la comédie. Sa petite fortune est déjà en bon train. Elle a environ quinze cents livres de rente. Dans les rentes viagères que le roi vient de créer, les souscriptions lui feront un fonds considérable. Vous verrez qu'elle finira par tenir une bonne maison.

Je suis fâché de ne pas voir le nom de Mgr le prince de Conti dans la liste de ses souscripteurs.

1. Huerne de La Motte. (ÉD.)
2. *La Conversation de M. l'intendant des menus*, que Voltaire disait être d'un M. Dardelle. (ÉD.)

Voici ce qu'on m'écrit de Marseille. L'abbé de La Coste est mort à Toulon[1], et laisse une place vacante. On ajoute :

> La Coste est mort. Il vaque dans Toulon,
> Par cette perte, un emploi d'importance.
> Le bénéfice exige résidence,
> Et tout Paris vient d'y nommer Fréron.

Permettez que je vous embrasse sans cérémonie,   VOLTAIRE.

## MMMCCCXXIX. — A M. DAMILAVILLE.

Mai.

Pourrait-on déterrer dans Paris quelque pauvre diable d'avocat, non pas dans le goût de Le Dain, mais un de ces gens qui, étant gradués et mourant de faim, pourraient être juges de village? Si je pouvais rencontrer un animal de cette espèce, je le ferais juge de mes petites terres de Tournay et Ferney : il serait chauffé, rasé, alimenté, porté, payé.

J'ai un besoin pressant du malheureux *Droit ecclésiastique*, qui ne devrait pas être un droit. J'ai un procès pour un cimetière. Il faut défendre les vivants et les morts contre les gens d'Église. Mille pardons de mes importunités, mes chers philosophes.

Mes compliments de condoléance à frère Berthier et à frère La Valette; mille louanges à maître Le Dain, qui traite Corneille d'infâme : mais il ne faut montrer la *Conversation de l'abbé Grizel et de l'intendant des menus* qu'au petit nombre des élus dont la conversation vaut mieux que celle de maître Le Dain. On supplie les philosophes de ne montrer le cher *Grizel* qu'aux gens dignes d'eux, c'est-à-dire à peu de personnes.

Je souhaite que M. Le Mierre soit bien damné, bien excommunié, et que sa pièce réussisse beaucoup; car on dit que c'est un homme de mérite, et qui est du bon parti. Je prie les frères de vouloir bien m'envoyer des nouvelles de *Térée*[2].

Courez tous sus à l'*inf*... hâbilement. Ce qui m'intéresse, c'est la propagation de la foi, de la vérité, le progrès de la philosophie, et l'avilissement de l'*inf*...

Je vous donne ma bénédiction du fond de mon cabinet et de mon cœur.

## MMMCCCXXX. — A M. LE COMTE D'ARGENTAL.

Mai.

Ce n'est pas ma faute, ô chers anges! si M. Dardelle a fait la sottise ci-jointe. Je la condamne comme outrecuidante; mais je pardonne à ce pauvre Dardelle, qui a fait, je crois, quelques comédies, et qui ne peut souffrir qu'on l'appelle infâme. Ce monde est une guerre : ce

---
1. Ancien moine célestin, condamné aux galères pour escroquerie. (Cl.)
2. Tragédie de Le Mierre. (ÉD.)

Dardelle est un vieux soldat qui probablement mourra les armes à la main.

Pour moi, mes divins anges, je travaillerai pour le *tripot*, malgré ce beau titre d'infâme que ce maraud de Le Dain nous donne si libéralement. Et vous autres, protecteurs du *tripot*, n'avez-vous pas aussi votre dose d'infamie?

Eh bien! que fait *Térée?* que fera *Oreste?*

Pièce nouvelle *a remotis.*

La czarine impératrice de toute Russie veut la moitié de son *Czar,* qui lui manque[1].

Ah! si vous saviez combien j'ai de fardeaux à porter, et combien je suis faible, vous me plaindriez.

*N. B.* Si Corneille n'était pas né en France, j'aurais en horreur un pays qui a fait naître Le Dain et Omer.

## MMMCCCXXXI. — AU MÊME.

Mai.

« Fi, les vilains hommes qui boivent de ça! Donnez-m'en encore pour trois sous, » disait une brave Allemande.

Vous en voulez donc encore, mes divins anges? En voici, et grand bien vous fasse! Toute la cargaison est pour le petit troupeau des honnêtes gens; les libraires n'en doivent point tâter, et le pain des forts ne doit pas être jeté aux chiens.

Laissez là vos procès; donnez-nous des tragédies. Cela est bientôt dit. Voici, mes divins anges, le commentaire de votre texte : « Vous faites des dépenses considérables pour rebâtir une église; des prêtres vous font un procès criminel pour des os de morts dérangés dans un cimetière, et ils veulent que vous soyez puni de vos bienfaits; vous êtes uni avec vos vassaux et avec votre curé; vous avez une procuration d'eux tous pour appeler comme d'abus au parlement; les entrepreneurs restent les bras croisés, et demandent des dommages : abandonnez les entrepreneurs, votre curé, vos vassaux; laissez là les intérêts du corps de la noblesse, qu'elle vous a fait l'honneur de vous confier; voyez périr une malheureuse petite province que vous commenciez à tirer de la plus horrible misère; laissez là les défrichements, les desséchements des marais; le tout pour nous faire vite une mauvaise tragédie qui ne pourra certainement être que détestable au milieu de tous ces tracas. »

O anges! que me demandez-vous? Pour Dieu, laissez-moi achever mes affaires. Je me suis fait une patrie et des devoirs; qui m'exhortera mieux que vous à les remplir? Il faut avoir l'esprit net pour faire une tragédie; laissez-moi nettoyer ma tête.

A propos de scandale du texte, en avez-vous jamais vu un qui ap-

---

1. Voltaire n'avait encore publié que la première partie de l'*Histoire de Pierre le Grand.* (ÉD.)

proche de celui d'Oolla et d'Ooliba, dans la *Lettre de ce cher M. Éra-tou*¹ d ce cher *M. Clocpicre?*

On dit qu'il y a trois jeunes gens qui s'élèvent : un Ératou, un Clocpicre, et un Dardelle, et qu'ils promettent beaucoup.

Quoi, *Térée*, honni! *Philomèle* sifflée au printemps! cela n'est pas juste.

Faire payer le magasin de Vesel à M. de Prusse, voilà ce qui me paraît juste, ou du moins très-bien fait.

Mais ce pauvre Lekain! Ah! quand il serait beau comme le jour, il n'aurait rien eu.

Et l'ami Pompignan qui fait la *Vie du feu duc de Bourgogne*, et qui a prononcé un beau discours sur l'amour de Dieu!

Dieu conserve longtemps le roi!

MMMCCCXXXII. — A M. ARNOULT, AVOCAT, DOYEN DE L'UNIVERSITÉ, A DIJON.

A Ferney, le 5 juin.

J'ai peur, monsieur, de vous avoir fait envisager l'aventure de mon église comme une affaire plus considérable qu'elle ne l'est en effet. Je pense que nous ne serions réduits, le curé, les paroissiens, et moi, à en appeler comme d'abus, qu'en cas que notre official de village nous fît signifier quelque grimoire, comme je le craignais dans les premiers mouvements de cette sottise.

J'ai fait venir de Paris le seul livre qui traite, dit-on, de ces besognes : c'est la *Pratique de la juridiction ecclésiastique* de Ducasse, grand vicaire en son vivant. Ce livre, assez mauvais, ne m'a donné aucune lumière; et c'est ce qui arrive presque toujours en affaire. Le bruit public, dans le petit pays sauvage de Gex, est qu'on se repent de cette équipée; mais qui payera les frais de leur procédure? On ne m'a rien fait signifier; mais je présume que je n'ai d'autre chose à faire qu'à continuer mon bâtiment. Quand j'aurai achevé mon église, il faudra bien qu'on la bénisse; et je ne vois pas, quand je suis d'accord avec tous les paroissiens, qu'on puisse me faire de chicane. Je sens bien qu'il est désagréable d'avoir été si mal payé de mes bienfaits; mais je ne crois pas que je doive faire un procès à mes chevaux s'ils ruent dans l'écurie que je leur ai fait bâtir.

Pour l'affaire du curé de Moëns, la sentence de Gex me paraît ridicule. Je ne sais si vous êtes chargé de cette affaire : je le souhaite au moins, pour apprendre aux curés de ce canton barbare à ne pas employer leur temps à distribuer des coups de bâton aux hommes, aux femmes, et aux petits garçons; le zèle de la maison du Seigneur ne doit pas aller jusqu'à assommer les gens.

J'ai l'honneur d'être, etc.

1. Voyez cette *Lettre* en tête du *Précis du Cantique des cantiques*. (ÉD.)

ANNÉE 1761.

MMMCCCXXXIII. — A M. LE COMTE DE SCHOWALOW.

A Ferney, 8 juin.

Monsieur, votre très-aimable M. Soltikof vient de me régaler d'un gros paquet dont Votre Excellence m'honore. Il contient les estampes d'un grand homme, quelques lettres de lui, et une de vous, monsieur, qui m'est aussi précieuse, pour le moins, que tout le reste. Mon premier devoir est de vous faire mes remercîments, et de vous assurer que je me conformerai à toutes vos intentions. Je bâtis pour vous la maison dont vous m'avez fourni les matériaux; il est juste que vous soyez logé à votre aise.

Je crois avoir déjà rempli une partie de vos vues, en déclarant que je ne prétendais pas faire l'histoire secrète de Pierre le Grand, et en trompant ainsi la malignité de ceux qui haïssent sa gloire et celle de votre empire. Je sais bien que, dans les commencements, je ne pouvais pas faire taire l'envie; mais si l'ouvrage est écrit de manière à intéresser les lecteurs, le livre reste, et les critiques s'évanouissent. C'est ce qui est arrivé à l'*Histoire de Charles XII*, longtemps combattue, et enfin reconnue pour véritable. Le certificat du roi Stanislas ne porte que sur les faits militaires et politiques; ce certificat est déjà une grande présomption en faveur de la vérité avec laquelle j'écris l'histoire de votre législateur; et des preuves plus fortes se tireront des mémoires que Votre Excellence daignera me communiquer. Je n'ai pris, dans les mémoires de M. de Bassewitz, et dans ceux que je me suis procurés, que ce qui peut contribuer à la gloire de votre patrie et à celle de Pierre Ier; j'abandonne le reste à la malignité de vos ennemis et des miens. M. le duc de Choiseul et tous nos meilleurs juges ont trouvé que j'ai fait voir assez heureusement, dans ma préface, qu'il ne faut écrire que ce qui est digne de la postérité, et qu'il faut laisser les petits détails aux petits faiseurs d'anecdotes. Ce sera à vous, monsieur, à me prescrire l'usage que je devrai faire des particularités que les mémoires manuscrits de M. de Bassewitz m'ont fournies. Encore une fois, je ne suis que votre secrétaire. Il est bien vrai que vous avez choisi un secrétaire trop vieux et trop malade; mais il vous consacre avec joie le peu de temps qui lui reste à vivre. J'admirais Pierre Ier en bien des choses, et vous me l'avez fait aimer. Le bien que vous faites aux lettres dans votre patrie me la rend chère. Quelqu'un a fait *le Russe à Paris*; je me regarde comme un Français en Russie. Disposez d'un homme qui sera, tant qu'il respirera, avec l'attachement le plus vrai, et les sentiments les plus remplis de respect et d'estime, etc.

MMMCCCXXXIV. — A M. ARNOULT, A DIJON.

Le 9 juin.

J'ai fait usage sur-le-champ, monsieur, de vos bons avis et de votre modèle de sommation auprès du pauvre promoteur savoyard, et du malin procureur du roi de la caverne de Gex. Je n'ai pu parler de ma nef, qui, n'étant point encore abattue quand je vous envoyai mes paperasses, rendait mon église très-idoine à dire et entendre messe; car, selon Ducasse, et selon le droit ecclésiastique, on peut dire messe quand la majeure partie de l'église n'est point entamée; mais ayant depuis fait jeter la nef par terre avec partie du chœur, et ayant rebâti à mesure, il n'y avait plus moyen de se plaindre qu'on allât célébrer ailleurs. Je ne prétenda point toucher à l'encensoir; mais quand j'aurai achevé mon église, ce sera à l'évêque d'Annecy à voir s'il la veut rebénir ou non, et m'excommunier comme je le mérite, pour m'être ruiné à faire des pilastres d'une pierre aussi chère et aussi belle que le marbre. Je suis le martyr de mon zèle et de ma piété : une bonne âme trouve ses consolations dans sa conscience.

En qualité de possesseur de terres et de bâtisseur d'églises, j'ai des procès sacrés et profanes; les prêtres et les huguenots sont conjurés contre moi. Un Mallet vous a consulté, monsieur, pour avoir un chemin à travers mes jardins; je vous supplie de ne point aider ce mécréant contre moi, et d'être l'avocat des fidèles. Je me fais votre client, et je crois que je vais finir ma vie comme M. Chicaneau, à cela près que je voudrais me loger auprès de mon avocat, comme il se logeait près de son juge, et que je n'en peux venir à bout, étant obligé de faire ici mon métier de maçon et de laboureur, qui va devant celui de plaideur.

J'ai l'honneur, etc.

MMMCCCXXXV. — A M. LE PRÉSIDENT DE RUFFEY.

Ferney, 9 juin.

Quoique je sente parfaitement, mon cher président, que ce n'est qu'à vous que je dois l'honneur d'être Bourguignon, cependant, je crois de mon devoir de remercier l'Académie, et encore plus de mon devoir de faire passer le remerciment par vos mains. Vous avez, je crois, un confrère infiniment aimable, c'est M. de Quintin ; non-seulement il m'écrit des lettres charmantes, mais je le lui ai obligation. Il mérite bien mes remercîments autant que l'Académie. Vous voilà chargé de ma reconnaissance, j'en aurai bien davantage si vous venez dans mes cabanes; M. de La Marche me le fait espérer. Je suis bien malingre, mais je tâcherai de vivre jusqu'au mois de septembre pour vous recevoir; vous savez peut-être que j'ai des procès pour le sacré et pour le profane. Puisque je suis en train de m'adresser à vos bontés, souffrez encore que je mette dans ce paquet une lettre pour mon avocat, M. Arnoult[1], qui me paraît un homme d'esprit.

Mille pardons, et mille remercîments.

V.

1. Un procès pour l'érection de sa chapelle, et un autre pour l'acquisition de Tournay et de Ferney. (Ed.)

MMMCCCXXXVI. — A Charles-Théodore, électeur palatin.

A Ferney, le 9 juin.

Est-ce une fille, est-ce un garçon ?
Je n'en sais rien ; la Providence
Ne dit point son secret d'avance,
Et ne nous rend jamais raison.

Grands, petits, riches, gueux, fous, sages,
Tous aveugles dans leurs efforts,
Tous à tâtons font des ouvrages
Dont ils ignorent les ressorts.

C'est bien là que l'homme est machine ;
Mais le machiniste est là-haut,
Qui fait tout de sa main divine
Comme il lui plaît, et comme il faut.

Je bénis ses dons invisibles,
Car vous savez que tout est bien.
On ne peut se plaindre de rien
Au meilleur des mondes possibles.

S'il vous donne un prince, tant mieux
Pour tout l'État et pour son père ;
Et s'il a votre caractère,
C'est le plus beaux présent des cieux.

Si d'une fille il vous régale,
Tant mieux encor ; c'est un bonheur :
En grâce, en beautés, en douceur,
Je la vois à sa mère égale.

O couple auguste ! heureux époux !
L'esprit prophétique m'emporte :
Fille ou garçon, il ne m'importe,
L'enfant sera digne de vous.

Monseigneur, il m'importe cependant ; et je partirais en poste pour savoir ce qui en est, si cette Providence, qui fait tout pour le mieux, ne me traitait pas misérablement. Elle maltraite fort votre petit vieillard suisse, et m'a fait l'individu le plus ratatiné et le plus souffrant de ce meilleur des mondes. Je ferais vraiment une belle figure au milieu des fêtes de Vos Altesses Électorales ! Ce n'était que dans l'ancienne Égypte qu'on plaçait des squelettes dans les festins. Monseigneur, je n'en peux plus. Je ris encore quelquefois ; mais j'avoue que la douleur est un mal. Je suis consolé si Votre Altesse Électorale est heureuse. Je suis plus fait pour les extrême-onctions que pour les baptêmes.

Puisse la paix servir d'époque à la naissance du prince que j'attends ! puisse son auguste père conserver ses bontés au malingre, et agréer les tendres et profonds respects du petit Suisse ! etc.

MMMCCCXXXVII. — A M. LE COMTE DE SCHOWALOW.

A Ferney, 11 juin.

Monsieur, vous vous êtes imposé vous-même le fardeau de l'importunité que mes lettres, peut-être trop fréquentes, doivent vous faire éprouver; voilà ce que c'est que de m'avoir inspiré de la passion pour Pierre le Grand et pour vous : les passions sont un peu babillardes.

Votre Excellence a dû recevoir plusieurs cahiers qui ne sont que de très-faibles esquisses; j'attendrai que vous fassiez mettre en marge quelques mots qui me serviront à faire un vrai tableau; ils ont été écrits à la hâte. Vous distinguerez aisément les fautes du copiste et celles de l'auteur, et tout sera ensuite exactement rectifié : j'ai voulu seulement pressentir votre goût.

Dès que j'ai pu avoir un moment de loisir, j'ai lu les remarques sur le premier tome, envoyées par duplicata, desquelles je n'ai reçu qu'un seul exemplaire, l'autre ayant été perdu, apparemment avec les autres papiers confiés à M. Pouschkin.

Je vous prierai en général, vous, monsieur, et ceux qui ont fait ces remarques, de vouloir bien considérer que votre secrétaire des Délices écrit pour les peuples du Midi, qui ne prononcent point les noms propres comme les peuples du Nord. J'ai déjà eu l'honneur de remarquer avec vous qu'il n'y eut jamais de roi de Perse appelé Darius, ni de roi des Indes appelé Porus; que l'Euphrate, le Tigre, l'Inde, et le Gange, ne furent jamais nommés ainsi par les nationaux, et que les Grecs ont tout grécisé.

............ *Graiis dedit ore rotundo*
*Musa loqui*............

Hor., *de Art. poet.*, 323-24.

Pierre le Grand ne s'appelle point Pierre chez vous; permettez cependant que l'on continue à l'appeler Pierre; à nommer Moscow, Moscou; et la Moskowa, la Moska, etc.

J'ai dit que les caravanes pourraient, en prenant un détour par la Tartarie indépendante, rencontrer à peine une montagne de Pétersbourg à Pékin, et cela est très-vrai : en passant par les terres des Éluths, par les déserts des Kalmouks-Kotkos, et par le pays des Tartares de Kokonor, il y a des montagnes à droite et à gauche; mais on pourrait certainement aller à la Chine sans en franchir presque aucune; de même qu'on pourrait aller par terre, et très-aisément, de Pétersbourg au fond de la France, presque toujours par des plaines. C'est une observation physique assez importante, et qui sert de réponse au système, aussi faux que célèbre, que le courant des mers a produit les montagnes qui couvrent la terre. Ayez la bonté de remarquer, monsieur, que je ne dis pas qu'on ne trouve point de montagnes de Pétersbourg à la Chine; mais je dis qu'on pourrait les éviter en prenant des détours.

Je ne conçois pas qu'on puisse me dire *qu'on ne connaît point la Russie noire*. Qu'on ouvre seulement le dictionnaire de La Martinière au mot *Russie*, et presque tous les géographes, on trouvera ces mots : *Russie noire, entre la Volhinie et la Podolie*, etc.

Je suis encore très-étonné qu'on me dise que la ville que vous appelez Kiow ou Kioff ne s'appelait point autrefois Kiovie. La Martinière est de mon avis ; et si on a détruit les inscriptions grecques, cela n'empêche pas qu'elles n'aient existé.

J'ignore si celui qui transcrivit les mémoires à moi envoyés par vous, monsieur, est un Allemand : il écrit Jwan Wassiliewitsch, et moi j'écris Ivan Basilovitz ; cela donne lieu à quelques méprises dans les remarques.

Il y en a une bien étrange à propos du quartier de Moscou appelé la ville chinoise. L'observateur dit « que ce quartier portait ce nom avant qu'on eût la moindre connaissance des Chinois et de leurs marchandises. » J'en appelle à Votre Excellence : comment peut on appeler une chose *chinoise*, sans savoir que la Chine existe? dirait-on la valeur russe, s'il n'y avait pas une Russie?

Est-il possible qu'on ait pu faire de telles observations? Je serais bien heureux, monsieur, si vos importantes occupations vous avaient permis de jeter les yeux sur ces manuscrits que vous daignez me faire parvenir. L'écrivain prodigue les *s*, *c*, *k*, *h*, allemands. La rivière que nous appelons *Veronèse*, nom très-doux à prononcer, est appelée, dans les mémoires, *Woronestch* ; et dans les observations, on me dit que vous prononcez Voronège : comment voulez-vous que je me reconnaisse au milieu de toutes ces contrariétés? J'écris en français ; ne dois-je pas me conformer à la douceur de la prononciation française?

Pourquoi, lorsqu'en suivant exactement vos mémoires, ayant distingué les serfs des évêques et les serfs des couvents, et ayant mis pour les serfs des couvents le nombre de 721 500, ne daigne-t-on pas s'apercevoir qu'on a oublié un zéro en répétant ce nombre à la page 59, et que cette erreur vient uniquement du libraire, qui a mal mis le chiffre en toutes lettres?

Pourquoi s'obstine-t-on à renouveler la fable honteuse et barbare du czar Ivan Basilowitz, qui voulut faire, dit-on, clouer le chapeau d'un prétendu ambassadeur d'Angleterre, nommé Bèze, sur la tête de ce pauvre ambassadeur? Par quelle rage ce czar voulait-il que les ambassadeurs orientaux lui parlassent nu-tête? L'observateur ignore-t-il que, dans tout l'Orient, c'est un manque de respect que de se découvrir la tête? Interrogez, monsieur, le ministre d'Angleterre, il vous certifiera qu'il n'y a jamais eu de Bèze ambassadeur ; le premier ambassadeur fut M. de Carlisle.

Pourquoi me dit-on qu'au vi[e] siècle on écrivait à Kiovie sur du papier, lequel n'a été inventé qu'au xiie siècle[1]?

L'observation la plus juste que j'aie trouvée est celle qui concerne le patriarche Photius. Il est certain que Photius était mort longtemps avant la princesse Olha ; on devait écrire Polyeucte au lieu de Photius :

1. On croit que le papier de linge est du xiie siècle, et le papier de coton du ixe. (ÉD.)

Polyeucte était patriarche de Constantinople au temps de la princesse Olha. C'est une erreur de copiste que j'aurais dû corriger en relisant les feuilles imprimées; je suis coupable de cette inadvertance, que tout homme qui sera de bonne foi rectifiera aisément.

Est-il possible, monsieur, qu'on me dise, dans les observations, que le patriarcat de Constantinople était le plus ancien? c'était celui d'Alexandrie; et il y avait eu vingt évêques de Jérusalem avant qu'il y en eût un à Byzance.

Il importe bien vraiment qu'un médecin hollandais se nomme Vangad ou Vangardt! vos mémoires, monsieur, l'appellent Vangad, et votre observateur me reproche de n'avoir pas bien appelé le nom de ce grand personnage. Il semble qu'on ait cherché à me mortifier, à me dégoûter, et à trouver, dans l'ouvrage fait sous vos auspices, des fautes qui n'y sont pas.

J'ai reçu aussi, monsieur, un mémoire intitulé *Abrégé des recherches de l'antiquité des Russes*, tiré de l'*Histoire étendue à laquelle on travaille*.

On commence par dire, dans cet étrange mémoire, « que l'antiquité des Slaves s'étend jusqu'à la guerre de Troie, et que leur roi Polimène alla avec Anténor au bout de la mer Adriatique, etc. » C'est ainsi que nous écrivions l'histoire il y a mille ans; c'est ainsi qu'on nous faisait descendre de Francus par Hector, et c'est apparemment pour cela qu'on veut s'élever contre ma préface, dans laquelle je remarque ce qu'on doit penser de ces misérables fables. Vous avez, monsieur, trop de goût, trop d'esprit, trop de lumières pour souffrir qu'on étale un tel ridicule dans un siècle aussi éclairé.

Je soupçonne le même Allemand d'être l'auteur de ce mémoire, car je vois Juanovitz, Basilovitz, orthographiés ainsi, Wanovitsch, Wassiliewitsch. Je souhaite à cet homme plus d'esprit et moins de consonnes.

Croyez-moi, monsieur, tenez-vous-en à Pierre le Grand; je vous abandonne nos Chilpéric, Childéric, Sigebert, Caribert, et je m'en tiens à Louis XIV.

Si Votre Excellence pense comme moi, je la supplie de m'en instruire. J'attends l'honneur de votre réponse, avec le zèle et l'envie de vous plaire que vous me connaissez; et je croirai toujours avoir très-bien employé mon temps, si je vous ai convaincu des sentiments pleins de vénération et d'attachement avec lesquels je serai toute ma vie, monsieur, de Votre Excellence, etc.

### MMMCCCXXXVIII. — À MADAME DE FONTAINE.

11 juin.

On fait une tragédie, ma chère nièce, en trois semaines, il n'y a rien de plus aisé; mais en trois semaines on ne l'achève pas. Je me suis remis vite au *czar Pierre*, afin de perdre de vue la pièce, et de la revoir dans quelque temps avec des yeux rafraîchis et un esprit désintéressé; c'est alors que je serai un censeur très-sévère. En attendant, je vous exhorte à vous faire raison des Bernard. Si, pendant que vous avez la main à la pâte, vous pouviez tirer aussi quelque chose de la banqueroute de ce faquin de Samuel, fils de Samuel, maître des requêtes, surintendant de la maison de la reine, et banqueroutier frauduleux, ce serait une bonne affaire pour la famille. Il faudra charger d'Hornoy de cette affaire, quand il aura fait son droit, et qu'il aura emporté vigoureusement ses licences : il prendra des conseils de son oncle l'abbé, et il n'est pas douteux qu'alors il ne triomphe. Pour moi, je ferai un mémoire sanglant contre les banqueroutiers, contre les commissions éternelles de ces belles affaires, et contre le receveur des consignations, qui mange tout l'argent.

Êtes-vous à Paris? êtes-vous à Hornoy? Pour moi, la tête me fend, ma cervelle bout du czar Pierre et des tragédies, de trois terres que je gouverne bien ou mal, de deux maisons que je bâtis, et des vers de Luc, auxquels il faut répondre. Je ne sais ce que c'est que ce *Sermon des cinquante*, dont vous me parlez; c'est apparemment le sermon de quelque jésuite qui n'aura eu que cinquante auditeurs, c'est encore beaucoup; les pauvres diables me paraissent actuellement bien grêlés. Mais si c'était quelque sottise antichrétienne, et que quelque fripon osât me l'imputer, je demanderai justice au pape, tout net. Je n'entends point raillerie sur cet article; je me suis déclaré hardiment contre Calvin, aux Délices; et je ne souffrirai jamais que la pureté de ma foi soit attaquée.

Je crois notre ami d'Argental un peu empêtré de son ambassade [1]. Il ne m'écrit point, et je suis persuadé que je recevrai un volume de lui sur *la Chevalerie* [2]. J'ai bien peur que ses négociations parmesanes ne fassent un peu languir des traités qu'il avait entamés pour moi avec M. le comte de La Marche, notre seigneur suzerain.

Mes correspondances dans le Nord vont toujours leur train. Je suis plus content que jamais de la cour de Pétersbourg. Il nous est venu ici un petit Russe très-aimable, proche parent d'une impératrice, et qui pour cela n'en est pas plus grand seigneur. Je vous écris à bâtons rompus, comme vous voyez, ma chère nièce; c'est que je n'ai pas dormi, et que je n'en peux plus.

Ayez grand soin de votre santé, et dites-m'en, s'il vous plaît, des nouvelles. Je vous embrasse tendrement, vous, votre famille, et vos amis. Adieu, ma chère enfant; je vous recommande Thieriot, à qui vous devez quarante écus, en vertu des pactes de famille.

MMMCCCXXXIX. — A M. ARNOULT, A DIJON.

A Ferney, le 15 juin.

J'eus l'honneur, monsieur, de vous mander, il y a quelques jours, que j'avais fait ce que vous m'aviez prescrit pour arrêter le cours des procédures odieuses et téméraires qu'on faisait au sujet de l'église que

1. Il était ministre de Parme près la cour de France. (Éd.)
2. Tragédie de *Tancrède*. (Éd.)

je fais bâtir à Dieu. J'ai découvert depuis qu'il y a une ordonnance du roi, de 1627, qui défend, à l'article XIV, à tout curé d'être promoteur ou official.

Or, monsieur, l'official et le promoteur qui ont fait les procédures ridicules dont je me plains sont tous deux curés dans le pays. Je crois être en droit d'exiger qu'ils soient condamnés solidairement à me rembourser tous les dommages, etc., qu'ils m'ont causés en effarouchant et dispersant tous mes ouvriers par leur descente illégale, etc.

La justice séculière a discontinué ses procédures absurdes; mais la prétendue justice cléricale a continué les siennes.

*Non missura cutem, nisi plena cruoris, hirudo.*
Hor., *de Art. poet.*, v. 476.

Elle a encore interrogé mes vassaux séculiers et mes ouvriers, malgré la signification que j'ai faite suivant votre délibéré. Ces démarches, illégales et insolentes autant qu'insolites, rebutent ceux qui travaillent pour moi.

Votre nouveau client vous importune souvent, monsieur. Le sieur de Croze est aussi le vôtre dans son affaire contre le curé Ancian, au sujet de l'assassinat de son fils. Il est certain que ce malheureux a été amoureux de la dame Burdet, bourgeoise de Magny, et de très-bonne famille, qu'il n'a jamais appelée que *la prostituée*. Il est prouvé d'ailleurs que cet abominable prêtre a passé sa vie à donner et à recevoir des coups de bâton. Vous avez les pièces entre les mains : je vous demande en grâce de presser cette affaire; j'aurai très-soin que vous ne perdiez pas vos peines. Vous me paraissez l'ennemi des usurpations et des violences ecclésiastiques; vous signalerez également votre équité, votre savoir, et votre éloquence.

Je vous soumets cette pancarte : vous y verrez, monsieur, que l'on me poursuit avec l'ingratitude la plus furieuse, tandis que je me ruine à faire du bien. Il me paraît que c'est là le cas d'un appel comme d'abus. La loi qui défend aux curés d'exercer le ministère d'official et de promoteur doit exister; car il n'est pas naturel que le juge des curés soit curé lui-même; cette loi ne serait pas rapportée dans un livre qui sert de code aux prêtres, si elle n'avait pas été portée, et si elle n'était pas en vigueur. Elle est fondée sur les mêmes raisons qui ne souffrent pas qu'un official et un promoteur soient pénitenciers.

De tout mon cœur, monsieur, et sans compliment, votre, etc.

MMMCCCXL. — A M. LE COMTE D'ARGENTAL.

15 juin.

Divins anges, ne m'avez-vous pas pris pour un hâbleur qui vous faisait un portrait exagéré de ses fardeaux et tribulations? Je ne vous en ai pas dit la moitié; voici le comble. J'abandonne ma tragédie[1]; le cinquième acte ne pouvait être déchirant; et, sans grand cinquième

1. *Zulime.* (ED.)

acte, point de salut. J'ai tourné et retourné le tout dans ma chétive tête; froid cinquième acte, vous dis-je. Vous me direz que ce sont mes procès qui m'appauvrissent l'imagination; au contraire, ils me mettent en colère, et cela excite : mais mon cinquième acte n'en est pas moins insipide. Je ne sais plus comment m'y prendre pour trouver des sujets nouveaux : j'ai été en Amérique et à la Chine ; il ne me reste que d'aller dans la lune. J'en suis malade; me voilà comme une femme qui a fait une fausse couche. Est-il vrai qu'on a représenté *Athalie* avec magnificence, et que le public s'est enfin aperçu que Joad avait tort, et qu'Athalie avait raison?

Protégez-vous la petite Duranci? protégez-vous Crispin-Hurtaud¹? Mais est-il bien vrai qu'on ne prendra point Belle-Ile ? N'allez pas me laisser là, s'il vous plaît, si je ne trouve pas un beau sujet; il ne faut pas chasser un vieux serviteur, parce qu'il n'est plus bon à rien ; il faut le plaindre et l'encourager.

Avez-vous *les Trois sultanes*²? On dit que cela est charmant; point d'intrigue, mais beaucoup d'esprit et de gaieté.

Enfin, mes chers anges, vous avez donc fait grâce au *Droit du seigneur;* vous avez comblé de joie Mme Denis : elle était folle de cette bagatelle. Je ne sais si Thieriot sera bien adroit, ni comment il s'y prend.

Mille tendres respects.

MMMCCCXLI. — A M. L'ABBÉ AUBERT, QUI LUI AVAIT ADRESSÉ LA SECONDE ÉDITION DE SES FABLES.

Au château de Ferney, 15 juin.

Vous vous êtes mis, monsieur, à côté de La Fontaine, et je ne sais s'il a jamais écrit une meilleure lettre en vers que celle dont vous m'honorez. Tous les lecteurs vous sauront gré de vos fables, et j'ai par-dessus eux une obligation personnelle envers vous. Je dois joindre la reconnaissance à l'estime, et je vous assure que je remplis bien ces deux devoirs. Il y en a un troisième dont je devrais m'acquitter, ce serait de répondre en vers à vos vers charmants; mais vous me prenez trop à votre avantage. Vous êtes jeune, vous vous portez bien; je suis vieux et malade. Mon malheur veut encore que je sois surchargé d'occupations qui sont bien opposées aux charmes de la poésie. Je peux encore sentir tout ce que vous valez; mais je ne peux vous payer en même monnaie. Faites-moi donc grâce, en me rendant la justice d'être bien persuadé que personne ne vous en rend plus que moi. J'ai honte de vous témoigner si faiblement, monsieur, les sentiments véritables avec lesquels j'ai l'honneur d'être, votre, etc.

MMMCCCXLII. — A M. DAMILAVILLE.

15 juin.

Il ne faut pas rire; rien n'est plus certain que c'est un homme de l'Académie de Dijon qui a fait cette drôlerie. Il est fort connu de

---

1. Nom sous lequel Voltaire donnait *le Droit du seigneur*. (ÉD.)
2. Comédie de Favart. (ÉD.)

Mme Denis; et cette Mme Denis, quoique fort douce, mangerait les yeux de quiconque voudrait supprimer la tirade des romans, surtout dans un second acte.

J'ai trouvé, moi qui suis très-pudibond, que les jeunes demoiselles que leurs prudentes mères mènent à la Comédie pourraient rougir d'entendre un bailli qui interroge Colette, et qui lui demande si elle est grosse. Je prierai mon Dijonnais d'adoucir l'interrogatoire.

Je remercie infiniment M. Diderot de m'envoyer un bailli qui sans doute vaudra mieux que celui de la place. Je crois qu'il faut qu'il soit avocat, ou du moins qu'il soit en état d'être reçu au parlement de Dijon; en ce cas, je l'adresserais à mon conseiller, qui me doit au moins le service de protéger mon bailli. Sûrement un homme envoyé par M. Diderot est un philosophe et un homme aimable. Il pourrait aisément être juge de sept ou huit terres dans le pays, ce qui serait un petit établissement.

Je ne sais pas trop comment frère Thieriot s'ajuste avec les excommuniés du sieur Le Dain[1]; frère Thieriot ne doit pas paraître : je m'en rapporte à lui, il est sage.

J'ai mis mes prêtres à la raison, évêque, official, promoteur, jésuite; je les ai tous battus, et je bâtis mon église comme je le veux, et non comme ils le voulaient. Quand j'aurai mon bailli philosophe, je les rangerai tous. Je suis bienfaiteur de l'Église; je veux m'en faire craindre et aimer.

Je lève les mains au ciel pour le salut des frères.

J'ai eu aujourd'hui à dîner un M. Poinsinet revenant d'Italie. *Fratres*, qui est ce M. Poinsinet? Il m'a récité d'assez passables vers. *Valete, fratres*. Frère Thieriot a-t-il le diable au corps de vouloir qu'on imprime la *Conversation* du cher Grizel?

Je plains ce pauvre *Térès;* il est triste que *Philomèle* soit mal reçue au mois de mai. On disait que M. Le Mierre était un bon ennemi de l'*inf...*; courage! qu'il ne se rebute pas, et confusion aux fanatiques, ennemis de la raison et de l'État!

MMMCCCXLIII. — A M. L'ABBÉ DELILLE[2].

À Ferney, 15 juin.

On est bien loin, monsieur, d'être inconnu, comme vous le dites, quand on a fait d'aussi beaux vers[3] que vous, et surtout quand on y répand d'aussi nobles vérités, et des sentiments si vertueux. Vous pensez en excellent citoyen, et vous vous exprimez en grand poëte. Je m'intéresse d'autant plus à la gloire que vous assurez à M. Laurent,

---

1. Les comédiens. (ÉD.)
2. Jacques, fils naturel d'Antoine Montanier, avocat, et de Marie-Hiéronyme Bérard, né le 22 juin 1738, prit le nom de Delille, et est connu sous le nom d'abbé Delille. Quoique sous-diacre et grand ennemi des idées nouvelles, il se maria, pendant la Révolution, en pays étranger, et mourut à Paris le 1ᵉʳ mai 1813. (Note de M. Beuchot.)
3. Épitre à M. Laurent, à l'occasion du bras artificiel qu'il a fait pour un soldat invalide. (ÉD.)

que je m'avise de l'imiter en petit dans une de ses opérations. Je dessèche actuellement des marais; mais j'avoue que je ne fais point de bras. Cependant vous avez daigné parler de moi dans votre épître à cet étonnant artiste. J'avais déjà lu votre ouvrage qui a concouru pour le prix de l'Académie[1]; je ne savais pas que je dusse joindre le sentiment de la reconnaissance à celui de l'estime que vous m'inspiriez. Je vous félicite, monsieur, d'être en relation avec M. du Verney. Il forme un séminaire de gens[2] dont quelques-uns demanderont probablement un jour à M. Laurent des bras et des jambes. La noblesse française aime fort à se les faire casser pour son maître.

Je fais aussi mon compliment à M. du Verney d'aimer un homme de votre mérite. Il en a trop pour ne pas distinguer le vôtre. Je me vante aussi, monsieur, d'avoir celui de sentir tout ce que vous valez. Recevez mes remercîments, non-seulement de ce que vous avez bien voulu m'envoyer vos ouvrages, mais de ce que vous en faites de si bons. J'ai l'honneur d'être, etc.

MMMCCXLIV. — À M. DAMILAVILLE.

Le 19 juin.

En voyant la mine de ce pauvre abbé du Resnel, je n'ai pu m'empêcher de dire :

Quoiqu'il eût cette mine, il fit pourtant des vers,
Il fut prêtre, mais philosophe;
Philosophe pour lui, se cachant des pervers.
Que n'ai-je été de cette étoffe!

Frère Thieriot n'aura pas autre chose de moi. Il n'y a pas moyen de faire une inscription, à moins qu'elle ne soit un peu piquante, et je ne trouve rien de piquant à dire sur l'abbé du Resnel. C'était un homme aimable dans la société, je le regrette de tout mon cœur, je le suivrai bientôt, et puis c'est tout.

J'ai pris la liberté d'envoyer sous votre enveloppe une lettre pour M. Héron, dans laquelle je lui demande une grâce qui m'est très-nécessaire : c'est de vouloir bien me faire parvenir une ordonnance du roi qui défend aux archevêques et aux évêques de prendre des curés pour leurs promoteurs ou officiaux. Cette loi, qui est de 1627, me paraît fort sage ; c'est ce qui fait qu'elle n'est point exécutée. Comme j'aime un peu le remue-ménage, j'ai envie de faire quelques niches aux prêtres de mon canton. Rien n'est plus amusant dans la vieillesse. Je me recommande à tous les frères, en corps et en âme.

MMMCCXLV. — À M. LE BARON DE BIELFELD.

Aux Délices, 20 juin.

Je crois, monsieur, que votre lettre m'a guéri ; car le plaisir est un souverain remède, et j'ai senti un plaisir bien vif en voyant que vous

1. *Épître sur l'utilité de la retraite pour les gens de lettres.* (ÉD.)
2. *L'École militaire.* (ÉD.)

vous souvenez de moi. Je ne songe plus qu'à m'amuser et à finir gaiement ma carrière; mais je m'intéresse beaucoup aux ouvrages sérieux que vous donnez au public. J'attends avec impatience celui que vous m'annoncez. Apprenez aux princes à être justes; c'est toujours une consolation pour ceux qui souffrent de leur ambition, de leurs caprices, de leurs injustices, de leurs méchancetés. Les hommes aiment à entendre parler du droit des gens; ce sont des malades à qui on parle du remède universel. N'avez-vous pas dit aussi quelque petit mot sur la liberté? Je m'imagine que vous la goûtez à votre aise dans Hambourg; pour moi, j'en jouis, et je suis depuis six ans dans l'ivresse de la jouissance, étant assez heureux pour posséder des terres libres sur la frontière de France, et me trouver dans une indépendance entière. Vous souvient-il du temps où il ne vous était pas permis d'aller dans vos terres? c'est bien cela qui est contre le droit des gens.

Je souhaite la paix à votre Allemagne; mais je ne peux exalter mon âme au point de deviner le temps où toutes ces horreurs cesseront. Le secret de prévoir l'avenir s'est perdu avec le modeste président[1]. Je vous embrasse de tout mon cœur, sans cérémonie; il n'en faut point entre les philosophes. C'est assez de dater sa lettre, et de signer la première lettre de son nom.                                V.

Votre lettre du mois de février ne m'a pas été rendue par des gens pressés de s'acquitter de leur commission.

**MMMCCCXLVI.** — A M. LE COMTE D'ARGENTAL.

21 juin.

Mes divins anges, lisez mes remontrances avec attention et bénignité.

Considérez d'abord que le plan d'un cerveau n'a pas six pouces de large, et que j'ai pour cent toises au moins de tribulations et de travaux. Le loisir fut certainement le père des Muses; les affaires en sont les ennemis, et l'embarras les tue. On peut bien à la vérité faire une tragédie, une comédie, ou deux ou trois chants d'un poëme, dans une semaine d'hiver; mais vous m'avouerez que cela est impossible dans le temps de la fenaison et des moissons, des défrichements et des desséchements; et quand à ces travaux de campagne il se joint des procès, le tripot de Thémis l'emporte sur celui de Melpomène. Je vous ai caché une partie de mes douleurs; mais enfin il faut que vous sachiez que j'ai la guerre contre le clergé. Je bâtis une église assez jolie, dont le frontispice est d'une pierre aussi chère que le marbre; je fonde une école; et, pour prix de mes bienfaits, un curé d'un village voisin, qui se dit promoteur, et un autre curé qui se dit official, m'ont intenté un procès criminel pour un pied et demi de cimetière, et pour deux côtelettes de mouton qu'on a prises pour des os de morts déterrés.

On m'a voulu excommunier pour avoir voulu déranger une croix de

[1] Maupertuis. (ÉD.)

bois, et pour avoir abattu insolemment une partie d'une grange qu'on appelait paroisse.

Comme j'aime passionnément à être le maître, j'ai jeté par terre toute l'église, pour répondre aux plaintes d'en avoir abattu la moitié. J'ai pris les cloches, l'autel, les confessionnaux, les fonts baptismaux; j'ai envoyé mes paroissiens entendre la messe à une lieue.

Le lieutenant criminel, le procureur du roi, sont venus instrumenter; j'ai envoyé promener tout le monde; je leur ai signifié qu'ils étaient des ânes, comme de fait ils le sont. J'avais pris des mesures de façon que M. le procureur général du parlement de Dijon leur a confirmé cette vérité. Je suis à présent sur le point d'avoir l'honneur d'appeler comme d'abus, et ce ne sera pas maître Le Dain qui sera mon avocat. Je crois que je ferai mourir de douleur mon évêque, s'il ne meurt pas auparavant de gras fondu.

Vous noterez, s'il vous plaît, qu'en même temps je m'adresse au pape en droiture. Ma destinée est de bafouer Rome, et de la faire servir à mes petites volontés. L'aventure de *Mahomet* m'encourage. Je fais donc une belle requête au saint-père; je demande des reliques pour mon église, un domaine absolu sur mon cimetière, une indulgence *in articulo mortis*, et, pendant ma vie, une belle bulle pour moi tout seul, portant permission de cultiver la terre les jours de fête, sans être damné. Mon évêque est un sot qui n'a pas voulu donner au malheureux petit pays de Gex la permission que je demande; et cette abominable coutume de s'enivrer en l'honneur des saints, au lieu de labourer, subsiste encore dans bien des diocèses. Le roi devrait, je ne dis pas permettre les travaux champêtres ces jours-là, mais les ordonner. C'est un reste de notre ancienne barbarie de laisser cette grande partie de l'économie de l'État entre les mains des prêtres.

M. de Courteilles vient de faire une belle action en faisant rendre un arrêt du conseil pour les dessèchements des marais. Il devrait en rendre un qui ordonnât aux sujets du roi de faire croître du blé le jour de saint Simon et de saint Jude, tout comme un autre jour. Nous sommes la fable et la risée des nations étrangères, sur terre et sur mer; les paysans du canton de Berne, mes voisins, se moquent de moi, qui ne puis labourer mon champ que trois fois, tandis qu'ils labourent quatre fois le leur. Je rougis de m'adresser à un évêque de Rome, et non pas à un ministre de France, pour faire le bien de l'État.

Si ma supplique au pape et ma lettre au cardinal Passionei sont prêtes au départ de la poste, je les mettrai sous les ailes de mes anges, qui auraient la bonté de faire passer mon paquet à M. le duc de Choiseul; car je veux qu'il en rie et qu'il m'appuie. Cette négociation sera plus aisée à terminer honorablement que celle de la paix.

Je passe du trépot de l'Église à celui de la Comédie. Je croyais que frère Damilaville et frère Thieriot s'étaient adressés à mes anges pour cette pièce qu'on prétend être d'après Jodelle, et qui est certainement d'un académicien de Dijon. Ils ont été si discrets qu'ils n'ont pas, jusqu'à présent, osé vous en parler; il faudra pourtant qu'ils s'adressent à vous, et que vous les protégiez très-discrètement, sous main, *sans vous cacher visiblement*.

Je ne saurais finir de dicter cette longue lettre sans vous dire à quel point je suis révolté de l'insolence absurde et avilissante avec laquelle on affecte encore de ne pas distinguer le théâtre de la Foire du théâtre de Corneille, et Gilles de Baron; cela jette un opprobre odieux sur le seul art qui puisse mettre la France au-dessus des autres nations, sur un art que j'ai cultivé toute ma vie aux dépens de ma fortune et de mon avancement. Cela doit redoubler l'horreur de tout honnête homme pour la superstition et la pédanterie. J'aimerais mieux voir les Français imbéciles et barbares, comme ils l'ont été douze cents ans, que de le voir à demi éclairés. Mon aversion pour Paris est un peu fondée sur ce dégoût. Je me souviens avec horreur qu'il n'y a pas une de mes tragédies qui ne m'ait suscité les plus violents chagrins; il fallait tout l'empire que vous avez sur moi pour me faire rentrer dans cette détestable carrière. Je n'ai jamais mis mon nom à rien, parce que mettre son nom à la tête d'un ouvrage est ridicule; et on s'obstine à mettre mon nom à tout; c'est encore une de mes peines.

J'ajouterai que je hais si furieusement maître Omer, que je ne veux pas me trouver dans la même ville où ce crapaud noir coasse. Voilà mon cœur ouvert à mes anges; il est peut-être rongé de quelques gouttes de fiel, mais vos bontés y versent mille douceurs.

Encore un mot; cela ne finira pas sitôt. Permettez que je vous adresse ma réponse à une lettre de M. le duc de Nivernais. L'embarras d'avoir les noms des souscripteurs pour les œuvres de l'excommunié et infâme Pierre Corneille ne sera pas une de nos moindres difficultés. Il y en a à tout : ce monde-ci n'est qu'un fagot d'épines.

Vous n'aurez pas aujourd'hui ma lettre au pape, mes divins anges; on ne peut pas tout faire.

Je vous conjure d'accabler de louanges M. de Courteilles, pour la bonne action qu'il a faite de faire rendre un arrêt qui desséchera nos vilains marais.

Voici une lettre qui doit terriblement vous ennuyer; mais j'ai voulu vous dire tout.

Mme Denis et la pupille se joignent à moi.

MMMCCCXLVII. — A M. DE LA PLACE, AUTEUR DU *Mercure*.

29 juin 1761.

*Sic vos non vobis*. Dans le nombre immense de tragédies, comédies, opéras-comiques, discours moraux, et facéties, au nombre d'environ cinq cent mille, qui font l'honneur éternel de la France, on vient d'imprimer une tragédie sous mon nom, intitulée *Zulime*; la scène est en Afrique; il est bien vrai qu'autrefois, ayant été avec *Alzire* en Amérique, je fis un petit tour en Afrique avec *Zulime*, avant d'aller voir *Idame* à la Chine; mais mon voyage d'Afrique ne me réussit point. Presque personne dans le parterre ne connaissait la ville d'Arsénie, qui était le lieu de la scène; c'est pourtant une colonie romaine nommée *Arenaria*; et c'est encore par cette raison-là qu'on ne la connaissait pas.

Trémizène est un nom bien sonore, c'est un joli petit royaume; mais on n'en avait aucune idée : la pièce ne donna nulle envie de s'informer du gisement de ces côtes. Je retirai prudemment ma flotte,

.................................... *Et quæ*
*Desperat tractata nitescere posse relinquit*[1].

Des corsaires se sont enfin saisis de la pièce, et l'ont fait imprimer; mais, par droit de conquête, ils ont supprimé deux ou trois cents vers de ma façon, et en ont mis autant de la leur; je crois qu'ils ont très-bien fait; je ne veux point leur voler leur gloire, comme ils m'ont volé mon ouvrage. J'avoue que le dénoûment leur appartient, et qu'il est aussi mauvais que l'était le mien : les rieurs auront beau jeu; au lieu d'avoir une pièce à siffler, ils en auront deux.

Il est vrai que les rieurs seront en petit nombre, car peu de gens pourraient lire les deux pièces : je suis de ce nombre; et de tous ceux qui prisent ces bagatelles ce qu'elles valent, je suis peut-être celui qui y met le plus bas prix. Enchanté des chefs-d'œuvre du siècle passé, autant que dégoûté du fatras prodigieux de nos médiocrités, je vais expier les miennes en me faisant le commentateur de *Pierre Corneille*. L'Académie a agréé ce travail; je me flatte que le public le secondera, en faveur des héritiers de ce grand nom.

Il vaut mieux commenter *Héraclius* que de faire *Tancrède*, on risque bien moins. Le premier jour que l'on joua ce *Tancrède*, beaucoup de spectateurs étaient venus armés d'un manuscrit qui courait le monde, et qu'on assurait être mon ouvrage : il ressemblait à cette *Zulime*.

C'est ainsi qu'un honnête libraire, nommé Grangé, s'avisa d'imprimer une *Histoire générale*, qu'il assurait être de moi, et il me le soutenait à moi-même. Il n'y a pas grand mal à tout cela. Quand on vexe un pauvre auteur, les dix-neuf vingtièmes du monde l'ignorent, le reste en rit, et moi aussi. Il y a trente à quarante ans que je prenais sérieusement la chose. J'étais bien sot! Adieu, je vous embrasse.

MMMCCCXLVIII. — A M. LE COMTE D'ARGENTAL.

Aux Délices, 23 juin.

O mes anges! le coup est violent, le trait est noir, l'embarras est grand.

*Zulime*, soit : la voilà baptisée, la voilà Africaine; elle a affaire à un Espagnol, il n'y a plus moyen de s'en dédire. Voici une petite lettre à Nicodème Thieriot qu'il ne serait pas mal de faire courir. Allons donc, je vais songer à cette *Zulime*; la tête me bout. Serai-je toujours comme Arlequin, qui voulait faire vingt-deux métiers à la fois? Patience.

Mille respects, je vous en conjure, à M. le comte de Choiseul; comment va sa santé?

1. Horace, *de Arte poetica*, 150-151. (ÉD.)

Ayez la charité d'envoyer à M. le duc de Choiseul le présent paquet, après en avoir ri.

Qui est ambassadeur à Rome? je n'en sais rien. Quel qu'il soit, il faut qu'il fasse mon affaire au plus vite. M. le comte de Choiseul, protégez-moi prodigieusement; je veux que Rezzonico[1] m'accorde tout ce que je demande. Quand le seigneur, le curé, et toute une paroisse, présentent une supplique au pape, et que cette paroisse est auprès de Genève et que c'est à moi qu'elle appartient, le pape est un benêt s'il nous refuse.

J'espère bien que tous les Choiseul me permettront de mettre leur nom en gros caractères parmi les souscripteurs de Corneille; je vais d'abord tâter le roi.

Mes anges, si vous avez deux ou trois âmes à me prêter, envoyez-les-moi par la poste; car je n'ai pas assez de la mienne : toute chétive qu'elle est, elle vous adore.

Avez-vous reçu la cargaison de Grizel? Et les yeux?

MMMCCCXLIX. — A M. L'ABBÉ D'OLIVET.

24 juin.

*Facundissime et carissime Olivete*, lisez le programme simple et court à l'Académie. Si on l'approuve, je l'envoie à M. le duc de Choiseul, à Mme de Pompadour. Je veux que le roi souscrive; je veux que le président Hénault fasse souscrire la reine. Je me charge des princes d'Allemagne et du parlement d'Angleterre. Je veux la gloire de la France et de l'Académie.

Je crois que je pourrai hardiment, dans un programme imprimé, donner les noms de tous les académiciens, que je mettrai immédiatement après les princes, attendu qu'ils sont les confrères de Corneille.

Renvoyez-moi, s'il vous plaît, mon programme approuvé. *Nec patres conscripti concidant nec deficiant.*

Il serait convenable que chacun signât mon programme. M. le duc de Nivernais a déjà souscrit pour dix exemplaires. Qui sera le brave académicien qui se chargera de la souscription de ses frères à croix d'or, à cordons bleus, etc.? *Ciceronis amator, Cornelium tuere.*

MMMCCCL. — A M. DALEMBERT.

Aux Délices, 25 de juin.

Mon cher philosophe, vous n'avez peut-être pas beaucoup de temps, ni moi non plus; cependant il faut donner signe de vie. Dites-moi en conscience à quelle distance vous croyez que nous sommes éloignés du soleil depuis le passage de Vénus, et si vous pensez que cette Vénus ait un laquais, comme on le prétend. Pour moi, je suis occupé actuellement de Mlle Corneille, et je vous prie de faire beau bruit à l'Académie pour l'édition des ouvrages de ce grand homme.

M. l'abbé Grizel[2] me charge de vous faire ses compliments. *Omitte res cœlestes*, et envoyez un petit mot à votre vieil ami V. chez M. Damilaville.

1. Clément XIII. (Éd.) — 2. Le banqueroutier. (Éd.)

**MMMCCCLI. — A M. LE PRÉSIDENT HÉNAULT.**

25 juin.

Mon cher et respectable confrère, je crois qu'il s'agit de l'honneur de l'Académie et de la France. Il faut fixer la langue, que vingt mille brochures corrompent; il faut imprimer, avec des notes utiles, les grands auteurs du siècle de Louis XIV, et qu'on sache à Pétersbourg et en Ukraine en quoi Corneille est grand, et en quoi il est défectueux. Vous encouragez cette entreprise, qui ne réussira pas si vous ne permettez que je vous consulte souvent. Je pense qu'il sera honorable pour la France de relever le nom de Corneille dans ses descendants. J'étais à Londres quand on apprit qu'il y avait une fille de Milton aveugle, vieille, et pauvre; en un quart d'heure elle fut riche. La petite-fille d'un homme très-supérieur à Milton n'est, à la vérité, ni vieille ni aveugle, elle a même de très-beaux yeux, et ce ne sera pas une raison pour que les Français l'abandonnent. Il est vrai qu'elle est à présent au-dessus de la pauvreté; mais à qui mieux qu'elle appartiendrait le produit des œuvres de son aïeul ? Les frères Cramer sont assez généreux pour lui céder le profit de cette édition, qui ne sera faite que pour les souscripteurs.

Nous travaillons donc pour le nom de Corneille, pour l'Académie, pour la France. C'est par là que je veux finir ma carrière. Il en coûtera si peu pour faire réussir cette entreprise ! *Quarante francs*, chaque exemplaire, sont un objet si mince pour les premiers de la nation, qu'on sera probablement empressé à voir son nom dans la liste des protecteurs de *Cinna* et du sang de Corneille.

Je me flatte que le roi, protecteur de l'Académie, permettra que son nom soit à la tête des souscripteurs. Je charge votre caractère aussi bienfaisant qu'aimable de nous donner la reine. Qu'elle ne considère pas que c'est un profane qui entreprend ce travail ; qu'elle considère la nation dont elle est reine.

Qui sont les noms de vos amis que je ferai imprimer ? pour combien d'exemplaires souscriront nos académiciens de la cour ? Comptez que les Cramer ne tireront que le nombre des exemplaires souscrits, et que ce livre restera un monument de la générosité des souscripteurs, qui ne sera jamais vendu au public. Fera des petites éditions qui voudra, mais notre grande sera unique. Vous pouvez plus que personne ; et il sera digne de celui qui a si bien fait connaître la France de protéger le grand Corneille, quand il n'y a pas un seul acteur digne de jouer *Cinna*, et qu'il y a si peu de gens dignes de le lire.

Il me semble que j'ouvre une porte d'or pour sortir du labyrinthe des colifichets où la foule se promène.

Recevez les tendres et respectueux sentiments, etc.

Mille pardons à Mme du Deffand. Cette entreprise ne me laisse pas un moment, et j'ai des ouvrages immenses, des moutons, et des procès à conduire.

MMMCCCLII. — A M. LE COMTE D'ARGENTAL.

Ferney, 26 juin.

Je n'ai guère la force d'écrire, parce que, depuis quelque temps, j'écris jour et nuit. Mes anges sauront que je rends grâce au corsaire qui a fait imprimer *Zulime*. L'impression m'a fait apercevoir d'un défaut capital qui régnait dans cette pièce; c'était l'uniformité des sentiments de l'héroïne, qui disait toujours *J'aime :* c'est un beau mot, mais il ne faut pas le répéter trop souvent; il faut quelquefois dire *Je hais*.

Je commence à être moins mécontent de cet ouvrage que je ne l'étais, et je me flatte enfin qu'il ne sera pas tout à fait indigne des bontés dont mes anges l'honorent. Il sera prêt quand ils l'ordonneront. Je n'abandonnerai pourtant ni les moissons, ni mon église, n ma petite négociation avec le pape.

Je relis cet infâme et excommunié Corneille avec une grande attention. Je l'admire plus que jamais en voyant d'où il est parti. C'est un créateur; il n'y a de gloire que pour ces gens-là; nous ne sommes aujourd'hui que de petits écoliers. Je suis persuadé que mes notes au bas des pages des bonnes pièces de Corneille ne seront pas sans utilité et sans agrément; elles pourront former une poétique complète, sans avoir l'insolence et l'ennui du ton dogmatique.

Je suis résolu à ne faire imprimer que le nombre des exemplaires pour lesquels on aura souscrit. Les petites éditions seront au profit des libraires; et s'il y a, comme je le crois, quelque amour de la véritable gloire dans la nation, la grande édition assurera quelque fortune aux héritiers du nom du grand Corneille. Je finirai ainsi ma carrière d'une manière honorable, et qui ne sera pas indigne de l'ancienne amitié dont mes anges m'honorent.

Je les supplie de vouloir bien me procurer sans délai le nom de M. le duc d'Orléans par M. de Foncemagne, afin que je l'imprime dans le programme.

Je voudrais avoir celui de M. le premier président[1]; il me le doit en dédommagement de la banqueroute que son beau-frère[2] m'a faite. Jamais mon entreprise ne vaudra au sang de Corneille la moitié de ce que Bernard m'a volé. Je crois avoir déjà prévenu M. le comte de Choiseul, l'ambassadeur, que je ne doutais pas qu'il n'honorât ma liste de son nom, et j'attends ses ordres. Je demande la même grâce à M. de Courteilles, à M. de Malesherbes, à madame sa sœur, et à tous les amis de mes anges.

Je désirerais passionnément la souscription du président de Meynières, et de quelques membres du parlement, pour expier les sottises de maître Le Bain et de maître Omer.

Je n'ai point encore écrit à M. le duc de Choiseul sur cette petite affaire. Je supplie M. le comte l'ambassadeur d'avoir la bonté de lui en parler : ils sont aussi tous deux mes anges. Je vous baise à tous

1. Molé. (ÉD.) — 2. Bernard de Coubert. (ÉD.)

la bout des ailes, et je recommande à vos bontés Cinna, Horace, Sévère, Cornélie, et la cousine issue de germain de Cornélie. Si on me seconde avec quelque vivacité, cette édition ne sera qu'une affaire de six mois.

Nièce, et Cornélie-chiffon, et V., vous disent tout ce qu'il y a de plus tendre.

## MMMCCCLIII. — A M. LE BRUN.

Au château de Ferney, par Genève, 28 juin.

Si vous faites justice, monsieur, de l'âne [1] qui étourdit à force de braire, n'oubliez pas l'âne qui rue; vous vengerez sans doute le sang du grand Corneille de l'insolence calomnieuse avec laquelle il a voulu flétrir son éducation. Ce sera le sujet d'une feuille, et ce sujet, manié par vous d'une manière intéressante, peut rendre ce malheureux exécrable à ceux qui le protégent. Il n'a en effet que trop de protecteurs; et c'est assez qu'il soit méchant pour qu'il en ait. Il faut espérer qu'en faisant connaître ses infamies comme ses ridicules, vous lui ôterez le peu de vogue qu'il avait, et qui déshonorait la nation.

J'ose espérer que cette nation sera assez touchée de la véritable gloire, pour contribuer à l'édition du grand Corneille, et à l'avantage des seuls héritiers de son nom. C'est vous, monsieur, qui avez le premier ouvert cette carrière; vous en avez l'honneur. Je ne doute pas que le nom de Conti et de La Marche ne se trouve à la tête de l'entreprise. S'il arrivait que cette idée ne réussît point, j'avoue qu'il faudrait compter la France pour la dernière des nations; mais je veux écarter une crainte si honteuse, et je veux croire que le grand Corneille a appris à mes compatriotes à penser noblement.

Je vous supplie de vouloir bien toujours m'écrire sous un contre-seing, attendu la multiplicité des lettres que Corneille et Fréron exigeront.

Mille respects à toute la maison du Tillet. Je crois qu'on y approuvera mon entreprise.

VOLTAIRE.

## MMMCCCLIV. — A M. LE COMTE D'ARGENTAL.

Au château de Ferney, 29 juin.

Mais vraiment, mon cher ange, j'ai mal aux yeux aussi; je soupçonne que c'est en qualité d'ivrogne. Je bois quelquefois demi-setier, je crois même avoir été jusqu'à chopine; et quand c'est du vin de Bourgogne, je sens qu'il porte un peu aux yeux, surtout après avoir écrit dix ou douze lettres de ma main par jour. N'en auriez-vous point fait à peu près autant? L'eau fraîche me soulage. Qu'ont de commun les pilules de Béloste avec les yeux? quel rapport d'une pilule avec les glandes lacrymales? Je sais bien qu'il faut se purger quelquefois, surtout si on est gourmand. Mais savez-vous de quoi les pilules de Béloste sont composées? Toute pilule échauffe, ou je suis fort trompé;

---

1. Le Brun publiait l'Âne littéraire. (éD.)

c'est le propre de tout ce qui purge en petit volume; j'en excepte les divins minoratifs, casse et manne, remèdes que nous devons à nos chers mahométans. Je dis chers mahométans, parce que je dicte à présent *Zulime*, que je vous enverrai incessamment; et je suis persuadé que Zulime ne se purgeait jamais qu'avec de la casse.

À l'égard de l'autre sujet dont vous me parlez, et auquel je pensai avoir renoncé, il est moitié français et moitié espagnol[1]. On y voyait un Bertrand du Guesclin entre don Pèdre le Cruel et Henri de Transtamare. Marie de Padille, sous un nom plus noble et plus théâtral, est amoureuse comme une folle de ce don Pèdre, violent, emporté, moins cruel qu'on ne le dit, amoureux à l'excès, jaloux de même, ayant à combattre ses sujets, qui lui reprochent son amour. Sa maîtresse connaît ses défauts, et ne l'en aime que davantage.

Henri de Transtamare est son rival; il lui dispute le trône et Marie de Padille. Bertrand du Guesclin, envoyé par le roi de France pour accommoder les deux frères, et pour soutenir Henri en cas de guerre, fait assembler les états généraux : *las córtes* de Castille (les députés des états) peuvent faire un bel effet sur le théâtre, depuis qu'il n'y a plus de petits-maîtres. Don Pèdre ne peut souffrir ni *las córtes*, ni du Guesclin, ni son bâtard de frère Henri; il se croit trahi de tout le monde, et même de sa maîtresse, dont il est adoré.

Bertrand est enfin obligé de faire avancer les troupes françaises; il fait à la fois le rôle de protecteur de Henri, d'admoniteur de don Pèdre, d'ambassadeur de France, et de général.

Henri vainqueur se propose à Marie de Padille, les mains teintes du sang de son frère; et Padille, plutôt que d'accepter la main du meurtrier de son amant, se tue sur le corps de don Pèdre. Bertrand les pleure tous deux, donne en quatre mots quelques conseils à Henri, et retourne en France jouir de sa gloire.

Voilà en gros quel était mon sujet. Mes anges verront mieux que moi si on en peut tirer parti. Je me dégoûte un peu de travailler, en relisant les belles scènes de Corneille. Ce n'est pas à mon âge que je pourrai marcher sur les traces de ce grand homme; il me paraît plus honnête et plus sûr de chercher à le commenter qu'à le suivre, et j'aime mieux trouver des souscriptions pour Mlle Corneille que des sifflets pour moi.

Mes anges daigneront encore observer que l'*Histoire générale* et le *Czar* prennent un peu de temps, et que les détails de l'histoire nuisent un peu à l'enthousiasme tragique. Une église et des procès sont encore de terribles éteignoirs; mais s'il me reste encore quelque feu caché sous la cendre, mes anges souffleront, et il se rallumera.

Je suppose qu'ils ont reçu mon paquet pour le saint-père, qu'ils ont ri; que M. le duc de Choiseul a ri, que le cardinal Passionei rira; pour le sieur Rezzonico[3], il ne rit point. On dit que mon ami Benoît valait bien mieux.

1. La tragédie de *Don Pèdre*, qui ne fut imprimée que quinze ans après. (ÉD.)
2. Clément XIII. (ÉD.)
3. Benoît XIV, qui avait accepté la dédicace de *Mahomet*. (ÉD.)

Je suppose encore que l'affaire des souscriptions cornéliennes réussira en France; et s'il arrivait (ce que je ne crois pas) que les Français n'eussent pas de l'empressement pour des propositions si honnêtes, j'avertis que les Anglais sont tout prêts à faire ce que les Français auraient refusé. Ce serait une négociation plus aisée à terminer que celle de M. de Bussi[1].

Respect et tendresse.

## MMMCCCLV. — A M. LE COMTE DE SCHOWALOW.

A Ferney, 30 juin.

Monsieur, en attendant que je puisse arranger le terrible événement de la mort du czarovitz qui m'arrête, et que j'achève les autres chapitres du second volume, j'ai entrepris un autre ouvrage qui ne dérobera point mon temps, et qui me laissera toujours prêt à vous servir sur-le-champ : c'est une édition des tragédies de Pierre Corneille, avec des remarques sur la langue et sur le goût, lesquelles seront d'autant plus utiles aux étrangers et aux Français mêmes, qu'elles seront revues par l'Académie française, qui préside à cette entreprise. Ce Corneille est parmi nous, dans la littérature, ce que Pierre le Grand est chez vous en tout genre ; c'est un créateur, c'est un homme qui a débrouillé le chaos, et ce n'est qu'à de tels génies qu'appartient la gloire, les autres n'ont que de la réputation.

Le produit de cette édition, qui sera magnifique, est pour les descendants de Pierre Corneille, famille noble tombée dans la pauvreté. J'ai le plaisir de servir à la fois ma patrie et le sang d'un grand homme. L'édition, ornée des plus belles gravures, se fait par souscription, et on ne paye rien d'avance. Elle coûtera environ quatre ducats l'exemplaire. Plusieurs princes donnent leur nom. Il serait bien honorable pour nous, et bien digne de votre magnificence, que le nom de Sa Majesté Impératrice parût à la tête. Pour le vôtre, monsieur, et pour ceux de quelques-uns de vos compatriotes touchés de vos exemples, j'ose y compter. Nous imprimons la liste des souscripteurs ; je serais bien découragé, si je n'obtenais pas ce que je demande.

Cette édition de Corneille, avec des estampes, me fait penser qu'il serait beau d'orner de gravures chaque chapitre de l'*Histoire de Pierre le Grand*; ce serait un monument digne de vous. Le premier chapitre aurait une estampe qui représenterait les nations différentes aux pieds du législateur du Nord. La victoire de Lesna, celle de Pultava, une bataille navale, les voyages du héros, les arts qu'il appelle dans son pays, les triomphes dans Moscou et dans Pétersbourg ; enfin chaque chapitre serait un sujet heureux, et vous auriez érigé, monsieur, le plus beau monument dont l'imprimerie pût jamais se vanter. Je soumets cette idée à vos lumières et à votre attachement pour la mémoire de Pierre le Grand, à votre esprit patriotique que vous m'avez com-

---

1. Bussi, ministre du roi à Londres, était chargé de négocier la paix entre la France et l'Angleterre. (ÉD.)

muniqué. Disposez de moi tant que je serai en vie. Les étincelles de votre beau feu vont jusqu'à moi.

Que Votre Excellence agrée les respects et le tendre attachement, etc.

MMMCCCLVI. — DE M. ALBERGATI CAPACELLI.

A Bologne, 30 juin 1761.

Monsieur, l'amitié est un doux sentiment qui naît même parmi les personnes qui ne se sont jamais vues, s'accroît par des services que l'on se rend mutuellement, et se nourrit par un commerce de lettres, agréable moyen de réunir les esprits de ceux qui sont forcés à vivre séparés. L'estime est un sentiment plus solide et plus réfléchi, dans lequel la sympathie, la reconnaissance, et le hasard, ne doivent entrer pour rien.

Ce fut quand je vis paraître sur le Théâtre-Italien votre admirable *Sémiramis* que j'osai vous écrire pour la première fois, pour avoir certaines instructions que je crus nécessaires à la justesse de la représentation. La politesse de votre réponse m'encouragea à continuer le commerce entrepris. Aux expressions simplement polies et cérémonieuses succédèrent les aimables et badines; et enfin, à quelques mauvais écrits de mon cru, que je vous envoyai, vous répondîtes par le don de quelques-unes de vos productions qui n'étaient pas encore répandues, et de plusieurs livres anglais fort rares et fort estimables. Je compte donc le grand Voltaire pour mon ami, et je m'applaudis de ma conquête. Applaudissez-vous de votre générosité, qui vous a rendu si affectionné envers moi.

Le titre que vous donnez à notre union est trop pompeux pour que j'ose l'accepter. Je ne fais qu'aimer et admirer les arts que vous possédez en maître. Je suis à peine initié dans ce goût qui forme la vivacité de vos pensées et de vos expressions.

Vous vous êtes plaint à moi fort souvent des petits-maîtres qui s'érigent en juges, et parlent décisivement de toutes choses. Mais la France n'est pas le seul pays qui en soit infecté. Hélas! l'Italie en fourmille; ma patrie en regorge. Imaginez-vous ce que peut être la copie d'un misérable original. Plusieurs de nos jeunes gens se transplantent avec leur fantaisie dans votre pays, et se croient y être suffisamment naturalisés dès que leur figure est parée d'une façon extraordinaire, dès qu'ils ont le courage de franchir toutes les bornes de la bienséance et de la retenue, et dès qu'ils ont acquis un certain fonds d'impertinence et d'effronterie qui les met au-dessus de tous les égards. Le bon goût pour le théâtre, grâces à ces messieurs-là, ne bat que d'une aile, et est prêt à tomber. La musique, la danse en ont exilé la brillante comédie et la tragédie passionnée. Bien loin de mettre le temps à profit, on aime à le tuer. Dans les loges, dans le parterre, ce sont les spectateurs qui veulent fixer l'attention et se faire remarquer par leur bruit. Les acteurs doivent être contents de l'argent qu'ils gagnent. Quel dommage ne serait-ce en effet, si les amateurs des spectacles devaient se tenir muets dans leurs places, et entendre patiemment parler les Voltaire, les Racine, les Molière, les Goldoni! L'on n'a qu'à faire le tour des loges, et après descendre au parterre, pour être extasié des traits d'esprit, des saillies, des bons mots, et de l'importance des discours qui y règnent, et empêchent qu'on ne s'endorme aux fadaises de vous autres auteurs. En vérité, mon ami, quelques-uns de nos théâtres vous consoleraient bien de la peine que vous font les spectateurs français.

Le bon sens étant proscrit, il n'est pas étonnant si les opéras et la danse exercent leur despotisme : car ce sont les spectacles les mieux goûtés par ces compagnies d'étourdis que l'oisiveté rassemble, que la médisance anime, et que la lubricité soutient. Les eunuques et les danseurs, dont nous sommes véritablement inondés, sont pour l'art comique et tragique autant de Goths, d'Hércules, et de Vandales, qui dans les théâtres ont apporté ou secondé l'ignorance et le mauvais goût. L'extravagance des opéras sérieux, les grimaces des burlesques, et le mimique des ballets, sont restés maîtres de la place.

Le célèbre Goldoni, qui a mérité vos éloges, a fait connaître que l'on peut rire sans honte, s'instruire sans s'ennuyer, et s'amuser avec profit. Mais quel essaim de babillards et de censeurs indiscrets s'éleva contre lui! Par ceux que je connais personnellement, je les divise en deux classes : la première comprend une espèce de savants vétilleux que nous appelons *parolai*, juges et connaisseurs des mots, qui prétendent que tout est gâté dès qu'une phrase n'est pas tout à fait *cruscante*, dès qu'une parole est tant soit peu déplacée, ou l'expression n'est pas assez noble et sublime. Je crois qu'il y aurait à contester longtemps sur ces imputations; mais laissons à part tout débat. La réponse est facile; c'est Horace qui la donne :

*... Ubi plura nitent in carmine, non ego paucis*
*Offendar maculis, quas aut incuria fudit,*
*Aut humana parum cavit natura*.

Et Dryden ajoute fort sensément :

Errors, like straws, upon the surface flow;
He, who would search for pearl, must diver below[2].

L'autre classe, qui est la plus fière, est un corps respectable de plusieurs nobles des deux sexes, qui crient vengeance contre M. Goldoni, parce qu'il ose exposer sur la scène le comte, le marquis, et la dame, avec des caractères ridicules et vicieux, qui ne sont pas parmi nous, ou qui ne doivent pas être corrigés. Le crime vraiment est énorme, et le criminel mérite un rigoureux châtiment. Il a eu tort de s'en tenir au sentiment de Despréaux :

La noblesse, Dangeau, n'est pas une chimère,
Quand, sous l'étroite loi d'une vertu sévère,

---

1. Horace, *de Arte poetica*, 351-353. (Éd.)
2. « Les fautes surnagent comme de la paille ; celui qui veut des perles doit plonger au fond. »

> Un homme issu d'un rang fécond en demi-dieux
> Suit comme toi la trace où marchaient ses aïeux.
> Mais je ne puis souffrir qu'un fat, dont la mollesse
> N'a rien pour s'appuyer qu'une vaine noblesse,
> Se pare insolemment du mérite d'autrui,
> Et me vante un honneur qui ne vient pas de lui.

Goldoni devait respecter même les travers des gens de condition, et se borner à un rang obscur et indifférent, qui lui aurait fourni d'insipides matières pour ses comédies.

Les Athéniens punissaient rigoureusement tout auteur comique dont la raillerie était générale et indiscrète. Ils voulaient qu'on nommât les personnes, quel que fût leur rang, et jugeaient inutile la correction que la comédie a pour but, dès qu'elle ne décelait la personne ridicule ou vicieuse par son propre nom. Quel embarras ne serait pas pour Aristophane, pour Ménandre, la délicatesse de nos jours?

Ridendo *dicere verum*

*Quid vetat*[1]?

M. Goldoni a répété tout cela plusieurs fois pour obtenir son pardon; mais on ne l'en a pas jugé digne. Je me trouvai à la première représentation del *Cavaliere e la Dama*, qui est une de ses meilleures pièces; vous en connaissez le prix, nous en connaissons tous la vérité; et ce fut justement la vérité de l'action et des caractères qui souleva contre l'auteur ses premiers ennemis dans notre ville. On lui reprocha de s'être faufilé trop librement dans le sanctuaire de la galanterie, et d'en avoir dévoilé les mystères aux yeux profanes de la populace. Les chevaliers errants se piquèrent de défendre leurs belles; celles-ci les excitèrent à la vengeance par certaine rougeur de commande, fille apparente de la modestie, mais qui l'est réellement de la rage et du dépit.

Enfin, monsieur, on pourra jouer sur la scène, dans *Pyrrhus*, l'amour d'un roi qui manque à sa parole; dans *Sémiramis*, l'impiété d'une reine qui se porte à verser le sang de son époux pour régner à sa place; dans *Chimène*, les amoureux transports d'une princesse pour le meurtrier de son père; et tant d'autres monarques empoisonneurs, traîtres, tyrans, sans qu'il soit permis d'y exposer nos faiblesses.

Voilà le procès que l'on fait à Goldoni; imaginez-vous quels en peuvent être les accusateurs. Il a fait le sourd, il a continué son train; et par là il a obtenu la réputation d'auteur admirable et de peintre de la nature, titres que vous-même lui avez confirmés. Mais revenons.

Je vous remercie de tout mon cœur des compliments que vous me faites sur mon penchant pour le théâtre, et sur le goût que j'ai pour la représentation; mais cela a encore ses épines.

Je ris des discours de ces aristarques qui, d'un ton caustique et sévère, passent la journée à ne rien faire, et médisent charitablement de ce que les autres font. Le chant des cigales est ennuyeux; mais l'

---

[1] Horace, livre I, satire 1, vers 24-25. (ÉD.)

faudrait être bien fou, nous dit le célèbre Bocalini, pour se donner la peine de les tuer. Avant que le soleil se couche, elles crèveront toutes d'elles-mêmes.

« Ce serait vous ennuyer mortellement que de vous faire un détail de toutes les contradictions que j'ai soutenues et des oppositions que j'ai rencontrées dans mes amusements de théâtre. Il n'en a pas fallu davantage pour faire que ce qui était en moi un simple goût devînt ma passion prédominante.

« C'est l'effet que sur moi fit toujours la menace.

Le jeu, la table, la chasse et la danse, seront des passe-temps applaudis; et c'est par là que la jeunesse de notre rang brille dans le monde; tandis que la représentation théâtrale sera blâmée, et que l'on tournera en ridicule ceux qui s'y amusent; c'est estimer plus les hommes qui végètent que ceux qui vivent. Je ne dis pas qu'on doive ranger au nombre des occupations sérieuses et importantes le jeu théâtral. Je ne le conseillerais à un jeune homme que pour un délassement utile, et pour lui donner un moyen de donner un plein essor à cette vivacité fougueuse et bouillante qui pourrait se porter à des jeux moins innocents. Les personnes toujours oisives ou naturellement stupides n'ont que faire de ces exercices, et leurs talents n'y suffiraient pas.

« Ne croyez pas que je veuille faire rejaillir sur moi l'éloge que je fais de l'art théâtral. Je l'aime passionnément, je vous l'avoue, mais je m'y connais à peine dans la médiocrité, et j'en use avec toute la modération; non que j'en craigne les critiques, mais pour n'en pas émousser en moi le goût qui m'y entraîne; le papillon revenant sans cesse sur les mêmes fleurs, parce qu'il ne fait que les effleurer légèrement.

« Il ne peut y avoir d'apologie plus sensée et plus éloquente en faveur de l'art théâtral que ce que vous en dites vous-même dans la lettre que vous m'avez fait l'honneur de m'adresser. Mais vos belles pièces en sont un éloge encore plus complet.

Votre *Tancrède* a reçu jusqu'à présent tout le lustre qui pouvait convenir à un excellent ouvrage. Composé par M. de Voltaire, traduit en vers blancs par M. Augustin Paradisi, l'un de nos meilleurs poètes, dédié à Mme de Pompadour, cette aimable Aspasie de notre siècle; on ne peut rien ajouter à sa gloire.

« La traduction en est admirable : vous connaissez les talents du traducteur, et vous seriez bien aise de le connaître aussi personnellement. Vous verriez un jeune homme qui joint aux grâces de la plus brillante jeunesse la maturité d'un véritable savant, sans cet air de pédanterie qui décrie la sagesse même. Ce n'est pas l'amitié que je proteste à ce digne cavalier qui me fait parler, mais plutôt c'est elle qui me fait taire, craintif de blesser sa modestie par mes louanges. Je vais l'avoir avec moi à ma maison de campagne, où d'ici à quelques jours je jouerai *Tancrède*. J'aimerais bien que la respectable dame qui en protège l'impression en protégeât aussi la représentation et les acteurs. Que ne puis-je l'en voir spectatrice! que ne puis-je vous y voir auprès d'elle!

Je me vanterais alors d'avoir rassemblé chez moi les *trois Grâces*, non pas feintes et idéales, mais véritables et réelles.

A la représentation de votre *Tancrède*, je joindrai la *Phèdre* de Racine, que j'ai traduite en vers blancs moi-même, n'en déplaise aux mânes du célèbre écrivain.

Les troubles littéraires qui inquiètent en France la république des savants ne seraient point à blâmer, s'ils étaient les effets d'une noble émulation : mais qu'ils seraient honteux si c'était l'envie et la cabale qui les fît naître! Je n'ose entrer dans cet examen, faute de connaissances; et quand même celles-ci ne me manqueraient pas, il faudrait garder trop de réserve.

A l'égard de la religion, le pays où vous vivez achève votre apologie. La religion y est libre, et vous y pourriez sans masque faire paraître au grand jour votre manière de penser. C'est pourquoi je ne saurais révoquer en doute la vénération que vous protestez hautement à notre saint pontife, et l'entière déférence à son infaillible autorité.

Je me réjouis avec vous des persécutions que forment contre vous, monsieur, vos calomniateurs. *Censure*, dit très-bien le docteur Swift, *is the tax a man pays to the public for being eminent*[1]. Il n'y a pas de pays littéraire qui n'ait ses Frérons; mais il n'y a que la France qui puisse se glorifier d'un Voltaire : et si vous êtes en butte aux critiques et aux impostures, c'est que votre nom excite l'envie aussi bien que l'admiration.

Il est dommage pourtant que l'art satirique soit devenu le partage de l'ignorance et de la malignité.

> On peut à Despréaux pardonner la satire[2],
> Il joignit l'art de plaire au malheur de médire ·
> Le miel que cette abeille avait tiré des fleurs
> Pouvait de sa piqûre adoucir les douleurs.
> Mais pour un lourd frelon méchamment imbécile,
> Qui vit du mal qu'il fait, et nuit sans être utile,
> On écrase à plaisir cet insecte orgueilleux,
> Qui fatigue l'oreille, et qui choque les yeux.

Quelquefois des zélateurs sincères sont censeurs indirects; et alors il leur faut dire avec Cicéron : *Istos homines sine contumelia dimittamus; sunt enim boni viri, et quoniam ita ipsi sibi videntur beati*. Mais il est fort rare et presque impossible que le zèle sincère produise jamais la médisance.

J'ai lu l'*Oracle des nouveaux philosophes*, la *Lettre du diable*, et d'autres pièces détestables, où l'on vomit contre vous mille injures et invectives. J'y entrevois la rage qui les dicte, et point la raison ni la vérité. Ce même acharnement vous donne gain de cause, et rend plus facile la décision entre vous et vos adversaires. Voici ce que dit Leibnitz dans une lettre à la comtesse de Kilmansegg : « Un cordon-

---

[1] « La critique est une taxe que le public impose au mérite supérieur. » (ÉD.)
[2] Ces vers sont de Voltaire, *Troisième discours sur l'homme*. (ÉD.)

nier à Leyde, quand on disputait des thèses à l'université, ne manquait jamais de se trouver à la dispute publique. Quelqu'un qui le connaissait lui demandait s'il entendait le latin. « Non, dit-il, et je « ne veux pas même me donner la peine de l'entendre. — Pourquoi « venez-vous donc si souvent dans cet auditoire? — C'est que je prends « plaisir à juger des coups. — Et comment en jugez-vous, sans savoir « ce qu'on dit? — C'est que j'ai un autre moyen de juger qui a raison. « — Et comment? — C'est que quand je vois à la mine d'un quelqu'un « qu'il se fâche, et qu'il se met en colère, je juge que les raisons lui « manquent, et qu'il a tort. »

Il me semble que cet artisan raisonnait juste, et je m'en tiens à son raisonnement dans plusieurs occasions. En faisant de même, vous répondrez par mille remercîments à tous vos persécuteurs. Le temps viendra que tout le monde pourra s'écrier sur votre compte :

Envy itself is dumb, in wonder lost[1],
And factions strive who shall applaud him most.

Je vais dans peu de jours me tranquilliser à la campagne. Le recueil de vos ouvrages est l'ami le plus fidèle, le plus gai, et le plus utile qui m'accompagne. En vous lisant, je répète sans cesse d'après M. Algarotti :

Felice te ! che la robusta prosa
Guidi del par, e il numero sonante,
Cui dell' attico mel nudrir le Muse,
E' ingagliardio d'alto saper Minerva
Non mai di te minor, Roscio d'ogni arte.

Je vous souhaite de tout mon cœur *long life, good health, ininterrupted peace*, une longue vie, une bonne santé, et une paix non interrompue.
ALBERGATI CAPACELLI.

MMMCCCLVII. — A M. DE VOSGE[2].

Juin.

Je prie M. de Vosge d'être persuadé de mon estime et de ma reconnaissance.

Il a rectifié avec beaucoup de goût l'estampe pitoyable qui était à la tête d'Œdipe.

Il pourrait dessiner et graver, s'il le veut bien,

Sophonisbe à qui on présente la coupe de poison;
Pompée qui, dans *Sertorius*, brûle les lettres, etc.;
Don Sanche d'Aragon qu'on veut empêcher de s'asseoir;
Nicomède qui apaise une sédition;

---

1. « L'envie même étonnée devient muette ; et les différents partis se défient à qui vous applaudira plus hautement. » (ÉD.)
2. De Vosge avait fait des dessins pour les tragédies de P. Corneille. Ce furent ceux de Gravelot que l'on fit graver. (ÉD.)

*Œdipe*, suivant le dessin ci-joint;
*La Toison d'or*, un dragon et deux taureaux menaçants;
*Othon* qu'on proclame empereur, et Galba qu'on tue dans un coin;
*Agésilas*, — *Attila*, — *Suréna*, — *Pulchérie*, — *Tite et Bérénice* : supposé qu'on puisse dessiner quelque moment heureux de ces pièces malheureuses.

J'ai l'honneur, etc.

VOLTAIRE.

### MMMCCLVIII. — AU MÊME.

Aux Délices, 2 juillet.

J'ai reçu, monsieur, vos trois beaux dessins d'*Attila*, de *Sophonisbe*, et de la *Toison d'or*. Vous relevez par votre art des pièces où Corneille oublia un peu le sien.

Je crois avoir envoyé à M. de La Marche le dessin de *Pompée* : il me semble que Cornélie baissait les yeux, et que vous avez envie de la représenter les levant au ciel, et tenant l'urne à la main. Jamais la passion ne peut se peindre dans des yeux baissés ; cela est modeste, mais cela n'est pas tragique. Je suis sûr que, avec ce changement, vous ferez un chef-d'œuvre de votre Cornélie.

Dès que nous aurons six dessins, les libraires les donneront aux graveurs. On aura soin, monsieur, de vous envoyer leurs premières esquisses, sur lesquelles vous donnerez vos ordres.

Je suis très-sensible à l'honneur que vous me faites, et suis parfaitement, monsieur, votre très-humble, etc.

VOLTAIRE.

### MMMCCLIX. — A M. ARNOULT, A DIJON.

Ferney, le 6 juillet.

Je vous suis obligé, monsieur, des éclaircissements que vous me donnez. Je pensais qu'il n'était pas permis à un official de citer des séculiers sans l'intervention de la police du roi ; et il est clair que cet imbécile de Pontas rapporte fort mal l'ordonnance de 1627. L'official de Gex est dûment official ; mais je crois qu'il a très-indûment instrumenté le 8 juin. Deux témoins sont prêts à déclarer qu'il les a voulu induire à déposer contre moi. Et de quoi s'agit-il, pour faire tant de vacarme ? d'une croix de bois qui ne peut subsister devant un portail assez beau que je fais faire, et qui en déroberait aux yeux toute l'architecture. Il a fait dire à un malheureux que j'ai appelé cette croix *figure*; à un autre, que je l'ai appelée *poteau*. Il prétend que six ouvriers qu'il a interrogés déposent que je leur ai dit, en parlant de cette croix de bois qu'il fallait transplanter : *Ôtez-moi cette potence*. Or de ces six ouvriers, quatre m'ont fait serment, en présence de témoins, qu'ils n'avaient jamais proféré une pareille imposture, et qu'ils avaient répondu tout le contraire. Des deux témoins qui restent, et que je n'ai pu rejoindre, il y en a un qui est décrété de prise de corps depuis quatre mois, et l'autre est convaincu de vol.

Au reste, monsieur, je suis bien aise de vous dire que cette croix de bois, qui sert de prétexte aux petits tyrans noirs de ce petit pays de Gex, se trouvait placée tout juste vis-à-vis le portail de l'église que je fais bâtir; de façon que la tige et les deux bras l'offusquaient entièrement, et qu'un de ces bras, étendu juste vis-à-vis le frontispice de mon château, figurait réellement une potence, comme le disaient les charpentiers. On appelle *potence*, en termes de l'art, tout ce qui soutient des chevrons saillants; les chevrons qui soutiennent un toit avancé s'appellent *potences*; et quand j'aurais appelé cette figure *potence*, je n'aurais parlé qu'en bon architecte.

J'ai de plus passé un acte authentique par-devant notaire avec les habitants, par lequel nous sommes convenus que cette croix de village serait placée comme je le veux. Vous remarquerez encore qu'on ne la dérangea qu'avec le consentement du curé.

Ainsi vous voyez, monsieur, que voilà le plus impertinent prétexte que jamais les ennemis de la justice du roi et des seigneurs puissent prendre pour inquiéter un bienfaiteur assez sot pour se ruiner à bâtir une belle église, dans un pays où Dieu n'est servi que dans des écuries. Ceux qui me font ce procès devraient être plutôt à une mangeoire qu'à un autel. Ils n'ont rien fait depuis le 8 de juin, mais ils menacent toujours de faire, et ils me paraissent aussi insolents que menteurs.

Vous aurez sans doute vu, monsieur, par l'affaire d'Ancian, que parmi ces animaux-là il y en a qui ruent. Si ce curé Ancian est brutal comme un cheval, il est malin comme un mulet, et rusé comme un renard; mais, malgré ses ruses, je crois que vous le prendrez au gîte. Je puis vous assurer que lui et ses confrères ont employé toutes les friponneries profanes et sacrées pour avoir de faux témoins; ils se sont servis de la confession, qui met les sots dans la dépendance des prêtres. Je n'ai point vu les procédures, mais je puis vous assurer, sur mon honneur et sur ma vie, que ce curé Ancian est un scélérat des plus punissables que nous ayons dans l'Église de Dieu. Il ne peut empêcher, malgré tous ses artifices et tous ceux de ses confrères, que de Crôze n'ait eu le crâne fendu dans la maison où ce curé alla faire le train au milieu de la nuit la plus noire, avec quatre coupe-jarrets. Je ne veux que ce fait ; tout le reste me parait peu de chose. Le père de Crôze peut envoyer aux juges trois serviettes qu'il conserve teintes du sang de son fils; elles devraient servir à étrangler le curé de Moëns, pourvu que préalablement il fût bien confessé[1].

Je suppose, monsieur, que vous avez envoyé votre mémoire à M. de Greilly; c'est encore un curé à relancer. Je vous ai envoyé à la chasse aux prêtres ; si vous voulez venir reconnaître votre gibier au mois de septembre, comme vous me l'avez fait espérer, je compte bien que le rendez-vous de chasse sera chez moi.

Je viens d'écrire au bureau des postes de Genève, pour savoir si ce n'est point quelque prêtre commis des postes qui a fait la friponnerie de faire payer cette fois le port.

---

[1] Il a été condamné aux galères, par arrêt du parlement de Bourgogne, pour cet assassinat prémédité. (Éd.)

*Nota bene* que je ne mets point mon curé au nombre des bêtes puantes que vous devez chasser; je suis d'accord avec lui en tout. Il est très-reconnaissant, du moins quant à présent; et il peut servir de piqueur dans la chasse aux renards que nous méditons. J'ai l'honneur d'être, en bon laïque, monsieur, votre, etc.

MMMCCCLX. — A M. LE COMTE D'ARGENTAL.

6 juillet.

Quoi! dit Alix, cet homme-ci s'endort
Après trois fois! Ah, chien, tu n'es pas carme!

On me dira : « Tu n'es pas Sophocle. »

Ceci, mes adorables anges, est en réponse de la lettre du 30 de juin, dans laquelle vous me reprochez ma glace. Vraiment il n'est que trop vrai que l'âge, les maladies, les bâtiments, les procès, peuvent geler un pauvre homme. J'étais peut-être très-froid quand j'ai radoubé *Oreste*, mais je suis très-vif quand vous avez la bonté de le faire jouer; et cette vivacité, mes chers anges, est toute en reconnaissance, et non en amour-propre d'auteur. Cependant, comme cet amour-propre se glisse partout, je vous prierai de faire jouer *Oreste* une quatrième fois, après l'avoir annoncé pour trois; mais en cas qu'elle réussisse, en cas que le public soit pour la quatrième représentation, et qu'elle soit comme accordée à ses désirs. Il se pourra qu'en été trois fois lassent le parterre; alors je me retirerai avec ma courte honte.

J'insiste beaucoup plus sur ce Pantalon de Rezzonico; c'est un bœuf qui ne sait pas un mot de français, et qui est assez épais pour ne me pas connaître; mais ce n'est pas à lui que j'écris, c'est au cardinal Passionei, homme de beaucoup d'esprit, homme de lettres, et qui fait de Rezzonico le cas qu'il doit. Il y a longtemps qu'il m'honore de ses bontés. Je ne demande à M. le duc de Choiseul rien autre chose, sinon qu'il ait la bonté de faire donner cours à mon paquet. La grâce est légère; mais je la demande très-instamment. Monsieur le comte de Choiseul, protégez-moi dans cette importante négociation.

Je demande trois ridicules à Rezzonico; qu'il m'en accorde un, ce a me suffira; et s'il me refuse, il n'y a rien de perdu, pas même mon crédit en cour de Rome.

Comment, mes procès terminés! Dieu m'en préserve! Il faut que Mme Denis vous ait parlé de quelques anciens procès. Mais, pour peu que dans ce monde on ait un champ et un pré, ou qu'on fasse bâtir une église, ou qu'on fasse une ode comme M. Le Brun, on est en guerre. Mais je ne sais point de plus sotte guerre que celle qu'on a faite aux Anglais sans avoir cent vaisseaux de ligne et quarante mille hommes de marine.

Divins anges, si l'abbé Coyer parle comme il écrit, il doit être fort aimable[1].

---

1. L'abbé Coyer avait fait un *Discours sur la satire, contre les philosophes*. (ÉD.)

Mais ma mère, qui avait vu Despréaux, disait que c'était un bon livre et un sot homme.

La nièce, la pupille, et l'oncle, baisent le bout de vos ailes.

Pour Dieu, que mon paquet parte; c'est tout ce que je veux, et point de recommandation. Je veux bien être ridicule, mais je ne veux pas que mes protecteurs le soient. Priez M. le comte de Choiseul de faire mettre mon paquet romain à la poste par un de ses laquais. C'est assez pour Rezzonico et pour moi.

## MMMCCCLXI. — A M. COLINI.

Ferney, 7 juillet.

J'avais écrit à Son Altesse Electorale, mon cher Colini, et je venais encore de l'importuner tout récemment par une lettre que je vous ai adressée, lorsque j'ai reçu la vôtre du 29 juin, qui m'apprend que le baptême s'est changé en enterrement, et les fêtes en tristesse. J'en suis pénétré de douleur. Mes lettres auront paru autant de contre-temps, et celle que je prends encore la liberté de lui écrire ne sera qu'un surcroît de désagrément pour Mgr l'électeur.

La dernière que je lui ai écrite regardait une souscription qu'on fait pour les œuvres de Corneille. On les imprime avec des notes instructives, on les orne de belles estampes. Cette entreprise est au profit de Mlle Corneille, seule héritière de ce grand nom, et nous espérons que celui de Son Altesse Electorale ornera notre liste des souscripteurs.

## MMMCCCLXII. — A M. LE MARQUIS ALBERGATI CAPACELLI.

A Ferney, le 8 juillet.

Monsieur, depuis longtemps je suis réduit à dicter; je perds la vue avec la santé; tout cela n'est point plaisant. Je vois toujours que *tutto il mondo è fatto come la nostra famiglia*. Par tout pays on trouve des esprits très-mal faits, et par tout pays il faut se moquer d'eux. On serait vraiment bien à plaindre si on faisait dépendre son plaisir du jugement des hommes.

*Tancrède* vous a bien de l'obligation, monsieur; *Phèdre* vous en aura davantage. Je me mets aux pieds de M. Paradisi. Si jamais j'ai un moment à moi, je lui adresserai une longue épître; mais le peu de temps dont je peux disposer est consacré à dicter des notes sur les pièces du grand Corneille qui sont restées au théâtre. Cet ouvrage, encouragé par l'Académie française, pourra être de quelque usage aux étrangers qui daignent apprendre notre langue par les règles, et aux légers Français qui l'apprennent par routine. Le produit de l'édition sera pour l'héritière de Corneille, que j'ai l'honneur d'avoir chez moi, et qui n'a que ce grand nom pour héritage. N'est-il pas vrai que vous prendriez chez vous la petite-fille du Tasse, s'il y en avait une? Elle mangerait de vos mortadelles, et boirait de votre vin noir. La petite-fille de Corneille en boira à votre santé dans un petit château très-joli, en vérité, et qui serait plus joli si je l'avais bâti près de Bologne.

Vous avez bien raison, monsieur, de vanter ma religion, car je construis une église qui me ruine. Autrefois, qui bâtissait une église était sûr d'être canonisé, et moi je risque d'être excommunié en me partageant entre l'autel et le théâtre. C'est apparemment ce qui fait que je reçois quelquefois des lettres du diable[1]; mais je ne sais pourquoi le diable écrit si mal et a si peu d'esprit. Il me semble que, du temps du Dante et du Tasse, on faisait de meilleurs vers en enfer.

J'espère que, dans ce monde-ci, la lettre dont vous m'avez honoré inspirera le bon goût, et fermera la bouche aux *parolet*. Soyez sûr que, du fond de ma retraite, je vous applaudirai toujours; que je m'intéresserai à tous vos succès, à tous vos plaisirs. Je me regarde comme votre véritable ami, et je vous serai inviolablement attaché jusqu'au dernier moment de ma vie.

MMMCCCLXIII. — A M. LE COMTE D'ARGENTAL.

Ferney, 8 juillet.

Vraiment je prenais bien mon temps pour écrire au cardinal Passionei. Il est mort, ou autant vaut; et, à moins qu'il ne m'envoie de ses reliques, je n'en aurai point. J'ai peur à présent que mon paquet ne soit parti : je m'abandonne à la Providence.

Pour me dépiquer, mes chers anges, je vous enverrai incessamment *Zulime*. Je me suis raccommodé avec elle, comme vous savez, mais je suis toujours brouillé avec *Pierre le Cruel*[2].

C'est avec un plaisir extrême que je commente Corneille. Je ne donnerai de notes que sur les pièces qui restent de lui au théâtre, et j'ose croire que ces notes ne seront pas inutiles. En vérité, cet homme-là me fera faire encore une tragédie. Il me semble que je commence à connaître l'art, en étudiant mon maître à fond.

Je ne sais comment iront les souscriptions; mais je travaille à bon compte. Pourriez-vous avoir la bonté de me dire si Duclos est revenu ? Je lui crois un zèle actif qui me va comme de cire.

Et *Oreste*, que devient-il ? est-il fondu par les chaleurs ? M. le comte de Lauraguais me dédie le sien[3], et il est encore plus grec, encore plus déclamateur que le mien.

Omer est un grand cuistre ; mais Corneille est un grand homme. Oncle, nièce, et pupille, hommage aux anges.

MMMCCCLXIV. — DE M. D'ALEMBERT.

A Pontoise, le 9 juillet.

J'ai reçu, mon cher philosophe, votre petit billet, en partant pour la campagne. Il est vrai que je suis un peu en retard avec vous; prenez-vous-en à un gros livre de géométrie tout plein de calculs, que je fais imprimer actuellement, et dont j'espère être bientôt débarrassé. Je ne sais pas de la part de qui vous m'avez envoyé le Grizel, ce Grizel

1. Il avait paru une *Épître du diable à M. de V.* (par Giraud, médecin). (B.)
2. La tragédie de *Don Pèdre*. (Ib.)
3. La tragédie de Lauraguais est intitulée *Clytemnestre*. (Ib.)

est un drôle de corps. Si maître Huerne avait aussi bien plaidé, les rieurs auraient été pour lui; mais ni maître Huerne, ni maître Le Dain, ni maître Omer, ne sont faits pour avoir les rieurs de leur côté. Les jésuites mêmes ne les ont plus depuis qu'ils se sont brouillés avec la philosophie; ils sont à présent aux prises avec les pédants du parlement, qui trouvent que la société de Jésus est contraire à la société humaine, comme la société de Jésus trouve de son côté que l'*ordre* du parlement n'est pas de l'ordre de ceux qui ont le sens commun; et la philosophie jugerait que la société de Jésus et l'ordre du parlement ont tous deux raison.

Je ne sais ce qui arrivera du laquais de Vénus[1]; j'ai bien peur que ce ne soit un laquais de louage qui ne lui restera pas longtemps, d'autant que ledit laquais n'a pas suivi sa maîtresse dans son passage sur le soleil. Si Fontenelle n'était pas mort, il vous dirait là-dessus les plus jolies choses du monde; par exemple, que Vénus a trop de satellites sur la terre pour en avoir besoin dans le ciel; et que les vieux galants qui ne peuvent plus lui faire leur cour regretteront le temps où Vénus se promenait toute seule dans le ciel,

   Sans laquais, sans ajustement,
   De ses seules grâces ornée, etc.[2].

Son chancelier Trublet vous en dira davantage, pour peu que vous vouliez savoir le reste. Je vous dirai, moi, plus sérieusement, que nous attendons les observations faites aux Indes et en Sibérie pour savoir, par la comparaison avec celles de France, à combien de postes nous sommes du soleil, et s'il nous faut quelques jours de plus ou de moins pour y arriver que nous ne l'avons cru jusqu'ici.

Je n'aurai pas besoin d'ameuter l'Académie française sur l'édition de Pierre Corneille; il n'y a aucun de nous qui ne se fasse un plaisir et un devoir de souscrire, et quelques-uns même pour plusieurs exemplaires. Cette entreprise fera beaucoup d'honneur à l'entrepreneur, à l'Académie, et à la nation; et je me flatte qu'elle avertira enfin l'Académie de ce qu'elle doit faire, de donner des éditions grammaticales des auteurs classiques.

Adieu, mon cher maître; que le ciel vous tienne toujours en joie! N'oubliez pas vos amis et vos admirateurs; je me flatte que vous me comptez parmi les premiers, et je prends la liberté de me mettre parmi les seconds. Je ne sais s'il en est de même du professeur Formey, et s'il prendra cette qualité dans ses lettres aux journalistes, et dans sa *Bibliothèque* partiale, tout *impartiale* qu'elle prétend être. *Vale iterum.*

1. Jacques Lethax, ancien doctrinaire connu sous le nom de Montaigne, croyait avoir découvert un satellite de Vénus. (Éd.)
2. Vers de Voltaire dans son épître des *Tu et des Vous*. (Éd.)

## MMMCCCLXV. — A M. Le Brun.

11 juillet.

Il y a des choses bien bonnes et bien vraies dans les trois brochures que j'ai reçues[1]. J'aurais peut-être voulu qu'on y marquât moins un intérêt personnel. Le grand art de cette guerre est de ne paraître jamais défendre son terrain, et de ravager seulement celui de son ennemi, de l'accabler gaiement; mais après tout je ne suis pas fâché de voir relever des critiques très-injustes d'une ode dont j'ai admiré les beautés, et à laquelle je dois non-seulement Mlle Corneille, mais l'honneur de commenter à présent le grand homme auquel elle appartient.

Les oreilles d'âne sont attachées pour jamais au chef de ce malheureux Fréron. On a prouvé ses *Ânories*, et il y a dans les trois brochures un grand mélange d'agréable et d'utile.

Je ne savais pas que ce Baculard fût un croupier de Fréron. J'ai eu soin autrefois de ce Baculard qu'on appelait d'Arnaud, comme j'ai soin de Mlle Corneille. J'ai été payé d'une ingratitude dont je crois le cœur de Mlle Corneille incapable.

Adieu, monsieur; je me flatte que le nom de Mgr le prince de Conti décorera la liste de ceux qui souscrivent pour la gloire du grand Corneille et pour l'avantage de sa famille. Je serai toute ma vie pénétré d'estime et d'attachement pour vous. VOLTAIRE.

## MMMCCCLXVI. — A M. Thieriot.

Ferney, 11 juillet.

A qui en a donc *Protagoras?* je l'avais prié de m'écrire, et il n'en fait rien. Les philosophes sont bien tièdes. Allez chez lui, je vous prie, et faites-lui honte; dites-lui vergogne.

Envoyez-moi, mon cher ami, sur-le-champ la *Poétique* d'Aristote par la poste, avec contre-seing. J'en ai besoin pour *Pierre*. J'ai déjà commenté toute la tragédie d'*Horace*, la *Vie de Corneille*, par Fontenelle; j'ai commencé le *Cid*, *Médée*, et *Cinna*. J'aurai fait avant que le caractère, le papier et les souscriptions soient venus. Je ne perds point de temps, à cause du βίου ἀκρα[2].

Il faudra annoncer le *Droit du seigneur*, ou l'*Écueil du sage*, *in tempore opportuno*. *Per Dio!* écrivez-moi donc. Vous êtes plus négligent que *Protagoras*.

## MMMCCCLXVII. — A M. Duclos.

Au château de Ferney, 12 juillet.

J'apprends, monsieur, par votre signature que vous êtes à Paris. Le projet que vous avez approuvé trouve bien de la faveur. Le roi daigne permettre que son nom soit à la tête des souscripteurs pour deux

---

1. C'était sans doute la *Wasprie*, et les deux premiers numéros de l'*Ane littéraire*. (Éd.)
2. Le terme de la vie. (Éd.)

cents exemplaires; plusieurs personnes ont souscrit pour dix, pour douze, pour quinze. Je ne ferai imprimer le programme que quand j'aurai un assez grand nombre de noms illustres. Ne pourriez-vous pas, vous, monsieur, qui êtes le premier moteur de cette bonne œuvre, honorable pour la nation, et peut-être utile, me faire savoir pour combien souscriront nos académiciens, *de rore cœli et pinguedine terræ*?

L'ouvrage peut devenir nécessaire aux étrangers qui apprennent notre langue par règles, et aux Français qui ne la savent que par routine. J'ai déjà ébauché *Médée*, *le Cid*, *Cinna*; j'ai commenté entièrement *les Horaces*. Je m'instruis en relisant ces chefs-d'œuvre, mais je m'instruis trop tard.

Mon *commentarium perpetuum* est attaché sur de petits papiers, avec ce qu'on appelle mal à propos *pain enchanté*, à la fin de chaque page. Je me suis servi du seul tome que j'ai recouvré dans ce pays barbare, d'une petite édition que fit faire Corneille[2], dans laquelle il inséra toutes ses imitations de Guillain de Castro, de Lucain, et de Sénèque. Si l'Académie l'agrée, si cela vous amuse, je vous enverrai le commentaire des *Horaces*, tout griffonné qu'il est. L'Académie décidera de mes réflexions, et vous aurez la bonté de me renvoyer au plus tôt cet exemplaire unique.

Ma nièce, celle de Corneille, et moi, nous vous remercions de l'intérêt que vous prenez à cette affaire, et de tous vos soins généreux.

V.

MMMCCCLXVIII. — A M. LE DUC DE CHOISEUL.

13 juillet.

Monseigneur, vous savez qu'au sortir du grand conseil tenu pour le testament du roi d'Espagne, Louis XIV rencontra quatre de ses filles qui jouaient, et leur dit : « Eh bien! quel parti prendriez-vous à ma place? » Ces jeunes princesses dirent leur avis au hasard. Le roi leur répliqua : « De quelque avis que je sois, j'aurai des censeurs. »

Vous daignez en user avec moi, vieux radoteur, comme Louis XIV avec ses enfants. Vous voulez que je bavarde, bavarde, et que je compile, compile. Vos bontés et ma façon d'être, qui est sans conséquence, me donnent toujours le droit que Gros-Jean prenait avec son curé.

D'abord je crois fermement que tous les hommes ont été, sont, et seront menés par les événements. Je respecte fort le cardinal de Richelieu; mais il ne s'engagea avec Gustave-Adolphe que quand Gustave eut débarqué en Poméranie sans le consulter; il profita de la circonstance. Le cardinal Mazarin profita de la mort du duc de Veymar; il obtint l'Alsace pour la France, et le duché de Rhetel pour lui.

Louis XIV ne s'attendait point, en faisant la paix de Ryswick, que son petit-fils[2] aurait, trois ans après, la succession de Charles-Quint. Il s'attendait encore moins que l'arrière-petit-fils[4] abandonnerait les Français pendant quatre ans aux déprédations de l'Angleterre, mai-

1. *Genèse*, XXVII, v. 28. (ÉD.)
2. En 1644. (ÉD.) — 3. Philippe V. (ÉD.) — 4. Ferdinand VI. (ÉD.)

tresse de Gibraltar. Vous savez quel hasard fit la paix avec l'Angleterre, signée par ce beau lord Bolingbroke sur les belles fesses de Mme Pulteney. Vous ferez comme tous les grands hommes de cette espèce, qui ont mis à profit les circonstances où ils se sont trouvés.

Vous avez eu la Prusse pour alliée, vous l'avez pour ennemie; l'Autriche a changé de système et vous aussi. La Russie ne mettait, il y a vingt ans, aucun poids dans la balance de l'Europe, et elle en met un considérable. La Suède a joué un grand rôle, et en joue un très-petit. Tout a changé et changera; mais, comme vous l'avez dit, la France restera toujours un beau royaume, et redoutable à ses voisins, à moins que les classes des parlements n'y mettent la main.

Vous savez que les alliés sont comme les amis qu'on appelait de mon temps au quadrille : on changeait d'amis à chaque coup.

Il me semble d'ailleurs que l'amitié de MM. de Brandebourg a toujours été fatale à la France. Ils nous abandonnèrent au siège de Metz, fait par Charles-Quint. Ils prirent beaucoup d'argent de Louis XIV, et lui firent la guerre. Vous savez que Luc vous trahit deux fois[1] dans la guerre de 1741, et sûrement vous ne le mettrez pas en état de vous trahir une troisième. Sa puissance n'était alors qu'une puissance d'accident, fondée sur l'avarice de son père et sur l'exercice à la prussienne. L'argent amassé a disparu; il est battu avec son exercice. Je ne crois pas qu'il reste quarante familles à présent dans son beau royaume de Prusse. La Poméranie est dévastée; le Brandebourg, misérable; personne n'y mange de pain blanc; on n'y voit que de la fausse monnaie, et encore très-peu. Ses États de Clèves sont séquestrés; les Autrichiens sont vainqueurs en Silésie. Il serait plus difficile à présent de le soutenir que de l'écraser. Les Anglais se ruinent à lui donner des secours indiscrets vers la Hesse, et, grâce au ciel, vous rendez ces secours inutiles. Voilà l'état des choses.

Maintenant, si on voulait parier, il faudrait, dans la règle des probabilités, parier trois contre un que Luc sera perdu avec ses vers, et ses plaisanteries, et ses injures, et sa politique, tout cela étant également mauvais.

Cette affaire finie, supposé qu'un coup de désespoir ne rétablisse pas ses affaires et ne ruine pas les vôtres, tout finit en Allemagne. Vous avez un beau congrès, dans lequel vous êtes toujours garant du traité de Westphalie, et l'en reviens toujours à dire que tous les princes d'Allemagne diront : « Luc est tombé, parce qu'il s'est brouillé avec la France; c'est à nous d'avoir toujours la France pour protectrice. » Certainement, après la chute de Luc, la reine de Hongrie ne viendra pas vous redemander ni Strasbourg, ni Lille, ni votre Lorraine. Elle attendra au moins dix ans, et alors vous lui lâcherez le Turc et les Suédois pour de l'argent, si vous en avez.

Le grand point est d'avoir beaucoup d'argent. Henri IV se prépara à se rendre l'arbitre de l'Europe, en faisant faire des balances d'or par le duc de Sully. Les Anglais ne réussissent qu'avec des guinées et un

1. En juin 1742, et en décembre 1745. (ÉD.)

crédit qui les découple. Luc n'a fait trembler quelque temps l'Allemagne que parce que son père avait plus de sacs que de bouteilles dans ses caves de Berlin. Nous ne sommes plus au temps de Fabricius. C'est le plus riche qui l'emporte, comme, parmi nous, c'est le plus riche qui achète une charge de maître des requêtes, et qui ensuite gouverne l'État. Cela n'est pas noble, mais cela est vrai.

Les Russes m'embarrassent; mais jamais l'Autriche n'aura de quoi les soudoyer deux ans contre vous.

L'Espagne m'embarrasse; car elle n'a pas grand'chose à gagner à vous débarrasser des Anglais, mais au moins est-il sûr qu'elle aura plus de haine pour l'Angleterre que pour vous.

L'Angleterre m'embarrasse; car elle voudra toujours vous chasser de l'Amérique septentrionale, et vous aurez beau avoir des armateurs, vos armateurs seront tous pris au bout de quatre ou cinq ans, comme on l'a vu dans toutes les guerres.

Ah! monseigneur, monseigneur, il faut vivre au jour la journée quand on a affaire à des voisins. On peut suivre un plan chez soi, encore n'en suit-on guère. Mais quand on joue contre les autres, on écarte suivant le jeu qu'on a. Un système, grand Dieu! celui de Descartes est tombé; l'empire romain n'est plus; Pompignan même perd son crédit ; tout se détruit, tout passe. J'ai bien peur que dans les grandes affaires il n'en soit comme dans la physique : on fait des expériences, et on n'a point de système.

J'admire les gens qui disent : « La maison d'Autriche va être bien puissante, la France ne pourra résister. » Eh! messieurs, un archiduc vous a pris Amiens, Charles-Quint a été à Compiègne, Henri V d'Angleterre a été couronné à Paris. Allez, allez, on revient de loin, et vous n'avez pas à craindre la subversion de la France, quelque sottise qu'elle fasse.

Quoi! point de système! Je n'en connais qu'un, c'est d'être bien chez soi; alors, tout le monde vous respecte.

Le ministre des affaires étrangères dépend de la guerre et de la finance; ayez de l'argent et des victoires, alors le ministre fait tout ce qu'il veut.

**MMMCCLXIX.** — A M. CAPPERONNIER.

Au château de Ferney, en Bourgogne, par Genève, 12 juillet 1761.

Monsieur, je compte dans quelques mois avoir l'honneur de vous envoyer, pour la bibliothèque du roi, un manuscrit unique et curieux. C'est l'*Ezour Vedam*, commentaire du *Vedam*, lequel est chez les Indiens ce qu'est le *Sader* chez les Guèbres.

Cet *Ezour Vedam* est traduit de la langue du hanscrit par un brame de beaucoup d'esprit, qui est correspondant de notre compagnie des Indes, et qui a très-bien appris le français. Il l'a donné à M. de Maudave, commandant pour le roi dans un petit fort de la côte de Coromandel. Ce livre est fait vraisemblablement avant l'expédition d'Alexandre.

Ce que je vous dis là, monsieur, n'est pas un artifice pour obtenir de vous quelques livres dont j'ai besoin. Je vous les demanderais hardiment quand il n'y aurait point d'*Exour Vedam* au monde, tant je compte sur vos bontés.

Je fais imprimer les tragédies de Pierre Corneille avec un commentaire perpétuel, historique et critique, qui sera peut-être utile aux étrangers qui apprennent notre langue par règles, et à quelques Français qui la parlent par routine. L'édition sera ornée des plus belles gravures, et faite avec beaucoup de soin. Nous la faisons à l'anglaise, c'est-à-dire par souscription, pour le bénéfice des seules personnes qui restent du grand nom de Corneille. Le roi a la bonté de souscrire pour deux cents exemplaires; M. le duc de Choiseul pour vingt. Je me flatte que M. le baron de Thiers voudra bien que son nom soit dans la liste.

Mais vous me rendriez, monsieur, un plus grand service si vous vouliez bien me prêter une édition de Corneille qui doit être à la bibliothèque du roi, dans laquelle on trouve toutes les imitations de Guillain de Castro, de Eusèbe, de Sénèque, et de Tite Live. Corneille donna lui-même cette édition. Je n'ai que le tome du *Cid*; il y manque la première page, qui contenait le titre et la date. Il y a d'ailleurs beaucoup de pièces fugitives sur la *Méd*., les *Horaces*, le *Cid*, et *Cinna*. Je vous enverrai fidèlement, monsieur, et promptement, ce que vous aurez bien voulu me communiquer. Vous rendrez service aux belles-lettres, la famille de Corneille et moi nous vous serons également obligés; vous favoriserez une entreprise qui n'est pas indigne de vos secours, et le nom du grand Corneille justifie la liberté que je prends.

J'ai l'honneur d'être avec tous les sentiments que je vous dois, etc.

*N. B.* Je reçois en ce moment une lettre de M. Cramer, qui me dit que vos bontés ont prévenu mes demandes. Souffrez seulement, monsieur, que j'ajoute à mes remerciments la requête pour cette édition de Corneille dont j'ai l'honneur de vous parler dans ma lettre.

MMMCCCLXX. — A M. LE COMTE D'ARGENTAL.

14 juillet.

Ce paquet, mes divins anges, contient prose et vers; c'est d'abord votre pauvre *Zulime*, ensuite c'est la préface d'un ouvrage dont douze vers valent mieux que douze cents de *Zulime*; c'est la préface du *Cid* que je soumets à votre jugement avant de la faire lire à l'Académie. On dit qu'*Oreste* n'a pas été mal reçu; c'est une nouvelle obligation que je vous ai.

Mes moissons sont belles. J'ai heureusement terminé tous mes procès; il ne me reste plus qu'à bâtir un temple à Corneille, en bâtissant mon église. Mais sera-t-on aussi généreux que le roi ? la nation entrera-t-elle dans mon projet ? mes anges ne procureront-ils pas quelques noms à notre liste ?

Auront-ils la bonté d'envoyer l'incluse à M. Duclos ?

Bon ! en voilà encore une pour l'abbé *Olivetus Ciceronianus*.

Pardon mille fois.

MMMCCCLXXI. — A M. L'ABBÉ D'OLIVET.

Aux Délices, 14 juillet.

Je viens de relire, *cara Olivete*, votre belle *Histoire de l'Académie*; je tombe sur la page 72, où vous invitez les académiciens à ne se point refuser les secours d'une critique faite par leurs confrères. Ne me les refusez donc pas, et ayez la bonté de lire avec attention la préface du *Cid*, que j'envoie à M. Duclos notre secrétaire, en attendant les remarques sur toute la tragédie des *Horaces*.

Quelque occupé que je sois d'ailleurs, j'aurai fini avant que les libraires puissent commencer. La gloire de la France et de l'Académie, que je crois intéressée à cette entreprise, me donnera des forces et me fera oublier ma faible santé.

Je ne suis pas en peine de souscriptions, puisque le roi donne l'exemple. Mais je voudrais pouvoir imprimer dans le programme les noms des académiciens qui favoriseront le nom de Corneille, et les mettre à la tête de la nation, qui doit encourager ce travail.

Le prix sera très-modique, il ne passera pas quarante livres; et si quelque particulier oublie qu'il a souscrit, les princes s'en souviendront aussi bien que tous ceux qui, sans être princes, sont soigneux de leur honneur.

Mme de Pompadour souscrit pour cinquante exemplaires. M. le duc de Choiseul pour vingt, d'autres pour quinze, pour douze: Enfin je me flatte que la nation fera voir qu'elle sait honorer le nom d'un grand homme dans les temps les plus difficiles. Corneille m'appelle : je vous quitte en vous le recommandant.

MMMCCCLXXII. — DE CHARLES-THÉODORE, ÉLECTEUR PALATIN.

Schwetzingen, ce 15 juillet.

Je n'ai fait qu'un beau rêve, mon cher malade, qui, je crois, m'a causé plus de douleur que toutes vos infirmités ne vous en font ressentir. C'est une affaire faite, il faut se soumettre à la Providence. Je ne vous suis pas moins obligé de vos charmantes lettres, et de l'intérêt que vous prenez à ce qui me regarde. Je serai très-aise de contribuer à l'édition de *Corneille*; j'y souscrirai pour dix exemplaires.

Votre *Henriade* va bientôt paraître en beaux vers allemands. J'y fais travailler un nommé Schwartz, très-médiocre conseiller que j'ai, mais très-bon poëte, et qui a déjà traduit toute l'*Énéide* en vers, à la parfaite satisfaction des amateurs de la poésie allemande. S'il réussit également dans la *Henriade*, il pourra se vanter d'avoir enrichi la littérature allemande des deux meilleurs poëmes épiques qui existent. Soyez persuadé de l'estime particulière que j'aurai toujours pour vous.

CHARLES-THÉODORE, *électeur.*

## MMMCCCLXXIII. — A M. DE MONTMARTEL.

Au château de Ferney, par Genève, 16 juillet.

Je ne peux m'empêcher, monsieur, de vous remercier, et de vous féliciter de favoriser le nom et le sang du grand Corneille. Le roi a suivi votre exemple, et j'ose vous assurer que cette petite entreprise fera honneur à la France dans les pays étrangers.

Je suis enchanté que la première fois qu'on verra le nom de M. de Brunoi, on reconnaisse en lui la générosité de son père. Je présente mes respects à madame sa mère, et vous supplie, monsieur, de ne me pas oublier auprès de monsieur votre frère.

Il ne faut pas écrire de longues lettres à un homme comme vous, occupé continuellement à servir le roi et l'État.

J'ai l'honneur d'être avec le plus tendre attachement et tous les sentiments que je vous dois, monsieur, etc.

## MMMCCCLXXIV. — A M. DAMILAVILLE.

20 juillet.

Il y a plaisir à donner des *Oreste* aux frères : les frères sont toujours indulgents. Je ne sais plus comment la nation est faite ; elle souffre une *Électre*[1] de quarante ans qui ne fait point l'amour, et qui remplit son caractère ; elle ne siffle pas une pièce où il n'y a point de partie carrée. Il s'est donc fait dans les esprits un prodigieux changement.

Frère V....... a bien mal aux yeux ; mais il les a perdus avec Corneille, et cela console. Il a été obligé de travailler sur une petite édition en pieds de mouche. Heureusement l'en voilà quitte. Il a commenté *Médée*, *le Cid*, *Cinna*, *Pompée*, *Horace*, *Polyeucte*, *Rodogune*, *Héraclius*. Il reste peu de chose à faire ; car ni les comédies, ni les *Agésilas*, ni les *Attila*, ni les *Suréna*, etc., ne méritent l'honneur du commentaire.

S'il avait des yeux, il pleurerait nos désastres, qui se multiplient cruellement tous les jours. Il demande si l'on se réjouit encore à Paris, si on ose aller au spectacle. Il croit ce temps-ci bien peu favorable pour *le Droit du seigneur* ou pour *l'Écueil du sage*. Il a écrit au jeune auteur, lequel est tout abasourdi de la prise de Pondichéri, qui lui coûte juste le quart de son bien. Il n'a pas envie de rire. Je n'ai pu tirer de lui que ces petites bagatelles qu'il m'envoie, et que je fais tenir aux frères.

Je lui ai fait part de la juste douleur de la demoiselle Dangeville, qui ne joue pas le premier rôle. Il y a paru très-sensible ; mais il ne peut qu'y faire. Mlle Dangeville embellit tout ce qui lui passe par les mains. En un mot, voilà tout ce que je peux tirer de mon petit Dijonnais[2]. Il est très-fâché ; il dit qu'il veut faire une tragédie ; le premier acte

---

1. L'*Électre* de Crébillon. (ÉD.)
2. Voltaire donnait *le Droit du seigneur* comme l'ouvrage d'un académicien de Dijon. (ÉD.)

tera Rosbach, le dernier Pondichéri, et des vessies de cochon pour intermède. Celui qui écrit en rit, parce qu'il est né à Lausanne; mais moi qui suis Français, j'en pousse de gros soupirs.

Votre très-humble frère vous salue toujours en Protagoras, en Lucrèce, en Épicure, en Épictète, en Marc-Antonin, et s'unit avec vous dans l'horreur que les petits faquins d'Omer doivent inspirer. Que les misérables Français considèrent qu'il n'y avait aucun janséniste ni moliniste dans les flottes anglaises qui nous ont battus dans les quatre parties du monde; que les polissons de Paris sachent que M. Pitt n'aurait jamais arrêté l'impression de l'*Encyclopédie*; qu'ils sachent que notre nation devient de jour en jour l'opprobre du genre humain.

Adieu, mes chers frères.

J'ai reçu la *Poétique* d'Aristote : je la renverrai incessamment. Avec ce livre-là, il est bien aisé de faire une tragédie détestable.

## MMMCCCLXXV. — A M. HELVÉTIUS.

22 juillet.

Mon cher philosophe, l'ombre et le sang de Corneille vous remercient de votre noble zèle. Le roi a daigné permettre que son nom fût à la tête des souscripteurs pour deux cents exemplaires. Ni maître Le Daim, ni maître Omer, ne suivront ni l'exemple du roi, ni le vôtre. Il y a l'infini entre les pédants orgueilleux et les cœurs nobles, entre des convulsionnaires et des esprits bien faits. Il y a des gens qui sont faits pour honorer la nation, et d'autres pour l'avilir. Que pensera la postérité quand elle verra d'un côté les belles scènes de *Cinna*, et de l'autre le discours de maître Le Dain, *prononcé du côté du greffe*? Je crois que les Français descendent des centaures, qui étaient moitié hommes et moitié chevaux de bât : ces deux moitiés se sont séparées; il est resté des hommes, comme vous, par exemple, et quelques autres, et il est resté des chevaux qui ont acheté des charges de conseiller, ou qui se sont faits docteurs de Sorbonne.

Rien ne presse pour les souscriptions de *Corneille*; on donne son nom, et rien de plus, et ceux qui auront dit : « Je veux le livre, » l'auront. On ne recevra pas une seule souscription d'un bigot; qu'ils aillent souscrire pour les *Méditations du révérend père Croiset*.

Peut-être que les remarques que l'on mettra au bas de chaque page seront une petite poétique, mais non pas comme La Motte en faisait à l'occasion de mon *Romulus*, à l'occasion de mes *Machabées*. Ah! mon ami, défiez-vous des charlatans, qui ont usurpé en leur temps une réputation de passade.

Je vous embrasse en Épicure, en Lucrèce, Cicéron, Platon, *e tutti quanti*.

## MMMCCCLXXVI. — A MADAME LA MARQUISE DU DEFFAND.

22 juillet.

M. le président Hénault, madame, m'instruit de votre beau zèle pour Pierre Corneille. Je quitte Pierre pour vous remercier, et je vous

1. Wagnière, secrétaire de Voltaire. (ÉD.)

supplie aussi de présenter mes remerciements à Mme de Luxembourg. Je romps un long silence; il faut le pardonner au plus fort laboureur qui soit à vingt lieues à la ronde, à un vieillard ridicule qui dessèche des marais, défriche des bruyères, bâtit une église, et se trouve entre deux Pierre le Grand : savoir, Pierre Corneille, créateur de la tragédie; et l'autre, créateur de la Russie.

Ce qu'il y a de bon, c'est que Mlle Corneille n'a nulle part à ce que je fais pour son grand-oncle. Elle n'a pas encore lu une scène de Chimène; mais cela viendra dans quelques années, et alors elle verra que j'ai eu raison. Maître Le Dain et maître Omer auront beau dire et beau faire; Pierre est un grand homme et le sera toujours, et nous sommes des polissons. Qu'on me montre un homme qui soutienne la gloire de la nation; qu'on me le montre, et je promets de l'aimer.

Il faut en revenir, madame, au siècle de Louis XIV en tous genres; cela me perce le cœur au pied des Alpes; et, de dépit, je fais faire un baldaquin, et je lis assidûment l'Écriture sainte, quoique j'aime encore mieux *Cinna*.

Je joue avec la vie, madame; elle n'est bonne qu'à cela. Il faut que chaque enfant, vieux ou jeune, fasse ses bouteilles de savon. La butte Saint-Roch, et mes montagnes qui fendent les nues, les riens de Paris, et les riens de la retraite, tout cela est si égal, que je ne conseillerais ni à une Parisienne d'aller dans les Alpes, ni à une citoyenne de nos rochers d'aller à Paris.

Je vous regrette pourtant, madame, et beaucoup; Mlle Clairon un peu, et la plupart de mes chers concitoyens point du tout. Je n'ai guère plus de santé que vous ne m'en avez connu; je vis, et je ne sais comment, et au jour la journée, tout comme les autres.

Je m'imagine que vous prenez la vie en patience, ainsi que moi; je vous y exhorte de tout mon cœur; car il est si sûr que nous serons très-heureux quand nous ne sentirons plus rien, qu'il n'y a point de philosophe qui n'embrasse cette belle idée si consolante et si démontrée. En attendant, madame, vivez le plus heureusement que vous pourrez, jouissez comme vous pourrez, et moquez-vous de tout comme vous voudrez.

Je vous écris rarement, parce que je n'aurais jamais que la même chose à vous mander; et quand je vous aurai bien répété que la vie est un enfant qu'il faut bercer jusqu'à ce qu'il s'endorme, j'aurai dit tout ce que je sais.

Un bourgmestre de Middelbourg, que je ne connais point, m'écrivit, il y a quelque temps, pour me demander en ami s'il y a un dieu; si, en cas qu'il y en ait un, il se soucie de nous; si la matière est éternelle; si elle peut penser; si l'âme est immortelle; et me pria de lui faire réponse sitôt la présente reçue.

Je reçois de pareilles lettres tous les huit jours; je mène une plaisante vie.

Adieu, madame; je vous aimerai et je vous respecterai jusqu'à ce que je rende mon corps aux quatre éléments.

**MMMCCCLXXVII. — A M. LE COMTE D'ARGENTAL.**

26 juillet.

Les divins anges sauront que je reçus avant-hier leur dernière lettre, datée de je ne sais plus quand. J'étais aux Délices; je les ai cédées à M. le duc de Villars, qui s'y établit avec tout son train. J'ai laissé la lettre de mes anges aux Délices; mais je me souviens des principaux articles. Il était question vraiment de quelques vers, qu'ils aiment mieux comme ils étaient autrefois dans l'ancienne *Zulime*. Mes anges ont raison.

Je me jette à leurs pieds pour que Zulime se tue; car il ne faut pas que tragédie finisse comme comédie, et, autant qu'on peut, il faut laisser le poignard dans le cœur des assistants. Si vous goûtez cette nouvelle façon de se tuer que je vous envoie, vous me ferez grand plaisir. Ne me dites pas que ce pauvre bonhomme de père sera affligé; il est juste que sa fille coupable passe le pas, et que le bonhomme de père, qui l'a fort mal élevée, soit un peu affligé pour sa peine.

Venons à un plus grand objet, à Pierre Corneille. On ne pourra rien faire, rien commencer, rien même projeter, si l'on n'a pas d'abord les noms de ceux qui veulent bien souscrire. Il y a une petite anicroche. Les *OEuvres du théâtre de Corneille* contiendront cinq volumes in-quarto. Ces cinq volumes, avec des estampes, reviendraient à dix louis d'or, et les souscriptions ne seront que de deux : on ne pourra donc point donner ces inutiles estampes, et on se contentera des remarques utiles. L'ouvrage est moitié trop bon marché, j'en conviens; mais, avec les bontés du roi, et les secours des premiers de la nation, les Cramer pourront être honorablement payés de leurs peines, et il y aura encore assez d'avantages pour M. et Mlle Corneille. Quand il devrait un peu m'en coûter, je ne reculerai pas. J'ai déjà commenté à peu près *le Cid*, *les Horaces*, *Cinna*, *Pompée*, *Polyeucte*, *Rodogune*, *Héraclius*. Il me paraît que ce travail sera principalement utile aux étrangers qui apprennent notre langue; chaque page est chargée de notes; je suis un vrai Scaliger. Madame Scaliger, prenez moi sous votre protection.

Quant à la drôlerie du petit Hurtaud, il en sera tout ce qui plaira à Dieu. Je suis résigné à tout depuis la mort du cardinal Passionei, et depuis notre petite défaite auprès de Ham. J'espérais que le cardinal Passionei me ferait avoir d'admirables priviléges pour mon église savoyarde. J'ai peur d'échouer dans le sacré et dans le profane. Je me disais : « On va signer la paix dans Hanovre, tout le monde sera gai et content, on ne songera plus qu'à aller à la Comédie, on souscrira en foule pour Pierre Corneille, tous les billets royaux seront payés à l'échéance, tout le monde se prendra par la main, pour danser, depuis Collioure jusqu'à Dunkerque. » Voilà mon rêve fini; et le réveil est triste.

La divine et superbe Clairon augmentera-t-elle ma douleur, et sera-t-elle fâchée contre moi, parce que j'ai été poli avec M. le comte de Lauraguais? Mon cher ange lui fera entendre raison; il me l'a fait entendre si souvent à moi, qui suis plus capricieux qu'une actrice!

Je voudrais bien vous envoyer une partie de mon *Commentaire*; mais tout cela est sur de petits papiers comme les feuilles de la sibylle; et d'ailleurs rien n'est en vérité moins amusant.

Respects à tous anges. Le malheur est sur les yeux ; les miens sont affligés aussi, mais je songe aux vôtres.

MMMCCCLXXVIII. — A M. DE CHAMPFLOUR, ANCIEN LIEUTENANT PARTICULIER A CLERMONT EN AUVERGNE.

Au château de Ferney, par Genève, 30 juillet.

Ayant quitté, monsieur, ma maison des Délices, près de Genève, que j'ai cédée à M. le duc de Villars, j'y ai laissé votre lettre, mais quoique je ne l'aie pas sous les yeux, elle est dans mon cœur. Je me suis attendri au souvenir de monsieur votre père, et je vous prie de ne pas douter que je ne prenne toujours un vif intérêt à tout ce qui vous regarde. Vous êtes père de famille depuis longtemps; vous êtes heureux par votre femme, et par vos enfants; vous l'êtes par votre manière de penser; ce sont pour moi autant de sujets de joie; elle n'est affaiblie que par le grand intervalle qui nous sépare. Je finis ma carrière dans un séjour assez riant, et dans des terres qui ont de beaux privilèges; il ne me manque que de pouvoir vous assurer de vive voix des sentiments inviolables avec lesquels, j'ai l'honneur d'être, monsieur, votre très-humble et très-obéissant serviteur, VOLTAIRE.

MMMCCCLXXIX. — A M.***

Au château de Ferney, en Bourgogne, par Genève, 30 juillet.

Dans une petite transmigration, monsieur, d'une maison à une autre, la lettre dont vous m'honoriez en date du 1er juin s'était égarée. Mme du Perron m'ayant appris à qui je devais cette lettre, j'ai été fort honteux; j'ai cherché longtemps, et j'ai enfin trouvé; mais ce que je ne trouverai pas, c'est la solution de votre problème. Quand on demanda à Panurge lequel il aimait le mieux d'avoir le nez aussi long que la vue, ou la vue aussi longue que le nez, il répondit qu'il aimait mieux boire.

Vous me demandez lequel est le plus plaisant de savoir tout ce qui s'est fait ou tout ce qui se fera; c'est une question à faire aux prophètes ; ces messieurs, qui connaissaient l'avenir si parfaitement, étaient sans doute instruits également du passé. Il faut être inspiré de Dieu pour savoir bien parfaitement son prétérit, son futur, et même son présent. Notre espèce est fort curieuse et fort ignorante. Celui qui saurait l'avenir saurait probablement de fort sottes et de fort tristes choses, et entre autres l'heure de sa mort; ce qui n'est pas extrêmement plaisant à contempler. J'aime mieux au fond de la boîte de Pandore l'espérance que la science; et je suis de l'avis d'Horace :

*Prudens futuri temporis exitum*
*Caliginosa nocte premit Deus.*
Lib. III, od. XXIX.

Ce que je sais le mieux, c'est que j'ai l'honneur d'être, avec tous les sentiments que je vous dois, monsieur, votre, etc.

MMMCCCLXXX. — A M. L'ABBÉ D'OLIVET.

Ce vendredi, juillet.

Vous avez très-bien fait, mon cher directeur, de venir chez la protectrice des arts[1]. Elle a été flattée de l'hommage du directeur, et, en vérité, vous lui deviez plus que des hommages. Nous devons être pénétrés de reconnaissance. Ce que je craignais est arrivé; la personne qui ne devait rien savoir sait tout. Mais cet inconvénient ne sert qu'à rendre plus inébranlable une belle âme née pour faire du bien. Plus notre idée sera sue, plus il la faut suivre; et je vous réponds qu'elle sera suivie. Elle est dans les meilleures mains du monde, comme dans les plus belles. Ceux de nos confrères qui ne se sont point prêtés à un dessein si honorable et si utile ne sentiront qu'un noble et heureux repentir, quand ils verront qu'une personne qu'on ne prendrait que pour Hébé ou pour Flore devient notre Minerve, et encourage le projet qu'ils n'ont pas secondé[2].

Tout ce que je souhaite, c'est que cette époque de la gloire de l'Académie soit jointe à celle de votre directorat; mais le temps est bien court. Bonsoir; je vous embrasse tendrement. Vous pouvez dire hardiment que je ne viens point lire notre ode, parce que je suis plus utilement occupé. L'affaire me paraît sûre. Bonsoir encore une fois.

MMMCCCLXXXI. — A M. LE DUC DE BOUILLON.

A Ferney, 21 juillet.

Vous voilà, monseigneur, comme le marquis de La Fare, qui commença à sentir son talent pour la poésie à peu près à votre âge, quand certains talents plus précieux étaient sur le point de baisser un peu, et de l'avertir qu'il y avait encore d'autres plaisirs.

Ses premiers vers furent pour l'amour, les seconds pour l'abbé de Chaulieu. Vos premiers sont pour moi; cela n'est pas juste; mais je vous en dois plus de reconnaissance. Vous me dites que j'ai triomphé de mes ennemis; c'est vous qui faites mon triomphe.

Au pied de mes rochers, au creux de mes vallons,
Pourrais-je regretter les rives de la Seine?
La fille de Corneille écoute mes leçons;
Je suis chanté par un Turenne;
J'ai pour moi deux grandes maisons
Chez Bellone et chez Melpomène.
A l'abri de ces deux beaux noms,
On peut mépriser les Frérons,
Et contempler gaîment leur sottise et leur haine.
C'est quelque chose d'être heureux;
Mais c'est un grand plaisir de le dire à l'Envie,

1. Mme de Pompadour. (ÉD.)
2. Le projet de commentaire sur les classiques français. (ÉD.)

De l'abattre à nos pieds, et d'en rire à ses yeux!
  Qu'un souper est délicieux,
Quand on brave, en mangeant, les griffes de Harpie!
Que des frères Berthier les cris injurieux
  Font une plaisante harmonie!
Que c'est pour un amant un passe-temps bien doux
D'embrasser la beauté qui subjugue son âme,
Et d'affubler encor du sel de l'épigramme
  Un rival fâcheux et jaloux!
Cela n'est pas chrétien, j'en conviens avec vous;
Mais ces gens le sont-ils? Ce monde est une guerre,
On a des ennemis en tout genre, en tous lieux;
  Tout mortel combat sur la terre;
Le diable avec Michel combattit dans les cieux;
On cabale à la cour, à l'église, à l'armée;
Au Parnasse on se bat pour un peu de fumée,
Pour un nom, pour du vent; et je conclus au bout
Qu'il faut jouir en paix, et se moquer de tout.

Cependant, monseigneur, tout en riant, on peut faire du bien. Votre Altesse en veut faire à Mlle Corneille; vous voulez que je vous taxe pour le nombre des exemplaires : si je ne consultais que votre cœur, je vous traiterais comme le roi; vous en seriez pour la valeur de deux cents. Mais comme je sais que vous allez partout semant votre argent, et que souvent il ne vous en reste guère, je me réduis à six, et j'augmenterai le nombre si j'apprends que vous êtes devenu économe. Je supplie Votre Altesse d'agréer mon profond respect, et de me conserver vos bontés.

MMMCCCLXXXII. — A M. SENAC DE MEILHAN.

  Élève du jeune Apollon,
  Et non pas de ce vieux Voltaire;
  Élève heureux de la raison,
Et d'un dieu plus charmant qui t'instruisait à plaire,
J'ai lu tes vers brillants et ceux de la bergère.
Ouvrages de l'esprit, embellis par l'amour!
  J'ai cru voir la belle Glycère
  Qui chantait Horace à son tour.
Que son esprit me plaît, que sa beauté te touche!
Elle a tout mon suffrage, elle a tous tes désirs;
Elle a chanté pour toi; je vois que sur sa bouche
  Tu dois trouver tous les plaisirs.

Je réponds bien mal, monsieur, aux choses charmantes que vous m'envoyez; mais, à mon âge, on a la voix un peu rauque. *Lupi Mœrim videre priores; vos quoque Mœrim deficit*[1]

[1] Virgile, ecl. IX, v. 53, 54. (*Éd.*)

Présentez, je vous prie, mes obéissances à celui qui a soin de la santé du roi[1], au père de ce qu'il y a de plus aimable.

## MMMCCCLXXXIII. — A M. BURIGNI.

Au château de Ferney, juillet.

Tout ce que je peux vous dire, monsieur, c'est que feu M. Secousse m'écrivit, il y a quelques années, à Berlin, que son oncle avait réglé les droits et les reprises de Mlle Desvieux, fondés sur son contrat avec M. Bossuet. C'est une chose que je vous assure sur mon honneur. Au reste, c'est à vous à voir si vous croyez qu'un homme aussi éclairé que lui ait toujours été de bonne foi, surtout en accusant M. de Fénelon d'une hérésie dangereuse, tandis qu'on ne devait l'accuser que de trop de délicatesse et de beaucoup de galimatias. Je serais très-affligé si le panégyriste de Porphyre et de l'ancienne philosophie donnait la préférence à certaines opinions sur cette philosophie. M. de Meaux était un homme éloquent; mais la raison est préférable à l'éloquence. Vous me ferez beaucoup d'honneur et de plaisir de m'envoyer votre ouvrage[2]; mais vous me feriez un très-grand tort si vous m'accusiez d'avoir dit que l'éloquent Bossuet ne croyait pas ce qu'il disait. J'ai rapporté seulement qu'on prétendait qu'il avait des sentiments différents de la théologie; comme un sage magistrat qui s'élèverait quelquefois au-dessus de la lettre de la loi par la force de son génie. Il me paraît qu'il est de l'intérêt de tous les gens sensés que Bossuet ait été dans le fond plus indulgent qu'il ne le paraissait.

Je me recommande à vous, monsieur, comme à un homme de lettres et un philosophe pour qui j'ai toujours eu autant d'estime que d'attachement pour votre famille. Si vous voulez bien me faire parvenir votre ouvrage par M. Janel ou M. Bouret, ce sera la voie la plus prompte, et j'aurai plus tôt le plaisir de m'instruire.

Je vous présente mes remercîments, et tous les sentiments respectueux avec lesquels je serai toujours, monsieur, votre, etc.

## MMMCCCLXXXIV. — A M. LE COMTE D'ARGENTAL.

2 auguste.

Votre grand chambrier d'Héricourt vient de mourir, mon cher ange, après s'être lavé les jambes dans notre lac, pour son plaisir. Tronchin dit que c'est pour s'être lavé les jambes. Le fait est qu'il est mort, et que je le regrette, parce qu'il n'était ni fanatique ni fripon.

Enfin donc ce que j'ai prédit depuis deux ans est arrivé; je criais toujours, Pondichéri ou Pondichéri! et, dans toutes mes lettres, je disais : Prenez garde à Pondichéri! Ceux qui avaient partie de leur fortune sur la compagnie des Indes n'ont qu'à se recommander aux directeurs de l'hôpital. On a bien raison d'appeler son bien *fortune*,

---

1. Senac père était médecin du roi. (É.)
2. *Vie de Bossuet, évêque de Meaux.* (É.)

car un moment le donne, un moment l'ôte. Vous devez avoir eu une semaine brillante à Paris; il me semble qu'en huit jours vous avez eu un lit de justice[1], la nouvelle d'une bataille perdue[2], la nouvelle de Pondichéri[3], celle des Îles sous le Vent[4], celle de la flotte anglaise arrivée devant Oléron[5], et une comédie de Saint-Foix[6].

Il n'y a pas de quoi rire à tout cela. J'ai le cœur navré. Nous ne pouvons avoir de ressources que dans la paix la plus honteuse et la plus prompte. Je m'imagine toujours, quand il arrive quelque grand désastre, que les Français seront sérieux pendant six semaines. Je n'ai pu encore me corriger de cette idée. Je crois voir tout le monde morne et sans argent, et de là j'infère qu'il ne faut pas précipiter les représentations de la pièce du petit Hurtaud, que, par parenthèse, les comédiens attribuent à Saurin et à Diderot. Préville, qui a le nez plus fin, soutient qu'elle est de votre marmotte des Alpes. Dieu veuille lui ôter de la tête cette opinion! Mlle Dangeville est fâchée que son rôle de Colette ne soit pas le premier rôle : on aura de la peine à l'apaiser.

M. le duc de Choiseul a bien voulu me mander que les souscriptions cornéliennes vont à merveille. Il y a donc quelque chose qui va bien à Paris. On parle, dans nos rochers, de certaines petites brouilleries qui ont retenti jusqu'aux Alpes. Je crains que M. le duc de Choiseul ne se dégoûte, et qu'il ne quitte un poste fatigant, comme un médecin, appelé trop tard, abandonne son malade; j'en serais inconsolable.

Aimons le théâtre; c'est la seule gloire qui nous reste. J'en suis à *Héraclius* : je commence à l'entendre. En vérité, il n'y a de beau dans cette pièce que quatre vers traduits de l'espagnol. Quand on examine de près les pièces et les hommes, on rabat un peu de l'estime. Il n'y a que mes anges qui gagnent à être vus tous les jours. Mais comment vont les yeux?

Voici un gros paquet pour notre Académie. Jugez, mes anges; j'ai autant de foi, pour le moins, à vous qu'à elle.

MMMCCCLXXXV. — A MADAME D'ÉPINAL.

À Ferney, 5 auguste.

J'aurai mon *corps-saint*, madame, malgré toutes vos bonnes plaisanteries; et si je n'ai pas un corps entier, j'aurai du moins pied ou aile. Je trouve cette affaire si comique, que je la poursuis très-sérieusement; et j'aurai traité avec le ciel avant que vous vous soyez accommodée avec l'Angleterre.

Puisque vous avez, madame, frère Saurin, à la Chevrette, je vous

1. 21 juillet. (Éd.)
2. La bataille de Kirch-Dinker, gagnée, le 16 juillet, par le prince Ferdinand sur les maréchaux de Broglie et de Soubise. (Éd.)
3. Pris le 15 janvier. (Éd.)
4. La Dominique, l'une des Antilles, avait été prise par les Anglais le 6 juin. (Éd.)
5. Les Anglais étaient maîtres de Belle-Île depuis le 7 juin. (Éd.)
6. *Le Financier*, joué le 20 juillet. (Éd.)

prié de vouloir bien vous charger d'une négociation auprès de lui. Vous savez que malgré les calamités du temps il y a quelques souscriptions en faveur de la race de Corneille. Je ne sais pas encore si nos malheurs ne refroidiront pas bien des gens; mais je travaille toujours à bon compte. J'ai commenté le *Cid*, *Cinna*, *Médée*, *Horace*, *Pompée*, *Polyeucte*, *Héraclius*, *Rodogune*; beautés, défauts, fautes de langage, imitation des étrangers, tout est remarqué au bas des pages pour l'instruction de l'ami lecteur. J'ai envoyé à notre secrétaire perpétuel de l'Académie une préface sur le *Cid*, et toutes les notes sur les *Horaces*. Je voudrais bien que M. Saurin, mon confrère, voulût aller à l'Académie, et examiner un peu ma besogne; personne n'est plus en état que lui de juger de cet ouvrage, et il est bon qu'il ait la sanction de l'Académie, à laquelle il sera dédié.

Quelque chose qui arrive à notre pauvre patrie, Corneille sera toujours respectable aux autres nations, et j'espère que mon petit commentaire sera utile aux étrangers qui apprennent notre langue, et à bien des Français qui croient la savoir. Je m'unis toujours aux saintes prières de tous les frères. M. le duc de Villars a pris possession de mes petites Délices; j'espère qu'il ne lui arrivera pas ce qui vient d'arriver à un beau-frère de M. de La Popelinière, et à un abbé d'Héricourt, conseiller de grand'chambre, qui se sont avisés de venir mourir à Genève pour faire pièce au docteur Tronchin. L'abbé d'Héricourt est une perte, car il était prêtre et conseiller; et malgré cela il n'était ni fanatique ni fripon.

J'ai dans l'idée, madame, que nous n'aurions point perdu Pondichéri, si M. Dupleix y était resté; il avait des ressources, nous n'aurions point manqué de vivres. Cette belle aventure me coûte le quart de mon bien.

Adieu, madame; je désespère de vous revoir, mais je vous serai toujours bien respectueusement attaché.

Une grosse fluxion sur les deux yeux me prive de l'honneur de vous écrire de ma main.

MMMCCLXXXVI. — A MADEMOISELLE CLAIRON.

A Ferney, 7 auguste.

Je crois, mademoiselle, que votre zèle pour l'art tragique est égal à vos grands talents. J'ai beaucoup de choses à vous dire sur ce zèle, qui est aussi noble que votre jeu.

J'ai été très-affligé que vos amis aient souffert qu'on ait fait un si pitoyable ouvrage en faveur du théâtre. Si on s'était adressé à moi, j'avais en main des pièces un peu plus décisives que tous les différents *ordres* dont l'*ordre* des avocats, des fanatiques, et des sots, a tant abusé contre ce pauvre Huerne. J'ai en main la décision du confesseur du pape Clément XII, décision fondée sur des témoignages plus authentiques que ceux qui ont été allégués dans ce malheureux mémoire. Cette décision du confesseur du pape me fut envoyée il y a plus de vingt ans; je l'ai heureusement conservée, et j'en ferai usage dans l'édition que j'entreprends de *Corneille*. Elle sera chargée, à chaque page, de remarques utiles sur l'art en général, sur la langue, sur la décence de notre spectacle, sur la déclamation, et je n'oublierai pas Mlle Clairon en parlant de Cornélie.

Vous avez été effarouchée d'une lettre que j'ai écrite au sujet d'*Électre*. J'ai dû l'écrire dans la situation où j'étais, et ne prendre rien sur moi; et je me flatte que vous avez pardonné à mon embarras.

Vous voulez jouer *Zuléma*. J'ai envoyé la pièce, après avoir consumé un temps très-précieux à la travailler avec le plus grand soin. Je vous prie très-instamment de la jouer comme je l'ai faite, et d'empêcher qu'on ne gâte mon ouvrage. Les acteurs sont intéressés à cette complaisance.

Vous vous apercevrez aisément, mademoiselle, de l'excès du ridicule de l'**édition de *Tancrède*** faite à Paris. Vous verrez qu'on a tâché de faire tomber la pièce en l'imprimant, et que si on la joue suivant cette leçon absurde, il est impossible qu'à la longue elle soit soufferte, malgré toute la supériorité de vos talents.

Vous voyez d'un coup d'œil quelle sottise fait Orbassan, en répétant, en quatre mauvais vers (page 32), ce qu'il a déjà dit, et en le répétant, pour comble de ridicule, sur les mêmes rimes déjà employées au commencement de ce couplet.

Si vous récitez ce mauvais vers :

On croit qu'à Solamir mon cœur se sacrifie,

vous gâtez toute la pièce. Il ne faut pas que vous imaginiez que Solamir ait part à votre condamnation. D'où pouvez-vous savoir qu'on croit vous immoler à Solamir? que veut dire *mon cœur se sacrifie*? Il s'agit bien ici de *cœur*! il s'agit d'être exécutée à mort. Vous craignez qu'on n'impute à Tancrède la trahison pour laquelle vous êtes arrêtée, et c'est pour cela que, lorsqu'au troisième acte vous êtes prête d'avouer tout, croyant Tancrède à Messine, vous n'osez plus prononcer son nom dès que vous le voyez à Syracuse; mais vous ne devez pas penser à Solamir. On a fait un tort irréparable à la pièce en la donnant de la manière dont elle est si ridiculement imprimée.

La seconde scène du second acte est tronquée, et d'une sécheresse insupportable. Si votre père ne vous parle que pour vous condamner, s'il n'est pas désespéré, qui pourra être touché? qui pourra vous plaindre quand un père ne vous plaint pas? Sa douleur, la vôtre, ses doutes, vos réponses entrecoupées, ce père infortuné qui vous tend les bras, votre reproche sur sa faiblesse, votre aveu noble que vous avez écrit une lettre, et que vous avez dû l'écrire, tout cela est théâtral et touchant : il y a plus, cela justifie les chevaliers qui vous condamnent. Si on ne joue pas ainsi la pièce, elle est perdue, elle est au rang de toutes les mauvaises pièces que l'on a données depuis quatre-vingts ans, que le jeu des acteurs fait supporter quelquefois au théâtre, et que tous les connaisseurs méprisent à la lecture. En un mot, l'édition de Trapit est ridicule, et me couvre de ridicule. Je serai obligé de la désavouer, puisqu'elle a été faite malgré mes instructions précises. Je vous prie très-instamment, mademoiselle, de garder cette lettre, et de la montrer aux acteurs quand on jouera *Tancrède*.

Je vous fais mon compliment sur la manière dont vous avez joué Électre. Vous avez rendu à l'Europe le théâtre d'Athènes. Vous avez fait voir qu'on peut porter la terreur et la pitié dans l'âme des Français, sans le secours d'un amour impertinent et d'une galanterie de ruelle, aussi déplacés dans Électre qu'ils le seraient dans Cornélie. Introduire dans la pièce de Sophocle une partie carrée d'amants transis est une sottise que tous les gens sensés de l'Europe nous reprochent assez. Tout amour qui n'est pas une passion furieuse et tragique doit être banni du théâtre; et un amour, quel qu'il soit, serait aussi mal dans *Électre* que dans *Athalie*. Vous avez réformé la déclamation, il est temps de réformer la tragédie, et de la purger des amours insipides, comme on a purgé le théâtre des petits-maîtres.

On m'a flatté que vous pourriez venir dans nos retraites : on dit que votre santé a besoin de M. Tronchin. Vous seriez reçue comme vous méritez de l'être, et vous verriez chez moi un assez joli théâtre, que peut-être vous honoreriez de vos talents sublimes, en faveur de l'admiration et de tous les sentiments que ma nièce et moi nous conservons pour vous. Mlle Corneille ne dit pas mal ses vers. Ce serait un beau jour pour moi que celui où je verrais la petite-fille du grand Corneille confidente de l'illustre Mlle Clairon.

### MMMCCCLXXXVII. — A M. LEKAIN.

Au château de Ferney, 8 auguste.

Mon cher Roscius, je vous écris rarement; la poste est trop chère pour vous faire payer des lettres inutiles. Je sollicite M. d'Argental pour le jeune débarqué et dégoûté de Prusse. Vous pouvez lui dire que j'ai mieux aimé m'adresser à celui qui tire mes amis de prison qu'à celui qui les y fait mettre.

J'ai lu le mémoire de votre avocat contre les excommuniants; il y a des choses dont il est à souhaiter qu'il eût été mieux informé. J'avais écrit, il y a quelques années, au confesseur du pape, à un théologien pantalon de Venise, à un *prêtre-buggerone* de Florence, et à un autre de Rome, pour avoir des autorités sur cette matière; je crois avoir remis les réponses entre les mains de M. d'Argental.

Cette excommunication est un reste de la barbarie absurde dans laquelle nous avons croupi : cela fait détester ceux qu'on appelle rigoristes; ce sont des monstres ennemis de la société. On accable les jésuites, et on fait bien; mais on laisse dormir les jansénistes, et on fait mal. Il faudrait, pour saisir un juste milieu, et pour prendre un parti modéré et honnête, étrangler l'auteur des *Nouvelles ecclésiastiques* avec les boyaux de frère Berthier.

Sur ce, je vous embrasse.

MMMCCCLXXXVIII. — A M. LE COMTE D'ARGENTAL.

9 auguste.

Ose-t-on parler encore de vers et de prose à Paris, mes divins anges? les chaleurs et les malheurs ne font-ils pas un tort horrible au tripot?

Je travaille le jour à *Corneille*, et la nuit à *Don Pèdre*.

Nos souscriptions pourraient bien se ralentir. Sans la prise de Pondichéri, je ferais tout à mes dépens.

Je vous ai envoyé les remarques sur *les Horaces*. Voici la préface en forme d'épître dédicatoire à l'Académie. Je la mets sous vos ailes, et vous daignerez la recommander à Duclos, quand vous l'aurez lue. Il est bon que tout ait la sanction de quarante personnes; mais j'aurai plus tôt achevé tout l'ouvrage, que l'Académie n'aura lu trente de mes remarques. Un membre va vite; les corps ont peine à se remuer.

Dites-moi net, je vous prie, combien vos amis retiennent d'exemplaires. Tout *Corneille* commenté en cinq ou six volumes in-quarto, c'est marché donné pour deux louis.

Sans le roi et quelques princes, on ne pourrait donner les exemplaires à ce prix.

J'ai un autre placet contre Lambert à vous présenter. Je n'avais pas encore eu le temps de lire son *Tancrède*; il s'est plu à me rendre ridicule : jugez-en par cet échantillon[1]... Que faire ? cela est dur; mais Pondichéri est pis ou pire.

Mes divins anges, que la campagne est belle! vous ne connaissez pas ce plaisir-là. Et les yeux? j'écris, moi; et vous?

MMMCCCLXXXIX. — A M. DUCLOS.

Au château de Ferney, par Genève, 15 auguste.

Je vous supplie, monsieur, vous et l'Académie, de prendre bien à cœur Pierre Corneille et Marie Corneille. Il sera peut-être bien ennuyeux de lire mes notes sur *les Horaces*; mais, avec un *Corneille* à la main, le plaisir de lire le texte l'emportera sur le dégoût des notes. Ne faites aucune attention à l'orthographe; songez que nous sommes Suisses. On écrit comme on peut, et on corrigera le tout à l'impression. Trois ou quatre séances pourront amuser l'Académie, et m'éclaireront beaucoup. Si vous avez le courage d'examiner mon travail, je vous enverrai tous mes commentaires les uns après les autres.

Il me paraît que dans l'Europe on approuve assez mon entreprise. Il faut que nous ayons quelque gloire. Pierre nous en donnera, si l'Académie veut bien donner sa sanction aux remarques. Elles sont faites pour les étrangers, et peut-être pour beaucoup de Français.

Je vous demande en grâce de me renvoyer la préface sur *le Cid* et les notes sur *Horace*, avec un petit mot au bas qui marque le sentiment de

---

1. Voltaire donnait sans doute ici le relevé de quelques mauvais textes ou fautes de l'édition de *Tancrède* faite par Lambert. (*Note de M. Beuchot.*)

l'Académie. Dès que vous aurez eu la bonté, monsieur, de me renvoyer ces cahiers, je vous dépêcherai le *Cid*.

A l'égard des souscriptions, elles iront comme elles pourront. Je travaillerai à bon compte, et, s'il le faut, je ferai imprimer à mes dépens. Je crois travailler pour l'honneur de la littérature française; j'attends de l'Académie des lumières et de la protection.

Adieu, monsieur; je compte sur votre zèle et sur votre bonté plus que sur tout le reste. VOLTAIRE.

### MMMCCCXC. — A M. DAMILAVILLE.

Le 15 auguste.

Que les frères m'accusent de paresse, s'ils l'osent. J'ai tout *Corneille* sur les bras, l'*Histoire générale des mœurs*, le *Czar*, *Jeanne*, etc., etc., et vingt lettres par jour à répondre. Il faut écrire à M. de La Fargue, et je ne sais où le prendre. Il me semble que frère Thieriot sait sa demeure. Il s'agit de ses vers, cela est important. Comment va l'*Encyclopédie*? cela est un peu plus important.

Oui, volontiers, que les saducéens périssent, mais que les pharisiens ne soient pas épargnés. On nous défait des chats, mais on nous laisse dévorer par des chiens.

On a eu grand'peine à trouver le *Grizel*[1] que demandent les frères. C'est grand dommage que, pour notre édification, nous ne puissions pas recouvrer cet ouvrage rare, d'autant plus utile à la bonne cause, qu'il rend la mauvaise extrêmement ridicule.

Frère Thieriot est devenu bien paresseux. Un véritable frère ne devrait-il pas avoir déjà envoyé les *Recherches sur le théâtre*[2]? Il faut le mettre en pénitence. On ne doit pas être tiède sur les ouvrages et sur le sang du grand Corneille. Frère Thieriot, je vous l'ai toujours dit, vous êtes un indolent; vous n'écrivez que par boutade. Point de nouvelles depuis un mois. Vous retardez l'édition de *Corneille* : vous êtes coupable. Je ne sais pas trop comment ira cette entreprise. Pour moi, je ne réponds que de mon travail et de mon zèle tant que je respirerai. J'ai déjà commenté six tragédies. Je m'instruis par ce travail; j'espère que j'en instruirai d'autres, et que le théâtre y gagnera. Si, comme auteur, je n'ai pu servir ma nation, je la servirai du moins comme commentateur.

J'embrasse les frères, et j'abhorre plus que jamais les ennemis de la raison et des lettres.

### MMMCCCXCI. — A M. LE COMTE D'ARGENTAL.

15 auguste.

Je reçois une lettre de mes anges, du 5 auguste, en revenant d'une représentation de *Tancrède*, que des comédiens de province nous ont donné avec assez d'appareil. Je ne dis pas qu'ils aient tous joué comme Mlle Clairon; mais nous avions un père qui faisait pleurer, et c'est ce

1. *La Conversation de l'Intendant des menus*. (ÉD.) — 2. Par Beauchamps. (ÉD.)

que votre Brizard ne fera jamais. Il faut pourtant qu'il y ait quelque chose de bon dans cette pièce; car les hommes, les femmes et les petits garçons fondaient en larmes. On l'a jouée, Dieu merci, comme je l'ai faite, et elle n'en a pas été plus mauvaise. Les Anglais mêmes pleuraient : nous ne devons plus songer qu'à les attendrir; mais le petit Bussy n'est point du tout attendrissant.

« O mes anges! je vous prédis que *Zulime* fera pleurer aussi, malgré ce grand benêt de Ramire à qui je voudrais donner des nazardes.

Il faut que ce soit Fréron qui ait conservé ce vers,

J'abjure un lâche amour qui me tient sous sa loi

Mme Denis a toujours récité :

J'abjure un lâche amour qui vous ravit ma foi.

Acte V, scène III

Pierre, que vous autres Français nommez le *Cruel*, d'après les Italiens, n'était pas plus cruel qu'un autre. On lui donna ce sobriquet pour avoir fait pendre quelques prêtres qui le méritaient bien; on l'accusa ensuite d'avoir empoisonné sa femme, qui était une grande catin. C'était un jeune homme fier, courageux, violent, passionné, actif, laborieux, un homme tel qu'il en faut au théâtre. Donnez-vous du temps, mes anges, pour cette pièce; faites-moi vivre encore deux ans, et vous l'aurez.

Je vous remercie de tout mon cœur du *Cid*. Les comédiens sont des balourds de commencer la pièce par la querelle du comte et de don Diègue; ils méritent le soufflet qu'on donne au vieux bonhomme, et il faut que ce soit à tour de bras. Comment ont-ils pu retrancher la première scène de Chimène et d'Elvire, sans laquelle il est impossible qu'on s'intéresse à un amour dont on n'aura point entendu parler?

Vous parlez quelquefois de fondements, mes anges, et même, permettez-moi de vous le dire, de fondements dont on peut très-bien se passer, et qui servent plus à refroidir qu'à préparer : mais qu'y a-t-il de plus nécessaire que de préparer les regrets et les larmes par l'exposition du plus tendre amour et des plus douces espérances, qui sont détruites tout d'un coup par cette querelle des deux pères?

Je viens aux souscriptions. Je reçois, dans ce moment, un billet d'un conseiller du roi, contrôleur des rentes, ainsi couché par écrit :

« Je retiens deux exemplaires, et payerai le prix qui sera fixé. Signé Bazard, 8 d'auguste 1761. »

Voilà ce qui s'appelle entendre une affaire. Tout le monde doit en agir comme le sieur Bazard. Les Cramer verront comment ils arrangeront l'édition; ce qui est très-sûr, c'est qu'ils en useront avec noblesse. Ce n'est point ici une souscription; c'est un avis que chaque particulier donne aux Cramer qu'il retient un exemplaire, s'il en a envie. Mon lot à moi, c'est de bien travailler pour la gloire de Corneille et de ma nation.

Les particuliers auront l'exemplaire, soit in-quarto, soit in-octavo, pour la moitié moins qu'ils le payeraient chez quelque libraire de l'Europe que ce pût être. Le bénéfice pour Mlle Corneille ne viendra que de la générosité du roi, des princes, et des premières personnes de l'État, qui voudront favoriser une si noble entreprise. Mlle Corneille a l'obligation à Mme de Pompadour et à M. le duc de Choiseul des quatre cents louis que le roi veut bien donner; mais elle doit être fort mécontente de M. le contrôleur général, à qui j'ai donné de fort bons dîners aux Délices, et qui ne m'a point fait de réponse sur les quatre cents louis d'or. Je ne demande pas qu'on les paye d'avance; mais j'écris à M. de Montmartel pour lui demander quatre billets de cent louis chacun, payables à la réception du premier volume : je ne m'embarquerai pas sans cette assurance. Je donne mon temps, mon travail, et mon argent; il est juste qu'on me seconde, sans quoi il n'y a rien de fait. Je veux accoutumer ma nation à être du moins aussi noble que la nation anglaise, si elle n'est pas aussi brillante dans les quatre parties du monde. Surtout, avant de rien entreprendre, il me faut la sanction de l'Académie. Je vous envoie donc *Cinna*, mes chers anges, et je vous prie de le recommander à M. Duclos. Quand on m'aura renvoyé l'épître dédicatoire et les observations sur *Cinna* et *les Horaces*, j'enverrai le reste. Je souhaite qu'on aille aussi vite que moi; mais les Français parlent vite, et agissent lentement : leur vivacité est dans les propositions, et non dans l'action. Témoin cent projets que j'ai vus commencés avec chaleur, et abandonnés avec dégoût.

Ô mes anges! vous ne me parlez point de l'arrêt contre les jésuites [1]; je l'ai eu sur-le-champ cet arrêt, et sans vous. Vous me dites un mot du petit Hurtaud, et rien de Pondichéri. J'avoue que le *tripot* est la plus belle chose du monde; mais Pondichéri et les jésuites sont quelque chose. Vous me parlez de *l'Enfant prodigue*, que les comédiens ont gâté absolument, et de *Nanine*, qu'ils n'ont pu gâter parce que j'y étais. Donnons vite bien des comédies nouvelles; car lorsque les jansénistes seront les maîtres, ils feront fermer les théâtres. Nous allons tomber de Charybde en Scylla. O le pauvre royaume! Ô la pauvre nation! J'écris trop, et je n'ai pas le temps d'écrire.

Mes anges, je baise le bout de vos ailes.

MMMCCCXCII. — A M. DE MAIRAN.

A Ferney, 16 auguste.

Votre lettre du 2 auguste, monsieur, me flatte autant qu'elle m'instruit. Vous m'avez donné un peu de vanité toute ma vie; car il me semble que j'ai été de votre avis sur tout. J'ai pensé invariablement comme vous sur *l'estimation des forces*, malgré la mauvaise foi de Maupertuis, et même de Bernouilli, et de Musschenbroeck; et comme les vieillards aiment à conter, je vous dirai qu'en passant à Leyde, le frère Musschenbroeck, qui était un bon machiniste et un bon homme, me dit : « Monsieur, les partisans des carrés de la vitesse sont des fripons; mais je n'ose pas le dire. »

1. L'arrêt du 6 août 1761. (Éd.)

« J'ai été entièrement de votre opinion sur l'aurore boréale, et je souscris à tout ce que vous dites sur le mont Olympe, d'autant plus que vous citez Homère. J'ai toujours été persuadé que les phénomènes célestes ont été en grande partie la source des fables. Il y a donné sur une montagne dont le sommet est inaccessible ; donc il y a des dieux qui habitent sur cette montagne, et qui lancent le tonnerre : le soleil paraît courir d'orient en occident ; donc il a de bons chevaux : la lune parcourt un moins grand espace ; donc si le soleil a quatre chevaux, la lune doit n'en avoir que deux : il ne pleut point sur la tête de celui qui voit un arc-en-ciel ; donc l'arc-en-ciel est un signe qu'il n'y aura jamais de déluge, etc., etc.

Je n'ai jamais osé vous braver, monsieur, que sur les Égyptiens ; et je croirai que ce peuple est très-nouveau, jusqu'à ce que vous m'ayez prouvé qu'un pays inondé tous les ans, et par conséquent inhabitable sans le secours des plus grands travaux, a été pourtant habité avant les belles plaines de l'Asie.

Tous vos doutes et toutes vos sages réflexions envoyées au jésuite Parennin[1] sont d'un philosophe ; mais Parennin était sur les lieux, et vous savez que ni lui ni personne n'ont pensé que les adorateurs d'un chien et d'un bœuf aient instruit le gouvernement chinois, adorateur d'un seul Dieu depuis environ cinq mille ans. Pour nous autres barbares qui existons d'hier, et qui devons notre religion à un petit peuple abominable, rogneur d'espèces, et marchand de vieilles culottes, je ne vous en parle pas ; car nous n'avons été que des polissons en tout genre jusqu'à l'établissement de l'Académie, et au phénomène du Cid.

Je suis persuadé, monsieur, que vous vous intéressez à la gloire du grand Corneille. Pressez l'Académie, je vous en supplie, de vouloir bien me renvoyer incessamment l'épître dédicatoire que je lui adresse, la préface du Cid, les notes sur le Cid, les Horaces, et Cinna, afin que je commence à élever le monument que je destine à la gloire de la nation. Il me faut la sanction de l'Académie. Je corrigerai sur-le-champ tout ce que vous aurez trouvé défectueux ; car je corrige encore plus vite et plus volontiers que je ne compose.

Je crois, monsieur, que vous voyez quelquefois Mme Geoffrin ; je vous supplie de lui dire combien Mlle Corneille et moi nous sommes touchés de son procédé généreux. Elle a souscrit pour la valeur de six exemplaires : elle ne pouvait répondre plus noblement aux impertinences d'un factum ridicule, dont assurément Mlle Corneille n'est point complice. Cette jeune personne a autant de naïveté que Pierre Corneille avait de grandeur. On lui lisait Cinna ces jours passés ; quand elle entendit ce vers :

Je vous aime, Émilie, et le ciel me foudroie, etc.
(Acte III, scène IV.)

« Fi donc, dit-elle, ne prononcez pas ces vilains mots-là. — C'est de

1. *Lettres de M. de Mairan au P. Parennin, contenant diverses questions sur la Chine.* (ÉD.)

votre oncle, lui répondit-on. — Tant pis, dit-elle, est-ce qu'on parle ainsi à sa maîtresse? »

Adieu, monsieur; je recommande l'oncle et la nièce à votre zèle, à votre diligence, à votre bon goût, à vos bontés. Je vous félicite d'une vieillesse plus saine que la mienne; vivez aussi longtemps que le secrétaire votre prédécesseur[1], dont vous avez le mérite, l'érudition, et les grâces. *Le Suisse* V.

### MMMCCCXCIII. — A M. L'ABBÉ D'OLIVET.

À Ferney, 16 auguste.

Nous sommes vieux l'un et l'autre, mon cher Cicéron; par conséquent il faut se presser. J'ai envoyé à M. le secrétaire perpétuel de l'Académie l'épître dédicatoire adressée à la compagnie, le commentaire sur *les Horaces* et sur *Cinna*, et la préface du *Cid*. Je vous envoie les remarques sur le *Cid*; et je vous supplie, vous qui êtes si au fait de l'histoire littéraire de ce temps-là, de m'aider de vos lumières. J'attends de votre ancienne amitié que vous voudrez bien presser un peu l'ouvrage. Nous n'attendons, pour commencer l'impression, que l'approbation du corps auquel je dédie ce monument, qui me paraît assez honorable pour notre nation.

Presque tous les amateurs s'accordent à désirer un commentaire perpétuel sur toutes les tragédies de Pierre Corneille. Cet ouvrage n'est ni aussi long ni aussi difficile qu'on le pense pour un homme qui depuis longtemps a fait une lecture assidue et réfléchie de toutes ces pièces; il n'en est point qui n'ait de beaux endroits. Les remarques sur les fautes pourront être utiles, et les remarques historiques pourront être intéressantes.

Je ne m'embarrasse point de la manière dont les Cramer imprimeront l'ouvrage; c'est leur affaire. Il y aura probablement six ou sept volumes in-quarto, et à deux louis d'or l'exemplaire il y aurait beaucoup de perte, sans la protection que le roi et les premiers du royaume accordent à cette entreprise. J'aurai peut-être l'honneur d'y contribuer autant que le roi même; car il faudra que je fasse toutes les avances, et que je supplée toutes les non-valeurs; mais il n'y a rien qu'on ne fasse pour satisfaire ses passions; et la mienne est d'élever avant ma mort un monument dont la nation me sache quelque gré. Vous voyez que j'ai puisé un peu de vanité dans la lecture de votre Cicéron; mais je vous avertis qu'il n'y a rien de fait, si l'Académie ne me seconde pas.

Je supplie M. le secrétaire de marquer en marge tout ce qu'il faudra que je corrige, et je le corrigerai sur-le-champ; je ne fatiguerai pas l'Académie de mes observations sur *Pertharite*, *Agésilas*, *Suréna*, *Attila*, *Andromède*, *la Toison d'Or*, *Pulchérie*, en un mot, sur les pièces qu'on ne joue jamais, et dont le commentaire sera très-court; mais je prendrai la liberté de la consulter sur tous mes doutes. Vous

1. Fontenelle. (Éd.)

sentez qu'il est important qu'un tel ouvrage ait la sanction du corps, et qu'on puisse faire un livre classique qui sera l'instruction des étrangers et des Français.

Couronnez votre carrière, mon cher ami, en donnant tous vos soins au succès de notre entreprise.

Je suis obligé de dicter tout ce que j'écris, attendu qu'il ne me reste plus guère que la parole, et que je dicte en me levant, en me couchant, en mangeant, et en souffrant. *Vale, care Oliveste.*

MMMCCCXCIV. — A M. DE LA FARGUE.

Ferney, 16 auguste.

Moins je mérite vos beaux vers, monsieur, et plus j'en suis touché. Les belles reçoivent froidement les cajoleries; mais les laides y sont fort sensibles. Je vous répondrais en vers, si je n'étais pas entièrement occupé de ceux de Corneille. Chaque moment que je dérobe au commentaire que j'ai promis sur les ouvrages de ce grand homme est un larcin que je lui fais; mais je ne puis me refuser au plaisir de vous remercier, et de vous dire avec combien d'estime j'ai l'honneur d'être, monsieur, votre, etc.

MMMCCCXCV. — A MADAME LA MARQUISE DU DEFFAND.

A Ferney, 18 auguste.

J'ai connu des gens, madame, qui se plaignaient de vivre avec des sots, et vous vous plaignez de vivre avec des gens d'esprit. Si vous avez imaginé que vous retrouveriez la politesse et les agréments des La Fare et des Saint-Aulaire, l'imagination des Chaulieu, le brillant d'un duc de La Feuillade, et tout le mérite du président Hénault, dans nos littérateurs d'aujourd'hui, je vous conseille de décompter.

Vous ne sauriez, dites-vous, vous intéresser à la chose publique. C'est assurément le meilleur parti qu'on puisse prendre : mais si vous étiez comme moi exposée à donner à dîner tous les jours à des Russes, à des Anglais, à des Allemands, vous seriez un peu embarrassée d'être Française.

Je m'occupe du temps passé pour me dépiquer du temps présent. Je crois qu'il vaut mieux commenter Corneille que de lire ce qu'on fait aujourd'hui. Toutes les nouvelles affligent, et presque tous les nouveaux livres impatientent.

Mon commentaire impatientera aussi; car il sera fort long. C'est une entreprise terrible que de discuter *Cinna* et *Agésilas*, *Rodogune* et *Attila*, le *Cid* et *Pertharite*. Je ne crois pas que, depuis Scaliger, il y ait eu un plus grand pédant que moi. L'ouvrage contiendra sept ou huit gros volumes; cela fait trembler.

Vous devez, madame, avoir actuellement M. le président Hénault; il faut que vous me protégiez auprès de lui. J'ai envoyé à l'Académie l'épître dédicatoire, que je crois curieuse; la préface sur le *Cid*, dans laquelle il y a aussi quelques anecdotes qui pourront vous amuser;

les notes sur *le Cid*, sur *les Horaces*, sur *Cinna*, *Pompée*, *Héraclius*, *Rodogune*, qui ne vous amuseront point, parce qu'il faut avoir le texte sous les yeux.

Je voudrais bien que M. le président Hénault prît tout cela chez M. le secrétaire, et qu'il en dît son avis avec M. de Nivernais. Je crois qu'il conviendrait qu'ils allassent tous deux à l'Académie, et qu'ils me jugeassent; car il me faut la sanction de la compagnie, et que l'ouvrage, qui lui est dédié, ne se fasse que de concert avec elle. Je ne suis point du tout jaloux de mes opinions; mais je le suis de pouvoir être utile, et je ne peux l'être qu'avec l'approbation de l'Académie. C'est une négociation que je mets entre vos mains, madame; celle de M. de Bussi sera plus difficile.

Vous vous plaignez de n'avoir rien qui vous occupe : occupez-vous de Pierre Corneille, il en vaut la peine par son sublime et par l'excès de ses misères.

Je vous sais bon gré, madame, de lire l'*Histoire d'Angleterre* par Toyras; vous la trouverez plus exacte, plus profonde, et plus intéressante que celle de notre insipide Daniel. Je ne pardonnerai jamais à ce jésuite d'avoir plus parlé de frère Cotton que de Henri IV, et de laisser à peine entrevoir que ce Henri IV soit un grand homme.

Si vous aimez l'histoire, je vous en enverrai une dans quelques mois, qui est fort insolente, et que je crois vraie d'un bout à l'autre; mais actuellement laissez-moi avec le grand Corneille.

Je vous réitère, madame, les remercîments de ma petite élève, qui porte un si beau nom, et qui ne s'en doute pas. Je me mets aux pieds de Mme la duchesse de Luxembourg.

Adieu, madame; vivez aussi heureuse qu'il est possible; tolérez la vie : vous savez que peu de personnes en jouissent. Vous vous êtes accoutumée à vos privations; vous avez des amis, vous êtes sûre que quand on vient vous voir, c'est pour vous-même. Je regretterai toujours de n'avoir point cet honneur, et je vous serai attaché bien véritablement jusqu'au dernier moment de ma vie.

MMMCCCXCVI. — A M. DUCLOS.

15 auguste.

J'ai toujours oublié, monsieur, de vous parler de la personne qui prétendait vous apporter des papiers de ma part. Je n'ai eu l'honneur de vous en adresser que par M. d'Argental. Vous avez dû recevoir l'épître dédicatoire à la compagnie, la préface sur *le Cid*, les notes sur *le Cid*, *les Horaces* et *Cinna*. Je vous prie de communiquer le tout à M. le duc de Nivernais et à M. le président Hénault; mais il serait plus convenable encore que le tout fût examiné à l'Académie; vos observations feraient ma loi. Les autres pièces suivront immédiatement, et les Cramer commenceront à imprimer sans aucun délai.

Les souscriptions que nous avons suffiront pour entamer l'entreprise, en cas que nous puissions compter sur le payement des quatre cents louis que le roi daigne accorder. Nous comptons même être en état de prier les gens de lettres qui ne sont pas riches de vouloir bien accepter un exemplaire comme un hommage que nous devons à leurs lumières, sans recevoir d'eux un payement qui ne doit être fait que par ceux que la fortune met en état de favoriser les arts, il me paraît qu'une condition essentielle pour cet ouvrage, assez important et dédié à l'Académie, est que les noms des académiciens se trouvent dans la liste des souscripteurs.

M. le duc de Nivernais a commencé par souscrire pour 12 exempl.
M. le cardinal de Bernis............................12
M. le duc de Richelieu.............................12
M. le duc de Villars................................6
M. le comte de Clermont...........................6
M. le président Hénault............................2

Je prends la liberté, en qualité d'entrepreneur de cette affaire, et de père de Mlle Corneille, de souscrire pour cent. Ce n'est point par vanité, c'est par nécessité, parce que, si l'on se sert de grand papier, et s'il y a huit volumes, comme le prétendent MM. Cramer, les frais iront à cinquante mille livres.

J'avais écrit à M. le coadjuteur, en le remerciant de la bonté qu'il a eue de m'envoyer son discours, et à M. Watelet, connu par son goût pour les arts, et par ses talents : je n'en ai point eu de réponse. Je vous avouerai qu'il serait honteux pour l'Académie, dont tant de grands seigneurs sont membres, que des fermiers généraux fissent plus qu'elle en cette occasion : cela jetterait même sur notre compagnie un ridicule dont les Frérons n'abuseraient que trop. M. l'archevêque de Lyon souscrira comme le cardinal de Bernis ; mais pour imprimer son nom dans la liste, il convient qu'il soit appuyé de celui du coadjuteur de Strasbourg, et du précepteur de M. le duc de Bourgogne. C'est ce que vous pouvez proposer, monsieur, avec plus de bienséance que personne, dans la place où vous êtes.

Sera-t-il dit que nos grands seigneurs ne viendront à l'Académie que le jour de leur réception, qu'ils se contenteront de faire un discours, et qu'ils dédaigneront d'entrer dans un dessein honorable pour l'Académie et pour la France ? Je compte sur vous, monsieur, comme sur le protecteur le plus vif de cette entreprise digne de vous. Je vous prie de m'éclairer et de me soutenir dans toutes les difficultés attachées à tout ce qui est nouveau et estimable.

Je prévois que MM. Cramer persisteront dans la résolution de donner l'édition in-quarto tome à tome, de trois en trois mois, sans aucunes estampes, et que l'ouvrage, qui coûterait au moins trois louis d'or chez les libraires, n'en coûtera que deux. Il y aurait une très-grande perte sans les bontés du roi et de plusieurs princes de l'Europe, sans la générosité de M. le duc de Choiseul et de Mme de Pompadour.

Ce ne sont point proprement des souscriptions qu'on demande ; il n'y a point de conditions à faire avec ceux qui donnent leur temps, leur argent, et leur travail, pour l'honneur de la nation. Nous ne demandons que le nom de quiconque voudra avoir un livre utile à bon marché, afin que les libraires proportionnent le nombre des exemplaires au nombre des demandeurs, et que ceux qui auront eu la bassesse de craindre de donner deux louis pour s'instruire ne puissent jamais avoir un livre qu'ils seraient indignes de posséder. Pardon de ma noble colère.

Je compte absolument sur vous, au nom de Pierre et de Marie Corneille.

MMMCCCXCVII. — A M. DE VOSGE.

Aux Délices, 18 auguste.

J'ai toujours, monsieur, de nouveaux remercîments à vous faire des trois dessins que vous avez eu la bonté de m'envoyer dans votre dernier paquet. Deux sont entre les mains de MM. Cramer, qui les enverront à leurs graveurs.

Le troisième est la ceinture de chasteté que vous mettez à cette Pulchérie : je trouve cette idée allégorique très-pittoresque. D'ailleurs c'est tout ce que fournit le sujet de cette pièce. Pulchérie déclare à son vieux Martian qu'il ne couchera point avec elle, et qu'il ne sera que son maître d'hôtel : c'est là tout le nœud et tout le dénoûment. Plus les dernières pièces de Corneille sont indignes de lui, plus on doit vous savoir gré de les embellir par vos dessins.

Vous trouverez ci-joint le dessin de l'estampe de Pulchérie, que vous comptez mettre dans la forme ordinaire. Je ne sais pas trop ce que signifie la personne enchaînée, mais je m'en rapporte à vous sur les attitudes que vous donnerez aux figures, comme sur tout le reste.

J'ai l'honneur d'être bien véritablement, etc.  VOLTAIRE.

MMMCCCXCVIII. — A M. L'ABBÉ D'OLIVET.

Au château de Ferney, 20 auguste.

Vous m'aviez donné, mon cher chancelier, le conseil de ne commenter que les pièces de Corneille qui sont restées au théâtre. Vous vouliez me soulager ainsi d'une partie de mon fardeau, et j'y avais consenti, moins par paresse, que par le désir de satisfaire plus tôt le public; mais j'ai vu que dans la retraite j'avais plus de temps qu'on ne pense, et ayant déjà commenté toutes les pièces de Corneille qu'on représente, je me vois en état de faire quelques notes utiles sur les autres.

Il y a plusieurs anecdotes curieuses qu'il est agréable de savoir. Il y a plus d'une remarque à faire sur la langue. Je trouve, par exemple, plusieurs mots qui ont vieilli parmi nous, qui sont même entièrement oubliés, et dont nos voisins les Anglais se servent heureusement. Ils ont un terme pour signifier cette plaisanterie, ce vrai comique, cette gaieté, cette urbanité, ces saillies qui échappent à un homme sans qu'il s'en doute; et ils rendent cette idée par le mot humeur, *humour*, qu'ils prononcent *yumor*; et ils croient qu'ils ont seuls cette humeur; que les autres nations n'ont point de terme pour exprimer ce caractère d'esprit. Cependant c'est un ancien mot de notre langue, employé en ce sens dans plusieurs comédies de Corneille. Au reste, quand je dis que cette *humeur* est une espèce d'urbanité, je parle à un homme instruit, qui sait que nous avons appliqué mal à propos le mot d'urbanité à la politesse, et qu'*urbanitas* signifiait à Rome précisément ce qu'*humour* signifie chez les Anglais. C'est en ce sens qu'Horace dit[1] : *Frontis ad urbanæ descendi præmia*, et jamais ce mot n'est employé autrement dans cette satire que nous avons sous le nom de Pétrone, et que tant d'hommes sans goût ont prise pour l'ouvrage d'un consul Pétronius.

Le mot *partie* se trouve encore dans les comédies de Corneille pour esprit. Cet homme a *des parties*. C'est ce que les Anglais appellent *parts*. Ce terme était excellent; car c'est le propre de l'homme de n'avoir que des parties; on a une sorte d'esprit, une sorte de talent; mais on ne les a pas tous. Le mot *esprit* est trop vague; et quand on vous dit, cet homme a *de l'esprit*, vous avez raison de demander du quel.

Que d'expressions nous manquent aujourd'hui, qui étaient énergiques du temps de Corneille, et que de pertes nous avons faites, soit par pure négligence, soit par trop de délicatesse! On assignait, on *appointait* un temps, un rendez-vous; celui qui, dans le moment marqué, arrivait au lieu convenu, et qui n'y trouvait pas son *prometteur*, était *désappointé*. Nous n'avons aucun mot pour exprimer aujourd'hui cette situation d'un homme qui tient sa parole, et à qui on en manque.

Qu'on arrive aux portes d'une ville fermée, on est, quoi? Nous n'avons plus de mot pour exprimer cette situation : nous disions autrefois *forclos*; ce mot très-expressif n'est demeuré qu'au barreau. Les *affres* de la mort, les *angoisses* d'un cœur navré, n'ont point été remplacées.

Nous avons renoncé à des expressions absolument nécessaires, dont les Anglais se sont heureusement enrichis. Une rue, un chemin sans issue, s'exprimait si bien par *non-passa*, *impasse*, que les Anglais ont imité! et nous sommes réduits au mot bas et impertinent de *cul-de-sac*, qui revient si souvent, et qui déshonore la langue française.

Je ne finirais point sur cet article, si je voulais surtout entrer ici dans le détail des phrases heureuses que nous avions prises des Italiens, et que nous avons abandonnées. Ce n'est pas d'ailleurs que notre langue ne soit abondante et énergique; mais elle pourrait l'être bien davantage. Ce qui nous a ôté une partie de nos richesses, c'est cette multitude de livres frivoles, dans lesquels on ne trouve que le style de la conversation, et un vain ramas de phrases usées et d'expressions impropres. C'est cette malheureuse abondance qui nous appauvrit.

Je passe à un article plus important, qui me détermine à commenter jusqu'à *Pertharite*. C'est que dans ces ruines on trouve des trésors cachés. Qui croirait, par exemple, que le germe de Pyrrhus et d'Andromaque est dans *Pertharite*? qui croirait que Racine en ait pris les sentiments, les vers même? Rien n'est pourtant plus vrai, rien n'est

[1]. Liv. I, épître x, vers 11. (Éd.)

plus palpable. Un Grimoald, dans Corneille, menace une Rodelinde de faire périr son fils au berceau, si elle ne l'épouse.

> Son sort est en vos mains : aimer ou dédaigner
> Le va faire périr, ou le faire régner.

Pyrrhus dit précisément, dans la même situation,

> Je vous le dis, il faut ou périr ou régner.

Grimoald, dans Corneille, veut punir

> .................sur ce fils innocent
> La dureté d'un cœur si peu reconnaissant.

Pyrrhus dit, dans Racine :

> Le fils me répondra des mépris de la mère.

Rodelinde dit à Grimoald :

> Comte, penses-y bien, et, pour m'avoir aimée,
> N'imprime point de tache à tant de renommée;
> Ne crois que ta vertu, laisse-la seule agir,
> De peur qu'un tel effort ne te donne à rougir.
> On publierait de toi que le cœur d'une femme,
> Plus que ta propre gloire, aurait touché ton âme;
> On dirait qu'un héros si grand, si renommé,
> Ne serait qu'un tyran, s'il n'avait point aimé.

Andromaque dit à Pyrrhus :

> Seigneur, que faites-vous, et que dira la Grèce?
> Faut-il qu'un si grand cœur montre tant de faiblesse,
> Et qu'un dessein si beau, si grand, si généreux,
> Passe pour le transport d'un esprit amoureux?
> ......................................
> Non, non, d'un ennemi respecter la misère,
> Sauver des malheureux, rendre un fils à sa mère,
> De cent peuples pour lui combattre la rigueur
> Sans lui faire payer son salut de mon cœur,
> Malgré moi, s'il le faut, lui donner un asile;
> Seigneur, voilà des soins dignes du fils d'Achille.

L'imitation est visible ; la ressemblance est entière. Il y a bien plus, et je vais vous étonner : tout le fond des scènes d'Oreste et d'Hermione est pris d'un Garibalde et d'une Éduige, personnages inconnus de cette malheureuse pièce inconnue. Quand il n'y aurait que des noms barbares, ils eussent suffi pour faire tomber *Pertharite*; et c'est à quoi Boileau fait allusion quand il dit,

> Qui de tant de héros va choisir Childebrand.

Mais Garibalde, tout Garibalde qu'il est, ne laisse pas de jouer avec son Éduige absolument le même rôle qu'Oreste avec Hermione. Éduige aime encore Grimoald, comme Hermione aime Pyrrhus : elle veut que Garibalde la venge d'un traître qui la quitte pour Rodelinde. Hermione veut qu'Oreste la venge de Pyrrhus, qui la quitte pour Andromaque.

ÉDUIGE.

Pour gagner mon amour il faut servir ma haine.

HERMIONE.

Vengez-moi, je crois tout.

GARIBALDE.

Le pourrez-vous, madame, et savez-vous vos forces ?
Savez-vous de l'amour quelles sont les amorces ?
Savez-vous ce qu'il peut, et qu'un visage aimé
Est toujours trop aimable à ce qu'il a charmé ?
Non, vous vous abusez, votre cœur vous abuse, etc.

ORESTE.

Et vous le haïssez ! Avouez-le, madame,
L'amour n'est pas un feu qu'on renferme en une âme ;
Tout nous trahit, la voix, le silence, les yeux ;
Et les feux mal couverts n'en éclatent que mieux.

Ces idées que le génie de Corneille avait jetées au hasard, sans en profiter, le goût de Racine les a recueillies et les a mises en œuvre ; il a tiré de l'or, en cette occasion, *de stercore Ennii*.[1]

---

[1]. Parmi les divers morceaux qui sont à la suite des *Lettres chinoises*, etc., est un *Fragment d'une lettre à M. l'abbé d'Olivet* qui faisait très-probablement partie d'une première rédaction de la lettre à d'Olivet que nous donnons ici dans le texte. Voici ce *Fragment* :

« Les raisonneurs sans génie, et qui dissertent aujourd'hui sur le siècle du génie, répètent souvent cette antithèse de La Bruyère, que Racine a peint les hommes tels qu'ils sont, et Corneille tels qu'ils devraient être. Ils répètent une insigne fausseté car jamais ni Bajazet, ni Xipharès, ni Britannicus, ni Hippolyte, ne firent l'amour comme ils le font galamment dans les tragédies de Racine ; et jamais César n'a dû dire dans le *Pompée* de Corneille, à Cléopâtre, qu'il n'avait combattu à Pharsale que pour mériter son amour avant de l'avoir vue. Il n'a jamais dû lui dire que son glorieux titre de premier du monde, présent effectif, est anobli par celui de captif de la petite Cléopâtre, âgée de quinze ans, qu'on lui amena dans un paquet de linge longtemps après Pharsale.

« Ni Cinna ni Maxime n'ont dû être tels que Corneille les a peints. Le devoir de Cinna ne pouvait être d'assassiner Auguste pour plaire à une fille qui n'existait point. Le devoir de Maxime n'était pas d'être sottement amoureux de cette même fille, et de trahir à la fois Auguste, Cinna et sa maîtresse. Ce n'était pas là ce Maxime à qui Ovide écrivait qu'il était digne de son nom :

Maxime, qui tanti mensuram nominis imples.

« Le devoir de Félix dans *Polyeucte* n'était pas d'être un lâche barbare qui faisait couper le cou à son gendre,

Pour acquérir par là de plus puissants appuis.

Mais...

« On a beaucoup et trop écrit depuis Aristote sur la tragédie, etc. »

Corneille ne consultait personne, et Racine consultait Boileau ; ainsi l'un tomba toujours depuis *Héraclius*, et l'autre s'éleva continuellement.

On croit assez communément que Racine amollit et avilit même le théâtre par ces déclarations d'amour, qui ne sont que trop en possession de notre scène. Mais la vérité me force d'avouer que Corneille en usait ainsi avant lui, et que Rotrou n'y manquait pas avant Corneille.

Il n'y a aucune de leurs pièces qui ne soit fondée en partie sur cette passion ; la seule différence est qu'ils ne l'ont jamais bien traitée, qu'ils

grandes règles sont que les personnages intéressent et que les vers soient bons ; j'entends d'une bonté propre au sujet. Écrire en vers pour les faire mauvais est la plus haute de toutes les sottises.

« On m'a vingt fois rebattu les oreilles de ce prétendu discours de Pierre Corneille : *Ma pièce est finie, je n'ai plus que les vers à faire*. Ce propos fut tenu par Ménandre plus de deux mille ans avant Corneille, si nous en croyons Plutarque dans sa question : *Si les Athéniens ont plus excellé dans les armes que dans les lettres*. Ménandre pouvait à toute force s'exprimer ainsi, parce que des vers de comédie ne sont pas les plus difficiles ; mais dans l'art tragique la difficulté est presque insurmontable, du moins chez nous.

« Dans le siècle passé, il n'y eut que le seul Racine qui écrivit des tragédies avec une pureté et une élégance presque continue ; le charme de cette élégance a été si puissant, que les gens de lettres et de goût lui ont pardonné la monotonie de ses déclarations d'amour, et la faiblesse de quelques caractères, en faveur de sa diction enchanteresse.

« Je vois dans l'homme illustre qui le précéda des scènes sublimes, dont ni Lope de Vega, ni Calderon, ni Shakspeare, n'avaient pas même pu concevoir la moindre idée, et qui sont très-supérieures à ce qu'on admira dans Sophocle et dans Euripide. Mais aussi j'y vois des tas de barbarismes et de solécismes qui révoltent, et de froids raisonnements alambiqués qui glacent. J'y vois enfin vingt pièces entières, dans lesquelles à peine y a-t-il un morceau qui demande grâce pour le reste.

« La preuve incontestable de cette vérité est, par exemple, dans les deux *Bérénice* de Racine et de Corneille. Le plan de ces deux pièces est également mauvais, également indigne du théâtre tragique. Ce défaut même va jusqu'au ridicule. Mais par quelle raison est-elle au-dessous des pièces de Pradon, de Riupe-roux, de Danchet, de Péchantré, de Pellegrin ? Et d'où vient que la *Bérénice* de Racine se fait lire avec tant de plaisir, à quelques fadeurs près ? d'où vient qu'elle arrache des larmes ? C'est que les vers sont bons. Ce mot comprend tout, sentiment, vérité, décence, naturel, pureté de diction, noblesse, force, harmonie, élégance, idées profondes, idées fines, surtout idées claires, images touchantes, images terribles. Otez ce mérite à la divine tragédie d'*Athalie*, il ne lui restera rien ; ôtez ce mérite au quatrième livre de l'*Énéide* et au discours de Priam à Achille dans Homère, ils seront insipides. L'abbé Dubos a très-grande raison ; la poésie ne charme que par les beaux détails.

« Si tant d'amateurs savent par cœur des morceaux admirables des *Horaces*, de *Cinna*, de *Pompée*, de *Polyeucte*, de *Rodogune*, c'est que ces vers sont très-bien faits. Et si l'on ne peut lire ni *Théodore*, ni *Pertharite*, ni *Don Sanche d'Aragon*, ni *Attila*, ni *Agésilas*, ni *Pulchérie* ni la *Toison d'or*, ni *Suréna*, etc., etc., etc., c'est que presque tous les vers en sont détestables. Il faut être de bien mauvaise foi pour s'efforcer de les excuser contre sa conscience.

« Quelquefois même de misérables écrivains ont osé donner des éloges à cette foule de pièces aussi plates que barbares, parce qu'ils sentaient bien que les leurs étaient écrites dans ce goût ; ils demandaient grâce pour eux-mêmes.

« Ce qui m'a le plus révolté dans Corneille, c'est cette profusion de maximes atroces qui a fait dire à des sots que Corneille devait être du conseil d'État. On me dit qu'il a pris ses sentences dans Lucain ; et moi je dis que ces sentences sont encore plus condamnables dans Lucain que dans lui. L'auteur n'ont jamais parlé au cœur, qu'ils n'ont jamais attendri : l'amour n'a été touchant que dans les scènes du *Cid*, imitées de Guillain de Castro; et Corneille a mis de l'amour jusque dans le sujet terrible d'*Œdipe*.

Vous savez que j'osai traiter ce sujet il y a quarante-sept ans. J'ai encore la lettre de M. Dacier, à qui je montrai le troisième acte, imité de Sophocle. Il m'exhorte, dans cette lettre de 1714, à introduire les chœurs, et à ne point parler d'amour dans un sujet où cette passion est si impertinente. Je suivis son conseil, je lus l'esquisse de la pièce de la *Pharsale* tombe d'abord dans une contradiction que l'auteur de la tragédie de *Pompée* ne s'est point permise : c'est de dire que Ptolémée est un enfant plein d'innocence (*puer est, innocua est ætas*), et de dire, quelques vers après, que Photin conseilla l'assassinat de Pompée en homme qui savait flatter les pervers et qui connaissait les tyrans.

> *At melior suadere malis, et nosse tyrannos,*
> *Ausus Pompeium leto damnare Pothinus.*

« Mais j'ai toujours vu avec chagrin, et je l'ai dit hardiment, que le Photin de Corneille débite plus de maximes fades et horribles de scélératesse que le Photin de Lucain ; maximes d'ailleurs cent fois plus dangereuses quand elles sont récitées devant des princes, avec toute la pompe et l'illusion du théâtre, que lorsqu'une lecture froide laisse à l'esprit la liberté d'en sentir l'atrocité.

« Je ne m'en dédis point : je ne connais rien de si affreux que ces vers :

> Le droit des rois consiste à ne rien épargner ;
> La timide équité détruit l'art de régner ;
> Quand on craint d'être injuste on a toujours à craindre,
> Et qui veut tout pouvoir doit oser tout enfreindre,
> Fuir comme un déshonneur la vertu qui le perd,
> Et voler sans scrupule au crime qui le sert.

« Vous avez vu très-judicieusement, monsieur, que non-seulement ces maximes sont exécrables, et ne doivent être prononcées en aucun lieu du monde, mais qu'elles sont absurdes dans la circonstance où elles sont placées. Il ne s'agit pas du *droit des rois* ; il est question de savoir si on recevra Pompée, ou si on le livrera à César. Il faut plaire au vainqueur ; ce n'est pas là un droit des rois. Ptolémée est un vassal qui craint d'offenser César son maître. J'ai exprimé sans ménagement mon horreur pour tous ces lieux communs de barbarie qui font frémir l'honnêteté et le sens commun. J'ai dit et j'ai dû dire combien sont horribles à la fois et ridicules ces autres vers que nous avons entendu réciter au théâtre :

> Chacun a ses vertus, ainsi qu'il a ses dieux....
> Le sceptre absout toujours la main la plus coupable....
> Oui, lorsque de nos soins la justice est l'objet,
> Elle y doit emprunter le secours du forfait, etc....

« On ne peut dire plus mal des choses plus infâmes et plus sottes. Cependant il y a des gens d'assez mauvaise foi pour oser excuser ces horreurs ineptes. Point de mauvaise cause qui ne trouve un défenseur, et point de bonne cause qui n'ait un adversaire ; mais à la longue le vrai l'emporte, surtout quand il est soutenu par des esprits tels que le vôtre.

« Si rien n'est plus odieux aux honnêtes gens que ces scélérats de comédies qui parlent toujours de crime, qui crient que le crime est héroïque, que la vengeance est divine, qu'on s'immortalise par des crimes, rien n'est plus fade aussi que ces héroïnes qui nous rabattent les oreilles de leur vertu. C'est un grand art dans Racine que Néron ne dise jamais qu'il aime le crime, et que Junie ne se vante point d'être vertueuse.

« Je vous demande bien pardon, monsieur, de vous dire des choses que vous savez mieux que moi. »

aux comédiens. Ils me forcèrent à retrancher une partie des chœurs, et à mettre au moins quelque souvenir d'amour dans Philoctète, afin, disaient-ils, qu'on pardonnât l'insipidité de Jocaste et d'Œdipe en faveur des sentiments de Philoctète.

Le peu de chœurs même que je laissai ne furent point exécutés. Tel était le détestable goût de ce temps-là. On représenta quelque temps après *Athalie*, ce chef-d'œuvre du théâtre. La nation dut apprendre que la scène pouvait se passer d'un genre qui dégénère quelquefois en idylle et en églogue. Mais comme *Athalie* était soutenue par le pathétique de la religion, on s'imagina qu'il fallait toujours de l'amour dans les sujets profanes.

Enfin, *Mérope*, et en dernier lieu *Oreste*, ont ouvert les yeux du public. Je suis persuadé que l'auteur d'*Électre* pense comme moi, et que jamais il n'eût mis deux intrigues d'amour dans le plus sublime et le plus effrayant sujet de l'antiquité, s'il n'y avait été forcé par la malheureuse habitude qu'on s'était faite de tout défigurer par ces intrigues puériles, étrangères au sujet : on en sentait le ridicule, et on l'exigeait des autres.

Les étrangers se moquaient de nous; mais nous n'en savions rien. Nous pensions qu'une femme ne pouvait paraître sur la scène sans dire *j'aime* en cent façons, et en vers chargés d'épithètes et de chevilles. On n'entendait que *ma flamme*, et *mon âme*; *mes feux*, et *mes vœux*; *mon cœur*, et *mon vainqueur*. Je reviens à Corneille, qui s'est élevé au-dessus de ces petitesses dans ses belles scènes des *Horaces*, de *Cinna*, de *Pompée*, etc. Je reviens à vous dire que toutes ses pièces pourront fournir quelques anecdotes et quelques réflexions intéressantes.

Ne vous effrayez pas si tous ces commentaires produisent autant de volumes que votre Cicéron. Engagez l'Académie à me continuer ses bontés, ses leçons, et surtout donnez-lui l'exemple. Les libraires de Genève qui entreprennent cette édition, avec le consentement de la compagnie, disent que jamais livre n'aura été donné à si bas prix. Il faut que cela soit ainsi, afin que ceux dont la fortune n'égale pas le goût et les lumières puissent jouir commodément de ce petit avantage. On compte même le présenter aux gens de lettres qui ne seraient pas en état de l'acquérir. C'est d'ordinaire aux grands seigneurs, aux hommes puissants et riches qu'on donne son ouvrage : on doit faire précisément le contraire; c'est à eux à le payer noblement, et c'est aussi le parti que prennent, dans cette entreprise, les premiers de la nation, et ceux qui ont des places considérables : ils se sont fait un honneur de rendre ce qu'on doit au grand Corneille près de cent ans après sa mort, et dans les temps les plus difficiles.

Je crois même qu'il n'y a point d'exemple, dans l'histoire de notre littérature, de ce qui vient d'arriver. Figurez-vous que deux personnes que je n'ai jamais eu l'honneur de voir, à qui je n'avais même jamais écrit, et que je n'avais point fait solliciter, ont seules commencé cette entreprise, avec un zèle sans lequel elle n'aurait jamais réussi.

L'une est Mme la duchesse de Grammont, qui l'a protégée, l'a recommandée, a fait souscrire un nombre considérable d'étrangers, et qui enfin, n'écoutant que sa générosité et sa grandeur d'âme, a fait pour Mlle Corneille tout ce qu'elle aurait fait, si cette jeune héritière d'un si beau nom avait eu le bonheur d'être connue d'elle.

Je vous avoue, mon cher confrère, que les pièces du grand Corneille ne m'ont pas plus touché que cet événement. Notre autre bienfaiteur (le croiriez-vous?) est le banquier de la cour, M. de La Borde, qui, sans me connaître, sans m'en prévenir, a procuré plus de cent souscriptions; et c'est une chose que nous n'avons apprise ici que quand elle a été faite.

Pendant qu'on favorisait ainsi notre entreprise avec tant de générosité sans que je le susse, je prenais la liberté de faire supplier le roi, notre protecteur, de permettre que son nom fût à la tête de nos souscripteurs. Je proposais qu'il voulût bien nous encourager pour la valeur de cinquante exemplaires, il en prenait deux cents. J'en demandais une douzaine à Son Altesse Royale monseigneur l'infant duc de Parme, il a souscrit pour trente. Nos princes du sang ont presque tous souscrit. M. le duc de Choiseul s'est fait inscrire pour vingt. Mme la marquise de Pompadour, à qui je n'en avais pas même écrit, en a pris cinquante.

Monsieur son frère, douze.

Parmi nos académiciens, M. le comte de Clermont, M. le cardinal de Bernis, M. le maréchal de Richelieu, M. le duc de Nivernais, se sont signalés les premiers.

Non-seulement M. Watelet prend cinq exemplaires, mais il a la bonté de dessiner et de graver le frontispice. Il nous aide de ses talents et de son argent.

Enfin, que direz-vous quand je vous apprendrai que M. Bouret, qui me connaît à peine, a souscrit pour vingt-quatre exemplaires?

Tout cela s'est fait avant qu'il y eût la moindre annonce imprimée, avant qu'on sût de quel prix serait le livre.

La compagnie des fermes générales a souscrit pour soixante.

Plusieurs autres compagnies ont suivi cet exemple.

Cette noble émulation devient générale. A peine le premier bruit de cette édition projetée s'est répandu en Allemagne, que Mgr l'électeur palatin, Mme la duchesse de Saxe-Gotha, se sont empressés de la favoriser.

A Londres, nous avons eu milord Chesterfield, milord Littleton, M. Fox le secrétaire d'État, M. le duc de Gordon, M. Crawford, et plusieurs autres.

Vous voyez, mon cher confrère, que tandis que la politique divise les nations, et que le fanatisme divise les citoyens, les belles-lettres les réunissent. Quel plus bel éloge des arts, et quel éloge plus vrai! Autant on a de mépris pour des misérables qui déshonorent la littérature par leurs infamies périodiques, et pour d'autres misérables qui la persécutent, autant on a de respect pour Corneille dans toute l'Europe.

Les libraires de Genève qui entreprennent cette édition entrent généreusement dans toutes nos vues; ils sont d'une famille qui depuis longtemps est dans les conseils; l'un d'eux en est membre. Ils pensent comme on doit penser; nul intérêt, tout pour l'honneur.

Ils ne recevront d'argent de personne avant d'avoir donné le premier volume. Ils livreront pour deux louis d'or douze ou treize tomes in-octavo avec trente-trois belles estampes. Il y a certainement beaucoup de perte. Ce n'est donc point par vanité que j'ai osé souscrire pour cent exemplaires, c'était une nécessité absolue; et sans les bienfaits du roi, sans les générosités qui viennent à notre secours, l'entreprise était au rang de tant de projets approuvés et évanouis.

Je vous demande pardon d'une si longue lettre : vous savez que les commentateurs ne finissent point, et souvent ne disent que ce qui est inutile.

Si vous voulez que je dise de bonnes choses, écrivez-moi, etc.

VOLTAIRE.

MMMCCCXCIX. — A M. LE BRUN.

20 auguste.

Je suis affligé, monsieur, pour Mgr le prince de Conti et pour vous, qu'il soit le seul de tous les princes qui refuse de voir son nom parmi ceux qui favorisent le sang du grand Corneille. Je serais encore plus fâché si ce refus était la suite de la malheureuse querelle avec l'infâme Fréron. Vous m'aviez écrit que je pouvais compter sur Son Altesse Sérénissime; il est dur d'être détrompé. L'ouvrage mérite par lui-même la protection de tous ceux qui sont à la tête de la nation; Mlle Corneille la mérite encore plus. Je saurai bien venir à bout de cette entreprise honorable sans le secours de personne; mais j'aurais voulu, pour l'honneur de mon pays, être plus encouragé, d'autant plus que c'est presque le seul honneur qui nous reste. L'infamie dont les Fréron et quelques autres couvrent la littérature exige que tout concoure à relever ce qu'ils déshonorent. Secondez-moi, au nom des *Horaces* et de *Cinna*.

Votre très-humble et très-obéissant serviteur. VOLTAIRE.

MMMCD. — A M. DAMILAVILLE.

24 auguste.

M. Le Gouz[1], maître des comptes, à Dijon, jeune homme qui aime les arts et les cacouacs, veut bien qu'on sache que le *Droit du seigneur*, alias *l'Écueil du sage*, est de lui. Il m'envoie cette petite addition et correction, que les frères jugeront absolument nécessaire. Je crois que la pièce de M. Le Gouz restera au théâtre, et qu'ainsi le nom de philosophe y restera en honneur. Je m'imagine que frère Platon ne sera pas fâché.

Il est absolument nécessaire que M. Le Gouz soit reconnu. Il compte enjoliver cette petite drôlerie par une préface en l'honneur des cacouacs, qui sera un peu ferme, et qui parviendra en cour, comme dit le peuple. Il y aura aussi une épître dédicatoire qui ira en cour. Mais si un

---

1. Voltaire renonce à prendre ce nom par égard pour le président Fyot de La Marche, dont Le Gouz était le parent. Voyez la lettre à d'Argental du 7 septembre, n° MMMCDXIII. (*Note de M. Beuchot.*)

gros fin de Préville s'obstine à dire qu'il croit l'ouvrage d'un certain V......, tout est manqué, tout est perdu. Il est absolument nécessaire qu'on ne me soupçonne pas de ce que je n'ai pas fait. On doit faire entendre aux comédiens qu'ils se font grand tort à eux-mêmes s'ils s'opiniâtrent à me charger de cette iniquité. C'est M. Le Goux, vous dis-je, qui a fait cette colonnerie.

J'ai reçu de mes frères les *Recherches sur les théâtres* de ce Beauchamps, et il n'y a pas grand profit à faire. C'est le sort de la plupart des livres. Il faudra tâcher que les *Commentaires de Corneille* ne méritent pas qu'on en dise autant. C'est une terrible entreprise que ce *Commentaire*; j'y perds mon temps et les yeux.

Comment se porte frère Thieriot ? il est bien heureux de ne rien commenter; s'il lui fallait faire des notes sur *Agésilas* et *Attila*, il serait aussi embarrassé que moi.

Voici une petite lettre pour frère Dalembert; dirons-nous aussi frère du Molard ? ce sera comme vous voudrez.

#### MMMCDI. — À MADAME D'ÉPINAI.

24 auguste.

Ma belle philosophe, je ne suis pas comme vous ; je suis très-aise que frère Saurin soit marié ; il fera de bons cacouacs, nous en avons besoin ; c'est aux philosophes qu'il appartient de faire des enfants. Il faudrait que tous les petits couteaux qu'on vendait pour châtrer les ...reaux servissent aux Omer, aux Joly de Fleury, et empêchasstte graine de pulluler. Si je me mariais, je prierais frère Saurin ... des enfants à ma femme.

...drais bien, madame, vous voir avec vos sabots, je vous mon...es miens; vous me diriez s'ils sont du bon faiseur. J'en ai ...ent à Ferney. J'ai cédé les Délices au duc de Villars, qui a to..,.u..s des souliers fort mignons; mais malheureusement il n'a point de jambes, et il est venu prier Tronchin de lui en donner.

Je crois que j'ai porté malheur aux jésuites ; vous savez que je les ai chassés d'un petit domaine qu'ils avaient usurpé; le parlement n'a fait que m'imiter. On me mande que le parlement de Nanci a condamné frère Menou aux galères; je crois l'arrêt fort juste, car le moyen qu'un parlement puisse avoir tort ! Frère Menou aurait bonne grâce à ramer avec l'abbé de La Coste; mais le parlement de Nanci n'est pas français, et il n'y a point de port de mer en Lorraine. Adieu, madame; Corneille m'appelle. Permettez-moi mille compliments à tout ce qui vous environne.

#### MMMCDII. — A M. LE COMTE D'ARGENTAL.

24 auguste.

Qu'est-ce que c'est donc que cette humeur qui persécute mon ange sur son visage et sur sa main ? pourquoi mon ange ne vient-il pas à Genève ? Il y a plus de six mois qu'il doit être entre les mains des médecins de Paris ; ne doit-il pas savoir à quoi s'en tenir ? Tronchin est le premier homme du monde pour ces maux-là. Le duc de Villars est venu porter sa misère aux Délices : on disait qu'il y mourrait; il se porte bien au bout de quinze jours. L'abbé d'Héricourt, gourmand de la grand'chambre, s'est tué pour s'être baigné les jambes dans le lac, avec une indigestion ; mais les gens sages vivent.

Je prévois que vous viendrez aux Délices, et que je serai le plus heureux des hommes; oui, mes anges, vous y viendrez.

Vous devez à présent savoir à quoi vous en tenir sur Pierre et Marie Corneille. Je me donnerai bien de garde de faire imprimer un programme avant d'avoir fait ma recrue de têtes couronnées; et quant aux particuliers, c'est à prendre ou à laisser. Je ne me mêlerai que de bien travailler.

Ceux qui chipotent et qui s'en vont disant : « L'aurons-nous in-quarto, l'aurons-nous in-octavo ? aurons-nous pour deux louis huit ou dix volumes (avec trente-trois estampes) qui coûteraient dix louis, et qui ne pourraient paraître que dans trois ans ? » sont de plaisantes gens ; mais c'est l'affaire des Cramer, et non la mienne : je ne me charge que de me tuer de travail, et de souscrire.

J'ai découvert enfin qui est l'auteur du *Droit du seigneur*, ou l'*Écueil du sage*; c'est M. Le Gouz, jeune maître des comptes de Dijon, et de plus académicien de Dijon. Il est bon de fixer le public par un nom, de peur que le mien ne vienne sur la langue. Vous êtes charmant, continuez la mascarade.

Divins anges, tout ce que vous me dites de la Compagnie indienne est bel et bon; mais il est dur de vendre sept cents francs ce qu'on a acheté quatorze cents. Voilà le nœud, voilà le mal, et ce mal n'est pas le seul.

Comme j'ai aujourd'hui quinze lettres à écrire, et *Pertharite* à achever, je m'arrache au doux plaisir d'écrire à mes anges, et je finis en remerciant M. le comte de Choiseul pour la dame du Fresnoy, qui est grosse comme la tonne d'Heidelberg.

Est-il vrai que frère Menou soit condamné aux galères par le parlement de Nanci? cela serait curieux : mais il y a peu de ports de mer en Lorraine.

Voilà donc M. l'abbé¹ coadjuteur grand chambrier. Les jésuites lui doivent un compliment.

Mille tendres respects.

MMMCDIII. — A M. VERNES, A SÉLIGNI.

A Ferney, 25 augusta.

Je suis très-fâché, monsieur, que vous soyez si éloigné de moi. Vous devriez bien venir coucher à Ferney, quand vous ne prêchez pas ; il ne faut pas être toujours avec son troupeau; on peut venir voir quelquefois les bergers du voisinage.

Je n'ai point lu l'*Ame* de M. *Charles Bonnet*²; il faut qu'il y ait une furieuse tête sous ce bonnet-là, si l'ouvrage est aussi bon que vous le

1. Chauvelin. (ÉD.) — 2. *Essai analytique sur les facultés de l'âme.* (ÉD.)

dites. Je serai fort aise qu'il ait trouvé quelques nouveaux mémoires sur l'âme : le troisième chant de *Lucrèce* me paraissait avoir tout épuisé. Je n'ai pas trop actuellement le temps de lire des livres nouveaux.

A l'égard de messieurs les traducteurs anglais, ils se pressent trop. Ils voulaient commencer par l'*Essai sur les mœurs*; on leur a mandé de n'en rien faire, attendu que Gabriel Cramer et Philibert Cramer vont en donner une nouvelle édition un peu plus curieuse que la première. On n'avait donné que quelques soufflets au genre humain dans ces archives de nos sottises; nous y ajouterons force coups de pied dans le derrière : il faut finir par dire la vérité dans toute son étendue. Si vous veniez chez moi, je vous ferais voir un petit manuscrit indien de trois mille ans qui vous rendrait très-ébahi.

Venez voir mon église; elle n'est pas encore bénite, et on ne sait encore si elle est calviniste ou papiste. En attendant, j'ai mis sur le frontispice, *Deo soli*. Voyez si vos damnés de camarades ne devraient pas avoir plus de tendresse pour moi qu'ils n'en ont. Votre plaisant Arabe[1] m'a abandonné tout net, depuis qu'il est de la barbare compagnie : il suffit d'entrer là pour avoir l'âme coriace. Ne vous avisez jamais d'endurcir votre joli petit caractère quand vous serez de la vénérable.

Je vous embrasse en *Deo solo*.

Mes compliments à Mme de Wolmar, et à son *faux germe*[2].

## MMMCDIV. — A M. COLINI.

Ferney, 25 auguste.

Mes yeux me refusent encore le service. Je vous envoie, mon cher Florentin, une lettre pour Mgr l'électeur, que je n'ai pu écrire moi-même. Nous n'avons pas encore commencé notre *Corneille*; il n'y a que moi de prêt. S'il restait encore quelque argent aux Français pour faire des souscriptions, ils devraient en faire pour reprendre Pondichéri, mais il est plus aisé d'imprimer *Corneille* que d'avoir des flottes. Nous voilà à peu près comme les Italiens, nous n'avons que la gloire des beaux-arts, et encore ne l'avons-nous guère. Adieu; je voudrais bien vous revoir avant de mourir, et je l'espère encore.

## MMMCDV. — A M. LE COMTE DE SCHOWALOW.

Ferney, 26 auguste.

Monsieur, ce sera pour moi un honneur infini, un grand encouragement pour les arts, que vous protégez, et pour la jeune héritière du nom de Corneille, qu'on puisse voir à la tête des souscriptions le nom de votre auguste souveraine, et le vôtre. Je crois vous avoir déjà mandé que le roi de France souscrit pour la valeur de deux cents exemplaires, et plusieurs princes à proportion. Je me fais une joie extrême de voir cette entreprise honorable secondée par le Mécène de la Russie.

1. Probablement Abauzit. (ÉD.)
2. *Nouvelle Héloïse*, part. I, lettre LXIII. (ÉD.)

Ce travail ne m'empêchera pas d'amasser toujours des matériaux pour votre monument. Je ne rebuterai rien, dans l'espérance de trouver quelque chose d'utile dans le fatras des plus grandes inutilités. Je suis trompé quelquefois dans mon calcul : j'acquiers quelquefois de gros paquets de manuscrits où je ne trouve rien du tout, d'autres qui ne sont remplis que de satires et d'anecdotes scandaleuses que je ne manque pas de jeter au feu, de peur qu'après moi quelque libraire n'en fasse usage. Heureusement toutes ces satires n'étaient que manuscrites; et s'il en est quelques-unes qui aient échappé à mes recherches, elles ne feront pas fortune.

Ma santé ne me permet presque plus de sortir de chez moi : la consolation de mes dernières années sera uniquement de travailler pour vous; car je compte que *Corneille* ne me coûtera pas plus de quatre à cinq mois : disposez de tout le reste de mes moments. Nous ne tarissons point sur le compte de Votre Excellence, M. de Soltikof et moi; nous ne parlons de vous qu'avec enthousiasme. Le cardinal Passionei était le seul homme en Europe qui vous ressemblât : nous venons de le perdre. Il ne reste que vous en Europe qui donniez aux arts une protection distinguée, constante, et éclairée; et je vous regarde, après Pierre le Grand, comme l'homme qui fait le plus de bien à votre nation J'ai l'honneur d'être, etc.

### MMMCDVI. — A MADEMOISELLE CLAIRON.

27 auguste.

Je me hâte de vous répliquer, mademoiselle. Je m'intéresse autant que vous à l'honneur de votre art, et si quelque chose m'a fait haïr Paris et détester les fanatiques, c'est l'insolence de ceux qui veulent flétrir les talents. Lorsque le curé de Saint-Sulpice, Languet, le plus faux et le plus vain de tous les hommes, refusa la sépulture à Mlle Lecouvreur, qui avait légué mille francs à son église, je dis à tous vos camarades assemblés qu'ils n'avaient qu'à déclarer qu'ils n'exerceraient plus leur profession, jusqu'à ce qu'on eût traité les pensionnaires du roi comme les autres citoyens qui n'ont pas l'honneur d'appartenir au roi. Ils me le promirent, et n'en firent rien. Ils préférèrent l'opprobre avec un peu d'argent à un honneur qui leur eût valu davantage.

Ce pauvre Huerne vous a porté un coup terrible en voulant vous servir; mais il sera très-aisé aux premiers gentilshommes de la chambre de guérir cette blessure. Il y a une ordonnance du roi, de 1641, concernant la police des spectacles, par laquelle il est dit expressément : « Nous voulons que l'exercice des comédiens, qui peut divertir innocemment nos peuples (c'est-à-dire détourner nos peuples de diverses occupations mauvaises), ne puisse leur être imputé à blâme, ni préjudicier à leur réputation dans le commerce public. »

Et, dans un autre endroit de la déclaration, il est dit que, s'ils choquent les bonnes mœurs sur le théâtre, ils seront notés d'infamie.

Or, comme un prêtre serait noté d'infamie s'il choquait les bonnes mœurs dans l'église, et qu'un prêtre n'est point infâme en remplissant les fonctions de son état, il est évident que les comédiens ne sont point infâmes par leur état, mais qu'ils sont, comme les prêtres, des citoyens payés par les autres citoyens pour parler en public bien ou mal.

Vous remarquerez que cette déclaration du roi fut enregistrée au parlement.

Il ne s'agit donc que de la faire renouveler. Le roi peut déclarer que, sur le compte à lui rendu par les quatre premiers gentilshommes de sa chambre, et sur sa propre expérience, que jamais ses comédiens n'ont contrevenu à la déclaration de 1641, il les maintient dans tous les droits de la société, et dans toutes les prérogatives des citoyens attachés particulièrement à son service : ordonnant à tous ses sujets, de quelque état et condition qu'ils soient, de les faire jouir de tous leurs droits naturels et acquis, en tant que besoin sera. Le roi peut aisément rendre cette ordonnance, sans entrer dans aucun des détails qui seraient trop délicats.

Après cette déclaration, il serait fort aisé de donner ce qu'on appelle les honneurs de la sépulture, malgré la prêtraille, au premier comédien qui décéderait. Au reste, je compte faire usage des décisions de monsignor Cerati, confesseur de Clément XII, dans mes notes sur *Corneille*.

Venons maintenant aux pièces que vous jouerez cet automne. Vous faites très-bien de commencer par celle de M. Cordier[1] : il ne faut pas lasser le public, en le bourrant continuellement des pièces du même homme. Ce public aime passionnément à siffler le même rimailleur qu'il a applaudi ; et tout l'art de Mlle Clairon n'ôtera jamais au parterre cette bonne volonté attachée à l'espèce humaine.

Pour le *Tancrède* de Prault, il est impertinent d'un bout à l'autre. Pour ce vers barbara,

Cher Tancrède, ô toi seul qui méritas ma foi !

quel est l'ignorant qui a fait ce vers abominable ? quel est l'Allobroge qui a terminé un hémistiche par le terme *seul* suivi d'un *qui* ? Il faut ignorer les premières règles de la versification pour écrire ainsi. Les gens instruits remarquent ces sottises, et une bouche comme la vôtre ne doit pas les prononcer. Cela ressemble à ce vers,

La belle Phyllis, qui brûla pour Corydon.

J'ai maintenant une grâce à vous demander : on m'écrit qu'on vous a lu une comédie intitulée *l'Écueil du sage*, et que quelques-uns de vos camarades font courir le bruit que cette pièce est de moi. Vous sentez bien qu'étant occupé à des ouvrages qui ont besoin de vos grands talents, je n'ai pas le temps de travailler pour d'autres. Je serais très-mortifié que ce bruit s'accréditât, et je crois qu'il est de votre intérêt de le détruire. Votre comédie peut tomber ; et si la malice m'impute cet ouvrage, cela peut faire grand tort à la tragédie à

1. *Zarukma*, tragédie, par l'abbé Edmond Cordier de Saint-Firmin. (ÉD.)

laquelle je travaille. Parlez-en sérieusement, je vous en prie, à vos camarades; je suis très-résolu à ne leur donner jamais rien, si on m'impute ce que je n'ai pas fait. Ce qu'on peut hardiment m'attribuer, c'est la plus sincère admiration et le plus grand attachement pour vous.

MMMCDVII. — A M. LE COMTE D'ARGENTAL.

Ferney, 28 auguste.

Mes anges verront que je ne suis pas paresseux; ils s'amuseront de *Polyeucte*. Quand ils s'en seront amusés, ils pourront le donner à M. le secrétaire perpétuel, à condition que M. le secrétaire rendra à mes divins anges l'épître dédicatoire, *le Cid*, *Horace*, et *Cinna*. Mais vous verrez que l'Académie mettra beaucoup plus de temps à éplucher mes remarques que je n'en ai mis à les faire.

Je crois malheureusement que l'entreprise ira à dix volumes; cela me fait trembler : le temps devient tous les jours moins favorable, mais je n'en travaillerai pas moins. M. de Montmartel me mande que c'est une opération de finance fort difficile. Il ne veut pas même s'engager à donner des billets payables dans neuf mois. Voilà ce que c'est que d'être battu dans les quatre parties du monde; cela serre les cœurs et les bourses. Le public fait trop de commentaires sur la perte du Canada et des Indes orientales, et sur les trois vingtièmes, pour se soucier beaucoup des *Commentaires sur Corneille*. Il me semble que tout va de travers, hors ce qui dépend uniquement de moi; cela n'est pas modeste, mais cela est vrai. Je commence même à croire qu'un certain drame ébauché[1] fera un assez passable effet au théâtre, si Dieu me prête vie.

Vous triomphez, vous m'avez remis tout entier au *tripot* que j'avais abandonné; mais je suis toujours épouvanté qu'on ait le front de s'amuser à Paris, et d'aller au spectacle, comme si nous venions de faire la paix de Nimègue.

Est-il vrai qu'on va jouer une comédie moitié bouffonne, moitié intéressante, comme je les aime? est-il vrai qu'elle est de M. Le Gouz, auditeur des comptes de Dijon? est-il vrai qu'il y a un rôle d'Acanthe que vous aimez autant que *Nanine*? Qui joue ce rôle d'Acanthe? est-ce Mlle Gaussin? est-ce Mlle Hus?

Que devient votre humeur? je vous connais une humeur fort douce; mais celle qui attaque les yeux est fort aigre. Tâchez donc d'être assez malade pour venir vous faire guérir par Tronchin; cela serait bien agréable. Je baise, en attendant, le bout des ailes de mes anges.

MMMCDVIII. — AU MÊME.

Ferney 31 auguste.

On est un peu importun; on présente *Pompée* aux anges, accompagné d'une lettre à M. le secrétaire perpétuel, lequel a renvoyé *les*

1. *Don Pèdre* (ÉD.)

*Horaces* avec quelques notes académiques. Mes anges sont suppliés de donner *Pompée* avant *Polyeucte*. Je traite Corneille tantôt comme un dieu, tantôt comme un cheval de carrosse; mais j'adoucirai ma dureté en revoyant mon ouvrage. Mon grand objet, mon premier objet est que l'Académie veuille bien lire toutes mes observations, comme elle a lu celles des *Horaces* : cela seul peut donner à l'ouvrage une autorité qui en fera un ouvrage classique. Les étrangers le regardent comme une école de grammaire et de poésie.

Mes anges rendront un vrai service à la littérature et à la nation, s'ils engagent tous leurs amis de l'Académie, et les amis de leurs amis, à prendre mon entreprise extrêmement à cœur. Il faut tâcher que tout le monde en soit aussi enthousiasmé que moi. Rien ne se fait sans un peu d'enthousiasme.

Quand joue-t-on *le Droit du seigneur*, et qui joue? Tout va-t-il de travers comme de coutume?

MMMCDIX. — A M. Duclos.

31 auguste.

J'ai reçu, monsieur, l'épître dédicatoire, la préface sur *le Cid*, et les remarques sur *les Horaces*. Je crois que l'Académie rend un très-grand service à la littérature et à la nation, en daignant examiner un ouvrage qui a pour but l'honneur de la France et de Corneille. Voilà la véritable sanction que je demande; elle consiste à m'instruire. Il faut toujours avoir raison; et un particulier ne peut jamais s'en flatter. Je trouve toutes les notes sur mes observations très-judicieuses. Il n'en coûte qu'un mot dans vos assemblées; et, sur ce mot, je me corrige sans difficulté et sans peine : c'est la seule façon de venir à bout de mon entreprise. Je remercie infiniment la compagnie, et je la conjure de continuer. Je lui envoie des choses un peu indigestes; mais, sur ses avis, tout sera arrangé, soigné pour le fond et pour la forme; et je ne ferai rien annoncer au public que quand j'aurai soumis au jugement de l'Académie les observations sur les principales pièces de Corneille. Plus cet ouvrage est attendu de tous les gens de lettres de l'Europe, plus je crois devoir me conduire avec précaution. Je ne prétends point avoir d'opinion à moi; je dois être le secrétaire de ceux qui ont des lumières et du goût. Rien n'est plus capable de fixer notre langue, qui se parle à la vérité dans l'Europe, mais qui s'y corrompt. Le nom de Corneille et les bontés de l'Académie opéreront ce que je désire.

Quant aux honneurs qu'on rendait à ce grand homme, je sais bien qu'on battait des mains quelquefois quand il reparaissait après une absence : mais on en a fait autant à Mlle Camargo. Je peux vous assurer que jamais il n'eut la considération qu'il devait avoir. J'ai vu, dans mon enfance, beaucoup de vieillards qui avaient vécu avec lui : mon père, dans sa jeunesse, avait fréquenté tous les gens de lettres de ce temps; plusieurs venaient encore chez lui. Le bonhomme Marcassus, fils de l'auteur de l'*Histoire grecque*, avait été l'ami de Corneille. Il mourut chez mon père, à l'âge de quatre-vingt-quatre ans.

ANNÉE 1761.

Je me souviens de tout ce qu'il nous contait, comme si je l'avais entendu hier. Soyez sûr que Corneille fut négligé de tout le monde, dans les dernières vingt années de sa vie. Il me semble que j'entends encore ces bons vieillards Marcassus, Réminiac, Tauvières, Régnier, gens aujourd'hui très-inconnus, en parler avec indignation. Eh! ne reconnaissez-vous pas là, messieurs, la nature humaine? le contraire serait un prodige.

C'est une raison de plus pour vous intéresser au monument que j'élève à sa gloire. Présentez, je vous prie, monsieur, mes remercîments et mes respects à la compagnie, etc.

MMMCDX. — A M. DALEMBERT.

31 auguste.

Messieurs de l'Académie françoise ou française, prenez bien à cœur mon entreprise, je vous en prie; ne manquez pas les jours des assemblées; soyez bien assidus. Y a-t-il rien de plus amusant, s'il vous plaît, que d'avoir un *Corneille* à la main, de se faire lire mes observations, mes anecdotes, mes rêveries, d'en dire son avis en deux mots, de me critiquer, de me faire faire un ouvrage utile, tout en badinant? J'attends tout de vous, mon cher confrère.

Il me paraît que M. Duclos s'intéresse à la chose. Je me flatte que vous vous en amuserez, et que je verrai quelquefois de vos notes sur mes marges. Encouragez-moi beaucoup, car je suis docile comme un enfant; je ne veux que le bien de la chose; j'aime mieux Corneille que mes opinions; j'écris vite, et je corrige de même; secondez-moi, éclairez-moi, et aimez-moi.

MMMCDXI. — A M. LE COMTE D'ARGENTAL.

5 septembre

Mes divins anges, quand vous voudrez des commentaires cornéliens, vous n'avez qu'à tinter. M. de La Marche, qui arrive, ne m'empêchera pas de travailler. Je l'ai trouvé en très-bonne santé. Il est gai, il ne paraît pas qu'il ait jamais souffert. Nous avons commencé par parler de vous; et j'interromps le torrent de nos paroles pour vous le mander. Est-il possible que vous ne m'ayez pas mandé le ministère de M. le comte de Choiseul, et que je l'apprenne par le public? Ah! mes anges, que je suis fâché contre vous!

Toute votre cour de Parme souscrit pour notre Corneille; votre prince pour trente exemplaires. M. du Tillot, M. le comte de Rochechouart, souscrivent. La liste sera belle. Je voudrais savoir comment vous avez trouvé la lettre à mon cicéronien Olivet.

Vous doutiez-vous que le germe d'*Andromaque* fût dans *Pertharite*? Il y a des choses curieuses à dire sur les pièces les plus délaissées. L'ouvrage devient immense; mais, malgré cela, j'espère qu'il sera très-utile. Il fera dix volumes in-quarto, ou treize in-octavo[1]. N'importe, je

---

1. L'édition forme douze volumes in-8°. (Éd.)

travaillerai toujours, et les Cramer s'arrangeront comme ils pourront et comme ils voudront.

Y a-t-il quelque nouvelle du *Droit du seigneur?* M. Le Gouz vous enverra une plaisante préface.

Mes anges, je baise le bout de vos ailes.

### MMMCDXII. — A M. DAMILAVILLE.

Le 7 septembre.

Comment, morbleu! frère Damilaville, qui est à la tête de trente bureaux, se donne de la peine pour les frères, se trémousse, écrit; et frère Thieriot, qui n'a rien à faire, ne nous donne pas la moindre nouvelle!... il écrit une fois en un mois!... Quel paresseux nous avons là! Vive frère Damilaville!

Un de nos frères m'a régalé d'un gros paquet qui contient un gros poème en cinq gros chants, intitulé *la Religion d'accord avec la Raison.* Je ne doute en aucune manière de cet accord; mais les frères me condamnent-ils à lire tant de vers sur une chose dont je suis si persuadé? Je n'ai pas un moment à moi, et ma faible santé ne me permet pas une correspondance bien étendue. L'auteur, nommé M. Duplessis de La Hauterive, est sans doute connu de mes frères. Je les supplie de me plaindre et de m'excuser auprès de M. de La Hauterive; je mets cela sur leur conscience.

Frère Thieriot ne me mande point comment on a distribué les rôles de la pièce de M. Le Gouz. Ce n'est pas que je m'en soucie; mais ce M. Le Gouz est un homme très-vif et très-impatient. J'ai souvent des disputes avec lui. Il veut bien qu'une comédie intéresse, mais il prétend qu'il doit toujours y avoir du plaisant. Il m'a presque converti sur cet article, et je commence à croire qu'on a besoin de rire.

Je me plains de Thieriot; mais mon académicien de Dijon se plaindra bien davantage si les comédiens ajoutent la moindre chose au *Droit du seigneur.* Ils le gâteraient infailliblement, comme ils gâtèrent *l'Enfant prodigue.* Je serai plus inflexible pour les ouvrages de mes amis que je ne l'ai été pour les miens. On a fait tout ce qu'on a pu dans *Tancrède* pour me rendre ridicule; je ne souffrirai pas qu'on en use ainsi avec mon petit académicien.

J'ai chez moi l'abbé Coyer. Je suis encore à concevoir les raisons pour lesquelles on l'a fait voyager quelque temps; il faut que l'aie l'esprit bien bouché.

Je m'unis toujours aux prières des frères, et je salue avec eux l'Être des êtres.

### MMMCDXIII. — A M. LE COMTE D'ARGENTAL.

7 septembre.

Mes divins anges, la nouvelle du ministère de M. le comte de Choiseul n'est donc pas vraie, puisque vous ne m'en parlez pas dans votre lettre terrible du 21 auguste? Je lui ai fait mon compliment sur la foi des gazettes. Si la nouvelle est fausse, mon compliment subsiste toujours, comme dit Dacier : ma remarque, dit-il, peut être trouvée mauvaise, mais elle restera.

Mes chers anges, il est vrai qu'il y a un Le Gouz à Dijon, parent de M. de La Marche. Faisons donc comme Nollet, qui avait imaginé une Mme Truchot, avec laquelle il couchait régulièrement : quand il l'eut vue, il lui dit, pour s'excuser, qu'il n'y coucherait plus. J'ai demandé à M. de La Marche le nom de quelques académiciens de Dijon, mes confrères; il m'a nommé un Picardet. Picardet me paraît mon affaire. Je veux que Picardet soit l'auteur du *Droit du seigneur*. Picardet est mon homme. Voici donc la préface de Picardet [1] ; puisse-t-elle amuser mes anges!

Je vous dis, moi, qu'il y a plus de trente fautes dans l'édition de Prault; que Prault fils est un franc fieux. Et, s'il vous plaît, pourquoi prenez-vous son parti? que vous importe? en quoi, mes anges, les négligences de Prault peuvent-elles retomber sur vous? qu'a de commun Prault avec mes anges?

C'est, ce me semble, Mlle Quinault qui me retrancha de *l'Enfant prodigue* des vers que Mme de Pompadour voulut absolument dire quand elle le joua ; et que tout le monde comique veut réciter. Qu'est-ce que cela vous fait? pour Dieu, laissez-moi crier sur mes vers :

  Paris est au roi,
  Mes vers sont à moi,
  Je veux m'en réjouir,
  Selon mon plaisir.

Vous me mandez douze; Parme dit trente; voici le nœud : c'est, à ce que je présume, qu'on avait d'abord dit douze, et qu'ensuite on a eu la noble vanité des trente. Puisse mon *Commentaire* ne pas aller à trente volumes! mais je vois qu'il sera prolixe. Les Cramer feront tout comme ils voudront : les détails me pilent, comme dit Montaigne [2].

Songez que j'ai trente-deux pièces à commenter, dont dix-huit intisibles ; plaignez-moi, encouragez-moi, ne me grondez *pas*, et aimez votre créature, qui baise le bout de vos ailes.

MMMCDXIV. — DE M. DALEMBERT.

A Paris, ce 8 septembre.

Je ne sais, mon cher maître, si vous avez reçu une lettre que je vous écrivis, il y a quelque temps, de Pontoise. Je vous y parlais, ce me semble, de votre édition de *Corneille*, et de l'intérêt que j'y prenais comme homme de lettres, comme Français, comme académicien, et encore plus comme votre confrère, votre disciple et votre ami. Depuis ce temps, nous avons reçu à l'Académie vos remarques sur *les Horaces*, sur *Cinna*, et sur *le Cid*, la préface du *Cid*, et l'épître dédicatoire. Tout cela a été lu avec soin dans les assemblées, et Duclos

---

1. On n'a point trouvé cette préface. (*Éd. de Kehl.*)
2. Montaigne parle de la mort et dit : « Je la gourmande en bloc : par le menu elle me pille. » Livre III, chap. IV, dixième alinéa. (**ÉD.**)

nous dit hier que vous aviez reçu nos remarques, et que vous en paraissiez content. N'oubliez pas d'insister plus que vous ne faites dans votre épître sur la protection qu'on accordait aux persécuteurs de Corneille, et sur l'oubli profond où sont tombées toutes les infamies qu'on imprimait contre lui, et qui vraisemblablement lui causaient beaucoup de chagrin. Vous pouvez mieux dire, et avec plus de droit que personne, à tous les gens de lettres et à tous les protecteurs, des choses fort utiles aux uns et aux autres, que cette occasion vous fournira naturellement.

Nous avons été très-contents de vos remarques sur *les Horaces*; beaucoup moins de celles sur *Cinna*, qui nous ont paru faites à la hâte. Les remarques sur *le Cid* sont meilleures, mais ont encore besoin d'être revues. Il nous a semblé que vous n'insistiez pas toujours assez sur les beautés de l'auteur, et quelquefois trop sur des fautes qui peuvent n'en pas paraître à tout le monde. Dans les endroits où vous critiquez Corneille, il faut que vous ayez si évidemment raison que personne ne puisse être d'un avis contraire; dans les autres, il faut ou ne rien dire, ou ne parler qu'en doutant. Excusez ma franchise : vous me l'avez permise, vous l'avez exigée ; et il est de la plus grande importance pour vous, pour Corneille, pour l'Académie, et pour l'honneur de la littérature française, que vos remarques soient à l'abri même des mauvaises critiques. Enfin, mon cher confrère, vous ne sauriez apporter dans cet ouvrage trop de soin, d'exactitude, et même de minutie. Il faut que ce monument que vous élevez à Corneille, en soit aussi un pour vous ; et il ne tient qu'à vous qu'il le soit.

Je souscris, si vous le trouvez bon, pour deux exemplaires, pour l'un comme votre ami, et pour l'autre comme homme de lettres et comme Français. Si les gens de lettres de cette frivole et moutonnière nation qui les persécute en riant ne soutiennent pas l'honneur de la *chère patrie*, comme disent les Allemands, hélas! que deviendra ce malheureux honneur? Vous voyez le beau rôle que nous jouons

Sur la terre et sur l'onde;

et ce qu'il y a de plus fâcheux, c'est que nous avons l'air de le jouer encore quelque temps ; car la paix ne paraît pas prochaine. Cependant le parlement se bat *à outrance* avec les jésuites, et Paris en est encore plus occupé que de la guerre d'Allemagne ; et moi, qui n'aime ni les fanatiques parlementaires ni les fanatiques de saint Ignace, tout ce que je leur souhaite, c'est de se détruire les uns par les autres, fort tranquille d'ailleurs sur l'événement, et bien certain de me moquer de quelqu'un, quoi qu'il arrive. Quand je vois cet imbécile parlement, plus intolérant que les capucins, aux prises avec d'autres ignorants imbéciles et intolérants comme lui, je suis tenté de lui dire ce que disait Timon le Misanthrope à Alcibiade : « Jeune écervelé, que je suis content de te voir à la tête des affaires! tu me feras raison de ces marauds d'Athéniens¹. » La philosophie touche peut-être au moment

1. Plutarque, *Vie d'Alcibiade*, paragraphe 19. (Ed.)

où elle va être vengée des jésuites; mais qui la vengera des Omer et compagnie? Pouvons-nous nous flatter que la destruction de la canaille jésuitique entraînera après elle l'abolition de la canaille janséniennne et de la canaille intolérante? Prions Dieu, mon cher confrère, que la raison obtienne de nos jours ce triomphe sur l'imbécillité. En attendant, portez-vous bien, commentez Corneille, et aimez-moi.

## MMMCDXV. — A M. MARMONTEL.

9 septembre.

Dieu soit loué, mon cher ami! Il eût été fort triste pour les rose-croix que la petite drôlerie¹ d'un des adeptes eût été sifflée. Les Fréron, les Pompignan, le *Journal de Trévoux*, auraient dit que non-seulement nous sommes tous des athées, mais encore de mauvais poëtes.

Mandez-moi, je vous prie, tout ce que vous savez, et surtout ce que vous croyez que je doive corriger. Je ne peux voir par mes yeux, et j'aime bien à voir par les vôtres. Mettez-moi, je vous prie, aux pieds de Mlle Clairon. Je lui écrirai; mais je n'ai pas un moment à moi.

Le roi Stanislas m'a écrit une lettre pleine de la plus grande bonté : *quod notandum*. Je crois que c'était là la meilleure façon de servir les philosophes.

Je vous embrasse bien tendrement.

## MMMCDXVI. — A M. DE BURIGNY.

A Ferney, 12 septembre.

J'ai reçu fort tard le Bénigne Bossuet² dont vous m'avez honoré; je vous en fais mon très-sincère remercîment, le plus tôt que je peux. J'aime fort les Pères de l'Église, et surtout celui-là, parce qu'il est Bourguignon, et que j'ai à présent l'honneur de l'être³; de plus, il est très-éloquent. Ses *Oraisons funèbres* sont de belles déclamations. Je suis seulement fâché qu'il ait tant loué le chancelier Le Tellier, qui était un si grand fripon. Son *Histoire* particulière de trois ou quatre nations, qu'il appelle *universelle*, est d'un génie plein d'imagination. Il a fait ce qu'il a pu pour donner quelque éclat à ce malheureux petit peuple juif, le plus sot et le plus misérable de tous les peuples.

Vous avouez que ce Père de l'Eglise a été un peu *mauléoniste*, et cela suffit. Si d'ailleurs vous croyez qu'il ressemblé à quelques médecins qui croient à la médecine, je vous trouve bien bon et bien honnête. Sa conduite avec M. de Fénelon n'est pas d'un homme aisé à vivre; et il faut avoir le diable au corps pour tant crier contre l'aimable auteur du *Télémaque*, qui s'imaginait qu'on pouvait aimer Dieu pour lui-même.

Au reste, je fais plus de cas de Porphyre; et je vous remercie en

---

1. *Tancrède*. (ÉD.) — 2. L'*Histoire de Bossuet*, par Burigny. (ÉD.)
3. Allusion au nom qu'il prenait pour donner le *Droit du seigneur*. (ÉD.)

particulier d'avoir traduit son livre [1] contre les gourmands; j'espère qu'il me corrigera.

J'ai l'honneur d'être de tout mon cœur, etc.

MMMCDXVII. — A M. LE COMTE D'ARGENTAL.

14 septembre.

Dès que je sus que mes anges avaient fait consulter M. Tronchin, je fus un peu alarmé. J'écrivis; voici sa réponse : elle est bonne à montrer au docteur Fournier; il n'en sera pas mécontent. Que mes anges ne soient pas surpris de l'étrange adresse. *Viro immortali* veut dire qu'on vit longtemps quand on suit ses conseils, et *Deo immortali* est une allusion à l'inscription que j'ai mise sur le fronton de mon église, *Deo erexit Voltaire*. Ma prière est *vivat d'Argental*.

Vous êtes bien bon d'envoyer votre billet aux Cramer. Ont-ils besoin de votre billet?

Et moi, bien bon d'avoir cru M. le comte de Choiseul ministre d'État, quand vous ne m'en disiez rien. Je m'en réjouissais; je ne veux plus rien croire, si cela n'est pas vrai.

Si Mlle Gaussin a encore un visage, Acanthe [2] est fort bien entre ses mains, et tout est fort bien distribué. M. Picardet sera fort bien joué. Que dites-vous de la préface du sieur Picardet? ne l'enverrez-vous pas à frère Damilaville? Il a un excellent sermon [3] qu'il montrera à mes anges pour les réjouir. M. de La Marche a été d'une humeur charmante; il n'y paraît plus. C'est, de plus, une belle âme; c'est dommage qu'il ait certains petits préjugés de bonne femme.

Daignez, mes anges, envoyer l'incluse au secrétaire perpétuel, après l'avoir lue. Zarukma! quel nom! d'où vient-il? le père de Zarukma n'est-il pas M. Cordier? Il est vrai que Zarukma ne rime pas à sifflet; mais il peut les attirer. Zulime au moins est plus doux à l'oreille. Nous nous mîmes quatre à lire *Zulime* à M. de La Marche. Il avait un président avec lui qui dormit pendant toute la pièce, comme s'il avait été au sermon ou à l'audience; ainsi il ne critiqua point. M. de La Marche fut ému, attendri, pleura; et quand Mme Denis s'écria en pleurant : *J'en suis indigne*, il n'y put pas tenir. Je fus touché aussi; je dis : « *Zulime* consolera Clairon de Zarukma. »

Je vous avais dit que j'étais content de M. de Montmartel. Point; j'en suis mécontent : il ne veut pas avancer trois cents louis. Le contrôleur général propose des effets royaux, des feuilles de chêne; nous aurons du bruit.

La paix! il n'y aura point de paix. C'est un labyrinthe dont on ne peut se tirer. Ah! pauvres Français! réjouissez-vous, car vous n'avez pas le sens d'une oie.

Divins anges, je baise le bout de vos ailes.

1. Burigny a traduit le *Traité sur l'abstinence de la chair des animaux*. (ÉD.)
2. Personnage du *Droit du seigneur*. (ÉD.)
3. Sans doute le *Sermon des Cinquante*, qui ne fut imprimé qu'un an plus tard. (ÉD.)

ANNÉE 1761

MMMCDXVIII. — A M. DUCLOS.

14 septembre.

Je commence par remercier ceux qui ont eu la bonté de mettre en marge des notes sur mes notes. Je n'ai l'édition *in-folio* de 1664 que depuis huit jours.

J'ai commencé toutes mes observations sur l'édition très-rare de 1644, dans laquelle Corneille inséra tous les passages imités des Latins et des Espagnols.

Ces observations, écrites assez mal de ma main au bas des pages, ont été transcrites encore plus mal sur les cahiers envoyés à l'Académie.

Il n'est pas douteux que je ne suive dorénavant l'édition de 1664. Cette petite édition de 1664 ne contient que *Médée*, le *Cid*, *Pompée*, et le *Menteur*, avec la *Suite du Menteur*.

A-t-on pu douter si j'imprimerais les *Sentiments de l'Académie sur le Cid*?

.... *Ella misma requirió al rey que se le diesse por marido*. Et vous dites qu'il n'y a pas là d'alternative! Vous avez raison; mais lisez ce qui suit :

.... *Ea estava muy prendada de sus partes*. Voilà nos parties.

.... *O le castigasse conforme à las leyes*; et voilà votre alternative.

Comptez que je serai exact.

Je suis bien aise d'avoir envoyé et soumis à l'examen mes observations, tout informes qu'elles sont : 1° parce que vos réflexions m'en feront faire de nouvelles; 2° parce que le temps presse, et que si j'avais voulu limer, polir, achever avant d'avoir consulté, j'aurais attendu un an, et je n'aurais été sûr de rien ; mais en envoyant mes esquisses, et en en recevant les critiques de l'Académie, je vois la manière dont on pense, je m'y conforme, je marche d'un pas plus sûr.

Il y avait dans mes petits papiers : « L'abbé d'Aubignac, savant sans génie, et La Motte, homme d'esprit sans érudition, ont voulu faire des tragédies en prose. » Un jeune homme du métier, qui a copié cela, s'est diverti à ôter le génie à La Motte, et je ne m'en suis aperçu que quand on m'a renvoyé mon cahier.

Il y a souvent des notes trop dures ; je me suis laissé emporter à trop d'indignation contre les fadeurs de César et de Cléopâtre dans *Pompée*, et contre le rôle de Félix dans *Polyeucte*. Il faut être juste, mais il faut être poli, et dire la vérité avec douceur.

N. B. Je suis à Ferney, à deux lieues de Genève. Les Cramer préparent tout pour l'édition, et je travaille autant que ma santé peut me le permettre.

Ils ne donneront leur programme que lorsqu'ils commenceront à imprimer; ils n'imprimeront que quand les estampes seront assez avancées pour que rien ne languisse.

J'ai peur qu'il n'y ait quatorze volumes in-octavo, avec trente-trois estampes. Deux louis, c'est trop peu ; mais les Cramer n'en prendront jamais davantage; le bénéfice ne peut venir que du roi, de la czarine, du duc de Parme, de nos princes, etc., comme je l'ai déjà mandé. Si mes respectables et bons confrères veulent continuer à me marginer, tout ira bien.

Respects et remercîments.

## MMMCDXIX. — A M. L'ABBÉ D'OLIVET.

Ferney, 14 septembre.

Je fais réflexion, mon cher maître, que si l'on imprime la lettre en question, il y faut ajouter des choses essentielles à notre entreprise; que cela peut tenir lieu d'un programme dont je n'aime point l'étalage; que c'est une occasion de rendre adroitement justice à ceux qui les premiers ont favorisé un projet honorable à la nation; que vous vous signaleriez vous-même en m'écrivant en réponse une petite lettre, laquelle ferait encore plus d'effet que la mienne et compagnie.

C'est une nouvelle occasion pour vous de donner un modèle de l'éloquence convenable aux gens de lettres qui s'écrivent avec une familiarité noble sur les matières de leur ressort. Je vais écrire, en conformité, à frère Thieriot, qui supprimera ma lettre jusqu'à nouvel ordre, en cas que vous la lui ayez déjà donnée; et si elle n'est pas sortie de vos mains, il faut qu'elle y reste jusqu'à ce qu'elle soit digne de vous et du public.

## MMMCDXX. — A M. THIERIOT.

14 septembre.

Je crois que père d'Olivet a communiqué à frère Thieriot une grande lettre de frère Voltaire sur notre père commun Pierre Corneille. Je ne crois point qu'elle soit encore digne de voir le jour; il y faut ajouter des choses très-importantes; supprimons-la, je vous en supplie, jusqu'à nouvel ordre. Je mande la même chose *Ciceroniano-Oliveto*.

On ne croit pas que ce soit M. Le Gouz qui soit l'auteur du *Droit du seigneur*; on dit que c'est un nommé Picardet, de l'Académie de Dijon, jeune homme qui a beaucoup de talent. Le fait est qu'elle est réellement d'un académicien honoraire de Dijon, et qu'en cela on ne trompe personne, ce qui est un grand point.

Je fais mes complimens à Charles Goujų; c'est dans le fond un fort bon homme, et je voudrais que tout le monde pensât comme lui.

Mlle Gaussin pousse bien loin sa jeunesse. Si à son âge elle joue des rôles de petites filles, on peut faire des comédies au mien.

Que Dieu ait tous les frères en sa sainte et digne garde!

## MMMCDXXI. — A M. D'ALEMBERT.

14 septembre.

Vos très-plaisantes lettres, mon cher philosophe, égayeraient Socrate tenant en main son gobelet de ciguë, et Servet sur ses fagots verts. Nous demandez qui nous défera des *Omérites*; ce sera vous, pardieu, en vous moquant d'eux tant que vous pourrez, et en les couvrant de ridicule par vos bons mots

Notre nation ne mérite pas que vous daigniez raisonner beaucoup avec elle; mais c'est la première nation du monde pour saisir une bonne plaisanterie, et ce qu'assurément vous ne trouverez pas à Berlin, souvenez-vous-en.

Je vous remercie de toute mon âme de l'attention que vous donnez à Pierre. Songez, s'il vous plaît, que je n'avais point son édition de 1664 quand j'ai commencé mon *Commentaire*. Soyez sûr que tout sera très-exact. Je n'oublierai pas surtout les petits persécuteurs de la littérature, quand je pourrai tomber sur eux.

J'ai déjà mandé à M. Duclos que je n'envoyais que des esquisses; mon unique but est d'avoir le sentiment de l'Académie, après quoi je marche à mon aise et d'un pas sûr.

Je n'ai pas été assez poli, je le sais bien; les compliments ne me coûteront rien: mais, en attendant, il faut tâcher d'avoir raison. Ou mon cœur est un fou, ou j'ai la plus grande raison quand je dis que les remords de Cinna viennent trop tard; que son rôle serait attendrissant, admirable, si le discours d'Auguste, au second acte, le touchait tout d'un coup du noble repentir qu'il doit avoir. J'étais révolté, à l'âge de quinze ans, de voir Cinna persister avec Maxime dans son crime, et joindre la plus lâche fourberie à la plus horrible ingratitude. Les remords qu'il a ensuite ne paraissent point naturels, ils ne sont plus fondés, ils sont contradictoires avec cette atrocité réfléchie qu'il a étalée devant Maxime; c'est un défaut capital que Metastasio a soigneusement évité dans sa *Clémence de Titus*. Il ne s'agit pas seulement de louer Corneille, il faut dire la vérité. Je la dirai à genoux, et l'encensoir à la main.

Il est vrai que dans l'examen de *Polyeucte* je me suis armé quelquefois de vessies de cochon, au lieu d'encensoir. Laissez faire, ne songez qu'au fond des choses; la forme sera tout autre. Ce n'est pas une petite besogne d'examiner trente-deux pièces de théâtre, et de faire un *Commentaire* qui soit à la fois une grammaire et une poétique. Ainsi donc, messieurs, quand vous vous amuserez à parcourir mes esquisses, examinez-les comme s'il n'était pas question de Corneille; souvenez-vous que les étrangers doivent apprendre la langue française dans ce livre. Quand j'aurai oublié une faute de langage, ne l'oubliez pas; c'est là l'objet principal. On apprend notre langue à Moscou, à Copenhague, à Bude, et à Lisbonne. On n'y fera point de tragédies françaises; mais il est essentiel qu'on n'y prenne point des solécismes pour des beautés: vous instruirez l'Europe en vous amusant.

Vous serez, mon cher ami, colloqué pour deux; mais si le roi, les princes, et les fermiers généraux, qui ont souscrit, payent les Cramer, vous nous permettrez de présenter humblement le livre à tous les gens de lettres qui ne sont ni fermiers généraux ni rois. Vous verrez ce que j'écris sur cela *in mea epistola ad Olivetum-Ciceronianum*. Adieu. Je suis absolument touché de l'intérêt que vous prenez à notre petite drôlerie.

Je suis harassé de fatigue; je bâtis, je commente, je suis malade; je vous embrasse de tout mon cœur.

MMMCDXXII. — A MADAME LA MARQUISE DU DEFFAND.

Ferney, 16 septembre.

Puisque vous aimez l'histoire, madame, je vous envoie cinq cahiers de la nouvelle édition de l'*Essai sur les mœurs*, etc. Vous y verrez des choses bien singulières, et, entre autres, l'extrait d'un livre indien qui est peut-être le plus ancien livre qui soit au monde. J'ai envoyé le manuscrit à la bibliothèque du roi; je ne crois pas qu'il y ait un monument plus curieux. Quand vous m'aurez rendu mes cinq cahiers, je vous en choisirai d'autres. Cette nouvelle édition ne m'empêche pas de travailler à Pierre Corneille. J'espère, en consultant l'Académie, faire un ouvrage utile. Je me sens déjà toute la pesanteur d'un commentateur.

Ce n'est pas seulement, madame, parce que je possède le don d'ennuyer, comme tous ces messieurs, que je vous écris une si courte lettre, mais c'est réellement parce que je n'ai pas un moment de loisir. Comptez qu'il n'y a que la retraite qui soit le séjour de l'occupation. Si mes travaux pouvaient contribuer à vous délasser quelques moments, je serais encore plus pédant que je ne suis.

Vous me demandez ce que sera le *Commentaire de Corneille* : il sera une bibliothèque de douze à treize volumes avec des estampes; il ne coûtera que deux louis, parce que je veux que les pauvres connaisseurs le lisent, et que les rois le payent.

Adieu, madame, supportez la vie et le siècle. Quand vous vous faites lire, ayez soin qu'on vous lise d'abord les notes marginales qui indiquent les matières; vous choisissez alors ce qu'il vous plaît, et vous évitez l'ennui.

Je vous demande un peu d'attention pour l'*Exour-Veidam*. Mille tendres respects.

MMMCDXXIII. — A M. P. ROUSSEAU, A BOUILLON.

Château de Ferney, en Bourgogne, par Genève, 16 septembre.

Je ne connais pas plus, monsieur, la lettre de M. de Formey que l'*Ode sur la guerre*. Cette ode me paraît d'un homme de génie; mais il y a trop de fautes contre la langue. Elle commence par des idées très-fortes, peut-être trop fortes, mais elle ne se soutient pas. Elle est d'un étranger qui a beaucoup d'esprit. Voici un autre objet qui m'intéresse véritablement. M. l'abbé d'Olivet me mande que cette lettre, que je vous envoie, doit être publique; j'y consens très-volontiers. Elle tiendra lieu d'un programme en forme, dont je n'aime pas trop l'étalage. Vous verrez par cette lettre de quoi il est question, et je crois qu'elle fera un très-bon effet dans votre *Journal*. Vous avez un beau champ pour rendre justice à notre nation, qui encourage avec tant de zèle une entreprise honorable et utile. J'ai l'honneur d'être, etc.

MMMCDXXIV. — A M. LE COMTE D'ARGENTAL.

16 septembre.

Il n'y a point de poste par laquelle je n'envoie quelque tribut à mes anges.

Voici *Médée*. Vous êtes suppliés de vouloir bien l'envoyer à notre secrétaire perpétuel, quand elle vous aura bien ennuyés.

J'ose encore vous supplier de vouloir bien faire donner le paquet ci-joint à Mme du Deffand.

Je suis bien aise que Mlle Gaussin[1] joue à son âge un rôle de jeune fille; cela me fait croire qu'il est permis de faire des sottises au mien. Ne joue-t-on pas à présent la nouvelle sottise du *Droit du seigneur?* est-il sifflé? Il est sûrement critiqué, et il faut qu'il le soit. Malheur aux hommes publics et aux ouvrages dont on ne dit mot! L'oncle et les deux nièces baisent le bout de vos ailes.

Qu'est donc devenue l'affaire de MM. Tithon père et fils[2]? Vous ne me dites jamais rien, et je m'intéresse à tout.

MMMCDXXV. — A M. L'ABBÉ D'OLIVET.

Ferney, 16 septembre.

Je vous envoie, mon très-cher maître, ma lettre du 20 auguste, à laquelle j'ai ajouté des détails nécessaires, qui tiendront lieu d'un programme que je n'aime point. Envoyez-moi quatre lignes en réponse, et faites imprimer le tout par le moyen de frère Thieriot.

Je vous réitère ce que j'ai déjà mandé à notre secrétaire perpétuel, que je vous envoie mes ébauches, et que je travaillerai à tête reposée sur les observations que l'Académie veut bien mettre en marge. Je donne quelquefois des coups de pied dans le ventre à Corneille, l'encensoir à la main; mais je serai plus poli.

Vous souvenez-vous de *Cinna?* C'est le chef-d'œuvre de l'esprit humain; mais je persiste toujours non-seulement à croire, mais à sentir vivement, qu'il fallait que Cinna eût des remords immédiatement après la belle délibération d'Auguste. J'étais indigné, dès l'âge de vingt ans, de voir Cinna confier à Maxime qu'il avait conseillé à Auguste de retenir l'empire pour avoir une raison de plus de l'assassiner. Non, il n'est pas dans le cœur humain qu'on ait des remords après s'être affermi dans cette horrible hypocrisie. Non, vous dis-je, je ne puis approuver que Cinna soit à la fois infâme et en contradiction avec lui-même. Qu'en pense M. Duclos? Moi je dis tout ce que je pense, sauf à me corriger. *Vale.*

MMMCDXXVI. — AU MÊME.

Ferney, 19 septembre.

Je vous demande deux grâces, mon cher maître: la première, de convenir que les remords de Cinna auraient fait un effet admirable

---

1. Elle avait alors cinquante ans. (ÉD.)
2. Le 13 février 1762 ils furent, à la pluralité de quarante-neuf voix, déchargés de l'accusation portée contre eux par le nommé Philippart et ses compagnons. (ÉD.)

s'il les avait éprouvés dans le temps qu'Auguste lui dit : « Je partagerai l'empire avec vous, et je vous donne Émilie. » Une fourberie lâche et abominable, dans laquelle Cinna persiste, ôte à ses remords tardifs toute la beauté, tout le pathétique, toute la vérité même qu'ils devraient avoir; et c'est sans doute une des raisons qui font que la pièce est aussi froide qu'elle est belle.

M. le duc de Villars vient d'en raisonner avec moi : il connaît le théâtre mieux que personne; il ne conçoit pas comment on peut être d'un autre avis. Relisez, je vous en prie, mes observations sur *Cinna*, que je renvoie à M. Duclos. Je vous dirai, comme à lui, qu'il faut de l'encens à Corneille et des vérités au public.

L'impératrice de Russie souscrit, comme le roi, pour deux cents exemplaires. L'empressement pour cet ouvrage est sans exemple.

La seconde grâce que je vous demande est de vouloir bien mettre M. Watelet dans la liste de nos académiciens qui encouragent les souscriptions pour Mlle Corneille. Non-seulement M. Watelet prend cinq exemplaires, mais il a la bonté de dessiner et de graver le frontispice; il nous aide de ses talents et de son argent; gardez donc que l'ami Thieriot ne l'oublie. Ces petits soins peuvent vous amuser dans votre heureux loisir. Je porte un fardeau immense, et j'en suis charmé. Aidez-moi, instruisez-moi, écrivez-moi.

## MMMCDXXVII. — A M. Duclos.

**Ferney, 19 septembre.**

Je vous demande en grâce, monsieur, de vouloir bien engager nos confrères à daigner lire les corrections, les explications, les nouveaux doutes que vous trouverez dans le commentaire de *Cinna*. Vous vous intéressez à cet ouvrage : je sais combien il est important que je ne hasarde rien sans vos avis. M. le duc de Villars est chez moi. Je ne connais personne qui ait fait une étude plus réfléchie du théâtre que lui. Il sent, comme moi, combien ces remords sont peu naturels, et par conséquent peu touchants, après que Cinna s'est affermi dans son crime, et dans une fourberie aussi réfléchie que lâche, qui exclut tout remords. Il est persuadé, avec moi, que ces remords auraient produit un effet admirable, s'il les avait eus quand il doit les avoir, quand Auguste lui dit qu'il partagera l'empire avec lui, et qu'il lui donne Émilie. Ah! si dans ce moment-là même Cinna avait paru troublé devant Auguste; si Auguste ensuite, se souvenant de cet embarras, en eût tiré un des indices de la conspiration, que de beautés vraies, que de belles situations un sentiment si naturel eût fait naître!

Nous devons de l'encens à Corneille, et assurément je lui en donne; mais nous devons au public des vérités et des instructions. Je vous demande en grâce de m'aider; le fardeau est immense, je ne peux le porter sans secours. Je vous importune beaucoup; je vous importunerai encore davantage. Je vous demande la plus grande patience et les plus grandes bontés. L'Europe attend cet ouvrage. On souscrit en Allemagne et en Angleterre; l'impératrice de Russie pour deux cents exemplaires, comme le roi. Je vous conjure de me mettre en état de répondre à des empressements si honorables. Présentez à l'Académie mes respects, ma reconnaissance, et ma soumission, et renvoyez-moi ce manuscrit; c'est la seule pièce que j'aie.

MMMCDXXVIII. — A M. LE COMTE DE SCHOWALOW.

Ferney, 19 septembre.

Monsieur, les mânes de Corneille, sa petite-fille, et moi, nous vous présentons les mêmes remercîments, et nous nous mettons tous aux pieds de votre auguste impératrice. Voici les derniers temps de ma vie consacrés à deux Pierre qui ont tous deux le nom de grand. J'avoue qu'il y en a un bien préférable à l'autre. Cinq ou six pièces de théâtre, remplies de beautés avec des défauts, n'approchent certainement pas de mille lieues de pays policées, éclairées et enrichies.

Je suis très-obligé à Votre Excellence de m'avoir épargné des batailles avec des Allemands. J'emploierai à servir sous vos étendards le temps que j'aurais perdu dans une guerre particulière. Vous pouvez compter que je mettrai toute l'attention dont je suis capable dans l'emploi des matériaux que vous m'avez envoyés, et que les deux volumes seront absolument conformes à vos intentions. Plus je vois aujourd'hui de campagnes dévastées, de pays dépeuplés, et de citoyens rendus malheureux par une guerre qu'on pouvait éviter, plus j'admire un homme qui, au milieu de la guerre même, a été fondateur et législateur, et qui a fait la plus honorable et la plus utile paix. Si Corneille vivait, il aurait mieux célébré que moi Pierre le Grand, il eût plus fait admirer ses vertus, mais il ne les aurait pas senties davantage. Je suis plus que jamais convaincu que toutes les petites faiblesses de l'humanité, et les défauts qui sont le fruit nécessaire du temps où l'on est né, et de l'éducation qu'on a reçue, doivent être éclipsés et anéantis devant les grandes vertus que Pierre le Grand ne devait qu'à lui-même, et devant les travaux héroïques que ses vertus ont opérés. On ne demande point, en voyant un tableau de Raphaël ou une statue de Phidias, si Phidias et Raphaël ont eu des faiblesses; on admire leurs ouvrages, et on s'en tient là. Il doit en être ainsi des belles actions des héros.

Je ne m'occupe du *Commentaire sur Corneille* avec plaisir que dans l'espérance qu'il rendra la langue française plus commune en Europe, et que la *Vie de Pierre le Grand* trouvera plus de lecteurs. Mon espérance est fondée sur l'attention scrupuleuse avec laquelle l'Académie française revoit mon ouvrage. C'est un moyen sûr de fixer la langue, et d'éclairer tous les doutes des étrangers. On parlera le français plus facilement, grâce aux soins de l'Académie; et la langue dans laquelle Pierre le Grand sera célébré comme il le mérite en sera plus agréable à toutes les nations. Je me hâte de dépêcher le *Cid* et *Cinna*, afin d'être tout entier à Pultava et à Pétersbourg. Je ne demande que trois mois pour achever le *Corneille*, après quoi tout le reste de ma vie est à *Pierre le Grand* et à vous.

## MMMCDXXIX. — A M. L'ABBÉ PERNETTI.

A Ferney, 21 septembre.

Vous devriez, mon cher abbé, venir avec le sculpteur et bénir mon église. Je serais charmé de servir votre messe, quoique je ne puisse plus dire : *Qui lætificat juventutem meam*[1].

Je doute qu'il y ait un programme pour l'édition de Corneille. Cet étalage est peut-être inutile, puisqu'on ne reçoit point d'argent, et qu'on ne fait point de conditions. Les frères Cramer donneront pour deux louis d'or douze, treize, ou quatorze volumes in-octavo, avec des estampes. Ceux qui voudront retenir des exemplaires, et avoir pour deux louis un ouvrage qui devrait en coûter quatre, n'ont qu'à retenir chez les Cramer les exemplaires qu'ils voudront avoir, ou chez les libraires correspondants des Cramer, ou s'adresser à mes amis, qui m'enverront leurs noms; et tout sera dit. Tout n'est pas dit pour vous, mon cher confrère; car j'ai toujours à vous répéter que je vous aime de tout mon cœur.

## MMMCDXXX. — A M. DE CIDEVILLE.

A Ferney, 23 septembre.

Mon ancien camarade, mon cher ami, nous recevrons toujours à bras ouverts quiconque viendra de votre part. Il est vrai que nous aimerions bien mieux vous voir que vos ambassadeurs; mais ma faible santé me retient dans la retraite que j'ai choisie. Je viens de bâtir une église où j'aurai le ridicule de me faire enterrer; mais j'aime bien mieux le monument que j'érige à Corneille, votre compatriote. Je suis bien aise que l'indifférent Fontenelle m'ait laissé le soin de Pierre et de sa nièce; l'un et l'autre amusent beaucoup ma vieillesse. Je vous exhorte à lire *Pertharite* avec attention. Lisez du moins le second acte et quelque chose du troisième. Vous serez tout étonné de trouver le germe entier de la tragédie d'*Andromaque*, les mêmes sentiments, les mêmes situations, les mêmes discours. Vous verrez un Grimoald jouer le rôle de Pyrrhus, avec une Rodelinde dont il a vaincu le mari, qu'on croit mort. Il quitte son Éduige pour Rodelinde, comme Pyrrhus abandonne son Hermione pour Andromaque. Il menace de tuer le fils de sa Rodelinde, comme Pyrrhus menace Astyanax. Il est violent, et Pyrrhus aussi. Il passe de Rodelinde à Éduige, comme Pyrrhus d'Andromaque à Hermione. Il promet de rendre le trône au petit Rodelinde : Pyrrhus en fait autant, pourvu qu'il soit aimé. Rodelinde dit à Grimoald :

N'imprime point de tache à tant de renommée, etc.

Acte II, scène v.

Andromaque dit à Pyrrhus :

Faut-il qu'un si grand cœur montre tant de faiblesse,
Et qu'un dessein si beau, si grand, si généreux,
Passe pour le transport d'un esprit amoureux ?

Acte I, scène IV.

1. Psaume XLII, verset 4. (ÉD.)

Ce n'est pas tout; Éduige a son Oreste. Enfin Racine a tiré tout son or du fumier de *Pertharite*, et personne ne s'en était douté, pas même Bernard de Fontenelle, qui aurait été bien charmé de donner quelques légers coups de patte à Racine.

Vous voyez, mon cher ami, qu'il y a des choses curieuses jusque dans la garde-robe de Pierre. La comparaison que je pourrai faire de lui et des Anglais et des Espagnols, qui auront traité les mêmes sujets, sera peut-être agréable. A l'égard des bonnes pièces, je ne fais aucune remarque sur laquelle je ne consulte l'Académie. Je lui ai envoyé toutes mes notes sur *le Cid*, *les Horaces*, *Pompée*, *Polyeucte*, *Cinna*, etc. Ainsi mon *Commentaire* pourra être à la fois un art poétique et une grammaire.

Il n'est question que du théâtre. Je laisse là l'*Imitation de Jésus-Christ*[1], et je m'en tiens à l'imitation de Sophocle. Vous me ferez pourtant plaisir de m'envoyer la description du presbytère d'Énouville. Je ne crois pas que je chante jamais les presbytères de mes curés; je leur conseille de s'adresser à leurs grenouilles; mais je pourrai bien chanter une jolie église que je viens de bâtir, et un théâtre que j'achève. Je vous prie, mon cher ami, si vous m'envoyez ce presbytère, de me l'adresser à Versailles, chez M. de Chenevières, premier commis de la guerre, qui me le fera tenir avec sûreté.

On va reprendre encore *Oreste* à la Comédie-Française. Il est vrai que j'ai bien fortifié cette pièce, et qu'elle en avait besoin. Mais enfin j'aime à voir la nation redemander une tragédie grecque, sans amour dans la quelle il n'y a point de partie carrée ni de roman.

Adieu; je vous embrasse. Pourriez-vous me dire quel est un monsieur P. T. N. G. à qui Corneille dédie sa *Médée*?

MMMCDXXXI. — A M. LE COMTE DE SCHOWALOW.

25 septembre.

Monsieur, j'ai reçu, par M. de Soltikof, les manuscrits que Votre Excellence a bien voulu m'envoyer; et les sieurs Cramer, libraires de Genève, qui vont imprimer les *Œuvres* et les *Commentaires de Pierre Corneille*, ont reçu la souscription dont Sa Majesté Impériale daigne honorer cette entreprise. Ainsi chacun a reçu ce qui est à son usage : moi des instructions; et les libraires, des secours.

Je vous remercie, monsieur, des uns et des autres, et je reconnais votre cœur bienfaisant et votre esprit éclairé dans ces deux genres de bienfaits.

J'ai déjà eu l'honneur de vous écrire par la voie de Strasbourg, et j'adresse cette lettre par M. de Soltikof, qui ne manquera pas de vous la faire rendre. Ce sera, monsieur, une chose éternellement honorable pour la mémoire de Pierre Corneille et pour son héritière, que votre auguste impératrice ait protégé cette édition autant que le roi de France. Cette magnificence, égale des deux côtés, sera une raison de plus pour

---

1. Mise en vers français par P. Corneille. (ÉD.)

nous faire tous compatriotes. Pour moi, je me crois de votre pays, depuis que Votre Excellence veut bien entretenir avec moi un commerce de lettres. Vous savez que je me partage entre les deux Pierre qui ont tous deux le nom de grand; et si je donne à présent la préférence au *Cid* et à *Cinna*, je reviendrai bientôt à celui qui fonda les beaux-arts dans votre patrie.

J'avoue que les vers de Corneille sont un peu plus sonores que la prose de votre Allemand, dont vous voulez bien me faire part; peut-être même est-il plus doux de relire le rôle de Cornélie que d'examiner avec votre profond savant si Jean Gutmanseths était médecin ou apothicaire, si son confrère Van Gad était effectivement Hollandais, comme ce mot *van* le fait présumer, ou s'il était né près de la Hollande. Je m'en rapporte à l'érudition du critique, et je le supplierai, en temps et lieu, de vouloir bien éclaircir à fond si c'était un crapaud ou une écrevisse qu'on trouva suspendu au plafond de la chambre de ce médecin, quand les strélitz l'assassinèrent.

Je ne doute pas que l'auteur de ces remarques intéressantes, et qui sont absolument nécessaires pour l'*Histoire de Pierre le Grand*, ne soit lui-même un historien très-agréable, car voilà précisément les détails dans lesquels entrait Quinte-Curce quand il écrivait l'*Histoire d'Alexandre*. Je soupçonne ce savant Allemand d'avoir été élevé par le chapelain Norberg, qui a écrit l'*Histoire de Charles XII* dans le goût de Tacite, et qui apprend à la dernière postérité qu'il y avait des bancs couverts de drap bleu au couronnement de Charles XII. La vérité est si belle, et les hommes d'État s'occupent si profondément de ces connaissances utiles, qu'il n'en faut épargner aucune au lecteur.

A parler sérieusement, monsieur, j'attends de vous de véritables mémoires sur lesquels je puisse travailler. Je ne me consolerai point de n'avoir pas fait le voyage de Pétersbourg il y a quelques années. J'aurais plus appris de vous, dans quelques heures de conversation, que tous les compilateurs ne m'en apprendront jamais. Je prévois que je ne laisserai pas d'être un peu embarrassé. Les rédacteurs des mémoires qu'on m'a envoyés se contredisent plus d'une fois, et il est aussi difficile de les concilier que d'accorder des théologiens. Je ne sais si vous pensez comme moi; mais je m'imagine que le mieux sera d'éviter autant qu'il sera possible la discussion ennuyeuse de toutes les petites circonstances qui entrent dans les grands événements, surtout quand ces circonstances ne sont pas essentielles. Il me paraît que les Romains ne se sont pas souciés de faire aux Scaliger et aux Saumaise le plaisir de leur dire combien de centurions furent blessés aux batailles de Pharsale et de Philippes.

Notre boussole sur cette mer que vous me faites courir est, si je ne me trompe, la gloire de Pierre le Grand. Nous lui dressons une statue; mais cette statue ferait-elle un effet si elle portait dans une main une dissertation sur les annales de Novogorod, et dans l'autre un commentaire sur les habitants de Crasnoyark? Il en est de l'histoire comme des affaires, il faut sacrifier le petit au grand. J'attends tout, monsieur, de vos lumières et de votre bonté; vous m'avez engagé dans une grande passion, et vous ne vous en tiendrez pas à m'inspirer des désirs. Songez combien je suis fâché de ne pouvoir vous faire ma cour, et que je ne puis être consolé que par vos lettres et par vos ordres.

**MMMCDXXXII.** — A M. LE COMTE D'ARGENTAL.

28 septembre.

O mes anges ! tout ce que j'ai prédit est arrivé. Au premier coup de fusil qui fut tiré, je dis : « En voilà pour sept ans. » Quand le petit Bussi alla à Londres, j'osai écrire à M. le duc de Choiseul qu'on se moquait du monde, et que toutes ces idées de paix ne serviraient qu'à amuser le peuple. J'ai prédit la perte de Pondichéri, et enfin j'ai prédit que le *Droit du seigneur* de M. Picardin réussirait. Mes divins anges, c'est parce que je ne suis plus dans mon pays que je suis prophète. Je vous prédis encore que tout ira de travers, et que nous serons dans la décadence encore quelques années, et décadence en tout genre; et j'en suis bien fâché.

On m'envoie des Gouju; je vous en fais part.

Je crois avec vous qu'il y a des moines fanatiques, et même des théologiens imbéciles; mais je maintiens que, dans le nombre prodigieux des théologiens fripons, il n'y en a jamais eu un seul qui ait demandé pardon à Dieu en mourant, à commencer par le pape Jean XII, et à finir par le jésuite Le Tellier et consorts. Il me paraît que Gouju écrit contre les théologiens fripons qui se confirment dans le crime en disant : « La religion chrétienne est fausse; donc il n'y a point de Dieu. » Gouju rendrait service au genre humain, s'il confondait les coquins qui font ce mauvais raisonnement.

Mais vraiment oui,

Dieu, qui savez punir, qu'Atide me haïsse!

est une assez jolie prière à Jésus-Christ; mais je ne me souviens plus des vers qui précèdent; je les chercherai quand je retournerai aux Délices.

Je travaille sur Pierre, je commente, je suis lourd. C'est une terrible entreprise de commenter trente-deux pièces, dont vingt-deux ne sont pas supportables, et ne méritent pas d'être lues.

Les estampes étaient commencées. Les Cramer les veulent. Je ne me mêlerai que de commenter, et d'avoir raison si je peux. Dieu me garde seulement de permettre qu'ils donnent une annonce avant qu'on puisse imprimer! Je veux qu'on ne promette rien au public, et qu'on lui donne beaucoup à la fois. Mes anges, j'ai le cœur serré du triste état où je vois la France; je ne ferai jamais de tragédie si plate que notre situation ; je me console comme je peux. Qu'importe un Picardet ou Rigardet? Il faut que je rie, pour me distraire du chagrin que me donnent les sottises de ma patrie. Je vous aime, mes divines anges; et c'est là ma plus chère consolation. Je baise le bout de vos ailes.

N. B. Qu'importe que M. le duc de Choiseul ait la marine ou la politique? Melin de Saint-Gelais, auteur du *Droit du seigneur*, ne peut-il pas dédier sa pièce à qui il veut?

### MMMCDXXXIII. — A MADAME LA COMTESSE DE LUTZELBOURG.

Au château de Ferney, 30 septembre.

Vous écrivez de votre main, madame, et je ne puis en faire autant. Comment n'avez-vous pas un petit secrétaire, pas plus gros que rien, qui vous amuserait, et qui me donnerait souvent de vos nouvelles? Il ne faut se refuser aucune des petites consolations qui peuvent rendre la vie plus douce à notre âge.

Vous ne me mandez point si vous aviez votre amie avec vous. Elle aura dû être bien effrayée du sacrement dont vous me parlez. Je vous crois de la pâte du cardinal de Fleury, et de celle de Fontenelle. Nous avons à Genève une femme de cent trois ans, qui est de la meilleure compagnie du monde, et le conseil de toute sa famille. Voilà de jolis exemples à suivre. Je vous y exhorte avec le plus grand empressement.

Je vous remercie de tout mon cœur, madame, du portrait de Mme de Pompadour, que vous voulez bien m'envoyer. Je lui ai les plus grandes obligations depuis quelque temps; elle a fait des choses charmantes pour Mlle Corneille.

Je ne suis point actuellement aux Délices. Figurez-vous que M. le duc de Villars occupe cette petite maisonnette avec tout son train. Je la lui ai prêtée pour être plus à portée du docteur Tronchin, qui donne une santé vigoureuse à tout le monde, excepté à moi.

M. le duc de Bouillon ne vous écrit-il pas quelquefois? Il a fait des vers pour moi, mais je le lui ai bien rendu.

Recevez-vous des nouvelles de M. le prince de Beaufremont? Je voudrais bien le rencontrer quelquefois chez vous. Il me paraît d'une singularité beaucoup plus aimable que celle de monsieur son père. Mais, madame, avec une détestable santé, et plus d'affaires qu'un commis de ministre, il faut que je renonce pour deux ans au moins à vous faire ma cour. Et si je ne vous vois pas dans trois ans, ce sera dans quatre; je ne veux pour rien au monde renoncer à cette espérance. J'ai actuellement chez moi le plus grand chimiste de France, qui sans doute me rajeunira; c'est M. le comte de Lauraguais : c'est un jeune homme qui a tous les talents et toutes les singularités possibles, avec plus d'esprit et de connaissances qu'aucun homme de sa sorte. Adieu, madame; plus je vois de gens aimables, plus je vous regrette. Mille tendres respects.

### MMMCDXXXIV. — A M. L'ABBÉ D'OLIVET.

Septembre.

Je vous jure, mon cher Cicéron, que le chanoine de Reims a très-mal vu. Les princes du sang se sont mis en possession de venir prendre la première place sur les bancs du théâtre, quand il y avait des bancs, et il fallait bien qu'on se levât pour leur faire place; mais assurément Corneille ne venait pas déranger tout un banc, et faire sortir la personne qui occupait la première place sur ce banc. S'il arrivait tard, il était debout; s'il arrivait de bonne heure, il était assis. Il se peut faire qu'ayant paru à la représentation de quelqu'une de ses bonnes pièces, on se soit levé pour le regarder; qu'on lui ait battu des mains. Hélas! à qui cela n'arrive-t-il pas? Mais qu'il ait eu des distinctions réelles, qu'on lui ait rendu des honneurs marqués, que ces honneurs aient passé en usage pour lui, c'est ce qui n'est ni vrai, ni vraisemblable, ni même possible, attendu la tournure de nos esprits français. Croyez-moi, le pauvre homme était négligé comme tout grand homme doit l'être parmi nous. Il n'avait nulle considération, on se moquait de lui; il allait à pied, il arrivait crotté de chez son libraire à la Comédie; on siffla ses douze dernières pièces; à peine trouva-t-il des comédiens qui daignassent les jouer. Oubliez-vous que j'ai été élevé dans la cour du Palais par des personnes qui avaient vu longtemps Corneille? Ce qu'on nous dit dans notre enfance nous fait une impression durable, et j'étais destiné à ne rien oublier de ce qu'on me disait des pauvres poëtes mes confrères. Mon père avait bu avec Corneille : il me disait que ce grand homme était le plus ennuyeux mortel qu'il eût jamais vu, et l'homme qui avait la conversation la plus basse. L'histoire du lutin est fort connue, et malheureusement son lutin l'a totalement abandonné dans plus de vingt pièces de théâtre. Cependant on veut des commentaires sur ces ouvrages qui ne devraient jamais avoir vu le jour : à la bonne heure, on aura des commentaires; je ne plains pas mes peines.

Tout ce que je demande à l'Académie, mon cher maître, c'est qu'elle daigne lire mes observations aux assemblées, quand elle n'aura point d'occupations plus pressantes. Je profiterai de ses critiques. Il est important qu'on sache que j'ai eu l'honneur de la consulter, et que j'ai souvent profité de ses avis. C'est là ce qui donnera à mon ouvrage un poids et une autorité qu'il n'aurait jamais, si je ne m'en rapportais qu'à mes faibles lumières. Je n'aurais jamais entrepris un ouvrage si épineux, si je n'avais compté sur les instructions de mes confrères.

Venons à ma lettre du 20 auguste; elle était pour vous seul; je la dictai fort vite; mais si vous trouvez qu'elle puisse être de quelque utilité, et qu'elle soit capable de disposer les esprits en faveur de mon entreprise, je vous prie de la donner à frère Thieriot. J'ai peur qu'il n'y ait quelques fautes de langage. On pardonne les négligences, mais non pas les solécismes; et il s'en glisse toujours quelques-uns quand on dicte rapidement. Je me mets entre vos mains à la suite de Pierre, et je recommande l'un et l'autre à vos bons offices, à vos lumières, et à vos bontés.

Adieu, mon cher maître; votre vieillesse est bien respectable; plût à Dieu que la mienne en approchât! Vous écrivez comme à trente ans. Je sens combien je dois vous estimer et vous aimer.

Le président de Ruffey, qui est chez moi, vous fait ses compliments.

MMMCDXXXV. — A M. VERNES, A SÉLIGNI.

A Ferney, 1ᵉʳ octobre.

J'ai été malade et, de plus, très-occupé, mon cher prêtre. Pardon si je vous réponds si tard sur le manuscrit indien. Ce sera le seul trésor qui nous restera de notre compagnie des Indes.

M. de La Persilière n'a aucune part à cet ouvrage : il a été réellement traduit à Bénarès par un brame correspondant de notre pauvre compagnie, et qui entend assez bien le français.

M. de Maudave, commandant pour le roi sur la côte de Coromandel, qui vint me voir il y a quelques années, me fit présent de ce manuscrit. Il est assurément très-authentique, et doit avoir été fait longtemps avant l'expédition d'Alexandre, car aucun nom de fleuve, de montagne, ni de ville, ne ressemble aux noms grecs que les compagnons d'Alexandre donnèrent à ces pays. Il faut un commentaire perpétuel pour savoir où l'on est, et à qui l'on a affaire.

Le manuscrit est intitulé *Ezour-Veidam*, c'est-à-dire *Commentaire du Veidam*. Il est d'autant plus ancien qu'on y combat les commencements de l'idolâtrie. Je le crois de plusieurs siècles antérieur à Pythagore. Je l'ai envoyé à la bibliothèque du roi, et on l'y regarde comme le monument le plus précieux qu'elle possède. J'en ai une copie très-informe, faite à la hâte; elle est aux Délices; et vous savez peut-être que j'ai prêté les Délices à M. le duc de Villars.

Vous seriez bien étonné de trouver dans ce manuscrit quelques-unes de vos opinions; mais vous verriez que les anciens brachmanes, qui pensaient comme vous et vos amis, avaient plus de courage que vous.

Il est bien ridicule que vous ne puissiez consacrer mon église, et peut-être plus ridicule encore que je ne puisse la consacrer moi-même.

Je vous embrasse au nom de Dieu seul.

On m'écrit qu'on a enfin brûlé trois jésuites[1] à Lisbonne. Ce sont là des nouvelles bien consolantes; mais c'est un janséniste qui les mande

MMMCDXXXVI. — A M. LE COMTE D'ARGENTAL.

3 octobre.

Permettez-moi, mes anges, de vous demander si vous avez donné *Polyeucte* à M. Duclos. J'ai renvoyé deux fois *Cinna* et *Pompée*. L'Académie met ses observations en marge. Je rectifie en conséquence, ou je dispute; et chaque pièce sera examinée deux fois avant de commencer l'édition. C'est le seul moyen de faire un ouvrage utile. Ce sera une grammaire et une poétique au bas des pages de Corneille, mais il faut que l'Académie m'aide, et qu'elle prenne la chose à cœur. Je fatigue peut-être sa bonté; mais n'est-ce pas un amusement pour elle de juger Corneille de petit commissaire sur mon rapport? Si vous

---

1. Il n'y eut de brûlé que Malagrida. Deux autres religieux, qui n'étaient pas jésuites, furent renvoyés à leurs supérieurs. (ÉD.)

voyez quelque académicien, mettez-lui le cœur au ventre. Je serai quitte de la grosse besogne avant qu'il soit un mois.

J'appelle grosse besogne le fond de mes observations; ensuite il faudra non-seulement être poli, mais polir son style, et tâcher de répandre quelques poignées de fleurs sur la sécheresse du commentaire.

M. de Lauraguais, qui est ici, me paraît un grand serviteur des Grecs; il veut surtout de l'action, de l'appareil. Vous voyez qu'il court après son argent, et qu'il ne veut pas avoir agrandi le théâtre pour qu'il ne s'y passe rien. Il dit qu'à présent *Sémiramis* et *Mahomet* font un effet prodigieux. Dieu soit loué! On se défera enfin des conversations d'amour, des petites déclarations d'amour; les passions seront tragiques, et auront des effets terribles; mais tout dépend d'un acteur et d'une actrice. C'est là le grand mal; cet art est trop avili.

Peut-on ne pas avoir en horreur le fanatisme insolent qui attache de l'infamie au cinquième acte de *Rodogune*? Ah, barbares! ah, chiens de chrétiens (chiens de chrétiens veut dire chiens qui faites les chrétiens)! que je vous déteste! que mon mépris et ma haine pour vous augmentent continuellement.

Mme de Sauvigni dit que Clairon viendra me voir; qu'elle y vienne, mon théâtre est fait; il est très-beau, et il n'y en a point de plus commode. Nous commençons par *l'Écossaise*; nous attendons qu'on joue à Paris *le Droit du seigneur* pour nous en emparer.

Je suis bien vieux; pourrai-je faire encore une tragédie? qu'en pensez-vous? Pour moi, je tremble. Vous m'avez furieusement remis au trépot, ayez pitié de moi.

MMMCDXXXVII. — A M. ABEILLE.

A Ferney, 7 octobre

Ne jugez pas, monsieur, de ma reconnaissance par le délai de mes remercîments. Des spectacles qu'il a fallu donner chez moi, par complaisance autant que par goût, m'ont, pendant quelque temps, détourné de l'agriculture :

*Posthabui tamen illorum mea seria ludo*[1].

Je profite des premiers moments d'un loisir nécessaire à mon âge et à ma mauvaise santé, pour vous dire que je n'ai pas seulement lu avec plaisir, mais avec fruit, le livre dont vous avez bien voulu m'honorer. Ce sera à vous, monsieur, que je devrai des prés artificiels. Je les fais tous labourer et fumer. Je sème du trèfle dans les uns, et du fromental dans les autres. Tout vieux que je suis, je me regarde comme votre disciple. On défriche, dit-on, une partie des landes de Bordeaux, et on doute du succès. Je ne doute pas des vôtres en Bretagne. Les états se signalent par des encouragements plus utiles que des batailles. Vous partagez cette gloire. Soyez persuadé, monsieur, de la

1. Virgile, *Ecloq.*, VII, 17, (Éd.)

reconnaissance respectueuse avec laquelle j'ai bien sincèrement l'honneur d'être votre très-humble et très-obéissant serviteur.

## MMMCDXXXVIII. — A M. LE CARDINAL DE BERNIS.

A Ferney, le 7 octobre.

Monseigneur, béni soit Dieu de ce qu'il vous fait aimer toujours les lettres! avec ce goût-là, un estomac qui digère, deux cent mille livres de rente, et un chapeau rouge, on est au-dessus de tous les souverains. Mettez la main sur la conscience : quoique vous portiez un beau nom, et que vous soyez né avec une élévation d'esprit digne de votre naissance, c'est aux lettres que vous devez votre fortune; ce sont elles qui ont fait connaître votre mérite; elles feront toujours la douceur de votre vie. Je m'imagine quelquefois, dans mes rêves, que vous pourriez avoir des indigestions, que vous pourriez faire comme M. le duc de Villars, Mme la comtesse d'Harcourt, Mme la marquise de Muy, etc., etc., etc., qui sont venus voir Tronchin comme on allait autrefois à Épidaure. J'ai aux portes de Genève un ermitage intitulé les Délices. M. le duc de Villars a trouvé le secret d'y être logé *in fiocchi*. Enfin toute mon ambition est que Votre Éminence ait des indigestions; cela serait plaisant; pourquoi non? permettez-moi de rêver.

Votre réflexion, monseigneur, sur la dédicace de l'Académie est très-juste; mais figurez-vous que l'Académie, loin de vouloir que j'adoucisse le tableau des injustices qu'essuya Pierre, veut que je le charge, et cette injonction est en marge du manuscrit; on est indigné d'une certaine protection qu'on a donnée à certaines injures, etc.

Permettez-vous que j'aie l'honneur de vous envoyer les commentaires sur les pièces principales? Vous avez sans doute votre bréviaire de saint Pierre Corneille; vous me jugeriez, et cela vous amuserait. Mais comment me renverriez-vous mon paquet? vous pourriez ordonner qu'on le revêtît d'une toile cirée, et il pourrait être remis en ballot à Tronchin, de Lyon, ci-devant confesseur et banquier de M. le cardinal de Tencin, et aujourd'hui le mien. Ce travail est assez considérable, et transcrire est bien long. En attendant, je demande à Votre Éminence la continuation de vos bontés, mais surtout la continuation de votre philosophie, qui seule fait le bonheur.

Ne bâtissez-vous point? ne plantez-vous point? avez-vous une *Épître de moi sur l'agriculture?* Bâtissez, monseigneur, plantez, et vous goûterez les joies du paradis. Mille tendres et profonds respects.

## MMMCDXXXIX. — A M. BRET.

A Ferney, 10 octobre.

J'ai parlé aux frères Cramer, monsieur, plus d'une fois, en conformité de ce que vous m'avez fait l'honneur de m'écrire. Ils me paraissent surchargés d'entreprises; et je m'aperçois depuis longtemps que rien n'est si rare que de faire ce que l'on veut. Je suis très-fâché que votre *Bayle*[1] ne soit pas encore imprimé. On craint peut-être que ce

1. Cette édition de Bayle, projetée par Bret, n'a pas été exécutée. (En.)

livre, autrefois si recherché, ne le soit moins aujourd'hui : ce qui paraissait hardi ne l'est plus. On avait crié, par exemple, contre l'article *David*, et cet article est infiniment modéré en comparaison de ce qu'on vient d'écrire en Angleterre. Un ministre a prétendu prouver qu'il n'y a pas une seule action de David qui ne soit d'un scélérat digne du dernier supplice; qu'il n'a point fait les Psaumes, et que d'ailleurs ces odes hébraïques, qui ne respirent que le sang et le carnage, ne devraient faire naître que des sentiments d'horreur dans ceux qui croient y trouver de l'édification.

M. l'évêque Warburton nous a donné un livre[1] dans lequel il démontre que jamais les Juifs ne connurent l'immortalité de l'âme, et les peines et les récompenses après la mort, jusqu'au temps de leur esclavage dans la Chaldée. M. Hume[2] a été encore plus loin que Bayle et Warburton. Le *Dictionnaire encyclopédique* ne prend pas à la vérité de telles hardiesses, mais il traite toutes les matières que Bayle a traitées. J'ai peur que toutes ces raisons n'aient retenu nos libraires. Il en est de cette profession comme de celle de marchande de modes : le goût change pour les livres comme pour les coiffures.

Au reste, soyez persuadé qu'il n'y a rien que je ne fasse pour vous témoigner mon estime et l'envie extrême que j'ai de vous servir.

*N. B.* Un gentilhomme de Rimini, dans les États du Pape, a prononcé, devant l'Académie de Rimini, un discours éloquent en faveur de la comédie et des comédiens. Il est parlé, dans ce discours, d'un fameux acteur qui a une pension du pape d'aujourd'hui, pour lui et pour sa femme. Ayant perdu son épouse, il a été ordonné prêtre à Rome; ce qu'on n'aurait jamais fait, s'il y avait la moindre tache d'ignominie répandue sur sa profession. On appelle, dans ce discours, la manière dont Mlle Lecouvreur a été traitée, *une barbarie indigne des Français*.

MMMCDXL. — DE M. DALEMBERT.

A Paris, ce 10 octobre.

Je ne sais pas, mon cher et illustre maître, si mes lettres sont aussi plaisantes que vous le prétendez, mais je sais que tout ce qui se passe y fournit bien matière; et s'il est vrai, comme vous le dites, qu'il est bon de rire un peu pour la santé, jamais saison n'a été si favorable pour se bien porter. Voici, par exemple, Paul Le Franc de Pompignan (je ne sais si c'est Paul l'apôtre ou Paul le simple) qui vient encore de fournir aux rieurs de quoi rire par son *Éloge historique du duc de Bourgogne*. J'imagine qu'on vous aura envoyé cette pièce, et qu'en la lisant vous aurez dit comme l'ermite de La Fontaine :

Voici de quoi : si tu sais quelque tour,
Il te le faut employer, frère Luce.

Nouvelle tirée de Boccace, 41, 42

1. *The divine Legation of Moses.* (ÉD.)
2. Dans son *Essai sur le suicide et sur l'immortalité de l'âme.* (ÉD.)

Je sais que la matière est un peu délicate, et qu'en donnant des croquignoles au vivant, il faut prendre garde d'égratigner le mort; mais

A vaincre sans péril on triomphe sans gloire[1].

On prétend que Pompignan sollicite pour récompense de son bel ouvrage une place d'historiographe des enfants de France; je voudrais qu'on la lui donnât, avec la permission de commencer dès le ventre de la mère, et la défense d'aller au delà de sept ans. Je ne sais si cette impertinence vous paraîtra aussi plaisante qu'à moi; mais il est sûr que

.......Si Dieu m'avait fait naître
Propre à tirer marrons du feu,
Certes Le Franc verrait beau jeu[2].

Me voilà presque aussi en train de vous citer des vers que M. le théologien Martin Kahle, qui vous en citait tant de mauvais, pour vous prouver que ce monde ridicule était le meilleur des mondes possibles. Laissons là et Martin Kahle et Pompignan, et parlons de Corneille.

Nous avons relu vos remarques sur *Cinna*, et vous avez dû recevoir la réponse de l'Académie sur vos nouvelles critiques. Voulez-vous que je *vous parle net* comme le Misanthrope, et sur la pièce, et sur vos remarques? Je vous avouerai d'abord que la pièce me paraît d'un bout à l'autre froide et sans intérêt; que c'est une conversation en cinq actes, et en style tantôt sublime, tantôt bourgeois, tantôt suranné; que cette froideur est le grand défaut, selon moi, de presque toutes nos pièces de théâtre, et qu'à l'exception de quelques scènes du *Cid*, du cinquième acte de *Rodogune*, et du quatrième d'*Héraclius*, je ne vois rien (dans Corneille en particulier) de cette terreur et de cette pitié qui fait l'âme de la tragédie. Si je suis si difficile, prenez-vous-en à vos pièces, qui m'ont accoutumé à chercher sur le théâtre tragique de l'intérêt, des situations, et du mouvement. Si je suivais donc mon penchant, je dirais que presque toutes ces pièces sont meilleures à lire qu'à jouer; et cela est si vrai, qu'il n'y a presque personne aux pièces de Corneille, et médiocrement à celles de Racine : mais ce n'est pas le tout d'avoir raison, il faut être poli; il faut donc de grands ménagements pour avertir les gens qu'ils s'ennuient, et qu'ils n'osent le dire.

A l'égard de vos raisonnements et des nôtres sur les remords de Cinna, qui, selon vous, viennent trop tard, et qui, selon nous, viennent assez tôt; ce sont là, ce me semble, des questions sur lesquelles on peut dire le pour et le contre, sans se convaincre réciproquement. Je voudrais donc, sans prétendre que vous ayez tort (car le diable m'emporte si j'en sais rien), je voudrais que vous ne fissiez aucune critique qui fût sujette à contradiction, et que vous vous bornassiez aux fautes évidentes contre le théâtre ou la grammaire; vous aurez

1. Vers de Corneille, dans *le Cid*, acte II, scène II. (ÉD.)
2. La Fontaine, *Fables*, IX, xvI. (ÉD.)

encore assez de besogne. Croyez-moi, ne donnez point de prise sur vous aux sots et aux malintentionnés, et songez qu'un vivant qui critique un mort en possession de l'estime publique doit avoir raison et demie pour parler, et se taire quand il n'a que raison. Voyez comme on a reçu les pauvres gens qui ont relevé les sottises d'Homère; ils avaient pourtant au moins raison et demie, ces pauvres diables-là; et le grand tort de La Motte n'a pas été de critiquer l'Iliade, mais d'en faire une.

Réservez donc, mon cher maître, les vessies de cochon au lieu d'encensoir pour les Pompignan et consorts; pour ceux-là, on ne demande qu'à rire à leurs dépens; et vous aurez le double plaisir de faire rire et d'avoir raison. Il est vrai que si la guerre continue, je crois que Pompignan même ne fera plus rire personne. Pour moi, je rirai le plus longtemps que je pourrai, et vous aimerai plus longtemps encore. Adieu, mon cher philosophe.

MMMCDXLI. — A MADAME LA COMTESSE DE LUTZELBOURG.

Ferney, 11 octobre.

Je reçois, madame, le portrait de Mme de Pompadour. Il me manque des yeux pour le voir; mais j'en trouve encore pour conduire ma plume et pour vous remercier. Je perds la vue, madame; je ne vois pas ce que je vous écris. Songez que vous avez des yeux et un estomac. Conservez-les. Souvenez-vous de ma Génevoise qui a cent trois ans, et qui vient de se tirer d'une hydropisie. Imitez-la. Priez pour moi quelque saint, afin que je puisse venir vous faire ma cour et vous embrasser l'année prochaine. J'ai reçu le même jour des reliques de Rome pour une église que je fais bâtir, et le portrait de Mme de Pompadour. Me voilà très-bien pour ce monde-ci et pour l'autre.

Adieu, madame; je vous suis attaché avec le plus tendre respect jusqu'au dernier moment.

MMMCDXLII. — A M. DAMILAVILLE.

Le 11 octobre.

Eh bien! frère Thieriot m'a donc caché ma turpitude et celle de Jolyot de Crébillon! Certes ce Crébillon n'est pas philosophe. Le pauvre vieux fou a cru que j'étais l'auteur du Droit du seigneur; et, sur ce principe, il a voulu se venger de l'insolence d'Oreste, qui a osé marcher à côté d'Électre. Il a fait, avec le Droit du seigneur, la même petite infamie qu'avec Mahomet[1]. Il prétexta la religion pour empêcher que Mahomet fût joué, et aujourd'hui il prétexte les mœurs. Hélas! le pauvre homme n'a jamais su ce que c'est que tout cela. Il faut, pour son seul châtiment, qu'on sache son procédé.

Le meilleur de l'affaire, c'est que, pouvant à toute force faire accroire qu'il y avait quelques libertés dans le second acte, il ne s'est

1. En qualité de censeur, il avait refusé de l'approuver. (Éd.)

jeté que sur le troisième et le quatrième, qu'on regarde comme des modèles de décence et d'honnêteté, et où le marquis fait éclater la vertu la plus pure. Le mauvais procédé de ce poëte, aussi méprisable dans sa conduite que barbare dans ses ouvrages, ne peut faire que beaucoup de bien. Le public n'aime pas que la mauvaise humeur d'un examinateur de police le prive de son plaisir.

Qu'en pensent les frères? Pour moi, je me console avec Pierre. Le plat ouvrage que le Testament de Belle-Ile!

On prétend qu'on aura bientôt une nouvelle édition des *Car* et des *Ah! ah!* En attendant, on chante *Moïse-Aaron*.

### MMMCDXLIII. — A M. LE COMTE D'ARGENTAL.

11 octobre.

Je m'arrache, pour vous écrire, à quelque chose de bien singulier que je fais pour vous plaire.

O mes anges! je réponds donc à votre lettre du 5 octobre. — Que ne puis-je en même temps travailler et vous écrire! — Allons vite!

D'abord vous saurez que je ne suis point le Bonneau du Bertin des parties casuelles; que je n'ai nulle part à la tuméfaction du ventre de Mlle Hus; que je ne lui ai jamais rien fait ni rien fait faire, ni rôle ni enfant; qu'Atide ne lui fut jamais destinée; que je souhaite passionnément qu'Atide soit jouée par la fille à Dubois, laquelle Dubois a, dit-on, des talents. Ainsi ne me menacez point, et ne prêchez plus les saints.

Quant au *Droit du seigneur*, je n'ai jamais pris Ximenès pour mon confident. Quiconque l'a instruit a mal fait; mais Crébillon fait encore plus mal. Le pauvre vieux fou a encore les passions vives; il est désespéré du succès d'*Oreste*, et on lui a fait accroire que son *Électre* est bonne. Il se venge comme un sot. S'il avait le nez fin, il verrait qu'il y aurait quelque prétexte dans le second acte; mais il a choisi pour les objets de ses refus le troisième et le quatrième, qui sont pleins de la morale la plus sévère et la plus touchante. Voici mon avis, que je soumets au vôtre.

Je n'avoue point le *Droit du seigneur*; mais il est bon qu'on sache que Crébillon l'a refusé, parce qu'il l'a cru de moi. Il renouvelle son indigne manœuvre de *Mahomet*, par laquelle il déplut beaucoup à Mme de Pompadour. Il est sûr qu'il déplaira beaucoup plus au public, et qu'il fera grand bien à la pièce. C'est d'ailleurs vous insulter que de refuser, sous prétexte de mauvaises mœurs, un ouvrage auquel il croit que vous vous intéressez. Vous avez sans doute assez de crédit pour faire jouer malgré lui cette pièce.

Venons à l'Académie; elle a beau dire, je ne peux aller contre mon cœur; mon cœur me dit qu'il s'intéresse beaucoup à Cinna dans le premier acte, et qu'ensuite il s'indigne contre lui. Je trouve abominable et contradictoire que ce perfide dise :

Qu'une âme généreuse a de peine à faillir!

Acte III scène III.

Ah! lâche! si tu avais été généreux, aurais-tu parlé comme tu fais à Maxime, au second acte?

L'Académie dit qu'on s'intéresse à Auguste, c'est-à-dire que l'intérêt change; et, sauf respect, c'est ce qui fait que la pièce est froide. Mais laissez-moi faire, je serai modeste, respectueux, et pas maladroit.

Tout viendra en son temps. Je ne suis pas pressé de programme; j'accouche, j'accouche : tenez, voilà des Gouju[1].

Eh bien, rien de décidé sur l'amiral Berryer? et le roi d'Espagne épouse-t-il? traite-t-il?

M. le duc de Choiseul m'a envoyé des reliques de Rome. Si je ne réussis pas dans ce monde, mon affaire est sûre pour l'autre.

Je reçus le même jour les reliques et le portrait de Mme de Pompadour, qui m'est venu par bricole.

Voilà bien des bénédictions; mais j'aime mieux celles de mes anges.

Mlle Corneille joue vendredi Isménie dans *Mérope*. N'est-ce pas une honte que nos histrions fassent jouer ce rôle par un homme, et qu'ils suppriment les chœurs dans *Œdipe?* Les barbares!

MMMCDXLIV. — DU CARDINAL DE BERNIS.

A Saint-Marcel, 13 d'octobre.

Je ne suis point ingrat, mon cher confrère; j'ai toujours senti et avoué que les lettres m'avaient été plus utiles que les hasards les plus heureux de la vie. Dans ma plus grande jeunesse, elles m'ont ouvert une porte agréable dans le monde; elles m'ont consolé de la longue disgrâce du cardinal de Fleuri et de l'inflexible dureté de l'évêque de Mirapoix. Quand les circonstances m'ont poussé comme malgré moi sur le grand théâtre, les lettres ont fait dire à tout le monde : *Au moins celui-là sait lire et écrire*. Je les ai quittées pour les affaires, sans les avoir oubliées, et je les retrouve avec plaisir. Vous me souhaitez des indigestions; cela n'est guère possible aujourd'hui; il y a douze ans que je suis fort sobre; mais j'ai une humeur goutteuse dans le corps, qui n'est pas encore bien fixée aux extrémités, et qui pourrait bien m'obliger d'aller consulter l'oracle de Genève. Dans cette consultation, il entrerait autant de désir de vous revoir que d'envie de guérir. Envoyez-moi votre *Épître sur l'agriculture*. Je ne bâtis point, mais je répare mon vieux château de Vic-sur-Aisne; je plante mon jardin et les bords de mes prés : voilà toutes les dépenses que l'état de mes revenus me permet. Au lieu de deux cent mille livres de revenu que vous me donnez, j'en ai à peine quatre-vingt mille; mais les premiers diacres de l'Église romaine n'en avaient pas tant, et je ne suis pas fâché d'être le plus pauvre des cardinaux français, parce que personne n'ignore qu'il n'a tenu qu'à moi d'être le plus riche. Je suis content, mon cher confrère, parce que j'ai beaucoup réfléchi et comparé, et que lorsqu'à la première dignité de son état on joint le né-

1. *Lettre de Charles Gouju.* (ÉD.)

cessaire, une santé passable, et une âme douce et courageuse, on n'a plus que des grâces à rendre à la Providence. Je serai à la fin du mois à Montélimart, où je compte passer l'hiver. Votre banquier de Lyon pourrait remettre le paquet au sieur Henri Gonzebas, qui fait mes commissions dans cette ville : c'est un bon Suisse fort exact, qui me ferait tenir cette pacotille; elle vous reviendrait par la même voie sans aucun inconvénient. Pierre Corneille et François de Voltaire me suivent dans tous mes voyages. Adressez désormais toutes vos lettres à Montélimart; elles me font le plus grand plaisir du monde. Je vois que vous êtes gai; cela prouve que vous êtes sage, que vous voyez et sentez comme il faut voir et sentir les choses de ce pauvre monde. Adieu, mon cher confrère, je vous suis fidèlement et tendrement attaché.

MMMCDXLV. — A M. LE PRÉSIDENT DE BROSSES

Du 20 octobre.

Vous n'êtes donc venu chez moi, monsieur, vous ne m'avez offert votre amitié, que pour empoisonner par des procès la fin de ma vie. Votre agent, le sieur Girod, dit il y a quelque temps à ma nièce, que si je n'achetais pas cinquante mille écus, pour toujours, la terre que vous m'avez vendue à vie, vous la ruineriez après ma mort; et il n'est que trop évident que vous vous préparez à accabler du poids de votre crédit une femme que vous croyez sans appui, puisque vous avez déjà commencé des procédures que vous comptez de faire valoir quand je ne serai plus.

J'achetai votre petite terre de Tournay à vie, à l'âge de soixante et six ans, sur le pied que vous vouliez. Je m'en remis à votre honneur, à votre probité. Vous dictâtes le contrat; je signai aveuglément. J'ignorais que ce chétif domaine ne vaut pas douze cents livres[1] dans les meilleures années; j'ignorais que le sieur Chouet, votre fermier, qui vous en rendait trois mille livres, y en avait perdu vingt-deux mille. Vous exigeâtes de moi trente-cinq mille livres; je les payai comptant; vous voulûtes que je fisse les trois premières années, pour douze mille francs de réparations; j'en ai fait pour dix-huit mille en trois mois, et j'en ai les quittances.

J'ai rendu très-logeable une masure inhabitable. J'ai tout amélioré et tout embelli, comme si j'avais travaillé pour mon fils, et la province en est témoin; elle est témoin aussi que votre prétendue forêt, que vous me donnâtes dans vos mémoires pour cent arpents, n'en contient pas quarante. Je ne me plains pas de toutes ces lésions, parce qu'il est au-dessous de moi de me plaindre.

Mais je ne peux souffrir, et je vous l'ai mandé, monsieur, que vous me fassiez un procès pour deux cents francs, après avoir reçu de moi plus d'argent que votre terre ne vaut. Est-il possible que, dans la place où vous êtes, vous vouliez nous dégrader l'un et l'autre au point de

1. Je viens de l'affermer douze cents livres, trois quarterons de paille, et un char de foin.

voir les tribunaux retentir de votre nom et du mien pour un objet si méprisable?

Mais vous m'attaquez, il faut me défendre; j'y suis forcé. Vous me dites, en me vendant votre terre au mois de décembre 1758, que vous vouliez que je laissasse sortir des bois de ce que vous appelez la forêt; que ces bois étaient vendus à un gros marchand de Genève qui ne voulait pas rompre son marché. Je vous crus sur votre parole : je vous demandai seulement quelques moules de bois de chauffage, et vous me les donnâtes en présence de ma famille.

Je n'en ai jamais pris que six, et c'est pour six voies de bois que vous me faites un procès! vous faites monter ces six voies à douze, comme si l'objet devenait moins vil!

Mais il se trouve, monsieur, que ces moules de bois m'appartiennent, et non-seulement ces moules, mais tous les bois que vous avez enlevés de ma forêt depuis le jour que j'eus le malheur de signer avec vous.

Vous me faites un procès dont les suites ne peuvent tomber que sur vous, quand même vous le gagneriez. Vous me faites assigner au nom d'un paysan de cette terre, à qui vous dites à présent avoir vendu ces bois en question. Voilà donc ce gros marchand de Genève avec qui vous aviez contracté! Il est de notoriété publique que jamais vous n'aviez vendu vos bois à ce paysan; que vous les avez fait exploiter et vendre par lui à Genève pour votre compte : tout Genève le sait; vous lui donniez deux pièces de vin et un sou par jour pour faire l'exploitation, avec un droit sur chaque moule de bois, dont il vous rendait compte; il a toujours compté avec vous de clerc à maître. Je crus le sieur Girod votre agent, quand il me dit que vous aviez fait une vente réelle. Il n'y en a point, monsieur : le sieur Girod a fait vendre en détail, pour votre compte, mes propres bois, dont vous me redemandez aujourd'hui douze moules.

Si vous avez fait une vente réelle à votre paysan, qui ne sait ni lire ni écrire, montrez-moi l'acte par lequel vous avez vendu, et je suis prêt à payer.

Quoi, vous me faites assigner par un paysan au bas de l'exploit même que vous lui envoyez, et vous dites dans votre exploit que vous fîtes *avec lui une convention verbale!* Cela est-il permis, monsieur? les conventions verbales ne sont-elles pas défendues par l'ordonnance de 1667 pour tout ce qui passe la valeur de cent livres?

Quoi! vous auriez voulu, en me vendant si chèrement votre terre, me dépouiller du peu de bois qui peut y être! Vous en aviez vendu un tiers il y a quelques années; votre paysan a abattu l'autre tiers pour votre compte. Votre exploit porte qu'il *me vend le moule douze francs*, et qu'il vous en rend douze francs (en déduisant sans doute sa rétribution) : n'est-ce pas là une preuve convaincante qu'il vous rend compte de la recette et de la dépense, que votre vente prétendue n'a jamais existé, et que je dois répéter tous les bois que vous fîtes enlever de ma terre? Vous en avez fait débiter pour deux cents louis; et ces deux cents louis m'appartien..... t. C'est en vain que vous fîtes mettre dans notre contrat que vous me vendiez à vie le petit bois nommé forêt, excepté *les bois vendus*. Oui, monsieur, si vous les aviez vendus en effet, je ne disputerais pas; mais, encore une fois, il est faux qu'ils fussent vendus, et si votre agent (votre agent, c'est-à-dire vous) s'est trompé, c'est à vous à rectifier cette erreur.

J'ai supplié M. le premier président, M. le procureur général, M. le conseiller Lebault, de vouloir bien être nos arbitres. Vous n'avez pas voulu de leur arbitrage; vous avez dit que votre vente au paysan était réelle : vous avez cru m'accabler au bailliage de Gex ; mais, monsieur, quoique monsieur votre frère soit bailli du pays, et quelque autorité que vous puissiez avoir, vous n'aurez pas celle de changer les faits : il sera toujours constant qu'il n'y a point eu de vente véritable.

Vous dites, dans votre exploit signifié à ce paysan, que vous lui vendîtes une certaine quantité de bois. Quelle quantité, s'il vous plaît? Vous dites que vous les fîtes marquer. Par qui? Avez-vous un garde-marteau? aviez-vous la permission du grand maître des eaux et forêts? En un mot, monsieur, la justice de Gex est obligée de juger contre vous, si vous avez tort; elle jugerait contre le roi, si un particulier plaidait avec raison contre le domaine du roi. Le sieur Girod prétend qu'il fait trembler en votre nom les juges de Gex ; il se trompe encore sur cet article comme sur les autres.

S'il faut que M. le chancelier, et les ministres, et tout Paris, soient instruits de votre procédé, ils le seront; et s'il se trouve dans votre compagnie respectable une personne qui vous approuve, je me condamne.

Vous m'avez réduit, monsieur, à n'être qu'avec douleur, votre, etc.

MMMCDXLVI. — A M. D'Alembert.

20 octobre.

A quoi pensez-vous, mon très-cher philosophe, de ne vouloir que rire de l'historiographe Le Franc de Pompignan? ne savez-vous pas qu'il compte être à la tête de l'éducation de M. le duc de Berri [1] avec son fou de frère ; que ce sont tous deux des persécuteurs, que les gens de lettres n'auront jamais de plus cruels ennemis? Il me paraît qu'il est d'une conséquence extrême de faire sentir à la famille royale elle-même ce que c'est que ce malheureux. Il faut se mettre à genoux devant M. le Dauphin, en fessant son historiographe.

Voici ce qu'une bonne âme m'envoie de Montauban [2]. Si vous étiez une bonne âme de Paris, cela vaudrait bien mieux; mais, maître Bertrand, vous vous servez de la patte de Raton.

Il est sûr que ce détestable ennemi de la littérature a calomnié tous les gens de lettres, quand il a eu l'honneur de parler à M. le Dauphin. Son épître dédicatoire [3] est pire que son discours à l'Académie; ce sont là des coups qu'il faut parer. Il ne faut pas seulement le rendre ridi-

1. Depuis Louis XVI. (Éd.) — 2. Les *Car.* (Éd.)
3. De son *Éloge historique de Mgr le duc de Bourgogne*. La dédicace est adressée au dauphin et à la dauphine, père et mère du prince. (Éd.)

oule, il faut qu'il soit odieux. Mettons-le hors d'état de nuire, en faisant voir combien il veut nuire.

Vraiment vous avez mis le doigt dessus en disant que Corneille est froid; du moins *Cinna* n'est pas fort chaud; mais d'où vient en partie cette glace? de la note de l'Académie. Elle me dit dans sa note (et c'est vous qui l'avez écrite) qu'on s'intéresse à Auguste. Eh! messieurs, c'est à Cinna qu'on s'intéresse dans le premier acte; car vous savez qu'on aime tous les conspirateurs. Cinna est conjuré, il est amant, il fait un tableau terrible des proscriptions, il rend Auguste exécrable; et puis, messieurs, on s'intéresse, dites-vous, à Auguste! on change donc d'intérêt, il n'y en a donc point; et *voilà ce qui fait que votre fille est muette.* Proposez ce petit argument quand vous irez là; mais ce n'est pas assez de savoir la langue, il faut connaître le théâtre. Ah! mon cher philosophe, il n'est que trop vrai que notre théâtre est à la glace. Ah! si j'avais au ce que je sais! si on avait plus tôt purgé le théâtre de petits-maîtres! si j'étais jeune! Mais, tout vieux que je suis, je viens de faire un tour de force, une espièglerie de jeune homme. J'ai fait une tragédie en six jours¹; mais il y tant de spectacle, tant de religion, tant de malheur, tant de *nature*, que j'ai peur que cela ne soit ridicule. L'œuvre des six jours est sujette à rencontrer des railleurs.

J'ai actuellement le plus joli théâtre de France. Nous avons joué *Mérope*; Mlle Corneille a été applaudie; Mme Denis a fait pleurer des Anglaises. Les prêtres de Genève ont une faction horrible contre la comédie; je ferai tirer sur le premier prêtre socinien qui passera sur mon territoire.

Jean-Jacques est un jeanf....., qui écrit tous les quinze jours à ces prêtres pour les échauffer contre les spectacles. Il faut pendre les déserteurs qui combattent contre leur patrie. Aimez-moi beaucoup, je vous en prie; je vous aime, car je vous estime prodigieusement; car tous les êtres pensants doivent être tendrement unis contre les êtres non pensants, contre les fanatiques et les hypocrites également persécuteurs.

MMMCDXLVII. — A M. LE COMTE D'ARGENTAL.

20 octobre.

O anges! ô anges! nous répétions *Mérope*, que nous avons jouée sur notre très-joli théâtre, et où Marie Corneille s'est attiré beaucoup d'applaudissements dans le récit d'Isménie, que font à Paris de vilains hommes; elle était charmante.

En répétant *Mérope*, je disais : « Voilà qui est intéressant; ce ne sont pas là de froids raisonnements, de l'ampoulé, et du bourgeois; ne pourrais-tu pas, disais-je tout bas à V......, faire quelque pièce qui tînt de ce genre vraiment tragique? Ton *Don Pèdre* sera glaçant avec tes états généraux et la Marie de Padille. » Le diable alors entra dans mon corps. Le diable? non pas: c'était un ange de lumière, c'était vous.

1 *Olympie.* (ED.)

L'enthousiasme me saisit. Esdras n'a jamais dicté si vite [1]. Enfin, en six jours de temps, j'ai fait ce que je vous envoie. Lisez, jugez; mais pleurez.

Vous me direz peut-être que l'ouvrage des six jours est souvent bafoué, d'accord; mais lisez le mien. Il y a deux ans que je cherchais un sujet; je crois l'avoir trouvé [2]. Mais, dira Mme d'Argental, c'est un couvent, c'est une religieuse, c'est une confession, c'est une communion. Oui, madame, et c'est par cela même que les cœurs sont déchirés. Il faut se retrouver à la tragédie pour être attendri. La veuve du maître du monde aux Carmélites, retrouvant sa fille épouse de son meurtrier; tout ce que l'ancienne religion a de plus auguste, ce que les plus grands noms ont d'imposant, l'amour le plus malheureux, les crimes, les remords, les passions, les plus horribles infortunes, en est-ce assez? J'ai imaginé comme un éclair, et j'ai écrit avec la rapidité de la foudre. Je tomberai peut-être comme la grêle. Lisez, vous dis-je, divins anges, et décidez.

Voici peut-être de quoi terminer les tracasseries de la comédie. Fi, *Zulime!* cela est commun et sans génie. Donnez la veuve d'Alexandre [3] à Dumesnil, la fille d'Alexandre [4] à Clairon, et allez.

Mlle Hus m'a écrit; elle atteste les dieux contre vous. Qu'elle accouche; j'ai bien accouché, moi, et je n'ai été que six jours en travail. Que dites-vous de Mlle Arnould et du roi d'Espagne?

O charmants anges! je baise le bout de vos ailes. V......, le vieux V......, âgé de soixante et huit ans commencés.

MMMCDXLVIII. — AU MÊME.

24 octobre.

Il était impossible, mes chers anges, qu'il n'y eût des bêtises dans le petit manuscrit [5] dont je vous ai régalés. La rapidité d'Esdras ne lui a pas permis d'éviter les contradictions, ni à moi non plus.

Il y a un Cassandre pour un Antigone à la fin du quatrième acte. Voici la correction toute musquée; il n'y a qu'à la coller avec quatre petits pains rouges. Je supplie mes anges de m'avertir des autres bêtises. J'ai lu cette pièce de couvent à M. le duc de Villars et à des hérétiques. Oh, dame! c'est qu'on fondait en larmes à tous les actes; et si cela est joué, bien joué, joué, vous m'entendez, avec ces sanglots étouffés, ces larmes involontaires, ces silences terribles, cet accablement de la douleur, cette mollesse, ce sentiment, cette douceur, cette fureur, qui passent des mouvements des actrices dans l'âme des écoutants, comptez qu'on fera des signes de croix. Cependant, si on ne joue pas *le Droit du Seigneur*, je renonce au *tripot*. Je crois, Dieu me pardonne, que j'aime Mathurin autant qu'Olympie. Je ne suis pas fâché qu'on ait brûlé frère Malagrida; mais je plains fort une demi-

---

1. Suivant quelques Pères, Esdras dicta de mémoire les livres de l'*Ancien Testament* qui étaient perdus. (ÉD.)
2. La tragédie d'*Olympie*. (ÉD.)
3. Statira. (ÉD.) — 4. Olympie. (ÉD.) — 5. Le manuscrit d'*Olympie*. (ÉD.)

douzaine de juifs qui ont été grillés. Encore des auto-da-fé dans ce siècle! et que dira Candide? Abominables chrétiens! les nègres, que vous achetez douze cents francs, valent douze cents fois mieux que vous! Ne haïssez-vous pas bien ces monstres?

Et l'Espagne? pour Dieu, un petit mot de l'Espagne.

MMMCDXLIX. — A M. LE COMTE DE SCHOWALOW.

Ferney, par Genève, 24 octobre.

Monsieur, ne nous impatientons ni l'un ni l'autre; nous avons tous deux la même passion, nous viendrons à bout de la satisfaire. Jusqu'à ce que Votre Excellence ait rejeté mon idée, je persisterai dans le dessein de faire un volume in-quarto de *Pierre le Grand*, et voici comme je compte procéder : j'aurai l'honneur de vous envoyer ce qui a déjà été imprimé, corrigé à la main, suivant vos instructions, avec toute la suite, écrite à demi-page; et ensuite, me conformant à vos observations pour cette seconde partie comme pour la première, je vous dépêcherai, sans perte de temps, le même volume entièrement corrigé suivant vos ordres. Trouvez-vous cet arrangement de votre goût? Soyez sûr que vous serez obéi très-ponctuellement. Le *Commentaire sur Corneille* est un ouvrage immense, et je suis bien faible et bien vieux; mais je trouverai des forces quand il s'agira de Pierre le Grand et de vous. Les vraies passions donnent des forces, en donnant du courage. Votre Excellence a dû recevoir mes tendres et respectueux remercîments pour Mlle Corneille; elle joue la tragédie comme son grand-père en faisait : les filles des grands hommes en sont dignes. Si vous avez pris Colberg, comme on le dit, permettez que je vous fasse mon compliment. Recevez les tendres respects de votre, etc.

MMMCDL. — A M. LE MARQUIS DE CHAUVELIN.

A Ferney, 25 octobre.

Votre Marseillais, monsieur, est très-aimable, et M. Guastaldi encore plus. Mais il me traduit d'un style si facile, si naturel, si élégant, qu'on croira quelque jour que c'est lui qui a fait *Alzire*, et que c'est moi qui suis son traducteur. Je le remercie tant que je peux. Je ne prends pas la liberté d'envoyer la lettre à Votre Excellence, parce que j'y prends celle de parler de vous, et qu'après tout il n'est pas honnête de dire des vérités en face.

Est-il vrai que la belle, la vertueuse Hormenestre repassera les montagnes au printemps? vous souviendrez-vous de Baucis et de Philémon? Notre cabane ne s'est pas encore changée en temple, mais elle l'est en théâtre. Nous en avons un à Ferney digne de Mme l'ambassadrice; elle aura aussi le plaisir d'entendre la messe dans une église toute neuve, que je viens de faire bâtir exprès pour vous. Le dernier acte de ministre des affaires étrangères qu'a fait M. le duc de Choiseul a été de m'envoyer des reliques de la part du pape. Ainsi vous aurez chez moi le profane et le sacré à choisir, et nous vous donnerons de plus une pièce nouvelle très-édifia

Si je n'étais pas guédé de vers, je crois que j'en ferais pour M. de Laudon. La prise de Schweidnitz[1] me paraît la plus belle action de toute la guerre, et celle que l'on fait aux jésuites me paraît vive.

Il me vint ces jours passés un jésuite portugais qui me dit qu'il sortait de l'Italie, parce qu'ils y étaient trop mal venus. Il me demanda de l'emploi dans ma maison : cela me fit souvenir de l'aumônier Poussatin[2]. Je lui proposai d'être laquais, il accepta; et sans Mme Denis, qui n'en voulut point, il aurait eu l'honneur de vous servir à boire à votre passage. C'est dommage que cette affaire soit manquée.

Je vous présente mon très-tendre respect.

### MMMCDLI. — A M. LE MARÉCHAL DUC DE RICHELIEU.

A Ferney, 25 octobre.

Vous dites, monseigneur le maréchal, que mes lettres ne sont point gaies. M. le duc de Villars m'en a averti; mais il se porte bien, il digère, il s'en retourne gros et gras. Ce n'est guère qu'à ces conditions qu'on est de bonne humeur. D'ailleurs il n'a rien à faire, et moi je compile, compile. Je veux laisser un petit monument des sottises humaines, à commencer par notre guerre, et à finir par Malagrida. Si je ne vous écris point, j'écris au moins quelques pages sur votre compte. Vous clorez, s'il vous plaît, le siècle de Louis XIV; car vous êtes né sous lui : vous êtes du bon temps. Songez donc qu'un homme qui vit dans les Alpes, qui fait de l'histoire et des tragédies, doit être un homme un peu sérieux. Je ne vous ennuie point de mes rêveries, car vous, qui êtes très-gai, vous affubleriez votre serviteur de quelque bonne plaisanterie qui dérangerait ma gravité.

On dit qu'il ne faut pas pendre le prédicant de Caussade, parce que c'en serait trop de griller des jésuites à Lisbonne, et de pendre des pasteurs évangéliques en France. Je m'en remets sur cela à votre conscience.

Rosalie[4] m'intéresse davantage, si elle est bonne actrice : mais des acteurs ! des acteurs ! donnez-nous en donc. Nous ne sommes pas dans le siècle brillant des hommes. Mlle Clairon et Mme Duchapt[5] soutiennent la gloire de la France; mais ce n'est pas assez : nous dégringolons furieusement. Jouissez de votre gloire, de votre considération, et des plaisirs présents, et des plaisirs passés. Plus j'y pense, plus je me confirme dans l'idée que, de tous les Français qui existent, c'est vous qui avez reçu le meilleur lot. Cela me flatte, cela m'enorgueillit au pied de mes montagnes; car je vous serai toujours attaché avec le plus

1. Prise par les Autrichiens en 1757, reprise par le roi de Prusse en 1758, emportée de surprise et d'assaut par Laudon, le 1ᵉʳ octobre 1761. (ÉD.)
2. *Mémoires de Grammont*, chap. VIII. (ÉD.)
3. Il fut pendu : voyez le *Récit fidèle de la mort édifiante de M. Rochette, ministre en France, exécuté à Toulouse le 18 février 1762, pour cause de religion*.
4. Rosalie avait débuté le 19 octobre par le rôle d'Électre dans la tragédie de ce nom. (ÉD.)
5. Marchande de mode. (ÉD.)

tendre respect, sain ou malade, triste ou gai, honoré de vos lettres ou négligé.

Mme Denis se joint à moi.

MMMCDLII. — A M. LE CARDINAL DE BERNIS, EN ENVOYANT
L'ÉPITRE SUR L'AGRICULTURE.

A Ferney, 26 octobre.

Tenez, monseigneur, lisez, et labourez; mais les cardinaux ne sont pas comme les consuls romains, ils ne tiennent pas la charrue. Si Votre Éminence est à Montélimart, vous y verrez M. de Villars, qui n'est pas plus agriculteur que vous. Il n'a pas seulement vu mon semoir; mais en récompense il a vu une tragédie que j'ai faite en six jours. La rage s'empara de moi un dimanche, et ne me quitta que le samedi suivant. J'allai toujours rimant, toujours barbouillant; le sujet me portait à pleines voiles; je volais comme le bateau des deux chevaliers danois, conduits par la vieille. Je sais bien que l'*ouvrage de six jours* trouve des contradicteurs dans ce siècle pervers, et que mon démon trouvera aussi des siffleurs; mais, en vérité, deux cent cinquante mauvais vers par jour, quand on est possédé, est-ce trop? Cette pièce est toute faite pour vous : ce n'est pas que vous soyez possédé aussi, car vous ne faites plus de vers; ce n'est pas non plus de votre goût dont j'entends parler, vous en avez autant que d'esprit et de grâces; nous le savons bien. Je veux dire que la pièce est toute faite pour un cardinal. La scène est dans une église, il y a une absolution générale, une confession, une rechute, une religieuse, un évêque. Vous allez croire que j'ai encore le diable au corps en vous écrivant tout cela; point du tout, je suis dans mon bon sens. Figurez-vous que ce sont les mystères de la bonne déesse, la veuve et la fille d'Alexandre retirées dans le temple; tout ce que l'ancienne religion a de plus auguste, tout ce que les plus grands malheurs ont de touchant, les grands crimes de funeste, les passions de déchirant, et la peinture de la vie humaine de plus vrai. Demandez plutôt à votre confrère le duc de Villars. Je prendrai donc la liberté de vous envoyer ma petite drôlerie, quand je l'aurai fait copier. Vous êtes honnête homme, vous n'en prendrez point de copie, vous me la renverrez fidèlement. Mais ce n'est pas assez d'être honnête homme; c'est à vos lumières, à vos bontés, à vos critiques que j'ai recours. Que le cardinal me bénisse et que l'académicien m'éclaire, je vous en conjure.

Permettez-moi de vous parler de vous, qui valez mieux que ma pièce. Pourquoi rapetasser ce Vic? ce Vic est-il un si beau lieu? Ce qui me désespère, c'est qu'il est trop éloigné de mes déserts charmants. Soyez malade, je vous en prie; faites comme M. le duc de Villars, vous n'en serez pas mécontent. Le chemin est frayé; ducs, princes, prêtres, femmes dévotes, tout vient au temple d'Epidaure. Venez-y, je mourrai de joie. Les Délices sont à la portée du docteur; elles sont à vous, et mériteront leur nom. Quatre-vingt mille livres de rente étaient assez pour saint Lin, mais ce n'est pas assez en 1761;

sans doute que vous êtes réduit à cette portion congrue de cardinal par des arrangements passagers. Pardon, mais j'aime passionnément à oser vous parler de ce qui vous regarde; je m'y intéresse sensiblement. Recevez mon tendre et profond respect, c'est mon cœur qui vous parle.

MMMCDLIII. — A M. LE MARQUIS D'ARGENCE DE DIRAC.

26 octobre.

Vous pardonnez sans doute, monsieur, mon peu d'exactitude en faveur de mes sentiments, que vous connaissez, et en faveur de ma mauvaise santé, que vous ne connaissez pas moins. Il me semble, mon cher monsieur, que les philosophes ont actuellement assez beau jeu. Les ennemis de la raison ont combattu pour nous : les convulsionnaires et les jésuites ont montré toute leur turpitude et toute leur horreur. Il est certain que la fureur et l'atrocité janséniste ont dirigé la cervelle et la main de ce monstre de Damiens. Les jésuites ont assassiné le roi de Portugal. Banqueroutiers et condamnés en France, parricides et brûlés à Lisbonne, voilà nos maîtres, voilà les gens devant qui des bégueules se prosternent; les billets de confession d'un côté, les miracles de saint Pâris de l'autre, sont la farce de cette abominable pièce. Il vient de se passer chez moi une farce plus réjouissante. Un jésuite portugais est venu d'Italie se présenter à moi pour être mon secrétaire : cela me fait souvenir de l'aumônier Poussatin, que le comte de Grammont prenait pour son coureur.

J'ai proposé au jésuite d'être mon laquais; il l'a accepté : sans Mme Denis, qui n'entend point le jargon portugais, un jésuite nous servait à boire. Peut-être a-t-elle craint d'être empoisonnée. Je vous avoue que je ne me console point d'avoir manqué ce laquais-là.

Nous avons eu un monde prodigieux. J'ai cédé les Délices, pendant trois mois, à M. le duc de Villars. M. de Lauraguais, M. de Ximenès, sont venus philosopher avec nous. M. le comte d'Harcourt a amené madame sa femme à Tronchin : mais celle-là est dévote, cela ne nous regarde pas. J'ai bâti une église et un théâtre; mais j'ai déjà célébré mes mystères sur le théâtre, et je n'ai pas encore entendu la messe dans mon église. J'ai reçu le même jour des reliques du pape, et le portrait de Mme de Pompadour; les reliques sont le cilice de saint François. Si le saint-père avait daigné m'envoyer le cordon au lieu du cilice, il m'aurait fort obligé. Adieu, monsieur; goûtez, dans le sein de votre famille et de vos amis, tout le bonheur que vous méritez et que je vous souhaite. Mme Denis joint ses sentiments aux miens. Je vous serai tendrement attaché toute ma vie.

MMMCDLIV. — A M. DUCLOS.

A Ferney, 26 octobre.

Je vous supplie, monsieur, d'engager l'Académie à me continuer ses bontés. Il est impossible que mon sentiment s'accorde toujours avec le bien, avant que je sache comme elle pense; et quand je le sais, je m'y conforme, après avoir un peu disputé; et si je ne m'y conforme pas entièrement, je tire au moins cet avantage de ses observations, que je rapporte comme très-douteuse l'opinion contraire à ses sentiments; et ce dernier cas arrivera très-rarement.

Presque tous les commentaires sont faits dans le goût des précédents; ce sont des mémoires à consulter. M. d'Argental doit vous avoir remis *Médée* et *Polyeucte*. Il ne s'agit donc que de vouloir bien faire, sur les deux commentaires de ces pièces, ce qu'on a eu la bonté de faire sur les autres, c'est-à-dire de mettre en marge ce qu'on pense. Je suis un peu hardi sur *Polyeucte*, je le sais bien; mais c'est une raison de plus pour engager l'Académie à rectifier, par un mot en marge, ce qui peut m'être échappé de trop fort et de trop sévère : en un mot, il faut que l'ouvrage serve de grammaire et de poétique, et je ne peux parvenir à ce but qu'en consultant l'Académie.

Les libraires ne peuvent commencer à imprimer qu'au mois de janvier, et ne donneront leur programme que dans ce temps-là.

J'aurai l'honneur de vous envoyer la dédicace et la préface. L'une et l'autre seront conformes aux intentions de l'Académie.

### MMMCDLV. — A M. HENNIN.

Au château de Ferney en Bourgogne, par Genève, 26 octobre.

Pardon, monsieur, de vous remercier si tard du souvenir dont vous m'honorez, et de ne vous pas répondre de ma main. Mes yeux souffrent beaucoup, et mon corps bien davantage. Je ne ressemble point du tout à vos seigneurs polonais qui vont dîner à trente lieues de chez eux. Il y a bien longtemps que je ne suis sorti d'un petit château que j'ai fait bâtir à une lieue des Délices. J'y achève tout doucement ma carrière; et parmi les espérances qui nous bercent toujours, je me flatte de celle de vous revoir à votre retour de Pologne; car j'imagine que vous ne resterez pas là toujours. Ni M. le marquis de Paulmy, ni vous, n'avez l'air d'un Sarmate. L'abbé de Châteauneuf, qui était trois fois gros comme vous deux ensemble, disait qu'il avait été envoyé de Pologne pour boire. Je ne pense pas que vous soyez des négociateurs de ce genre-là.

Quand M. de Paulmy voudra tourner ses pas vers le midi, je lui conseillerai de faire comme monsieur son beau-père, qui a eu la bonté de venir passer quelques jours dans mon ermitage. Je présenterai requête à son gendre pour obtenir la même faveur. Nous lui donnerons la comédie sur un théâtre que j'ai fait bâtir, et nous lui ferons entendre la messe dans une église que j'achève, et pour laquelle le saint-père m'a envoyé des reliques. Vous voyez que rien ne vous manquera ni pour le sacré ni pour le profane.

Je vous avoue que j'aimerais mieux que vous fussiez à Berne qu'à Varsovie; mais M. le marquis de Paulmy a eu la rage de se faire slavon; il faut lui pardonner cette petite mièvreté.

Vous avez sans doute lu, monsieur, le *Mémoire historique* de la négociation avec l'Angleterre, imprimé au Louvre. Quelque honorable que soit cette négociation pour notre cour, j'aimerais mieux un mémoire imprimé de cent vaisseaux de ligne, garnis de canons, et arrivés à Boston ou à Madras. Vos Polonais ne sont pas du moins dans le cas d'avoir perdu leur marine. Il est vrai qu'ils sont un peu les très-humbles et très-obéissants serviteurs des Russes; mais ils ont leur *liberum veto* et du vin de Tokai. Je suis fâché pour la liberté, que j'aime de tout mon cœur, que cette liberté même empêche la Pologne d'être puissante. Toutes les nations se forment tard; je donne encore cinq cents ans aux Polonais pour faire des étoffes de Lyon et de la porcelaine de Sèvres. Adieu, monsieur; conservez-moi vos bontés; faites souvenir de moi votre gros ambassadeur, et soyez persuadé du tendre et respectueux attachement avec lequel je serai toute ma vie, monsieur, votre très-humble et très-obéissant serviteur.

MMMCDLVI. — A M. LE COMTE D'ARGENTAL.

26 octobre.

Mes anges ont terriblement affaire avec leur créature. Je pris la liberté de leur envoyer, il y a quelque temps, un paquet pour Mme du Deffand. Il y avait dans ce paquet une lettre, et, dans cette lettre, je lui disais : « Rendez le paquet aux anges quand vous l'aurez lu, afin qu'ils s'en amusent. » Je n'ai point entendu parler depuis de mon paquet.

*Le Droit du seigneur* vaut mieux que *Zulime*; et cependant vous faites jouer *Zulime*.

*Olympie* ou *Cassandre* vaut mieux que *le Droit du seigneur*; qu'en faites-vous ?

*Nota bene* qu'au commencement du troisième acte le curé d'Éphèse dit :

Peuple, secondez-moi.

Je n'aime pas qu'on accoutume les prêtres à parler ainsi; cela sent la sédition; cela ressemble trop à Malagrida et à ce boucher de Joad : mes prêtres, chez moi, doivent prier Dieu, et ne point se battre. Je vous supplie de vouloir bien faire mettre à la place :

Dieu vous parle par moi.

Un petit mot de Malagrida et de l'Espagne, je vous en prie.

J'ignore l'auteur des *Car*; mais Le Franc de Pompignan mérite correction; il serait un persécuteur s'il était en place. Il faut l'écarter à force de ridicules. Ah! s'il s'agissait d'un autre que d'un fils de France, quel beau champ! quel plaisir! Marie Alacoque n'était pas un plus heureux sujet. Mais apparemment l'auteur des *Car* est un homme sage, qui a craint de souffleter Le Franc sur la joue respectable d'un prince dont la mémoire est aussi chère que la plume de son historien est impertinente.

Dites-moi donc quelque chose de l'Espagne, en revenant d'Éphèse.

J'ai lu le *Mémoire historique*[1] : « Il m'a donné un soufflet, mais je

1. *Mémoire historique sur les négociations de la France et de l'Angleterre*

lui ai bien dit son fait. » Je crois que ce mémoire échauffera tous les honnêtes gens, tous les bons citoyens.

L'île Miquelon et un commissaire anglais[1] sont quelque chose de si humiliant, qu'il faut donner la moitié de son bien pour courir après l'autre, et pour faire la paix sur les cendres de Magdebourg : c'est mon avis. O Espagne! secours-nous donc; nous t'avons tant secourue!

Pardon, ô anges!

## MMMCDLVII. — A M. DEVAUX.

Au château de Ferney, pays de Gex, par Genève, 26 octobre.

Vous serez toujours mon cher Panpan, eussiez-vous quarante ans et plus; jamais je n'oublierai ce nom. Il me semble, monsieur, que je vous vois encore pour la première fois avec Mme de Graffigni. Comme tout cela passe rapidement! comme on voit tout disparaître en un clin d'œil! Heureusement le roi de Pologne se porte bien. Vous êtes donc son lecteur? Je voudrais aussi que vous fussiez celui de toutes les diètes de Pologne, et que vous y lussiez la *Voix du citoyen*[2]. S'il y a un livre dans le monde qui pût faire le bonheur d'une nation, c'est assurément celui-là.

J'ai vu dans mon ermitage jusqu'à des palatins qui trouvent que ce livre devrait être le seul code de la nation polonaise. Ah! mon cher Panpan, que n'êtes-vous venu aussi dans mes petites retraites! Que n'ai-je eu le bonheur d'y recevoir M. l'abbé de Boufflers[3]! J'entends parler de lui comme d'un des esprits des plus aimables et des plus éclairés que nous ayons. Je n'ai point vu sa *Reine de Golconde*, mais j'ai vu de lui des vers charmants. Il ne sera peut-être pas évêque; il faut vite le faire chanoine de Strasbourg, primat de Lorraine, cardinal, et qu'il n'ait point charge d'âmes. Il me paraît que sa charge est de faire aux âmes beaucoup de plaisir.

N'est-il pas fils de Mme la marquise de Boufflers, notre reine? c'est une raison de plus pour plaire. Mettez-moi aux pieds de la mère et du fils. Je suis très-touché de la mort de Mme de La Galaisière. J'aurai l'honneur de marquer à M. le chancelier toute ma sensibilité.

Je n'ai point vu le musicien dont vous me parlez, je le crois actuellement à Berne avec sa troupe, qui n'est pas mauvaise, et qui gagnera de l'argent dans cette ville, où il y a beaucoup plus d'esprit qu'on ne croit. Cette partie de la Suisse est très-instruite; ce n'est plus le temps où l'on disait qu'il était plus aisé de battre les Suisses que de leur faire entendre raison. Ils entendent raison à merveille, et on ne les bat

---

*depuis le 26 mars 1761 jusqu'au 20 septembre de la même année, avec les pièces justificatives* (au nombre de trente et une). Voltaire, dans sa lettre à Damilaville, du 11 novembre, dit que Choiseul avait composé ce *Mémoire* en trente-six heures. (*Note de M. Beuchot.*)

1. Dans la réponse à l'ultimatum de la cour de France, l'Angleterre offrait de céder l'île Saint-Pierre dans le golfe Saint-Laurent, mais se réservait l'île Maquelon ou Michelon, au nord de la première, avec le droit de résidence d'un commissaire anglais à l'île Saint-Pierre, et en outre le droit de visite de la part du commandant de l'escadre britannique. (ÉD.)

2. Par le roi Stanislas. (ÉD.) — 3. Depuis chevalier de Boufflers. (ÉD.)

point. Je suis plus content que jamais de leur voisinage. J'y vois les orages de ce monde d'un œil assez tranquille; il n'y a que ce pauvre frère Malagrida qui me fait un peu de peine. J'en suis fâché pour frère Menou; mais j'espère qu'il n'en perdra pas l'appétit. Il est né gourmand et gai; avec cela on peut se consoler de tout.

Pardon ! si je ne vous écris pas de ma main, mais c'est que je n'en peux plus.

Votre très-sincère ami et serviteur, VOLTAIRE.

## MMMCDLVIII. — DE M. DALEMBERT.

A Paris, ce 31 octobre.

Je suis, mon cher et illustre maître, un peu inquiet de votre santé; il faut qu'elle ne soit pas si bonne que l'année passée. Il y a un an que vous vouliez, disiez-vous, ne faire que rire de tout pour vous bien porter; aujourd'hui vous voulez vous fâcher, et c'est contre Moïse de Montauban! Voilà un plaisant objet pour vous échauffer la bile! eh! pardieu, laissez-le devenir historiographe, instituteur, correcteur, éberneur des enfants de France, et tout ce qu'il voudra; et soyez, vous, mais toujours en riant, l'historiographe de ses sottises, l'instituteur de votre nation, et le correcteur des fanatiques.

Je vous remercie de ce que vous m'envoyez de la part de la bonne âme de Montauban; je l'ai lu avec plaisir, et j'en ferai part aux bonnes âmes de Paris. Je crois cependant que cela aurait encore été plus utile si la bonne âme de Mautauban n'avait voulu que rire, et n'avait point voulu se fâcher. Vous voyez, mon cher philosophe, combien j'ai profité de vos leçons : autrefois tout me donnait de l'humeur, depuis la comédie des *Philosophes* jusqu'au mémoire de Pompignan; aujourd'hui je verrais Moïse de Montauban premier ministre, et Aaron grand aumônier, que je crois que j'en rirais encore. Je me fierais à la Providence, qui, à la vérité, ne gouverne pas trop bien ce meilleur des mondes possibles, mais qui pourtant fait parfois des actes de justice. Qui aurait dit, par exemple, il y a dix ans, aux jésuites, que ces bons pères, qui aiment tant à brûler les autres, verraient bientôt venir leur tour, et que ce serait le Portugal, c'est-à-dire le pays le plus fanatique et le plus ignorant de l'Europe, qui jetterait le premier jésuite au feu? Ce qu'il y a de très-plaisant, c'est que cette aventure commence à réconcilier les jansénistes avec l'Inquisition, qu'ils haïssaient jusqu'ici mortellement. « En vérité, disent-ils, cet établissement a du bon; les affaires y sont jugées avec beaucoup plus de maturité et de justice qu'on ne croit en France, et il faut avouer que ce tribunal-là fait fort bien en Portugal. » Ils ont imprimé que Malagrida se souvenait encore, dans l'oisiveté de la prison, de son ancien métier de jésuite; qu'on l'a surpris quatre fois s'amusant tout seul, pour donner, disait-il, du soulagement à son corps. Notez qu'il a soixante et treize ans; cela serait en vérité fort beau à cet âge-là; mais je crois que les jansénistes n'en parlent que par envie.

Laissons brûler Malagrida, et venons à Corneille, qui, selon vous et selon moi, n'est pas si chaud. Si c'est moi qui ai écrit qu'on s'intéresse à Auguste, je n'ai écrit en cela que l'avis de l'Académie, et point du tout le mien; je ne crois ni avec elle qu'on s'intéresse à Auguste, ni avec vous qu'on s'intéresse à Cinna : je crois qu'on ne s'intéresse à personne, qu'on ne se soucie pas plus d'Auguste, d'Émilie, et de Cinna, que de Maxime et d'Euphorbe, et que cet ouvrage est meilleur à lire qu'à voir jouer. Aussi n'y va-t-il personne.

Oui, en vérité, mon cher maître, notre théâtre est à la glace. Il n'y a, dans la plupart de nos tragédies, ni vérité, ni chaleur, ni action, ni dialogue. Donnez-nous vite votre œuvre de six jours; mais ne faites pas comme Dieu, et ne vous reposez pas le septième. Ce n'est point un plat compliment que je prétends vous faire; mais je ne vous dis que ce que j'ai déjà dit cent fois à d'autres. Vos pièces seules ont du mouvement et de l'intérêt; et, ce qui vaut bien cela, de la philosophie, non pas de la philosophie froide et *partière*, mais de la philosophie en action. Je ne vous demande plus d'échafaud ; je sais et je respecte toute la répugnance que vous y avez, quoique depuis Malagrida les échafauds aient leur mérite ; mais je vous demande de nous faire voir ce qui ne tient qu'à vous, qu'en fait de tragédie nous ne sommes encore que des enfants bien élevés; et les autres peuples, de vieux enfants. Votre réputation vous permet de risquer tout ; vous êtes à cent lieues de l'envie; osez, et nous pleurerons, et nous frémirons, et nous dirons : « Voilà la tragédie, voilà la nature. » Corneille disserte, Racine converse, et vous nous remuerez.

A propos, vraiment j'oubliais de vous remercier de la mention honorable que vous avez faite de moi dans votre lettre à l'abbé d'Olivet, telle que vous l'avez envoyée au *Journal encyclopédique;* car il est bon de vous dire que mon nom ni celui de Duclos ne se trouvent point dans l'imprimé de Paris, malgré ce que vous aviez recommandé à ce sujet, comme je le sais de science certaine; c'est votre ancien instituteur, Josephus Olivetus, qui a fait, en tout bien et tout honneur, cette petite suppression, dont j'aurai le plaisir de le remercier à la première occasion favorable, mais toujours en riant, parce que cela est bon pour la santé.

Oui vraiment, les prêtres de Genève sont comme des diables contre la comédie; mais on dit aussi que vous en êtes un peu la cause. Vous vous êtes un peu trop moqué de ces sociniens honteux; vous avez fait rire à leurs dépens; et, pour s'en venger, ils voudraient bien que vous ne fissiez pleurer personne. Il faut que les comédiens de l'Église et ceux du théâtre se ménagent réciproquement. A l'égard de Rousseau, j'avoue que c'est un déserteur qui combat contre sa patrie; mais c'est un déserteur qui n'est plus guère en état de servir, ni par conséquent de faire du mal; sa vessie le fait souffrir, et il s'en prend à qui il peut. Prions Dieu qu'il conserve la nôtre.

On dit que les Jésuites font courir dans les maisons trois mémoires manuscrits pour leur justification. C'est beaucoup que trois, car je crois qu'ils auraient de la peine à en faire lire un seul, tant l'animosité publique est grande. On dit qu'ils prouvent dans un de ces mémoires que le parlement a falsifié et tronqué les passages de leurs constitutions. Cela pourrait bien être, puisque Omer-Anytus, dans son beau réquisitoire [1], a bien falsifié et tronqué, d'après Abraham Chaumeix, les passages de l'*Encyclopédie*. Adieu, mon cher philosophe, faites des tragédies, moquez-vous de tout, et portez-vous bien.

MMMCDLIX. — A M. SAURIN.

A Ferney, octobre.

Dieu soit loué, mon cher confrère, de votre sacrement de mariage ! Si Moïse Le Franc de Pompignan fait une famille d'hypocrites, il faut que vous en fassiez une de philosophes. Travaillez tant que vous pourrez à cette œuvre divine. Je présente mes respects à madame la philosophe. Il y a beaucoup de jolies sottes, beaucoup de jolies friponnes : vous avez épousé beauté, bonté et esprit; vous n'êtes pas à plaindre. Tâchez de joindre à tout cela un peu de fortune; mais il est quelquefois plus difficile d'avoir de la richesse qu'une femme aimable.

Mes compliments, je vous prie, à frère Helvétius et à tout frère initié. Il faut que les frères réunis écrasent les coquins; j'en viens toujours là : *Delenda est Carthago*.

Ne soyez pas en peine de Pierre Corneille. Je suis bien aise de recueillir d'abord les sentiments de l'Académie; après quoi je dirai hardiment, mais modestement, la vérité. Je l'ai dite sur Louis XIV, je ne la tairai pas sur Corneille. La vérité triomphe de tout. J'admirerai le beau, je distinguerai le médiocre, je noterai le mauvais. Il faudrait être un lâche ou un sot pour écrire autrement. Les notes que j'envoie à l'Académie sont des sujets de dissertations qui doivent amuser les séances, et les notes de l'Académie m'instruisent. Je suis comme La Flèche [2], je fais mon profit de tout.

Adieu, mon cher philosophe; je vis libre, je mourrai libre; je vous aimerai jusqu'à ce qu'on me porte dans la chienne de jolie église que je viens de bâtir, et où je vais placer des reliques envoyées par le saint-père.

MMMCDLX. — A M. L'ABBÉ D'OLIVET.

Octobre.

Au *Mercure!* au *Mercure!* Mais, *Marce Tulli, memor sis pictoris Watelet*. Mettez son nom dans la liste des bienfaiteurs cornéliens. Je vous trouve bien timide; c'est à nos âges qu'il faut être hardi : nous n'avons rien à risquer : aussi je m'en donne.

Je vous avertis, mon maître, que j'ai déjà commenté presque tout *Corneille* avant que Gabriel Cramer ait encore fait venir le caractère de Paris. Si les vieillards doivent être hardis, ils doivent être non moins actifs, non moins prompts; c'est le bel âge pour dépêcher de la besogne.

Je vous supplie de dire à l'Académie que je compte lui envoyer tout

1. Le réquisitoire d'Omer Joly de Fleury contre l'*Encyclopédie* est du 23 janvier 1759. (ÉD.)
2. Nom du valet de l'*Avare*. (ÉD.)

le *Commentaire* pièce à pièce, selon l'ordre des temps. Il faut qu'on pardonne à mon premier canevas. Je jette sur le papier tout ce que je pense; au moment où l'Académie juge, je rectifie; je renvoie le manuscrit en mettant des *N. B.* en marge aux endroits corrigés et aux nouveaux; l'Académie juge en dernier ressort; alors je me conforme à sa décision, je polis le style; je jette quelques poignées de fleurs sur nos commentaires, comme le voulait le cardinal de Richelieu.

L'Académie dira peut-être : « Vous abusez de notre patience. » Non, messieurs, j'en use pour rendre service à la nation : vous fixez la langue française ; les commentaires deviendront, grâce à vos bontés, une grammaire et une poétique au bas des pages de Corneille. On attend l'ouvrage à Pétersbourg, à Moscou, à Yassi, à Kaminieck. L'impératrice de toutes les Russies a souscrit pour huit mille livres, et les a fait compter à Gabriel Cramer, qui a déjà payé des graveurs.

Si l'Académie se lassait de revoir mon *Commentaire*, je serais très-embarrassé. Je ne dois pas m'en croire. Je peux avoir mille préventions; il faut qu'on me guide. Un mot en marge me suffit, cela me met dans le bon chemin. *Marce Tulli*, ménagez-moi les bontés et la patience de l'Académie. *Interim, vive et vale.* Votre, etc.

*N. B.* Ajoutez, je vous supplie, à l'endroit où je parle de nos académiciens, M. le duc de Villars, M. l'archevêque de Lyon, M. l'ancien évêque de Limoges. Cela ne coûtera que la peine d'insérer une ligne dans la copie pour *le Mercure*.

### MMMCDLXI. — A M. LE COMTE DE SCHOWALOW.

A Ferney, 1ᵉʳ novembre.

Monsieur, je reçois, par Vienne, votre paquet du 17 de septembre, que M. de Czernichef me fait parvenir. Vos bontés redoublent toujours mon zèle, et j'en attends la continuation. Le mémoire sur le czarovitz n'est pas rempli, comme le sait Votre Excellence, d'anecdotes qui jettent un grand jour sur cette triste et mémorable aventure. Vous savez, monsieur, que l'histoire parle à toutes les nations, et qu'il y a plus d'un peuple considérable qui n'approuve pas l'extrême sévérité dont on usa envers ce prince. Plusieurs auteurs anglais très-estimés se sont élevés hautement contre le jugement qui le condamna à la mort. On ne trouve point ce qu'on appelle un *corps de délit* dans le procès criminel : on n'y voit qu'un jeune prince qui voyage dans un pays où son père ne veut pas qu'il aille, qui revient au premier ordre de son souverain, qui n'a point conspiré, qui n'a point formé de faction, qui seulement a dit qu'un jour le peuple pourrait se souvenir de lui. Qu'aurait-on fait de plus s'il avait levé une armée contre son père ? Je n'ai que trop lu, monsieur, le prétendu Nestesuranoy[1] et Lamberti, et je vous avoue mes peines avec la sincérité que vous me pardonnez, et que je regarde même comme un devoir. Ce pas est très-délicat. Je

[1] Pseudonyme de Rousset de Missy, auteur des *Mémoires du règne de Pierre le Grand*. (Éd.)

tâcherai, à l'aide de vos instructions, de m'en tirer d'une manière qui ne puisse blesser en rien la mémoire de Pierre le Grand. Si nous avons contre nous les Anglais, nous aurons pour nous les anciens Romains, les Manlius et les Brutus. Il est évident que si le czarovitz eût régné, il eût détruit l'ouvrage immense de son père, et que le bien d'une nation entière est préférable à un seul homme. C'est là, ce me semble, ce qui rend Pierre le Grand respectable dans ce malheur; et on peut, sans altérer la vérité, forcer le lecteur à révérer le monarque qui juge, et à plaindre le père qui condamne son fils. Enfin, monsieur, j'aurai l'honneur de vous envoyer, d'ici à Pâques, tous les nouveaux cahiers, avec les anciens, corrigés et augmentés, comme j'ai eu l'honneur de le mander à Votre Excellence dans mes précédentes lettres. Je vous ai marqué que j'attendais vos ordres pour savoir s'il n'est pas plus convenable de mettre le tout en un seul volume qu'en deux. Je me conformerai à vos intentions sur cette forme comme sur le reste; mais nous n'en sommes pas encore là. Il faut commencer par mettre sous vos yeux l'ouvrage entier, et profiter de vos lumières. Il est triste que j'aie trouvé si peu de mémoires sur les négociations du baron de Goërtz. C'est un point d'histoire très-intéressant; et c'est à de tels événements que tous les lecteurs s'attachent beaucoup plus qu'à tous les détails militaires, qui se ressemblent presque tous, et dont les lecteurs sont aussi fatigués que l'Europe l'est de la guerre présente.

J'ai déjà eu l'honneur de vous remercier, monsieur, au nom de Mlle Corneille et au mien, de la souscription pour les OEuvres de Corneille. J'y suis plus sensible que si c'était pour moi-même. Je reconnais bien là votre belle âme; personne en Europe ne pense plus dignement que vous. Tout augmente ma vénération pour votre personne, et les respectueux sentiments que conserverai pour Votre Excellence son très, etc.

MMMCDLXII. — DE FRÉDÉRIC II, ROI DE PRUSSE.

De Strehlen, novembre.

Le solitaire des Délices ne se rira-t-il pas de moi et de tous les envois que je lui fais? Voici une pièce que j'ai faite pour Catt; elle n'est pas dans le goût de mes élégies, que vous avez la bonté de caresser. Ce bon enfant, me voyant toujours avec mes stoïciens, me soutint, il y a quelques jours, que ces beaux messieurs n'aidaient point dans l'infortune; que Gresset, le *Lutrin* de Boileau, Chaulieu, vos ouvrages, convenaient mieux à ma triste situation que ces bavards philosophes dont on pourrait se passer, surtout lorsqu'on avait soi-même cette force d'âme qu'ils ne donnent et ne peuvent pas donner. Je lui fis mes humbles représentations. Il tint bon; et, quelques jours après notre belle conversation, je lui décochai cette épître. Comme il me fallait une satisfaction du mal qu'il avait dit de mes stoïciens, je l'ai badiné sur quelques belles dames auxquelles il avait fait tourner violemment la tête. Les poëtes se permettent des exagérations, et ne s'en font aucun scrupule; aussi l'ai-je dépeint courant de conquêtes en conquêtes, ce qui, au fond, n'est pas trop dans son caractère et dans la trempe de son âme. Ne direz-vous pas, mon cher ermite, que je suis un vieux fou de m'occuper, dans les circonstances où je me trouve, des choses frivoles? mais j'endors ainsi mes soucis et mes peines. Je gagne quelques instants; et ces instants, hélas! passés si vite, le diable reprend tous ses droits. Je me prépare à partir pour Breslau, et pour y faire mes arrangements sur les héroïques boucheries de l'année prochaine. Priez pour un don Quichotte qui doit guerroyer sans cesse, et qui n'a aucun repos à espérer, tant que l'acharnement de ses ennemis le persécutera. Je souhaite à l'auteur d'*Alzire* et de *Mérope* cette tranquillité dont me prive ma malheureuse étoile. *Vale.* Fédéric.

MMMCDLXIII. — A M. LE SUBDÉLÉGUÉ GÉNÉRAL DE L'INTENDANCE DE BOURGOGNE, A DIJON.

Au château de Ferney, 6 novembre.

Ma famille et moi, monsieur, nous ressentons quelque peine, et nous sommes dans un assez grand embarras en ne recevant point de réponse à la lettre que j'ai eu l'honneur de vous écrire. Nous ne pouvons retourner aux Délices sans y faire transporter nos grains. Nous attendons les passe-ports que nous avons toujours eus, et nous vous prions de vouloir bien ne nous pas laisser dans l'incertitude où nous sommes. Je suis fâché de l'importunité que je vous cause. Je vous supplie, monsieur, d'être persuadé de tous les sentiments avec lesquels j'ai l'honneur d'être, monsieur, votre très-humble et très-obéissant serviteur,

VOLTAIRE, *gentilhomme ordinaire du roi.*

MMMCDLXIV. — A M. LE COMTE DE SCHOWALOW.

A Ferney, 9 novembre.

Monsieur, quoique je ne vous aie promis qu'à Pâques de nouveaux cahiers de l'*Histoire de Pierre le Grand*, le désir de vous satisfaire m'a fait prévenir d'assez loin le temps où je comptais travailler. Mon attachement pour Votre Excellence, et mon goût pour l'ouvrage entrepris sous vos auspices, l'ont emporté sur des devoirs assez pressants qui m'occupent. J'ai remis entre les mains de Votre Excellence une copie de ce que je viens de hasarder, uniquement pour vous, sur ce sujet si terrible et si délicat de la condamnation à mort du czarowitz. J'ai été bien étonné du mémoire qui était joint à votre dernier paquet; ce mémoire n'est qu'une copie, presque mot pour mot, de ce qu'on trouve dans le prétendu Nestesuranoy. Il semble que ce soit cet Allemand dont j'ai déjà reçu des mémoires qui ait envoyé celui-là. Il doit savoir que ce n'est point ainsi que l'on écrit l'histoire; qu'on est comptable de la vérité à toute l'Europe; qu'il faut un ménagement et un art bien difficile pour détruire des préjugés répandus partout; qu'on n'en croit pas un historien sur sa parole; qu'on ne peut attaquer de front l'opinion publique qu'avec des monuments authentiques; que tout ce qui n'aurait même que la sanction d'une cour intéressée à la mémoire de Pierre le Grand serait suspect; et qu'enfin l'histoire que je compose ne serait qu'un fade panégyrique, qu'une apologie qui révolterait les esprits au lieu de les persuader. Ce n'est pas assez d'écrire et de flatter le pays où l'on est, il faut songer aux hommes de tous les pays. Vous savez mieux que moi, monsieur, tout ce que j'ai l'honneur de vous représenter, et vos sentiments ont sans doute prévenu mes réflexions dans fond de le votre cœur.

J'ai eu, par un heureux hasard, des mémoires de ministres accrédités qui ont suppléé aux matériaux qui me manquaient; et, sans ce secours, à quoi aurais-je été réduit? J'ai ramassé dans toute l'Europe des manuscrits, j'ai été plus aidé que je n'osais l'espérer. Je ne cacherai point à Votre Excellence que parmi ces manuscrits, parmi ces lettres de ministres, il y en a de plus atroces que les anecdotes de Lamberti. Je crois réfuter Lamberti assez heureusement, à l'aide des manuscrits qui nous sont favorables, et j'abandonne ceux qui nous sont contraires. Lamberti mérite une très-grande attention par la réputation qu'il a d'être exact, de ne rien hasarder, et de rapporter des pièces originales; et comme il n'est pas, à beaucoup près, le seul qui ait rapporté les anecdotes affreuses répandues dans toute l'Europe, il me paraît qu'il faut une réfutation complète de ces bruits odieux. J'ai pensé aussi que je ne devais pas trop charger le czarovitz; que je passerais pour un historien lâchement partial, qui sacrifierait tout à la branche établie sur le trône dont ce malheureux prince fut privé. Il est clair que le terme de *parricide*, dont on s'est servi dans le jugement de ce prince, a dû révolter tous les lecteurs, parce que, dans aucun pays de l'Europe, on ne donne le nom de parricide qu'à celui qui a exécuté ou préparé effectivement le meurtre de son père. Nous ne donnons même le nom de révolté qu'à celui qui est en armes contre son souverain, et nous appelons la conduite du czarovitz désobéissance punissable, opiniâtreté scandaleuse, espérance chimérique dans quelques mécontents secrets qui pouvaient éclater un jour, volonté funeste de remettre les choses sur l'ancien pied quand il en serait le maître. On force, après quatre mois d'un procès criminel, ce malheureux prince à écrire « que s'il y avait eu des révoltés puissants qui se fussent soulevés, et qu'ils l'eussent appelé, il se serait mis à leur tête. »

Qui jamais a regardé une telle déclaration comme valable, comme une pièce réelle d'un procès? qui jamais a jugé une pensée, une hypothèse, une supposition d'un cas qui n'est point arrivé? où sont ces rebelles? qui a pris les armes? qui a proposé à ce prince de se mettre un jour à la tête des rebelles? à qui en a-t-il parlé? à qui a-t-il été confronté sur ce point important? Voilà, monsieur, ce que tout le monde dit, et ce que vous ne pouvez vous empêcher de vous dire à vous-même. Je m'en rapporte à votre probité et à vos lumières. Ce que j'ai l'honneur de vous écrire est entre vous et moi : c'est à vous seul que je demande comment je dois me conduire dans un pas si délicat. Encore une fois, ne nous faisons point illusion. Je vais comparaître devant l'Europe en donnant cette histoire. Soyez très-convaincu, monsieur, qu'il n'y a pas un seul homme en Europe qui pense que le czarovitz soit mort naturellement. On lève les épaules quand on entend dire qu'un prince de vingt-trois ans est mort d'apoplexie à la lecture d'un ar. ôt qu'il devait espérer qu'on n'exécuterait pas. Aussi s'est-on bien donné de garde de m'envoyer aucun mémoire de Pétersbourg sur cette fatale aventure : on me renvoie au méprisable ouvrage d'un prétendu Nestesuranoy; encore cet écrivain, aussi mercenaire que sot et grossier, ne peut dissimuler que toute l'Europe a cru Alexis empoisonné. Voyez donc, monsieur; examinez avec votre prudence ordinaire et votre bonté pour moi, et avec le sentiment de ce qu'on doit à la vérité et aux bienséances, si j'ai marché avec quelque sûreté sur ces charbons ardents. Ce que j'ai eu l'honneur de vous envoyer n'est qu'une consultation, un mémoire de mes doutes, que je vous supplie de résoudre. C'est pour vous que je travaille, monsieur; c'est à vous à m'éclairer et à me conduire : un mot en marge me suffira, ou une simple lettre avec quelques instructions sur les endroits qui me font peine. Vous daignez sans doute compatir à mon extrême embarras; mais comptez sur tous mes efforts, sur l'envie extrême que j'ai de vous satisfaire, sur les sentiments de respect et de tendresse que vous m'avez inspirés. Reconnaissez à ma franchise mon extrême attachement pour Votre Excellence, et soyez bien sûr que c'est du fond de mon cœur que je serai toute ma vie, de Votre Excellence, le très, etc.

MMMCDLXV. — A M. LE COMTE D'ARGENTAL.

10 novembre.

Le vieux ministre de Statira, ci-devant épouse d'Alexandre, ayant reçu très-tard la déduction du comité, ne peut aujourd'hui que remercier Leurs Excellences, et leur faire les plus sincères protestations de la reconnaissance qu'il leur doit. Mais n'ayant pu consulter encore sa cour, il est très-fâché de ne pas apporter un aussi prompt redressement qu'il le voudrait aux griefs de Leurs Excellences. Son auguste souveraine Statira a pris le mémoire *ad referendum*; mais comme elle est malade d'une suffocation qui la fera mourir au quatrième acte, son conseil aura l'honneur d'envoyer incessamment à votre cour les dernières volontés de cette auguste autocratrice.

J'aurai l'honneur de vous donner part que j'envoyai, il y a onze jours, la feuille importante concernant les intérêts de la demoiselle Dangeville, attachée à la cour de France, et pour laquelle nous aurons tous les égards à elle dus; que cette pièce importante était adressée à M. Damilaville, avec un gros paquet de *Grizel*, de *Car*, de *Ah! Ah!* et de chansons intitulées *Moïse-Aaron*.

Nous craignons que, malgré la bonne harmonie et correspondance des deux cours, on n'ait saisi notre paquet comme trop gros, et qu'on ne l'ait porté à Sa Majesté Très-Chrétienne, qui sans doute en aura ri, et auquel nous souhaitons toutes sortes de prospérités.

Nous avons aussi dépêché à Vos Excellences copies desdits mémorials, intitulés *Grizel*, *Gouju*, *Car*, *Ah! Ah!* *Moïse-Aaron*; et nous sommes en peine de tous nos paquets, pour lesquels nous réclamons le droit des gens.

Et, pour n'avoir rien à nous reprocher, non-seulement nous vous expédions, par le présent courrier, les lettres patentes pour le cinquième acte de la demoiselle Dangeville, mais encore la seule copie qui nous reste des *Grixel*, *Gouju*, *Car*, *Ah! Ah!* et *Moïse-Aaron*. Nous adressons aussi copie de la scène de ladite demoiselle Dangeville au confident Damilaville, recommandant expressément que le tout soit intitulé le *Droit du seigneur*.

Nous vous ramentevons ici qu'il y a six semaines en çà que nous prîmes la liberté de vous adresser un paquet énorme pour Mme du Deffand, duquel paquet et de laquelle dame nous n'avons depuis entendu parler.

Nous laissons le tout à considérer à votre haute prudence, et nous vous renouvelons les assurances de notre sincère et respectueux attachement. Donné à Éphèse, dans la cellule de Statira, le 10 de novembre, au soir.

### MMMCDLXVI. — A M. DAMILAVILLE.

11 novembre.

Mes frères, je renvoie fidèlement les *Ah! Ah!* et les *Car*, qu'on m'a confiés; car je suis homme de parole, car je vous aime.

Ah! ah! quand vous n'écrivez point, frère, c'est pure malice.

Ah! ah! vieux fou de Crébillon, vous ne voulez pas lâcher votre scène; c'est bien dommage, vous l'échappez belle. L'avocat Moreau n'a nulle part au *Mémoire historique*; M. le duc de Choiseul l'a fait en trente-six heures.

Y a-t-il une relation de l'auto-da-fé de Lisbonne?

Il n'y a pas quatre pages de vérité et de bon sens dans le nouveau testament [1]. L'auteur est un ex-capucin, ci-devant nommé Maubert [2], fugitif, escroc, espion, ivrogne, normand, de présent à Paris, et qui mérite de faire le voyage de Marseille [3].

Vous aurez dans quelque temps l'ouvrage des six jours : ce n'est pas celui de l'abbé d'Asfeld, ah! ah!

### MMMCDLXVII. — MÉMOIRE A TOUS LES ANGES, (M. LE COMTE DE CHOISEUL ÉTANT ESSENTIELLEMENT COMPTÉ POUR UN D'ICEUX).

Ferney, 12 novembre.

Notre comité, qui vaut bien le vôtre, sauf respect, vu qu'il est composé de gens du *tripot* et de très-bons acteurs, est obligé de vous déclarer qu'il ne peut être de votre avis sur la plupart de vos objections.

Nous frémissons d'indignation quand vous nous proposez de mettre notre pièce à la glace, par une confidence froide et inutile d'Olympie à sa suivante, et d'affadir le tout par une scène inutile d'amour au commencement du premier acte. Cela serait très-bien inventé pour

---

1. *Testament politique du maréchal de Belle-Ile.* (ÉD.)
2. Le *Testament politique de Belle-Ile* est de Chevrier, et non de Maubert. (ÉD.)
3. C'est-à-dire d'être envoyé aux galères. (ÉD.)

ôter tout l'effet du coup de théâtre que produit le mariage de Cassandre et d'Olympie, et pour rendre ridicules les remords de Cassandre, et pour ôter toute la force à la scène vigoureuse où l'on justifie la mort d'Alexandre; car, messieurs et mesdames, la terreur des remords et les réflexions sur la mort d'Alexandre seraient très-mal placées après des scènes amoureuses. Ce n'est pas là la marche du cœur. Vous me citez *Zaïre*; mais songez-vous que le piquant des premières scènes de *Zaïre* consiste dans l'amour d'un Turc et d'une chrétienne, sans quoi cela serait aussi froid que la déclaration de Xipharès[1]?

Nous pensons que vous vous méprenez infiniment, sauf respect, quand vous croyez qu'Olympie est le premier rôle; il ne l'est que quand Statira est morte. Quoi! vous croyez qu'Olympie est faite pour Mlle Clairon? Ah! tout comme Zaïre. C'est Statira qui est le grand rôle. Ah! comme nous pleurions à ces vers:

J'ai perdu Darius, Alexandre, et ma fille;
Dieu seul me reste[2].

C'est que Mme Denis déclame du cœur, et que chez vous on déclame de la bouche.

Nous sommes respectueusement et sincèrement de l'avis du comité sur une certaine prière que faisait Cassandre, et non pas Cassander, à une certaine Antigone; il y a d'autres détails que nous avons corrigés sur-le-champ, selon les vues très-justes du comité.

Nous vous envoyons une petite esquisse de nos corrections, qui, jointe à celles que vous avez déjà, est capable de boucher les trous des sifflets; mais, pour mieux faire, envoyez-nous la pièce, et nous vous la rendrons mise au net.

Délibéré dans la troupe de Ferney, le 12 novembre de l'an de grâce 1761.

MMMCDLXVIII. — A M. DAMILAVILLE.

Le 13 novembre.

Je fis partir il y a onze jours, mes chers frères, la scène que les comédiens ordinaires du roi demandaient. Elle fut faite le même jour que je reçus votre avis; je le trouvai excellent, et la scène partit le lendemain, accompagnée des rogatons que je renvoyais à M. Carré, comme *Grizel*, *Car*, *Ah! Ah!* et *Gouju*.

Je renvoie fidèlement tout ce qu'on me confie. Peut-être trouva-t-on le paquet trop gros à la poste de Paris; peut-être M. Janel[3] en a fait rire le roi. Je souhaiterais bien que Sa Majesté vît toutes mes lettres, et les paquets que je reçois; il serait bien convaincu qu'il n'a point de plus zélés et, j'ose le dire, de plus tendres serviteurs que ceux qui sont appelés philosophes par des séditieux fanatiques, ennemis du roi et de

---

1. Dans *Mithridate*, acte I, scène II. (ÉD.)
2. *Olympie*, acte II, scène II. (ÉD.)
3. Chargé de l'administration des postes. (ÉD.)

la patrie. J'exhorte tous mes amis à payer gaiement la moitié de leur bien, s'il le faut, pour servir le roi contre ses injustes ennemis.

Après cela, on peut saisir des *Grizel*, etc. On verra que les amateurs des lettres sont plus amateurs de la patrie que les convulsionnaires et les ennemis des arts. Je signe hardiment cette lettre; votre véritable ami,

VOLTAIRE.

### MMMCDLXIX. — A M. LE COMTE DE SCHOWALOW.

A Ferney, 14 novembre.

Vous voyez que je suis plus diligent que je ne l'avais cru. Mon âge, mes infirmités, me font toujours craindre de ne pas achever l'histoire à laquelle je me suis dévoué; ainsi je me hâte, sur la fin de ma carrière, de remplir celle où vous me faites marcher, et l'envie de vous plaire presse ma course. Votre Excellence a dû recevoir le paquet contenant la fin tragique du czarowitz, avec une lettre dans laquelle je vous exposais mon embarras et mes scrupules avec la franchise que votre caractère vertueux autorise, et que vos bontés m'inspirent. Je vous répète que j'ai cru nécessaire de relever ce chapitre funeste par quelques autres qui missent dans un jour éclatant tout ce que le czar a fait d'utile pour sa nation, afin que les grands services du législateur fissent tout d'un coup oublier la sévérité du père, ou même la fissent approuver. Permettez, monsieur, que je vous dise encore que nous parlons à l'Europe entière; que nous ne devons ni vous ni moi arrêter notre vue sur les clochers de Pétersbourg, mais qu'il faut voir ceux des autres nations, et jusqu'aux minarets des Turcs. Ce qu'on dit dans une cour, ce qu'on y croit, ou ce qu'on fait semblant d'y croire, n'est pas une loi pour les autres pays, et nous ne pouvons amener les lecteurs à notre façon de penser qu'avec d'extrêmes ménagements. Je suis persuadé, monsieur, que c'est là votre sentiment, et que Votre Excellence sait combien j'ambitionne l'honneur de me conformer à vos idées. Vous pensez aussi, sans doute, qu'il ne faut jamais s'appesantir sur les petits détails qui ôtent aux grands événements tout ce qu'ils ont d'important et d'auguste. Ce qui serait convenable dans un traité de jurisprudence, de police et de marine, n'est point du tout convenable dans une grande histoire. Les mémoires, les dupliques et les répliques, sont des monuments à conserver dans des archives ou dans les recueils des Lamberti, des Dumont, ou même des Rousset; mais rien n'est plus insipide dans une histoire. On peut renvoyer le lecteur à ces documents; mais ni Polybe, ni Tite-Live, ni Tacite, n'ont défiguré leurs histoires par ces pièces; elles sont l'échafaud avec lequel on bâtit, mais l'échafaud ne doit plus paraître quand on a construit l'édifice. Enfin le grand art est d'arranger et de présenter les événements d'une manière intéressante; c'est un art très-difficile, et qu'aucun Allemand n'a connu. Autre chose est un historien, autre chose est un compilateur.

Je finis, monsieur, par l'article le plus essentiel : c'est de forcer les lecteurs à voir Pierre le Grand, à le voir toujours fondateur et créateur au milieu des guerres les plus difficiles, se sacrifiant et sacrifiant tout pour le bien de son empire. Qu'un homme¹ trop intéressé à rabaisser votre gloire dise tant qu'il voudra que Pierre le Grand n'était qu'un barbare qui aimait à manier la hache, tantôt pour couper du bois et tantôt pour couper des têtes, et qu'il trancha lui-même celle de son fils innocent; qu'il voulait faire périr sa seconde femme, et qu'il fut prévenu par elle; que ce même homme dise et écrive les choses les plus offensantes contre votre nation; qu'enfin il me marque le mécontentement le plus vif, et qu'il me traite avec indignité, parce que j'écris l'histoire d'un règne admirable; je n'en suis ni surpris ni fâché, et j'espère qu'il sera obligé de convenir lui-même de la supériorité que votre nation obtient en tout genre depuis Pierre le Grand. Ce travail, que vous m'avez bien voulu confier, monsieur, me devient tous les jours plus cher par l'honneur de votre correspondance. M. de Soltikof m'a dit que Votre Excellence ne serait pas fâchée que je vous dédiasse quelque autre ouvrage, et que mon nom s'appuyât du vôtre. J'ai fait depuis peu une tragédie d'un genre assez singulier : si vous me le permettez, je vous la dédierai; et ma dédicace sera un discours sur l'art dramatique, dans lequel j'essayerai de présenter quelques idées neuves. Ce sera pour moi un plaisir bien flatteur de vous dire publiquement tout ce que je pense de vous, des beaux-arts, et du bien que vous leur faites. C'est encore un des prodiges de Pierre le Grand, qu'il se soit formé un Mécène dans ces marécages où il n'y avait pas une seule maison dans mon enfance, et où il s'est élevé une ville impériale qui fait l'admiration de l'Europe. C'est une chose dont je suis bien vivement frappé. Adieu, monsieur; voilà une lettre fort longue : pardonnez si je cherche à me dédommager, en vous écrivant, de la perte que je fais en ne pouvant être auprès de vous.

Vous ne doutez pas des tendres et respectueux sentiments avec lesquels j'ai l'honneur d'être, etc.

MMMCDLXX. — A M. LE SUBDÉLÉGUÉ GÉNÉRAL DE L'INTENDANCE DE BOURGOGNE, A DIJON.

Ferney, 14 novembre.

Je suis très-étonné, monsieur, de ne point recevoir de réponse de vous au sujet de mes passe-ports; ma santé me force de quitter le climat froid de Gex, et de me rapprocher de M. Tronchin; j'ai déjà eu l'honneur de vous mander que je ne peux vivre aux Délices sans pain, et qu'il est juste que je mange le blé que j'ai semé; ayez au moins la bonté de me répondre pourquoi vous ne me répondez pas. J'ai l'honneur d'être, monsieur, votre très-humble et obéissant serviteur,

VOLTAIRE.

1. Le roi de Prusse. (ÉD.)

**MMMCDLXXI. — Du cardinal de Bernis.**

De Montélimart, le 17 novembre.

J'attends avec la plus grande impatience, mon cher confrère, cette tragédie faite en six jours, et que vous trouvez si digne du sacré collège. Je répondrais du succès de cet ouvrage, précisément parce qu'il a été achevé aussitôt que projeté. Cela prouve que le sujet est heureux et bien choisi; cet avantage supplée souvent à tous, et n'est suppléé par rien. D'ailleurs on sait qu'il vous faut moins de temps qu'à un autre pour bien faire. J'ai lu avec grand plaisir votre *Épître sur l'agriculture*; mais dans ces sortes d'ouvrages il est bon d'imiter Montaigne, qui laisse aller son imagination sans se soucier du titre que porte le chapitre qu'il traite. Malgré les beaux exemples que vous me citez, je n'irai point au temple d'Épidaure. Je le regretterai moins que les Délices; car j'ai plus besoin de la conversation d'un homme d'esprit, que des conseils du meilleur médecin de l'Europe. Vos ducs, princes, et femmes dévotes ont encore moins de ménagements à garder qu'un ancien ministre. Le duc de Villars s'est embarqué sur le Rhône, et n'a point passé à Montélimart. J'admire la fécondité et la jeunesse de votre esprit; cela prouve, outre le grand talent, une bonne santé. Lorsque le corps souffre, l'esprit est bien malade. Conservez longtemps votre gaieté, votre santé en sera plus ferme, et vos ouvrages en seront plus piquants et plus aimables. Il est inutile que je vous assure que je ne prendrai ni ne laisserai prendre de copie de votre tragédie. Adieu, mon cher confrère; je vous aime presque autant que je vous admire.

**MMMCDLXXII. — A madame la marquise du Deffand.**

A Ferney, 18 novembre.

Vous m'affligez, madame; je voudrais vous voir heureuse dans ce plus sot des mondes possibles, mais comment faire? C'est déjà beaucoup de n'être pas du nombre des imbéciles et des fanatiques qui peuplent la terre; c'est beaucoup d'avoir des amis : voilà deux consolations que vous devez sentir à tous les moments. Si, avec cela, vous digérez, votre état sera tolérable.

Je crois, toutes réflexions faites, qu'il ne faut jamais penser à la mort; cette pensée n'est bonne qu'à empoisonner la vie. La grande affaire est de ne point souffrir; car, pour la mort, on ne sent pas plus cet instant que celui du sommeil: Les gens qui l'annoncent en cérémonie sont les ennemis du genre humain; il faut défendre qu'ils n'approchent jamais de nous. La mort n'est rien du tout; l'idée seule en est triste. N'y songeons donc jamais, et vivons au jour la journée. Levons-nous en disant : « Que ferai-je aujourd'hui pour me procurer de la santé et de l'amusement? » c'est à quoi tout se réduit à l'âge où nous sommes.

J'avoue qu'il y a des situations intolérables, et c'est alors que les Anglais ont raison; mais ces cas sont assez rares : on a presque toujours quelques consolations ou quelques espérances qui soutiennent.

Enfin, madame, je vous exhorte à être toute la vie la plus heureuse que vous pourrez.

Votre lettre m'a fait tant d'impression que je vous écris sur-le-champ, moi qui n'écris guère. J'ai une douzaine de fardeaux à porter; je me suis imposé tous ces travaux pour n'avoir pas un instant désœuvré et triste; je crois que c'est un secret infaillible.

Je ferai mettre dans la liste de ceux qui retiennent un *Corneille commenté* les personnes dont vous me faites l'honneur de me parler. J'aime passionnément à commenter Corneille; car il a fait l'honneur de la France dans le seul art peut-être qui met la France au-dessus des autres nations. De plus, je suis si indigné de voir des hypocrites et des énergumènes qui se déclarent contre nos spectacles, que je veux les accabler d'un grand nom.

Je n'ai point encore *la Reine de Golconde*; mais j'ai vu de très-jolis vers de M. l'abbé de Boufflers : il faut en faire un abbé de Chaulieu, avec cinquante mille livres de rentes en bénéfices; cela vaut cinquante mille fois mieux que de s'ennuyer en province avec une croix d'or.

Avez-vous lu la *Conversation de l'abbé Grizel et d'un intendant des menus?* si vous ne la connaissez pas, je vous céderai l'exemplaire qu'on m'a envoyé.

Recevez les tendres respects du *Suisse* V.

MMMCDLXXIII. — A M. DE COURTEILLES, CONSEILLER D'ÉTAT.

A Ferney, 18 novembre.

Monsieur, si M. le président de Brosses est roi de France, ou au moins de la Bourgogne cisjurane, je suis prêt à lui prêter serment de fidélité. Il n'a voulu recevoir ni d'un huissier ni de personne l'arrêt du conseil à lui envoyé, par lequel il devait présenter au conseil du roi les raisons qu'il prétend avoir pour s'emparer de la justice de la Perrière, qui appartient à Sa Majesté.

Il me persécute d'ailleurs pour cette bagatelle[1], comme s'il s'agissait d'une province. Vous en jugerez, monsieur, par la lettre ci-jointe que j'ai été forcé de lui écrire, et dont j'ai envoyé copie à Dijon à tous ses confrères, qui lèvent les épaules.

Au reste, monsieur, je ferai tout ce que vous voudrez bien me prescrire, et je vous obéirais avec plaisir quand même je serais roi de la Bourgogne cisjurane, ainsi que M. le président de Brosses. J'ose imaginer, monsieur, que le roi peut à toute force conserver la justice de la Perrière, malgré la déclaration de guerre de M. le président.

J'ai l'honneur d'être avec beaucoup de respect, monsieur, votre très-humble, etc.

1. C'est-à-dire à cause de cette bagatelle, en haine de mon bon droit en cette bagatelle.

MMMCDLXXIV. — A M. LE COMTE DE SCHOWALOW.

Ferney, par Genève, 15 novembre.

Monsieur, j'ai l'honneur de vous envoyer encore l'essai d'un chapitre sur la guerre de Perse. Votre Excellence doit avoir entre les mains les essais concernant la catastrophe du czarovitz, les lois, le commerce, l'Église, la paix glorieuse avec la Suède. Il me semble qu'il n'en faudrait qu'un sur les affaires intérieures jusqu'à la mort de Pierre le Grand. Je suivrai exactement vos instructions, tant pour le second volume que pour le premier; et dès que j'aurai reçu vos réflexions et vos ordres sur les nouveaux chapitres, je les travaillerai avec d'autant plus de soin, que je serai plus sûr de ne point errer. Il est étrange combien de matériaux j'avais rassemblés pour ne m'en point servir. Quel amas de détails inutiles, quelle foule de mémoires de particuliers qui ne parlent que d'eux-mêmes au lieu de parler de Pierre le Grand; et enfin quelle foule d'erreurs et de calomnies m'est tombée entre les mains! J'espère avant qu'il soit peu compléter l'ouvrage, et qu'avant Pâques tout sera conforme à vos désirs. J'ai donné la préférence au plus grand des Pierre sur notre grand Pierre Corneille, et je vous la donne dans mon cœur sur tous les Mécènes de l'Europe.

J'ai l'honneur d'être avec le plus tendre respect, etc.

MMMCDLXXV. — A M. BOURET.

A Ferney, près Genève, 20 novembre.

Vous êtes une belle âme, monsieur, tout le monde le sait, j'en ai des preuves, et je vous dois de la reconnaissance. Monsieur votre frère est une belle âme aussi; il veut le bien public et celui du roi, qui sont les mêmes.

S'il avait vu le petit pays de Gex, que j'ai choisi pour finir mes jours doucement, il n'en croirait pas les faux mémoires qu'on lui a donnés.

1° Les ennemis de notre pauvre petite province en imposent à messieurs les fermiers généraux, en disant que ce pays est peuplé et riche, et que les fonds s'y vendent au denier soixante.

Je suis la cause malheureuse des louanges cruelles qu'on nous donne. Je suis le seul qui, depuis trente ans, ai acheté des terres dans cette province : je les ai achetées trois fois plus cher qu'elles ne valent : mais de ce que je suis une dupe, il ne s'ensuit pas que le terrain soit fertile.

Je certifie que, dans toute l'étendue de la province, la terre ne rend pas plus de trois pour un : ainsi elle ne vaut pas la culture. Le paysage est charmant, je l'avoue, mais le sol est détestable.

Sur mon honneur, nous sommes tous gueux ; et j'ai l'honneur de le devenir comme les autres, pour avoir acheté, bâti, et défriché très-chèrement.

2° Nous manquons d'habitants et de secours. Le pays, qui possédait, il y a soixante ans, seize mille habitants et seize mille bêtes à corne, n'en a plus guère que la moitié. Nous sommes tous obligés de faire cultiver nos terres par des Suisses et par des Savoyards, qui emportent tout l'argent du pays. Donnez-nous quelque facilité, le pays se repeuplera, et les fermes du roi y gagneront.

3° Je peux vous assurer, monsieur, vous et messieurs vos confrères, que trois Génevois étaient déjà prêts à acheter des domaines dans le pays, sur la nouvelle que le conseil de Sa Majesté allait retirer les brigades des employés, et qu'il daignait faire pour nous un arrangement utile.

Nous avons compté sur cet arrangement fait par les membres du conseil les plus expérimentés et les plus instruits : jugez combien il serait cruel de nous priver d'un bien que leur équité nous avait promis !

4° Pour peu qu'on jette les yeux sur la carte de la province, on verra clairement que vos brigades, répandues dans le plat pays, ne servent à rien du tout qu'à vous coûter beaucoup de frais ; placez-les dans les gorges des montagnes, quatre hommes y arrêteraient une armée de contrebandiers ; mais dans le plat pays, les contrebandiers suisses, savoyards, et autres, ont mille routes.

Pour nos paysans, ils ne font d'autre contrebande que de mettre dans leurs chausses une livre de sel et une once de tabac pour leur usage, quand ils vont à Genève.

A l'égard de la grande contrebande, toute la noblesse du pays la regarde comme un crime honteux, et nous vous offrons notre secours contre tous ceux qui voudraient forcer les passages.

5° On allègue que, depuis quelques mois, les bandes armées se sont multipliées. Oui, elles ont été une fois dans le plat pays[1]. Ne divisez plus vos forces, et il ne passera pas un contrebandier.

6° On allègue que si on retirait les brigades du plat pays, si on s'abonnait avec nous, si on suivait le règlement proposé, nous nous vêtirions d'étoffes étrangères, au préjudice des manufactures du royaume.

Nous prions instamment messieurs les fermiers généraux d'observer que la capitale de notre opulente province n'a pas un marchand, pas un artisan tolérable ; et que quand on a besoin d'un habit, d'un chapeau, d'une livre de bougie et de chandelle, il faut aller à Genève.

Que le conseil nous accorde cet abonnement utile à jamais pour les fermes du roi et maintenant pour nous (abonnement proposé par plusieurs de vos confrères), nous deviendrons les rivaux de Genève, au lieu d'être ses tributaires.

7° On nous oppose que le port franc de Marseille n'a pas les priviléges que nous demandons. Mais, monsieur, peut-on comparer nos huit à neuf mille pauvres habitants à la ville de Marseille, qui n'a nul besoin d'un pareil abonnement ? D'autres provinces, dit-on, seraient aussi en droit que nous de demander ces priviléges.

1. C'est-à-dire que quatre paysans étrangers voulant passer avec du tabac, tuèrent un guide, il y a près de deux ans : preuve évidente que ces gardes dispersés dans le plat pays ne servent à rien. La dixième partie, placée dans les gorges des montagnes, formerait une barrière impénétrable.

Considérez, je vous prie, que nulle province n'est située comme la nôtre. Elle est entièrement séparée de la France par une chaîne de montagnes inaccessibles, dans lesquelles il n'y a que trois passages à peine praticables. Nous n'avons de communication et de commerce qu'avec Genève. Traitez-nous comme notre situation le demande et comme la nature l'indique. Si vous mettez à grands frais des barrières (d'ailleurs inutiles) entre Genève et nous, vous nous gênez, vous nous découragez, vous nous faites déserter notre patrie, et vous n'y gagnez rien.

8° Enfin, monsieur, c'est sur un mémoire de plusieurs de vos confrères mêmes que M. de Trudaine arrangea notre abonnement du sel forcé, et qu'il écrivit à M. l'intendant de Bourgogne. Nous acceptâmes l'arrangement. Faut-il qu'aujourd'hui, sur les calomnies de quelques regrattiers de sel intéressés à nous nuire, on révoque, on désavoue le plan le plus sage, le plus utile pour tout le monde, dressé par M. de Trudaine lui-même !

9° Je vous supplie, monsieur, de faire remarquer à MM. les fermiers, vos confrères, les expressions de la lettre de M. de Trudaine à M. l'intendant de Bourgogne, du 16 août 1761 : « Je vous prie de faire goûter ces bonnes raisons à ceux qui sont à la tête de l'administration du pays. Je ferai expédier, sans retardement, l'arrêt et les lettres patentes. »

Il est évident qu'on avait discuté le pour et le contre de cet abonnement, qu'on avait consulté messieurs des fermes, qu'on attendait de nous l'acceptation de leurs bonnes raisons : nous les avons acceptées; nous avons regardé la lettre de M. de Trudaine comme une loi; nous avons compté sur la convention faite avec vous.

Qu'est-il donc arrivé depuis, et qui a pu changer une résolution prise avec tant de maturité?

Quelque préposé au sel a craint de perdre un petit profit; il a voulu surprendre l'équité de monsieur votre frère; il a voulu immoler le pays à ce petit intérêt.

Toute la province vous conjure, monsieur, d'examiner nos remontrances avec monsieur votre frère, en présence de M. de Trudaine, et de finir ce qui était si bien commencé; elle vous aura autant d'obligations que vous en a la Provence.

En mon particulier, je sentirai votre bonté plus que personne.

J'ai l'honneur d'être, etc.

MMMCDLXXVI. — A M. LE MARQUIS DE THIBOUVILLE.

23 novembre.

Vous êtes donc du comité, monsieur; vous êtes un des anges; vous avez vu l'œuvre des six jours. Je ne m'en suis pas repenti : je ne veux pas le noyer, comme on le dit d'un grand auteur[1]; mais je veux le corriger, sans me mettre en colère comme lui.

1. *Pœnituit*, dit la Genèse, chap. VI, v. 6. (ÉD.)

Je vous dirai d'abord ce que j'ai déjà dit au comité, que votre idée de Clairon-Olympie vous a trompé. Ce rôle n'est point du tout dans son caractère. Olympie est une fille de quinze ans, simple, tendre, effrayée, qui prend à la fin un parti affreux, parce que son ingénuité a causé la mort de sa mère, et qui n'élève la voix qu'au dernier vers, quand elle se jette dans le bûcher. Ce n'est pourtant point Zaïre; et il serait très-insipide de la faire parler d'amour avant le moment de son mariage, qui est un coup de théâtre très-neuf, dont tous ces froids préliminaires feraient perdre le mérite.

Ce n'est point Chimène, car elle révolterait au lieu d'attendrir, si elle avouait d'abord sa passion pour l'empoisonneur de son père et pour l'assassin de sa mère. Chimène peut avec bienséance aimer encore celui qui vient de se battre honorablement contre son brutal de père; mais si Olympie, en voulant ridiculement imiter Chimène, disait qu'elle veut adorer et poursuivre un empoisonneur et un assassin, on lui jetterait des pierres.

Il est beau, il est neuf qu'Olympie n'ait de confidente que sa mère; elle doit attendrir, quand elle avoue enfin à cette mère qu'elle aime à la vérité celui qu'elle regarde comme son mari, mais qu'elle renonce à lui. On doit la plaindre; mais on plaint encore plus Statira, et c'est cette Statira qui est le grand rôle.

Vieillissez Mlle Clairon, rajeunissez Mlle Gaussin, et la pièce sera bien jouée. D'ailleurs, que de choses à changer, à fortifier, à embellir! Donnez-moi du temps, sept ou huit jours, par exemple.

Je suis absolument de l'avis des anges sur un morceau de Cassandre; je crois, comme eux, qu'il prierait trop son rival après avoir tant prié les dieux. C'est trop prier; et quand on s'abaisse à implorer le même homme qu'on a voulu tuer le moment d'auparavant, il faut un excès d'égarement et de douleur qui excuse cette disparate, et qui en fasse même une beauté. Ce n'est pas assez de dire : *Tu vois combien je suis égaré*, il faut ne le pas dire, et l'être. J'envoie une petite esquisse de ce que Cassandre pourrait dire en cette occasion. L'objet le plus essentiel est qu'un empoisonneur et un assassin puisse intéresser en sa faveur. Si on réussit dans cette entreprise délicate, tout est sauvé; les autres rôles vont d'eux-mêmes.

Mais, encore une fois, ne nous trompons point sur Olympie. Vouloir fortifier ce rôle, c'est le gâter. Le mérite de ce rôle consiste dans la réticence; elle ne doit dire son secret qu'au dernier vers. Si vous changez quelque chose à cet édifice, vous le détruirez : c'est dans cet esprit que j'ai fait la pièce, et je ne peux pas la refaire dans un autre.

Pardon, monsieur, de tant de paroles oiseuses. Mme Denis vous écrira moins et mieux

MMMCDLXXVII. — A M. LE CARDINAL DE BERNIS, [EN LUI ENVOYANT LA TRAGÉDIE DE CASSANDRE (*Olympie*), FAITE EN SIX JOURS].

Aux Délices, 23 novembre.

Monseigneur, c'est à vous à m'apprendre si, après avoir passé six jours à créer, je dois dire : *Pœnituit fecisse*. A qui m'adresserai-je, sinon à vous? Vous pouvez avoir perdu le goût de vous amuser à faire les vers du monde les plus agréables; mais sûrement vous n'avez pas perdu ce goût fin que je vous ai connu, qui vous en faisait si bien juger. Votre Éminence aime toujours nos arts, qui font le charme de ma vie. Daignez donc me dire ce que vous pensez de l'esquisse que j'ai l'honneur de vous envoyer. Le brouillon n'est pas trop net; mais s'il y a quelques vers d'estropiés, vous les redresserez; s'il y en a d'omis, vous les ferez. Je crois que pendant que vous étiez dans le ministère, vous n'avez jamais reçu de projet de nos têtes chimériques plus extraordinaire que le plan de cette tragédie. Vous verrez que je ne vous ai pas trompé, quand je vous ai dit que vous y trouverez une religieuse, un confesseur, un pénitent.

Que je suis fâché que vous n'ayez point de terres vers le pays de Gex! nous jouerions devant Votre Éminence. J'ai un théâtre charmant, et une jolie église; vous présideriez à tout cela; vous donneriez votre bénédiction à nos plaisirs honnêtes.

Serez-vous assez bon pour marquer sur de petits papiers attachés avec de petits pains : « Ceci est mal fait, cela est mal dit; ce sentiment est exagéré, cet autre est trop faible; cette situation n'est pas assez préparée, ou elle l'est trop, etc.? »

*Vir bonus et prudens versus reprehendet inertes,*
*Culpabit duros*, etc.

Hor., de Art. poet., v. 445.

Puissiez-vous vous amuser autant à m'instruire que je me suis amusé à faire cet ouvrage, et avoir autant de bonté pour moi que j'ai envie de vous plaire et de mériter votre suffrage! Ah! que de gens font et jugent, et que peu font bien et jugent bien! Le cardinal de Richelieu n'avait point de goût; mais, mon Dieu, était-il un aussi grand homme qu'on le dit? J'ai peut-être dans le fond de mon cœur l'insolence de...; mais je n'ose pas...; je suis plein de respect et d'estime pour vous, et si...; mais....

VOLTAIRE.

MMMCDLXXVIII. — A M. LE COMTE D'ARGENTAL.

23 novembre.

O anges! — 1° L'incluse est pour votre tribunal aussi bien que pour M. de Thibouville.

2° Que voulez-vous que je rapetasse encore au *Droit du seigneur*? qu'importe qu'on marie Dorimène demain ou aujourd'hui?

3° Voulez-vous me renvoyer *Cassandre*, et vous l'aurez avec des cartons huit jours après?

4° Faites-vous montrer, je vous prie, la lettre que j'ai eu l'honneur d'écrire à M. de Courteilles, au sujet de M. le président de Brosses; quoique vous soyez conseiller d'honneur, vous trouverez le procédé de M. de Brosses comique.

5° Quand on jouera *Cassandre*, mon avis est que Clairon ou Dumesnil soit Statira, et que quelque jeune actrice bien montrée soit Olympie.

6° Quelle nouvelle de *Zulime* ?

7° On dit que votre traité avec l'Espagne est signé[1].

8° J'oubliais ma pancarte pour Marie Corneille. Je crois que tout privilége de Corneille étant expiré, c'est un bien de famille qui doit revenir à Marie.

9° Je viens de faire une allée de quinze cents toises; mais j'aime encore mieux *Cassandre*.

## MMMCDLXXIX. — AU MÊME.

Ferney, 27 novembre.

O anges! croyez-moi, voilà comme il faut commencer à peu près le rôle d'Olympie; ensuite nous le fortifions dans quelques endroits. Mais commencer dans le goût de *Zaïre*; mais rendre froid dans *Olympie* ce qui, dans *Zaïre*, est piquant par sa première éducation dans le christianisme; mais disloquer le premier acte et donner le change au spectateur en discutant la mémoire d'Alexandre, après avoir parlé d'amour; mais enfin détruire tout l'effet d'un coup de théâtre entièrement nouveau, se priver de la surprise que cause le mariage d'Olympie ; ah ! mes anges! rejetez bien loin cette abominable idée , et laissez-moi faire. Oubliez la pièce; renvoyez-la moi, je vous la redépêcherai sur-le-champ; et, si vous n'êtes pas contents, dites mal de moi.

Nous pensons que vous vous méprenez, sauf respect, quand vous croyez qu'Olympie est le premier rôle; il ne l'est que quand Statira est morte : c'est Statira qui est le grand rôle. Ah ! comme nous pleurions à ce vers :

J'ai perdu Darius, Alexandre, et ma fille;
Dieu seul me reste.

C'est que Mme Denis déclame du cœur, et que chez vous on déclame de la bouche.

Nous avons été plus sévères que vous sur quelques articles; mais nous sommes diamétralement opposés sur Olympie. Songez qu'elle est bien résolue à ne point épouser Cassandre; mais qu'elle ne peut s'empêcher de l'aimer, et qu'elle ne lui dit qu'elle l'aime qu'en s'élançant dans le bûcher. Si vous ne trouvez pas cela honnêtement beau, par ma foi, vous êtes difficiles.

Cette œuvre de six jours prouve que le sujet portait son homme;

1. C'est le pacte de famille du 15 août 1761. (ÉD.)

qu'il volait sur les ailes de l'enthousiasme. Si le sujet n'eût pas été théâtral, je n'aurais pas achevé la pièce en six ans. Tout dépend du sujet : voyez *le Cid* et *Pertharite*, *Cinna* et *Suréna*, etc.

Avez-vous lu le *Testament politique du maréchal de Belle-Ile?* c'est un ex-capucin de Rouen, nommé jadis Maubert, fripon, espion, escroc, menteur, et ivrogne, ayant tous les talents de moinerie, qui a composé cet impertinent ouvrage. Il est juste qu'un pareil maraud soit à Paris, et que j'en sois absent.

L'Académie ne veut pas paraître philosophe. Quelles pauvres observations que ces observations sur mes remarques concernant *Polyeucte!* Patience, je suis un déterminé; j'ai peu de temps à vivre; je dirai la vérité.

*Interim*, je vous adore.

P. S. Le roi de France prend.... 200 exemplaires.
  L'empereur................ 100
  L'impératrice............. 100
  L'impératrice russe........ 200
  Le roi Stanislas........... 1 [1]

MMMCDLXXX. — A M. LE MARÉCHAL DUC DE RICHELIEU.

A Ferney, 27 novembre.

Vous donnez, monseigneur, quatre-vingt-deux ans à Malagrida aussi noblement que je faisais Ceratti confesseur d'un pape. Malagrida n'avait que soixante-quatorze ans; il ne commit point tout à fait le péché d'Onan; mais Dieu lui donnait la grâce de l'érection, et c'est la première fois qu'on a fait brûler un homme pour avoir eu ce talent. On l'a accusé de parricide, et son procès porte qu'il a cru qu'Anne, mère de Marie, était née impollue, et qu'il prétendait que Marie avait reçu plus d'une visite de Gabriel. Tout cela fait pitié et fait horreur. L'inquisition a trouvé le secret d'inspirer de la compassion pour les jésuites. J'aimerais mieux être né nègre que Portugais.

Eh, misérables! si Malagrida a trempé dans l'assassinat du roi, pourquoi n'avez-vous pas osé l'interroger, le confronter, le juger, le condamner? Si vous êtes assez lâches, assez imbéciles pour n'oser juger un parricide, pourquoi vous déshonorez-vous en le faisant condamner par l'inquisition pour des fariboles?

On m'a dit, monseigneur, que vous aviez favorisé les jésuites à Bordeaux. Tâchez d'ôter tout crédit aux jansénistes et aux jésuites, et Dieu vous bénira.

Mais surtout persistez dans la généreuse résolution de délivrer les comédiens, qui sont sous vos ordres, d'un joug et d'un opprobre qui

1. M. de Voltaire, jugeant du mauvais effet que ce contraste ferait dans la liste imprimée des souscripteurs, fit insinuer au roi Stanislas qu'il était de sa dignité de souscrire pour un certain nombre d'exemplaires. Le roi alors fit souscrire pour vingt-cinq exemplaires, et après les avoir payés n'en retira que quelques-uns, et fit présent de tous les autres à la petite-nièce de Corneille. (*Note de Decroix.*)

rejaillit sur tous ceux qui les emploient. Otez-nous ce reste de barbarie, malgré maître Le Dain, et malgré son discours prononcé *du côté du greffe.*

Le polisson qui a fait le *Testament du maréchal de Belle-Ile* mériterait un bonnet d'âne. Quelles omissions avez-vous donc faites dans la convention de Closter-Seven? on n'en fit qu'une, ce fut de ne la pas ratifier sur-le-champ.

Ce n'est pas que je sois fâché contre le faiseur de testament, qui prétend que j'aurais été mauvais ministre. A la façon dont les choses se sont passées quelquefois, on aurait pu croire que j'avais grande part aux affaires.

Qu'on pende le prédicant Rochette, ou qu'on lui donne une abbaye, cela est fort indifférent pour la prospérité du royaume des Francs; mais j'estime qu'il faut que le parlement le condamne à être pendu, et que le roi lui fasse grâce. Cette humanité le fera aimer de plus en plus; et si c'est vous, monseigneur, qui obtenez cette grâce du roi, vous serez l'idole de ces faquins de huguenots. Il est toujours bon d'avoir pour soi tout un parti.

Je joins au chiffon que j'ai l'honneur de vous écrire le chiffon de *Grisel.* Il faut qu'un premier gentilhomme de la chambre ait toujours un *Grisel* dans sa poche, pour l'inciter doucement à protéger notre *trépot* dans ce monde-ci et dans l'autre.

Agréez toujours mon profond respect.

MMMCDLXXXI. — A M. LE COMTE D'ARGENTAL.

29 novembre.

Divins anges, lisez, jugez, mais sans préjugés. Pour l'amour de Dieu, n'imaginez pas qu'une Olympie doive clabauder d'abord contre son amour pour Cassandre. Elle ne doit pas soupçonner seulement qu'elle l'aime encore, dans le moment qu'elle reconnaît sa mère. Ensuite elle doit faire soupçonner qu'elle pourrait bien l'aimer, et ce n'est qu'au dernier vers qu'elle doit avouer qu'elle l'adore : si nous sortons de ces limites, nous sommes perdus.

Vous m'avez mis des points sur des *i* ; vous m'avez rabâché des empoisonneurs. Faut-il donc tant insister sur un mot corrigé en un moment? Quelle rage avez-vous, mes anges?

MMMCDLXXXII. — AU MÊME.

2 décembre.

Divins anges, si vous êtes si difficiles, je le suis aussi. Voyez, s'il vous plaît, combien il est malaisé de faire un ouvrage parfait. Si ces notes sur *Héraclius* ne vous ennuient point, lisez-les, et vous verrez que j'ai passé sous silence plus de deux cents fautes. Mme du Châtelet avait de l'esprit, et l'esprit juste : je lui lus un jour cet *Héraclius*; elle y trouva quatre vingts vers dignes de Corneille, et crut que le reste était de l'abbé Pellegrin, avant que cet abbé fût venu à Paris. Voulez-vous ensuite avoir la bonté de donner mes remarques à Duclos? Je suis bien aise de voir comment l'Académie pense ou feint de penser. Je sais bien que c'est avec une extrême circonspection que je dois dire la vérité; mais enfin je serai obligé de la dire. Je serai poli; c'est, je crois, tout ce qu'on peut exiger.

Vous avez sans doute plus de droit sur moi, mes anges, que je n'en ai sur Corneille. Il ne peut plus profiter de mes critiques, et je peux tirer un grand avantage des vôtres.

Plus je rêve à Olympie, plus il m'est impossible de lui donner un autre caractère. Elle n'a pas quinze ans; il ne faut pas la faire parler comme sa mère. Elle me paraît, au cinquième acte, fort au-dessus de son âge.

Ces initiés, ces expiations, cette religieuse, ces combats, ce bûcher; en vérité, il y a là du neuf. Vous ne voulez pas jouer *Cassandre*, eh bien! nous allons le jouer, nous. — Nous baisons le bout de vos ailes.

## MMMCDLXXXIII. — A M. L'ABBÉ IRAILH.

À Ferney, le 4 décembre.

Vous serez étonné, monsieur, de recevoir, par la petite poste de Paris, les remercîments d'un homme qui demeure au pied des Alpes; mais j'ai éprouvé tant de contre-temps et d'embarras par la poste ordinaire, que je suis obligé de prendre ce parti.

Vous vous occupez paisiblement, monsieur, des querelles des gens de lettres, pendant que les querelles des rois font un peu plus de tort à nos campagnes que toutes les disputes littéraires n'en ont fait au Parnasse. Il faut être continuellement en guerre, dans quelque état qu'on se trouve.

Je combats aujourd'hui contre les fermiers généraux, au nom de notre petite province. Il ne tiendra qu'à vous d'ajouter mes mémoires sur le blé, le tabac et le sel, à toutes mes autres sottises.

Je me suis avisé de devenir citoyen, après avoir été longtemps rimailleur et mauvais plaisant. J'ennuie le conseil de Sa Majesté, au lieu d'ennuyer le public.

Il me semble que vous dites un petit mot du roi de Prusse dans l'*Histoire des querelles*. J'avais remis mes intérêts à trois ou quatre cent mille hommes qui ne m'ont pas si bien servi que vous; les Russes mêmes m'ont manqué de parole au siège de Colberg[1]. Je dois vous regarder comme un de mes alliés les plus fidèles.

Mme Denis et moi nous vous prions, monsieur, de faire mille complimens à toute notre famille : nous ne savons point encore les marches de Mme de Fontaine et de M. d'Hornoy; nous nous flattons d'en être instruits quand elle sera à Paris, en bonne santé. J'ai l'honneur d'être, etc.

1. Colberg, défendue par le colonel Heyden, ne se rendit à Romanzow, général russe, que le 16 décembre 1761. (ÉD.)

ANNÉE 1761.

MMMCDLXXX'7. — A M. DAMILAVILLE.

Le 6 décembre.

Je souhaite la bonne année 1762 aux frères : je m'y prends de bonne heure, car j'ai hâte.

Que font les frères?

Quelle nouvelle du Parnasse et du théâtre, et même des affaires profanes?

La raison gagne-t-elle un peu? Si les jésuites sont fessés, les jansénistes ne sont-ils pas trop fiers? Gens de bien, opposez-vous aux uns et aux autres; soyez hardis et fermes.

Frère Helvétius est-il revenu à Paris?

Frère Thieriot augmentera-t-il de paresse?

A quand l'*Encyclopédie?* l'aurons-nous en 1762?

Que dit-on de la santé de Clairon et de la vive Dangeville?

Le *Journal de Trévoux* continue-t-il toujours?

Berthier[1] est-il ressuscité?

Crévier[2] est-il mort?

Qu'est-ce donc que ce livre *De la nature*[3]? est-ce un abrégé de Lucrèce? est-ce du vieux? est-ce du nouveau? est-ce du bon? S'il y a *mica salis*[4], envoyez-le à votre frère du désert.

Est-il vrai que le gouvernement emprunte quarante millions? et à qui, bon Dieu? Où trouvera-t-on ces quarante millions? Il y a des gens qui les ont gagnés; mais ceux-là ne les prêteront pas. *Interim, valete, fratres.*

Voici une lettre pour l'abbé Irailh, auteur des belles *Querelles*. Mais où demeure-t-il ce M. Blin de Sainmore qui a fait de très-jolis vers pour moi, et qui a tant fait parler la belle Gabrielle?

MMMCDLXXXV. — A M. LE MARQUIS DE CHAUVELIN.

A Ferney, le 6 décembre (*partira quand pourra*).

Disposez, ordonnez; je pars avec douleur de Ferney, où j'ai bâti un très-joli théâtre, pour aller sur le territoire damné de Genève, qui a déclaré la guerre aux théâtres. Ne trouvez-vous pas qu'il faudrait brûler cette ville? En attendant que Dieu fasse justice de ces hérétiques, ennemis de Corneille et du pape, je ferai transcrire l'œuvre des six jours[5] tel qu'il est; je n'y veux rien changer. Je veux devoir les changements à vos conseils, et surtout à l'impression que cela fera sur le cœur de Mme de Chauvelin; car, soit dit sans vous déplaire, tous les raisonnements des hommes ne valent pas un sentiment d'une femme. Je ne dis pas cela pour vous dénigrer; mais je prétends que si vous approuvez, et que si Mme de Chauvelin est émue, la pièce est bonne,

---

1. Allusion à la *Relation de la maladie*, etc., *du jésuite Berthier.* (ÉD.)
2. Crévier, continuateur de Rollin, ne mourut qu'en 1765. (ÉD.)
3. *De la nature*, par Robinet. (ÉD.)
4. Martial, livre VII, épigramme xxiv, vers 3. (ÉD.)
5. *Olympie*. (ÉD.)

ou du moins touchante, ce qui est encore mieux. En un mot, vous-l'aurez, et je vous remercie de me l'avoir demandée.

Je me mets aux pieds de votre belle actrice [1].

Quand verrai-je le jour où elle jouera la fille, et Mme Denis la mère, et moi le bonhomme? Je persiste fermement dans l'opinion où je suis que Dieu nous a créés et mis au monde pour nous amuser; que tout le reste est plat ou horrible.

Je supplie Votre Excellence de vouloir bien dire à M. Guastaldi combien je l'estime, j'ose même dire combien je l'aime. Recevez mes tendres respects.

### MMMCDLXXXVI. — AU MÊME.

*Le même jour (6 décembre).*

Tout ce qui me fâche à présent dans ce monde, je l'avoue à Vos aimables Excellences, c'est qu'il y ait deux rôles de femmes dans la plupart des pièces; car où trouver le pendant de Mme de Chauvelin? Je sais quel est son singulier talent; mais si elle daigne jouer Andromaque, que devient Hermione? et si elle fait Hermione, il faut jeter Andromaque par la fenêtre. Elle est comme l'*Ariosto* : *se sto, chi va? se vo, chi sta?*

Vous me paraissez si honnête homme, monsieur, que je me confierais à vous, quoique vous autres ministres, en général, ne valiez pas grand'chose. Un certain *Tancrède* fut confié à M. le duc de Choiseul, et ce *Tancrède*, encore tout en maillot, courut Versailles, Paris, et l'armée. Vous voulez mon œuvre de six jours : je pourrai bien me repentir de mon œuvre, comme Dieu; mais je ne me repentirai pas de l'avoir soumis ou soumise à vos lumières et à vos bontés. Reste à savoir comment je vous le dépêcherai, et comment vous me le redépêcherez. N'y a-t-il pas un courrier de Rome qui passe toutes les semaines par Lyon et par Turin? Ne pourriez-vous pas faire écrire à M. Tabareau, directeur de la poste de Lyon, de vous faire tenir un paquet cacheté qui viendra de Genève, contenant environ seize cents vers qui ne valent pas le port?

### MMMCDLXXXVII. — DU CARDINAL DE BERNIS.

*De Montélimart, le 10 décembre.*

Je vous envoie, mon cher confrère, votre ouvrage de six jours; je crois que quand vous en aurez employé six autres à soigner un peu le style de cette pièce, à mettre, à la place des premières expressions qui se sont présentées dans le feu de la composition, des expressions plus propres ou moins générales, cet ouvrage sera digne de vous et de l'amour que vous avez pour lui. J'avoue que je crains un peu pour l'impression que fera au théâtre le rôle de Cassandre. Empoisonneur et assassin, il est encore superstitieux, et ses remords n'intéressent guère, parce qu'ils ne partent que de ses craintes et de la faiblesse de son

---

1. Mme de Chauvelin. (ÉD.)

âme. Aucune grande action ne fait le contre-poids de ses crimes. Son ambition même est subordonnée à son amour. Antigone, aussi criminelle que Cassandre, a un caractère plus décidé, et qui fait grand tort à l'autre. L'amour d'Olympie peut manquer son effet par le peu d'intérêt qu'on prendra peut-être à son amant. Il y a aussi quelque chose d'embarrassé dans la cérémonie du serment de Cassandre et d'Olympie; elle a l'air d'un véritable mariage. Je comprends les raisons que vous avez eues; mais je voudrais quelque chose de plus net. Il suffit qu'Olympie ait promis sa main par serment aux pieds des autels à Cassandre, pour qu'elle soit liée, et qu'il résulte de là tout le jeu des passions contraires, que vous avez si bien mises en œuvre. Je ne voudrais pas non plus que Cassandre, se poignardant, jetât le poignard à son rival; cette action est bien délicate devant un parterre français. Si Antigone ne ramasse pas le poignard, cela rend l'action de Cassandre ridicule; s'il le ramasse et veut s'en frapper, on demande pourquoi un homme ambitieux se tue parce que son rival expire, et lorsqu'en perdant une femme qu'il ne voulait épouser que par ambition, il acquiert tous les droits qu'elle réunissait à la succession d'Alexandre. Je ne sais aussi si le culte de Vesta, que vous établissez au temple d'Éphèse, ne vous ferait pas quelque affaire avec nos voisins de l'Académie des inscriptions. Il me semble que Vesta était adorée par les Grecs sous le nom de Cybèle, et sous celui de Vesta par les seuls Romains. Au surplus, je vous déclare qu'il y a longtemps que je n'ai lu de mythologistes. Voilà en gros ce que j'avais à vous dire sur votre tragédie, dont le succès dépendra beaucoup du spectacle et des acteurs. Le dernier coup de théâtre peut beaucoup frapper, si la machine sert bien le talent de l'actrice. Cette pièce m'est arrivée quand je commençais à être attaqué d'un gros rhume de poitrine, auquel la goutte s'est jointe. Je souffre moins aujourd'hui, et je profite de ce relâche pour vous écrire. On est bien sévère quand on est malade. Je vous dois cependant trois heures délicieuses, que la lecture de votre pièce m'a procurées. J'ai senti que les vieilles fables avaient du fondement, et que les beaux vers ont réellement le droit de suspendre pour quelques moments la douleur. Je serais entré dans un plus grand détail si ma santé me l'avait permis; mais je n'ai pas voulu garder plus longtemps votre manuscrit. Adieu, mon cher confrère; je vous aime, et j'adore vos talents et votre gaieté.

MMMCDLXXXVIII. — A M. LE COMTE D'ARGENTAL.

Aux Délices, 12 décembre.

O anges! voici une réponse à une lettre de M. de Thibouville, que je crois écrite sous vos influences.

Renvoyez-moi *Cassandre* cartonné, et je vous le renverrai sur-le-champ recartonné.

Ah! mes anges, cela vaudra mieux que ce benêt de Ramire, qui ne sera jamais qu'un beau-fils, un fadasse, un blanc-bec.

Je suis obligé de confesser à mes anges que je serai probablement forcé d'imprimer *Cassandre* dans trois mois au plus tard, pour des raisons essentielles, et que c'est une chose dont je ne serai pas le maître.

J'estime donc que, pour verser un peu d'eau des Barbades dans la carafe d'orgeat de Ramire, il conviendra de donner *Cassandre* tout chaud.

Je prends la liberté de demander des nouvelles du prince de Chalais, marquis d'Exideuil, comte de Talleyrand, ambassadeur en Russie en 1634, avec un marchand nommé Roussel. J'ai besoin et intérêt de tirer cette fable au clair! Vous avez un dépôt des affaires étrangères depuis 1601. M. le comte de Choiseul daignera-t-il m'aider?

J'attends l'Espagne, je ne rêve qu'à l'Espagne. Je baise les ailes aux anges.

MMMCDLXXXIX. — A M. LE CARDINAL DE BERNIS.

Aux Délices, le 18 décembre.

Vous avez raison, monseigneur, vous avez raison ; il faut absolument que Cassandre soit innocent de l'empoisonnement d'Alexandre, et qu'il soit bien évident qu'il n'a frappé Statira que pour défendre son père : il doit intéresser, et il n'intéresserait pas s'il était coupable de ces crimes qui inspirent l'horreur et le mépris. Je suis de votre avis dans tout ce que vous dites, excepté dans la critique du poignard qu'on jette au nez d'Antigone : ce drôle-là ne le ramassera pas, quelque sot qu'il soit. Ce n'est pas un homme à se tuer pour des filles ; et d'ailleurs tant de prêtres, tant de religieuses et d'initiés se mettront entre eux, que je le défierais de se tuer. Je remercie vivement, tendrement, Votre Éminence. Savez-vous bien que j'ai passé la nuit à faire usage de toutes vos remarques? Il me paraît que vous ne vous souciez guère des grands mystères et des initiations. Cela n'est pas bien. Statira religieuse, Cassandre qui se confesse, tout cela me paraît fait pour la multitude. Le spectacle est auguste, et fournit des idées neuves : tout cela nous amusera sur notre petit théâtre. Je voudrais jouer devant Votre Éminence, *recreatus praesentia*. Que vous êtes aimable de vous amuser des arts! vous devez au moins les juger, après avoir fait de si jolies choses quand vous n'aviez rien à faire. Je vois par vos remarques que vous ne nous avez pas tout à fait abandonnés. Mon avis est que vous vous mettiez tout de bon à cultiver vos grands talents. Le cardinal Passionei disait qu'il n'y avait que lui qui eût de l'esprit dans le sacré collège. Vous n'aviez pas encore le chapeau dans ce temps-là. Je tiens que Votre Éminence a plus d'esprit et de talent que lui, sans aucune comparaison. Je voudrais savoir si vous faites quelque chose, ou si vous continuez de lire. Je ne demande pas indiscrètement ce que vous faites, mais si vous faites. Le cardinal de Richelieu faisait de la théologie à Luçon. Dieu vous préservera de cette belle occupation. Je voudrais encore savoir si vous êtes heureux, car je veux qu'on le soit malgré les gens. Votre Éminence dira : « Voilà un bavard bien curieux ; » mais ce n'est pas curiosité, cela m'importe ; je veux absolument qu'on soit heureux dans la retraite.

Vous m'avez permis de vous envoyer dans quelque temps des remarques sur Corneille; vous en aurez; et je suis persuadé que ce sera un amusement pour vous de corriger, retrancher, ajouter. Vous rendriez un très-grand service aux lettres. Eh! mon Dieu! qu'a-t-on de mieux à faire, et quelles sottises de toutes les espèces on fait à Paris! Je ne reverrai jamais ce Paris; on y perd son temps, l'esprit s'y dissipe, les idées s'y dispersent; on n'y est point à soi. Je ne suis heureux que depuis que je suis à moi-même : mais je le serais encore davantage, si je pouvais vous faire ma cour. Cependant je suis bien vieux. *Vale.* Monseigneur, au pied de la lettre,

*Gratia, fama, valetudo*.....................
Hor., lib. I, ep. IV, v. 10.

On m'a envoyé *les Chevaux et les ânes :* voulez-vous que je les envoie à Votre Éminence ?

**MMMCDXC. — A M. LE COMTE D'ARGENTAL.**

17 décembre.

Ils diront, ces anges : « Il n'y a pas de patience d'ange qui puisse y tenir; nous avons là un dévot insupportable. » Renvoyez-moi donc votre exemplaire, et prenez celui-là. Je ne sais plus qu'y faire, mes tutélaires; je suis à bout, excédé, rebuté sur l'ouvrage; mais, croyez-moi, le succès est dans le fond du sujet. S'il est intéressant, il ne peut pas l'être médiocrement ; s'il n'y a point d'intérêt, rien ne peut l'embellir.

La tête me fend; et si *Cassandre* ne vous plaît pas, vous me fendez le cœur.

L'imagination n'a pas encore dit son dernier mot sur cette pièce; la bonne femme est capricieuse, et ne répond jamais de ce qui lui passera par la tête. Si quelque embellissement se présente à elle, elle ne le manquera pas. Mes anges aiment *Zulime* ; je ne saurais m'en fâcher contre eux; mais assurément ils doivent aimer mieux *Cassandre*.

Mais que dirons-nous de notre philosophe de vingt-quatre ans? comment fera-t-il avec une personne dont il faudra finir l'éducation ? comment s'accommodera-t-il d'être mari, précepteur, et solitaire ? On se charge quelquefois de fardeaux difficiles à porter; c'est son affaire : il aura Cornélie-Chiffon quand il voudra.

Nous venons de répéter le *Droit du seigneur* ; Cornélie-Chiffon jouera Colette comme si elle était élève de Mlle Dangeville.

Le petit mémoire touchant l'ambassadeur prétendu de France à la Porte russe est précisément ce qu'il me fallait; je n'en demande pas davantage, et j'en remercie mes anges bien tendrement. Ils sont exacts, ils sont attentifs, ils veillent de loin sur leur créature. Je renvoie leur mémoire ou apostillé, ou combattu, ou victorieux, selon que mon humeur m'y a forcé.

Sur ce, je baise leurs ailes avec les plus saints transports.

MMMCDXCI. — A M. DE CIDEVILLE.

Aux Délices, 20 décembre.

J'ai peur, mon ancien ami, de ne vous avoir pas remercié de la description du presbytère. Je crois que Corneille aurait mieux réussi s'il avait eu votre Launay à peindre; il lui fallait de beaux sujets. *Cinna* inspirait mieux que *Pertharite*.

Ce Corneille m'a coûté tant de soins, il a fallu écrire tant de lettres, envoyer tant de paquets à l'Académie, que je ne sais plus où j'en suis; la correspondance a pris tout mon temps. Il se pourrait très-bien que je ne vous eusse point écrit : si j'ai fait cette faute, pardonnez-la-moi.

Nous allons poser bientôt les fondements du petit mausolée que nous élevons à la gloire de votre concitoyen, du père de notre théâtre, de ce théâtre que maître Le Dain et maître Fleury veulent absolument excommunier; de ce théâtre qui peut-être est la seule chose qui distingue la France des autres nations; de ce théâtre dont on adore les actrices, qu'ensuite on jette à la voirie, etc., etc.

Enfin Mlle Corneille a lu *le Cid*; c'est déjà quelque chose. Vous savez que nous l'avons prise au berceau. Nous comptons qu'elle jouera ce printemps Chimène sur notre théâtre de Ferney; elle se tire déjà très-bien du comique. Il y a de quoi en faire une Dangeville. Elle joue des endroits à faire mourir de rire, et malgré cela elle ne déparera pas le tragique. Sa voix est flexible, harmonieuse, et tendre; il est juste qu'il y ait une actrice dans la maison de Corneille.

Pour Mme Denis, c'est bien dommage qu'elle n'exerce pas ce talent plus souvent; elle est admirable dans quelques rôles; mais il est plus aisé de bâtir un théâtre que de trouver des acteurs. J'aimerais mieux avoir un procès à solliciter que des acteurs à rassembler. C'est beaucoup d'avoir trouvé quelquefois au pied des Alpes de quoi composer une assez bonne troupe. J'ai pris le parti de me bien amuser sur la fin de ma vie, de faire à la fois les pièces, le théâtre et les acteurs; cela fait une vie pleine, pas un moment de perdu.

Dieu a eu pitié de moi, mon cher et ancien ami. Réjouissez-vous tant que vous pourrez; tout ce qui n'est pas plaisir est pitoyable. Êtes-vous à Paris? êtes-vous à Launay? en quelque endroit que vous soyez, je vous aime de tout mon cœur. V.

MMMCDXCII. — A M. LE COMTE D'ARGENTAL.

23 décembre.

C'est pour le coup que nous rirons aux anges. Qu'il arrive de plaisantes choses dans la vie! comme tout roule, comme tout s'arrange! Mes divins anges, si c'est un honnête homme, comme il l'est sans doute, puisqu'il s'est adressé à vous, il n'a qu'à venir, son affaire est faite; il se trouvera que son marché sera meilleur qu'il ne croit. Cornélie-Chiffon aura au moins quarante à cinquante mille livres de l'édition de *Pierre* ; je lui en assure vingt mille; je lui ai déjà donné une petite rente; le tout fera un très-honnête mariage de province, et le futur aura la meilleure enfant du monde, toujours gaie, toujours douce, et qui saura, si je ne me trompe, gouverner une maison avec noblesse et économie. Nous ne pourrions nous en séparer, Mme Denis et moi, qu'avec une extrême douleur; mais je me flatte que le mari fera sa maison de la nôtre.

Malgré tout cela, il m'est impossible d'aimer *Héraclius*, je vous l'avoue. Je crois vous avoir cité Mme du Châtelet, qui ne pouvait souffrir cette pièce, dans laquelle il n'y a pas un sentiment qui soit vrai, et pas douze vers qui soient bons, et pas un événement qui ne soit forcé. J'ai ce genre-là en horreur; les Français n'ont point de goût. Est-il possible qu'on applaudisse *Héraclius* quand on a lu, par exemple, le rôle de Phèdre? est-ce que les beaux vers ne devraient pas dégoûter des mauvais? et puis, s'il vous plaît, qu'est-ce qu'une tragédie qui ne fait pas pleurer? Mais je commente Corneille : oui, qu'il en remercie sa nièce.

Au reste, le futur doit être convaincu que jamais la future ne fera *Héraclius*, ni même ne l'entendra; elle en est extrêmement loin : c'est une bonne enfant. Le futur n'a qu'à venir. Notre embarras sera de bien loger notre nouveau ménage; car j'ai fait bâtir un petit château où une jeune fille est fort à son aise, et où monsieur et madame seront un peu à l'étroit. Il serait plaisant que ce capitaine de chevaux fût un philosophe de vingt-quatre ans, qui vînt vivre avec nous, et qui sût rester dans sa chambre : enfin j'espère que Dieu bénira cette plaisanterie.

Divins anges, nous serons quatre qui baiserons le bout de vos ailes. Et le roi d'Espagne? le roi d'Espagne?

MMMCDXCIII. — A M. LE COMTE DE SCHOWALOW.

Aux Délices, 23 décembre.

Monsieur, je dépêche à M. le comte de Kaunitz un gros paquet à votre adresse. Il contient un volume de l'*Histoire de Pierre le Grand*, imprimé avec les corrections au bas des pages, et les réponses à des critiques. Votre Excellence jugera aisément des unes et des autres. J'en garde un double par devers moi. Quand vous aurez examiné à votre loisir ces remarques, qui sont très-lisibles, vous me donnerez vos derniers ordres, et ils seront exactement suivis. J'ai réformé, avec la plus scrupuleuse exactitude, les nouveaux chapitres qui doivent entrer dans le second volume, et je me suis conformé à vos remarques sur ces premiers chapitres, en attendant vos ordres sur ceux qui commencent par le procès du czarovitz, et qui finissent à la guerre de Perse. Il restera alors très-peu de chose à faire pour achever tout l'ouvrage, et pour le rendre moins indigne de paraître sous vos auspices. Je suis persuadé que vous ne voulez pas que j'entre dans les petits détails qui conviennent peu à la dignité de l'histoire, et que votre intention a été toujours d'avoir un grand tableau qui présentât l'empereur Pierre dans un jour toujours lumineux. L'auteur d'une histoire particulière de la marine peut dire comment on a construit des chaloupes, et compter les cordages; l'auteur d'une histoire des finances peut dire ce que valait un altin[1] en 1600, et ce qu'il vaut aujourd'hui; mais celui qui présente un héros aux nations étrangères doit le présenter en grand, et le rendre intéressant pour tous les peuples; il doit éviter le ton de la gazette et le ton du panégyrique. Je suis convaincu que vous ne pouvez penser autrement. J'ai eu l'honneur, monsieur, de vous écrire plusieurs lettres; je me flatte que vous les avez reçues, et que vous avez accepté l'hommage que je vous offre d'une tragédie nouvelle que nous représenterons en société, le printemps prochain, dans mon petit château de Ferney. J'aurai la consolation de dire au public tout ce que je pense de votre personne. Je vous souhaite d'heureuses et de nombreuses années; je serai, pendant celles où je vivrai, avec le plus tendre et le plus respectueux attachement, etc.

### MMMCDXCIV. — DU CARDINAL DE BERNIS.

#### De Montélimart, le 23 décembre.

Je ne comprends pas, mon cher confrère, pourquoi vous êtes si attaché à ce poignard jeté au nez d'Antigone. Vous conviendrez que si cette action n'est pas ridicule, elle est au moins inutile, et que toute action inutile doit être rejetée du théâtre, surtout dans un dénoûment. Au reste, comme personne ne sait mieux que vous ce qui peut et doit réussir, je ne disputerai pas plus longtemps contre votre expérience et vos lumières. Vous êtes curieux de savoir si je fais quelque chose, et si je cultive encore les lettres. J'ai abandonné totalement la poésie depuis onze ans; je savais que mon petit talent me nuisait dans mon état et à la cour; je cessai de l'exercer sans peine, parce que je n'en faisais pas un certain cas, et que je n'ai jamais aimé ce qui était médiocre; je ne fais donc plus de vers, et je n'en lis guère, à moins que comme les vôtres ils ne soient pleins d'âme, de force et d'harmonie; j'aime l'histoire. Je lis ou me fais lire quatre heures par jour, j'écris ou je dicte deux heures; voilà six heures de la journée bien remplies : le reste est employé à mes devoirs, à la promenade, et à l'arrangement de mes affaires. Je n'ai point abandonné Horace ni Virgile; je reviens toujours à eux avec plaisir. Vous dites que le cardinal de Richelieu faisait de la théologie à Luçon. Je suis tenté bien souvent de la réduire à ses véritables bornes, c'est-à-dire de la dépouiller de toutes les questions étrangères au dogme, et d'enseigner par cette méthode l'art d'éteindre toutes ces disputes d'école, qui ont été et seront la source des plus grands troubles et des plus grands crimes.

Vous me demandez si je suis heureux : oui, tant que l'humeur de la goutte ne me tracasse pas. Les grandes places m'avaient rendu malheureux, parce que je sentais que je ne pouvais y acquérir la réputation que mon âme ambitionnait, ni y faire le bien de ma patrie. J'étais trop sensible aux maux publics, quand le public avait droit de m'en

---

1. Monnaie de Russie; cent altins valent un rouble, qui vaut environ cinq francs. (*Note de M. Beuchot.*)

demander la guérison; mes devoirs faisaient la mesure de ma sensibilité. Plus ils ont été multipliés, moins j'ai été heureux. Aujourd'hui, rien ne m'agite, parce que mes obligations sont plus aisées à remplir.

Adieu, mon cher confrère, je vous souhaite les bonnes fêtes et la bonne année. Envoyez-moi *les Anes et les chevaux*, s'il est convenable de me les envoyer.

MMMCDXCV. — A MADAME LA COMTESSE DE BASSEWITZ.

Aux Délices, 25 décembre.

Madame, vous m'inspirez autant d'étonnement que de reconnaissance. Non-seulement vous écrivez des lettres charmantes à la barbe des houssards noirs, mais vous écrivez des mémoires qui méritent d'être imprimés; et tout cela dans une langue qui n'est point la vôtre, avec l'exactitude d'un savant, et avec les grâces de nos dames de la cour de Louis XIV; car nous n'avons point aujourd'hui de dames que je vous compare.

Je n'ai reçu, madame, aucune des lettres dont vous me faites l'honneur de me parler. Quand il n'y aurait que ce malheur attaché à la guerre, je la détesterais; c'est être véritablement pillé que de perdre les lettres dont vous m'honorez.

Je n'ai point changé de demeure, je conserve toujours mes Délices auprès de Genève; elles me seront toujours chères, puisqu'un fils de notre adorable Mme la duchesse de Gotha a daigné les habiter. Mais comme j'ai des terres en France dans le voisinage, et que par les circonstances les plus singulières et les plus heureuses ces terres sont libres, j'y ai fait bâtir un château assez joli. Si je n'étais que Genevois, je dépendrais trop de Genève; si je n'étais que Français, je dépendrais trop de la France. Je me suis fait une destinée à moi tout seul, et j'ai acquis cette précieuse liberté après laquelle j'ai soupiré toute ma vie, et sans laquelle je ne crois pas qu'un être pensant puisse être heureux.

Je suis pénétré de vos bontés, madame; j'ai le règlement ecclésiastique de ce Pierre le Grand qui savait si bien contenir les prêtres. J'ai son oraison funèbre; et toute oraison funèbre est suspecte. Les matériaux ne me manquent point; mais rien n'approche de vos mémoires. L'aventure de la glace cassée, et la réponse de Catherine, sont des anecdotes bien précieuses. On voit bien tout ce que cela signifie, mais il n'est pas encore temps de le dire; les vérités sont des fruits qui ne doivent être cueillis que bien mûrs. Je n'avais jamais entendu parler, madame, des mémoires du baron de Wissen, qui avait élevé cet infortuné czarovitz; ils doivent être fort curieux. Je vous avoue que je vous aurais la plus grande obligation de vouloir bien me les faire parvenir; j'implore la protection de Mme la duchesse de Gotha pour obtenir cette grâce; vous ne refuserez rien à ce nom. Je souhaite que ce baron Wissen ait dit la vérité : il devait bien connaître son élève; mais la vérité qu'il peut dire est bien délicate. On m'ouvre en Russie à deux battants les portes de l'amirauté, des arsenaux, des forteresses, et des ports; mais on ne communique guère la clef du cabinet et de la chambre à coucher.

Quand j'ai un peu de santé, madame, il me prend une forte envie de faire un tour d'Allemagne, d'aller surtout à Gotha, puis à Hambourg, puis à Rostock, et de me présenter en chevalier errant à la porte de Dalwitz; mais, après ce beau rêve, quand je considère que j'ai bientôt soixante-dix ans, et que je deviens borgne, je reste à ma cheminée et entre deux poêles, tout plein de la respectueuse et tendre reconnaissance avec laquelle j'ai l'honneur d'être, madame, votre, etc.

## MMMCDXCVI. — A M. DUCLOS.

Aux Délices, 25 décembre.

Je présente à l'Académie ma respectueuse reconnaissance de la bonté qu'elle a eue d'examiner mon commentaire sur les tragédies du grand Corneille, et de me donner plusieurs avis dont je profite.

Nous allons commencer incessamment l'édition. Les frères Cramer vont donner leur annonce au public; les noms des souscripteurs seront imprimés dans cette annonce: on y verra l'empereur, l'impératrice-reine, et l'impératrice de Russie, qui ont souscrit pour autant d'exemplaires que le roi notre protecteur. Cette entreprise est regardée par toute l'Europe comme très-honorable à notre nation et à l'Académie, et comme très-utile aux belles-lettres.

Le nom de Corneille, et l'attente où sont tous les étrangers de savoir ce qu'ils doivent admirer ou reprendre dans lui, serviront encore à étendre la langue française dans l'Europe.

L'Académie a paru confirmer tous mes jugements en ce qui concerne la langue, et me laisse une liberté entière sur tout ce qui concerne le goût: c'est une liberté dont je ne dois user qu'en me conformant à ses sentiments, autant que je pourrai les bien connaître. Il est difficile de s'expliquer entièrement de si loin, et en si peu de temps.

Dans les premières esquisses que j'eus l'honneur d'envoyer, je remarque dans la *Médée* de Corneille les enchantements qu'elle emploie sur le théâtre; et, comme mon commentaire est historique aussi bien que critique, et que je compare les autres théâtres avec le nôtre, je dis que, dans la tragédie de *Macbeth*, qu'on regarde comme un chef-d'œuvre de Shakspeare, trois sorcières font leurs enchantements sur le théâtre, etc.

Ces trois sorcières arrivent au milieu des éclairs et du tonnerre, avec un grand chaudron dans lequel elles font bouillir des herbes. *Le chat a miaulé trois fois*, disent-elles, *il est temps, il est temps*; elles jettent un crapaud dans le chaudron, et apostrophent le crapaud en criant en refrain : « Double, double, chaudron trouble ! que le feu brûle, que l'eau bouille, double, double ! » Cela vaut bien les serpents qui sont venus d'Afrique en un moment, et ces herbes que Médée a cueillies, le pied nu, en faisant pâlir la lune, et ce plumage noir d'une harpie, etc.

C'est à l'Opéra, c'est à ce spectacle consacré aux fables que ces enchantements conviennent, et c'est là qu'ils ont été le mieux traités. Voyez dans Quinault[1], supérieur en ce genre :

  Esprits malheureux et jaloux,
 Qui ne pouvez souffrir la vertu qu'avec peine;
  Vous dont la fureur inhumaine
Dans les maux qu'elle fait trouve un plaisir si doux,
Démons, préparez-vous à seconder ma haine;
  Démons, préparez-vous
  A servir mon courroux.

Voyez, en un autre endroit, ce morceau encore plus fort que chante Médée :

Sortez, ombres, sortez de la nuit éternelle;
 Voyez le jour pour le troubler :
Que l'affreux Désespoir, que la Rage cruelle,
 Prennent soin de vous rassembler.
 Avancez, malheureux coupables,
 Soyez aujourd'hui déchaînés;
Goûtez l'unique bien des cœurs infortunés,
 Ne soyez pas seuls misérables.
Ma rivale m'expose à des maux effroyables :
Qu'elle ait part aux tourments qui vous sont destinés.
 Non, des enfers impitoyables
Ne pourront inventer des horreurs comparables
 Aux tourments qu'elle m'a donnés.
Goûtons l'unique bien des cœurs infortunés,
 Ne soyons pas seuls misérables[2].

Ce seul couplet est peut-être un chef-d'œuvre; il est fort et naturel, harmonieux et sublime. Observons que c'est ce Quinault que Boileau affectait de mépriser, et apprenons à être justes.

J'ai l'attention de présenter ainsi aux yeux du lecteur des objets de comparaison, et je présume que rien n'est plus instructif. Par exemple, Maxime dit :

 Vous n'aviez point tantôt ces agitations,
 Vous paraissiez plus ferme en vos intentions,
 Vous ne sentiez au cœur ni remords ni reproche.

    CINNA.

On ne les sent aussi que quand le coup approche,
Et l'on ne reconnaît de semblables forfaits
Que quand la main s'apprête à venir aux effets.
L'âme, de son dessein jusqu'alors possédée, etc.

1. *Amadis*, acte II, scène III. — 2. *Thésée*, acte III, scène VII. (ÉD.)

Shakspeare, soixante ans auparavant, avait dit la même chose dans les mêmes circonstances; Brutus, sur le point d'assassiner César, parle ainsi :

« Entre le dessein et l'exécution d'une chose si terrible, tout l'intervalle n'est qu'un rêve affreux. Le génie de Rome et les instruments mortels de sa ruine semblent tenir conseil dans notre âme bouleversée. Cet état funeste de l'âme tient de l'horreur de nos guerres civiles. »

Je mets sous les yeux ces objets de comparaison, et je laisse au lecteur à juger.

J'avais oublié d'insérer dans mes remarques envoyées à l'Académie une anecdote qui me paraît curieuse. Le dernier maréchal de La Feuillade, homme qui avait dans l'esprit les saillies les plus lumineuses, étant dans l'orchestre à une représentation de *Cinna*, ne put souffrir ces vers d'Auguste :

> Mais tu ferais pitié, même à ceux que j'irrite,
> Si je t'abandonnais à ton peu de mérite.
> Ose me démentir, dis-moi ce que tu vaux,
> Conte-moi tes vertus, tes glorieux travaux,
> Les rares qualités par où tu m'as su plaire, etc.
> Acte V, scène I.

« Ah! dit-il, voilà qui me gâte toute la beauté du *Soyons amis, Cinna*. Comment peut-on dire *soyons amis* à un homme qu'on accable d'un si profond mépris? On peut lui pardonner pour se donner la réputation de clémence, mais on ne peut l'appeler *ami*; il fallait que Cinna eût du mérite, même aux yeux d'Auguste. »

Cette réflexion me parut aussi juste que fine, et j'en fais juge l'Académie.

Cette considération sur le personnage de Cinna me ramène ici à l'examen de son caractère. Je pense, avec l'Académie, que c'est à Auguste qu'on s'intéresse pendant les deux derniers actes; mais certainement, dans les premiers, Cinna et Émilie s'emparent de tout l'intérêt; et dans la belle scène de Cinna et d'Émilie, où Auguste est rendu exécrable, tous les spectateurs deviennent autant de conjurés au récit des proscriptions. Il est donc évident que l'intérêt change dans cette pièce, et c'est probablement par cette raison qu'elle occupe plus l'esprit qu'elle ne touche le cœur.

*Nota bene.* C'est presque le seul endroit où je me sois écarté du sentiment de l'Académie, et j'ai pour moi quelques académiciens que j'ai consultés.

Les remords tardifs de Cinna me font toujours beaucoup de peine; je sens toujours que ces remords me toucheraient bien davantage si, dans la conférence avec Auguste, Cinna n'avait pas donné des conseils perfides, s'il ne s'était pas affermi ensuite dans cette même perfidie. J'aime des remords après un crime conçu par enthousiasme; cela me paraît dans la nature, et dans la belle nature : mais je ne puis souffrir des remords après la plus lâche fourberie; ils ne me paraissent alors qu'une contradiction.

Je ne parle ici que pour la perfection de l'art, c'est le but de tous mes commentaires; la gloire de Corneille est en sûreté. Je regarde *Cinna* comme un chef-d'œuvre, quoiqu'il ne soit pas de ce tragique qui transporte l'âme et qui la déchire; il occupe, il élève. La pièce a des morceaux sublimes, elle est régulière, c'en est bien assez.

J'ai été un peu sévère sur *Héraclius*, mais j'envoie à l'Académie mes premières pensées, afin de les rectifier. M. Mayans y Siscar, éditeur de *Don Quichotte* et de la *Vie de Cervantes*, prétend que l'*Héraclius* espagnol est bien antérieur à l'*Héraclius* français; et cela est bien vraisemblable, puisque les Espagnols n'ont daigné rien prendre de nous, et que nous avons beaucoup puisé chez eux : Corneille leur a pris *le Menteur*, la *Suite du Menteur*, *Don Sanche*.

Je demande permission à l'Académie d'être quelquefois d'un avis différent de nos prédécesseurs qui donnèrent leur sentiment sur *le Cid*. Elle m'approuvera sans doute, quand je dis que *fuir* est d'une seule syllabe, quoiqu'on ait décidé autrefois qu'il était de deux. J'excuse ce vers :

Le premier dont ma race ait vu rougir son front.
Acte I, scène VII.

Je trouve ce vers beau; la race y est personnifiée, et en ce cas son front peut rougir.

J'approuve ce vers :

Mon âme est satisfaite,
Et mes yeux à ma main reprochent ta défaite.
Acte I, scène IV.

L'Académie y trouve une contradiction; mais il me paraît que ces deux vers veulent dire : *Je suis satisfait, je suis vengé, mais je l'ai été trop aisément*; et je demande alors où est la contradiction. On a condamné *instruisez-le d'exemple*; je trouve cette hardiesse très-heureuse. *Instruisez-le par exemple* serait languissant; c'est ce qu'on appelle *une expression trouvée*, comme dit Despréaux. J'ai osé imiter cette expression dans *la Henriade* :

Il m'instruisait d'exemple au grand art des héros;
Ch. II, v. 115.

et cela n'a révolté personne.

Je prends aussi la liberté d'avoir quelquefois un avis particulier sur l'économie de la pièce. Ceux qui rédigèrent le jugement de l'Académie disent qu'il y aurait eu, sans comparaison, moins d'inconvénient dans la disposition du *Cid* de feindre, contre la vérité, que le comte ne fût pas trouvé à la fin véritable père de Chimène; ou que, contre l'opinion de tout le monde, il ne fût pas mort de sa blessure.

Je suis très-sûr que ces inventions, d'ailleurs communes et peu heureuses, auraient produit un mauvais roman sans intérêt. Je souscris à une autre proposition : c'est que le salut de l'État eût dépendu absolument du mariage de Chimène et de Rodrigue. Je trouve cette idée fort belle; mais j'ajoute qu'en ce cas il eût fallu changer la constitution du poëme.

En rendant ainsi compte à l'Académie de mon travail, j'ajouterai que je suis souvent de l'avis de l'auteur de *Télémaque*, qui, dans sa *Lettre à l'Académie sur l'éloquence*, prétend que Corneille a donné souvent aux Romains une enflure et une emphase qui est précisément l'opposé du caractère de ce peuple-roi. Les Romains disaient des choses simples, et en faisaient de grandes. Je conviens que le théâtre veut une dignité et une grandeur au-dessus de la vérité de l'histoire; mais il me semble qu'on a passé quelquefois ces bornes.

Il ne s'agit pas ici de faire un commentaire qui soit un simple panégyrique; cet ouvrage doit être à la fois une histoire des progrès de l'esprit humain, une grammaire, et une poétique.

Je n'atteindrai pas à ce but, je suis trop éloigné de mes maîtres, que je voudrais consulter tous les jours; mais l'envie de mériter leurs suffrages, en me rendant plus laborieux et plus circonspect, rendra peut-être mon entreprise de quelque utilité.

*Nota bene* que je ne puis me servir dans *le Cid* de l'édition de 1664, parce qu'il faut absolument que je mette sous les yeux celle que l'Académie jugea quand elle prononça entre Corneille et Scudéri.

J'ajoute que si l'Académie voulait bien encore avoir la bonté d'examiner le commentaire sur *Cinna*, que j'ai beaucoup réformé et augmenté, suivant ses avis, elle rendrait un grand service aux lettres. *Cinna* est de toutes les pièces de Corneille celle que les hommes en place liront le plus dans toute l'Europe, et par conséquent celle qui exige l'examen le plus approfondi.

Je supplie l'Académie d'agréer mes respects.

**MMMCDXCVII. — A M. LE CARDINAL DE BERNIS.**

Aux Délices, 28 décembre.

Monseigneur, *les Chevaux et les ânes* étaient une petite plaisanterie; je n'en avais que deux exemplaires, on s'est jeté dessus; car nous avons des virtuoses. Si je les retrouve, Votre Éminence s'en amusera un moment; ce qui m'en plaisait surtout, c'est que le théâtin Boyer était au rang des ânes.

Voyez, je vous prie, si je suis un âne dans l'examen de *Rodogune*. Vous me trouverez bien sévère, mais je vous renvoie à la petite apologie que je fais de cette sévérité à la fin de l'examen. Ma vocation est de dire ce que je pense; *furi quæ sentiam*; et le théâtre n'est pas de ces sujets sur lesquels il faille ménager la faiblesse, les préjugés et l'autorité. Je vous demande en grâce de consacrer deux ou trois heures à voir en quoi j'ai raison et en quoi j'ai tort. Rendez ce service aux lettres, et accordez-moi cette grâce. Dictez *il vostro parere* à votre secrétaire. Vous lirez au coin du feu, et vous dicterez sans peine des jugements auxquels je me conformerai.

*Bene si potria dir, frate, tu vai*
*L'altrui mostrando, e non vedi il tuo fallo.*

et puis vous me parlerez de poutres et de pailles dans l'œil ; à quoi je répondrai que je travaille jour et nuit à rapetasser mon *Cassandre*; et que je pourrai même vous sacrifier ce poignard qu'on jette au nez des gens, etc., etc., etc.

Quoi! sérieusement, vous voulez rendre la théologie raisonnable! mais il n'y a que le diable de La Fontaine à qui cet ouvrage convienne. C'est *la chose impossible*[1].

Laissez là saint Thomas s'accorder avec Scot[2].

J'ai lu ce Thomas, je l'ai chez moi ; j'ai deux cents volumes sur cette matière, et qui pis est, je les ai lus. C'est faire un cours de Petites-Maisons. Riez, et profitez de la folie et de l'imbécillité des hommes. Voilà, je crois, l'Europe en guerre pour dix ou douze ans. C'est vous, par parenthèse, qui avez attaché le grelot. Vous me fîtes alors un plaisir infini. Je ne croyais point que le sanglier que vous mettiez à la broche fût d'une si dure digestion. C'est, je crois, la faute de vos marmitons. Une chose me console, avant que je meure ; c'est que je n'ai pas peu contribué, tout chétif atome que je suis, à rendre irréconciliables certain chasseur[3] et votre sanglier. J'en ris dans ma barbe ; car, quand je ne souffre pas, je ris beaucoup, et je tiens qu'il faut rire tant qu'on peut. Riez donc, monseigneur, car, au bout du compte, vous aurez toujours de quoi rire. Je me sens pour vous le goût le plus tendre et le plus respectueux. Je me souviens toujours de vos grâces, de votre belle physionomie, de votre esprit ; *vive felix*. Daignez m'aimer un peu, vous me ferez un plaisir extrême.

MMMCDXCVIII. — A M. LE COMTE D'ARGENTAL.

28 décembre.

Est-il donc bien vrai, mes anges, que l'Espagne a enfin exaucé mes vœux? Puis-je en faire mon compliment?

Me permettrez-vous de vous envoyer ce petit mémoire à l'Académie, que je vous supplie de faire passer à M. le secrétaire?

M. le comte de Choiseul a eu tant de bonté, que j'en abuse. Il s'agit de bien autre chose que de M. d'Exideuil. Il est question de savoir s'il est vrai que la cour de France ait amusé pendant deux ans la cour russe d'un mariage du roi avec mon impératrice Élisabeth, alors pauvre princesse, et qui vient d'envoyer huit mille livres pour l'édition de Mlle Corneille. Il est très-certain que M. Campredon en parla très-souvent à mon père. Si cette recherche vous amuse, je vous conjure de vous informer de la vérité.

*Cassandre* ne va pas mal, il se débarbouille. — Mille tendres respects.

*Notá bene* qu'il y a deux ans que je dis : « L'Espagne tombera sur le Portugal »

1. C'est le titre d'un conte de La Fontaine. (ÉD.)
2. Boileau, sat. VIII, v. 229. (ÉD.)
3. Le chasseur est Choiseul, le sanglier, Frédéric II, roi de Prusse. (ÉD.)

MMMCDXCIX. — A M. LE SUIRE[1].

MMMD. — A MADAME DE CHAMPBONIN.

De Ferney.

Gros chat, je vous ai toujours répondu; et si vous vous plaignez, ce doit être de mon mauvais style, et non de mon oubli. Il faut que je vous aie écrit dans le goût de La Beaumelle, ou de Fréron, ou de quelque auteur de cette espèce, pour que vous soyez mécontente de moi. J'aimerai toujours gros chat. On croirait, à votre lettre, que Mme la marquise des Ayvelles est rentrée dans sa terre au nom de ses enfants, et que le comte de Contenau en est chassé. Elle est donc de ces meunières qui ont vendu leur son plus cher que leur farine. Mon cher gros chat, je ne me console point de notre séparation et de notre éloignement; je vous amuserais, si vous étiez ma voisine; j'ai un des jolis théâtres qui soient en France; nous y jouons quelquefois des pièces nouvelles; il nous vient de temps en temps très-bonne compagnie de Paris; et dans mon château bâti à l'italienne, dans ma terre libre, vivant plus libre que personne, je me moque à mon aise de frère Berthier et des billets de confession; et de toutes les sottises de ce monde. Je ne me tiens pas tout à fait heureux, parce que je ne partage pas mon bonheur avec vous. Je ne peux que vous exhorter à tirer de la vie le meilleur parti que vous pourrez. Je voudrais pouvoir vous envoyer des livres : on ne sait comment faire; la poste ne veut pas s'en charger. Les formalités sont le poison de la société : il faut passer par cent mains avant d'arriver à sa destination, et puis on n'y arrive point. Il semble que, d'une province à une autre, on soit en pays ennemi : cela serre le cœur.

Voyez-vous quelquefois M. le marquis du Châtelet? monsieur son fils m'a écrit de Vienne. Il s'est donné de bonne heure une très-grande considération : cela doit prolonger les jours de monsieur son père. Si vous le voyez, ne m'oubliez pas auprès de lui. Adieu, mon gros chat! Mes compliments à vos compagnes, dont vous faites le bonheur, et qui contribuent au vôtre. Je vous embrasse bien tendrement.

MMMDI. — A M. LE DOCTEUR BIANCHI, A RIMINI.

Vous avez prononcé, monsieur, l'éloge de l'art dramatique, et je suis tenté de prononcer le vôtre. Je regardai cet art, dès mon enfance, comme le premier de tous ceux à qui ce mot de *beau* est attaché. On me dira : *Vous êtes orfèvre, monsieur Josse;* mais je répondrai que c'est Sophocle qui m'a donné mes lettres de maîtrise, et que j'ai commencé par admirer avant de travailler.

Je vois avec plaisir que dans l'Italie, cette mère de tous les beaux-arts, plusieurs personnes de la première considération non-seulement font des tragédies et des comédies, mais les représentent. M. le marquis

1. M. Beuchot ne cite cette lettre que pour ordre, parce qu'il la regarde comme apocryphe. (ÉD.)

Albergati Capacelli a fait des imitateurs. Ni vous, ni lui, ni moi, monsieur, ne prétendons qu'on fasse de l'Europe la patrie des Abdérites; mais quel plus noble amusement les hommes bien élevés peuvent-ils imaginer? De bonne foi, vaut-il mieux mêler des cartes, ou ponter un pharaon? c'est l'occupation de ceux qui n'ont point d'âme; ceux qu en ont doivent se donner des plaisirs dignes d'eux. Y a-t-il une meilleure éducation que de faire jouer Auguste à un jeune prince, et Émili à une jeune princesse? On apprend en même temps à bien prononcer sa langue, et à bien parler; l'esprit acquiert des lumières et du goût, le corps acquiert des grâces : on a du plaisir, et on en donne très-honnêtement. Si j'ai fait bâtir un théâtre chez moi, c'est pour l'éducation de Mlle Corneille; c'est un devoir dont je m'acquitte envers la mémoire du grand homme dont elle porte le nom.

Ce qu'il y avait de mieux au collége des jésuites de Paris, où j'ai été élevé, c'était l'usage de faire représenter des pièces par les pensionnaires, en présence de leurs parents. Plût à Dieu qu'on n'eût eu que cette récréation à reprocher aux jésuites! Les jansénistes ont tant fait qu'ils ont fermé leurs théâtres. On dit qu'ils fermeront bientôt leurs écoles. Ce n'est pas mon avis; je crois qu'il faut les soutenir et les contenir; leur faire payer leurs dettes quand ils sont banqueroutiers; les pendre même quand ils enseignent le parricide; se moquer d'eux quand ils sont d'aussi mauvais critiques que frère Berthier. Mais je ne crois pas qu'il faille livrer notre jeunesse aux jansénistes, attendu que cette secte n'aime que le *Traité de la Grâce*, de saint Prosper, et se soucie peu de Sophocle, d'Euripide et de Térence, quoique, par une de ces contradictions si ordinaires aux hommes, Térence ait été traduit par les jansénistes de Port-Royal. Faites aimer l'art de ces grands hommes (je ne parle pas des jansénistes, je parle des Sophocles). Malheur aux barbares jaloux à qui Dieu a refusé un cœur et des oreilles! malheur aux autres barbares qui disent : « On ne doit enseigner la vertu qu'en monologue; le dialogue est pernicieux! » Eh! mes amis, si l'on peut parler de morale tout seul, pourquoi pas deux et trois? Pour moi, j'ai envie de faire afficher : « On vous donnera mardi un *Sermon en dialogue*, composé par le R. P. Goldoni. »

N'êtes-vous pas indigné, comme moi, de voir des gens qui se disent gravement : « Passons notre vie à gagner de l'argent; cabalons, environs-nous quelquefois; mais gardons-nous d'aller entendre *Polyeucte*, » etc.

MMMDII. — A M. DE VOSGE.

Je n'ai, monsieur, que des grâces à vous rendre et des éloges à vous donner : il est vrai que quelques curieux murmurent de voir que les estampes ne sont pas d'une grandeur uniforme; mais je ne hais pas cette variété, et j'aime mieux les grandes figures que les petites. Ces objets de comparaison piqueront même la curiosité des connaisseurs.

Vous pouvez m'envoyer tous vos dessins, je les ferai graver. Je vous enverrai les ébauches, sur lesquelles vous donnerez vos ordres.

Je vous prie de compter sur mon estime et sur ma reconnaissance. J'ai l'honneur d'être, monsieur, etc.    VOLTAIRE.

### MMMDIII. — A MADAME DE FONTAINE.

4 janvier 1762.

Enfin donc, ma chère nièce, je reçois une lettre de vous; mais je vois que vous n'êtes pas dévote, et je tremble pour votre salut. J'avais cru qu'une religieuse, un confesseur, un pénitent, une tourière, pourraient toucher des âmes timorées. Les mystères sacrés sont en grande partie l'origine de notre sainte religion : les âmes dévotes se prêtent volontiers à ces beaux usages. Il n'y a ni religieuse, ni femme, ni fille à marier, qui ne se plaise à voir un amant se purifier pour être plus digne de sa maîtresse.

Vous me dites que la confession et la communion ne sont pas suivies ici d'événements terribles; mais n'est-ce rien qu'une fille qui se brûle, et qu'un amant qui se poignarde?

Où avez-vous pêché que Cassandre *est un coupable, entraîné au crime par les motifs les plus bas*? 1° Il n'a point cru empoisonner Alexandre; 2° on n'a jamais appelé la plus grande ambition un motif bas; 3° il n'a pas même cette ambition; il n'a donné autrefois à Statira un coup d'épée qu'en défendant son père; 4° il n'a de violents remords que parce qu'il aime la fille de Statira éperdument; et il se regarde comme plus criminel qu'il ne l'est en effet : c'est l'excès de son amour qui grossit le crime à ses yeux.

Pourquoi ne voulez-vous pas que Statira expire de douleur? Lusignan ne meurt que de vieillesse : c'était cela qui pouvait être tourné en ridicule par les méchantes gens. Corneille fait bien mourir la maîtresse de Suréna sur le théâtre :

Non, je ne pleure point, madame, mais je meurs[1].

Vous êtes tout étonnée que, dans l'église, deux princes respectent leur curé : mais les mystères sacrés ne pouvaient être souillés; et c'est une chose assez connue.

Au reste, nous ne comptons point jouer sitôt *Cassandre*; M. d'Argental n'en a qu'une copie très-informe. Si vous aviez lu la véritable, vous auriez vu que Statira, par exemple, ne meurt pas subitement. Ces vers vous auraient peut-être désarmée :

Cassandre à cette reine est fatal en tout temps.
Elle tourne sur lui ses regards expirants,
Et croyant voir encore un ennemi funeste
Qui venait de sa vie arracher ce qui reste,
Faible, et ne pouvant plus soutenir sa terreur,
Dans les bras de sa fille expire avec horreur;
Soit que de tant de maux la pénible carrière
Précipitât l'instant de son heure dernière,

1. Suréna, acte V, scène v. (ÉD.)

Ou soit que, des poisons empruntant le secours,
Elle-même ait tranché la trame de ses jours.

Si vous aviez vu, encore une fois, mon manuscrit, vous auriez vu tout le contraire de ce que vous me reprochez. J'ai cru d'ailleurs m'apercevoir que les remords et la religion faisaient toujours un très-grand effet sur le public; j'ai cru que la singularité du spectacle produirait encore quelque sensation. Je me suis pressé d'envoyer à M. et à Mme d'Argental la première esquisse. Je n'ai pas imaginé assurément qu'une pièce faite en six jours n'exigeât pas un très-long temps pour la corriger. J'y ai travaillé depuis avec beaucoup de soin; elle a fait pleurer et frémir tous ceux à qui je l'ai lue, et il s'en faut bien encore que je sois content.

Vous voyez, par tout ce long détail, que je fais cas de votre estime, et que vos critiques font autant d'impression sur moi que les louanges de votre sœur. Elle est aussi enthousiasmée de *Cassandre* que vous en êtes mécontente; mais c'est qu'elle a vu une autre pièce que vous, et qu'une différence de soixante à quatre-vingts vers, répandus à propos, change prodigieusement l'espèce.

Je ne sais ce qu'est devenu un gros paquet d'amusements de campagne que j'avais envoyé à Hornoy, et que j'avais adressé à un intendant des postes. Il y avait un petit livre relié, avec une lettre pour vous, et quelques manuscrits : tout cela était très-indifférent; mais apparemment le livre relié fit retenir le paquet. J'ai appris depuis qu'il ne fallait envoyer par la poste aucun livre relié : on apprend toujours quelque chose en ce monde.

Vous ne m'avez pas dit un mot de l'alliance avec l'Espagne. Je vois que vous et moi, nous sommes Napolitains, Siciliens, Catalans; mais je ne vois pas que l'on donne encore sur les oreilles aux Anglais, et c'est là le grand point.

Revenons au *tripot*. Vous allez donc bientôt voir *Zulime?* Je vous avoue que je fais plus de cas d'une scène de *Cassandre* que de tout *Zulime*. Elle peut réussir, parce qu'on y parle continuellement d'une chose qui plaît assez généralement; mais il n'y a ni invention, ni caractères, ni situations extraordinaires : on y aime à la rage; Clairon joue, et puis c'est tout.

Bonsoir, ma chère nièce; je vous regrette, vous aime et vous aimerai tant que je vivrai.

On dit que nous aurons Florian au printemps : il verra mon église et mon théâtre. Je voudrais vous voir à la messe et à la comédie.

MMMDIV. — A M. LE COMTE D'ARGENTAL.

4 janvier.

Mes divins anges, soyez donc que je ne peux pas faire copier toutes les semaines un *Cassandre*. Ne serait-il pas amusant que je vous renvoyasse l'ouvrage cartonné, que vous me le renvoyassiez apostillé, et que toutes les semaines vous vissiez les changements en bien ou en mal? Rien ne serait plus aisé. Si vous pouviez avoir la pièce telle qu'elle est, vous êtes loin de votre compte. Dépêchez-moi un exemplaire, et sitôt qu'il sera arrivé, vite des cartons, et mes raisons en marge ; et le lendemain le paquet repart, et la poste est toujours chargée de rimes. Cela est juste, puisque j'ai fait *Cassandre* en poste.

Mme de Fontaine n'aime pas *Cassandre* ; Mme Denis l'aime beaucoup ; Mlle Corneille n'y comprend pas grand'chose ; ce qui est sûr, c'est que cet ouvrage nous amusera.

Mme Denis m'a fait entendre qu'elle avait écrit à mes anges des choses que je désavoue formellement. Je ne suis pas si pressé d'imprimer. Il est vrai que je ne pourrai guère me dispenser de donner *Cassandre* dans quelques mois, parce qu'il y a une personne au bout du monde qui a la rage d'avoir une dédicace, et qu'il est bon d'avoir des amis partout ; mais je ne me presserai point.

Crébillon me fait lever les épaules ; c'est un vieux fou à qui il faut pardonner.

L'alliance, le pacte de famille, le plaisir de me voir tout d'un coup Catalan, Napolitain, Sicilien, Parmesan, m'a d'abord transporté ; mais si l'Espagne n'attaque pas les Anglais avec cinquante vaisseaux de ligne, je regarde le traité comme des compliments du jour de l'an. Je veux qu'on batte les Anglais et Luc, et qu'on ne siffle ni *Zulime* ni *Cassandre*.

Mes anges, je baise le bout des ailes.

## MMMDV. — AU MÊME.

8 janvier.

Eh, mon Dieu ! il y a cinq ou six jours que Cassandre clôt votre quatrième acte, et que ce quatre est tout changé. Il faut que l'idée soit bien naturelle, puisqu'elle est venue à l'auteur et à l'acteur. Mes divins anges, envoyez-moi donc mon brouillon, que je le rebrouillonne. Je vous jure que vous n'aurez plus d'autels souterrains ; mais vous aurez des autels que je vous dresserai.

Il y a toujours des gens qui, comme dit Cicéron, cherchent midi à quatorze heures à une pièce nouvelle ; il est aisé de dire qu'un sabre est trop grand ; il n'y a qu'à le raccourcir. Mme Denis avait une bonne pique : on ne trouva point du tout mauvais que la forcenée, dans sa rage d'amour, allât se battre contre le premier venu. Elle rencontré son père, et jette ses armes ; cela faisait chez nous un beau coup de théâtre. Nous avons beaucoup d'esprit et de jugement, et votre Paris n'a pas le sens d'une oie. Quand vous faites des opérations de finances, nous vous redressons ; je parle de Genève, car pour moi je suis modeste. Faites comme vous l'entendrez ; mais à votre place, je laisserais crier les critiques.

Duchesne, Gui-Duchesne, m'écrit qu'il veut imprimer *Zulime*. Pourquoi l'imprimer ? quelle nécessité ? Mon avis est qu'elle reste dans le dépôt du *tripot* ; qu'en pensent mes anges ?

Je soutiens toujours que deux scènes de *Statira* valent mieux que tout *Zulime* et que toute l'eau rose possible. Mais vous croyez connaître *Cassandre* (car c'est Cassandre) : non, vous ne le connaissez pas.

Quatrième acte nouveau et presque tout entier nouveau, et beaucoup de mailles reprises. Je vous dis que ma nièce Fontaine est folle; elle ne sait ce qu'elle dit. Mon Dieu que j'aime *Cassandre* et *le Droit du seigneur*!

Clairon Statira! c'était ma première pensée. Mes premières idées sont excellentes.

Monsieur le comte de Choiseul, quand vous n'aurez rien à faire, daignez donc vous informer si le roi mon maître a été proposé jadis à Élisabeth l'autocratrice.

Le roi de Prusse a une descente : les flatteurs disent que c'est la descente de Mars; mais elle n'est que de boyaux, et il ne peut plus monter à cheval. Il est comme nous; il n'a plus de Colbert, à ce que disent les mauvais plaisants.

Mais, monsieur le comte de Choiseul, dites donc à l'Espagne qu'elle envoie cinquante vaisseaux à notre secours. Que voulez-vous que nous fassions avec des compliments?

Gardez-vous d'avoir jamais affaire aux Russes.

Je n'ai point entendu parler de Lekain; mais son affaire est faite.

Je baise bien tendrement le bout de vos ailes.

MMMDVI. — A M. DAMILAVILLE.

9 janvier.

Vraiment, mes chers frères, j'apprends de belles nouvelles! Frère Thieriot reste indolemment au coin de son feu, et on va jouer *le Droit du seigneur* tout mutilé, tout altéré, et ce qui était plaisant ne le sera plus; et la pièce sera froide, et elle sera sifflée; et frère Thieriot en sera pour sa mine de fèves. Un autre inconvénient qui n'est pas moins à craindre, c'est qu'on ne prenne votre frère pour le sieur Picardec, de l'Académie de Dijon; alors il n'y aurait plus d'espérance, et tout serait perdu sans ressource. Je demande deux choses très-importantes : la première, c'est qu'on m'envoie la pièce telle qu'on la jouera; la seconde, qu'on jure à tort et à travers que je n'ai nulle part à cet ouvrage : mon nom est trop dangereux, il réveille les cabales. Il n'y en a point encore de formée contre M. Picardec, et M. Picardec doit répondre de tout.

Mes chers frères, *interim estote fortes in Lucretio*[1] *et in philosophia*.

J'espère que je contribuerai, avec les états de Bourgogne (dont nous avons l'honneur d'être), à donner un vaisseau au roi; mais si les Anglais me le prennent, je ferai contre eux une violente satire.

Frère V.... est tout ébahi de recevoir, dans l'instant une pancarte du roi, adressée aux gardes de son trésor royal, avec un bon, rétablissant une pension que frère V.... croyait anéantie depuis douze ans. Que dira à cela Catherin Fréron? que dira Le Franc de Pompignan? V.... embrasse les frères.

1. La première épître de saint Pierre chap. v, verset 9, dit : *Fortes in fide*. (Éd.)

Qu'est-ce donc que *Zarukma*[1]? quel diable de nom ! J'aimerais mieux Childebrand.

Je vous prie de me dire où demeure ce pédant de Crévier. Est-il recteur, professeur? Je lui dois mille tendres remerciments.

### MMMDVII. — A M. LE COMTE D'ARGENTAL.

10 janvier.

Il faut que je fasse part à mes anges gardiens de ce qui m'arrive sur terre. Pourquoi M. Ménard, premier commis, m'écrit-il? pourquoi m'envoie-t-il une pancarte du roi? *Garde de mon trésor royal, payez comptant à V.... Bon, Louis.* Il est vrai qu'il y a douze ans que j'avais une pension; mais je l'avais oubliée, et je n'avais pas l'impudence de la demander; je la croyais anéantie. Que veut dire cette plaisanterie? ne serait-ce pas un tour de nosseigneurs de Choiseul? Je ne sais à qui m'en prendre; mes anges, ne seriez-vous point dans la bouteille?

Cependant renvoyez-moi donc *Cassandre*.

1° Il ne faut pas qu'il ait été complice de l'empoisonnement d'Alexandre.

2° S'il a donné un coup d'épée à la veuve, c'est dans la chaleur du combat; et il en est encore plus contrit que ci-devant.

3° Il aime, et est encore plus aimé qu'il n'était, et il en parle davantage dès le premier acte.

4° Antigone a encore plus de raison qu'il n'en avait de soupçonner Olympie d'être la fille de sa mère.

5° Antigone traitait trop Cassandre en petit garçon, et cela rendait Cassandre bien moins intéressant.

6° Les lois touchant le mariage semblaient trop faites pour le besoin présent, et il faut les préparer de plus loin.

7° L'acte quatrième, finissant par Cassandre et non par Antigone, est bien plus touchant.

8° L'aspect de Cassandre augmentant les maux de nerfs de Statira rend sa mort bien plus vraisemblable.

9° Bien des gens croient que Statira, voyant que sa fille aime Cassandre, s'est aidée d'un peu de sublimé.

10° Des détails plus forts et plus tendres sont quelque chose.

Enfin on ne peut faire qu'en faisant.

Mais renvoyez-moi donc ma guenille, si vous voulez que je baise le bout de vos ailes.

### MMMDVIII. — A M. LE COMTE DE SCHOWALOW.

Aux Délices, près de Genève, 14 janvier.

Monsieur, il me semble que je vous avais fait mon compliment sur la conquête de Colberg un peu avant que cette place fût prise par vos armes victorieuses. Si on me reproche quelques méprises sur les évé-

---

1. Tragédie de Cordier. (Éd.)

nements passés, vous voyez que je ne prédis pas mal l'avenir, et que mon vrai métier est d'être prophète. Je vous prophétise donc de plus grandes choses qui mettront le comble à la gloire de votre nation, et qui seront une belle réponse à celui qui prétendait que le mot *honneur* ne se trouvait pas dans votre langue. Il me semble que vous avez l'honneur de la victoire, de la conduite, de la magnanimité, de la probité; et je doute que celui qui vous a outragé ait un dictionnaire pareil à son usage. J'ignore quel est cet écrivain; mais c'est à lui à corriger son livre. Pour le premier tome de *Pierre le Grand*, soyez sûr, monsieur, qu'il sera conforme à toutes vos vues, après mes petites représentations. Je n'ai de place que pour vous assurer du tendre respect que je conserverai toute ma vie pour Votre Excellence, etc.

MMMDIX. — A M. LE MARQUIS DE CHAUVELIN.

Aux Délices, 19 janvier.

Il faut absolument que Votre Excellence soit du métier; vous ne pouvez en parler si bien sans en avoir un peu tâté. Pourceaugnac, à qui d'ailleurs vous ne ressemblez point, a beau dire qu'il a pris dans les romans qu'il doit être reçu à ses *faits justificatifs*, on voit bien qu'il a étudié le droit. Ce n'est ni en Corse ni à Turin qu'on apprend toutes les finesses de l'art du théâtre. Vous avez mis la main à la pâte; avouez-le. Tout l'esprit que vous avez ne suffit pas pour entrer dans la profondeur de nos mystères : vos réflexions sont une excellente poétique. Soyez persuadé qu'il n'y a point d'ambassadeur ni de lieutenant général qui en puisse faire autant. Je suis fort aise à présent de ne vous avoir pas envoyé la bonne copie, puisque le brouillon m'a valu une si bonne leçon.

Vous avez très-grande raison, monsieur, de vouloir que Cassandre puisse n'avoir rien à se reprocher auprès d'Olympie. En toute tragédie, comme en toute affaire, il y a un point principal, un centre où toutes les lignes doivent aboutir. Ce centre est ici l'amour de Cassandre et d'Olympie ; j'avais été assez heureux pour remplir votre objet. Ce n'est point Cassandre qui a enlevé Olympie à Babylone, c'est Antipatre son père. Antipatre vient de mourir; et le premier devoir dont s'acquitte Cassandre est de restituer à la fille d'Alexandre le royaume de son père, dont il se trouve en possession. Il est à la fois innocent devant Dieu, et coupable devant Statira et devant Olympie. Il est vrai qu'il a présenté la coupe empoisonnée à Alexandre, mais il n'était pas dans le secret de la conspiration; il est vrai qu'il a répandu le sang de Statira, mais c'est dans la fureur d'un combat, c'est en défendant son père. Il se trouve enfin dans la situation la plus tragique, amoureux à l'excès d'une fille dont il est l'unique bienfaiteur, meurtrier de la mère, empoisonneur du père, adoré de la fille, exécrable à Statira, odieux à Olympie qui l'aime, pénétré de remords et de désespoir. Il n'y a personne qui ne souhaite ardemment qu'Olympie lui pardonne, et Olympie n'ose lui pardonner. Voilà le fond, voilà le sujet de la pièce. Elle est bien autrement traitée que dans la malheureuse minute qu'on vous a envoyée par méprise. Je suis tout glorieux d'avoir prévenu presque toutes vos objections.

Il s'en faut bien, par exemple, que mon grand prêtre puisse être soupçonné de prendre aucun parti; car lorsque Cassandre lui dit :

Du parti d'Antigone êtes-vous contre moi ?

Acte III, scène II.

il répond :

Me préservent les cieux de passer les limites
Que mon culte paisible à mon zèle a prescrites!
Les intrigues des cours, les cris des factions,
Des humains que je fuis les tristes passions,
Seigneur, ne troublent point nos retraites obscures.
Au Dieu que nous servons nous levons des mains pures.
Les débats des grands rois, prompts à se diviser,
Ne sont connus de nous que pour les apaiser;
Et nous ignorerions leurs grandeurs passagères,
Sans le fatal besoin qu'ils ont de nos prières.

Enfin il y a, de compte fait, quatre cents vers dans la pièce qui la changent entièrement, et que vous ne connaissez pas. Encore une fois, j'en bénis Dieu, puisque le quiproquo m'a valu vos bontés et vos lumières; vous m'enchantez et vous m'éclairez. Venez donc voir jouer la pièce; madame l'ambassadrice, embellissez donc *Olympie*. Je vais tâcher de rendre son rôle plus touchant, pour le rendre moins indigne de vous. Je suis un bon diable d'hiérophante, pénétré, reconnaissant, attaché pour ma pauvre vie à Vos Excellences.

MMMDX. — A M. LE COMTE D'ARGENTAL.

Aux Délices, 20 janvier.

Mes anges sont terriblement importunés de leur créature. Leur créature considère qu'il faut toujours plus de six semaines pour rapetasser ce qu'on a fait en six jours (comme on l'a déjà confessé).

En toute tragédie, comme en toute affaire, il y a un point principal d'où dépend le succès, et auquel tout doit être subordonné. Ce point principal, dans l'affaire de Cassandre, est qu'il ne soit pas odieux au public, et qu'il le soit horriblement à Statira. Il faut que son amour intéresse; et, pour qu'il intéresse, il ne faut pas qu'on ait le plus léger soupçon que ce soit un lâche qui ait empoisonné Alexandre. Quelque soin que j'aie pris d'écarter cette idée, je vois qu'elle se loge dans beaucoup de têtes. Mes anges verront le soin que j'ai pris pour prévenir cette fausse opinion par les deux scènes ci-jointes. Il me semble que ces deux scènes écartent toutes les objections qu'on pourrait faire au rôle de Cassandre. Il n'y a plus de reproches à faire qu'à Antipatre son père; c'est lui qui fit périr son maître, c'est lui qui emmena Olympie en esclavage; et Cassandre a élevé avec des soins paternels sa prisonnière de son père. Rien ne peut plus s'opposer à l'intérêt qu'on doit prendre à lui : il a tout réparé, il a tout fait pour mériter

Olympie; et c'est, à mon sens, un coup de l'art assez singulier que l'empoisonneur du père d'Olympie, et le meurtrier de sa mère, mérite d'être aimé de la fille.

Voici une autre affaire bien importante et bien délicate. Lekain se plaint amèrement de ce qu'un nommé Brizard veut s'appeler Marc-Tulle Cicéron[1]; Lekain prétend que c'est lui qui doit être Cicéron, mais il ne lui ressemble point du tout. Ce Cicéron avait un grand cou, un grand nez, des yeux perçants, une voix sonore, pleine, harmonieuse; toutes ses phrases avaient quatre parties, dont la dernière était la plus longue; il se faisait entendre, du haut de la tribune, jusque dans les derniers rangs des marmitons romains. Ce n'est point là du tout le caractère de mon ami Lekain; mais où sont les gens qui se rendent justice? Ce singe de Lanoue ne me déclarait-il pas une haine mortelle, parce que je lui avais dit que Dufresne avait une face plus propre que la sienne à représenter Orosmane?

Je ne puis donc flatter Lekain dans son goût cicéronien; je m'en remets à la décision de mes anges : c'est aux premiers gentilshommes de la chambre à donner les rôles; un pauvre auteur ne doit jamais se mêler de rien que d'être sifflé.

Autre requête à mes anges, concernant *le Droit du seigneur*. On dit qu'on a tout mutilé, tout bouleversé. La pièce sera huée, je vous en avertis. J'écris à frère Damilaville; je le prie de m'envoyer la pièce telle qu'on la doit jouer : ce qu'il y a encore de très-important, c'est qu'il faut jurer toujours qu'on ne connaît point l'auteur. Le public cherche à me deviner, pour se moquer de moi; je vois cela de cent lieues.

Mes divins anges, ce n'est pas tout. Renvoyez-moi, je vous prie, tous mes chiffons, c'est-à-dire les deux leçons de cette œuvre de six jours, que je mets plus de six fois six autres jours à reprendre en sous-œuvre. Ou je suis un sot, ou cela sera déchirant, et vous en viendrez à votre honneur. Vous pouvez être sûrs que si je reçois le matin votre paquet, un autre partira le soir pour aller se mettre à l'ombre de vos ailes. Ah ! que vous m'avez fait aimer le *tripot !* Je relisais tout à l'heure une première scène d'un drame commencé et abandonné. Cette première scène me réchauffe; je reprendrai ce drame : mais il faut songer sérieusement à *Pierre I*[er].

La vie est courte; il n'y a pas un moment à perdre à l'âge où je suis. La vie des talents est encore plus courte. Travaillons tandis que nous avons encore du feu dans les veines.

Je suis content de l'Espagne : il vaut mieux tard que jamais.

Il y a longtemps que je dis : « Gare à vous, Joseph ! » je dis aussi : « Gare à vous, Luc ! »

Aux pieds des anges.

1. Brizard disputait à Lekain le rôle de Cicéron dans *Rome sauvée*. (E.)

**MMMDXI.** — A M. COLINI.

Aux Délices, 20 janvier.

Mon cher Colini, le paquet que j'ai adressé à Son Altesse Électorale[1] était si gros, que je n'ai pas osé y mettre un autre nom que le sien, de peur que la poste refusât de s'en charger. Au reste, cette pièce dont vous parlez n'est qu'une simple esquisse, et je travaille à rendre l'ouvrage[2] plus digne de lui.

Je suis bien vieux et bien cassé; ma vue s'affaiblit; mes oreilles deviennent bien dures; cependant je ne perds jamais de vue l'affaire de Francfort, et je ne désespère pas d'obtenir justice : j'espère beaucoup des Russes. Il faudra bien qu'à la fin les Schmith et les Freytag connaissent qu'il y a une Providence. J'aiderai un peu cette Providence, si j'ai la force de faire un voyage; et comme on espère toujours, j'espère faire un voyage, et vous embrasser, dès que je serai quitte de mon *Pierre Corneille*.

*Addio, caro!* V.

**MMMDXII.** — A M. DUCLOS.

Aux Délices, 20 janvier.

Ni le petit mémoire, monsieur, que vous avez eu la bonté de communiquer à l'Académie, ni aucun des commentaires qu'elle a bien voulu examiner, ne sont destinés à l'impression : ce ne sont, je le répète encore, que des doutes et des consultations. Je demande les avis de l'Académie, pour pressentir le jugement du public éclairé, et pour avoir un guide sûr qui me conduise dans un travail très-épineux et très-pénible. Non-seulement je consulte l'Académie en corps, mais je m'adresse à des membres qui ne peuvent assister aux assemblées.

M. le cardinal de Bernis, par exemple, a présentement entre les mains mes doutes sur *Rodogune*, et je vous les enverrai dès qu'il me les aura rendus. Encore une fois, il s'agit d'avoir toujours raison, et je ne peux demander trop de conseils.

Je tâche d'égayer et de varier l'ouvrage par tous les objets de comparaison que je trouve sous ma main; voilà pourquoi je rapporte la chanson des sorcières de Shakspeare, qui arrivent sur un manche à balai, et qui jettent un crapaud dans leur chaudron. Il n'est pas mal de rabattre un peu l'orgueil des Anglais, qui se croient souverains du théâtre comme des mers, et qui mettent sans façon Shakspeare au-dessus de Corneille.

J'ai une chose particulière à vous mander, dont peut-être l'Académie ne sera pas fâchée pour l'honneur des lettres. Vous savez que j'avais autrefois une pension; je l'avais oubliée depuis douze ans, non-seulement parce que je n'en ai pas besoin, mais parce que, étant retiré et inutile, je n'y avais aucun droit. Sa Majesté, de son propre mouvement, et sans que je pusse m'y attendre, ni que personne au monde l'eût sollicitée, a daigné me faire envoyer un brevet et une ordon-

1. Charles-Théodore, électeur palatin. (ÉD.) — 2. La tragédie d'*Olympie*. (ÉD.)

nance. Peut-être est-il bon que cette nouvelle parvienne aux ennemis de la littérature et de la philosophie. Je me recommande toujours aux bontés de l'Académie, et je vous prie de me conserver les vôtres.

MMMDXIII. — A M. THIERIOT.

Aux Délices, 26 janvier.

Le frère ermite embrasse tendrement les frères de Paris. Il a un peu de fièvre, mais il espère que Dieu le conservera pour être le fléau des fanatiques et des barbares. Ni lui ni M. Picardet ne sont contents de l'altération du texte du *Droit du seigneur*; et il espère que, quand il s'agira d'imprimer, le texte sacré sera rétabli dans toute sa pureté.

Je suis enthousiasmé du petit livre de l'inquisition; jamais l'abbé *Mords-les* n'a mieux mordu, et la préface est un des meilleurs coups de dents qu'ait jamais donnés *Protagoras* [1].

Je suis d'ailleurs très-mécontent de frère Thieriot, dont les lettres sont toujours instructives, et qui écrit une fois en six mois. Ce frère aura pourtant, dans six mois, un ouvrage d'un de nos frères de la propagande qui pourra lui être utile et faire prospérer la vigne du Seigneur.

Allons donc, paresseux, écrivez-moi donc comment on a reçu la réplique foudroyante de l'abbé de Chauvelin aux jésuites.

Quelles nouvelles du *tripot* de la Comédie? quelle tragédie jouera-t-on? quelles sottises fait-on? envoyez-moi donc celles de Piron, puisque j'ai lu celles de Gresset.

MMMDXIV. — A M. DAMILAVILLE.

26 janvier.

Mes chers frères, je vous remercie, au nom de l'humanité, du *Manuel de l'inquisition*. C'est bien dommage que les philosophes ne soient encore ni assez nombreux, ni assez zélés, ni assez riches, pour aller détruire, par le fer et par la flamme, ces ennemis du genre humain, et la secte qui a produit tant d'horreurs.

M. Picardin me mande qu'il est assez content du succès du *Droit du seigneur*; on dit qu'on l'a gâté encore après la première représentation. Il faudrait avoir un peu plus de fermeté, et savoir résister à la première fougue des critiques, qui fait du bruit les premiers jours, et qui se tait à la longue. On ne peut que corriger très-mal quand on corrige sur-le-champ, et sans consulter l'esprit de l'auteur; cela même enhardit les censeurs; ils critiquent ces corrections faites à la hâte, et la pièce n'en va pas mieux.

Je vais écrire aux frères Cramer, et j'enverrai, par la poste suivante, les deux exemplaires qu'on demande concernant *le Despotisme oriental*. Ce livre, très-médiocre, n'est point fait pour notre heureux gouvernement occidental. Il prend très-mal son temps, lorsque la nation bénit

---

1. Dalembert, (ÉD.)

son roi et applaudit au ministère. Nous n'avons de monstres à étouffer que les jésuites et les convulsionnaires.

M. Picardin demande absolument la préface du *Droit du seigneur* : cela est de la dernière conséquence : il y a quelque chose d'essentiel à y changer. Je supplie donc qu'on me l'envoie par la première poste, et M. Picardin la renverra incontinent.

On n'a point reçu de lettre de frère Thieriot; cela n'a pas trop bon air; il devait, ce me semble, montrer un peu plus de sensibilité.

J'embrasse tendrement tous les frères. S'ils ne dessillent pas les yeux de tous les honnêtes gens, ils en répondront devant Dieu. Jamais le temps de cultiver la vigne du Seigneur n'a été plus propice. Nos infâmes ennemis se déchirent les uns les autres; c'est à nous à tirer sur ces bêtes féroces pendant qu'elles se mordent, et que nous pouvons les mirer à notre aise.

Soyez persévérants, mes chers frères, et priez Dieu pour moi, qui ne me porte pas trop bien.

Élevons nos cœurs à l'Éternel. *Amen.*

MMMDXV. — A M. LE MARQUIS DE THIBOUVILLE.

Aux Délices, 26 janvier.

Je vous jure, mon cher marquis, que le *Droit du seigneur*, qu'on intitule sottement l'*Écueil du sage*, est une pièce meilleure sur le papier qu'au théâtre de Paris; car, à ce théâtre, on a retranché et mutilé les meilleures plaisanteries. Votre nation est légère et gaie, je l'avoue; mais pour plaisante, elle ne l'est point du tout. Vous n'avez pas, depuis le *Grondeur*, un seul auteur qui ait su faire parler un valet de comédie. Je conviens que l'intérêt et le pathétique ne gâtent rien; mais sans comique point de salut. Une comédie où il n'y a rien de plaisant est un sot monstre. J'aime cent fois mieux un opéra-comique que toutes vos fades pièces de La Chaussée. J'étranglerais Mlle Dufresne pour avoir introduit ce misérable goût des tragédies bourgeoises, qui est le recours des auteurs sans génie. C'est à ce pitoyable goût qu'on doit le retranchement des plaisanteries du *Droit du seigneur*. Je m'intéresse fort à cette pièce; je sais qu'on me l'attribue, mais je vous jure qu'elle est d'un académicien de Dijon. Regardez-moi comme un malhonnête homme si je vous mens[1]. Je vous prie, vous et vos amis, de le dire à tout le monde : nous jouerons incessamment cette pièce sur un théâtre charmant, que vous devriez bien venir embellir de vos talents admirables.

On dit que Mlle Dubois n'a pas joué Atide en fille d'esprit, et que Brizard est à la glace : ce n'est pas ainsi que nous jouons la comédie chez nous. Comptez qu'à tout prendre, notre *tripot* vaut bien le vôtre. Mlle Corneille joue Colette comme si elle était l'élève de Mlle Dangeville : c'est une laideron très-jolie et très-bonne enfant; j'ai fait en elle la meilleure acquisition du monde. Monsieur son oncle me fatigue

1. Voltaire était membre honoraire de l'académie de Dijon. (ÉD.)

un peu : il est bien bavard, bien rhéteur, bien entortillé, et vous présente toujours sa pensée comme une tarte des quatre façons : cependant il faut le commenter. Vous êtes sans doute sur la liste; ce sont les Cramer qui sont chargés des détails. Pour moi, je ne me mêle que d'être un très-pesant commentateur, beaucoup moins pour le service de l'oncle que pour celui de la nièce. Entre nous, vive Racine! malgré sa faiblesse.

**MMMDXVI. — A M. LE CARDINAL DE BERNIS.**

Aux Délices, 26 janvier.

Avez-vous, monseigneur, daigné recommander *Rodogune*, que j'eus l'honneur d'envoyer à Votre Éminence il y a un mois? Vous avez pu faire lire les commentaires en tenant la pièce, c'est un amusement; dites-moi donc quand j'ai raison et quand j'ai tort, c'est encore un amusement.

En voici un autre : c'est mon œuvre des six jours, qui est devenu un œuvre de six semaines. Vous verrez que j'ai profité des avis que vous avez bien voulu me donner. Il n'y a que ce poignard qu'on jette toujours au nez; mais je vous promets de vous le sacrifier. J'aime passionnément à consulter; et à qui puis-je mieux m'adresser qu'à vous? Aimez toujours les belles-lettres, je vous en conjure; c'est un plaisir de tous les temps, et, *per Deos immortales*, il n'y a de bon que le plaisir, le reste est fumée; *vanitas vanitatum*, et *afflictio spiritus*[1]. Quand vous aurez lu ma drogue, Votre Éminence veut-elle avoir la bonté de l'envoyer à M. le duc de Villars, à Aix? Il a vu naître l'enfant; il est juste qu'il le voie sevré, en attendant qu'il devienne adulte.

Je fus tout ébahi, ces jours passés, quand le roi m'envoya la pancarte du rétablissement d'une pension que j'avais autrefois, avec une belle ordonnance. Cela est fort plaisant, car il y aura des gens qui en seront fâchés. Ce ne sera pas vous, monseigneur, qui daignez m'aimer un peu, et à qui je suis bien tendrement attaché avec bien du respect.

P. S. Je me flatte que votre santé est bonne; il n'en est pas de même de celle du roi de Prusse, ni même de la mienne; je m'affaiblis beaucoup.

**MMMDXVII. — A M. LE COMTE D'ARGENTAL.**

Aux Délices, 26 janvier.

O mes anges! je vous remercie d'abord, vous et M. le comte de Choiseul, de l'éclaircissement que je reçois sur les propositions de mariage faites, en 1725, entre deux têtes couronnées[2]. Je vous prie de dire à M. le comte de Choiseul qu'un jour le maréchal Keit me disait : « Ah! monsieur, on ment dans cette cour-là encore plus que dans la cour de Rome. »

---

1. *Ecclésiaste*, II, 22. (ÉD.) — 2. Entre Louis XV et Élisabeth. (ÉD.)

Mais vous m'avouerez que si les Scythes savent mentir, ils savent encore mieux se battre, et qu'ils deviennent un peuple bien redoutable. Je suis leur serviteur, comme vous savez, et un peu le favori du favori; mais j'avoue qu'ils mentent beaucoup, et je ne l'avoue qu'à mes anges.

Il est fort difficile de trouver à présent les *Sermons du rabbin Akib*; on tâchera d'en faire venir de Smyrne incessamment.

A l'égard du capitaine de chevaux, si fiançailles ne sont pas épousailles, désir passager n'est pas fiançailles; on attendra tranquillement que Dieu et le hasard mettent fin à cette belle aventure.

Je vais tâcher, tout malingre que je suis, d'écrire un mot à M. le président de La Marche, et le remercier de son beau zèle pour mon nom. Vous devriez bien le détourner du malheureux penchant qu'il semble avoir encore pour cette secte abominable[1], contre laquelle le rabbin Akib semble porter de si justes plaintes.

Les jésuites et les jansénistes continuent à se déchirer à belles dents; il faudrait tirer à balle sur eux tandis qu'ils se mordent, et les aider eux-mêmes à purger la terre de ces monstres. Vous me trouverez peut-être un peu sévère dans ce moment, mais c'est que la fièvre me prend, et je vais me coucher pour adoucir mon humeur.

Je vous demande en grâce, mes divins anges, de me renvoyer mes deux *Cassandre;* et si la fièvre me quitte, vous aurez bientôt un *Cassandre* selon vos désirs. Mille tendres respects.

Encore un mot tandis que j'ai le sang en mouvement. Je suis douloureusement affligé qu'on ait retranché l'homme qui paye noblement quand il perd une gageure, et la réponse délicieuse à mon gré : *Ai-je perdu?* Nous nous gardons bien, sur notre petit théâtre, de supprimer ce qui est si fort dans la nature; car nous n'avons point le goût sophistiqué comme on l'a dans Paris, et nos lumières ne sont point obscurcies par la rage de critiquer mal à propos, comme c'est la mode chez vous, à une première représentation. Il faut avoir le courage de résister à ces premières critiques, qui s'évanouissent bientôt.

Je crois que ce qui me donne la fièvre est qu'on ait retranché dans *Zulime* le *J'en suis indigne* du cinquième acte, qui fait chez nous le plus grand effet, et qui vaut mieux que *Eh bien! mon père!* dans *Tancrède*. Puisqu'on m'a ôté ce trait de la pièce, qui est le meilleur, je n'ai plus qu'à mourir, et je meurs (du moins je me couche). Adieu.

MMMDXVIII. — A M. L'ABBÉ D'OLIVET.

Aux Délices, 26 janvier.

Mon cher doyen, il arrive toujours quelque contre-temps dans le monde. M. d'Argental confesse avoir égaré votre lettre du 29 décembre, pendant près d'un mois. Je la reçois aujourd'hui, et je vous souhaite la bonne année, quoique ce soit un peu tard. *Vivamus, Olivete, et amemus.* J'en dis autant à mes anciens camarades MM. de

---

1. Les jésuites. (ÉD.)

La Marche et de Pelot. Je vous assure que j'aurais voulu être de votre dîner, eussiez-vous dit du bien de moi à mon nez; mais, après cette orgie, je serais reparti au plus vite pour les bords de mon beau lac. Je vous avoue que la vie que j'y mène est délicieuse; c'est au bonheur dont je jouis que je dois la conservation de ma frêle machine. Il est vrai que j'ai actuellement un petit accès de fièvre qui m'empêche de vous écrire de ma main; mais, malgré ma fièvre, je me crois le plus heureux des hommes.

Vous avez donc présenté votre *Dictionnaire* au roi, qui ne manquera pas de le lire d'un bout à l'autre. Je me flatte que mes confrères auront la bonté de lire mes remarques sur *Héraclius*, et de m'en dire leur avis. Rien ne m'est plus utile que ces consultations; elles me mettent en garde contre moi-même, elles m'ouvrent les yeux sur bien des choses, et elles pourront enfin me faire composer un ouvrage utile.

On m'a parlé d'une comédie intitulée *le Droit du seigneur*, ou *l'Écueil du sage*; on prétend qu'elle est d'un académicien de Dijon, et qu'il y a du comique et de l'intérêt. Notre ami La Chaussée tâchait d'être intéressant pour se sauver; mais le pauvre homme était bien loin d'être né plaisant.

Comme dit César d'un homme[1] qui valait mieux que La Chaussée :

......*Atque utinam adjuncta foret vis*
*Comica!*..........................

Avez-vous remarqué que, depuis Regnard, il n'y a pas eu un seul auteur comique qui ait su faire parler un valet comme il faut? Comment notre nation, qui croit être gaie, a-t-elle rendu la comédie si triste?

Ce qui n'est pas comique, c'est la réplique de l'abbé Chauvelin à vos anciens confrères. *Per Deos immortales*, c'est une philippique. Le petit livre sur l'Inquisition[2] est un chef-d'œuvre. *Vive, carissime et dulcissime rerum*.

MMMDXIX. — A M. LEKAIN.

Aux Délices, 26 janvier.

Il est arrivé un singulier inconvénient au paquet de M. Lekain : comme nous avions déclaré que nous ne recevrions aucun gros paquet qui ne fût contre-signé, il était demeuré à la poste; nous ne l'avons reçu qu'aujourd'hui. J'ai donné à Mme Denis le paquet qui la regardait; elle ne l'a pas encore lu, parce que nous avons beaucoup de monde : pour moi, mon cher grand acteur, j'ai lu la lettre qui me regarde; je suis très-sensible aux marques d'amitié que vous me donnez. J'espère avoir le plaisir de vous embrasser au saint temps de Pâques. On me mande qu'on ne jouera pas *Rome sauvée;* ainsi voilà la tracasserie finie; nous en dirons davantage dans la semaine sainte. Je ne me porte pas trop bien : un travail forcé m'a tué. Adieu. Je vous embrasse tendrement. V.

1. Térence. (ÉD.) — 2. Par Morellet. (ÉD.)

MMMDXX. — A M. LE MARÉCHAL DUC DE RICHELIEU.

Aux Délices, 27 janvier.

Il y a, monseigneur, une prodigieuse différence, comme vous savez, entre vous et votre chétif ancien serviteur. Vous êtes frais, brillant, vous avez une santé de général d'armée, et je suis un pauvre diable d'ermite, accablé de maux, et surchargé d'un travail ingrat et pénible; c'est ce qui fait que votre serviteur vous écrit si rarement. Je me flatte bien que notre doyen[1] a fait l'honneur à l'Académie de lui présenter notre *Dictionnaire*. Je le crois fort bon : ce n'est pas parce que j'y ai travaillé, mais c'est qu'il est fait par mes confrères.

Je vous exhorte à voir *le Droit du seigneur*, qu'on a follement appelé *l'Écueil du sage*. On dit qu'on en a retranché beaucoup de bonnes plaisanteries, mais qu'il en reste assez pour amuser le seigneur de France qui a le plus usé de ce beau droit. Si vous veniez dans nos déserts, vous me verriez jouer le bailli, et je vous assure que vous recevriez Mme Denis et moi dans la troupe de Sa Majesté. On dit qu'on a donné des *Étrennes aux sots*. Assurément ces étrennes-là ne vous sont pas dédiées; mais s'il fallait envoyer ce petit présent à tous ceux pour qui il est fait, il n'y aurait pas assez de papier en France. Je vous avertis que Mlle Corneille est une laideron extrêmement piquante, et que si vous voulez jouir du droit du seigneur avant qu'on la marie, il faut faire un petit tour aux Délices; mais malheureusement les Délices ne sont pas sur le chemin du Bec d'Ambez.

Je crois Luc extrêmement embarrassé. Vous savez qui est Luc : cependant il fait toujours de mauvais vers, et moi aussi. Agréez mon éternel et tendre respect.

MMMDXXI. — DE M. D'ALEMBERT.

Paris, ce 27 janvier.

Vous avez dû, mon cher et illustre confrère, recevoir il y a peu de temps, par M. Damilaville, le *Manuel des inquisiteurs*, que j'étais chargé de vous faire parvenir. Que dites-vous de ce monument d'atrocité et de ridicule qui rend tout à la fois l'humanité si odieuse et si à plaindre ? Il n'y a, je crois, de terme dans aucune langue pour exprimer le sentiment que cette lecture fait naître.

On ne peut s'empêcher d'en frémir et d'en rire[2].

L'auteur ou plutôt le traducteur et l'éditeur utile de cette abomination, qu'il était si bon de faire connaître, m'a prié de vous présenter son ouvrage de sa part, en vous assurant des sentiments qu'il vous a voués, et qui vous sont dus par tous les amateurs de la raison et des lettres. Cet auteur est le même abbé Morellet, ou *Morlet*, ou *Mords-les*, qui fut mis, il y a dix-huit mois, non à la grande inquisition aragonaise, mais à la petite inquisition de France, pour avoir dit, dans une *Vi-*

---

1. Le doyen de l'Académie était Richelieu, qui y avait été reçu en 1720. (ÉD.)
2. Regnard, *Folies amoureuses*, acte II, scène VI. (ÉD.)

sion meilleure que celle d'Ézéchiel, qu'une méchante femme, qu'il ne nommait pas, était *bien malade*. Dieu ne tarda pas à venger son prophète; car, avant qu'il fût sorti de prison, la méchante femme était morte : ce qui prouve qu'en effet elle ne se portait pas bien, et qu'il avait eu raison de jeter quelques doutes sur sa santé.

Admirez, mon cher philosophe, combien la raison gagne de terrain : cet ennemi de la persécution, qui travaille si bien à la rendre ridicule, est un prêtre ci-devant théologien ou théologal de l'*Encyclopédie*, qui nous a donné pour cet ouvrage l'article *Figure*, où vous verrez entre autres que saint Ambroise ou saint Augustin (je ne sais plus lequel) compare les dimensions de l'arche à celles du corps de l'homme, et la petite porte de l'arche au trou de derrière; c'est un beau passage qui vous a échappé dans votre chapitre sur les *Allégories*.

Comme il faut encourager les gens de bien, écrivez-moi, je vous prie, un mot d'honnêteté pour cet honnête ecclésiastique ; il le mérite par son zèle pour la bonne cause, et par son respect pour vous.

Je ne sais si je vous ai prié de remercier M. le chevalier de Molmire de ses *Étrennes aux sots*, et M. le rabbin Akid de son *Sermon* [1]. Je vous prie de leur dire à l'un et à l'autre que si l'un s'avise encore de prêcher et l'autre de donner des étrennes, ils n'oublient pas de m'en faire part.

Nous continuons à lire vos remarques sur Corneille, et nous venons de finir *Héraclius*. Je prends la liberté de vous répéter à ce sujet ce que vous m'avez déjà permis de vous dire : Ne critiquez Corneille que lorsque vous aurez deux fois raison; il a un nom très-respecté, il est mort; voilà déjà une raison bien forte (je ne vous dis pas bien bonne) en sa faveur. Vous savez mieux que moi que, dans un genre tel que celui du théâtre, dont les règles renferment beaucoup d'arbitraire, on peut condamner et justifier presque tout; et pour peu que Corneille soit justifiable par des raisons telles quelles dans les endroits où vous l'attaquez, vous êtes sûr d'avoir contre vous les pédants et les sots, qui déchireraient Corneille s'il n'était pas mort, et qui seront bien aises de vous déchirer parce que vous êtes vivant. Attendez-vous, par exemple, au mal qu'ils diront de *Zulime*. Je ne ferai pas chorus avec eux ; car cette pièce m'a fait beaucoup de plaisir, au moins dans le rôle principal; j'y trouvé la passion bien ressentie, bien exprimée, et bien différente de cet amour de ruelle qui affadit notre théâtre.

Si par hasard vous connaissez l'auteur de l'*Écueil du sage* [2], dites-lui aussi, je vous prie, que son ouvrage m'a fait plaisir; qu'il est surtout très-moral, et, par cette raison, digne de rester au théâtre; que le troisième et le quatrième acte sont excellents; qu'il y a dans les autres des scènes fort agréables, et des détails très-intéressants. J'y voudrais un autre cinquième acte; la pièce eût été meilleure en quatre, ou même en trois; mais voilà ce que fait la superstition des règles. Il me semble que les auteurs dramatiques font pour les règles comme les Français pour les impôts; ils y obéissent en murmurant.

1. Le *Sermon du rabbin Akib*. (ÉD.) — 2. Ou *le Droit du seigneur*. (ÉD.)

Que dites-vous de l'état fâcheux de votre ancien disciple? Il y a longtemps que je n'en ai reçu de nouvelles : vous écrit-il toujours? Je le crois aux abois, et c'est grand dommage; la philosophie ne retrouvera pas aisément un prince tolérant comme lui par indifférence (ce qui est la bonne manière de l'être), et l'ennemi de la superstition et du fanatisme.

On dit que vos bons amis et les miens vont avoir un vicaire général en France ; on ajoute qu'ils en sont très-mécontents. Leur principale raison pour se plaindre est que, si on leur donne ce vicaire, ils ne seront plus rien; c'est précisément ce qu'il faut qu'ils soient.

Je fais mon compliment, non à vous, mais au gouvernement, sur la pension qu'on vient de vous rendre. Si on n'en donnait qu'à des gens comme vous, l'État donnerait beaucoup moins, et encouragerait beaucoup plus.

Adieu, mon cher philosophe; portez-vous bien, écrivez-moi quelquefois, et surtout moquez-vous de tout; car il n'y a que cela de solide.

Le vicaire général des jésuites fait dire qu'au moyen de cet arrangement il va y avoir en France un vice général de plus : voilà de quoi vivent les Parisiens.

MMMDXXII. — A M. DAMILAVILLE.

30 janvier.

Je m'étais trompé, mon frère; ce n'était point le *Despotisme oriental* que j'avais lu en manuscrit. Je viens de lire votre imprimé; il y a de l'érudition et du génie. Il est vrai que ce système ressemble un peu à tous les autres; il n'est pas prouvé; on y parle trop affirmativement quand on doit douter, et c'est malheureusement ce qu'on reproche à nos frères.

D'ailleurs je suis très-fâché du titre; il indisposera beaucoup le gouvernement, s'il vient à sa connaissance. On dira que l'auteur veut qu'on ne soit gouverné ni par Dieu ni par les hommes; on sera irrité contre Helvétius, à qui le livre est dédié [1]. Il semble que l'auteur ait tâché de réunir les princes et les prêtres contre lui; il faut tâcher de faire voir au contraire que les prêtres ont toujours été les ennemis des rois. Les prêtres, il est vrai, sont odieux dans ce livre; mais les rois le sont aussi. Ce n'est pas le but de l'auteur, mais c'est malheureusement le résultat de son ouvrage. Rien n'est plus dangereux ni plus maladroit. Je souhaite que le livre ne fasse pas l'effet que je crains; les frères doivent toujours respecter la morale et le trône. La morale est trop blessée dans le livre d'Helvétius, et le trône est trop peu respecté dans ce livre qui lui est dédié.

Les frères seraient bien abandonnés de Dieu s'ils ne profitaient pas des heureuses circonstances où ils se trouvent. Les jansénistes et les molinistes se déchirent, et découvrent leurs plaies honteuses ; il faut

---

1. Les *Recherches sur l'origine du despotisme oriental*, par Boulanger. (ÉD.)

ANNÉE 1762. 429

les écraser les uns par les autres, et que leur ruine soit le marchepied du trône de la Vérité.

J'embrasse tendrement les frères en Lucrèce, en Cicéron, en Socrate, en Marc-Antoine, en Julien, en la communion de tous nos saints patriarches.

MMMDXXIII. — A M. DUCLOS.

Aux Délices, 30 janvier.

Toutes mes lettres, monsieur, doivent être des remerciments pour l'Académie et pour vous. J'espère profiter beaucoup des *remarques sur Héraclius*. J'ai l'honneur de vous envoyer *le Menteur*, et je ne pourrai soumettre le commentaire de *Rodogune* au jugement de l'Académie que lorsqu'il me sera revenu des mains de M. le cardinal de Bernis et de M. le duc de Villars, vos confrères.

L'édition est commencée d'aujourd'hui. Je me flatte que, malgré ma mauvaise santé, l'ouvrage pourra être présenté à l'Académie au bout de l'année. J'ai l'honneur d'être, avec autant d'attachement que de reconnaissance, etc.

MMMDXXIV. — DU CARDINAL DE BERNIS.

A Montélimart, le 30 janvier.

Je suis persuadé, mon cher confrère, que Corneille, s'il vivait, serait assez grand homme pour se soumettre à l'examen que vous avez fait de *Rodogune*, et pour adopter vos critiques. Pour moi, après une comparaison exacte de la pièce avec les remarques, je vous avoue que je n'ai rien à changer à vos observations. Toutes les fautes que vous avez relevées, soit dans ce qui concerne l'art du théâtre, la diction ou les règles grammaticales, sont saisies avec autant de justesse que d'équité. Je ne vous trouve pas trop sévère; vous auriez pu l'être davantage sur ce qui appartient au goût et à la diction ; mais malgré l'équité de vos arrêts, *Rodogune* restera au théâtre, et il n'y a qu'un homme de génie qui puisse imaginer, créer, et qui osât hasarder, le cinquième acte de cette tragédie. Vous me ferez le plus grand plaisir du monde de m'envoyer encore quelques arrêts de votre parlement; ils m'intéressent plus que les décrets de prise de corps contre les vic-ires de Saint-Lou, ou les confesseurs des religieuses de Saint-Cloud. Donnez-moi aussi des nouvelles de *Cassandre*. Vous avez tous les caractères d'un homme supérieur; vous faites bien, vous faites vite, et vous êtes docile.

Nous parlerons quelque jour du grelot que vous dites que j'ai attaché, et des marmitons qu'on a voulu employer malgré moi. J'ai connu un architecte à qui on a dit : « Vous ferez le plan de cette maison ; mais bien entendu que, l'ouvrage commencé, les piqueurs, ni les maçons, ni les manœuvres, ne seront point sous votre direction, et s'écarteront de votre plan autant qu'il leur conviendra de le faire. » Le pauvre architecte jeta là son plan, et s'en alla planter ses choux. Riez dans votre barbe, quand vous ne pourrez pas rire tout haut; mais riez toujours, car cela est fort sain pour vous et fort semblable pour moi. Je serai ici jusqu'au 15 de mai, après quoi j'irai passer le reste de l'été chez ma sœur, dans les montagnes, et je regagnerai tout doucement le Soissonnais, à moins que ma santé, qui s'est bien trouvée du climat méridional, ne s'y opposât.

Adieu, mon cher confrère; je ne conçois pas de plus grand plaisir que celui que j'aurais de vous revoir, de causer avec vous, et de vous embrasser aussi tendrement que je vous aime.

### MMMDXXV. — A MADAME DE FONTAINE.

Ma chère nièce, sans doute j'irai vous voir, si vous ne venez pas chez moi; mais il faut conduire l'édition de Corneille, qui est commencée. En voilà pour un an. Je vous renverrai *Cassandre* dès que ceux à qui je l'ai confié me l'auront rendu; il est juste que vous l'ayez entre les mains. Vous verrez si chaque acte ne forme pas un tableau que Vanloo pourrait dessiner.

On a mutilé, estropié trois actes du *Droit du seigneur*, ou *l'Écueil du sage*, à la police; c'est le bonhomme Crébillon qui a fait ce carnage, croyant que ces gens-là étaient mes sujets. Il faut permettre à Crébillon le radotage et l'envie; le bonhomme est un peu fâché qu'on se soit enfin aperçu qu'une partie carrée ne sied point du tout dans *Électre*.

Je voudrais, pour la rareté du fait, que vous eussiez lu ou que vous .ussiez son *Catilina*, que Mme de Pompadour protégea tant, par lequel on voulait m'écraser, et dont on se servit pour me faire avaler des couleuvres dont on n'aurait pas régalé Pradon. C'est ce qui me fit aller en Prusse, et ce qui me tient encore éloigné de ma patrie. J'ai connu parfaitement de quel prix sont les éloges et les censures de la multitude, et je finis par tout mépriser.

Le *Droit du seigneur* n'a été livré aux comédiens que pour procurer quelque argent à Thieriot, qui n'en dira pas moins du mal de moi à la première occasion, quand mes ennemis voudront se donner ce plaisir-là. Il doit avoir la moitié du profit, et un jeune homme qui m'a bien servi doit avoir l'autre.

Mon impératrice de Russie est morte; et, par la singularité de mon étoile, supposé que j'aie une étoile, il se trouve que je fais une très-grande perte.

Je vous embrasse le plus tendrement du monde, et votre gros garçon.

### MMMDXXVI. — A M. LE COMTE D'ARGENTAL.

1ᵉʳ février.

Quels diables d'anges! Je reçois le paquet avec ma romancine. Vraiment comme on me lave la tête! La poste va partir : je dicte à la fois ma réponse et j'écris ma justification dans mon lit, où je suis assez malade.

Mes divins anges, vous ne savez ce que vous dites. Faites-vous représenter la lettre à Duchesne, et vous verrez que je n'ai pas tort, et le cœur vous saignera de m'avoir grondé.

Plus j'y pense, plus je crois ne lui avoir point donné positivement permission d'imprimer *Zulime*; ou ma vieillesse et mes travaux m'ont fait perdre la mémoire, où il y a dans la lettre ces propres mots :

« M. de V. vous donnera volontiers la permission que vous demandez; mais il croit qu'il faudrait y ajouter quelques morceaux de littérature, etc. »

La lettre, ce me semble, n'était qu'un compliment, une recommandation auprès de ceux qui sont les dépositaires de l'ouvrage. Je ne doute pas que vous ne vous soyez fait représenter la lettre, et que vous n'ayez jugé selon votre grande prudence et équité ordinaire. Au reste, c'est un bien mince présent pour Lekain et Mlle Clairon; et, en effet, la pièce ne se vendra guère sans quelques morceaux de littérature intéressants qui piquent un peu la curiosité. Comment d'ailleurs la donner au public? sera-ce avec les coupures qu'on y a faites? ces coupures font toujours du dialogue un propos interrompu. Ces nuances délicates échappent aux spectateurs, et sont remarquées avec dégoût par les yeux sévères du lecteur; d'où il arrive que le pauvre auteur est justement vilipendé par les Fréron, sans que personne prenne le parti du pauvre diable.

Le métier est rude, mes anges; je mets à vos pieds *Cassandre*. Voilà comme nous jouerons la pièce sur notre théâtre de Ferney, et le grand prêtre aura plus d'onction que Brizard.

Ce qui me fâche, c'est que voilà la czarine morte. J'y perds un peu; mais je me console : les têtes couronnées et les libraires m'ont toujours joué quelques tours. Nous verrons quelle sera la face du Nord, cela m'intéresse beaucoup; d'ailleurs, en qualité de faiseur de tragédies, j'aime beaucoup les péripéties.

Vous allez donc ressusciter *Rome sauvée*? Que dira notre bonhomme de Crébillon? Il demandera qu'on joue son *Catilina*, qui *a fait assassiner Nonnius cette nuit*, et qui veut qu'un chef de parti soit bien imprudent, et débite surtout des vers à la diable. Il est plaisant que ce galimatias ait réussi en son temps. Notre nation est folle; mais je lui pardonne : on ne faisait semblant d'aimer *Catilina* que pour me faire enrager. Mme de Pompadour et le bonhomme Tournemine appelaient Crébillon Sophocle, et moi ou m'accablait de lardons.

Oh! le bon temps que c'était !

Je reprends la plume pour vous dire que je ne sais plus comment faire avec *Don Pèdre*. Du grand, du noble, du furieux, j'en trouve; du pathétique qui arrache des larmes, je n'en trouve point. Il faut ou déchirer le cœur, ou se taire. Je n'aime, sur le théâtre, ni les églogues, ni la politique. Cinq actes demandent cinq grands tableaux; ils sont dans *Cassandre*. Croyez-moi, faites jouer *Cassandre* quand vous n'aurez rien à faire, cela vous amusera.

Mes chers anges, je n'en peux plus; ne me tuez pas. Je ne sais ce que je deviendrai. J'ai sur les bras l'édition de Corneille, qu'on commença hier, et toujours un peu de fièvre. J'ai bien peur que les dernières pièces de Corneille ne se passent de commentaire et du commentateur. Vivez, mes anges, et réjouissez-vous.

MMMDXXVII. — A M. LE MARQUIS ALBERGATI CAPACELLI.

Aux Délices, 2 février.

Vous envoyez, monsieur, une paire de lunettes à un aveugle, et un violon à un manchot. Je sens tout le prix de vos bontés et de votre souvenir, tout indigne que j'en suis. Heureux ceux qui ont *æs triples* à l'estomac, et qui pourront manger de vos excellentes mortadelles, qui ressemblent au *phallum* des Égyptiens! heureux les intrépides gosiers qui avaleront votre rossolis! Je vais déclarer au grand médecin Tronchin qu'il faut qu'il me guérisse, et que j'aie ma part du plaisir de mes convives. Ils s'écrient tous : « Ah! la bonne chose que ce saucisson! donnez-moi encore un petit coup de ce rossolis. » Et moi, je suis là comme l'eunuque du sérail, qui voit faire et qui ne fait rien. J'ai donné votre recette au cuisinier. Vous dites très-agréablement que le docteur Bianchi n'en a pas de meilleure. Ah! monsieur, je vous crois, et je crois même que tous les médecins du monde sont dans le cas de M. Bianchi.

Si je peux guérir, je viendrai à votre beau théâtre. Il est bien triste pour moi de n'être pas témoin de l'honneur que vous faites aux lettres.

Quand notre peintre de la nature honorera mes petits pénates de sa présence, il verra mon théâtre achevé, et nous pourrons jouer devant lui; mais il faudrait jouer ses pièces. Je pourrais tout au plus faire le vieux Pantalon Bisognosi. J'ai quelquefois deux ou trois heures de bon dans la journée, c'est-à-dire deux ou trois heures où je ne souffre pas beaucoup. Je les consacrerai à M. Goldoni; et si j'avais de la santé, je le mènerais à Paris avant de faire mon voyage plus long.

Je ne laisse pas de travailler, tout malade que je suis; je broche des comédies dans mon lit; et quand j'ai fait quelque scène dans ma tête, je la dicte, j'envoie la pièce à Paris, on la joue; les comédiens gagnent beaucoup d'argent, et ne me remercient seulement pas. On en joue une actuellement dont le sujet est le droit qu'avaient autrefois les seigneurs de coucher avec les nouvelles mariées le premier jour de leurs noces. On dit qu'il y a du comique et de l'intérêt dans cette pièce; elle réussit beaucoup; mais je n'en suis pas juge, parce que c'est moi qui l'ai faite. J'aurai l'honneur de vous l'envoyer dès qu'elle aura été imprimée.

*Intanto l'amo, l'onoro, la riverisco, la ringrazio.*

MMMDXXVIII. — A M. DAMILAVILLE.

4 février.

Mon cher frère saura que je lui ai écrit toutes les postes, que j'ai déterré les deux exemplaires de *l'Oriental*, avec *les Sentiments du curé*[1], dont j'ai fait trois envois à trois postes différentes. Je suis frère fidèle, et frère exact.

M. Picardin, de l'Académie de Dijon, attend toujours avec grande

---

1. *Extrait des Sentiments de Jean Meslier.* (ÉD.)

impatience le *Droit du seigneur*, tel qu'on l'a châtré et mutilé. Il me le prêtera, et nous le jouerons incontinent à Ferney, sur un très-joli théâtre. Et si jamais frère Thieriot, qui n'est pas retenu par le vingtième, et qui n'a rien à faire, vient voir nos petites drôleries, il trouvera peut-être que Mlle Clairon ne désavouerait pas Mme Denis pour son élève, et que Mlle Corneille pourrait passer pour celle de Mlle Dangeville.

M. Picardin vous prie très-instamment, mon cher frère, de continuer vos bontés à cet *Écueil du sage*. Il ne serait peut-être pas mal de faire mettre dans l'*Avant-Coureur* qu'on s'est trompé quand on m'a attribué cet ouvrage, et qu'on n'est point du tout sûr qu'il soit de moi. Cela servirait à dérouter le public, que les grands politiques doivent toujours tromper.

M. Picardin vous supplie de faire deux lots du produit de l'histrionage ; l'un sera pour le cher frère Thieriot, le plus grand paresseux de la cité ; l'autre sera en dépôt chez M. de Laleu, notaire, pour être perçu par celui à qui il a été promis.

M. Picardin, qui a du goût, a été fort irrité que les histrions aient retranché à la fin : *Ai-je perdu la gageure?* Ce n'est pas la peine de faire une gageure pour n'en pas parler ; c'est la discrétion qu'il faut que le marquis paye. On s'est mis depuis quelque temps à proscrire le comique de la comédie ; c'est là le sceau de la décadence du génie. Le goût est égaré dans tous les genres, et il n'appartient qu'à un siècle ridicule de ne vouloir pas qu'on rie.

Je lis toujours avec édification le *Manuel de l'inquisition*, et je suis très-fâché que Candide n'ait tué qu'un inquisiteur.

Mandez-moi, je vous prie, mon cher frère, si vous avez reçu tous mes paquets, et, engagez tous mes frères à poursuivre l'*inf*... de vive voix et par écrit, sans lui donner un moment de relâche. Votre passionné frère,

V.

MMMDXXIX. — DU CARDINAL DE BERNIS.

Du 4 février.

Je m'empresse, mon cher confrère, de vous faire mon compliment bien sincère sur le rétablissement de votre pension. J'en suis encore plus aise pour l'honneur des lettres que pour vous-même, quoiqu'il soit fort agréable d'éprouver les bontés de son maître et de faire un peu enrager ses ennemis.

Vous devez avoir reçu les remarques sur *Rodogune*, avec une lettre d'entière approbation. Toutes vos observations m'ont paru aussi justes que judicieuses.

Je viens de relire *Cassandre*[1]. Vos six semaines ont été bien employées. Il règne dans cette pièce une chaleur et un intérêt que je désirais à la première lecture. Voici une véritable tragédie où l'amour et l'ambition causent de grands malheurs. Si vous voulez bien passer encore une journée à donner à quelques parties de ce grand tableau

1. Intitulée depuis *Olympie*. (ÉD.)

des coups de force et de lumière, et à substituer des expressions plus propres ou plus animées à un petit nombre d'expressions trop vagues et trop faibles, je suis assuré que les gens d'esprit et de goût seront fort contents de cet ouvrage. Je voudrais cependant qu'il fût dit plus clairement comment Statira a été tuée au milieu des combats par Cassandre : est-ce dans une bataille, ou dans le sac de Babylone? Statira commandait-elle une armée, ou l'a-t-on assiégée dans son palais? Je voudrais que Cassandre dît aussi un peu plus franchement à son confident, ou dans un monologue, que l'ambition l'a porté au meurtre de Statira. Il doit rejeter cette horreur sur le hasard des combats et la fatalité de la guerre, lorsqu'il parle à la mère et à la fille. On ne comprend pas comment Cassandre a pu se méprendre au point de tuer une femme pour un homme; ou si c'est une femme qu'il a voulu tuer, qu'il n'ait pas reconnu la veuve d'Alexandre. Statira lui reproche deux fois qu'après l'avoir poignardée il l'a traînée sur la poussière : je retrancherais cette circonstance atroce, qui rend Cassandre encore plus dégoûtant qu'odieux. Celui-ci doit affaiblir son crime, autant qu'il le peut, aux yeux d'Olympie et de sa mère; mais il en doit instruire le spectateur, et lui avouer que la politique et l'ambition l'ont poussé à cet excès : cet aveu en diminuerait l'horreur. Voilà mon petit avis, que je soumets au vôtre. Je suis bien fâché que vous ne soyez pas content de votre santé; il me semble cependant qu'une belle tragédie annonce qu'on se porte bien. J'ai prié le duc de Villars de me renvoyer *Cassandre* quand il l'aurait lu, parce que je vous ferais passer cette pièce sous mon contre-seing. Adieu, mon cher confrère; aimez-moi toujours, et ne vous lassez pas de m'enrichir.

MMMDXXX. — A M. LE COMTE D'ARGENTAL.

Aux Délices, 6 février.

Mes anges grondeurs doivent à présent avoir examiné et jugé mon délit. On a écrit à Gui-Duchesne, qui demeure pourtant *au Temple du goût*[1], et on l'a traité comme si sa demeure était dans la maison de maître Gonin. En effet, il avait attrapé la pièce du souffleur, moyennant quelques écus et quelques bouteilles. Encore une fois, ou je me trompe fort, ou ma lettre n'était qu'un compliment.

Ou je me trompe encore, ou *Zulime* produira peu à Lekain et à Mlle Clairon; et je ne crois pas qu'ils trouvent un libraire qui leur en donne plus de huit cents livres; attendu que c'est un ouvrage déjà livré à l'impression, et rapetassé au théâtre.

Si M. Picardin ou Picardet a fait *le Droit du seigneur*, ou *l'Écueil du sage*, j'ai fait *Cassandre*, moi, et ce sont cinq tableaux pour le salon. Coup de théâtre du mariage, premier tableau.

Statira reconnue et reconnaissant sa fille, second tableau.

Le grand prêtre mettant les holà; Statira levant son voile et pétrifiant Cassandre, troisième tableau.

1. C'était l'enseigne de Duchesne. (ÉD.)

Statira mourante, sa fille à ses pieds, et Cassandre effaré; quatrième tableau.

Le bûcher, cinquième tableau.

Le tout avec des notes instructives au bas des pages, sur les personnages, sur les initiés, sur les sacrés mystères, sur la prière d'Orphée :

.......... Être unique, éternel, etc. ;
*Olympie*, acte I, scène IV.

sur les bûchers, sur l'usage où les dames étaient alors de se brûler. Voilà de quoi faire une jolie édition avec estampes.

Mes divins anges doivent se tenir pour dit que je suis tiré au sec, qu'il ne me reste pas une goutte de sang dans la veine poétique, pas un esprit animal.

Pourquoi ne pas donner cinq ou six représentations de *Cassandre* à la mi-carême, et reprendre après Pâques? On pourrait me rouvrir la veine pendant la quinzaine où le théâtre est fermé. Je laisse le tout à la discrétion de mes anges.

On a commencé l'édition de *Pierre*; c'est une rude et appesantissante besogne d'être commentateur et éditeur; cela ne m'arrivera plus.

Vous n'êtes pas assez fâché de la mort de mon impératrice.

Si j'ai fait une sottise avec Gui-Duchesne,

Dieu fit du repentir la vertu des *rimeurs*.

Mille tendres respects aux anges.

MMMDXXXI. — A M. ABEILLE.

Aux Délices, par Genève, 7 février.

Vous ne devez douter, monsieur, ni du plaisir que vous m'avez fait, ni de ma reconnaissance. Je suis le moindre des agriculteurs, et dans un pays qui peut se vanter d'être le plus mauvais de France, quoiqu'il soit des plus jolis; mais quiconque fait crotter deux brins d'herbe où il n'en venait qu'un rend au moins un petit service à sa patrie. J'ai trouvé de la misère et des ronces sur la terre à pots. J'ai dit aux possesseurs des ronces : « Voulez-vous me permettre de vous défricher ? » Ils me l'ont permis, en se moquant de moi. J'ai défriché, j'ai brûlé, j'ai fait porter de la terre légère; on a cessé de me siffler, et on me remercie. On peut toujours faire un peu de bien partout où l'on est. Le livre que vous m'avez fait l'honneur de m'envoyer, monsieur, en doit faire beaucoup. Je le lis avec attention. Corneille ne me fait point oublier Triptolème. Agréez mes sincères remercîments, et tous les sentiments avec lesquels j'ai l'honneur d'être, monsieur, votre très-humble et très-obéissant serviteur.

MMMDXXXII. — A M. LE COMTE D'ARGENTAL.

8 février.

Non, mes anges, non, jamais M. l'ambassadeur Chauvelin ne réussira dans sa négociation auprès du roi Cassandre mon maître. Il veut que Cassandre ignore qui est Olympie. Alors ressemblance avec Zaïre, alors plus de ce mélange heureux et terrible de remords et d'amour, alors le coup de théâtre du mariage est affaibli, etc. etc. Je ne proposerai jamais ce traité au roi mon maître; il me répondrait qu'on le prendrait pour un imbécile s'il ignorait la naissance de sa captive, tandis qu'un étranger en est informé. M. l'ambassadeur doit savoir qu'il n'en est pas de sa cour comme de la mienne; que nous serons nos filles; que les étrangers les aperçoivent rarement, et que ce n'est qu'en qualité d'ami de la maison qu'Antigone a pu se douter de quelque chose.

*N. B.* Quiconque lit *Cassandre* frémit et pleure.

Mais, quand je la lis, je transporte, je fais fondre.

Il faut se donner le plaisir de faire jouer trois pièces nouvelles en trois mois.

Vraiment Mme Scaliger ne borne pas son goût au théâtre; son vaisseau pour les verres[1] est malheureusement le plus beau vaisseau qui soit en France.

Les Espagnols ne se pressent pas, à ce que je vois. Ah! quels lambins!

Je baise le bout de vos ailes.

MMMDXXXIII. — A MADAME DE FONTAINE, A PARIS.

8 février.

Ma chère nièce, voilà *Cassandre* tel que je l'ai fait lire à M. le cardinal de Bernis, à M. le duc de Villars, à M. de Chauvelin, à des connaisseurs, à ceux qui n'ont que l'instinct. Tous l'ont également approuvé.

Je voudrais que vous donnassiez un jour à dîner à Dalembert et à Diderot : il y a aussi un Damilaville, premier commis du vingtième; c'est la meilleure âme du monde, c'est mon correspondant, c'est l'intime ami de tous les philosophes. Vous pourriez mettre Mlle Clairon de la fête. Je ne sais pas si on la récitera jamais comme je l'ai lue; j'ai toujours fait frémir et fondre en larmes; mais comme je me défie de l'illusion que peut faire un auteur, je l'ai toujours soumise au jugement des yeux, qui sont plus difficiles que les oreilles.

Je ne vois pas ce qui empêcherait de jouer *Cassandre* vers la mi-carême. On ne risquerait rien; et, en cas de succès, on le reprendrait à la rentrée; en cas de sifflets, on ferait ses pâques.

Je vous avoue que je me meurs d'envie de voir sur le théâtre un prêtre bon homme, qui sera le contraire du fanatique Joad, qui me fait chérir la personne d'Athalie.

Mais non, je change d'avis, j'abandonne Paris à la Comédie-Italienne réunie avec l'Opéra-Comique contre *Cinna* et contre *Phèdre*. Je crois *Cassandre* très-singulier, très-théâtral, très-neuf; c'est précisément pour cela que je ne veux pas qu'on le joue.

Je me suis avisé de mettre des notes à la fin de la pièce; ces notes

1. C'est un cadeau qu'elle fit à Tronchin. (ÉD.)

seront pour les philosophes. J'y révèle les secrets des anciens mystères : l'hiérophante me fournit le prétexte d'apprendre aux prêtres à prier Dieu pour les princes, et à ne pas se mêler des affaires d'État. Je prends vigoureusement le parti d'Athalie contre Joad : tout cela m'amuse beaucoup plus qu'une représentation que je ne verrais pas, qui n'est pas faite pour les partisans d'Arlequin.

Nous ne perdons point notre temps, comme vous voyez ; mais le plus agréable emploi que j'en puisse faire est de vous écrire.

## MMMDXXXIV. — A M. DAMILAVILLE.

6 février.

Cher frère, que le Dieu de nos pères m'a donné, lisez cette lettre à cachet volant, et envoyez-la.

Puisqu'il n'y a eu que neuf représentations, il faut, mon cher frère, en donner tout le profit à frère Thieriot ; je trouverai d'ailleurs le moyen de récompenser la personne qui devait partager. Je ne vois pas sur quoi l'on s'obstine à me croire l'auteur de l'*Écueil du sage*, puisque j'ai toujours mandé que je ne le suis pas. Si les comédiens avaient une certitude que cette pièce est de moi, ils seraient très-fâchés que j'en eusse abandonné le profit à d'autres qu'à eux. Au reste, *Nanine* n'eut pas tant de représentations, et le *Droit du seigneur* vaut mieux que *Nanine*.

O le bon livre que le *Manuel* des monstres inquisitoriaux ! *ut, ut, est*. Mon frère aura un *Meslier* dès que j'aurai reçu l'ordre : il paraît que mon frère n'est pas au fait. Il y a quinze à vingt ans qu'on vendait le manuscrit de cet ouvrage huit louis d'or. C'était un très-gros in-quarto ; il y en a plus de cent exemplaires dans Paris. Frère Thieriot est très au fait. On ne sait qui a fait l'*Extrait* ; mais il est tiré tout entier, mot pour mot, de l'original. Il y a encore beaucoup de personnes qui ont vu le curé Meslier : il serait très-utile qu'on fît une édition nouvelle de ce petit ouvrage à Paris : on peut la faire aisément en trois ou quatre jours. On dit, mes chers frères, qu'on y a imprimé une petite feuille intitulée *le Sermon du rabbin Akib*. M. le duc de La Vallière, qui est ramasseur de rogatons, me prie de chercher cette feuille, que je ne peux trouver. Il est expédient que mes frères l'envoient à Versailles, à M. le duc de La Vallière. Au reste, il est bien à désirer que le nom du frère ermite ne soit jamais prôné quand il s'agit de petits envois aux frères.

Les frères Cramer supprimeront soigneusement la préface de l'*Oriental*. Helvétius est véhémentement soupçonné d'avoir fait cet ouvrage. Est-il à Paris, frère Helvétius ?

Je voudrais savoir quel est l'auteur d'un libelle de l'année passée, oublié cette année-ci, intitulé *le Citoyen de Montmartre*[1].

Que Socrate, Platon, Lucrèce, Épictète, Marc Antonin, Julien, Bayle, Shaftesbury, Bolyngbroke, Middleton, aient tous mes chers frères en leur sainte et digne garde !

1. Par le P. Sennemaud, jésuite. (Éd.)

**MMMDXXXV.** — Du prince Henri de Prusse.

8 février.

Monsieur, lorsque je lis un ouvrage qui m'intéresse et m'enlève, je m'écrie : *C'est du Voltaire!* Voilà le sentiment que vous m'inspirez : c'est mon guide; je n'en connais point d'autre.

Les grands peintres peuvent apprécier un tableau; mais combien y en a-t-il qui peuvent dire avec le Corrège : *Je suis peintre?* C'est un droit qui vous appartient. Quant à moi, je n'ose être dans les ouvrages de goût esclave de mon jugement.

Après cet aveu, je puis vous dire que l'ode[1] que vous réclamez en faveur d'un autre m'a plu. J'y ai trouvé un cœur pénétré des maux de l'humanité, de la hardiesse dans les expressions, et plusieurs vérités. Ces sentiments sont dignes de vous.

Puissiez-vous jouir longtemps de l'heureux avantage d'éclairer les hommes! et puissé-je avoir celui de vous donner des preuves de l'estime avec laquelle je suis, monsieur, votre très-affectionné ami et serviteur!

Henri, *prince de Prusse.*

**MMMDXXXVI.** — A M. le marquis de Chauvelin.

Aux Délices, 9 février.

Je présente au roi Cassandre mon maître, dans sa maison de campagne d'Ephèse, ce projet de négociation de Votre Excellence. Le roi mon maître est prévenu pour vous de la plus haute estime; il connaît votre esprit conciliant, fécond, juste, aussi estimable qu'aimable. Il m'a assuré qu'il sent tout le prix de vos conseils, et qu'il en a profité; mais comme tous les princes ont leurs défauts, je vous avouerai qu'il y a des articles sur lesquels le roi mon maître est têtu comme un mulet. Il dit qu'on le regarderait en Macédoine comme un imbécile, s'il ignorait la naissance d'Olympie élevée dans sa cour, tandis qu'Antigone, étranger, est instruit de cette naissance; que ses remords alors n'auraient aucun fondement, qu'ils seraient ridicules, au lieu d'être terribles; que, de plus, cette ignorance de la naissance d'Olympie rentrerait dans les intrigues vulgaires de cent tragédies où un prince reconnaît dans sa maîtresse un ennemi; et qu'enfin ce que vous croyez capable de soutenir l'intérêt serait capable de le détruire. Il m'a ajouté que les éclaircissements, les préparations, les longues histoires que cet arrangement exigerait jetteraient un froid mortel sur un sujet qui marche avec rapidité, et qui est plein de chaleur. Je lui ai représenté toutes vos raisons, rien n'a pu le faire changer de sentiment. « Assurez, me dit-il, M. l'ambassadeur d'Athènes qu'en tout le reste je défère à ses avis; que je suis pénétré pour lui de la plus vive reconnaissance; que je lui présenterai Olympie, si jamais il passe par la Macédoine pour aller en Asie. »

Je vous confierai qu'il est infiniment touché des charmes de Mme l'am-

---

1. *Ode sur la guerre présente.* (Éd.)

bassadrice; mais comme il n'a que soixante et neuf ans, il attend qu'il en ait soixante et douze pour faire sa déclaration. Pour moi, monsieur, il y a longtemps que je vous ai fait la mienne, et que je vous suis attaché bien respectueusement avec la plus tendre reconnaissance.

Savez-vous que je perds infiniment dans l'impératrice de Russie? Vous ne m'en soupçonneriez pas.

FIN DU TRENTE-HUITIÈME VOLUME.

LIBRAIRIE HACHETTE & C??
BOULEVARD SAINT-GERMAIN, 79, PARIS

LES

# GRANDS ÉCRIVAINS DE LA FRANCE

## NOUVELLES ÉDITIONS

Publiées sous la direction de M. Ad. REGNIER, membre de l'Institut

SUR LES MANUSCRITS,
LES COPIES LES PLUS AUTHENTIQUES ET LES PLUS ANCIENNES IMPRESSIONS

*Avec variantes, notes, notices, lexiques et albums
contenant des portraits, des fac-similés, etc.*

Publication qui a obtenu à l'Académie française le prix Archon-Despérouses, en 1877

ENVIRON 200 VOLUMES IN-8, A 7 FR. 50 LE VOLUME

150 à 200 exemplaires numérotés tirés sur grand raisin vélin collé, à 20 fr. le volume

Depuis longtemps déjà on a publié avec une religieuse exactitude, en y appliquant les procédés de la plus sévère critique, non seulement les chefs-d'œuvre des grands génies de la Grèce et de Rome, mais les ouvrages, quels qu'ils soient, de l'antiquité, qui sont parvenus jusqu'à nous. A ce mérite fondamental de la pureté du texte, constitué à l'aide de tous les documents, de toutes les ressources que le temps a épargnés, on a joint un riche appareil de secours de tout genre : variantes, commentaires, tables et lexiques, tout ce qui peut éclairer chaque auteur en particulier et l'histoire de la langue en général. En voyant cette louable sollicitude dont les langues anciennes sont l'objet, on peut s'étonner que jusqu'ici, à part quelques mémorables exceptions, les écrits de nos grands écrivains n'aient pas été jugés dignes de ce même respect attentif et scrupuleux, et qu'on ne les ait pas entourés de tout ce qui peut en faciliter, en féconder l'étude. Réparer cette omission, tel est le but que nous nous sommes proposé.

Pour la pureté, l'intégrité parfaite, l'authenticité du texte, aucun soin ne nous paraît superflu, aucun scrupule trop minutieux. Les écrivains du dix-septième siècle, et c'est par les plus éminents d'entre eux que nous avons commencé notre publication, sont déjà pour nous des anciens. Leur langue est assez voisine de la nôtre pour que nous l'entendions presque toujours et l'admirions sans effort. Mais déjà elle diffère trop de celle qui se parle et qui s'écrit aujourd'hui; le peuple, et plus encore peut-être la société polie, l'ont trop désapprise pour qu'on puisse encore dire que nous la sachions par l'usage. Pour la reproduire sans altération, il ne suffit point que l'éditeur s'en rapporte à sa pratique quotidienne, à son instinct du langage : il faut, au contraire, qu'il se défie d'autant plus de lui-même que les nombreuses analogies, mêlées aux différences de la langue d'à présent et de celle d'alors, l'exposent au danger de ne point veiller assez au maintien de ces dernières. C'est peut-être là la cause principale des altérations qu'a subies le texte de nos grands écrivains. C'est contre elle surtout que nous nous tenons en garde. En ce qui touche l'œuvre même des auteurs, le fond comme la forme de leurs écrits, notre devise est : *Respect absolu et sévère fidélité.*

Quant à la seconde partie de la tâche, aux notes, aux secours, aux moyens d'étude qui accompagnent le texte des auteurs, deux mots peuvent résumer nos intentions et la nature du travail : *Utilité pratique et sobriété.* D'une part, rien n'est omis de ce qui peut aider à mieux comprendre et connaître l'auteur, rien de ce qui peut en faciliter l'étude et permettre d'en tirer parti, soit pour les recherches historiques et littéraires, soit pour dresser ce que nous pouvons appeler la statistique de notre langue, et pour en montrer les variations, en dégager la grammaire, la constitution véritable, de tout ce que les grammairiens y ont cru voir et de tout ce qu'ils y ont introduit d'arbitraire et d'artificiel. D'autre part, est rigoureusement exclu tout étalage inutile de savoir, tout ce qui ne sert qu'à faire valoir le commentateur, tout ce qui ne tend pas directement à l'une des fins que nous venons d'énumérer.

Les *Lettres de M*me *de Sévigné*, les *Œuvres de Corneille*, de *Racine*, de *Malherbe*, de *La Bruyère*, de *La Rochefoucauld*, ont déjà paru en entier ; — *le cardinal de Retz*, *Molière*, *Saint-Simon*, *La Fontaine*, sont en cours de publication ; — *Pascal* est sous presse. — Les noms des personnes dont nous nous sommes assuré le concours, et qui ont bien voulu se charger des diverses parties de cette grande tâche, sont une garantie de savoir, de bon goût et de consciencieuse exactitude.

Pour que la collection ait de l'unité, que toutes les parties de ce vaste ensemble soient conçues et exécutées sur un même plan, que l'esprit de l'entreprise soit partout et constamment le même, nous avons demandé à M. Adolphe Regnier, membre de l'Institut, et obtenu de lui, qu'il se chargeât de la diriger.

Nous ne nous arrêterons pas longuement ici aux détails du plan qui a été adopté, et nous ne ferons qu'indiquer en peu de mots les divers secours et avantages qu'offrent ces éditions nouvelles des grands écrivains de la France.

Leur principal mérite, nous le répétons, est la fidélité du texte, qui reproduit les meilleures éditions données par l'auteur, les manuscrits autographes, d'anciennes copies, enfin est pris toujours aux sources les plus authentiques et les plus dignes de confiance.

Au texte adopté ou ainsi constitué on joint les variantes, toutes sans exception pour les écrivains principaux ; pour les autres, un choix sera fait avec goût.

Au bas des pages sont placées des notes explicatives qui éclaircissent tout ce qui peut arrêter un lecteur d'un esprit cultivé.

Après la pureté et l'intelligence du texte, c'est l'histoire de la langue qui sera le grand intérêt de la collection. Nous marcherons dans la voie que nous a ouverte l'Académie française en proposant successivement pour sujets de prix les Lexiques de Molière, de Corneille et de Sévigné. A chaque auteur est joint un relevé, par ordre alphabétique, des mots, des tours et des locutions qui lui sont propres, soit à lui-même, soit à son époque, et en outre de tout ce qui peut servir à éclairer le vrai sens ou l'origine de nos idiotismes les plus remarquables. La réunion de ces Lexiques formera un tableau fidèle des variations de la langue littéraire et du bon usage, et chacun d'eux en particulier montrera, par la comparaison avec la langue que nous parlons et écrivons aujourd'hui, l'empreinte qu'ont laissée sur notre idiome les divers génies qui l'ont illustré.

Des Tables analytiques exactes et complètes facilitent les recherches. Des notices biographiques aident à mieux apprécier les écrits de chaque auteur, en les plaçant dans leur vrai jour et à leur vrai moment. En outre, des notices partielles font l'histoire de chaque ouvrage, et, s'il y a lieu, pour les pièces de théâtre, par exemple, le suivent jusqu'à nos jours.

Des notices bibliographiques et critiques indiquent, pour chaque auteur, les manuscrits existant dans les bibliothèques publiques ou privées, les copies dignes de mention et les éditions diverses, surtout celles qui ont été publiées ou par l'auteur, ou de son vivant, ou peu de temps après sa mort.

Enfin nous joignons au texte des portraits, des fac-similés, et, quand il y a lieu, des gravures diverses.

RAPPORT = 16

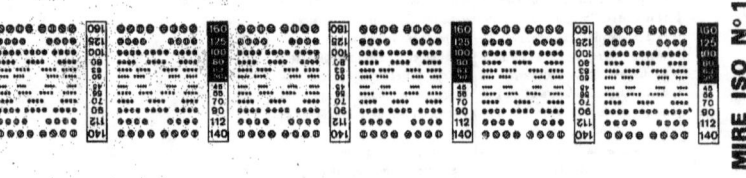

BIBLIOTHÈQUE
NATIONALE

CHÂTEAU
de
SABLÉ
1981

www.ingramcontent.com/pod-product-compliance
Lightning Source LLC
Chambersburg PA
CBHW060934230426
43665CB00015B/1943